中国政法大学大健康法治政策创新中心资助

数字化与劳动法
互联网、劳动4.0和众包工作

（第六版）

Digitalisierung und Arbeitsrecht
Internet, Arbeit 4.0 und Crowdwork
(6. Auflage)

［德］沃尔夫冈·多伊普勒（Wolfgang Däubler）/ 著
王建斌　娄宇　赵为　毕丰皓　吴昊龙　李洁 / 译
王倩 / 校

中国政法大学出版社
2022·北京

Digitalisierung und Arbeitsrecht: Internet, Arbeit 4.0 und Crowdwork, 6. Auflage
by Wolfgang Däubler
© 2001 by Bund-Verlag GmbH, Frankfurt am Main
版权登记号：图字 01-2021-3204 号

声　　明　　1. 版权所有，侵权必究。
　　　　　　2. 如有缺页、倒装问题，由出版社负责退换。

图书在版编目（CIP）数据

数字化与劳动法：互联网、劳动4.0和众包工作：第六版/(德)沃尔夫冈·多伊普勒著；
王建斌等译；王倩校.—北京：中国政法大学出版社，2022.3
ISBN 978-7-5764-0290-2

Ⅰ.①数… Ⅱ.①沃…②王…③王… Ⅲ.①劳动法－关系－数字化－研究－世界
Ⅳ.①D912.504-39

中国版本图书馆CIP数据核字(2022)第001245号

		数字化与劳动法：互联网、劳动4.0和众包工作
书　名		SHU ZI HUA YU LAO DONG FA：
		HU LIAN WANG、LAO DONG 4.0 HE ZHONG BAO GONG ZUO
出 版 者		中国政法大学出版社
地　址		北京市海淀区西土城路 25 号
邮　箱		fadapress@163.com
网　址		http://www.cuplpress.com (网络实名：中国政法大学出版社)
电　话		010-58908435(第一编辑部) 58908334(邮购部)
承　印		北京鑫海金澳胶印有限公司
开　本		787mm×1092mm　1/16
印　张		22.5
字　数		505 千字
版　次		2022 年 3 月第 1 版
印　次		2022 年 3 月第 1 次印刷
定　价		89.00 元

前 言
PREFACE

在德国，使用网络也成了再正常不过的事情，网络是很多人重要的信息来源，通过社交媒体联络交流也是很多人的日常，但这只是开始而已！移动设备的使用也给劳动世界带来了很多变化，比如雇主可以随时联系到雇员，随时随地都可以工作也成了普遍状况。

变化可不只有这些。机器人的使用愈发普及，不仅是在机械制造或者汽车行业，老年人的医疗看护中同样兴起使用机器人。有的雇员开始在工作中佩戴能够不间断地给他提供信息的数据眼镜。还有公司的人力资源部开始利用算法总结的经验，劳动领域里也启用大数据技术分析相关信息。系统自动连接操控的"物联网"也开始投入应用。人工智能的话题相当火热。

上面这些数字化的现象都带来了很多法律问题。让我们从最容易的开始：雇主可以把雇员的个人信息及照片放到网上吗？如果雇员在某个涉及雇主的评价网站上受到了侮辱，他能够要求雇主为自己请个好律师维权吗？如果雇员按照企业中实施的"自带设备"的工作模式使用自己的笔记本电脑工作，有什么法律后果？人事经理可以去调查雇员在脸书上给他的"好友"们写了什么内容吗？

更难一点的问题出在《劳动时间法》的相关规定的遵守上。在白天工作了10小时后，上司在晚上九点给雇员打电话，希望他马上完成一个工作，即为第二天早上的会议准备一个PPT，合法吗？如果雇员在休假的时候参加了一个小时的电话会议，会导致什么法律后果？劳动保护法的相关规定如何看待此类现象？过去十年患心理疾病的人有明显增加，是不是跟这种工作模式的变化有关？有什么对策吗？各种新设备包括3D打印机的使用会给雇员带来额外的负担吗？

数字化的发展还导致企业中的工作进程都变得透明了。谁因为什么事联系了谁？谁是企业交往中的"风云人物"？谁又属于"边缘人物"，从而体现他无足轻重？数据收集处理在多大范围内是合法的？雇主可以记录每个工作步骤并借此对比雇员工作效率的高低吗？

近年来，外卖送餐也开始在德国流行起来。送餐到家的外卖骑手往往是以自雇者的身份在工作的，他们会不会实际上属于雇员呢？

对某些公司而言，"众包"是一个具有魔力的新词。他们通过平台将某些工作分配给网络上的大众。"大众"的成员，也就是世界上数不清的网民，都可以尝试完成任务。报酬和工作条件完全由市场决定，比如印度的某个参与竞争者可能对低廉的报酬没有怨言。面对这种新现象的挑战，劳动法能做出什么应对？

本书旨在研讨上面提到的这些问题，当然研讨是在德国法的框架下展开的。除了新问题，本书也会涉及一些"老"问题，比如雇员因私使用办公设备、雇主对雇员的监控等。类似的问题也可能出现在中国。

书中涉及的相关文献和判例截止到 2019 年 6 月，少数更新到 2020 年 1 月。相关司法判决都标明了审判日期或案号，便于在搜索引擎上查找（部分判例可在网上免费获取）。如果您在阅读时有任何意见建议，欢迎给本人写邮件，邮箱地址是 daeubler@ uni – bremen. de。本人对于中国的相关实践和讨论很感兴趣。

北京外国语大学的王建斌教授及其翻译团队赵为、毕丰皓、吴昊龙、李洁完成了本书正文的初译工作。中国政法大学的娄宇教授翻译了本书的关键词索引，并统筹译校了全部书稿，保证了内容上的专业性和统一性。同济大学的王倩副教授完成了本书的校对工作。衷心感谢上面几位！

非常感谢汉斯·伯克勒基金会、弗里德里希·艾伯特基金会北京办公室和德工联法律事务有限公司，本书的翻译费用由以上机构共同资助。

中国政法大学社会法研究所和中国政法大学出版社也对本书中文版的出版做出了重大贡献，此处表示我诚挚的谢意。

沃尔夫冈·多伊普勒
2020 年 2 月于不来梅

目录

第一章 数字化引发新变革 ………………………………………… 1
　一、概览：互联网的发展 ……………………………………… 1
　二、司法、法律文献、立法对互联网的应对 ………………… 3
　三、在劳动数字化的进程中 …………………………………… 6
　四、机遇和风险 ………………………………………………… 10
　五、发展预测 …………………………………………………… 15
　六、对劳动法提出的挑战 ……………………………………… 17

第二章 雇员使用互联网和数字设备劳动 ……………………… 20
　一、发展现状 …………………………………………………… 20
　二、劳动合同规定的权利和义务 ……………………………… 21
　三、关于进修的问题 …………………………………………… 24
　四、企业职工委员会的参与权 ………………………………… 27
　五、人事委员会的参与权 ……………………………………… 36

第三章 特例：自带设备办公（BYOD） ………………………… 40
　一、有何涵义？ ………………………………………………… 40
　二、推行BYOD ………………………………………………… 41
　三、实施的难题 ………………………………………………… 43
　四、工作终止 …………………………………………………… 47

第四章 社交网络的劳动法问题 ………………………………… 48
　一、社会现实 …………………………………………………… 48
　二、筛选求职者 ………………………………………………… 50
　三、是否应当在社交网络支持雇主？ ………………………… 53
　四、违反职责以及可能的惩罚措施 …………………………… 58

第五章 工作边界消失
　　　　——《工作时间法》是弹性工作制的最后防线？ …… 70
　一、现状 ………………………………………………………… 70
　二、工作时间以及《工作时间法》规定的上限 ……………… 71

三、工作时间所处时段 …………………………………………… 75
　　四、年休假期间免于工作 …………………………………………… 76
　　五、《工作时间法》遭遇执法难 ……………………………………… 77
　　六、进一步提高《工作时间法》的灵活性？ ………………………… 78
　　七、前景：让更多人分担工作 ……………………………………… 80

第六章　劳动保护 ……………………………………………………… 86
　　一、电脑屏幕工作造成的伤害 ……………………………………… 86
　　二、数字化工作造成的生理和精神负担 …………………………… 90

第七章　互联网上的雇员数据 ………………………………………… 96
　　一、事实情况 ………………………………………………………… 96
　　二、雇员信息作为公司互联网形象的一部分 ……………………… 97
　　三、评价网站 ……………………………………………………… 100
　　四、顾客在雇主脸书主页上提出批评 …………………………… 105
　　五、云上的雇员数据 ……………………………………………… 107
　　六、互联网上的其他雇员数据 …………………………………… 108
　　七、雇员要求雇主赔偿 …………………………………………… 108

第八章　雇主监控的可能和雇员的数据保护 ……………………… 111
　　一、问题所在 ……………………………………………………… 111
　　二、电信法在劳动关系中的应用 ………………………………… 114
　　三、对办公使用电信设施实施监控 ……………………………… 121
　　四、对私人使用电信设施实施监控 ……………………………… 130
　　五、企业职工委员会的共决 ……………………………………… 134
　　六、公职人员人事委员会的共决 ………………………………… 138
　　七、证据使用禁令 ………………………………………………… 140

第九章　基于大数据制定人力资源政策？ ………………………… 145
　　一、"大数据"现象 ………………………………………………… 145
　　二、整合雇员数据 ………………………………………………… 146
　　三、创建"数据画像"（Persönlichkeitsprofil）？ ………………… 147
　　四、大数据分析应用案例 ………………………………………… 150

第十章　新劳动方式，新法律问题？ ………………………………… 153
　　一、人工智能：使用机器人与其他智能系统 …………………… 153
　　二、使用可穿戴设备 ……………………………………………… 157
　　三、自控系统 ……………………………………………………… 159

四、使用3D打印机 …………………………………………………………………… 160
　　五、用比特币支付 …………………………………………………………………… 160
　　六、区块链技术的其他应用 ………………………………………………………… 163

第十一章　未经许可私用办公设备 ………………………………………………… 165
　　一、引言 ……………………………………………………………………………… 165
　　二、办公还是私人使用？ …………………………………………………………… 166
　　三、被批准的私人使用互联网 ……………………………………………………… 167
　　四、仅限办公使用——违反后的处罚 ……………………………………………… 173

第十二章　雇员其他违反义务的行为 ……………………………………………… 177
　　一、不使用新技术 …………………………………………………………………… 177
　　二、技术使用不当 …………………………………………………………………… 178
　　三、"破坏计算机" …………………………………………………………………… 179
　　四、违反保密规定 …………………………………………………………………… 179
　　五、未经许可传输数据 ……………………………………………………………… 180
　　六、将办公数据携至私人领域及制作盗版 ………………………………………… 181
　　七、公司计算机存储私人文件 ……………………………………………………… 181
　　八、手机作为"间谍" ………………………………………………………………… 182
　　九、侮辱性话语及诽谤 ……………………………………………………………… 182
　　十、涉性问题 ………………………………………………………………………… 182
　　十一、宣扬暴力 ……………………………………………………………………… 183

第十三章　网络上的工会 …………………………………………………………… 184
　　一、问题 ……………………………………………………………………………… 184
　　二、通过邮件发布工会信息及进行宣传 …………………………………………… 185
　　三、工会在内联网上发布信息及进行宣传 ………………………………………… 190
　　四、内联网上的工会主页 …………………………………………………………… 192
　　五、协议 ……………………………………………………………………………… 193
　　六、题外话：通过互联网上的行动向雇主方施加压力 …………………………… 193

第十四章　数字世界中的企业职工委员会、公共机构人事委员会和欧盟职工委员会 … 196
　　一、问题 ……………………………………………………………………………… 196
　　二、职工委员会对连接互联网和必要设备的请求权 ……………………………… 197
　　三、网络上的企业职工委员会 ……………………………………………………… 202
　　四、企业组织发生改变 ……………………………………………………………… 214
　　五、公共机构人事委员会的特别之处 ……………………………………………… 218
　　六、欧盟职工委员会 ………………………………………………………………… 219

第十五章　居家办公和移动式工作：《劳动法》当前的挑战 ………… 221
- 一、居家办公（Homeoffice） ………… 221
- 二、移动式工作 ………… 227
- 三、培训 ………… 228

第十六章　互联网劳动关系 ………… 230
- 一、新现象 ………… 230
- 二、通过互联网缔结、修改和终止劳动关系 ………… 231
- 三、劳动法如何处置设在办公场所之外的工作岗位 ………… 233
- 四、跨境的互联网劳动关系 ………… 237
- 五、虚拟企业中的劳动法 ………… 241

第十七章　通过网络分配订单 ………… 244
- 一、基于互联网的新兴工作形式——平台经济 ………… 244
- 二、法律问题 ………… 246

第十八章　众包工作 ………… 253
- 一、什么是"众包工作"（Crowdwork） ………… 253
- 二、合同条件完全取决于市场情况 ………… 257
- 三、"微任务工作者"的情况 ………… 258
- 四、"创意竞赛者"的情况 ………… 260
- 五、专家众包工作中缔约双方的地位 ………… 261
- 六、集体利益代表 ………… 261

第十九章　IT 安全 ………… 263
- 一、危机重重 ………… 263
- 二、立法者的回应 ………… 264
- 三、对雇员行为的具体要求 ………… 267

参考文献 ………… 271

关键词索引 ………… 309

缩略语对照表 ………… 341

第 1 章

数字化引发新变革

一、概览：互联网的发展

时下，是否还有人未曾接触网络，未曾收到过电子邮件，未曾使用过"网络摄像机"或"智能手机"？虽不可思议，但事实上仍有少数人从未上过网，不过该人数呈下降趋势。步入21世纪的第二个十年，"德国21世纪信息社会行动计划"组织（Initiative D21）委托调查机构 **Infratest** 针对网民数量进行调查，并于2012年6月发布调查结果：2001年德国14岁以上人口中有37%是网民，该比例在2007年提高到了60.2%，到2012年则已经高达 **75.6%**。[1]据统计，该调研随机抽取了约三万名德国人，参与调查的人家中必须配有固网宽带，许多领取哈茨四长期失业救济金（Hartz Ⅳ）或仅使用一部移动设备的人则不能参与。如此一来，样本必会有一定偏差，但并未从根本上影响统计分析结果。[2]截至2016年底，德国14岁以上的网民比例已增至 **79%**，[3]而非网民仅仅占比 **8%**，相比2005年（29%）减少了21%。[4]

德国电视一台（ARD）和**电视二台（ZDF）**于2012年8月公布了其委托进行的一项**"在线调查"**结果，[5]与 Initative D21 的调查结果相似：**2012**年，德国14岁以上人口中网民比例高达 **75.9%**，约5340万人。**2016**年则增至5800万人，占比 **83.8%**。[6]2016年，德国60岁以上人口中网民占比56.6%，相比其他年龄段虽互联网普及率最低，但增长趋势仍不能忽视，因为该年龄段群体在2011年上网者占比仅34.5%。[7]互联网使用强度也各不相

---

[1] 链接：de. statista. com/statistik/daten/studie/13070/umfrage/entwicklung – der – internetnutzung – in – deutschland – seit – 2001/（最后访问时间：2012年12月14日），下同。

[2] 移动设备使用者通常也属于网民，然而难以确定该群体的数量是否同完全不使用电信网络技术的人群相当。

[3] 链接：https://de. statista. com/statistik/daten/studie/13070/umfrage/entwicklung – der – internetnutzung – in – deutschland – seit – 2001/（最后访问时间：2017年9月16日）。

[4] 链接：https://de. statista. com/statistik/daten/studie/158813/umfrage/anteil – der – nicht – nutzer – des – internets – in – deutschland/（最后访问时间：2017年9月16日）。

[5] 链接：http://www. ard – zdf – onlinestudie. de（最后访问时间：2017年9月16日）。

[6] 链接：http://www. ard – zdf – onlinestudie. de/fileadmin/Onlinestudie_2016/Kern – Ergebnisse_ ARDZDF – Onlinestudie_2016. pdf（最后访问时间：2017年9月16日）。

[7] 链接：http://www. ard – zdf – onlinestudie. de/index. php? id = 561（最后访问时间：2017年9月16日）。

同，德国网民平均**每天上网 128 分钟**（与其他国家相比较高）。其中，70 岁以上的老人平均每天上网时长为 28 分钟，14 至 29 岁的年轻人每天上网时长为 245 分钟，即超过 4 个小时。[1]2009 年至 2012 年，智能手机和平板电脑的**移动互联网**使用量从较低的 11% 增至 23%；2014 年，移动互联网使用量翻至约 50%；[2]2016 年增至 57%。[3]

其他国家也经历了类似变化。2010 年 12 月，**全球互联网用户数突破 13 亿**。[4]网民数量最多的国家是中国，美国和日本次之，[5]巴西名列第四，德国排名第五，但考虑德国人口总数仅大约八千万人，可以说这一排名印证了互联网在德国的普及。**2014 年底**，全球互联网用户总数大幅提高，已**突破 30 亿**。[6]截至 2017 年初共 37.7 亿人使用互联网，超过世界总人口的半数。[7]

"社交网络"在互联网中的地位愈发重要。德国信息技术、通讯和新媒体协会（BITKOM）的研究数据显示，早在 2011 年 3 月，德国就有 **76% 的网络用户至少注册过一个社交网络**。[8]当时，脸书拥有 42% 的互联网用户，是德国网络社交市场的领军者。[9]当时市场占有率达 21% 的网络社交平台"VZ－Familie"（包括 meinVZ，studiVZ 和 schülerVZ 三大平台，现已关闭）紧随其后。平台"wer－kennt－wen"（18%）、"StayFriends"（17%）、商务社交网站 XING（6%）、推特（3%）位列其后。[10]当前数据显示，一方面社交网络用户数量较之前大幅增加，另一方面各平台的市场排名也发生了变化——拥有 69% 互联网用户的 YouTube 成为行业先锋，脸书（61%）次之，[11]随后是 WhatsApp（55%）、Facebook Messenger（39%）、Instagram（21%）、Google＋（20%）、Skype（19%）、领英（10%）。

这些数据涵盖了工作及私人生活中的互联网使用情况。**在工作岗位上可上网**的雇员比例不高，显然并非每项工作都需要使用互联网。德国联邦统计局（Das Statistische Bundesa-

---

[1] 链接：http://www.ard－zdf－onlinestudie.de/fileadmin/Onlinestudie_2016/Kern－Ergebnisse_ARDZDF－Onlinestudie_2016.pdf（最后访问时间：2017 年 9 月 16 日）。

[2] 链接：http://www.ard－zdf－onlinestudie.de/（最后访问时间：2015 年 4 月 4 日）。

[3] 链接：http://www.ard－zdf－onlinestudie.de/fileadmin/Onlinestudie_2016/Kern－Ergebnisse_ARDZDF－Onlinestudie_2016.pdf（最后访问时间：2017 年 9 月 16 日）。

[4] 链接：http://de.statista.com/themen/42/internet/（最后访问时间：2017 年 9 月 16 日）。

[5] 数据可见链接：http://www.laenderdaten.de/kommunikation/internetnutzer.aspx（最后访问时间：2012 年 12 月 14 日）。

[6] 链接：http://www.jobambition.de/globale－internetnutzung－2014/（最后访问时间：2015 年 4 月 4 日）。

[7] 链接：http://www.absatzwirtschaft.de/global－digital－report－2017－so－digital－ist－deutschland－97695/（最后访问时间：2017 年 6 月 19 日）。

[8] Bundesverband Informationswirtschaft, Telekommunikation und neue Medien e. V.（＝BITKOM），Herausgeber, Soziale Netzwerke. Eine repräsentative Untersuchung zur Nutzung sozialer Netzwerke im Internet, 2011, S. 3, 20.

[9] BITKOM（Hrsg.），S. 4，下同。

[10] 有关各社交网络的概述见链接：http://www.soziale－netzwerke－links.de/soziale－netzwerke－im－internet.html（最后访问时间：2015 年 4 月 4 日）。

[11] 链接：http://www.absatzwirtschaft.de/global－digital－report－2017－so－digital－ist－deutschland－97695/（最后访问时间：2017 年 9 月 16 日）。

mt）的一项调查研究显示：2016 年，平均 60% 的德国雇员使用计算机办公，[1]54% 的雇员在办公场所可连接互联网。德国互联网企业的比例从 2010 年的 85% 提升至 2016 年的 91%。[2]**移动互联网**规模亦愈发壮大，德国企业的移动网络使用率从 2011 年的 18% 增至 2016 年的 61%。[3]然而只有 15% 的雇员通过便携式移动设备连接互联网，[4]其他人可在家登录企业系统。

社交网络对私人生活比对办公更为重要。据德国信息技术、通讯和新媒体协会（BITKOM）的调查可知：在德国，57% 的企业仍依靠传统的内联网进行信息交流，[5]21% 的企业使用脸书等外部社交网络，13% 的企业使用企业或康采恩集团内部社交网络。德国联邦统计局表示，德国 29% 的企业主要使用外部社交网络对外交流，[6]该比例在 2016 年增至 43%。[7]

二、司法、法律文献、立法对互联网的应对

阅读相关的法律文献也会察觉到互联网的快速发展。早在 2001 年（本书第一版出版时间），**涉及互联网的司法案例已不少见**。当时争议的话题包括：大学生是否能网上报名参加毕业考试？[8]是否允许将某些言辞粗鄙的"聊天用户"赶出聊天室并对其禁言？[9]是否准许网民参加在德国违法的线上博彩？[10]是否允许将欠债不还的债务人姓名公示在德国债务网站上（链接为"www. schuldnerspiegel. de"）？[11]如出现争议，提交往来电子邮件是否可以证明合同成立？[12]时下，技术的发展引发了许多新问题，例如：存储 IP 地址须满足哪些前提？[13]若货车上秘密安装了带 GPS 的传感器，可监控车辆和驾驶员的实时位置，[14]对此该如何处置？是否允许雇员在脸书上大肆批评雇主的顾客？[15]法律文献现已不胜枚举：综合性的法律期刊有《新司法周刊》（Neue Juristische Wochenschrift，缩写 NJW）、《新劳动法杂志》（Neue Zeitschrift für Arbeitsrecht，缩写 NZA）和《企业中的劳动法》（Arbeitsrecht im

---

〔1〕 Statistisches Bundesamt, Unternehmen und Arbeitsstätten. Nutzung von Informations – und Kommunikationstechnologien in Unternehmen, Wiesbaden 2016, S. 31. 链接：https://www. destatis. de/DE/Publikationen/Thematisch/UnternehmenHandwerk/Unternehmen/InformationstechnologieUnternehmen5529102167004. pdf? __blob = publicationFile（最后访问时间：2017 年 9 月 16 日）。

〔2〕 Statistisches Bundesamt, a. a. O., S. 9.

〔3〕 Statistisches Bundesamt, a. a. O., S. 7.

〔4〕 Statistisches Bundesamta, a. a. O., S. 11.

〔5〕 BITKOM, Arbeiten 3. 0. Arbeiten in der digitalen Welt, Berlin 2013，下同。

〔6〕 Statistisches Bundesamt, a. a. O., S. 11ff.

〔7〕 链接：https://de. statista. com/themen/2124/social – media – in – unternehmen/。

〔8〕 VG Saarlouis, 23. 7. 1998 – 1 F 73/98 – K&R 1999, S. 47.

〔9〕 LG Bonn, 16. 11. 1999 – 10 O 457/99 – NJW 2000, 961 = K&R 2000, 256；谓之"虚拟禁令"。

〔10〕 OLG Hamburg, 4. 11. 1999 – 3 U 274/98 – K&R 2000, S. 138.

〔11〕 OLG Rostock, 21. 3. 2001 – 2 U 55/00 – ZIP 2001, S. 793 – 745.

〔12〕 OLG Köln, 6. 9. 2002 – 19 U 16/02 – DuD 2003, 104.

〔13〕 BGH, 13. 1. 2011 – III ZR 146/10 – MMR 2011, 341.

〔14〕 LG Lüneburg, ZD 2011, 39 及 BGH, 4. 6. 2013 – 1 StR 32/13 – RDV 2013, 297 = ZD 2013, 502。

〔15〕 BayVGH, 29. 2. 2012 – 12 C 12. 264 – RDV 2012, 150.

Betrieb，缩写 AiB）等；针对信息技术领域法律问题的专业期刊有《数据处理法（杂志）》（Recht der Datenverarbeitung，缩写 RDV）、《数据保护与法律（期刊）》（Zeitschrift für Datenschutz，缩写 ZD）、《电脑与工作（杂志）》（Computer und Arbeit，缩写 CuA）、《数据保护与数据安全（期刊）》（Datenschutz und Datensicherung，缩写 DuD）、《多媒体与法律（杂志）》（Multimedia und Recht，缩写 MMR）、《通讯与法律（杂志）》（Kommunikation und Recht，缩写 K&R）、《计算机与法律（杂志）》（Computer und Recht，缩写 CR）、《数据保护咨询（期刊）》（Datenschutzberater，缩写 DSB）、《数据保护新闻（期刊）》（Datenschutz - Nachrichten，缩写 DANA）。

20 世纪 90 年代中后期以来，**立法者**一直积极采取应对行动。德国于 1996 年 7 月 25 日通过《**电信法**》（Telekommunikationsgesetz），[1]之后于 2004 年[2]和 2012 年两次修改此法，[3]《电信法》覆盖了传统电话通讯及互联网在内的各种电信手段。德国于 1997 年 7 月 22 日颁布的《电信服务法》（Teledienstegesetz）[4]规范网络服务，如个人网上获取列车时刻信息、查询股价或网购书籍等。2007 年德国《**电信媒体法**》（**Telemediengesetz，缩写 TMG**）[5]取代《电信服务法》，但法律内容和适用范围无明显调整。2000 年 6 月 27 日，德国通过《**远程销售法**》（**Fernabsatzgesetz**）[6]，允许消费者撤回通过电子邮件或通过使用电信及媒体服务成立的一切合同。[7]2002 年 1 月 1 日起，德国《**债法现代化法**》（**Schuldrechtsmodernisierungsgesetz**）正式生效，《远程销售法》的上述规定由此被纳入德国《民法典》第 312b 条至 312d 条。而且，德国《民法典》第 312e 条专门规范了互联网交易中供应方特别的信息和作为义务（Informations - und Handlungspflichten der Anbieter）。[8]至此，欧盟《电子商务指令》[9]的重要组成部分得以转化为德国法律。随后，德国《民法典》（2011 版）第 312b 条至 312f 条对**远程销售合同**作出详细规定，原第 312e 条变更为第 312g 条。[10]

在德国，互联网引入和普及之初**并未引发太多劳动法领域的问题**。《新司法周刊》2001 年刊登的"互联网法律发展概述"[11]中并无任何文章涉及劳动法。不过在劳动法**司法**而非立法层面其实还是有一些新的发展。目前仍悬而未决的多个问题其实早就被提出，尤其是生活和工作界限问题。例如某幼儿园园长从网上下载了 60 个儿童色情文档并将其存储在

---

[1] BGBl. I S. 1120.

[2] BGBl. I S. 1190.

[3] 法律生效自 2012 年 5 月 3 日，BGBl. I S. 958。

[4] BGBl. I S. 1870.

[5] 法律生效自 2007 年 2 月 26 日，BGBl. S. 179，2010 年 5 月 31 日修订，BGBl. I S. 692。

[6] BGBl. I S. 897，2001 年 12 月 14 日修订，BGBl. I S. 3721。

[7] 该法内容详见 Bülow/Artzt，NJW 2000，2049ff.；Piepenbrock/Schmitz，K&R 2000，378；Tonner，BB 2000，1413。

[8] BGBl. 2001 I S. 3138。

[9] ABl. EG vom 17.7.2000，Nr. L 178/1。

[10] 法律生效自 2011 年 7 月 27 日，BGBl. I S. 1600。最新解释见 Palandt - Grüneberg。

[11] H. Hoffmann，Beilage zu Heft 14/2001 der NJW.

家,可以解雇他吗?[1]尽管公司禁止私用企业邮箱,某秘书仍用企业邮箱向同事转发动物保护主题的连环邮件,是否可因此解雇她?[2]某银行出纳违反保密原则,未经授权读取数据,并蓄意消除"上网痕迹",该如何评定他的行为?[3]某系统管理员窥探数据,并以人事委员会主席身份使用这些数据,他是否可被解雇?[4]如何处置在办公设备上储存色情文档的行为?[5]某雇员更改企业主密码,导致雇主一段时间内无法访问企业数据,该如何处理?[6]某银行雇员在脸书上点赞一篇贬低上司的帖子,这个帖子还以"蠢猪就该送去屠宰场"为结尾,对此该如何评判?[7]

当然,互联网发展带来的劳动法相关问题远**不止上述这些**基于网上行为的**解雇**事件。某大学学院的院长在网上公布老师姓名及资质背景,学校人事委员会是否可对此参与共决?[8]雇主是否可将雇员照片发到网上?[9]某雇员由于个人信息被公布到网上而遭到负面评论,如被指责是位无聊且态度消极的教师,该怎么办?[10]雇员能否用家用电脑向企业同事发送工会宣传广告?[11]企业职工委员会[12]委员可在内联网上发表具有挑衅意味但非侮辱性的评论?[13]帕德博恩市劳动法院早前的一项判决尤其值得一提,[14]**企业职工委员会有权**在内联网(而非互联网)**创建独立主页**。与此相关又产生了其他问题,如企业职工委员会可在多大程度上要求在线访问雇主的某些资料?[15]企业职工委员会能否建立脸书页面,让更多人看见?[16]是否允许用企业邮件系统组织罢工?[17]

法律文献先是探讨了**出于私人及工作目的使用**企业互联网连接的问题,[18]以及个人电脑连网引发的多重法律问题。[19]目前讨论的问题包括:雇员获得准许使用工作邮箱收发私

---

[1] ArbG Braunschweig, 22.1.1999 – 3 Ca 370/98 – NZA – RR 1999, 192 – 194 = K&R 2000, 42 – 43.

[2] ArbG Frankfurt, 20.3.2001 – 5 Ca 4459/00 – RDV 2001, 189 = MMR 2001, 547 及 HessLAG, 13.12.2001 – 5 Sa 987/01 – DB 2002, 901。亦见 ArbG Wesel, 21.3.2001 – 5 Ca 4021/00 – NZA 2001, 786。

[3] LAG Köln, 19.11.1999 – 11 Sa 768/99 – RDV 2001, 30.

[4] VG Frankfurt/Main, 28.8.2000 – 23 L 1642/00(V) – RDV 2000, 279.

[5] ArbG Hannover, 1.12.2000 – 1 Ca 504/00 B – NZA 2001, 1022.

[6] 判决见 HessLAG, 13.5.2002 – 13 Sa 1268/01 – RDV 2003, 148。

[7] ArbG Dessau – Roßlau, 21.3.2012 – 1 Ca 148/11 – ZD 2012, 344 = K&R 2012, 442.

[8] OVG Nordrhein – Westfalen, 20.1.2000 – 1 A 128/98. PVL – RDV 2000, 171 = PersR 2000, 456.

[9] ArbG Frankfurt/Main, 20.6.2012 – 7 Ca 1649/12 – ZD 2012, 530.

[10] 见德国联邦最高法院对"Spickmich网站"案判决,BGH v. 23.6.2009 – VI ZR 196/08 – NJW 2009, 2888。

[11] LAG Schleswig – Holstein, 1.12.2000 – 6 Sa 562/99 – AuR 2001, 71.

[12] 关于企业职工委员会的组织、地位与权限,详见沃尔夫冈·多伊普勒著,王倩译:《德国劳动法》,上海人民出版社2016年版,第五章。

[13] LAG Hamburg, 4.11.1996 – 4 TaBV 10/95 – AuR 1997, 301ff.

[14] 29.1.1998 – 1 BV 35/97 – DB 1998, 678f. = AiB 1998, 282.

[15] BAG, 16.8.2011 – 1 ABR 22/10 – RDV 12, 28 = ZD 2012, 180。另见 Kort, ZD 2012, 247。

[16] 参见 Hinrichs/Schierbaum, CuA 10/2012, 7。

[17] BAG, 15.10.2013 – 1 ABR 31/12 – NZA 2014, 319 = K&R 2015, 22.

[18] Hanau/Hoeren; Däubler, K&R 2000, 323ff.; Gramlich, RDV 2001, 123ff.; Vehslage, AnwBl 2001, 145ff.

[19] 见 Beckschulze/Henkel, DB 2001, 1491ff.; Bijok/Class, RDV 2001, 52ff.; Ernst, NZA 2002, 585ff.; Heilmann/Tege, AuA 2001, 54ff.; Lambrich/Cahlik, RDV 2002, 287ff.; Lindemann/Simon, BB 2001, 1950ff.; Weißgerber, NZA 2003, 1005。

人邮件，而雇主查看了雇员的电子邮件列表，这一行为是否违反了电信秘密？[1]是否允许雇主在社交网络上查探应聘者信息？企业职工委员会又在多大程度上可依据《企业组织法》第94条制止雇主这一行为？[2]

三、在劳动数字化的进程中

11　　互联网构成新工作模式的技术基础。新的工作模式主要有三种形式，均给劳动法带来新的挑战。新工作模式的产生和发展是一个演变过程，在不同行业或企业的发展速度存在差异。[3]

12　　1. 智能手机推动移动式工作和居家办公

　　配备**笔记本电脑、智能手机和平板电脑**后，雇员可随时随地办公。技术进步使得雇员在深夜或者休假期间也能制作工作PPT，或为主管和客户提供咨询。全球竞争使企业精简人力，因此极少有人能在**每周35或40小时**的工作时间内**完成分配的工作任务**，越来越多的人每周工作45小时甚至50小时。通常雇员不会提出异议，许多雇员对工作认同感极强，即使每周实际工作50小时也不会要求"停工"。这样一来，法律（尤其是德国《劳动时间法》和《劳动保护法》）规定的**工作界限不复存在**，可以说工作全面覆盖了雇员的生活，

13　　即便"空闲时间"里雇员也不得不面对可能出现的工作任务。[4]

　　这对传统的德国劳动法体系形成了**前所未有的挑战**。具体来说，人们要问当前如何运用《劳动时间法》和《劳动保护法》才能适应当下情况，遵守现行劳动保护标准的同时考虑企业的经营需求。人们还要问，是否存在**其他的办法可以限定劳动力的支出**？比如目前有的集体合同会约定，为了完成某项工作任务雇主至少需要配置多少雇员；履行劳动合同的工作义务也不可危及雇员健康。本书将在后文中逐一讨论。[5]

　　2. 使用其他数字设备办公

14　　**（1）雇员自带设备**

　　如果雇员自带笔记本电脑、智能手机或平板电脑用于工作，会带来其他问题。通过"自带设备"（Bring Your Own Device），雇员可使用熟悉的设备，从而方便工作。然而，一旦设备丢失或者企业和雇员的劳动关系终止，便会随之出现一系列后续问题。[6]

15　　**（2）社交网络**

　　时下常用脸书、推特、Xing等社交网络进行私人及办公通讯。用户可以在社交网络上自行设置联系人群组，例如脸书的用户可以设置只向某些人、向所有**"好友"**、向所

---

[1] 见Kempermann, ZD 2012, 12 及 Panzer-Heemeier, DuD 2012, 48。
[2] 见Göpfert/Wilke, NZA 2010, 1329; Hinrichs/Schierbaum, CuA 10/2012, 9; Oberwetter, NJW 2011, 417; Rolf/Rötting, RDV 2009, 263。
[3] 见Peter/Müller-Gemmeke, S. 113。
[4] 更多有关工作界限的讨论见Däubler, SR 2014, 45ff。
[5] 参见本书第五章及第六章。
[6] 参见本书第三章。

有用户或公开发送消息。然而难点在于，社交网络上的"好友"并不一定是现实生活中的好友，[1]因此发给指定对象的消息也难免被转发给第三方，甚至被公布到网上。这些信息甚至数十年后依旧有迹可查，给"发布者"（例如应聘者）造成麻烦。[2]现今的数据保护法规已在一定程度上阻止**搜索引擎**显示"过时"消息。[3]用户在推特上也可以招募"**粉丝**"，粉丝会自动接收该用户发送的消息，也有文献提及通过购买而组建"粉丝群"的情况。[4]

16

社交网络普及，意味着雇员可用个人脸书账户建立**客户关系**，或网上争论发生时**出声支持雇主**。雇员在空闲时间登录社交网络账户发表言论，雇主通常也可以看到，工作和私人领域间的界限逐渐消失。如雇员在空闲时间对企业中的个人或事件发表不当的批评言论，也可能引发劳动法相关问题。[5]

（3）机器人

17

机器人广受瞩目。2015年，德国平均每一万个工作岗位中（仅）有301台机器人，[6]数量虽不多，但呈上升趋势。德国TK医疗保险基金会希望通过使用机器人**减轻医护人员劳动负荷**。[7]这表明，机器人可应用于工业生产部门之外的其他领域。其一大特点在于"自学习系统"：借助内嵌的**人工智能**，机器人可通过学习与加工既有经验来优化未来"行为"方案。[8]

18

法律层面对机器人亦多有讨论，主要侧重于法律上如何认定机器人发布的"表意"（例如"购买食品"），以及谁应对机器人故障及对第三方的侵害负责。部分人意欲将机器人视为**独立的法律主体**。[9]而将机器人纳入劳动法体系会引发新问题，[10]后续章节将对此展开讨论。[11]

（4）物联网

19

可以预想，在接下来的十到二十年，生活和工作还将**进一步**信息化。[12]单是提高生产效率、增强国际竞争力这一点就足以推进信息化。目前认为，新的决定性因素是**物与物之间直接"沟通"**，自动控制流程，无需人为干预。如今通过在商品上安装**RFID**射频识别标签（俗称电子标签）及在重要"战略"位置安装读取装置，已可精确锁定商品何时位于何地。[13]**无人驾驶列车**（比如北京首都机场航站楼间已经运营了15年的小火车）是复杂流程

---

[1] 参见Schwartmann, RDV 2012, 1.5：社交网络的"好友"只有7%是现实生活中的好友。
[2] Gliewe, AuA 2012, 465, 466：互联网不会遗忘；Ruhland CuA 1/2012, 12。
[3] 见欧洲法院对谷歌案判决，EuGH, 13.5.2014 – C –131/12 – CuA 6/2014, 30。
[4] 链接：http://www.spiegel.de/netzwelt/web/twitterexperiment-16-000-fake-follower-fuer-club-molke-a-859643.html。
[5] 有关在工作中使用社交网络的问题，参见本书第四章。
[6] 见Günther/Böglmüller, BB 2017, 53。
[7] Schwäbisches Tagblatt v. 11.9.2017, S.1。
[8] 参见R. Schaub, JZ 2017, 342。
[9] 参见Schirmer, JZ 2016, 660；Spindler, JZ 2016, 805, 815f. 持批评意见。
[10] 见Günther/Böglmüller, BB 2017, 53ff.；Groß/Gressel, NZA 2016, 990ff.。
[11] 参见本书第十章，边码4及以下。
[12] Botthoff, in: Bundesministerium für Wirtschaft und Energie（Hrsg.），S.4ff。
[13] 详见Däubler, Gläserne Belegschaften, Rn. 324aff.。该处还有另一例是某地铁百货商店直接扫描商品标签并让客户用指定的卡付款，从而淘汰了收银台。

在无人干预时也可顺畅运行的极佳例子，此领域也会迎来人工智能的应用。数字化"重大"议题之一是道路交通中的自动驾驶，德国联邦政府的伦理委员会已对此提出意见，[1]自动驾驶在未来将成为常态。**3D 打印机**已可制造工具、机械零件、运动鞋或首饰等，甚至可以制造整辆汽车——这一方案已由四万人通过互联网共同制定并推动。[2]

几年前的一项研究指出，"物联网"有**四大应用领域**，即物流、生产制造规划、医疗保健和交通出行，物联网可能会给这些领域带来**翻天覆地的变化**。[3]该研究也分别为这四个领域清晰地描绘了未来可能的工作和生活场景，并充分考虑了蓄意破坏行为可能对物联网造成的危害。[4]

物联网发展使"日常"工作流程不断产生大量数据。**"人机互动"现已完全通过数据交换进行**。存储下所有数据就能重现劳动中各个步骤或操作——这对劳动法构成前所未有的挑战。若不恰当应对，雇主很快便可全面监控雇员的工作行为。将来的原则性做法是：使用生成数据尽可能少的设备，贯彻"隐私设计"（privacy‐by‐design）和"默认隐私"（privacy‐by‐default）的理念，并且对数据设置尽可能短的允许读取期限。[5]此外，还有更激进的建议主张雇员有权要求无数据处理的生产。[6]

（5）可穿戴设备和智能眼镜

可穿戴设备可像手表那样穿戴在身上，生成并传输信息，可视为配有传感器的微型计算机。[7]此类设备可应用于医学领域，持续记录心率、血压等身体机能。也可采取智能眼镜形式，实现数据可视化，简化工作。[8]可穿戴设备的优点在于，从工作中获取必要信息的同时解放了双手。[9]而缺点在于，与同样提供信息的平板电脑相比，较长时间使用可穿戴设备及智能眼镜给人造成的生理负荷更大。[10]如仍需使用**智能眼镜**，企业职工委员会须确保其数据流与其他企业数据一样，不得用于监控雇员工作。最好的解决方法是，工作一旦不再需要这些数据便立即对其删除。如企业未设企业职工委员会，则必须由数据保护监管机构介入，以防雇主全面记录雇员的工作行为。[11]

（6）大数据

"大数据"这个概念是指产生并用先进方法加工处理海量数据。[12]十亿用户在使用脸

---

[1] 摘自 ZD Heft 12/2017 S. XIV。

[2] 见 Tagesspiegel, 2015. 4. 30., S. 17。关于 3D 打印的劳动保护问题，参见本书第六章，边码 21。

[3] Botthoff/Bovenschulte（Hrsg.）, Das »Internet der Dinge«. Die Informatisierung der Arbeitswelt und des Alltags, Düsseldorf 2009, Arbeitspapier 176 der Hans‐Böckler‐Stiftung（链接：www.boeckler.de，最后访问时间：2015 年 4 月 4 日）。

[4] Jakobs, CuA 12/2014, 24ff.

[5] 详见 Hofmann, ZD 2016, 12ff.。

[6] 见 Becker, JZ 2017, 170。

[7] Weichert, CuA Heft 10/2016, S. 9。

[8] 其他使用方法见 Weichert, a. a. O., S. 10。

[9] Kirchhoff/Terhoeven, CuA Heft 10/2016, S. 15.

[10] Kirchhoff/Terhoeven, a. a. O., S. 17。

[11] 禁止通过信息技术手段记录所有劳动结果，见 BAG, 25. 4. 2017‐1 ABR 46/15, NZA 2017, 1205。

[12] Brandt, CuA 11/2013, S. 11。

书时自然会生成大量数据,每分钟上传到 YouTube 上的视频足以录制 72 小时的"电视节目"。[1]如今许多个人设备均已连网,配备导航的汽车只是一例。[2]借助现有工具分析无穷尽的数据,形成新见解,可在宏观层面上高度准确地预测人们的行为,并在微观层面上了解特定人群的偏好和特点,制定**最优广告营销策略——但这还只是最无害的结果**。[3]在亚马逊上买了一本书后通常会收到信息提示,说其他购买此书的买家也点击或购买了其他书籍。这可绝非偶然。因此有人说网络上早已无"匿名性"可言。[4]

雇员数据也不例外。[5]例如,对天气、部门工作强度和弹性工作时间建立相关性分析后,可得知雇员工作的积极性——阳光灿烂的天气里,工作任务大堆,雇员在岗时长却刚刚满足企业规定的核心工作时间,显然他对自己的工作或对雇主并不充满热情。又例如,相比没有职权、晚上需要陪伴家人的普通雇员,没有家室还常在晚上听 YouTube 上工人运动歌曲的企业职工委员会成员更可能参加罢工。虽然目前还很少使用大数据分析雇员情况,但未来发生这种事情的危险性不小,所以通过《数据保护法》对此进行反向调节会有广泛的应用空间。[6]尤需注意,企业内部通讯愈发频繁地使用电子网络,其中传输大量数据,几乎可以借此全方位描绘出企业运营情况,精确分析雇员也成为可能。[7]另外,大数据技术将可能通过算法来挑选晋升、调动和解雇的雇员,人会成为纯粹的"被评判的对象",而评判标准又不明确。[8]

3. 平台经济

平台经济存在两种基本形式:

(1) 中介服务

第一种是通过互联网对服务做中介,其中**优步公司(Uber)** 的商业模式最为著名。客户预定出行服务,出行服务由"独立"司机提供,"中介方"优步则通过预先设置的程序来全面操控司机的行为。最开始德国法院认为优步不满足德国《乘客运输法案》的有关要求而没有允许优步进入德国市场,但是优步现在已经获准进入市场并开始推广它的经营模式。还有其他服务中介商,例如家政服务领域的 Helpling,清洁人员同样属于所谓的"自雇者",但委托方在很大程度上决定了清洁人员的行为。像 Foodora 和 Deliveroo 这样的外卖送餐服务也愈发重要。这种模式显然会带来以下问题:"中介方"与劳动者间是否存在劳动关系?如果不存在劳动关系,这些劳务提供者是否属于类雇员?是否适用德国劳动法的部分规定?[9]若不适用,是否适用德国民法的相关规定?民法的规定又在多大程度上可满足保

---

[1] Weichert, ZD 2013, 252.

[2] Sinn, CuA 12/2013, S. 4; Nürnberger/Bugiel, DuD 2016, 503.

[3] Roßnagel, ZD 2013, 562. 亦见 BITKOM, Big – Data – Technologien, S. 19ff. 。

[4] Boehme – Neßler, DuD 2016, 419.

[5] 见 Brandt, CuA 11/2013, S. 11ff. 。

[6] 详见 Weichert, ZD 2013, 251。

[7] 详见 Höller, CuA 5/2016, S. 9ff. 。

[8] 详见 Baumert/Just, Die automatischen Personaler, CuA 1/2020 S. 14 ff. 。

[9] 见 Prassl, Humans as a service, Oxford 2017。

护需求？不过，与中国相比，此类平台经济在德国经济社会中的重要性并不高。将来还可能出现的问题是，"中介方"的角色是否会因为区块链技术的发展而变得多余。

（2）众包工作

在互联网上发布单项工作任务，众多互联网用户（即"群众"）对任务有兴趣便可报名申请，这一新现象由此得名"众包"。[1]申请者的选用可采用与传统招标相似的形式，挑选出某位申请人。但实际中常见的模式是，申请者必须先完成"工作任务"参与"竞标"，但只有"最佳者"才能获得报酬。此模式更像是一种**竞价**，以竞价模式的工作作为主业外的消遣还可以，但若劳动者要以此维持生计，最好还是另寻出路。

从公司角度来看，"**众包**"可以在康采恩集团内进行（即**内部众包**）。若康采恩内一公司的雇员申请另一公司众包任务，其雇员身份不变。然而，若受托方并非企业内人员（即**外部众包**），情况则不同：由于开展工作时并无指令依附性，受托方可能**不再属于雇员**，而是**自雇者**，有时也可被认定为类雇员。

众包的例子比比皆是，例如先用机器翻译文章，随后在网上找母语者校对错误。各个行业都在众包：谁能写商品广告？谁能编写词典词条？谁能帮助企业设计新 Logo？IT 行业自然更会应用众包——将复杂的流程**分解成更小、更简单的部分**，然后在网上分发"任务"（task）。根据社会经济地位，众包工作者可分为"微任务工作者"、"创意竞争者"（如设计"Logo"）及专家。专家具有市场亟需的专业知识，因此所获报酬相比他人更为丰厚。[2]遇到复杂任务时尤其需要组建专家组。基于工作需求，专家们彼此沟通，理想状态下还可团结一致面对平台或其他委托方。

四、机遇和风险

1. 机遇

（1）基础技术：互联网

与传统电话相比，互联网能传输文本、图片和电影。互联网的多媒体特性使其成为通用的信息及通讯工具。互联网还具有全球性，通常不受干扰，操作相对简单。[3]

抽象来说，互联网是传递数字化信息的技术**传输系统**，[4]基于**此提供各种"服务"**，最重要的应属电子邮件（Email）和万维网（www）。互联网上还存在用于传输大量数据的系统。[5]近年来，脸书、维基百科或谷歌等服务愈发重要，用户可检索信息及自行编录信息，必要时还可发起讨论。[6]鉴于该**交互性**，人们提出互联网"**Web 2.0**"概念。上述种种现

---

[1] 见 Benner (Hrsg.), Crowdwork – zurück in die Zukunft? Perspektiven digitaler Arbeit, Frankfurt/Main 2014。

[2] 详见 Däubler, FIfF – Kommunikation 4/2016, S. 56ff.。

[3] 参见 Roßnagel, ZRP 1997, 27; M. Schwarz, FS Engelschall, S. 186ff.。"病毒"程序是人为引入的破坏性程序。

[4] Schneider, MMR 1999, 571.

[5] FTP 是英文 File – Transfer – Protocol 的缩写，中文译为"文件传输协议"。

[6] 参见新闻组（Newsgroups）；因特网中继聊天（Internet Relay Chat, 缩写 IRC）可实现即时交际。另见 Tiedemann, S. 34f. 及 Hanau/Hoeren, S. 4ff. 对各种服务的介绍。

象如今早已是司空见惯，但本书仍会再次提及并作出进一步阐释，以清晰展示迄今发生的变化。

（2）获取信息

使用互联网可**快速从电脑屏幕**上获取大量信息。从前人们只能在图书馆或档案馆检索文献，或许根本无处可查。使用谷歌或其它搜索引擎很快就能知道上一届欧盟峰会的决议或美国总统的推文。互联网上还可看到全部德国内外日报、**新闻社和电视台的最新消息**。网上也提供与主流媒体形成对比的另类信息来源。例如德国《青年世界报》会报道企业纠纷或委内瑞拉政府的政策措施，而其他报刊却认为这类信息"不重要"，因此不会报道。此外，主流媒体通常仅报道某些国家（如中国、玻利维亚）的负面消息，内容本身可能没错，但只言负面，不提正面，读者便会形成对该国整体情况的错误认知。过去，人们的意见可能都被主流媒体主宰，而如今可从网上获取必要的"补充性信息"。这有助于**促进民主进程**，因为民主进程要靠"知情的公民"推动。

尽管如此，互联网上的信息**并非完全透明**，也**不**是所有信息都在网上。例如德国联邦劳动局的工作守则就无法在网上找到，因为该信息仅"供官方使用"，即仅限内部查阅。这些所谓的独家资料原则上最多只会给那些坚持要看的律师们查阅。[1]德国巴伐利亚州宪法保卫局虽也有网页，但肯定不会公布全部监控活动、监控对象和人员信息。还有些信息会**消失**，不再可用。例如本书第3版中曾提到施罗德政府的"劳动联盟"（Bündnis für Arbeit，当时链接为 www.buendnis.de），不知何时起该网址作废了。2012年底有卖家出售 buendnis.de 这一"顶级域名"，直至2015年4月却仍无人问津。[2]不排除有某位"收藏者"已将当时劳动联盟的决议信息存档，找他便可调阅。

（3）意见交流

广播和电视通常只单向传输信息，互联网则允许用户**交换信息和意见**。尤其是用户还可对收到的消息立即做出反应，因此，用户还可以是"信息发布者"。这可能会促成"无主宰的对话"（herrschaftsfreier Diskurs）*，不过迄今这一点并未凸显。[3]互联网上的通讯存在三种形式：电子邮件、社交网络（已成为重要的讨论平台）和电子商务。

（4）目前对工作流程的可见影响

上文已提到互联网对公民和个人的影响，它对工作流程亦影响深远。人们可通过这一最简便的途径获得必要的工作信息。书信被更为快捷的电子邮件取代，人们可用笔记本电脑、平板电脑和智能手机工作。企业内部通讯被内联网和其他现代信息技术取代。公司有自己的脸书主页，个体雇员通常也会加入。这些新的通讯形式比传统形式更加省时省力，劳动者可借此提高工作效率，在同等时间内实现更多"产出"。劳动性质也会发生变化：劳

---

〔1〕 这一情况在一段时间以来一直如此。关于该问题的进一步讨论，见 Däubler 评论，NJW 2000，2250。

〔2〕 访问时间：2015年4月4日。

* "无主宰的对话"由德国哲学家、社会学家哈贝马斯提出，主张全社会各阶层的人都可参与对广泛主题的讨论。讨论是开放的，不因发言者的经济政治立场或对某一主题的了解水平限制发言。——译注

〔3〕 详见 Simitis, FestgabeKübler, S. 286ff。另见 Schwarz, FS Engelschall, S. 189。

动不再是像传统工业制造领域那般完成精准工作计划（"福特主义"），而首要在于"组织与管理、研究与开发、培训与咨询"，[1]法学家还会加上——规避和调解冲突。

电子商务对某些行业的重要性不容忽视。网上购物取代市内逛街，只需用电脑浏览商品目录，选定目标即可下单。采购前无需亲眼查看商品，或订购某些服务时可用**"远程购物"**，主要用于预订机票、购买书籍、音乐和软件。许多人也用电话购买情趣商品。**电子银行**愈发重要：用户只需通过电子渠道联系银行，在屏幕上填写"字段"（表格），便可汇款或购买20股西门子股票。电子银行成本低，因此费用方面尤具价格优势，但不提供个性化咨询。**eBay**（www.ebay.de）也十分受欢迎，人人都能在该平台上买卖物品，企业有时也对eBay交易感兴趣。普遍来说，电子商务和电子银行比之前的交易或银行业务形式的**成本低得多**。

（5）前景

人们普遍认为未来工作将深度数字化。上文提及的使用机器人（见边码17-18）、自控系统（关键词："物联网"，见边码19及以下）及可穿戴设备（见边码22）足以充分说明这一点。大数据对销售越来越重要，但在人事管理中是否也会如此，至今尚无定论（见边码24）。信息系统将替代部分人类劳动，其他劳动的**生产效率**将提高。

平台经济为运营商和消费者创造了机会。不聘雇员而通过将任务分配给个体自雇者，在互联网上发包工作（尤其是发包到外国承包方）可大幅降低工资成本。成本降低后，一部分也体现为更低廉的产品价格。通过互联网还能以极低的交易成本，将工作转移到外国的劳动力市场。

2. 风险

在不同层面上，数字化也存在潜在缺陷。

（1）国家和法律无能为力

互联网**无国界**，因而国家权力很难甚至无法有效管控网络、移除犯罪内容。例如在美国，根据对言论自由和信息自由的解释，甚至不禁止**种族主义和反犹主义言论**。人们可从网上下载希特勒《我的奋斗》及纳粹歌曲，甚至还有纳粹主题的"网游"。[2]德国联邦法院认为，如在德国可浏览这些国外网页，即可对网站提供方提起刑事追诉。[3]然而由于无法识别作案人身份或作案人不在德国境内，刑事追诉长久以来也无从下手。法国某法院曾经判决美国雅虎公司必须禁止位于法国的用户进入纳粹物品的拍卖，并基于专家鉴定允许**通过技术手段封锁**网站。[4]问题在于美国是否执行及如何执行该判决。网站过滤程序现下尚不完善，且执行该判决还需得到所有美国国内网站运营商自愿同意。[5]这样一来，国家

---

[1] Welsch, in: van Haaren/Hensche (Hrsg.), Arbeit im Multimedia-Zeitalter, S. 117.
[2] Holznagel/Kussel, MMR 2001, 347.
[3] BGH, CR 2001, 260, Vassilaki 作批判性评论；简要概述亦见 CF Heft 2/2001, 35。
[4] Tribunal de Grande Instance de Paris, K&R 2001, 63 mit Anm. Hartmann.
[5] Holznagel/Kussel, MMR 2001, 350ff.

常常无法有效监控互联网行为。[1]只要一个国家认为某些服务或言论合法,容许其存在,互联网就能将它们传播到世界各处。除非在全国范围内设立原则性的限制,国家才可管控互联网。[2]

40

在特定秩序框架下建立**国际公约**,值得期盼。[3]目前虽已存在对此的大量思考,[4]但它们**不太可能**成为政府决议及可执行的国际法公约。[5]要建立国际公约,既得利益国家也必须参与,这些国家像"避税天堂国"一样凭借宽松的法律吸引互联网公司进驻,[6]它们会自愿放弃这一"区位优势"吗?考虑到互联网上存在的种种利益,认为公民社会将自行建立**约束性的行为准则**[7]不啻为天方夜谭。[8]

(2)外国情报机构的介入——美国国家安全局(NSA)监听丑闻

41

2013年夏,爱德华·斯诺登揭露了美国国家安全局(National Security Agency)在全球范围内的间谍活动,并向全世界公开了大量材料——每个人的电话、电子邮件和互联网通讯都可能被全方位记录,[9]就连德国总理安格拉·默克尔的手机也被监听。[10]虽然数据海量,但通过机器检索特定姓名、关键词或者是通讯频率,仍可实现快速且较为精准的分析。这不仅严重**侵害个人隐私**,危及信息自决的基本权利[11],信息系统保密性及完整性的基本权利,[12]更是对**德国和其他被监听国家信息安全的重大攻击**,同样可能触及经济相关的信息。[13]

42

联邦德国有义务保护公民的基本权利免受包括**其他国家**在内的第三方**侵犯**。对该原则的普遍共识已有百年传统。**1871**年4月16日出台的《德意志帝国**宪法**》[14]在第3条第6款中规定:"对外,所有德国人都有权要求受到德意志帝国保护。"

除以上这点外,德意志帝国宪法毫未涉及人权。当今是人权时代,怎么也不能落后于百年前。真正问题不在于原则本身,而在于如何实现该原则。**外交干预**进退维谷,德国也不愿与美国关系紧张,因为这可能会带来难以预测的风险,这也阻碍了实施有效的**技术保护措施**。[15]不过,根据德国联邦最高法院的判决,公司不再需要履行通过不安全的电子邮件向反

---

[1] Simitis, Festgabe Kübler, S. 298:"不断显示国家法规无能为力";相关介绍亦见 Roßnagel, ZRP 1997, 27 及 Lutterbeck, CR 2000, 52ff. 。

[2] Boehme-Neßler, NJW 2017, 3031 基于大量但未经实证验证的假设,认定法律的重要性渐微。

[3] Simitis, Festgabe Kübler, S. 301.

[4] Gürtler, RDV 2012, 126ff.

[5] 亦见 Kipker/Voskamp, RDV 2014, 84, 86f. 。

[6] Hoeren, MMR 1998, 297:互联网中的"法律避风港"。

[7] 见 Teubner, Rechtshistorisches Journal 1996, 255ff.;其他观点见 Lutterbeck, CR 2000, 52ff. 。

[8] 对自我规制的批判亦见 Schwartz, FS Simitis, S. 343ff. 。

[9] 详细介绍见 Glenn Greenwald, Die globale Überwachung. Der Fall Snowden, die amerikanischen Geheimdienste und die Folgen, München 2014。

[10] 见 Spies ZD 1/2014 S. V。

[11] BVerfG, 15. 12. 1983 – 1 BvR 209/83 u. a. – BVerfGE 65, 1ff. = NJW 1984, 419.

[12] BVerfG, 27. 2. 2008 – 1 BvR 370/07, 1 BvR 595/07 – NJW 2008, 822, 824 Tz. 169.

[13] Ruhmann, DuD 2014, 40ff. 也谈到"互联网战争"。

[14] RGBl S. 63.

[15] Ruhmann, DuD 2014, 40ff.

垄断执法机构——联邦卡尔特局提交内部数据的义务,这也许是实施数据保护的第一步。[1]

43 **(3) 裁员问题**

信息技术系统取代人类劳动会导致裁员。人工智能的各种应用已经向人们展示了将来会有不少的智力工作会由机器完成。Osborne 和 Frey 于 2013 年发布的一项研究引起关注,[2]它指出,随着数字化深入,美国47%的劳动岗位面临着裁员的威胁。然而也存在相反观点,德国就业研究所（IAB）预计,到 2025 年（仅）会裁撤 6 万个工作岗位。[3]波士顿咨询集团则预计会净增 35 万个岗位,[4]因为既会有相当的人类工作领域消失,也会有新的人类工作领域产生。当前看来,还**很难准确预测**信息化对德国将意味着什么,因为预测还必须考虑人口结构及德国经济在国际市场的地位等因素。[5]也有人指出,向数字化生产转型的投资成本高昂,短期内一般难以负担。[6]单是这一个原因都会导致转型持续较长过程,并非所有可能受影响的公司和行业都会加入转型过程。期间或会出现新的就业领域,其他技术变革的经验可以印证这一点。[7]然而主张转型可造成**严重危机**也绝非耸人听闻。因此有必要为数字化变革期间和之后的就业拟定**政治议程**,从而缓和失业风险,起码在短期内再分配现有的工作岗位,把数字化提升的生产力用于开拓新就业领域。[8]特别是面向人的服务业领域,如教育、培训和医疗护理将来会愈发重要。

44 **(4) 全面监控和人格权可能遭受的其他威胁**

数字化对雇员**人格权的威胁**十分明显——数字办公设备越来越多地记录工作行为,创建雇员个人档案变得理所当然。员工队伍中个人与集体之间的主要互动目前都可通过数字化手段记录下来,由此雇主不仅可获知个体雇员的工作表现,还能得知此人与他人的相处如何。[9]数据保护将成为职场生活的核心。只有有效保护数据,雇员才能避免遭到全面监控。只有有效保护数据,方可确保未来仍由人——而不是算法——基于自己的评价和判断来决定是对雇员保留原职、晋升还是辞退。"用算法做老板"[10]无论如何都难以服众,哪怕
45 企业职工委员会可共同决定或至少参与决定算法的判断标准,仍同样难以服众。[11]

个人数据逐渐变成可交易的商品,对推销宣传及其他商业活动都十分有用。"用户数据

---

[1] BGH, 26. 2. 2013 – KVZ 57/12 – ZD 1013, 273.

[2] The Future of Employment. How Susceptible are jobs to Computerisation？Oxford 2013.

[3] （除其他研究外）引自 Klebe, NZA Beilage 3/2017, S. 77, 80。创造新岗位亦见 Santosuosso/Bottalico, in: Hilgendorf/Seidel（eds.）, S. 54。

[4] 引自 Albrecht, SPW Ausgabe 1/2016, S. 31。

[5] 参见 Hirsch – Kreinsen/Ittermann/Niehaus（Hrsg.）, Digitalisierung industrieller Arbeit, 2. Aufl., Baden – Baden 2018 中的相关文章。

[6] Giesen/Kersten, S. 21.

[7] 见 Hirschel, SPW Ausgabe 1/2016, S. 17, 19。

[8] 参见 Bsirske, in: Schröder/Urban（Hrsg.）, Gute Arbeit 2016, S. 67。

[9] 见 Höller/Wedde, S. 33ff.（该处提及 IBM 的 Personal Social Dashboard 一例）。

[10] 德国汉斯·博克勒基金会（Hans – Böckler – Stiftung）的一个项目以此为标题（但标题后打了问号）,链接：https://www.boeckler.de/11145.htm？projekt=S – 2017 – 464 – 2%20B&chunk=1（最后访问时间：2018 年 1 月 24 日）。

[11] 德国汉斯·博克勒基金会的另一个项目,题为"算法的反作用力"（Algorithmische Gegenmacht）,链接：https://www.boeckler.de/11145.htm？projekt=S – 2017 – 375 – 2%20B&chunk=7（最后访问时间：2018 年 1 月 24 日）。

变现"[1]的实现方式包括：用户看似可免费使用脸书，但必须同意脸书存储并使用个人数据。法律文献认为这构成双方的合同，这一观点有道理，[2]但因此主张私人领域现已过时、**目前是"后隐私时代"则过于夸张**，通过合同也无法回避掉所有限制。然而，很多用户对保护个人数据隐私并不上心。

网络通讯比重增加，个人遭受攻击的风险也增大，既可能是**合理批评**，[3]也可能是**"网络欺凌"**。[4]如发言匿名，被批评者很难捍卫个人名誉——唯一的办法是起诉平台运营方或博客运营商，要求他们删除有损个人名誉的言论，[5]删除之后，不再追究。对于自主学习的系统，即强人工智能，[6]存在人为控制不能保障的危险。[7]

（5）社会分裂

少数几家美国大型康采恩集团（如谷歌、脸书、苹果、亚马逊）拥有**网络控制权**，这一风险现今已成现实。"自由市场"已无从谈起，这些公司权力无限。搜索引擎这样的服务固然有用，它们却也由此掌握了数十亿用户的数据，将之用于广告宣传或其他目的。[8]全球大众根本无法奋起反抗。另一风险可能在于互联网时代要求**新技能**，而个人必须先学习掌握。[9]这会引发继续培训的问题，而德国劳动法对此规定不够系统。无法与时俱进的雇员将被辞退或只能从事不稳定的工作，从而将来逐渐离开劳动市场。还有人本就从事低技能工作，可能轻易被数字技术所取代。在工作薪酬和社会声望上，**低技能劳动者和高技能人才的鸿沟**会进一步加深。[10]

五、发展预测

1. 美妙新世界……

信息技术的应用**提高了劳动生产率**，投入更少时间和精力却能生产更多商品。由于个人灵活性更高及任务更多样化，许多工作也因信息技术而更具吸引力。

2. ……在生存机遇方面存在巨大差异

另一方面，开发信息技术并非主要为了方便劳动者或让消费者的生活更美好，而是为了给新产品带来**赢利机会**，[11]是为了创造交换价值而非使用价值。有时的确改善了消费者

---

[1] Konrad–Klein, CuA 1/2012, 5, 9.
[2] Bräutigam, MMR 2012, 635.
[3] 见德国联邦最高法院对"Spickmich 网站"案判决，BGH 23.6.2009 – VI ZR 196/08 – NJW 2009, 2888。
[4] 详见 Schwartmann, RDV 2012, 1, 5.
[5] 详见本书第七章，边码 68 及以下。
[6] 详见本书第十章，边码 11。
[7] 详见 P. Kirchhof, Künstliche Intelligenz, OdW（= Ordnung der Wissenschaft – Online – Zeitschrift）2020, 1 ff.。
[8] 详见 Dolata, in: Schröder/Urban (Hrsg.), Gute Arbeit 2016, S. 148ff.。
[9] 见 Klebe, NZA Beilage 3/2017, S. 77, 80。
[10] 另参见 Klebe, NZA Beilage 3/2017 S. 77, 80 及 Giesen/Kersten, S. 41："未经培训的人在劳动力市场中几乎毫无机会"。Albrecht, SPW Ausgabe 1/2016, S. 32 亦提及此风险。
[11] Weizenbaum, in: van Haaren/Hensche (Hrsg.), Arbeit im Multimedia – Zeitalter, S. 35："利润计算方程中根本不考虑人本理念和价值"。亦见 Hendricks 的硅谷报告，in: CF 10/2000, 4ff.。

生活，却不一定真的顾及工作流程。公司的绝对**市场导向**可能会给雇员造成**极大业绩压力**，导致**过劳**。[1] 人们还要问，无法参与"信息及思想的公共市场"[2]的人怎么办？**不具有在职场成功所必须的创造力的那些人怎么办？**许多旁观者只看成功人士，不关心"边缘人"。[3] 所谓数字化社会是历史一大进步，改善了人们的生活，这种说法对"失败者"来说简直是嘲讽。[4]

社会的数字化转型推动了创新发展，同时也引发了**财富分配不均**。2010年，美国收入排名前20%的人口收入占全民所得的50.2%，而1968年仅为42.6%。[5] 1968年，美国最富裕5%的人口收入占全民所得的16.3%，2010年这一比例升至21.3%。相反，美国收入最低的20%人口占全民所得不到4%。[6] 这一趋势同样发生在德国。德国联邦政府《贫困与财富报告》显示，最富裕10%的人口资产占德国全民净资产的一半以上；而收入靠后的半数人口资产占比仅为1%。[7]

该情况可能也受到了信息技术影响。信息技术拉升了对愈发稀缺的高技能人才的市场需求，同时使低技能劳动者失业。尤其从众包中可明显看出，信息技术使劳动力市场全球化变得非常容易，公司可利用第三世界国家的"廉价劳动力"。这种劳动**"离岸外包"**的趋势仍会继续，即便有些公司因各种困难正计划将制造业撤回原国。[8] "廉价竞争"会产生以下后果：失业者很快会被信息社会的福祉排除在外，没有体面薪资就没有信用卡，没有信用卡就不能进行电子商务。[9]

3. ……并不民主

经济运行过程由少数巨头控制，这些巨头通常位于美国。其合法性一般立足于财富而非民主选举。[10] 当今资本主义内部结构的实际清整才刚刚开始。[11]

举例：美国信用评级机构对一家公司的信用降级，则该公司通常须支付高额利息，其股票价格也会受损。评级机构甚至可对一个国家的国民经济"升降级"。例如，若给中国的

---

[1] Wagner/Schild, WSI – Mitt. 1999, 94. 亦见 Kronig, CuA 11/2014, 13ff.; Resch/Blume, CF 3/2004, 8ff.; Schwarzbach, CF 1/2004, 12。

[2] Klotz, CF 2/2000, 8。

[3] 贝尔托·布莱希特（Bertolt Brecht）曾写道："没有钱的人，他们还能做什么？能不能把他们埋葬，没有他们行不行？"

[4] Nies, in: van Haaren/Hensche (Hrsg.), Arbeit im Multimedia – Zeitalter, 141 明确提出："历史的进步对于被摧毁的人绝非慰藉。"

[5] 详见2011年美国国会研究服务中心（Congressional Research Service）报告，链接：http://www.fas.org/sgp/crs/misc/R42400.pdf. 转自 Telepolis, http://www.heise.de/tp/blogs/8/print/151653。

[6] Klotz, CF 3/2000, 10. 指出该数值仅为3.6%。

[7] 详见德国联邦政府第五次贫困与财富报告（2017年4月），第13页。链接：http://www.bmas.de/SharedDocs/Downloads/DE/PDF – Pressemitteilungen/2017/5 – arb – kurzfassung.pdf? __ blob = publicationFile&v =2。

[8] Computerwoche, 7. 10. 2008.

[9] Weizenbaum, in: van Haaren/Hensche (Hrsg.), Arbeit im Multimedia – Zeitalter, S. 35.

[10] Weizenbaum, ebd., S. 36 写道："全球资本主义的不争事实——有普遍影响力的相关决策是由小部分男性（很少女性）作出的，他们只代表自身利益，而非全球性利益或政治及文化利益。决策通常为匿名作出，所谓知识大爆炸也只是个笑话。"例如评级机构，见 Däubler, KJ 2012, 18ff.。

[11] 见 Bourdieu, Die verborgenen Mechanismen der Macht, Hamburg 1997。

银行系统评"5"分（20世纪90年代曾发生过），造船计划等很多项目就会被搁置，因为西方银行不会继续接受中国的银行出具的担保。只要未出现明显错估（如2008年金融危机），便难以监管信用评级机构。迄今，只要它们的评分基本能站得住脚，便无法对其提出异议，某一国的法院更无法给予有效保护。[1]

4. 并非没有规约空间

如何避免当前发展带来的负面影响和风险，迄今尚未发展出完整连贯的理念。这首先与重重权力关系有关，也受以下观点影响——相比受市场制约的私营企业的决策，合法的政治决策更难制定并更为保守。中国两种方式并举，已取得显著成果，但并不为西方所知。因此，**民主**、透明、确保人人生存有基本保障的**全球社会目前仍只是抽象前景**。全球金融经济危机及欧元区债务危机也未推动重大改变。

工作流程经历新发展，在三个方面上存在活动的空间：

● 相比传统产品，信息技术**产品**更**依赖社会接受度**。不购买或抵制某些信息产品（例如由于该产品欠缺数据保护）将急剧降低其盈利机会，而这通常有助于维系道德标准。[2]

● 等级制工作结构不再灵验。唯有建立适宜的框架，如通过企业职工委员会的共决权，才可长期保证个人有更大的规划灵活性。**劳动法的保护**并非公司的"负担"，而是构成**富有创作力劳动的必要前提**。

● 许多雇员期望工作能满足自己的种种需求，而当前这些期望并未完全实现。尤其那些专业技能**不可被轻易替代的雇员**，期望水平还会提高。

六、对劳动法提出的挑战

通常来说，企业引进新技术会带来劳动法相关问题。办事严谨的企业职工委员会应对此做好准备，因为新技术很可能带来根本性变革。企业职工委员会须及时捕获数字化推进的迹象，及早响应。[3]那么会产生如下疑问：**雇主**是否可**单方面要求**雇员上网工作、佩戴智能眼镜或使用机器人？是否要对雇员进行**资质培训**？雇员能否要求工作时间内开展学习，准备好接受新工作任务？企业职工委员会或人事委员会能否共同参与决策？**第二章**将讨论这些问题。

个别情况下，雇主会要求或雇员会希望用自己的笔记本电脑或智能手机上网工作（"**自带设备**"）。这样一来该如何划分私人和办公通讯？若无特别协议，雇员还能否要求补偿费用？设备损坏或丢失该如何处理？这些问题将在**第三章**探讨。

社交网络引发了大量法律问题。雇主是否可以用谷歌或脸书搜索查看**谋职者**过去几年的经历？雇员是否有义务在网络上"宣传"公司？雇员若把个人脸书账户用于公司**商业目的**会如何？若雇员被安排前往新岗位或劳动关系终止，该如何处理个人社交账户上与工作

---

[1] 详见 Däubler, NJW 2003, 1096f., BB 2003, 429ff. 及 KJ 2012, 18ff.。

[2] 关于通过法律及拒绝权限制技术，见 Däubler, in: Roßnagel (Hrsg.), Freiheitim Griff. Informationsgesellschaft und Grundgesetz, Stuttgart 1989, S. 165ff.。

[3] 指导建议见 Schwarzbach, AiB Heft 7 – 8/2016, S. 21ff.。

相关的数据？雇员私下对社交网络"好友"发表言论，雇主可否以该理由开除雇员？**第四章**将作出分析。

雇主通过数字设备**可随时联络雇员**，让雇员在家或在非工作时间继续工作。这样一来该如何区分工作和休息时间？能否避免长期忽视《工作时间法》？若不能，是否有其他方法限制工作负担？这些问题将在**第五章**得到阐述。

严重劳动事故的数量在过去30年里大幅下降，**精神疾病**乃至疲劳综合征的案例在过去15年里却显著上升。这是否与劳动的数字化转型有关？德国《劳动保护法》是否应作出更严格的限制？这是**第六章**的主要内容。

数字化越发展，便会产生越多雇员数据。这些数据频繁出现在**网上**，举一无害之例，"明星雇员"的姓名和照片可能会出现在公司介绍中。若客户或其他有关人等对雇员行为评头论足，如何处置？该如何应对恶意评论和网络欺凌？如何避免数据永久可查？有哪些方式能实现所谓的被遗忘权？**第七章**会深入讨论这些问题。

雇主掌握着很大的**监控能力**：关于工作行为的数据越多，对雇员行为的分析越准确。数据记录可详尽到什么程度？可采用哪些方法？是否应区分对劳动过程的密切观察和对结果的评估？这是**第八章**的主要内容。

大数据提供信息来确定客户偏好及"量身定制"产品。能否将其运用在劳动关系上？能否以此准确分析雇员行为，从而预测其未来可能的行为？能否依据大数据分析结果，预判雇员是否可能辞职？可否基于以往成功雇员的行为制定相应算法，再将此算法用于选拔求职者？**第九章**会尝试回答这些问题。

新型数字化设备可能会引发新的劳动法问题。和"机器人同事"打交道要遵循什么原则？使用**可穿戴设备**，例如智能眼镜、智能手表和机器外骨骼，应注意什么？**"物联网"**和**3D打印机**是否会引发其他问题？是否可以用互联网货币**"比特币"**支付工资？**第十章**会对此展开讨论。

若存在互联网连接或电子设备，雇员经常会有**私人使用需求**。雇员对此具有请求权吗？若企业并未对私人使用作出规定，或仅允许"偶尔"或"小范围"私用，该怎么办？企业职工委员会或人事委员会在多大程度上有共决权？**第十一章**将分析这些问题。

在数字化世界里，雇员同样会**违反义务**。最常见的可能是雇员未经授权私用雇主提供的设备，还有不正当使用技术、**"破坏计算机"**等多种其他形式。法院也常面对不满或者愤怒的雇员从私人互联网连接对公司或个别领导发起攻击的案件。**第十二章**将探讨相关问题。

之后将是关于集体劳动法的讨论。工会是否该有自己的**互联网主页**？工会是否可通过雇员的办公电子邮件地址与其联络？雇员是否可用办公设备向其他雇员发送工会通知？这是**第十三章**的主要内容。

作为职工利益代表的**企业职工委员会**或**人事委员会**可采取哪些行动？首先会谈到为他们**配备**特定设备及委员会在内联网或互联网上的活动。是否允许在线选举或允许**企业职工委员会在视频会议中做决议**？若企业现有架构被数字化打破，或企业中暂时存在隶属于其他雇主的雇员，又该如何？企业定期更换合作伙伴有何后果？**第十四章**会对此展开讨论。

企业职工委员会或人事委员会有多大的活动空间？可否要求居家办公？移动式工作呢？可以就哪些问题进行劳资共决？这些问题将于**第十五章**分析。 69

　　互联网也可提供就业岗位。这种**网络劳动关系**具有跨境性，必会涉及适用哪国法律的问题。网络劳动关系该采取何种形式？存在争议时应如何举证？这是**第十六章**的主要内容。 70

　　平台经济的重要表现形式是在网上分配订单。除了举世闻名的优步公司，还存在其他经互联网中介的服务。提供服务的人员应算作**自雇者**还是**雇员**？这对劳动法和社会保障法的适用十分重要，也关系到用工成本的高低。**第十七章**将探讨这些问题。 71

　　平台经济的另一表现形式是**众包**，从发展前景来看，这一形式可能更为重要。众包也会有劳动关系的认定问题——他们算自雇者还是雇员？还有许多其他问题：以竞价方式支付酬劳，只向表现"最佳"的人付费，法律真的允许吗？跨境法律关系在此领域也十分重要。**第十八章**将展开论述。 72

　　随着数字化的推进，社区基础设施愈发依赖于信息系统稳定运行。但信息系统也会受到各方威胁。一旦被侵入，部分民众很可能较长时间内缺水断电，铁道交通也可能瘫痪。为预防此类情况，**IT 安全**极为重要。IT 安全规范仍处于起步阶段。在基础设施公司工作的雇员有哪些责任和义务？**第十九章**将讨论这些问题。

第 2 章

雇员使用互联网和数字设备劳动

一、发展现状

互联网并非从天而降。15 至 20 年前通常只有企业内联网。**将雇员们使用的个人电脑彼此相连，即为内联网。**通过内联网雇员便可接收和发送企业内部电子邮件等，也能了解公司发布的通告以及招聘通知等信息。如雇员有特定的密码，还可以访问客户数据。[1]

后来，**互联网**（**Internetanschluss**）诞生了。企业会设置"防火墙"确保只有被授权者才可访问互联网，并可以阻止从外部访问公司内部数据。

时至今日，个别企业可能仍在沿用这些做法。但一般来说，为所有办公岗位配备互联网已是理所当然。[2]当前问题在于，人们在多大程度上可以通过**智能手机等移动设备**访问企业内联网。有些时候私人的互联网也用于办公。个别情形中，雇员之前的劳动与"网络"无关，现在却被调到那些日常需要上网劳动的岗位上，这使他感觉无所适从；但这一情况现已越来越少。

多年前企业的技术发展便开始存在更换系统的问题：比如 **SAP 系统** * 替代了"自主品牌"的旧系统。雇员是否可以要求获得培训，掌握相应操作知识技能从而胜任新的劳动任务呢？

不同的企业中，各种技术变革带来了劳动条件的变化。通过技术，通信渠道开启并汇集到一个平台。借此，单个雇员便可获悉同事当前手头有什么工作任务（即**"统一通信"**，Unified Communications，缩写为 UC）。[3]这正是建立**"虚拟团队"**的前提条件。团队中也可以有外国子公司的雇员或"自由雇员"。[4]这都是新的合作形式，同时也使深度监控成为可能。使用**机器人**时或要求雇员佩戴**智能眼镜**，劳动流程的所有细节都以数字形式被记录下

---

〔1〕 相关功能描述可参见 Klebe/Wedde, FS 50 Jahre Arbeitsgerichtsbarkeit Rheinland – Pfalz, S. 350。

〔2〕 见本书第一章，边码 4。

* SAP 最初是"Systeme, Anwendungen, Produkte in der Datenverarbeitung（数据处理系统、应用及产品）"的缩写，如今已作为特定词汇。

〔3〕 SAP 公司是一家总部位于德国巴登符腾堡州瓦尔多夫的欧洲著名的软件企业。见 Ruchhöft, CuA 10/2014, S. 24ff.。

〔4〕 见 Ruchhöft, CuA 3/2015, S. 16ff.。

来，雇主由此可深度监控雇员。此外，雇主还可引入**自控系统**，只在确保流程顺畅或是偶尔维修时才启用人力。

有了使用灵活的信息技术，雇主可安排雇员在家中完成全部或部分劳动。这样一来便节省了办公空间；雇员也不用将时间浪费在上班路上。那么，雇主是否可以单方面要求雇员**转至在家劳动**，还是需要与雇员协商一致？

通常雇主会明示或是默示雇员具有使用新技术的义务，有时则给予激励：希望雇员能自己意识到网络和新系统十分有趣，进而主动学习。但假如雇员厌烦新技术并且希望劳动能一切照旧，又该如何应对？

二、劳动合同规定的权利和义务

1. 雇主指挥权作为在劳动中运用新技术的基础

如法律、集体合同、劳动合同或其他规则中不存在相应限制，雇主便可以自由安排劳动流程。[1]雇主的指挥权涉及安排雇员的劳动地点、劳动内容以及劳动方式。因此，雇主**有权安排雇员使用新设备**或是**使用具有扩展功能的设备进行劳动**。此外，雇主还可以创建企业内部社交网络和组建虚拟团队。[2]唯一的前提是不得超出劳动合同中规定的劳动范围。

举例：出人意料的是，司法判例很少讨论这一个问题：雇员使用新设备劳动在多大程度上构成劳动合同义务？唯一一起被记载的案件是：一家面包店雇主要求其售货员操作店内的一台自动面包机；该雇主的这项指令被判定为合法。[3]

通常，**劳动合同**只会**相对笼统**地描述雇员应承担的**劳动内容**。但并不明确规定如何使用技术设备或如何与他人进行合作。

举例：合同只注明雇员是"办事员"、"商业雇员"还是"销售代表"，一般不做进一步具体说明。

此外，司法判例更倾向于宽泛解释雇主指挥权。例如，雇主可将雇员从夜班轮换到白班，并取消津贴。[4]在不导致降职的前提下，甚至可以取消雇员的领班职能。[5]同时，依据雇主指令，雇员还有义务自己驾驶公务用车，必要时还须捎上同事。[6]

---

〔1〕 Däubler, Das Arbeitsrecht 2, Rn. 137 – 139.
〔2〕 关于企业内部社交网络可参见 Thüsing/Traut, in: Thüsing (Hrsg.), Beschäftigtendatenschutz, 见本书第十四章, 边码 47 及以下。
〔3〕 LAG Hamm, 8. 6. 1994 – 14 Sa 2054/93, LAGE § 611 BGB Direktionsrecht Nr. 20.
〔4〕 BAG, 15. 10. 1992 – 6 AZR 342/91, DB 1993, 2600.
〔5〕 BAG, 10. 11. 1992 – 1 AZR 185/92 – DB 1993, 1726. 在德国, 集体合同通常会对不同的工作内容进行分组分级, 与之对应的是不同的薪酬级别。
〔6〕 BAG, 29. 8. 1991 – 6 AZR 593/88 – DB 1992, 147.

长期从事某项劳动的雇员也有可能被安排去从事**新的劳动任务**。[1] 例如，一个纺织品商店的女售货员在儿童部工作了八年，但她不能拒绝被"调动"到男装部。[2] 众多经验表明，雇主公司的劳动流程和业务重点会发生改变，因此，雇员不可认为劳动现状将一直维持。[3]

雇员通常不能拒绝使用互联设备或是已连入互联网的设备劳动。[4] 同时，雇员还必须按指令接受**使用移动设备**和成为虚拟团队的一员。是否必须佩戴**智能眼镜**则取决于是否会对雇员造成劳动困难，如造成困难则不可硬性要求雇员佩戴。这也适用于使用**机器人**的情况，不过机器人通常不会给雇员带来额外负担。

大多数企业现在已很少再使用"安排"或"指示"等词语。然而即便**礼貌说法**（"我们提供此设备便于您劳动"）也并不能改变这一指示**具有约束力**的事实。如雇主**明确规定雇员可自由选择**是使用公司提供的**新通讯方式**还是照旧，则产生问题——雇员坚持使用老办法，并不构成失职；然而雇主通常希望雇员在适应一段时间后会主动进入互联网或智能手机时代。假如雇员接受，并使用新设备劳动，其实仍是服从了雇主的（用礼貌说法表达的）指示：雇主不应以与雇员自愿达成协议为理由，免除自己理应承担的和劳动指示相关（例如《劳动保护法》规定的）义务。[5]

举例：如雇主给予雇员权利，可拒绝接受轮班计划中的单个排班，也会有类似的问题出现。联邦劳动法院判决认为这并不改变雇员服从于雇主指挥权（Weisungsunterworfenheit），因为通常雇员不会拒绝安排。因此所有劳动法的规范仍然完全适用。[6]

根据德国联邦劳动法院[7]的既有判决，雇主**行使指挥权**时必须符合**"公正考量"**（**billiges Ermessen**）的要求，自 2001 年以来法律也明确规定如此。[8] 这意味着雇主必须考虑雇员的利益，必须特别注意雇员的体力和能力。[9] 对于残疾人士，现已存在搭建"无障碍网页"的设想。[10] 此外还需考虑，个别雇员可能对新技术抱有难以克服的"恐惧"感，完全不愿接触。

---

〔1〕 有关详情见 MünchArbR – Reichold，§ 36 Rn. 33ff.；Schaub – Linck，§ 45 Rn. 16。

〔2〕 LAG Köln，26. 10. 1984 – 6 Sa 740/84 – NZA 1985，258。

〔3〕 联邦劳动法院（12. 4. 1973 – 2 AZR 291/72 – AP Nr. 24 zu § 611 BGB Direktionsrecht）也认可了政府部门也享有劳动指示权。

〔4〕 亦见 Kramer，NZA 2004，458。

〔5〕 这对雇主有义务向雇员提供进修机会来说尤为重要。详细信息可参阅本书第三章，边码 94 及以下。

〔6〕 可参见 BAG，16. 6. 1998 – 5 AZN 154/98 – DB 1998，2276 u. a.。

〔7〕 27. 3. 1980 – 2 AZR 506/78 – AP Nr. 26；BAG，20. 12. 1984 – 2 AZR 436/83 – AP Nr. 27 zu § 611 BGB Direktionsrecht；BAG，25. 10. 1989 – 2 ZR 633/88 – AP Nr. 36 zu § 611 BGB Direktionsrecht。

〔8〕 § 106 Satz 1 GewO. 有关详情请参阅 Keßler，in：Boemke（Hrsg.），§ 106 Rn. 32ff.。

〔9〕 BAG，12. 4. 1973 – 2 AZR 291/72 – AP Nr. 24 zu § 611 Direktionsrecht；BAG，29. 8. 1991 – 6 AZR 593/88 – DB 1992，147。

〔10〕 参见 CF 6/2003，25，其中含有相关网站链接（现网址更新为 http://www.w3.org/WAI）。

有的人可能由于缺乏英语知识而不懂什么是"File not found"("文件未找到"),也可能不知如何下载和打印文件。

作者曾经经历这样的案例:一名仓库工人多年来劳动中一直没有出过错、没有受到过责备。但他是文盲,因此处理文字性劳动总会去向同事寻求帮助。当公司引入电脑办公后,他必须自己完成所有劳动,也就再也无法遮掩自己不识字的事实。

这种情况下,雇主必须为**雇员寻找出路**,尤其是**年龄较大**的雇员。这主要是对其进行培训。如由于经营原因确实需要使用互联网办公或是以现代方式进行团队劳动,只能考虑将雇员转到"无需互联网"的岗位。前提是该岗位未被其他雇员占据,或其他雇员可接受转岗。若此路确实不通,该雇员则面临被解雇的风险。

2. 雇员对具体配置是否具有请求权

个别时候,雇员可能会要求获得互联网连接、智能手机或访问某些数据的权限,雇主却拒绝这些要求。给雇员配备智能手机可能是公司信任该雇员的表示,或公司只给高管配备。"被排除者"可能认为自己未必就不受公司信任,或认为自己也属于公司高管。我们需要区分以下情况。

雇主有义务为雇员提供**完成劳动的必要工具**。假如没有移动设备工作便难以完成,公司就应给雇员提供该设备(原则上雇员甚至可以通过司法程序要求公司为其配备该设备)。[1]这同样适用于**劳动合同**中规定了公司需给雇员配备某些特定设备或是存在相应企业惯例的情况*。也可通过制定企业协议对此做出规定**,但迄今在实践中较少见。

如设备并非劳动必需或缺乏具体法律依据,雇员可基于平等原则提出要求。依据该原则,雇主不得在缺乏客观理由的情况下差别对待雇员。[2]换言之,这时雇主须将之前被忽视的雇员 X 也纳入"大批配备智能手机行动"。

举例:所有部门副主管都得到了一部智能手机。但是同样职能的雇员 X 却没有。该雇员怀疑是老板对此进行了干预,因为她和老板的合作并不融洽。我们先暂且不谈雇员 X 的这一怀疑是否正确,只要雇员 X 的职能与其他部门副主管没有区别,公司就该同样给雇员 X 配备智能手机。

3. 转至在家工作?

雇主是否可以单方面安排雇员每周三天或整周都在家工作?现有的法律文献对此做出

---

〔1〕 Kramer – von der Straten/Wenzel, Teil B Rn. 77.

* 有关配备设备请见〔德〕沃尔夫冈·多伊普勒著,王倩译:《德国劳动法》,上海人民出版社2016年版,边码499及以下。

** 有关企业职工委员会和雇主之间达成的企业协议请见〔德〕沃尔夫冈·多伊普勒著,王倩译:《德国劳动法》,上海人民出版社2016年版,边码312及以下。

〔2〕 相关内容亦可见 Strömer, S. 317;有关在公司引进安装屏幕设备请见 Bosmann, NZA 1984, 187.

了合理的否定回答。[1]如此变更工作地点不再属于**雇主指挥权**的权限范围，这是因为劳动关系中仅利用雇主提供的生产工具进行劳动这一重大基础会由此改变。换言之，只有通过变更合同或发起变更解雇才能将雇员工作地点变更到在家劳动。[2]实践中，一般只会采取**变更合同方式**，因为在企业以外的地方工作的前提是雇员高度忠诚和雇主高度信任；如果雇主是出于被迫才改变雇员的工作地点，那么忠诚和信任便无从谈起。[3]

20　　4. 工作内容的变更

如需要雇员执行别的劳动任务，不再操作机器和设备，而是监控全自动系统，一般来说这一变更会超出劳动合同的范围。对此需要变更合同或是在必要时发起变更解雇。

21　　5. 撤回之前给予的机会

杜塞尔多夫州劳动法院[4]曾就某销售代表被剥夺在家执行某些工作任务的权利的案件作出裁决。之前拟定的劳动合同中，雇主保留了以下权利，即在不受某些条件限制的情况下有权将雇员"调至"在家工作。这一做法遭到了杜塞尔多夫州劳动法院的质疑，因为《营业条例》第106条第1句规定了雇主行使指挥权也要考虑到雇员的利益。违背上述规定构成德国《民法典》第307条第1款第1句规定的**对雇员的显然不利益**，因此劳动合同中的该条款无效。此外，如公司**收回允许雇员远程办公的决定**，则属于《企业组织法》第95条第3款规定的调岗，因此需要企业职工委员会认可＊。即便雇主此时正确行使了指挥权，也仍须经过企业职工委员会认可。如雇主淘汰某些非必要的劳动设备，也需要和引进设备时一样遵守**平等待遇原则**。

22　　三、关于进修的问题

当今时代，劳动岗位上才开始安装电脑或互联网已较为少见，然而并非每个雇员都能（未经培训）直接正确地操作新设备或系统。进一步开发和更新软件或引入诸如机器人等新型设备，也会需要对雇员进行培训。[5]某些岗位的雇员必须完成一些特定任务，但这些任务所需技能和他的现有技能有所出入。[6]因此便产生有关的法律问题，雇员个人是否可以要求雇主通过安排课程或其他方式传授这些必要的信息和技能？此外，还可能出现这种情况：雇主认为有雇员有必要接受进修，但雇员却拒绝参加，他们不想"再去上学了"。该如何处理上述这两种情况？

23　　1. 雇员对进修的请求权？

司法判例和法律文献中均**未最终澄清**雇主是否必须为雇员掌握新劳动环境下的必备知

---

[1] Kittner/Zwanziger/Deinert/Heuschmid – Becker, § 118 Rn. 19; Schaub – Vogelsang, § 164 Rn. 14.

[2] 关于企业职工委员会的参与权参见本书第十五章，边码12及以下。

[3] 相关主观前提条件部分参见 Schaub – Vogelsang, § 164 Rn. 7。

[4] 10. 9. 2014 – 12 Sa 505/14 – AuR 2014, 490 = RDV 2015, 45.

＊ 关于企业职工委员会参与雇员工作调动可见［德］沃尔夫冈·多伊普勒著，王倩译：《德国劳动法》，上海人民出版社2016年版，边码332及以下。

[5] Böker, CF 7 – 8/2003, 15.

[6] 另外可参阅 Kleinebrink, DB 2017, 1713ff., 从雇主角度分析了变更劳动内容带来的其他后果。

识而创造条件。但存在数个重要支点对此表示支持并认为应赋予雇员相应权利。

(1)《企业组织法》第 81 条?

《企业组织法》第 81 条第 1 款并未提供相应的**解决方案**。但根据该规定，雇主必须"告知雇员其劳动任务、职责、劳动方式以及其在企业整个劳动流程中所处的环节"。正如条文所述，雇主只须向雇员说明劳动任务，而无须向雇员传授目前欠缺的额外知识。德国联邦劳动法院也明确强调了这一点。[1]例如，核电厂为本厂的轮班人员传授必要的专业知识，这一举措是企业给雇员提供的职业培训，而不是《企业组织法》第 81 条规定的向雇员传达相关劳动信息。[2]

(2) 雇主的附随义务：提供完成工作的必要条件

司法判例中有一起关于某"办公室职员"学习当时很重要的 Btx 系统的案件，**波恩劳动法院**于 1990 年 7 月 4 日对其做出判决。[3]尽管该案件的主要争议点在于雇主是否可以行使劳动指示权来安排雇员参与相关培训[4]，但法院还指出：

"由于雇主负有照顾义务，因此必须保证较为年长的雇员也能接受培训。假如这些雇员不会操作新引进的系统，可能会与技术发展脱节，甚至面临被解雇的风险。"

雇主负有这一附随义务主要是基于以下考虑：[5]

● **雇主**有义务为雇员**提供完成工作**的**必要条件**，例如《劳动保护法》规定的**安全防护设备**：根据德国联邦劳动法院的既定判例[6]和《劳动保护法》（Arbeitsschutzgesetz）第 3 条第 3 款，雇员无需承担防护设备费用，因为从上述法规中可得出结论，这完全属雇主须承担的义务。**有关经营风险的判例**也基于此：诸如停电、未按时交付半成品等雇主不可控因素造成雇员无法继续生产或是无法创造经济价值的，雇主仍需继续支付雇员报酬。[7]如雇主改变了工作要求，也同样适用此思想——由雇主负责确保工作能顺利开展。

● 那些不会操作劳动设备的雇员，往往会遭受巨大的**精神压力**，他们根本无法或需要花费大量精力才能摆脱这种困境。这一现象违反了德国《劳动保护法》第 4 条第 1 项的**规定**：根据该条款，**雇主应尽可能减少有害雇员健康的风险**。[8]

---

[1] BAG, 10. 2. 1988 – 1 ABR 39/86 – AP Nr. 5 zu § 98 BetrVG 1972 Bl. 3 R，并由 BAG, 23. 4. 1991 – 1 ABR 49/90 – AP Nr. 7 zu § 98 BetrVG 1972 LS 2 确认。

[2] BAG, 5. 11. 1985 – 1 ABR 49/83 – AP Nr. 2 zu § 98 BetrVG 1972 LS 2 及 BAG, 28. 1. 1992 – 1 ABR 41/91 – AP Nr. 1 zu § 96 BetrVG 1972，该案件涉及对家具公司的销售员进行"以友好服务为宗旨的培训"，当时还涉及《企业组织法》第 81 条。

[3] 4. 7. 1990 – 4 Ca 751/90 – NZA 1991，512 = NJW 1991, 2168。

[4] 见本文第二章，边码 105 及以下。

[5] 相关进一步探讨请见 Käufer, S. 199ff.，亦可见 Kramer – von der Straten, Teil B Rn. 950。

[6] 21. 8. 1985 – 7 AZR 199/83 – NZA 1986，324 = DB 1986, 283，由 BAG, 14. 2. 1996 – 5 AZR 978/94 – DB 1996, 1288 确认。

[7] BAG, 8. 2. 1957 – 1 AZR 338/55 – AP Nr. 2 zu § 615 BGB Betriebsrisiko 持此观点，由 BAG, 7. 12. 1962 – 1 AZR 134/61 – AP Nr. 14 zu § 615 Betriebsrisiko Bl. 2 R；BAG, 10. 7. 1969 – 5 AZR 323/68 – AP Nr. 2 zu § 615 BGB Kurzarbeit 确认。如今见 § 615 Satz 3 BGB。

[8] 有关使劳动条件更加人性化的义务请见 Zöllner, RdA 1973, 214；亦可见 Däubler, Arbeitsrecht 2, Rn. 597。

• 德国《解雇保护法》第1条第2款第3句间接确认了雇主有义务向雇员提供劳动必备的进修机会。因此,"如雇员有可能在转岗或进修培训后能够继续被聘用",但雇主仍坚持要解雇该雇员,这一做法从社会角度来说就是不公正的。借助培训如可使得雇员免于解雇,就应该培训。这一点上,对雇主的**附随义务***这一概念在**法律层面被具体化**。[1]

此外,《企业组织法》第75条第2款还规定,雇主有义务促进雇员个性自由发展。德国《基本法》第12条第1款规定的保护**职业发展自由**也算其中之一,因此,立法者和作为其代理人的法官也必须在劳动关系中对此予以充分保护。[2]

(3) 雇主义务的范围

雇主的附随义务**范围取决于雇员的需求**,具体岗位的劳动要求必须发生了变化并且雇员不具备足够的**相关信息和知识储备**。只有这样,雇主才有义务安排雇员进修,雇员也才有权提出参加进修培训的要求。雇主可自行决定是否向雇员提供"储备培训",但雇员却无权要求雇主必须如此。

(4) 计入劳动时间

进修须在工作时间内进行。它是雇员完成工作任务的一部分,某种程度上(非专业技术说法)可以说是工作准备。法律文献中存在这一观点。[3]同时,德国联邦劳动法院审判时也有此倾向。不然便不能解释联邦劳动法院为何在一个案例中判定,雇主未将客户顾问参加培训和信息活动的时间安排在雇员的核心劳动时间,进而构成了违反关于弹性劳动时间的企业协议的行为*:可见进修视同于工作。雇主要求雇员履行合同,却不考虑雇员个人的自由决策权。[4]但倘若企业处于紧急状态情况下,则属例外,可另行考虑。

进修在实践中一般不会引起争议,因为雇主从继续培训员工中获益巨大。根据一般经验来说,进修能优化劳动流程,劳动生产率也会得以提高。[5]因而从法律上讲,雇员并没有理由要在业余时间通过自学获得必要知识。同时,雇员也无需分摊进修费用。[6]

2. 雇员参加进修的义务

将雇员参加劳动所需的进修计入其劳动时间,这便从根本上解释了雇员是否必须参加相应的进修课程。波恩劳动法院[7]对此持相同观点,雇主安排进修是在其**指示权的权限范**

---

* 德国法律对主要义务(劳动义务和支付义务)和附随义务做出区分,其中附随义务包括在劳动关系下产生的除主要义务之外的所有其他义务。

[1] Birk, FS Kissel, S. 55.

[2] BVerfG, 27. 1. 1998 – 1 BvL 15/87 – NZA 1998, 470ff.

[3] Kramer – von der Straten, Teil B Rn. 962f.; Däubler, Arbeitsrecht 2, Rn. 604; Käufer, S. 233;亦见 Fitting, § 97 Rn. 31 及 Kramer, NZA 2004, 458。

* 所谓的弹性劳动时间在德国服务业中很普遍:雇员在核心劳动时间(例如上午10时至下午2时)必须在岗;此外,他可以选择早点上班或晚点下班。

[4] BAG, 18. 4. 1989 – 1 ABR 3/88 – DB 1989, 1978.

[5] 雇主对公司内部进修的费用支付问题概述请见 Kühnlein, S. 13f. 及 Grünewald/Moraal。

[6] 参见 Kramer – von der Straten, Teil B Rn. 961; LAG Hannover, 6. 8. 2002 – 13 Sa 374/02 – DuD 2003, 445:为期五天关于介绍 Windows 2000 的培训。

[7] 4. 7. 1990 – 4 Ca 751/90 – NZA 1991, 512 = NJW 1991, 2168.

围之内。如进修涉及为雇员提供必要的劳动条件，则雇员有义务参与[1]——这与雇员必须参加有关劳动保护方面的培训课程并无多大不同。[2]

波恩劳动法院还确认雇主在以下情况具有指示权：**新技术**（当时案件中是 Btx 系统）**并未在**某电话服务中心话务员的**劳动岗位中投入使用**，但掌握了该系统后该雇员可更机动灵活地被安排到其他办公室岗位上。该判决基本上是对的，唯有进修培训在与当前或今后的劳动毫无关系时，才无法从劳动合同中推导出雇员的相关附随义务。

举例：雇主认为，那些在空闲时间爱唱歌的人会更乐于工作。因此，他鼓励雇员加入当地合唱团。这一要求并不具有法律约束力。企业体育社团也是业余休闲活动组织，雇员可以参加也可以不参加。即使雇主允许占用工作时间参加足球队或者 800 米比赛，雇员也可以拒绝参加。

波恩劳动法院[3]还考虑到了哪些**特殊情况**下，可以免除雇员必须参与培训的义务。这些特殊情况中包括了雇员**年龄过高**，但该雇员只有 50 岁，谈不上过高。此外雇员还可提出因身体或是智力因素无法接受进修培训，但本案例中该雇员并非如此。在实践中，由于身体或智力因素而不接受培训也只在某些极端情况中出现。[4]

技术迅速发展，雇员需要参加"工作必需"的、对继续从事现有劳动来说不可或缺的相关培训，实际上不但可以，还应当**扩大**进修的**内容范围**。此处还有哪些别的选择？如雇员不久后打算离职，那么雇主该如何援引（费用）返还协议保护自身利益？这些问题我们将在下文讨论。[5]

四、企业职工委员会的参与权 *

1. 一般职能和知情权

根据《企业组织法》第 80 条第 1 款第 1 项，企业职工委员会有责任监督企业遵守**有利于雇员的法律规定**——包括**关于数据保护的相关规定**，例如欧盟《通用数据保护条例》（EU - Datenschutz - Grundverordnung，缩写 DSGVO）、新版《联邦数据保护法》以及诸如德国《电信法》或德国《社会法典·第十卷》等特殊规定。[6]现有的《联邦数据保护法》（Bundesdatenschutzgesetz，缩写 BDSG）也构成《企业组织法》第 80 条第 1 款第 1 项意义下保护雇员的法规，这与德国联邦劳动法院的司法审判结果相符。[7]

---

[1] 亦可见 Schaub - Linck，§ 45 Rn. 33 中关于波恩劳动法院的判决。
[2] Kramer - von der Straten，Teil B Rn. 960.
[3] 同上。
[4] 相关进一步探讨请见 Käufer，S. 242ff. 。
[5] 本书第十五章，边码 27 及以下。
* 见［德］沃尔夫冈·多伊普勒著，王倩译：《德国劳动法》，上海人民出版社 2016 年版，边码 265 及以下。
[6] 关于后者，请见本书第八章，边码 20 及以下。
[7] 可见 BAG, 17. 3. 1987 - 1 ABR 59/85 - AP Nr. 29 zu § 80 BetrVG 1972.

企业职工委员会可以**对企业进行巡视**[1]以及与个别雇员谈话,以履行其监督检查职能。即便没有具体的可疑之处,企业职工委员会也可以个别**抽查**,例如检查企业是否真的实行了先前承诺的访问权限。[2]

根据《企业组织法》第80条第2款第1句,**雇主须及时且全面地将情况告知企业职工委员会**,以便其"执行任务"。具体来说,企业职工委员会有权要求雇主告知所有与其监督检查职能有关的必要信息。例如,企业职工委员会有权知晓企业为需要使用新系统工作的雇员安排了哪些技能培训。同时,企业职工委员会还可以要求企业详细解释计算机系统如何运作。[3]个别情况下,如确定企业没有遵守雇员保护规范,企业职工委员会可以要求雇主进行纠正。法学界主流意见认为,企业职工委员会不可动用司法程序迫使雇主依法行事。[4]但**个别情况下**,譬如发生了《企业组织法》第119条第1款规定的犯罪行为或是第121条规定的**违规行为**,企业职工委员会就有权对此提起刑事程序;或更谨慎的话,知会并鼓励工会这么做。企业职工委员会是否会如此行事,和企业内部的运作模式有关。[5]

企业职工委员会还有权向雇主提出**建议和动议**,并就此进行谈判(见《企业组织法》第80条第1款第2项及第3项)。如有雇员投诉,企业职工委员会要伸张其诉求,则会和雇主就补救措施进行协商。协商若未能达成一致,则须由劳资协调处裁定该投诉是否合理。[6]

2. 咨议权(Beratungsrechte)

根据《企业组织法》**第90条**,如雇主计划安装"技术设备"或引进"(新)工作程序和工作流程",他须及时知会企业职工委员会并提供必要文件。此外,雇主还须与企业职工委员会共同商讨计划实施的措施及其可能会对雇员产生的影响等事宜。当然,**"技术设备"**不仅包括计算机系统[7],还包括机器人或新通信系统。这还会涉及联网问题,尤其是互联网连接或连接第三国的内联网。[8]此外,由于工作程序和工作流程发生变化,《企业组织法》第90条第1款第3句规定的前提条件一般也需要满足。

若协商未果,企业职工委员会可只根据《企业组织法》**第91条**来要求雇主对此情况进行纠正,但适用该法条所需的前提几乎从不会满足。由于该规定缺乏现实意义,因此不再对其赘述。[9]

如引入新的程序或是安装新的设备影响了**人力资源计划**,根据《企业组织法》**第92条**规定,雇主也须与企业职工委员会就此进行协商。但不应期望太高,毕竟,依据现有法律,

---

[1] BAG, 21.1.1982 – 6 ABR 17/79 – AP Nr.1 zu § 70 BetrVG 1972.

[2] 随机检查的权利请见斯图加特劳动法院的判例 ArbG Stuttgart, 19.2.2002 – 20 BV 14/01 – NZA – RR 2002, 365; DKKW – Buschmann, § 80 Rn.23; GK – Weber, § 80 Rn.26。

[3] BAG, 17.3.1987 – 1 ABR 59/85 – AP Nr.29 zu § 80 BetrVG 1972 及 Fitting, § 80 Rn.67。

[4] 有关该观点的进一步讨论请见 Däubler, Arbeitsrecht 1, Rn.896。

[5] 雇主有《企业组织法》第121条规定的违章行为时应如何恰当行事,可参见 Growe 从现实中收集的大量案例(Ordnungswidrigkeitsverfahren nach dem Betriebsverfassungsrecht. Handlungsanleitung für die Praxis, Köln 1990)。

[6] 有关详情请见 Buschmann, FS Däubler, S.311ff.。

[7] 可见 DKKW – Klebe, § 90 Rn.9; GK – Weber, § 90 Rn.14。

[8] 参见 Fitting, § 90 Rn.21; GK – Weber, § 90 Rn.14。

[9] 有关详情请见 Däubler, Arbeitsrecht 1, Rn.1004 – 1017。

企业职工委员会不可强制要求执行人力资源计划。相反,雇主则可自行决定是否要增加人手,还是勉强维持原定计划。[1]

假如工作流程数字化进程危及劳动岗位,《企业组织法》第92条规定的企业职工委员会的建议权便有了现实意义。[2] 如需创造额外的劳动岗位,企业职工委员会也可发起倡议。

3. 共决权

劳动场所接入内联网或互联网,或更新现有的操作系统,会引发企业职工委员会的一系列共决权。尽管共决权并不总能得到充分承认和利用,但其仍具有重要的现实意义。

(1)《企业组织法》第95条第3款和第99条规定的企业职工委员会对调岗的共决权

在拥有20名以上雇员的企业,雇主如计划对雇员进行调岗,必须**事先详细告知企业职工委员会**。企业职工委员会可援引《企业组织法》第99条第2款中的任一理由在一周内**拒绝批准**雇主所做的调岗方案。如对此存有争议,雇主须提请劳动法院做出判决,以撤销企业职工委员会所做的"否决"决定。法院作出判决之前,雇主可**根据《企业组织法》第100条规定在紧急情况下采取临时措施**。如雇主超出了法定范围,比如在没有通知企业职工委员会的情况下便擅自调岗,则调岗无效。[3] 雇员也没有义务接受改变之后的劳动条件。

a)调岗

关键问题在于何时才构成法律意义上的"调岗"。根据《企业组织法》第95条第3款第1句所述,调岗指"分配到其他的劳动领域"。临时性(不超过一个月)的调动措施,仅在"劳动环境发生重大改变"时,方构成调岗。《企业组织法》第99条采用了这一概念定义。

《企业组织法》第95条第3款中采用了**独立的企业组织法意义上对"调岗"的概念定义**。据此,雇主在劳动指示权限范围内依据劳动合同,或雇员本人也同意对劳动合同进行相应修改,雇员"照章"被"分配到其他的工作领域",都并不影响企业职工委员会的共决权。[4] 换言之,《劳动合同法》(Arbeitsvertragsrecht)和《企业组织法》(Betriebsverfassungsrecht)在这点上彼此完全不关联。

《企业组织法》第95条第3款意义上的"**工作领域**"涵盖了具体的劳动岗位以及其在空间布局、技术和组织方面与企业环境之间的联系。[5] 然而,劳动岗位"常规波动范围内"的微小变化和调整则不属于调岗。[6] 调岗既针对工作岗位空间上的变更(例如转到另一楼层的X部门),也指现有劳动岗位**对劳动成果的要求发生改变**。

---

[1] 有关详情请见 Däubler, Arbeitsrecht 1, Rn. 1020 – 1022a。
[2] 有关详情请参见 DKKW – Däubler, Erläuterung zu § 92a。
[3] BAG, 26. 1. 1988 – 1 ABR 531/86 – DB 1988, 1167; BAG, 30. 9. 1993 – 2 AZR 283/93 – DB 1994, 637; BAG, 2. 4. 1996 – 1 AZR 743/95 – DB 1996, 1881f.
[4] 劳动合同法的角度看与企业组织法的角度看不同,这一观点得到了普遍认可,相关内容可见 DKKW – Bachner, § 99 Rn. 98; Fitting, § 99 Rn. 118ff. , jeweils m. w. N.
[5] Fitting, § 99 Rn. 124 m. w. N.
[6] BAG, 2. 4. 1996 – 1 AZR 743/95 – DB 1996, 1881 linke Spalte; Huke, in: Hess u. a. , § 99 Rn. 78 u. a.

举一略显过时的例子：劳动岗位上电子邮箱投入使用后，雇员 X 须在半天之内亲自回复收到的电子邮件。在此之前则是"根据紧急程度"回复书面信件。

此外，"改变"也可指雇主要求的"劳动产出"保持不变，使用的**劳动工具**却发生了**变化**。或者，尽管劳动任务本身保持不变，但**劳动成果**却因为技术改变而发生改变。[1]如今，德国联邦劳动法院也持该观点，并指出劳动全貌也须随之改变。[2]这一点在本书此处的讨论中尤为重要。

举例：德国联邦劳动法院在 1984 年 4 月 10 日的判决[3]中认为，从使用打字机到用电脑处理文本，这一变化并不属于《企业组织法》第 95 条第 3 款所定义的"调岗"。这一主张主要基于该观点：仅**劳动技术设备**改变并不导致劳动领域改变。但德国联邦劳动法院在 1988 年 5 月 26 日的判决[4]中明显放弃了这一观点。[5]

根据最近的司法判例，使用的劳动设备也是"劳动岗位"的一个基本构成要素。因此**连入内联网，尤其是连入互联网都属于劳动岗位的重大变化**。这体现在各种实际操作中：

举例：用电脑以电子邮件形式发送信息或反馈来取代接打电话或是口述信件。

这也体现在对新雇员的技能资格需求上。没有人会认为已发生的变化微不足道，或认为这些变化仍在工作的正常波动范围内。[6]这不仅仅是换台新机器后"更换操作方式"那么简单[7]，而涉及**新的劳动质量**，虽然通常会给雇员个人更多的灵活性，但也需雇员在工作时更专注和更高效。

举例：因此，据德国联邦劳动法院**有关电脑屏幕工作**[8]的较早判决，联网也符合"调岗"。因为对此通常需要三小时以上的培训，不是用一种文字处理方法（使用初始 word 版本编写文档）取代另一种（用打字机）那么简单。

必须借助移动设备才能完成工作并且雇员在企业不再拥有（空间上的）固定劳动场所，

---

［1］ 亦可见 Richardi/Thüsing，§ 99 Rn. 102。

［2］ BAG, 26.5.1988 – 1 ABR 18/87 – DB 1988, 2158; BAG, 2.4.1996 – 1 AZR 743/95 – DB 1996, 1880 及 DKKW – Bachner，§ 99 Rn. 103; Fitting § 99 Rn. 138; 亦可见 Huke, in: Hess u. a. § 99 Rn. 78。

［3］ 1 ABR 67/82 – DB 1984, 2198。

［4］ 26.5.1988 – 1 ABR 18/87 – DB 1988, 2158。

［5］ 在此情况下，会涉及雇员驾驶的货车的尺寸规模。

［6］ 《企业组织法》第 95 条第 3 款中删除了此类情况，见边码 206。

［7］ 可见 Huke, in: Hess u. a. § 99 Rn. 79, 83 工业生产的传统示例。

［8］ 10.4.1984 – 1 ABR 67/82 – DB 1984, 2198。

尤其构成调岗：该雇员必要时只能寻找一张未被占用的办公桌进行工作（**共享办公桌**）；[1]采用**交替远程办公方式**（在家两天，在企业三天）也是法律意义上的调岗。操作员无需继续操作机器，仅安排其负责**监控全自动系统运转**，同样构成调岗。

b） 绕开企业职工委员会

如果雇主事先未让企业职工委员会参与，雇员有权依法拒绝联网或拒绝使用新系统劳动。[2]雇员是否真会这样做，在何种程度上企业职工委员会可与雇主达成后续协议，取决于企业的内部基本条件。

c） 拒绝同意

企业职工委员会充分了解情况后，可出于《企业组织法》第99条第2款中所列的理由拒绝同意。如没有明确的企业运营原因或是个人原因，则首先考虑调岗是否会**不利于其他雇员**（第3项）**或相关人员**（第4项）。

> 雇主认为现代人都应该会使用"SAP 人力资本管理系统"*，因此引入该系统后并未对雇员进行培训。相关雇员不得不花费大量精力在业余时间自学相关内容。就这一对雇员不公正的（Benachteiligung）行为，企业职工委员会可根据《企业组织法》第99条第2款第4项的规定拒绝同意。相关雇员对参加劳动所需的进修具有请求权，这一点在此无关。[3]

（2） 对《企业组织法》第96–98条规定的进修具有共决权

《企业组织法》第96条第1款规定雇主和企业职工委员会有义务推进"雇员职业培训"，其中也包括"进修"。因此，企业职工委员会有权每年向雇主询问职业培训需求，以避免雇员技能不足的情况发生。[4]根据企业职工委员会要求，雇主必须就相关问题与其进行协商。《企业组织法》第97条将雇主该义务还推延至设立企业内职业培训以及其他相关问题。

于2001年新增的《**企业组织法**》**第97条第2款**打破了咨议权缺乏实际操作意义的现象，并规定了企业职工委员会享有**共同决定权**。

援引《企业组织法》第97条第2款的第一个**前提**是：雇主已计划或已实施了某些**变更相关雇员的劳动内容**的措施。[5]第二个前提条件是，在上述情形下，相关雇员的原有**职业知识和技能不足**以完成现在的劳动任务，则企业职工委员会可共同决定"展开公司内部职业培训"。因而问题的关键在于，雇主的要求与雇员的技能资质之间是否存在差异。哪怕只

---

[1] Kramer‐Solmecke, Teil A Rn. 24f.；Steffan NZA 2015, 1409, 1415.
[2] 见本书第八章，边码105。
* "HCM"指 Human Capital Management（人力资本管理）。
[3] 见本章边码25及以下。
[4] Rudolph, CF 7‐8/2003, 13.
[5] 有变更的计划足矣。见 Dusny, CuA 3/2015, 13，该文也阐述了面向"劳动4.0"展开进修的必要性。

有一名雇员的职业技能无法满足要求,企业职工委员会都可行使共同决定权。[1]

如上例所述,雇主希望引入"SAP 人力资本管理系统",并认为当代雇员都应该会使用该系统。除非所有雇员都具备使用该系统所需的知识技能,否则企业职工委员会就有权向雇主提出培训要求,如有必要,亦可通过劳资协调处强制要求雇主向雇员提供进修机会。[2]

企业职工委员会可以提出哪些培训要求,取决于解决雇员职业技能缺陷的规定之目的(Zweck der Regelung)。假如《企业组织法》第 81 条规定的"简单说明"(Unterrichtung)已足以解决雇员职业技能的缺陷,则不应援引第 97 条第 2 款[3],但这种情况不常发生。培训进修仅为雇主起决定性作用的"企业内部"措施。[4]此外,进修必须服务于提高劳动绩效——当然没有人能保证进修一定能成功提高绩效。[5]雇主还可决定企业是自行设立进修机构还是从第三方购买进修服务。[6]

企业职工委员会可要求**所有相关雇员**都能从进修措施中受益。[7]只有进修时间较长并要避免突发成本负担时,才会考虑到雇主经济利益。企业职工委员会和雇主不可干涉劳动合同中规定的雇员对劳动相关培训的请求权,[8]因此不可走其他途径规避。此外,未经所有相关雇员同意,不可将部分或全部培训安排到雇员的**休息时间**内。[9]

如**集体合同**适用于某企业,鉴于其与社会事务密切相关,理应根据《企业组织法》第 87 条第 1 款规定,此时参照既定的集体合同进行处理。[10]只要集体合同对此做出了相关规定,企业职工委员会便不可行使共决权。不过,集体合同的惯常性(Tarifüblichkeit)并不排除企业职工委员会的共决权。[11]

早在 2001 年就存在的《企业组织法》第 98 条规定了**另一种共同决定权**,覆盖了企业职业培训措施的"**实施**"。但该条款只是**一般性规定**,因为该条第 2 款和第 3 款明确规定了企业职工委员会在哪些具体情况下(即任命或解雇培训师以及甄选培训参与者)可以行使共同决定权。

根据《企业组织法》第 81 条,对劳动合同规定的应承担的劳动做"**入职培训**"(Ein-

---

[1] DKKW – Buschmann,§ 97 Rn. 19;Dusny,CuA 3/2015,13;亦可见 LAG Hamm,8.11.2002 – 10(13)TaBV 59/02 – NZA – RR 2003,543。
[2] 企业职工委员会毋庸置疑享有提案权(Initiativrecht),可见 Löwisch,BB 2001,1795。
[3] Franzen,NZA 2001,867.
[4] Fitting,§ 97 Rn. 23;Franzen,NZA 2001,866;Reichold,NZA 2001,864.
[5] Franzen,(NZA 2001,867)强调只排除那些"明显"不会成功的措施。
[6] Löwisch,BB 2001,1795.
[7] Franzen,NZA 2001,869.
[8] 见本章边码 25 及以下。
[9] 见本章边码 31 – 32:Franzen 认为不存在普遍的要求进修的权利,也不认为可以制定规则强行要求把培训安排在工作时间,但他没有考虑到劳动合同的角度。与 Franzen 不同的观点可见 Fitting,§ 97 Rn. 31。
[10] Franzen,NZA 2001,870.
[11] 普遍认可的观点。不同观点见 Löwisch,BB 2001,1795。

weisung），不构成职业培训进修。[1]如前文所述[2]，首次连接网络或引入新系统通常意味着需要获取相应的新知识和新技能，则此时则不再适用《企业组织法》第 81 条。

制定具体的培训内容重点以及**确定培训理念**都属于"实施"雇主制定的培训措施。[3]需注意，"企业"职业培训不一定非得在企业里开展，只需与企业相关并且雇主对此起决定性作用即可。德国**联邦劳动法院**主张对此进行**功能性理解**，即重要的是培训目标而不是培训场所。[4]因此培训场所甚至可以在国外。

在实践当中，共同决定权在进修方面的**实际意义**似乎并不大。这一事实出人意料，毕竟这些与劳动直接相关的措施能够推动劳动流程顺利进行并让雇主从中受益。许多时候，雇主会主动且积极地推行。但还可能存在这样的情况：适用《企业组织法》第 97 条第 2 款就要声明职业技能欠缺，这一说法不受人欢迎，职工委员会可能因此不愿频繁援引。不过，可在企业协议[5]拟定核心要点从而推进培训。

（3）由于企业重大变动而达成利益平衡约定以及制定社会计划？

根据《企业组织法》第 111 条规定，雇主须全面地向企业职工委员会**通报**计划中的企业重大变动，并通过协商达成**利益平衡约定**。在一定条件下企业职工委员会可强制要求**制定社会计划（Sozialplan）**。

对于本章讨论的问题来说，可能会出现《企业组织法》第 111 条第 3 句中列举的三类情形。

a) 根本上改变企业组织

《企业组织法》第 111 条第 3 句第 4 项提到的**"企业组织"**一词，指如何协调人与企业设备，以实现预期的劳动技术上的目标。[6]其中包括了使用电子数据处理方式来控制生产流程。[7]此外，内部网络也是"企业组织"的一部分。[8]本项规定涵盖了所有企业变动，也包括大量雇员首次必须使用新系统进行劳动。同时，这还包括引入"统一通信"劳动模式、组建虚拟团队以及使用 3D 打印等。

企业组织的改变必须是**"根本性的"**。当创新价值高至可以称之为技术"飞跃"发展时[9]，便可认为是从根本上改变企业组织。开展相关职业培训和实施调测阶段等正是企业变动的佐证。[10]引入屏幕显示设备和文字处理系统是企业变动的**参照基准**。例如，在 Danzas 物流公司一案中，汉堡劳动法院在早先的判决中认定该公司发生了根本性变化，这是因

---

[1] BAG, 28.1.1992 – 1 ABR 41/91 – AP Nr. 1 zu § 96 BetrVG 1972 Bl. 2 R.
[2] 见本章边码 24。
[3] 相关进一步分析见 DKKW – Buschmann, § 98 Rn. 3ff. 。
[4] BAG, 4.12.1990 – 1 ABR 10/90 – AP Nr. 1 zu § 97 BetrVG 1972 Bl. 3 R; BAG, 10.2.1988 – 1 ABR 39/86 – AP Nr. 5 zu § 98 BetrVG 1972 Bl. 4 R.
[5] Schulze/Hofer, AiB 7 – 8/2016 S. 28.
[6] DKKW – Däubler, § 111 Rn. 105.
[7] Fitting, § 111 Rn. 92.
[8] DKKW – Däubler, § 111 Rn. 105.
[9] DKKW – Däubler, § 111 Rn. 108; Fitting, § 111 Rn. 95.
[10] 参见 Fitting, § 111 Rn. 95（»erforderliche Einarbeitungszeit«）。

为该公司雇员不再需要在与计算机兼容的表格中记录数据,而是得将数据直接输入计算机。此外,该公司以前还必须将表格和文件打印出来才能检查错误,现在输入计算机时便可进行逻辑错误检查。[1]德国联邦劳动法院也总体认为使用"数据显示设备"属于企业的一项根本性变化。[2]基于此,原则上,互联网也属于新的变化,因为许多与劳动相关的通讯过程不仅在外部形式上,而且在内容和运行速度方面都被重新改造。因此,建立企业内联网以及/或是将不在少数的劳动岗位连入互联网可能造成《企业组织法》第111及以下条所述的法律后果。这同样适用于以下情形,即:雇主安排不少雇员在家劳动或为雇员配备移动终端设备,保证能够随时与其取得联系。创建合作平台和组建虚拟团队也同样构成企业组织的根本性变化。公司引进自控系统自不待言。

66 **b)根本上改变企业设备**

《企业组织法》第111条第3句第4项所述的企业重大变动也可指变更"企业设备"。企业设备是指包括"数据显示设备"在内的**所有技术辅助手段**。[3]有些作者认为,引入电子数据系统或设置屏幕劳动岗位同样算变更企业设备。[4]不过对此存在限制:与新技术相关的部分必须对整个企业具有重要意义。[5]对此存疑的话,须判断涉及的雇员人数是否达到了《解雇保护法》第17条的人数门槛。[6]企业组织发生根本性变化的相关情形也适用于此处——"联网"也以同样的方式改变了"企业设备"。

67 **c)引进全新的劳动方式**

建立内联网或连入互联网,可能出现《**企业组织法》第111条第3句第5项**所述的情况——引进全新的劳动方式。这项规定更多关于**利用人力资源**[7],而非劳动工具。因此第5项适用于企业引入团队劳动形式,组建虚拟团队也属于此范畴。不过通常情况,虚拟团队

68 应会同时符合该法条的第4项和第5项。[8]

个人电脑投入使用初期,人们便普遍认为劳动方式随之发生改变。目前为止的法学文献中,这一观点未受到质疑。[9]劳动方式的改变是否属于**"根本性的"**,仅视企业自身情况而定,而不取决于行业或整体经济中的普遍情况。[10]这一点上与"企业组织"的变化和

---

[1] LAG Hamburg, 9.1.1981 – 3 Ta BV 4/80 – BetrR 1981, 173, 176.

[2] BAG, 26.10.1982 – 1 ABR 11/81 – AP Nr. 10 zu § 111 BetrVG 1972;BAG, AP Nr. 7 zu § 87 BetrVG 1972 Überwachung.

[3] BAG, 26.10.1982 – 1 ABR 11/81 – AP Nr. 10 zu § 111 BetrVG;DKKW – Däubler, § 111 Rn. 107;Hess, in:Hess u. a. § 111 Rn. 179;Richardi/Annuß, § 111 Rn. 114.

[4] ErfK – Kania, § 111 BetrVG Rn. 19;Fitting, § 111 Rn. 94.

[5] BAG, 26.10.1982 – 1 ABR 11/81 – AP Nr. 10 zu § 111 BetrVG 1972;BAG, 23.8.1990 – 6 AZR 528/88 – NZA 1991, 115;MünchArbR – Matthes, § 268 Rn. 45;Richardi/Annuß, § 111 Rn. 815;亦可见 Hess, in:Hess u. a. § 111 Rn. 177。

[6] 相关内容可参见 DKKW – Däubler, § 111 Rn. 109;Richardi/Annuß, § 111 Rn. 118。《解雇保护法》第17条对规模性裁员作了规定,并明确了裁员规模的标准。

[7] ErfK – Kania, § 111 BetrVG Rn. 20.

[8] 参见 Fitting, § 111 Rn. 97。

[9] DKKW – Däubler, § 111 Rn. 113;Fitting, § 111 Rn. 94;Richardi/Annuß, § 111 Rn. 120ff.

[10] ErfK – Kania, § 111 Rn. 20;Hess, in:Hess u. a. § 111 Rn. 186;Richardi/Annuß, § 111 Rn. 123.

"企业设施"的变化并没有什么不同:网络和自动化给公司带来了巨大的创新,构成了《企业组织法》第111条第3句第5项所述要件。如所涉及的雇员人数相对较少,可援引**《解雇保护法》第17条**加以解决。[1]例如1500个劳动岗位的某企业中安装70台"数据显示设备"用于办公,已足以援引该法条。[2]

d) 分阶段引进

个别情况下,企业如只有一小部分雇员受波及,且未达到《解雇保护法》第17条规定的标准,就不可援引《企业组织法》第111条。但需要指出的是:通常来说,引进新技术并非一蹴而就,而要经历一个循序渐进的过程,该过程中需要进行成本分配,也要创造机会来学习在第一阶段中产生的经验。德国《劳动法》通常不将各阶段彼此割裂:在一个不过长的时期内(可能持续两到三年)公司**将这一新技术相继**引入各部门,会被推定为**是基于公司统一决策而进行**,[3]因此构成整体进程。对此须经过职工委员会共同决定,但其中的个别小步骤则无须共同决定。

e) 达成利益平衡约定以及制定社会计划

雇主若已将计划详细告知企业职工委员会,接下来必须设法达成**利益平衡约定**。这包括了明确"是否"、"何时"和"如何"实施企业重大变动,例如,需要确定是否要在一年内实现全面自动化还是只在某一特定部门实现自动化。

然而,**不可强制**达成利益平衡约定。雇主可仅根据法律规定程序进行处理并在必要时请求劳资协调处出面。[4]如未能与职工委员会达成一致,雇主可以选择并执行他认为合适的解决方案。这意味着企业职工委员会在此没有共决权,只有协商权。

制定**社会计划**比达成利益平衡约定更重要,前者必要时可借助劳资协调处达成。根据《企业组织法》第112条第1款第2句的定义,**社会计划**要"补偿或减轻"雇员因企业变动而遭受的经济损失。**无形负担**,例如雇员间友好的合作关系被解散,则无法"**得到补偿**"。社会计划的关键在于哪些能被定性为"经济损失"。

由于联网而出现裁员或雇员被调至低薪劳动岗位,可像其他情况一样要求雇主向雇员支付**补偿金**。德国联邦劳动法院还批准可将"降职保护"列入社会计划,此外还认可了一项规定:被医学判定为不适合在电脑屏幕前劳动的雇员**有权要求获得与其技能相符的继续聘用机会**。[5]如雇员只有前往其他地方才可被继续聘用,企业则需**为其参加转岗和进修培训提供资金**以及报销交通费。[6]

联邦劳动法院尚未就下述问题作出决定:新技术造成劳动强度加剧,是否构成劳动者的"**经济损失**"。[7]对这个问题,以下事实给出了肯定答复——雇员完成一定的劳动量会得

---

[1] GK – Oetker, § 111 Rn. 172.
[2] Hess, in: Hess u. a., § 111 Rn. 186.
[3] 参见 Fitting, § 111 Rn. 76; Däubler, DB 1985, 2297ff. 。
[4] BAG, 18. 12. 1984 – 1 AZR 176/82 – DB 1985, 1293ff.
[5] BAG, 6. 12. 1983 – 1 AB 43/81 – DB 1984, 934 = NJW 1984, 1476, 1485.
[6] ErfK – Kania, § § 112, 112a Rn. 29; Fitting, § § 112, 112a Rn. 142.
[7] 相关进一步讨论请参见 Däubler, DB 1985, 2300f. 。

到相应的薪资报酬;因加班导致劳动时间延长,雇主则须额外支付报酬;因此,劳动付出和劳动报酬之间的关系是因劳动时间延长还是因劳动强度增大而发生变化,从结果上看没有差异。鉴此社会计划可以规定特殊津贴。

75 **f) 对咨询顾问的请求权**

根据 2001 年新增的第 111 条第 2 句,企业职工委员会可**就计划中的企业变动,未经雇主事先同意便向**"顾问"寻求建议。但必须满足一个前提,即该企业必须有 300 名以上雇员。企业即**将发生重大技术变革,**但雇员经济损失尚未充分显现时,寻求咨询顾问尤为实用:尽管企业变动发生,但目前由于协商难以成功,通常不会援引《企业组织法》第 111 条及以下规定。对规划的技术变革展开咨询,可以极大增进透明度。

邀请顾问参与时会发生的**个别问题**,可参阅其他文献的相关论述。[1]

76 **(4)其他方面的共决权**

劳动流程数字化往往牵涉到**劳动保护**问题。因此,根据《企业组织法》第 87 条第 1 款
77 第 7 项规定,企业职工委员会享有共同决定权。我们将在下文对此进行详细探讨。[2]

采用新技术进行劳动会使得**劳动时间不规律**,有时甚至**大幅延长**。对此,企业职工委员会可根据《企业组织法》第 87 条第 1 款第 2 项和第 3 项行使共同决定权。[3]此外,企业联网后,**高度监控**成为可能,借助《企业组织法》第 **87 条第 1 款第 6 项**规定的共同决定权可对监控进行限制。

例如,"统一通信"下,"在线状态显示"这种功能很普遍[4],而是否在线会构成评估该雇员劳动表现的重要指标。在线群日历也如此,群成员可在群日历上添加日程,而所有人都可查看。[5]

鉴于监控问题本身具有重大意义,我们将在专门章节中另行讨论。[6]

78 **五、人事委员会的参与权**

本章的主题内,人事委员会具有许多特性*。出于篇幅原因本书只介绍德国联邦层面的法现状;各州情况则请参看相关法律文献。[7]

79 **1. 人事委员会的一般职能和信息知情权**

根据德国《**联邦人事委员会法**》第 **68 条第 1 款第 2 项**,人事委员会必须确保"有利于

---

[1] DKKW – Däubler, § 111 Rn. 166ff.

[2] 见本书第六章,边码 11 和边码 30 及以下。

[3] 有关详情见本书第五章,边码 4 及以下。

[4] 见 Ruchhöft, CuA 10/2014, 24。

[5] LAG Nürnberg, 21. 2. 2017 – 7 Sa 441/16, ZD 2017, 439.

[6] 见本书第八章。

* 人事委员会是德国公共机构雇员的利益代表组织,相关概述请见[德]沃尔夫冈·多伊普勒著,王倩译:《德国劳动法》,上海人民出版社 2016 年版,边码 1196 及以下。

[7] 还可参见 Thannheiser, CF 3/1999, 16ff.。

雇员的法律、法规、集体合同、服务协议和行政命令能有效实施"。这一规定与《企业组织法》第 80 条第 1 款第 1 项一致。[1] 此外，联邦行政法院在 1985 年 3 月 26 日的一项裁决中认定德国《联邦数据保护法》具有保护雇员的性质，人事委员会因此必须监督该法令的落实情况。[2] 这一点也适用于其他数据保护标准，尤其是欧盟《通用数据保护条例》。

根据德国《联邦人事委员会法》第 68 条第 2 款第 1 句，公共机构应"**及时且全面**"地**将情况告知**人事委员会，以便其履行职责。与《企业组织法》第 90 条和第 111 条不同，此处没有规定与参与权有关的特定知情权，需根据德国《联邦人事委员会法》第 75 条及以下规定的参与权来对《联邦人事委员会法》第 68 条第 2 款第 1 项规定内容进行具体化。[3] 因此公共机构引入新技术时，人事委员会为行使《联邦人事委员会法》第 68 条第 1 款第 2 项的监控委托权以及《联邦人事委员会法》第 75 条第 3 款第 17 项的共同决定权，可获取一切所需的信息。其中包括**对硬件和软件的全面描述**、明示哪些**数据区**（Datenfeld）会存储个人数据、系统或程序的操作方式、运行环境以及连接适配性。[4] 联网和引进或更新系统也属于引入新技术。

有些麻烦的场景中会出现以下问题：人事委员会能否主动且自行**检查《数据保护法》的规定**（或其他相关法规）是否得到了有效**履行**。[5] 难点在于，根据德国联邦最高行政法院的**司法判例**至今**仍未明确**是否授予人事委员会独立的"**巡视企业权**"：人事委员会走访劳动场所前，须征得被巡视部门负责人的同意，部门主管在有充足理由的情况下才可以拒绝，譬如进行检查会严重干扰工作流程。[6] 即便不考虑其他一切拒绝理由[7]，只是声称巡视会干扰工作这一条便足以使德国《联邦人事委员会法》第 68 条第 1 款第 2 项规定的监督职能基本落空。特别在情况可疑时，部门主管完全可以一口拒绝人事委员会巡视，将其拉入长期的司法拉锯。由于尚不明确人事委员会此时能否不理会部门主管的拒绝，[8] 因此人事委员会只有不惧对抗时才会考虑坚持巡视。人事委员会受困于办公室内，只能从雇员那里获取线索并将其告知相对方——这种雇员利益代表的形式未免太过温和。此外，司法并未明确指出客观上为何人事委员会有别于企业职工委员会，为何不可像后者一样在行动范围内"自由行动"。人事委员会理应可以进行**随机抽查**，以检查某一公共部门正在处理哪些数据，使用的是哪些工具。[9]

---

〔1〕 见本章边码 37 及以下。
〔2〕 BVerwG, 23. 1. 1985 – 6 P 40/82 – PersR 1986, 95, 由 BVerwG, 8. 11. 1989 – 6 P 7/87 – CR 1990, 784 = PersR 1990, 102 确认。
〔3〕 Seulen, in: Altvater u. a. § 68 Rn. 26f.
〔4〕 亦可见 BVerwG, 8. 11. 1989 – 6 P 7/87 – CR 1990, 783f. = PersR 1990, 102。
〔5〕 见 Kruse, PersR 1993, 64ff. 。
〔6〕 BVerwG, 9. 3. 1990 – 6 P 15/88 – PersR 1990, 177.
〔7〕 有关详情可参见 Lemcke, PersR 1990, 191ff.；Wahsner, PersR 1986, 126。人事委员会的现场检查权可见 BAG, 17. 1. 1989 – 1 AZR 805/87 – PersR 1989, 138。
〔8〕 Lemcke, PersR 1990, 174 对此持赞同意见。
〔9〕 亦可见 Seulen, in: Altvater u. a., § 68 Rn. 46; der Rspr. folgend Ilbertz/Widmaier/Sommer, § 68 Rn. 59。

2. 听取意见权和参与权

在企业中须依据《企业组织法》或多或少开展共决的多种事宜，而在公共机构中，人事委员会对其的影响力和参与度却相对较弱。另一方面，德国《联邦人事委员会法》中规定的一些共决权在《企业组织法》中找不到对应条款。以下先具体说明未给予人事委员会完全共同决定权的法条：[1]

- 根据德国《联邦人事委员会法》第78条第5款，"**劳动程序和劳动流程发生根本变化**"前，须听取**人事委员会**意见。
- 根据德国《联邦人事委员会法》第76条第2款第7项，**引进"全新的劳动方式"**时[2]，人事委员会可行使有限的共同决定权。但事实上只是参与权，因为根据德国《联邦人事委员会法》第69条第4款第3句，劳资协调处在《联邦人事委员会法》第76条规定的所有情况下，只可向最高主管当局提出建议。
- 根据德国《联邦人事委员会法》第76条第2款第5项，对"**提高劳动绩效**"和"**简化劳动流程**"的**措施**，人事委员会也可行使这种有限"共同决定权"。前者是从质量或数量方面提高劳动绩效；[3]后者与劳动步骤有关。由于简化流程后总劳动量通常会提高（总劳动定额）[4]，故而需要人事委员会共同参与。这同样适用于**连接内联网或互联网**。[5]
- 根据德国《联邦人事委员会法》第76条第2款第6项，涉及"**雇员深造的一般问题**"，人事委员会也可行使有限的共同决定权。然而，德国联邦行政法院在此只给出了狭义的深造概念，获取只是为了适应技术创新所需的技能不属于深造范畴。[6]人们实际上无法指望人事委员会在这方面对进修活动做出内容安排。
- 德国《联邦人事委员会法》认为"**调岗**"这一概念仅限于空间位置变化（该法第75条第1款第3项针对公共机关雇员，第76条第1款第4项则针对公务员），因此它对于这一话题意义不大。

3. 共决权

- 《联邦人事委员会法》第75条第3款第16项针对"**劳动岗位组织安排**"的共同决定权，值得特别关注。据德国联邦行政法院的司法判例[7]，这一共同决定权涉及"对现有劳动岗位进行配备安排"，即劳动场所的空间布局、设备配置及固定设施、照明和通风等等；一方面考虑须在此开展的劳动，另一方面要顾及雇员保护的需求。如购买新设备或是给现有设备装上全新的功能，譬如联网，则构成了《联邦人事委员会法》第75条第3款第

---

[1] 有关后续的深入探讨请见 Thannheiser, CF 3/2004, 21ff.。
[2] 有关详情可参见 Thannheiser, CF 2/1999, 10。
[3] BVerwG, 27.11.1991 – 6 P 7/90 – PersR 1992, 147, LS 4.
[4] Thannheiser, CF 2/1999, 11.
[5] Wolber, PersR 2000, 4. 亦可参见 Baden, in: Altvater u. a. § 76 Rn. 100ff.。
[6] BVerwG, 27.11.1991 – 6 P 7/90 – PersR 1992, 147, 150 mit krit. Anm. Gillengerten/Spoo.
[7] BVerwG, 16.12.1992 – 6 P 29/91 – PersR 1993, 164, 166.

16 项所述之要件。[1]

- 实践中，连入内联网和互联网应视为"**合理化措施**"（**Rationalisierungsmaßnahme**），根据第 75 条第 3 款第 13 项，**人事委员会**为"补偿或是减少雇员经济利益受损"而制定包括进修计划在内的社会计划时可行使共决权。这也同样适用于引入新系统或是全面更新现有系统等情况。

- 后文还将对《联邦人事委员会法》第 75 条第 3 款第 1 项针对劳动时间行使的共同决定权[2]进行深入探讨，同时也会进一步地阐释《联邦人事委员会法》第 75 条第 3 款第 11 项所述的**防止损害雇员健康的相关措施**[3]以及《联邦人事委员会法》第 75 条第 3 款第 17 项所述的通过技术设备进行劳动监控。[4]

4. 权利冲突问题

如同一情况构成多个参与权的前提，**人事委员会有权选择**是依据所有相关权利还是单一权利。[5]几项权利并存时，只有当行使具有较强效力的权利会导致宪法上的顾虑，如不适当地损害公共机构的组织权力时[6]，才应优先适用效力较弱的权利。

---

〔1〕 亦可见 Lorenzen/Eckstein - Rehak，§ 75 Rn. 45h（关于设备连入互联网再次进行共决）；Wolber, PersR 2000，3。

〔2〕 见本书第五章，边码 4，边码 36 及以下（关于企业职工委员会）。

〔3〕 见本书第六章，边码 11 和边码 30。关于企业职工委员会亦可见 Lorenzen/Eckstein - Rehak，§ 75 Rn. 174f. 。

〔4〕 见本书第八章，边码 92 及以下（关于企业职工委员会），边码 111 及以下（关于人事委员会）。

〔5〕 Thannheiser, CF 3/1999，14。

〔6〕 Thannheiser, a. a. O.；亦可参见 Däubler, Gläserne Belegschaften Rn. 880 m. w. N. 。

第3章

特例：自带设备办公（BYOD）

1　一、有何涵义？

通常，**雇主**为雇员提供劳动的场所，特别是劳动所需的**设备**。这一点不仅表明雇员从事的是"从属性劳动"[1]，更由此产生多重**法律后果**：如设备损坏，雇员暂时无法继续工作，雇主即陷入受领迟延。因此根据德国《民法典》第615条第1款，雇主仍必须支付劳动报酬。如设备丢失，雇主必须另行购买设备，因为开展劳动的条件须由雇主提供。如**雇员损坏设备**，则须承担相应的责任——然而仅限于所谓企业内部损害赔偿（innerbetrieblicher Schadensausgleich）的基本原则框架内，也即，仅在雇员由于蓄意或严重疏忽而损坏设备时，方须承担责任；且对后一种情况还存在一些限定。[2]

2　若劳动设备是台式电脑、手提电脑或智能手机等数码设备，**雇主**还须根据德国《联邦数据保护法》（BDSG）第9条及欧盟《通用数据保护条例》（DSGVO）第32条的规定，保**护数据安全**。[3]雇主也构成《联邦数据保护法》的负责方，仅可在法律规定的框架内收集、处理或利用关涉个人的数据（BDSG第4条第1款、DSGVO第6条）。当企业的数据保护专员或监管机关发现违规时，雇主须负责采取补救措施。

3　美国的IT行业内一股潮流方兴未艾：雇员使用**自带的移动数据设备**从事劳动。[4]"**自带设备办公**"（Bring your own Device，简称**BYOD**）这个表述也随之确立。由此，私人的手提电脑、智能手机或平板电脑[5]上既存有私人邮件，也存有工作邮件。使用这些私人数码设备也可随时登入雇主的企业内网。BYOD**也在德国**[6]存在。根据一项调查，67%的受访雇员指出，"至少偶尔"会通过自己的私人手机和电脑处理工作。[7]BYOD一般有以下两大优点：

---

[1] Däubler, Arbeitsrecht 1, Rn. 24h.
[2] 概览详见 Däubler, Arbeitsrecht, Ratgeber, Rn. 532ff.。
[3] 详见 Hemker, DuD 2012, 165ff.。
[4] Sinn, CuA 10/2011, 4；Göpfert/Wilke, NZA 2012, 765, 766.
[5] 平板电脑的功能类似于智能手机，由于其尺寸较大，比较便于阅读文本。
[6] 数据来自 Herrmleben, MMR 2012, 205。详见 Thannheiser, AiB 3/2014, S. 19ff.。
[7] 由 Arning u. a., CR 2012, 592 发布。

- 雇员可以继续使用自己的**惯常设备**，无须每日切换。[1]况且，"IT达人"们的自有设备还常比公司提供的设备更新更先进[2]，工作时使用起来也更得心应手，更有干劲。
- **雇主**可以**节省劳动设备的购买成本**。为了不占雇员便宜，保证雇员愉快满意地使用自有设备，雇主支付给雇员一定金额，雇员以此支付自有设备的通讯套餐费——根据协商，也把钱花在设备维护上。[3]

然而，BYOD也有重大缺点。**雇员在休息时间内继续工作的可能性**由此明显提高。[4]此外还无法排除这种情况：同样存储在设备上的**私人数据**在某些情况下会被**雇主得知**[5]。BYOD也会给**雇主带来麻烦**：必须采取措施**保护**存储在私人设备上的**公司数据**，使其**不被非法获得**。还须预防设备损坏或遗失——一旦设备损坏或遗失，为保护公司数据，"**远程删除**"通常不可避免，可能波及雇员的私人数据。对BYOD损坏或遗失情况所带来的法律后果，还需做大量的规定：谁出资、谁购买替代设备？若损坏或遗失情况发生后一段时间无法劳动，雇员是否仍有权要求获得劳动报酬？在劳动关系之外，是否还存在对雇员自有设备的使用关系？雇员的软件使用许可是否仅限个人而不覆盖商业用途？[6]

以下将探讨BYOD与劳动法相关的一些重点问题。至于未来智能手机和平板电脑是否会取代个人电脑[7]，公司是否会强制推行BYOD这种劳动形式[8]，抑或BYOD仅为过渡现象[9]，这些我们不予置评。众多迹象表明，若可以**自行挑选设备**，雇员对工作会更满意。[10]目前看来，BYOD大有可观。[11]

二、推行BYOD

1. 劳动合同法的前提条件

雇主不可基于其**指示权**而要求雇员今后自带设备工作。《营业条例》（GewO）第106条并不覆盖这一指示。[12]该法条规定的指示权仅覆盖"工作的内容、地点和时间"，以及秩序和雇员在企业中的行为。劳动得以开展的各项前提须由雇主创造。因此，雇主**有必要**就BYOD与雇员达成**协议**，达成协议的时间点既可在招聘时，也可在现有劳动关系存续期间。

---

[1] Imping/Pohle, K&R 2012, 470. 对照 Giese, AiB 3/2014, 30。

[2] Arning u. a., CR 2012, 592；Göpfert/Wilke, NZA 2012, 765.

[3] Sinn, CuA 10/2011, 6.

[4] Göpfert/Wilke, NZA 2012, 765, 768：雇员在自由时间内继续使用设备工作的可能性很大。另参见 Sinn, CuA 10/2011, 5。

[5] Sinn, CuA 10/2011, 7.

[6] Arning u. a., CR 2012, 470, 471；Conrad/Schneider, ZD 2011, 153, 157；Imping/Pohle, K&R 2012, 470, 471. 一些相关问题可参考 Kramer – Solmecke, Teil A, Rn. 18。

[7] Hemker, DuD 2012, 165.

[8] Conrad/Schneider, ZD 2011, 153, 158.

[9] Arning u. a., CR 2012, 592, 598 持质疑态度。

[10] 参见 Göpfert/Wilke, NZA 2012, 765, 771 和 Giese, AiB 3/2014, 30, 32。总结性陈述可参见 Däubler, AiB 3/2014, 31 及 Thüsing/Pötters, in：Thüsing (Hrsg.), Beschäftigtendatenschutz, § 15 Rn. 28（尽管未直接提及）。

[11] 见 Kramer – Hoppe, Teil B, Rn. 620。新德语中也说"自选设备"CYOD（Choose your own Device）。

[12] 同见 Kramer – Hoppe, Teil B, Rn. 622。

尽管劳动得以开展的各项前提应由雇主创造，然而**原则上允许**通过协议约定由雇员自行提供部分劳动工具。司法审判中存在判例，要求模特出场时必须穿着一定的服装[1]，或受雇的出租车司机必须使用自有车辆。[2]与外勤雇员制定类似协议（使用自有车辆）也非罕见。此类协议偏离了雇主提供劳动手段这一（不成文的）原则，因此受到德国《民法典》第307条第1款对**一般交易条款的审查**。[3]此外，从内容上看，此类协议并不涉及作为主要义务的劳动给付，而是涉及附随义务。此类协议是对**给付承诺**的一种修正（Modifikation des Leistungsversprechens），德国联邦最高法院在司法审判中一直认定这种修正须受到一般交易条件的审查。[4]这一原则也被德国联邦劳动法院认同。[5]

如通过协议，应聘者或雇员将自有的智能手机等设备运用于劳动过程，则**雇员不可遭到违反诚实信用原则的不公平的亏待**。例如，完全禁止雇员私人使用该设备即为不公平的亏待。此外，雇主还必须偿付雇员由于工作原因使用特定因特网服务（如 Juris[6]）或海外数据传输而带来的费用。最后，也不允许雇主将设备的**通讯套餐费（Flatrate）**全部转嫁给雇员。由于雇员也出于办公目的使用设备，即便雇主不自愿承担所有使用费，也必须至少承担一个恰当的比例。[7]

2. 企业组织法上的前提条件

企业职工委员会不可通过劳资共决方式迫使雇主同意自带设备办公。[8]如雇主自行做出此决定，将自带设备接入企业内网后，雇主即具备了监控雇员行为和表现的技术手段。因此根据德国《**企业组织法**》**第87条第1款第6项**，企业职工委员会具有对此的**共决权**。[9]但监控手段是否密集，监控是否包括雇员在非工作时间的行为，与《企业组织法》第87条第1款第6项的原则性适用无关。

法律文献中还援用《**企业组织法**》**第87条第1款第1项**，根据此项，企业职工委员会对"雇员行为"和"企业内的秩序"具有共决权[10]，例如雇主指示雇员如何保护密码、指示雇员以一定频次打开工作邮件等即归于此项。[11]其他文献则提到加密公司数

---

[1] BSG, 12.12.1990 – 11 RAr 73/90 – NZA 1991, 907, 908.

[2] BAG, 29.5.1991 – 7 ABR 67/90 – AP Nr. 2 zu § 9 BetrVG 1972.

[3] 同见 Kramer – Hoppe, Teil B, Rn. 623。

[4] BGH, 12.3.1987 – VII ZR 37/86 – NJW 1987, 1931, 1935; BGH, 24.3.1999 – IV ZR 90/98 – NJW 1999, 2279, 2280.

[5] 最新判决见 BAG, 21.6.2011 – 9 AZR 203/10 – AP Nr. 53 zu § 307 BGB，根据该判决，作为协商一致解除合同的一部分，补偿条款须接受一般交易条款的审查。这里作一说明：民事争议由联邦最高法院管辖，劳动争议由联邦劳动法院管辖。

[6] Juris 是德国最大的法律数据库。

[7] 参见 Kramer – Hoppe, Teil B, Rn. 621 (»Pauschalzahlung«)。

[8] Kramer – Hoppe, Teil B, Rn. 639.

[9] Arning u. a., CR 2012, 592, 593; Giese, AiB 3/2014, 32; Göpfert/Wilke, NZA 2012, 765, 769; Imping/Pohle, K&R 2012, 470, 475; 也见 DKKW – Klebe, § 87, Rn. 201 (»mobile Kommunikationsgeräte«) 及 Kramer – Hoppe, Teil B, Rn. 643：设备的跨企业联网也必须经过职工共决。

[10] Conrad/Schneider, ZD 2011, 153, 157.

[11] Arning u. a., CR 2012, 592, 593.

的义务。[1]雇主对雇员工作时间外行为的要求也必须经过职工委员会共决。[2]文献还指出，在"休息时间"占用 BYOD 设备也是工作，因此适用《企业组织法》第 87 条第 1 款第 2 条（"日常工作的起始"）。[3]而在休息时间内工作这一难题并不仅在 BYOD 时存在。如计划（自愿）改为 BYOD 方式，也须考虑《企业组织法》第 90 条。[4]然而 BYOD 仅将数码设备提供方从雇主改为雇员，并不涉及《企业组织法》第 111 条第 3 款第 4 条中的"企业组织方式或企业设施的重大改变"；也不涉及《企业组织法》第 111 条第 3 款第 5 条中的"全新劳动方法和制造工艺"。不过，很明显，存在职工委员会的企业若想**推行** BYOD，**必须征得职工委员会的同意**。因而，建议双方就此拟定企业内部协议。[5]

3. 其他前提条件

雇员使用自有设备办公会引发许多问题，最佳方式是通过雇员和雇主**商议一致**后进行**约定**。[6]下文将进一步阐释这些问题。解决这些问题尽管并不构成推行和有效运作 BYOD 的法律前提，却能为其**提供现实基础**。

三、实施的难题

1. 数据保护方面的难题

即便是在属于雇员的设备上存储或处理关涉个人的信息，具有指示权的雇主仍是《通用数据保护条例》规定的数据保护**责任人**。[7]设备这一"基体"尽管属于他人，但仍划归给企业——情况正如企业租用服务方的服务器。鉴于此，也不存在据《通用数据保护条例》第 28 条委托数据处理规定的适用理由。修订后的《数据保护安全法》第 26 条第 8 款规定，包括类雇员在内的所有**受雇人员**，在数据保护法意义上均视同企业的一员，也即数据保护责任方的雇员。不过，如为必须服从委托方数据指令的**个体经营者**，则应适用《通用数据保护条例》第 28 条。雇员在雇主不知情不容忍的情况下私自使用自带设备，情况就完全不同——这时，雇员必须自行负责数据保护。[8]

雇员使用公司设备还是自带设备，对数据保护法律规定的适用在内容上并无影响。由此，必要时应根据《通用数据保护条例》第 35 条进行**后果评估（Folgenabschätzung）**，并根据《通用数据保护条例》第 5 条第 2 款进行**书面记录（Dokumentation）**。

---

〔1〕 Brandt, CuA 10/2011, 13.

〔2〕 Kramer - Hoppe, Teil B, Rn. 640.

〔3〕 Arning u. a., CR 2012, 592, 593；Buschmann, PersR 2011, 247ff.；Göpfert/Wilke, NZA 2012, 765, 770.

〔4〕 Conrad/Schneider, ZD 2011, 153, 157.

〔5〕 Imping/Pohle, K&R 2012, 470, 474. 同见 Thannheiser, AiB 3/2014 S. 19ff. 。

〔6〕 参见 Arning u. a., CR 2012, 592ff.；Conrad/Schneider, ZD 2011 153, 155；Günther/Böglmüller, NZA 2015, 1025, 1031. Kramer - Hoppe, Teil B, Rn. 617 指出规约工作量上升不无道理。

〔7〕 Kramer - Hoppe, Teil B, Rn. 627；Thüsing/Pötters, in: Thüsing (Hrsg.), Beschäftigtendatenschutz und Compliance, § 15, Rn. 28.

〔8〕 Conrad/Schneider, ZD 2011, 153, 154.

后文还将详述[1]的雇主监控权在**现实中的实施困难重重**。以雇员有重大违反义务或犯罪嫌疑为例，法学界主流意见认为缺乏其他手段时，可以考虑秘密审查雇员电子邮件账户中的办公数据。然而如无法**远程读取** BYOD 设备中的数据，该路径便行不通。即便通过建立 **MDM 系统**（移动设备管理系统）远程读取数据，困难仍然存在——根据法学界主流意见，雇主不应具有读取所有工作电子邮件的权利。[2]这与"定点"劳动关系中的情况并无二致。[3] BYOD 时更应注重**以技术手段分隔办公和私人数据**，从而防止未经许可便侵入雇员的私人领域。[4]拟定企业协议或雇主雇员协商时应注重这一点。

15　2. 数据安全方面的难题

在 BYOD 背景下欧盟《通用数据保护条例》第 32 条要求的数据安全[5]面临多重的特别挑战：

- 设备也在家使用，可能导致**亲属**、朋友或访客轻易接触他们本不应接触的数据。
- **设备**可能**损坏**（从而无法使用）或**丢失**。BYOD 时该项风险比使用纯办公设备时更大，因为纯办公设备不会被带去海滩或山林远足。[6]一旦 BYOD 设备损坏或丢失，**未经授权的第三方**便可能**获知**存储的数据，企业的整个信息系统可能由此彻底泄露。
- 雇员可能下载某些私人用途的 **APP** 到设备上，由此导致设备更易遭受间谍软件或有害程序的侵害。
- 雇员**出游国外**时如携带设备，他国安全机关、税务机关或其他机构等可能出于**商业间谍**目的秘密获取数据。
- 雇员如使用**云服务**，可能使数据存储于数据保护不达标的第三国，从而导致怀有目

16　的的第三方轻而易举便获取数据。**经营和商业秘密**在这种情况下尤其处于**危险之中**。

雇主如完全未对以上**挑战做出应对**，企业的**数据保护专员**可就《通用数据保护条例》第 32 条履行不足提出申斥。更重要的是，**监管机关**可以依据《通用数据保护条例》第 58 条相关规定要求整改。例如，监管机关可禁止携带 BYOD 的设备进入某些特定国家。实际

17　检查该规定执行时必须征得雇员同意，因为设备为雇主和雇员共同占有。[7]

为保障所有关涉方的利益，建议就所有在此提及的问题签订**合同进行约定**。[8]可以采取的典型手段包括：

- 设立**高密级的密码**，保证亲属基本无法接触到存储的数据。

---

[1] 详见本书第八章，边码 1 及以下。
[2] 认为雇主应有读取权的参见 Kramer – Hoppe, Teil B, Rn. 635。
[3] 详尽论证参见 Däubler, Gläserne Belegschaften, Rn. 351。
[4] Kramer – Hoppe, Teil B, Rn. 630 建议使用容器 APP。
[5] 参见 Franck, RDV 2013, 185, 186f.; Thüsing/Pötters, in: Thüsing (Hrsg.), Beschäftigtendatenschutz, § 15, Rn. 28。
[6] Thannheiser, AiB 3/2014 S. 19, 22：每日有价值高达 700 万美元的智能手机和手机丢失。
[7] 根据德国《民法典》第 855 条，设备用于办公时，雇主基于其指示权，为设备占有方；私人使用时，雇员为设备占有方。
[8] 据 Giese, AiB 3/2014, 30 报道，关于该主题的企业协议极少。

● 假设设备丢失，必须可以**远程**对办公数据进行**封锁**或**删除**。鉴于此，雇主和雇员也应当就**分隔办公和私人通讯**达成一致。[1]也即在设备上设立两个用户，不然私人数据便可能被一并删除。如不存在任何相关预防措施，设备丢失即可能引发欧盟**《通用数据保护条例》第 33 条**的适用，即远程封锁或删除所有数据时必须向监管机关和受害人通报。而这会极大损害企业声望。

● 也可以通过合同约定哪些 **APP** 允许下载。既可以制定"正面清单"，也可以制定"负面清单"，即除开特定程序外，原则上允许下载所有 APP。

● 可以原则上**禁止将设备携带到国外**（或禁止带入特定国家），特殊情况则需要雇主批准。然而这将极大降低 BYOD 的吸引力。

● 使用**云服务**也同样需经雇主批准。对此，雇员多半也并不乐意。

据德国《民法典》307 条第 1 款第 1 条，**要求雇员交出设备**[2]的协议可能不成立，特别是确定雇主具有取走权时。还存在其他解决途径[3]，选择时要依据具体情况来定。

3. 设备的使用成本、损坏和遗失

使用设备办公而带来**其他成本**，须据德国《民法典》**第 670 条**，作为支出的费用由雇主进行**偿还**。[4]设备用于办公而带来通讯套餐费上升，以及出于工作目的而使用网上收费服务均属此列。[5]

禁止雇主通过合同，逃避费用偿还和将部分成本转嫁给雇员。德国《民法典》第 670 条在劳动关系中的适用既涉及劳动关系中的风险分担，也涉及对雇员责任的规定。不可通过合同使之失效或恶化，损害雇员权益。[6]鉴于雇员差额责任[7]的规则，仅允许采取"**打包付费**"（Pauschalierung）的方式，但必须全额抵偿可预计的雇员支出的费用。还可以采取这种方式——雇主承担全部设备使用成本，但要求雇员为其私人使用部分付费。[8]

如设备用于办公时遭**损坏**或**遗失**，依据德国《民法典》第 670 条该损失视同为应由雇主进行偿还的一项"费用"。[9]也即，通常应由雇主购买替代设备。雇员获批准后出于工作目的而驾驶自有车辆，当车辆遗失时也按此处理。[10]在雇主和雇员之间建立单独的租赁关系，由此将雇员视为"租赁人"而要求其承担购买替代设备的义务，[11]这一做法既不现实，

---

[1] 参见 Thüsing/Pötters, in: Thüsing (Hrsg.), Beschäftigtendatenschutz und Compliance, § 15, Rn. 27, 同时指出了该做法在现实中的困难。

[2] 参见 Kramer – Hoppe, Teil B, Rn. 632。

[3] 参见 Kramer – Hoppe, Teil B, Rn. 628 的提示。

[4] Göpfert/Wilke, NZA 2012, 765, 768.

[5] 海外数据传输及雇主共同承担（未上升的）通讯套餐费，参见本章边码8。

[6] 雇员责任相关法规的强制性，见 BAG, 17. 9. 1998 – 8 AZR 175/97 – NZA 1999, 141; BAG, 2. 12. 1999 – 8 AZR 386/98 – NZA 2000, 715; BAG, 27. 1. 2000 – 8 AZR 876/98 – NZA 2000, 727。

[7] BAG, 17. 9. 1998 – 8 AZR 175/97 – NZA 1999, 141.

[8] Göpfert/Wilke, NZA 2012, 765, 768.

[9] Göpfert/Wilke, NZA 2012, 765, 769.

[10] BAG, 22. 6. 2011 – 8 AZR 102/10 – NZA 2012, 91.

[11] 引自 Göpfert/Wilke, NZA 2012, 765, 769.

也违反了以下基本原则，即对于混合合同，适用法规原则上根据其法律或经济重点确定的合同类型而定。[1] 劳动关系及其特殊的风险分担构成该类合同的重点；使用自有车辆办公也按此处理。

不过，雇主**购买替代设备的义务有限度**——只有当雇主视其为其自有物品的损坏时才承担补偿义务。[2] 但雇员行为存在重大过失时则通常不再按此处理。雇员存在轻微或一般过失时，损失由双方共同承担，因此也只考虑对部分费用的偿还请求权。[3] 既然由雇主承担购买替代设备的费用，（办公）**数据恢复**产生的开销也应计入，设备损坏时尤须注意该项。设备遗失则应对其数据进行**远程删除**，从而避免数据被滥用，也避免欧盟《通用数据保护条例》第 33 条规定的通报义务。[4] 假如私人和办公数据未分离，远程删除前必须征得雇员同意；而若雇员此时已离职或是敢于说"不"的抢手专家，雇主的处境便相当麻烦。因此，劳动关系建立之初便着手**分离私人和办公数据**具有重大意义。

由于设备无法使用或遗失，雇员可能**无法继续工作**。通常出于安全考虑定期将数据备份到外部存储设备上，便可预防这种情况。若未定期备份数据，雇员是否可以根据德国《民法典》第 615 条第 1 款继续获得劳动报酬便是个难题。如不存在过失方，设备无法使用或遗失即构成**企业风险**一种情况，不影响劳动报酬请求权。雇员存在一定过失而尚不足以影响德国《民法典》第 670 条规定的替代请求权时，雇员无法工作的风险也由雇主承担，即不影响雇员的劳动报酬请求权。[5] 如由于雇员对造成无法工作**存在严重过失**，则据德国《民法典》第 326 条第 1 款**丧失劳动报酬请求权**。至于雇主是否确实据此拒绝支付劳动报酬而伤害与雇员的关系，取决于企业内人际相处的惯常方式，也取决于该雇员是否对企业"举足轻重"。

4. 设备的交出

对 BYOD 的设备**进行更换的**，即替换成属于企业的设备，或雇员自行购买新设备，此时一般由雇员进行**数据拷贝**，即将现有数据转移到替代设备上。如替代设备仅用于办公，则仅须拷贝办公数据。雇员如认为自己力不能及，也可将旧设备和新设备一并交给雇主，由雇主安排采取必要的技术手段进行拷贝。若雇员考虑到设备存储的个人数据而不愿采取此方式，也可交予独立服务方，并据德国《民法典》第 670 条要求雇主支付**费用**。

雇员存在**严重违反义务**或犯罪的**重大嫌疑**，法学界主流意见认为雇主可以要求雇员交出设备。如非此无法澄清事态，则雇主可以对存储于设备上的数据展开分析。然而前提是设备为雇主财产。BYOD 的情况则与此不同，财产在雇员处，且为雇主和雇员共同占有。[6] 也即，据德国《民法典》第 866 条，即便通过自助行为途径也不允许雇主取走该设

---

[1] Palandt – Grüneberg, § 311 Rn. 26 前。
[2] BAG, a. a. O.
[3] 更多证据和详细说明，参见 Däubler, Arbeitsrecht 2, Rn. 903。
[4] Kramer – Hoppe, Teil B, Rn. 633 也有此主张。
[5] 在此援用德国《民法典》第 326 条第 2 款的法律思想。
[6] 参见本章边码 16。

备。因此，雇主不得不依靠**雇员的自愿配合**，而仅在雇员其实无辜或雇员有能力彻底清除自己违背合同或不法的行迹时，雇员才可能自愿配合。

四、工作终止

通过**解雇**或协商一致解除合同（Aufhebungsvertrag）而终止劳动关系，如何处置 BYOD 的设备便成问题。类似的情形还有，雇员**被调派到与之前截然不同的劳动岗位**，例如从外勤调入内勤，不再需要之前的办公数据，又该如何处置数据。

劳动关系终止，所有与工作相关而交给雇员的物品及工作过程中产生的物品如计划书等，原则上必须**全部交还给雇主**。[1] 也包含办公或工作相关的**数据**。[2] 数据应移交雇主，或转存到数据载体上后交还给雇主，然后根据雇主的要求删除原数据。设备本身仍是雇员财产。不言而喻，雇员可以保留他的私人数据和私人使用的 **APP**。如 APP 是根据雇主指示而存有且仅用于办公的，则不在此列。

---

[1] DDZ – Deinert, Einl. Rn. 515ff.；Däubler, Arbeitsrecht 2, Rn. 1251a; Schaub – Linck, § 150, Rn. 1.
[2] Göpfert/Wilke, NZA 2012, 765, 769.

第 4 章

社交网络的劳动法问题

1 **一、社会现实**

使用诸如脸书、**StayFriends** 和 **Xing** 等社交网络已经成为很多德国人日常生活的一部分。[1]"查看"账户、"发布"状态就像打电话、听收音机和看电视一样不足为奇。[2]2011年一项针对一所高校2591名学生的调查中，79%的受访者都在社交网络 StudiVZ 注册了账号（"VZ"是德语词"Verzeichnis 登记目录"的缩写，目前该社交网络已不存在），54%的受访者活跃于该网络或包括该网络在内的多个社交网站。[3]只有不到10%的学生拒绝使用一切社交网络，他们给出的理由是不愿意公开自己的生活状况。"网友"们最热衷于传播新
2 鲜事和寻找朋友。

我们**无法**完全用**学生**的行为来一对一**"比对"雇员**行为。两者在（休闲）时间安排以及决定自己时间分配的权利方面都大不相同。尽管如此，雇员们也经常活跃于社交网络上：展示自己的"个人资料"，发布度假照片并强调某些观点。用户一般**很难发觉社交网络其实是盈利性的企业**，[4]因为个人用户无需支付任何费用。服务免费且给生活带来便利，许多人对此很是欣喜。

德国人如有写英文文章之需，可以参考网站 www.leo.org。该网站可以帮助他们解决问题，比如一时想不出某种英文表达或是对某些词汇的用法拿不准。在这里，每个德文单词都能找到很多对应的英文表达。可供选择的表达很多，但这也让求助者更加不知所措。另一方面，该网站还提供论坛，方便笔译者交流和寻找好的表达。比如，德文词"die Branche"如何翻译？人们可能认为英文词"the branch"是一个很好的对应表达。但 Leo 词典上说该用法"渐旧"。于是，求助者去论坛上寻求深入讨论。从讨论结果来看，英文词"branch"今天经常用来指"分支机构"。在德语中，"Branche"一词主要指"行业"和

---

〔1〕 在中国，人们也使用类似的社交网络，名称是人人网，地址：renren.com。
〔2〕 Bissels u. a., BB 2010, 2433. 另见上文边码 3。
〔3〕 消息来自 Schulz, DuD 2012, 262, 263, 下同。
〔4〕 脸书的市值达 3210 亿美元，第一季度的纯利润 15.1 亿美元。链接：https://www.brandwatch.com/de/2016/05/47-facebook-statistiken-fuer-2016/（最后访问时间：2017 年 10 月 1 日）。

"经济部门"。这样，求助者不花一分钱还长了知识，无疑是市场经济下的特例。

然而，人们却没能认清这一事实：用户主动提供的个人数据构成广告行业的财路。[1]此外，截至2017年7月，仅在脸书上就有世界各地7千万家企业开通了主页。[2]德国股票指数DAX*所包含的30家大企业都在其中。[3]网页上展示了各家公司的实力，浏览者被要求发表评论，尽可能地说产品的好话。公司的"粉丝页面"也屡见不鲜。[4]大型企业的网站大多会有所谓的社交网络同步链接插件。只需点"赞"就能用最简单的方式表达认可。[5]企业职工委员会由此要面对很多新的问题。依据《企业组织法》第87条第1款第1项或第6项，企业职工委员会可就企业外宣工作中的许多情形作出共同决定，但也要思考：职委会可以多大程度上利用新媒体宣传自己。此外企业中还可能存在某种"代沟"——年长的员工对这种"新事物"不感兴趣。[6]

社交网络引发了很多数据保护法上的问题。很难说以广告为目的分析"个人资料"是否都经过了《通用数据保护条例》第4条第11项和第7条规定的明确许可。还有，脸书公司长期以来对所有上传照片进行自动精确的生物特征识别，使得他人可像半个侦探一样识别相关人员的身份。由于数据保护部门，尤其是石勒苏益格-荷尔斯泰因的独立州立数据保护中心的干预，[7]脸书公司在欧洲不再开展生物特征识别。[8]事实上，生物特征识别这一做法严重地侵犯了私人领域。虽已存在"遵循数据保护"的社交网络模式，[9]但其成为普遍现实还有很长的路要走。

当前背景下，从劳动法这一特殊视角来看上述这些问题很有意义。首先，雇主**无法规定雇员必须在**业余时间**使用社交网络**，这毋庸置疑。[10]"拒绝合作者"可以存在。自愿使用社交网络的人能够自主决定如何行事。以不可招徕猎头为理由而禁止员工提到公司也不太现实。[11]除了上述交代的几点外，下面几个问题也值得探讨：

---

〔1〕 例如参见Forst, NZA 2010, 428, 该文作者只考察了网络广告的情况并认为社交网络不依靠广告的话，利润难以为继。

〔2〕 https://allfacebook.de/toll/state-of-facebook（最后访问时间：2017年10月1日）。

* Dax是德国股票指数（Deutscher Aktien-Index）的简称，德国最大的30家上市公司都在此交易。

〔3〕 链接：http://www.wiwo.de/bilder/digitale-welt-dax-30-bei-facebook/4702516.html?p=31&a=false&slp=true#image（最后访问时间：2017年10月1日）。

〔4〕 Dax包括的三十家公司的"粉丝群"差异很大，从1800多万到不到1000人，详见链接：http://www.wiwo.de/bilder/digitale-welt-dax-30-bei-facebook/4702516.html#image（最后访问时间：2017年10月1日）。

〔5〕 Venzke, DuD 2011, 387, 388f.

〔6〕 参见Hinrichs/Schierbaum, CuA 10/2012, 7。

〔7〕 链接：www.datenschutzzentrum.de. Aufschlussreich das Schreiben an Facebook/USA https://www.datenschutzzentrum.de/facebook/kommunikation/20120821-ftc-facebook-de.pdf。网页标题：Dass ein deutsch geschriebener Brief nach Kalifornien geschickt wird, erfüllt viele Betrachter mit heimlicher Freude。

〔8〕 详见RDV 2012, 318。

〔9〕 Holtz, DuD 2010, 439ff.

〔10〕 Kort, DuD 2012, 722, 725; Melot de Beauregard/Gleich, DB 2012, 2044, 2045.

〔11〕 Melot de Beauregard/Gleich, DB 2012, 2044f.

雇主是否可以在谷歌上搜寻[1]所有求职者或是最终候选者的信息？人事部门的工作人员能在脸书网、Xing、Google +或领英等社交网络注册，以获取搜索引擎无法提供的信息吗？这类问题将在本章的第二节进行探讨。

社交网络于企业而言意义非凡，企业由此继续在虚拟世界存在。此外，社交网络帮助公司建立新的联系，寻找潜在客户和潜在雇员。[2]雇员是否有义务在网上从事有利于雇主的行为？比如是否必须访问公司的"粉丝主页"并留下溢美之词？即便这一行为完全出于自愿，也会带来一系列的问题：如果雇主要为雇员制定网上行动指南，是否必须依据《企业组织法》第87款第1项的规定，让企业职工委员会行使共决权？如果员工的人格受到第三方的诋毁，比如被称作是"唯命是从、为拿点工资啥都肯干"或"神经兮兮、胆小怕事"的人，该怎么办？员工可以如何维护自己的权利？雇主是否必须帮他聘请专业的律师并承担相应的费用？尤其雇主网站遭到"狗屎风暴"的谩骂攻击时，员工完全可能被连带辱骂。这些细节问题将在本章第三节进行探讨。

最后，司法实践一再面对这样的情形，雇员在社交网络上发表贬低和侮辱雇主（或是同事）的言论而遭到辞退。面对面的交谈中，向他人指出言辞不当之处（"你不能这么说"）司空见惯，而一个人独坐在电脑前，缺乏其他人纠正，是不是更容易出言不逊？如果因为第三方的复制，多年以后言论又重出于世，导致网上言论无法安全删除或屏蔽，将意味着什么？这些问题将在第四节作深入探讨。

社交网络现在**也**越来越频繁地被用于**企业内部交流**。在这里也可以找到个人用户资料、论坛和博客。[3]从规章上来看，加入这种网络多是自愿的。事实上，雇员不加入有可能给自己带来麻烦，网络已经成为工作必备。原则上，使用外部网络出现的问题也很有可能在内网中发生。

二、筛选求职者

1. 问题所在

雇主只能就"有权了解的、关乎自己合理并受保护的利益"的情况向求职者提问。[4]雇主对渴望了解情况的需求必须足够重大，才可胜过求职者对人格的保护权。[5]因此，询问的信息只能涉及劳动关系（比如不能涉及业余时间的活动）并且不可构成歧视的依据。雇主也必须遵守数据保护法的相关规定，比如新版《联邦数据保护法》的基本原则。根据该原则，面试过程只能收集那些必要的、旨在说明劳动关系达成（或无法达成）理由的数据。全面查询网络信息的做法显然越界。[6]因此，该原则更不允许实施美国的一种做

---

[1] 原文使用"googeln"这一德语动词，意为通过谷歌搜索，该词来源于美国搜索引擎"Google"。该词在德语口语里使用频率较高。

[2] 其他优势请见 Thannheiser, AiB 10/2014, 21。

[3] Carstensen, CuA 6/2014, 18；Rozek, CuA 2/2015, 5。

[4] 原则上遵循 BAG AP Nr. 2 zu §123 BGB, 此后也一直维持此观点。

[5] Thüsing/Lambrich, BB 2002, 1146。

[6] Rolf/Rötting, RDV 2009, 263, 264；Plath - Stamer/Kuhnke, §32 Rn. 27。

法——公司要求求职者提供社交网络的账号信息。[1]

据报道，在面试求职者前，80%的人事经理会进行"虚拟窥探"，[2]社交网络就是窥探渠道之一。通过这种方式弄清楚求职者的"背景"。[3]但在一项2009年7月进行的调查中，承认窥探的人少了很多，这可能由于受访者不愿意承认自己曾经从事过这种可能会被认为非法或受到质疑的活动。根据这项调查，500家受访企业中只有28%的企业承认曾通过互联网搜索个人资料，其中，规模较大的企业明显多于较小企业。[4]承认互联网搜索的企业中，三分之一会通过社交媒体查询个人资料。社交媒体上的个人信息会产生多种影响：对之前工作和工作环境的负面说辞、和上交简历中的矛盾之处都是减分项。相比之下，个人爱好和参与社会公益活动则成为加分项。值得注意的是，从实证数据的结果来看，网络中的"自我陈述"往往同现实情况高度吻合。[5]每个人事经理都对使用这些可靠的信息源有着浓厚的兴趣。脸书公司所提供的个人资料往往要比求职网站提供的更具启发性。[6]在文献中，甚至有报告称，一个求职者所能"带来"的脸书好友和推特粉丝数量也是某些公司重要的招聘理由，因为这有助于提升公司的网络存在感。[7]这种行为是否能与前文所述的雇主询问权的基本原则相适应？

2. 询问权的界限与社交网络

从司法判决中平衡雇主和求职者的利益所追寻的规则来看，雇主一方显然不应考虑涉及业余活动或引发歧视的数据。因此，雇主不能询问个人爱好、家庭情况、性取向或宗教信仰等问题。出于这个原因，雇主通过**网上信息查询**的方式获得**相关信息**的做法也**不合法**。[8]

然而，并不是所有的**现行法律**都这么看。一些作者提到旧版德国《联邦数据保护法》第28条第1款第1句第3项的规定。根据这一规定，如果求职者资料"向所有人开放"，招聘单位便可以收集这些数据，"被调查者排除其信息被他人使用的利益超过责任主体的合法利益的情形除外"。[9]这一规定过去引发了一系列问题，而依据现行法律，这些问题已经不具意义。

《通用数据保护条例》和新版德国《联邦数据保护法》未保留旧版德国《联邦数据保护法》第28条第1款第1句第3项的规定。但并不排除招聘方**从公开渠道获取信息**的可能，正如《通用数据保护条例》第14条第2款f项指出的那样。[10]但跟之前法律的不同之

---

[1] Heermann, ZD 6/2012 ZD Fokus XIV.
[2] 参见 Gola, Datenschutz am Arbeitsplatz, Rn. 572 Fn. 64。这里引用了消费者保护部的一项研究。
[3] Kania/Sansone, NZA 2012, 360.
[4] 消息来自 Bissels u. a., BB 2010, 2436, 2438, 下同。
[5] 详见 Stopfer/Back/Egloff, DuD 2010, 459ff.。
[6] Keber, RDV 2014, 190, 191.
[7] Thüsing/Traut in：Thüsing, Beschäftigtendatenschutz, § 14 Rn. 3.
[8] 同时参见 Plath – Stamer/Kuhnke, § 32 Rn. 27；另见 Oberwetter, BB 2008, 1562, 1563f.。
[9] 对德国《联邦数据保护法》第28条第1款第1句的再思考见 Bissels u. a., BB 2010, 2436; Forst, NZA 2010, 429ff.；Gola, Datenschutz am Arbeitsplatz, Rn. 578; Klas, Rn. 45。
[10] 此处说明：如信息收集者没有通过当事人本人而是从第三方获取信息，则必须按照《通过数据保护条例》第14条全面知会当事人。同时还需注明有关信息是否来自公开渠道。

处在于，雇主**不可**从信息渠道的公开性推导出**收集和处理的权限**，而只能按照《通用数据安全条例》第 6 条第 1 款的规定行事。该规定主要考察，信息处理对"签署合同前的各项活动是否必需"。所有**超出询问权**的信息处理必然不许可。即使提及《通用数据保护条例》第 6 条第 1 款 f 项的规定，[1] 即信息处理行为是保护招聘方责任人合法利益所必需的并且不妨碍相关人的利益、基本权利和基本自由权，其结论也不外乎是：询问权的基本原则包涵**对雇主知情权益和求职者防护权益的平衡**；《通用数据保护条例》第 6 条第 1 款 f 项的规定并未改变这一原则。

《通用数据保护条例》不同于旧版《联邦数据保护法》，**不再**明确应以直接的信息获取**渠道优先**。但这并不意味着该原则不能从新的法律解释中推导出来：相比于直接询问，从**第三方收集数据**是对私人领域的**更大侵犯**。只有无法直接获取和明显无法达到目标的情况下才可借道第三方。[2] 此外法律文献中还正确地强调：能够直接从相关人那里获取信息却背地采用其他渠道，构成对《通用数据保护条例》第 5 条第 1 款 a 项诚信原则的违反。[3] 人事专员**以陌生人的身份进入社交网络**并借此获取不公开的信息时，更是违反了该原则。[4] 以上均说明面试前不可"用网络渠道查底细"。

综上所述，即便是依据新的数据保护规定获取社交网络中存在的个人信息，招聘方仍须在**询问权的界限以内行事**。[5] 严格依法的话，便不可在社交网络上查阅他人信息，因为这些信息通常关涉个人隐私或由于其他原因不可询问。

3. 违法谷歌搜索

尽管谷歌搜索求职者个人信息的做法**缺乏法律依据**，但风险仍然存在。然而求职者只有极其幸运时方能证明存在侵权行为。可证明侵权时，雇主必须据德国《民法典》第 311 条第 2 款结合第 280 条第 1 款就违反先合同义务支付赔偿金。如《一般平等待遇法》第 1 条和第 7 条的第 1 款规定的歧视行为发生，*则可对（有据可查的）物质损害和德国《一般平等待遇法》第 15 条第 2 款规定的非物质损害索取赔偿。这对那些从未歧视他人却未能获得职位的求职者来说意义非凡。[6] 2018 年 5 月 25 日起，可据《**通用数据保护条例**》第 **82 条**，作出损害赔偿处罚，该赔偿自动涵盖了非物质损失。根据欧洲法院的司法意见，其金额必须起到"震慑"的效果。[7] 此外，监管机关还可以依据《通用数据保护条例》第 83

---

〔1〕 除了合同关系和类似合同关系的情形外，是否能采取、在多大程度上能采取这一做法似乎令人怀疑、需要澄清。

〔2〕 Däubler, Gläserne Belegschaften, Rn. 203, 244.

〔3〕 Gola – Gola, Einl. Rn. 41.

〔4〕 Fuhlrott/Oltmanns, NZA 2016, 785, 787 中也有如此表述。

〔5〕 参见 MünchArbR – Blomeyer, 2. Aufl., § 99 Rn. 19; ErfK – Preis, § 611 BGB Rn. 291; Gola, DuD 1986, S. 232; Küpferle, S. 133; Kuhla, S. 121; Kroll, S. 87; Simitis, Schutz von Arbeitnehmerdaten, S. 102; Wohlgemuth, Beil. 21/1985 zu DB, S. 6; Zöllner, Daten – und Informationsschutz, S. 45 持不同意见。

* AGG 是一般平等待遇法（Allgemeines Gleichbehandlungsgesetz）的缩写，该法律禁止基于种族和民族、性别、宗教和世界观、残疾、年龄以及性取向进行歧视。

〔6〕 Oberwetter, BB 2008, 1562, 1565.

〔7〕 详见 Däubler, Gläserne Belegschaften, Rn. 625ff. 及 CuA 12/2017 S. 29ff. 。

条收取罚金，罚金金额远超过目前通行的标准。[1]此外，雇主也不愿意被**公开指责处理信息的方式"过于随意"**。排除之前所说的几种情形，如果雇主对某位求职者感兴趣并想在面试过程中弄清楚某些从网上获取的信息，该雇主也会希望能确定登录社交网络获取信息的界限何在。[2]

三、是否应当在社交网络支持雇主？

1. 雇员是否有义务在社交网络上行动？

14

很多**企业在脸书网**或其他社交网络上**展示自己**，并鼓励网友发表评论或提出改进建议。除了这些官方给出的理由之外，企业开通社交网络账户也是为了成为谈资。一方面不会被遗忘，另一方面期待消费者或潜在合作伙伴需要购买冰箱或是汽车时能想起自己的品牌。特别当"**粉丝页面**"具备影响力，"**粉丝们**"夸赞良好体验时，积极效果尤为明显。[3]如企业能获得众多顾客的"五星评价"，无疑比高成本的广告更具有价值。[4]同时，脸书公司还是数据保护法规定的责任人，[5]这也正合雇主心意（"粉丝"则未必）。[6]

15

雇员是否有**义务积极参与社交网络**，为雇主造势？比如提供公司生活的一些日常和（无伤大雅的）背景信息？当然，此时雇主不会以雇员私自使用企业设备为由而禁止他发布状态：**支持雇主**的行动总带有**办公性质**。然而通常雇员并**无此义务**。劳动合同中不会提及此问题。从德国《民法典》第241条第2款也无法推导出要求雇员参与"宣传活动"以促成雇主利益的随附义务。[7]在此情况下，不存在迫使雇员公开个人信息的重大利益。[8]但是"**新闻发言人**"和"**公关人员**"**除外**，他们的劳动合同中规定，他们有义务让感兴趣的公众得知与公司相关的所有事务，尤其是公司业务领域。[9]也就是说，"普通员工"可以不用参与公关事务，无人能够强迫其发表自由言论，其所有发言都应出于自愿。[10]

---

[1] Däubler, Gläserne Belegschaften, Rn. 626ff.

[2] Oberwetter, BB 2008, 1562.

[3] 参见 Venzke, DuD 2011, 387ff.。

[4] Rolf/Riechwald, RDV 2010, 256.

[5] OVG Schleswig‐Holstein, 4. 9. 2014 – 4 LB 20/13 – K&R 2014, 831 = DuD 2014, 869.

[6] 观点参见 VG Schleswig, 9. 10. 2013 – 8 A 14/12 – ZD 2014, 51。粉丝页面的运营商不是数据保护监察部门指令的管控对象。

[7] 同意此结论的还有 Bissels u. a., BB 2010, 2433；Demuth/Strunk/Lindner, S. 55；Frings/Wahlers BB 2011, 3126, 3129；Göpfert/Wilke, NZA 2010, 1329, 1333。

[8] Göpfert/Wilke, NZA 2010, 1329, 1333.

[9] Hinrichs/Schierbaum, CuA 10/2012, 8. 原则上还可以参照 Keber RDV 2014, 190, 193. 所有与外部联系的雇员都想要参与进来：Thüsing/Traut, in: Thüsing (Hrsg.), Beschäftigtendatenschutz, §14 Rn. 51ff. 及 Besgen/Prinz‐Herfs‐Röttgen §10 Rn. 28。

[10] Besgen/Prinz‐Herfs‐Röttgen §10 Rn 31. 这个问题必须与以下问题区分：雇员是否必须以雇主公司为名义为该公司开通账户？后者是一项理应完成的工作任务——没有触及雇员的私人领域。也可参见 Besgen/Prinz‐Herfs‐Röttgen §10 Rn. 28。

2. 自愿参与的行为准则

(1) 动机与法律处置

员工出于自愿（或是在上级建议下）登录公司的粉丝界面，几乎不会导致劳动法上的任何问题。雇员实际上从不会**无端指责**雇主单位（"他们生产的都是垃圾"），这也只会招致同事们的不解。如让他人感到雇员发表意见并非自发，而是为企业代言，且有人将雇员的言论同其劳动关系联系起来，雇主便可能需要对雇员作出指示：[1] 极可能要求雇员修正对企业不全面或虚假的描述的言论。[2] 雇主在此不只是为了维护公司形象，也是因为根据《反不正当竞争法》第 8 条第 2 款，雇主须为**雇员不正当竞争的行为**负责，比如不实或夸大的吹捧。[3]

雇主还可能"**建议**"雇员在社交网络上积极为雇主公司发言，现实中这么做的也不少。雇主的"建议"有不同形式，从口口相传："老板特喜欢有人在互联网上写公司的好话"；到给雇员制定网络活动指南，比如："我们期待您能为本公司宣传良好的网上形象出力。"[4] 所谓的"建议"尽管保留了员工**不参与的**个人自由，[5] 但某些情况下，员工要承受被视作"懈怠被动"的风险。假如某雇员不太愿意为雇主发言或总保持一定距离，也可能被视为"不积极"。雇主"建议"的内容包含众多规则，甚至规定雇员一旦发现网络上对雇主的批评，必须立即向雇主的有关部门汇报。[6]

雇员执行雇主"建议"，就是从事了劳动。[7] 这意味着雇员不仅可以使用企业设备，还可以**在工作时间内**进行。如雇员利用业余时间做这项工作，理论上可以索要报酬，但实际只有在极特殊的案例中才会被考虑。

(2) 企业职工委员会对行为指南的共决

如雇主对雇员网上活动制定了正式或非正式的"**行为指南**"或"**指导方针**"，[8] 那么企业职工委员会根据《企业组织法》第 87 条第 1 款第 1 项有权对其进行共决。[9] 由于网上行为并非工作内容的必要组成，因此属于**秩序行为**，须通过**职工共决**。[10] 这一点跟企业道德守则一样。[11] 司法判例只考虑雇主措施是否以**操控雇员的行为**为目的，因此网络指南是"建议"还是强制要求并不重要。[12]

---

[1] Rolf/Riechwald, RDV 2010, 256, 257.

[2] Frings/Wahlers, BB 2011, 3126, 3129.

[3] 参见案例 LG Freiburg, 4.11.2013 – 12 O 83/13 – K&R 2014, 133f.；赞同观点见 Kaumanns/Böhm, K&R 2015, 18, 21。

[4] 有关的行动指南范例见 Ruhland, CuA 4/2012, 12。

[5] 偶尔也会出现"好的提议"的说法，见 Rolf/Riechwald, RDV 2010, 256。

[6] 详细内容参见 Rolf/Riechwald, RDV 2010, 256；Thannheiser, AiB 10/2014, 22ff.。

[7] Bissels u.a., BB 2010, 2433.

[8] 案例参见 Buggisch, RDV 2012, 186。对该问题的探讨亦见 Demuth/Strunk/Lindner, S. 48ff. 及 Köhler, AiB 2013, 107, 112。

[9] Hinrichs/Schierbaum, CuA 10/2012, 10; Melot de Beauregard/Gleich, DB 2012, 2044, 2047.

[10] 不同观点见 Thüsing/Traut, in: Thüsing (Hrsg.), Beschäftigtendatenschutz, § 14 Rn. 67.

[11] 见 BAG, 22.7.2008 – 1 ABR 40/07 – NZA 2008, 1248。Thannheiser AiB 10/2014, 22 也做了该类比。

[12] BAG, 22.7.2008 – 1 ABR 40/07 – NZA 2008, 1248 Ls 2. 同时参见 Rolf/Riechwald, RDV 2010, 256, 260。

如**强制性法规**中规定了一些**义务**，雇主据此制定规则时便无周旋余地，企业职工委员会对此不具共决权。例如行动指南中的如下规定："不可侮辱他人""必须严守企业和商业机密"，企业职工委员会对此没有共决权。雇主为保护第三方的著作权并避免相关纠纷，规定雇员在网上"只可使用自有内容"，然而个别情况下也可通过征求第三方许可或发布链接的方式来保护第三方权益，也就是说，这项规定上雇主有回旋余地，因此必须经过劳资共决。这点同样适用于以下规定："每名员工最好每月至少在网上发言一次"，或是说"应尽量避免发布可以被解释为批评公司的言论。"[1]建议雇员"在网上表现出诚实、真实、礼貌和透明"（实际难以实现），也须经企业职工委员会共决。[2]另外，企业职工委员会可使行动指南的效力仅停留在**纯粹的建议层面**。即便员工在个别情况下不遵守指南规定，也不会受到法律制裁。[3]此外，企业职工委员会还可确保私人生活不被打扰、工作行为和个人生活一定程度上区分开来。[4]如客户可在**雇主的脸书页面上**就**个别雇员的行为发表评论**，企业职工委员会就有权根据《企业组织法》第87条第1款第6项进行共决。尽管技术上并未收集数据，却做了数据的存储根据需要进行分析；此外该评论功能还具备监控雇员的功能，因此企业职工委员会有共决权。位于杜塞尔多夫的州立劳动法院有悖这一精神的判决[5]已被联邦劳动法院撤销。[6]

（3）办公账号还是私人账号？

有时难以判断员工发布过状态的**账户究竟是个人账户还是企业账户**。在此主要依据账户外观进行辨别。如有企业标识或标明公司地址以及其他纯粹的公司经营信息，即算"办公"账户。[7]如果仅在用户个人资料中标明该用户在哪家企业任职，那么只算私人账户。如下情形也可在辨别中发挥作用：[8]

• 雇主承担更方便交流的**高级账户费用**。但这不能说明该账户纯粹只具办公性质，税务理由可能在此是关键：根据《个人所得税法》第3条第45项，雇员（出于个人目的使用雇主提供的电信设备时）无需支付税费，雇主则可以将该费用作为经营支出扣除。

• 考虑到不同账户的使用条款而选择了**个人化的账户**。仅在出现雇主名称时，才能充分证明该账户的办公性质。

• 如用户资料中只有**工作邮件地址**和**企业地址**，则表明该账户的办公性质。反之，如仅标明个人邮件地址等，则是私人账户。如企业和个人信息都有，则表明该用户具有（法律上难以界定的）混合属性。

区分个人和企业账户的实际意义在于，如果对员工的批评意见来自公司自身，比私人

---

[1] 后者在现实中完全可能发生。见 Rolf/Riechwald，RDV 2010，256。
[2] 众多企业都有此愿望，见 Buggisch，RDV 2012，187。
[3] 其他问题参见 Brandt，CuA 2/2015，12f. 。
[4] Thannheiser, AiB 10/2014，22f. ，还可以找到其他的规定条目。
[5] LAG Düsseldorf, 12. 1. 2015 – 9 TaBV 51/14 – K&R 2015，355 mit Anm. Kaumanns.
[6] 13. 12. 2016 – 1 ABR 7/15，NZA 2017，657 = AuR 2017，3071；同时参见 Kort ZD 2016，3，4/5 的结论。
[7] Bissels u. a.，BB 2010，2438.
[8] 下文引用推理论据参见 Hoffmann – Remy/Tödtmann，NZA 2016，792，794f. 。

意见的影响力要大得多。

（4）终止劳动关系时"交还"账户？

真正的问题其实会在劳动关系终止时显露出来。**雇主**迫切希望接手**离职员工**手头所有的**客户联络方式**，以便延续业务关系。雇员则很有可能尽量保留现有的联系地址和**他掌握的"内幕消息"**（甚至包括家庭问题、业务爱好和"丑闻"），以便日后可以**自己使用**这些"可变现"的信息，无论是给新雇主效力或是用于自己的创业公司。由于很多信息是雇员基于个人信任获得的，他会将其视为个人所有。鉴于工作和休息时间的界限模糊，[1]这种情况在未来会增加。

如是**办公账户**，则必须向雇主提供访问数据。如有必要，雇主可以更改密码，阻止离职员工继续访问。如果工作相关数据存储在其他地方，则必须将其转发给雇主，之后雇员应在离职时按雇主的要求删除数据。令人怀疑的是，据《通用数据保护条例》第20条通过可移动数据存储设备移交数据是否可行，因为这原则上只涵盖账户所有人向网站运营方提供的数据。[2]"**交还**"数据的**法律依据**为德国《民法典》第241条第2款规定的劳动合同附随义务。联邦劳动法院意图援引德国《民法典》第667条，[3]也会得出相同结论。如该账户内有**私人通信**记录，则必须允许雇员复制信息、移交前自行删去。

私人账户的处理方法在一定程度上可以照上文办理：雇员保留该账户，但必须向雇主移交所有办公操作并按照要求清除这些信息。这一做法同样适用处理员工与个别客户的通信往来上，也包括雇员自己的笔记。这些基本原则也用于处理BYOD情况。[4]

如很难将账户进行明确分类（"**混合账户**"），则其属性取决于**主要用途**。如该账户主要用于办公通信，那么应该在复制和删除私人交流信息后交还雇主。如主要用于私人通信，雇员将保留其账户，只需移交办公性质的数据。由于雇主无法了解账户的使用细节，因此具有对雇员的信息咨询权；这同时构成雇员依据劳动合同须履行的附随义务。在此应适用德国《民法典》第259条的规定，个别情形下会要求雇员正式宣誓声明无隐瞒。

如客户数据中存在**商业机密**，[5]雇主可以通过临时禁令限制雇员继续使用。[6]不过雇主必须阐明情况，证明数据确在业务关系内产生。[7]个别情况下难以证明。将来立法机关也许可考虑参照德国《商法典》第89b条（商业代理法）拟定"**补偿请求权**"，该请求权可补偿客户数据中反映的员工个人业绩。由于目前上述规定尚不存在，在合同中设立相关

---

[1] Däubler SR 2014, 45ff.

[2] 见 Däubler, Gläserne Belegschaften, Rn. 545af. 。

[3] BAG 14.12.2011 – 10 AZR 283/10, NZA 2012, 501: Alle Geschäftsunterlagen；类似观点 BAG 21.8.2014 – 8 AZR 655/13, NZA 2015, 94。

[4] 参见本章第三节，边码25。

[5] 汉堡劳动法院认为社交网络 Xing 的联系方式构成商业机密, 24.1.2013 – 29 Ga 2/13, AuA 2014, 60。依照商业代理人关系的处理: BGH 19.12.2002 – I ZR 119/00, NJW – RR 2003, 833。

[6] ArbG Hamburg, 24.1.2013 – 29 Ga 2/13, AuA 2014, 60。

[7] 有关网站 Xing 上发布的状态见 ArbG Hamburg, a.a.O. 。批评意见参见 Hoffmann – Remy/Tödtmann, NZA 2016, 792, 796。

款项就十分重要。[1]不过合同款项必须可通过德国《民法典》第307条至第309条对一般交易条款规定的审查。而通过企业协议对此作规定，则不须经受一般交易条款的审查。[2]

(5) 抵制侮辱和其他形式的人身攻击

个别情形下可能发生雇员在社交网络上遭到**侮辱性攻击的情况**。此外，**性骚扰**可能在脸书网上发生。但仅通过这一社交媒体联络培训生还算不上是性骚扰，也不构成违反义务。[3]雇主网站遭受"狗屎风暴"的大规模谩骂时，对雇员的严重人身攻击才特别明显。[4]

雇员可以保护自己免受侮辱和伤害，但需花费大量时间和金钱。如聘请律师，雇主应据德国《民法典》第670条代付费用。因此理应一开始便据德国《民法典》第241条第2款规定雇主具有附随义务，为因工作遭侮辱的员工**聘请员工自行选择的律师**。[5]目前为止，司法判例仅在非典型案件对该**资助义务**作过判决：某名职工或业务伙伴要求解雇某位雇员，雇主必须"保护"这位雇员，即努力劝阻施压方。[6]此外，一名受雇的**卡车司机**在德国境外遭到刑事指控，需要缴纳保释金，而该司机不堪忍受该国的刑事司法制度和惩治而逃离，导致保释金被没收，联邦劳动法院认定雇主有义务对该司机**进行补偿**。[7]

3. 例外情况：雇主抵制网络

个别雇主反对社交网络并将其视为实际工作中的"分心"。原则上，雇主的指示权不仅可**禁止员工在工作时间私人浏览网络**，也可**禁止雇员在工作时间内连接社交网络**。[8]如不允许私人使用网络，除非另有规定，否则该禁令也适用于社交网络。允许雇员在一定程度上私人使用互联网，但不允许登录社交网络，这种规定貌似可行，但很是脱离实际。如禁止员工在业余时间使用社交网络，则构成对私人生活极为严重的干涉。雇员可在Xing和领英等求职网站上介绍自己的职位、展示自我[9]，也可在非职业相关社交网络中开设账户，对此其享有不可剥夺的权利。

雇主可对（固定或移动）办公通信设备及雇员带到工作场所的**私人智能手机**作出合法的**使用禁令**。然而这构成对私人生活的严重干涉；完全**禁止携带手机**，则干涉更为严重。只有雇主能明确证明自己拥有优先权利时才可作出此禁令。这样的情况一般并不多见。某些工作不能被电话打断，这时禁令合乎道理。比如，某案中法院认为外科医生做手术时不

---

[1] 见 Hoffmann – Remy/Tödtmann，NZA 2016，792，797。

[2] Greve AiB 11/2016 S. 49ff.

[3] ArbG Köln, 15.12.2011 – 10 Ca 4977/11 – AuR 2012, 137.

[4] 参见 Mitbestimmung，7+8/2012 S. 30上的简短文章。虚拟世界的耻辱柱见 Voskamp/Kipker, DuD 2013, 787ff.。

[5] 详见 Däubler, Arbeitsrecht 2, Rn, 897, 特别是考虑用 § 12 Abs. 4 AGG 作类比。

[6] BAG, AP Nr. 3 zu § 626 BGB Druckkündigung.

[7] BAG, 11.8.1988 – 8 AZR 721/85 – AP Nr. 7 zu § 611 BGB Gefährdungshaftung des Arbeitgebers = NZA 1989, 54. 当雇员的数据被传到网上并在评估网站上受到不当攻击时，也理应考虑补偿。参见本书第七章，边码68及以下。

[8] 同时参见 Fuhlrott/Oltmanns, NZA 2016, 785, 791。

[9] Besgen/Prinz – Herfs – Röttgen § 10 Rn. 35.

得携带手机。[1]但在手术之外的时间,至少应允许该医生在紧急情况下使用办公网络接打私人电话和处理私人电子邮件。与研发部门联系的人只能使用**没有拍照功能的手机**和智能手机等,这一点毫无争议。如此方能阻碍或杜绝工业间谍活动。一些公司的工厂安全部门会封盖私人设备的镜头。这种规定是合理的。但根据《企业组织法》第87条第1款第1项,只有在企业职工委员会进行共决后才能实施该举措。[2]

四、违反职责以及可能的惩罚措施

1. 社交网络中针对雇主的攻击

(1)案例材料

自2011年初以来,劳动法庭处理了一系列雇员在脸书网、其他社交网络以及博客上[3]正面攻击雇主的案件。[4]有些案例的攻击对象则是同事和客户。第一宗此类案件的当事人是一名培训生,她应该是对培训老师恼火了,于是请了病假,却并在脸书网上宣布:"**我现在就去看医生,然后打包行李飞马略卡岛**"。她实施了这一计划,并上传了一些自己在岛上游玩的照片,她的度假不久就被毫不客气地打断了:公司宣布立即解雇她。[5]她向杜塞尔多夫劳动法院提起诉讼,[6]最后该争端得到和解。[7]**波鸿劳动法院**[8]也曾就一名培训生的案件进行判决。该实习生在脸书网个人账户"雇主"一栏下方写道:"虐待狂"、"剥削者",因此遭到解雇。考虑到培训关系以教育为目的,并且个人页面还有其他并不严肃的言论,劳动法院支持了他的解雇保护申请。雇主上诉后,位于**哈姆的州立劳动法院**却作出了相反的判决,驳回了该雇员的解雇保护请求。[9]此案中的培训生已经27岁了,而第一个案例中的当事培训生仍是**未成年人**,这一点对该案理应起到一定作用,她未经父母许可便同脸书网签署协议,因而协议无效。[10]不过她的言论恐怕仍是公开了。

发布攻击性言论的不仅有培训生,也有老员工。**杜伊斯堡劳动法院**有这样一个案例。[11]一名雇员因为膝盖手术住院治疗。住院期间,他常使用脸书账户并发布了一张自己同朋友们在咖啡馆里的照片。他的一位女同事看到后向老板"告发",认为他所谓的病假过得很舒服。这自然引起了该雇员的愤怒,因为照片是一个月前照的。他写了评论并将其转发给自

---

[1] BAG, 25.10.2012–2 AZR 495/11–NZA 2013, 319.
[2] 深入了解见 Hunold, NZA 2004, 1206。
[3] 其他传播方式见 Kramer–Kramer, Teil B Rn. 287。
[4] ArbG Frankfurt(18.4.2007–7 Ca 7285/06–未被发表,引自 Rolf/Rötting, RDV 2009, 266 Rn. 27)的案例有所不同:Kolpingwerk 青年之家的负责人遭到解雇,原因是他活跃于男同性恋网站。他胜诉了,因为隐私应得到尊重。
[5] Frings/Wahlers, BB 2011, 3126, 3132 所作报告。
[6] Az:7 Ca 2591/11,引自 Frings/Wahlers, a. a. O.。
[7] 反对使用脸书网上发布信息的观点见 Besgen/Prinz–Herfs–Röttgen,§10 Rn. 54,但如果雇主从第三方获得了消息,则无可反对他使用该消息。事情本身显然与企业相关。
[8] 29.3.2012–3 Ca 1283/11–ZD 2012, 343.
[9] LAG Hamm, 10.10.2012–3 Sa 644/12–BB 2012, 2688.
[10] 见 Wintermeier, ZD 2012, 210。
[11] 26.9.2012–5 Ca 949/12–NZA–RR 2013, 18.

己所有的脸书网好友（其中有很多好友都属于该公司）。在该评论中，他把自己在该公司的所有非脸书网好友的同事都称为**"胖子"**和**"耍小聪明的人"**，有人"往他们脑里拉了屎"，他们"趋炎附势爱管闲事"。杜伊斯堡劳动法院认为不应有这样的言论，但由于该雇员是冲动行事并且事出有因，因此批准了他的解雇保护申诉。

33

慕尼黑行政法院曾就商贸监管部门**许可解雇一名孕妇**的正当性作出过判决。[1] 她曾对她的雇主、同时也是她的通讯供应商 O2 公司感到愤怒并写道："**真烦！O2 公司真让我恶心**，即使你交了钱，他们还是锁了你的电话……还说你没付钱。这群要饭的……好吧，下个月我就换别家通讯公司了。"行政法院并未将该言论认定为以"贬低"他人为目的"诋毁性批评"。相反，这种意见的表达（尽管很尖锐）以终止合同关系为目的，属于德国《基本法》第 5 条第 1 款规定的言论自由的保护范围。此外，该言论不是公开发表的，而是仅限于脸书网中私密好友的范围。[2] 因此监管部门对该解聘的许可被判违法。

34

在**哈根劳动法院**看来，[3] 最高 70 人的"好友"上限并不重要，因为这其中的 36 人来自同一家企业。当事人在这一交际圈公开发表意见，写道："这个狗屁老板把我气坏了，他在三个月内警告过我两次，说我粗鲁。我会搞垮他这堆粪，我要告这个狗娘养的……"这显然是侮辱性言语。当事人向法院提交的材料表明他已经为公司服务 31 年。法院虽然反对雇主对该雇员作出非正常解雇，却不反对雇主基于**雇员行为而正常解聘（ordentliche Kündigung）**。相比而言，另外一名雇员则要幸运得多。他在个人主页上（所有用户都能看见）把自己的公司称为**"烂摊子"**和**"可怜兮兮的破店"**。他的解雇保护申请得到了**支持**，因为企业外的第三方无法确认雇主的身份。[4]

35

德绍－罗斯劳劳动法院作出的一项判决也关涉非典型案例。[5] 原告是储蓄银行的一名雇员，已经签署了遣散协议，该协议规定了金额可观的补偿金，但几个月后方才生效。她的**丈夫**在自己的脸书网主页上**发布**了如下信息："刚刚把存钱猪罐子取名为 R. T. 。"其中字母 R 和 T 是这家储蓄所两名董事会成员的名字缩写。后来又补充道："好吧，**总有一天所有的猪都要见屠夫的**。"在同一页面上有一张鱼图片，其中鱼腹部位置有该储蓄银行的标志。旁边是评论："这条鱼从头烂起。"共有 155 位好友可以访问该主页，其中包括这家储蓄银行的众多员工和客户。在鱼图片下方能找到这位女雇员**"赞"**的评论。当银行得知此事时，要求雇员就此发表声明。之后，这条发布的信息立即消失。她声称对整件事情毫不知情，她丈夫登录了她的账户并代她点了"赞"。[6] 即便如此，她还是被解雇了，但在劳动法院却

---

〔1〕 VGH München, 29. 2. 2012 – 12 C 12. 264 – NZA – RR 2012, 302ff. 赞同观点见 Kort, NZA 2012, 1321, 1323。

〔2〕 赞成观点见 Kort, NZA 2012, 1321, 1323。

〔3〕 16. 5. 2012 – 3 Ca 2597/11 – ArbRB 2012, 365.

〔4〕 ArbG Bochum, 9. 2. 2012 – 3 Ca 1203/11.

〔5〕 21. 3. 2012 – 1 Ca 148/11 – ZD 2012, 344 = K&R 2012, 442.

〔6〕 因此，Fuhlrott/Oltmanns, DB 2017, 1840, 1845 所作的批评是没有道理的，他们认为法院没有考虑到一条经验法则，账户所有者同时也是帖子的撰写人：然而当且仅当只有账户所有者本人有访问权限时，这种观点才站得住脚。

获得了胜诉：她对她丈夫的行为不负责任，[1]她本人的参与无法被证明。此外，猜测是雇员自己点"赞"，仍不足以构成因为嫌疑而解雇的理由。

联邦劳动法院迄今仅就新媒体言论问题作过一次**判决**。[2]该判决涉及的雇员在一家没有职工委员会的企业工作。这名雇员参加了选举委员会的竞选并在录像中直率地批评了企业的现状。该视频在他自己的脸书页面和YouTube上公开。从内容上看，视频中的评价并未超出德国《基本法》第5条第1款言论自由的范畴，远非下级法院在司法判例中处理的那些"诽谤"问题。联邦劳动法院的判决中这一申明尤为重要：**模棱两可的表达**不应被解释为不利于雇员的侮辱性言论。仅当"可充分证明某种阐释方式不受言论自由保护"时，方可采取诸如警告或解雇等惩罚性措施。[3]由此判令原告胜诉。

劳动关系一旦**结束**，便可充分享受言论自由。一名离职的部门经理在自己的博客上将曾经服务的公司称为"剥削黑手党的德国总部"，隶属"无用的行业"。赫尔福德劳动法院作出了有利于他的判决。[4]同样，他针对前同事的言论"老鼠们快离开沉船"也得到了法院的许可。原因是该言论没有超出德国《基本法》第5条第1款保护的范畴。巴登符腾堡州立劳动法院也同样许可了一篇博客文章中对雇主的指控。[5]这篇文章中，该雇主被指责为"实施严酷的剥削手段、践踏员工的政治权利和工会的权利并且**对生病的员工进行非人道的压榨**。"[6]

（2）评论

引人注目的是，尽管之前社交网络便已存在，但上文所列案件都发生在2011－2012年间，其中2012年更多。这可能是人们对工作条件**日益不满的表现**，也可能体现了压力和负担日益增加。但说到底法院受理的案件**不一定代表**了现实生活中的争端。所以，当一个名为"戴姆勒同事们反对斯图加特21"的脸书网好友群在网上发表评论，[7]称蔡澈同总理默克尔以及州长马普斯共同组成"**顶级谎言团伙**"时，*并未产生什么法律后果。一些点"赞"的戴姆勒员工只是被召到人事部门谈话。[8]当《法兰克福周报》的职工委员会主席在其脸书网上将**破坏罢工者**称为"**渣滓**"和"**狗娘养的**"的时候，也并未闹上法庭。

侮辱性和贬低性言论为何如此泛滥，这更值得深思——污言秽语引发的案件已成为法

---

〔1〕 这一点不同于对未成年儿童的处理，账户持有者不具监控的义务：OLG Köln, 16.5.2012－6 U 239/11－RDV 2012, 249。转让给第三方时是否有监控的义务？根据《版权法》第97条第1款，连接持有者会因违反这项义务成为"干扰者"。这个问题到目前还没有作出清楚的解释。见 BVerfG, 21.3.2012－1 BvR 2365/11－RDV 2012, 245。

〔2〕 31.7.2014－2 AZR 505/13－NZA 2015, 245.

〔3〕 BAG, a.a.O., Os 4. 类似案件见 LAG Rheinland－Pfalz, 21.2.2013－2 Sa 386/12－ZD 2013, 460，该案判决不得再发表某些言论。

〔4〕 12.11.2009－3 Ga 26/09.

〔5〕 10.2.2010－2 Sa 59/09－K&R 2010, 287＝AuR 2010, 344.

〔6〕 Besgen/Prinz－Herfs－Röttgen, § 10 Rn. 40 对两项判决都持赞成态度。

〔7〕 "斯图加特21"指的是斯图加特规划的新火车站建设项目，多年来一直遭到游行抗议。一项全民公决的结果显示这一项目的支持者仅占微弱的优势。

* 蔡澈是戴姆勒股份公司（"梅赛德斯"）的董事长；斯蒂凡·马普斯是时任巴登符腾堡州州长。

〔8〕 消息来自 Frings/Wahlers, BB 2011, 3126, 3132。

院的日常工作。[1]在没有严重冲突的劳动关系中，老员工（在一个案例中甚至长达 31 年）为何突然冒出念头，[2]说企业是"狗屎店铺"、骂老板是"狗娘养的"的呢？此类言语本身算不得新鲜，很多企业中仍存在粗俗的沟通方式。然而，过去人们只在同事圈子里说说，一般认为不会有人"往上"传。现在的沟通则有相当的比重转移到互联网上，尤其是社交网络上。对后者，存在两条重要的新游戏规则：

- 一方面，人们对**"好友"这一概念**往往缺乏清晰认识，受社交媒体迷惑，认为它是一种"私密空间"，然而事实上并非如此。如果 70 位"好友"中有一半都在同一家公司工作，那用户在社交网络上发表言论就跟直接往告示板上向全公司贴公告没什么两样，[3]公告甚至还无法引发如此的大的注意。社交网络上圈子看似不大，实际上传播范围难以想象。[4]可以设想，你的"好友"也有"好友"，他们同样会向好友传播信息。

- 另一方面，发布"个人资料"和在虚拟信息栏上发言的用户往往**完全独坐在电脑前**。**没法像在现实中和人对话一样得到批评性反馈**。[5]言辞轻率时，没有人会反驳或至少稍稍皱眉。因此，他很可能产生某种"情绪"，觉得终于可以把自己闷在肚子里的话一股脑倒出来。他感到互联网似乎和游乐场相似，可以畅所欲言。[6]结果一不小心就掉入陷阱，写下的东西即便是好心的雇主或法官也难以宽恕。[7]

还值得注意的是，大约**自 2013 年起**，以**前文所述案情**为对象的**判例就变少了**。巴登符腾堡州州立劳动法院的一个判决值得一提。[8]案件中遭解雇的雇员称他身材肥胖的上级是"肥猪"，把因病变而引发脸部变形的班长称作"熊头"。不过，经过对双方利益的权衡（每次解雇发生时都要权衡双方利益），最终该解雇未得到法院认可。[9]黑森州州立劳动法院对另一起案例也作出同样的判决。[10]该案件中，一名雇员在脸书网好友群的状态中写道："如此反社会的股东估计再也没有第二个了：他还要说多少谎？"[11]这也许说明，人们通常需要一个"学习过程"，才会逐渐认识到网上发表言论也得谨慎。可能的辩护途径还有声称**是第三方恶意操作**。但只有干预的时间、地点和内容都可说明，且必要时都能得到证实，该方案才行得通。[12]

---

〔1〕 另见 2012 年 ArbG Bocholt 最终未处理的案件。在该案件中，老板被称为"粪包"。最终法庭没有判决，最终双方达成一致，支付 8500 欧元的赔偿金；消息来源 Frings, Protokolle der von der TÜV Nord Akademie veranstalteten Tagung »Arbeitnehmerdatenschutz 2012« （29./30. 8. 2012 in Hamburg）。

〔2〕 ArbG Hagen, 16. 5. 2012 – 3 Ca 2597/11 – ArbRB 2012, 365.

〔3〕 ArbG Hagen, 16. 5. 2012 – 3 Ca 2597/11 – ArbRB 2012, 365 的见解有理。

〔4〕 Kaumanns, K&R 2012, 445 观点准确：天真地发表评论，结果影响之大超乎想象。

〔5〕 类似的观点见 Ruhland 1/2012 S. 13：身处受保护和熟悉的环境，人会更加开诚布公。

〔6〕 Köhler, AiB 2013, 107.

〔7〕 Hermida del Llano DuD 2011, 639 把这称为"社会暴露主义"，不过文章中无法看出他的立论基于何处。

〔8〕 22. 6. 2016 – 4 Sa 5/16，MMR 2016, 702 = CR 2017, 120.

〔9〕 涉事者 16 岁起就在该公司工作，有 20% 程度的残疾，有义务赡养他的妻子和一岁的儿子并要照料他的祖母。

〔10〕 28. 1. 2013 – 21 Sa 715/12, AuA 2014, 123.

〔11〕 Fuhlrott/Oltmanns, DB 2017, 1840, 1844 中也有这样的概述。

〔12〕 LAG Hessen 13. 4. 2015 – 7 Sa 1013/14, MMR 2016, 497.

2. 种族主义事件和排外事件

43

近年网上一些种族主义和排外争端也引发了劳动法上的问题——涉案者发布的网上个人资料或其他情形，足以指明他隶属的企业。[1] 在**曼海姆劳动法院审理**的某案中，[2] 被解雇者给奥斯维辛集中营的照片配了文字："波兰已经准备好接纳难民了。"然而法院认为这不足以构成解雇理由，因为该雇员被责难后立刻删去了照片，而且还道了歉。另一个案例中，雇员在 n-tv 的脸书网页面上有关难民住宅起火的报道下评论道："希望那些未登记身份的人都被烧死"，**赫尔内劳动法院**支持了公司无条件解雇的决定。[3] 基于某些言论而作出的解雇决定是合理合法的。**盖尔森基兴劳动法院**对一市政府雇员解雇的判决便是一例。[4] 该雇员在脸书网个人页面上如此写道："德国人，你们要反击！上街揍他们！""所有跟外国佬在一起的家伙都或该被揍，孩子都应该被打死。那些娶了德国人当老婆，或找了外国佬做老公的都应受到唾弃和鄙视。"[5] 这些言论本身足以说明问题，无需多做解释。

3. 合法的攻击与非法的攻击

44

（1）一般框架条件

雇员在德国《基本法》第 5 条第 1 款规定的言论自由基本权利的框架下发表言论的，即便是严厉批评，也不违反自己的劳动合同义务。[6] 但有一点必须要考虑到：根据德国《民法典》第 241 条第 2 款，**雇员有义务顾及雇主的利益**。这一义务也是德国《基本法》第 5 条第 2 款限制言论自由的一般性规定的组成部分。此外，侮辱和诋毁从不受德国《基本法》第 5 条第 1 款的保护。[7] 说别人是"狗娘养的"或要"骂死"别人，不能主张言论自由。发表的言论也不得损害**同事**的权利。不可侮辱同事自不待言，未经当事人允许也不得在网上发布"他今天又迟到了"或"显然，他和女朋友闹矛盾了"等涉及他人的**个人情况**的言论。不然便侵犯了他人的信息自决权。[8]

45

在和同事的**私密谈话**中发表有损第三者声誉的言论，即便这些言论"本身"属于侮辱，仍不会受到制裁。联邦劳动法院对此给出了合理的解释：[9] 进行私密对话时，雇员通常应有理由相信言论不会传给外人。因此不必考虑自己行为可能破坏公司的和谐或影响自己同

---

〔1〕与企业的隶属关系主要参见 Dzida/Förster, BB 2017, 757。以下所述案例也可以在 Fuhlrott/Oltmanns, DB 2017, 1840, 1843f 找到，并且 Dzida/Förster, BB 2017, 757 也有提及。
〔2〕19. 2. 2016 – 6 Ca 190/15, NZA – RR 2016, 254 = MMR 2016, 499.
〔3〕22. 3. 2016 – 5 Ca 190/15, ZD 2017, 41.
〔4〕24. 11. 2015 – 5 Ca 1444/15.
〔5〕引文的德语文法很差，显然涉事者的文化程度不高。其他引语见 Kramer – Kramer, Teil B Rn. 315。
〔6〕LAG Baden – Württemberg, 10. 2. 2010 – 2 Sa 59/09 – K&R 2010, 287；同时参见 Köhler, AiB 2013, 107, 109；Kort, NZA 2012, 1321, 1322；Melot de Beauregard/Gleich, DB 2012, 2044。
〔7〕侮辱和诋毁构成例外情况，一般对其作缩限解释：参见 BGH, 16. 12. 2014 – VI ZR 39/14 – NJW 2015, 773 = K&R 2015, 196。
〔8〕类似观点见 Demuth/Strunk/Lindner, S. 57。
〔9〕10. 12. 2009 – 2 AZR 534/08 – NZA 2010, 698 Tz. 18. 也可参见 BAG, 10. 10. 2002 – 2 AZR 418/01 – NZA 2003, 1295；赞同观点 Willert, K&R 2010, 551, 552。

雇主的关系。[1]这种框架的言论属于**一般人格权的保护范围**。[2]如听者未加以保密，则不能把责任归咎于说话的雇员。如说话者自己向第三方透漏，那言论被传播开来时，他也没什么可抱怨。例如，联邦宪法法院就一个刑事犯的信件作出同样意见的判决，认为这一交流属于私密范围并认为在这一范围中，对表达意见一方的人格保护要优先于对第三方名誉的保护。[3]

如雇员**采取艺术形式进行批评**，就享有**德国《基本法》第 5 条第 3 款**所赋予的艺术自由的基本权利。该基本权利同德国《基本法》第 5 条第 1 款所规定的言论自由权一样，都对劳动关系产生影响。相较"一般"的意见表达，艺术领域的言论空间更大，但同时并不允许故意歪曲从而诋毁他人。写文章或是构思、创作图画的艺术家，可发表比通常情形和法律认可外更尖锐的言辞。[4]司法判例对"艺术"这一概念作了宽泛的定义：艺术被界定为"一种自由的、创造性的构造过程。在该过程中，艺术家以某种形式语言为媒介，直接展现出印象、经历和体验。"[5]对情况存在争议时，主要考虑创作者本人是否将作品（图画、雕塑、诗歌、小说）视为艺术作品。[6]评判标准无疑相当宽松。

因此，所谓的**暴躁小矮人**在判例中也被视为"艺术"。它们以花园小矮人为模板，是一起邻里争执中的焦点。该判决存在争议，判决书中这样描述暴躁小矮人：[7]"不同于一般意义上人们所熟知的纯真乖巧的花园矮人，暴躁小矮人的姿态完全不同。其中一个向观察者伸出舌头、竖起中指，另外一个弯腰向前，裤子掉了下来，裸露臀部，还有一个捂住鼻子并同时闭上眼睛。另有一些小矮人吐出舌头，露出'鸟'，并用拇指和食指比出圆圈。还有一个小矮人披着斗篷，表现了一个依靠着斩首斧站立的刽子手形象。另有一个矮人被'吊死'在花园的一棵树上。"一些矮人举着标语，标语的口号是"普法尔茨人该回到普法尔茨，伍珀塔尔人得滚回伍珀塔尔去"（作者邻居原是伍珀塔尔人），"你们还是搬走吧，我们希望大院里和和睦睦的！"由于侮辱邻居的意图显而易见（"伍珀塔尔人得滚回伍珀塔尔去"），因此这一具体案例中的行为超出了艺术自由的范围。

艺术品传播者或是向公众开放艺术品的人士同样享有艺术自由权利。[8]例如，在网络中发布一首诗，读者又能把这首诗的内容和当前的事和某些人联系起来，那么只须考虑

---

［1］ LAG Düsseldorf, 19. 12. 1995－8 Sa 1345/95－NZA 1996, 166＝LAGE § 626 BGB Nr. 91 的案例中也有这样的表述，该案例中一位公交车司机告诉她的同事，乘客都是"渣滓"。

［2］ Kort, NZA 2012, 1322 中也有这样的表述。

［3］ BVerfG, 23. 11. 2006－1 BvR 285/06－NJW 2007, 1194.

［4］ 赞同观点见 Kramer－Kramer, Teil B Rn. 294. 。

［5］ BVerfG, 24. 2. 1971－1 BvR 435/68－BVerfGE 30, 173, 188f.；BVerfG, 17. 7. 1984－1 BvR 816/82－BVerfGE 67, 213, 226 中已有表述。

［6］ Jarass/Pieroth－Jarass, Art. 5 Rn. 106a m. w. N.

［7］ AG Grünstadt, 11. 2. 1994－2a C 334/93－NJW 1995, 889＝JuS 1995, 1029（值得一读！）。

［8］ BVerfG, 27. 7. 2005－1 BvR 2501/04－NJW 2006, 596, 597；Jarass/Pieroth－Jarass, Art. 5 Rn. 108.

（宽泛的）艺术自由。一家业绩不断下滑的企业的在线编辑将**雷恩哈德·梅**歌曲**《愚人船》**的歌词发送给公司的所有雇员，因此而遭到解雇，威斯巴登的劳动法院[1]对此案的判决存在错误。

　　法院对歌词中的这些表达极为反感："舵手在撒谎，船长喝醉了，轮机长陷入昏睡中，船员尽是做伪证的骗子，……蠢货和傻瓜在桥上嬉戏玩耍，……，在香蕉共和国中，即便是总统也不觉羞愧，毫无顾忌地同逃税小偷混在一起……瞭望者从最高的桅杆上喊道：世界末日要到了！但这些人都呆呆地发愣，他们没有听到他的话。他们毫无目的地成群结队地移动，就像旅鼠一样。好像所有的人都丧失了理智。"

　　判决认为这是极为严重的诋毁，因为管理层和工作人员被以比喻和隐晦的方式说成了麻木不仁、毫无忌惮的违法者。判决未提及德国《基本法》第5条第3款所规定的艺术自由。这显然是瑕疵，由此导致将歌词过分恶毒地"翻译"成日常语言：该雇员原本可能是想批评公司内部普遍的混乱现象和很多同事的无能表现，而并非要将他们说成是麻木不仁、毫无忌惮的违法者。

　　第三个案例的情形也类似。一名雇员在他的脸书网页面上发布了汉堡乐队**《堤坝男孩》**的歌词：

　　　　"卑躬屈膝吧！快来提升利润！
　　　　卑躬屈膝吧！让老板喜欢上你！
　　　　卑躬屈膝吧！即使身体扭曲！"

又添加了其他歌词内容：

　　　　"要适应，你什么都不是！相信团队！
　　　　闭上嘴巴，精精神神去干活，挣钱！"

另有：

　　　　"快来提升利润！
　　　　否则你将被淘汰。"[2]

雇主很生气，立即将其解雇。解雇书中如此写道：

---

[1] 2.5.2001 – 3 Ca 33/01 – NZA – RR 2001, 639.
[2] 歌词详见链接 www.lastfm.de/music/Deichkind。

"您的言论只能被理解为公司的工作条件与堤坝男孩的歌词等同。您通过这样的比较来指责公司的工作条件不人道，称公司只贪图利润、不顾员工健康，员工深受剥削。"

被解雇者向赫尔福德劳动法院提出诉讼，但后来双方达成和解，内容未公布。本案中，如诉诸艺术自由，本可胜诉并获得解雇保护。[1]

（2） 社交网络的特别之处

社交网络中的个人用户可根据具体情况**决定信息接受者的范围**。问题在于哪些情形构成"**私密**"。目前对此仍然缺乏统一的司法评判标准。有一点已达成共识：信息并非一"**上网**"就可被所有人触及，也即"公开"。[2]另外一点共识是，脸书网**不构成**理应无人获知的**私密日记记录**（日记受到尤其严格的保护），[3]在脸书网上发布的内容至少存在另外一人可访问。[4]

如雇员选择**聊天模式**或是其仅联系其他一到二人，就私密性而言，可将其视为两人间或三人间的对话。电子邮件或是传统信件往来亦是如此。[5]这种情形下的粗鲁言论或侮辱不受制裁。另一种极端情况则是从**一开始就公开**的网络言论；例如，用户通过设置"个人资料"，使得即便并非该社交网络的成员，也可随时借助搜索引擎查询该资料。此种情形则适用言论自由界限的一般基本原则。雇员业余时间不带任何诽谤或诋毁意图地**批判雇主**，并未超出言论自由的界限。同样许可雇员**指出企业中的弊病**（"**检举揭发**"），除非雇员有意或是出于轻率而言语不实。[6]联邦劳动法院认为，如企业内部明显存在补救手段，雇员未采取，而直接上网检举揭发，则构成过激反应，不再受言论自由保护。[7]欧洲人权法院**仅从雇员的角度**判定"**轻率**"行为，[8]这种做法在文献中受到诟病，[9]但在其他方案出现前，司法实践仍以欧洲人权法院的判决为准绳。

雇员指责的对象不仅是雇主，还可能**针对上级和同事**，甚至个别还针对下属。说一名同事"迟钝"，另一位则被冠以"徒有其表的场面人"，这两者都（还）算不得侮辱性的负面评价，但人们可能要问，这样的话语是否允许公开？特别是还描述了具体事件作为佐证的情形。我认为，德国《基本法》第5条第1款仍许可这样的言语。不过法院可能观点不同。[10]法院可能主张**指责对象**具有**人格权**，不愿出现在公开空间。此外，即便责难并未指

---

[1] 进一步辩护路径参见 Däubler, AiB 3/2014, 26f.。
[2] Bauer/Günther, NZA 2013, 67ff.
[3] 见 BGH, 22.12.2011 – 2 StR 509/10 – ZD 2012, 232：自我独白属于人格权保护的核心领域。
[4] AG Reutlingen, 31.10.2011 – 5 Ds 43 Js 18155/10 jug – ZD 2012, 178.
[5] Bauer/Günther, NZA 2013, 67, 70.
[6] BVerfG, 2.7.2001 – 1 BvR 2049/00 – NZA 2001, 888f.，该判决关于提起刑事指控；然而公开批评理当适用同样原则。
[7] BAG, 3.7.2003 – 2 AZR 235/02 – NZA 2004, 426.
[8] EGMR, 21.7.2011 – 28274/08（Heinisch） – NZA 2011, 1269.
[9] ErfK – Müller – Göge, § 626 BGB Rn. 64.
[10] 这一情况亦可参见 Thannheiser, CuA 1/2013, 36。

名道姓或并未点明具体对象，对旁观者也仍会产生影响。[1]不过，司法审判大多数情况下许可**网站中的负面评论**。[2]这一点极大地佐证了此类评价应被视为合法。在企业内部**批评客户**通常没有问题，而公开的指责则可能构成严重的违反义务。[3]然而，针对一家（不查证即无法得知具体名称的）向雇主出售了**运转不佳医疗设备**的**第三方公司**，雇员的公开猛烈批评得到了法院的许可。[4]法院同样许可了一名雇员在火灾后对雇主的批评，他说：某个博主认为该公司的总经理喝了灭火用的水，此话有道理：这家族公司的所有者"只想挣钱，才不管代价"。**帕德博恩劳动法院**判定这些言论都不构成侮辱罪，[5]**对雇主的猛烈批评仍属于德国《基本法》第 5 条第 1 款规定的基本权利范围。因此法院认定该解雇违法**。

52

随着社交网络的兴起，迄今未有的划界问题产生：人们在社交网络中，尤其是脸书网上结交的**"好友"**里，很多在现实生活中不会理所当然地被当作好友。如某一网络言论局限于"好友"可见，是将其算作在食堂和三个同事谈话一样的"私密小圈子"，还是应该将其看作公开，从而适用公开言论的原则？假如网络好友们都有自己的好友圈并尝试将所获信息在圈中传播，应该如何处理？如一位不忠实的好友技术上能复制信息并将其转发给第三人，又产生什么影响？划界问题上，应细致分析种种情况。

53

私密性的特征在于**讲话者熟识谈话伙伴**，以谈话伙伴的忠诚为前提。发言者只在理论层面上存在被告发的可能。如社交网络里的情形也如此，即可视为环境"私密"。[6]在此，尽管使用现代技术相比围桌而坐接触到的听众更多，但这一点并不构成判断是否"私密"的标准。重要的是，发言者熟悉信息接收者，熟悉程度等同于企业同事：对方不仅仅是"好友通讯录"的第 125 号。封闭且规模不大的网络好友圈中存在相对较**多**的**同在一家企业工作的"好友"**，这一点对判断是否私密也无关紧要。这是因为传统交往中，发言者也会在企业中与不同人群对话（比如讲他自己的"情况"）。私下谈话中的侮辱都不会受到制裁，传播"企业内部"的信息（"X 先生是一个懒蛋"）就更不该受罚，但即使在私密谈话中也应严守企业秘密和商业机密。

54

圈子太大，超出私密范围，发言者甚至不认识圈中的某些人，则必须适用公开声明的原则。尤其在当所有圈子成员都可将信息传递给自己的众多"好友"时："**朋友的朋友**"**一旦被纳入**，则无法预计会有多少人接收到信息，完全可能一传十、十传百。假如网站未公开，却向**所有社交网络成员**开放，仍无法构成私密：成为社交网络的成员很容易，人数常以百万计，此时再无私密可言。

55

雇员对某个言论点了**"赞"**，就视为他作了同一表态。[7]**"分享"**亦是如此；点击该按

---

〔1〕 Thannheiser, AiB 2012, 354：原则上不包含任何员工个人数据。
〔2〕 参见本书第七章, 边码 64。
〔3〕 Kort, NZA 2012, 1322。
〔4〕 LAG Berlin – Brandenburg, 18.8.2008 – 10 TaBV 885/08 – BB 2009, 661 Ls.
〔5〕 9.3.2010 – 5 Ca 2640/09 – AE 2010, 173.
〔6〕 类似观点见 Kort, NZA 2012, 1321, 1323 以及 OLG Stuttgart, 10.11.2010 – 4 U 96/10 – MMR 2011, 280 的司法判例。
〔7〕 Kramer – Kramer, Teil B, Rn. 300.

钮时用户可以确定信息的哪些部分自动可见，还可决定"如何"发布链接。[1]这种表态在多大程度上是留在了封闭圈子（圈中人多少互相认识），还是可被广为传播，要视具体情况而定。[2]若涉及侮辱，如德绍－罗斯劳劳动法院的案例，[3]那么相比于侮辱言论本身，单纯对侮辱表示赞同不那么严重。[4]而且，点赞或分享还可能是随手的反应，而在脸书网上自行撰写言论则更可能是有意为之。这一点，对判断言论是否构成非常解雇的重大理由，以及如何权衡双方的利益都会产生影响。

社交网络上的某一言论如引发是否应**解雇**，则必须**权衡**雇主和雇员**双方的利益**，具体可以考虑以下方面。在雇员吹哨的情况下，[5]需要考虑**公众**利益。[6]网络上信息更容易传播，这一点只有在它真正发生的情况下，才作为对雇员不利的因素予以考虑。[7]相反，**为保护雇员的利益**，必须考虑到雇员在网上发表言论时常常独自一人。此时他缺少平日里存在的"紧急刹车"机制。[8]比如，雇员意识到了他做了错事，立即删除一项发布内容，则表明他不会再犯同类错误，因此不该解雇他。[9]他随后的道歉多数情况下也使解雇失去合法性，因为道歉也明确表明未来不会再犯同一过错。如存在对某些人"生气"的理由，[10]也与现实生活中言语冲突没有什么不同，也应考虑雇员言论的起因。如某员工的个人资料页面或是其他网站上出现侮辱言语，而网页上还包含其他言论，应该考察是否也存在其他挑衅或讽刺的言论。如还存在此类言论，则侮辱就显得不那么严重，因为此人发言本就"不那么严肃"。[11]还有一点也很重要：受侮辱者（雇主、同事、顾客）是否被直接点名道姓？还是人们很难甚至无法查证其身份？[12]

（3）基本权利的危险行使

莱茵兰－普法尔茨州州立法院曾判决了一宗青少年活动中心主管的被解雇案。[13]对该主管的行为指控无法得到证明，这一解雇因此不具社会正当性。然而，为赢得支持，尤其是市镇议会的支持，被解雇者试图在脸书网上阐述自己的青少年工作理念，而其公共机构的雇主并不赞同这些理念。考虑到此人会继续公开质疑其雇主的指示并企图凭借公众压力推行自己的想法，法院根据《**解雇保护法**》**第9条判决**解除了劳动关系，理由是雇员**无法**

---

[1] 详见 Müller－Riemenschneider/Specht, K&R 2014, 77ff., 该文重点在于版权问题。

[2] 不同观点见 Bauer/Günther, NZA 2013, 67, 70/71。

[3] 见本章边码 30。

[4] 也可参见 ArbG Dessau－Roßlau, a. a. O.; Kaumanns, K&R 2012, 446。

[5] 见本章边码 44。

[6] LAG Köln, 2. 2. 2012－6 Sa 304/11－RDV 2012, 258。

[7] 不同观点见 Bauer/Günther, NZA 2013, 67, 71。

[8] 见本章边码 36。

[9] 如参见 ArbG Dessau－Roßlau, 21. 3. 2012－1 Ca 148/11－ZD 2012, 344 = K&R 2012, 442。

[10] 见 ArbG Duisburg, 26. 9. 2012－5 Ca 949/12－NZA－RR 2013, 18 的司法判例（见本章边码27）。

[11] 类似观点见 ArbG Bochum, 29. 3. 2012－3 Ca 1283/11－ZD 2012, 343；但作为上诉法院的 LAG Hamm 有不同看法，见 LAG Hamm, 10. 10. 2012－3 Sa 644/12－BB 2012, 2688（见本章边码26）。

[12] 原则上类似的观点见 Bauer/Günther, NZA 2013, 67, 72。

[13] 21. 10. 2011－9 Sa 110/11. 也可见 Thannheiser, CuA 1/2013, 33, 36。

秉着为企业服务的精神**继续工作**。该判决结果难以服人，因为本案涉及的是合法的意见表达，不应导致某种制裁，否则将**违背德国《民法典》第612a条**。[1] 类似本案的情形中，也不应权衡言论自由和雇主利益。[2] **石勒苏益格－荷尔施泰因州劳动法院**对一起压力解雇案的判决也缺乏说服力：[3] 一方面法院判定压力并不存在，解雇不具社会正当性，另一方面却依据《解雇保护法》第9条第1款许可了雇主支付赔偿金、解除劳动关系的要求。该雇员曾向德国劳动局告发雇主非法申请小时工津贴，致使检察机构调查雇主。调查结果未在判决中公布。另外，该企业的架构设置使得企业内的补救难以实现。法院仅以未来冲突中雇员仍会选择将企业内部矛盾诉诸外部为理由解除了劳动关系。这一判决结果很难与其他吹哨事件的司法判例协调。[4]

58　**4. 已离职的员工**

劳动关系的解除通常不太和谐，也导致脸书网中出现"不友好"的言论。显然此时德国《民法典》第241条第2款规定的顾及他人的义务不那么重要——甚至那些极为挑衅的言论也能获得法院许可。赫尔福德劳动法院的判决即为一例。[5] 一家因特网公司的离职部门经理在一篇博客文章中称该公司使用"剥削手段"，这是一个"无用的行业"，这家公司被卷入了"黑手党一般的网络"之中。另外一篇文章题为《老鼠们离开沉船》，此人劝说自己曾经的同事们做出改变，选择其他的公司。法院认为这些言论仍受到德国《基本法》第5条第1款的保护，原因是不存在侮辱、对他人尊严的侵犯或诋毁。[6]

59　**5. 有关虚拟的企业隶属关系的争论**

离职员工通常**不会**在网站个人资料里（诸如Xing和领英等求职网站）**修改**自己同原企业的**隶属关系**。这样更方便求职，因为会令人感觉他并未被解雇。[7] 这不仅欺骗了所有有意招聘的企业，也会给**前雇主**带来很多**不利**：尤其是离职员工曾任高层的情况，因为很多客户或是潜在客户可能继续联络此人，雇主从而有可能"流失"业务。雇主还可能构成《反不正当竞争法》第8条第2款规定的非法行为。[8] 因此，根据德国《民法典》第241条第2款，雇主合理地享有对前雇员**更正信息**的**请求权**，即要求前雇员在虚拟空间终止隶属关系，也可通过临时禁令方式作此要求。只有当**解雇保护程序悬而未决**、解雇行为显然违法或是法院作出了有利于雇员的判决而雇员因此享有继续在该企业工作的请求权的情况下，

---

〔1〕 类似案例见 ArbG Hannover, 11.8.2009 - 10 Ca 261/09 - dbr Heft 8/2011, S.36（mit Anm. Däubler），根据该案例，将参加绝食罢工并发表自己见解的人士排除于再次录用范围之外的做法有悖德国《民法典》第612a条的规定。德国《民法典》第612a条禁止不公正对待那些行使自己权利的人士。

〔2〕 见 LAG Baden-Württemberg, 10.2.2010 - 2 Sa 59/09 - K&R 2010, 287。

〔3〕 20.3.2012 - 2 Sa 331/11 - ZD 2012, 336。

〔4〕 有关这一点的说明见本章边码44。批评观点也可见 Tiedemann, ZD 2012, 339 的评论。

〔5〕 12.11.2009 - 3 Ga 26/09。

〔6〕 基本一致的观点见 Krieg, jurisPR-ITR 6/2010 Anm.4。严厉批评公司的案例亦见 BGH 16.12.2014 - VI ZR 39/14 - NJW 2015, 196 = K&R 2015, 196，但这些批评都受到德国《基本法》第5条第1款的保护。

〔7〕 进一步说明见 Elking/Fürsen NZA 2014, 1111。

〔8〕 其他不利之处参见 Elking/Fürsen, NZA 2014, 1112。

才构成例外。[1]

6. 公开公司内部事宜

柏林-勃兰登堡州劳动法院的一个判决引发了广泛关注。根据这一判决，护士在脸书网上公开**患者的照片**构成严重违反义务。[2]但该案例很特殊，解雇未成立，原因是被公布照片者是新生婴儿，其面部特征并不明显，很快便无法辨识其身份。此外，患者没有受到蔑视，护士也没有什么不正当目的。[3]然而，医院作出解雇这样激烈的反应足以说明患者以及顾客人格权的重要性。同样，也应谨慎对待**企业和商业机密**。此外，只有知情人士方能判断的事实也不可"发布"到网上。

---

[1] 同时参见 Elking/Fürsen, NZA 2014, 1111, 1115, 在一般情况下，雇员在解雇保护之诉的一审胜诉的，雇主有义务继续雇佣他，直至有法律效力的终审判决的公布。就与之正好相反的情形，即离职雇员要求从原公司网站上删除自己的照片，见本书第七章，边码 61 及以下。

[2] LAG Berlin – Brandenburg, 11.4.2014 – 17 Sa 2200/13 = NZA – RR 2014, 468 = ZD 2014, 481.

[3] 一致观点也可参见 Kaumanns/Böhm, K&R 2015, 18, 19；Keber RDV 2014, 190, 195；Kramer – Kramer Teil B Rn. 311。

第 5 章

工作边界消失

——《工作时间法》是弹性工作制的最后防线？

1　**一、现状**

　　数字化的世界要求所有劳动者动作迅速，研发新产品、率先占领市场也成为企业的首要能力。然而这也导致雇员在某些特定的工作阶段不得不加班。据报道，曾有雇员一周工作 100 个小时。[1] 德国《工作时间法》规定，工作时间的上限为每周 60 个小时，但该法规似乎不起作用。此法规同样未能应对目前越发常见的**连续每周工作 50–60 个小时**的情况。[2]

　　此外，雇员下班后的本应不间断的 11 个小时休息时间也越来越频繁地遭到外界干扰。比如，上司晚上 9 点打电话要雇员准备好第二天早上 8 点半开会用的 PPT 演示文稿，雇员只得在家赶工，加班至午夜 11 点方才完成工作。根据《工作时间法》第 5 条规定，他第二天本不用在 10 点前上班，可仍旧必须出席次日清晨 8 点半的网上视频会议。正如其他文献[3] 详细介绍的一样：**工作场所和雇员住所之间**、工作时间和休闲时间之间的**界限越发模糊，即"工作边界消失"**。如需雇员随时保持联系，那他事实上就一直"保持工作状态"。工作数字化背景下，"呼叫待命状态"不仅需要雇员全天候开机保持联系，还需要雇员在收到命令后立即投入工作。个别情况下雇主可以明确安排或是"建议"员工这么做。但也会存在以下情况：雇员因无法保证次日全部完工而主动加班；[4] 亦或雇员对自己负责的工作内容有强烈的认同感，主动选择**立即着手工作**。总而言之，上述情况表明了《工作时间法》

2　的现行规范面临压力。[5]

　　下文将讨论《工作时间法》对雇员工作时间的**限制**。除极端情况外，雇员几乎不会拒

---

〔1〕 Klotz, CF 1/2000, 12.

〔2〕 《工作时间法》第 3 条规定，雇员六个月内平均每周工作时间不得超过 48 小时。某几周内的工作时间上限可以为每天 10 小时，每周 6 天（即每周 60 小时），但在其他几周里则相应地减少工作时间。

〔3〕 详见 Däubler, SR 2014, 45ff. 亦可参见 Krause, NZA 2016, 1004f.; Sassenberg/Faber‑Neighbour, Teil 2 G Rn. 42; Wiebauer, NZA 2016, 1430。

〔4〕 Schwemmle/Wedde（S.73）. 在谈及"苹果一代"时，曾强调应保护传统工人免受机器换人的失业压力。

〔5〕 参见 Oetker, JZ 2016, 817。或参见 Jacobs, NZA 2016, 733。

绝雇主下达的任务，因此也应考虑企业职工委员会的作用。同时，实践中需要格外重视完整记录雇员的实际工作时间。[1]此外应思考，是否需要修改和完善《工作时间法》，使其更灵活、更贴切工作生活中真实情况。还应反思，如《工作时间法》不再奏效的话，又应如何限制雇员的工作量。

二、工作时间以及《工作时间法》规定的上限

1. 信任工作时间制度

"信任工作时间制度"在职场中较为常见——雇员可以自行决定在什么时候工作以及工作时长。雇佣双方在劳动合同中协商确定该制度，雇员必须在特定时间内完成约定的工作量，例如如期完成项目大纲或施工计划。这样一来，**工作不再受工作时间的制约，而取决于要实现的目标**。

《工作时间法》此时同样适用。[2]通过《工作时间法》之前，德国的传统观念是：可自行决定工作时段安排以及工作时长的雇员不受法律保护。但这一观点并没被纳入法律。[3]德国联邦劳动法院认为：雇主必须做好**安排，以便企业职工委员会随时监督**企业是否遵守了关于工作时间的集体合同和《工作时间法》。[4]此外，根据《工作时间法》第16条第2款的规定，雇主必须对雇员超出8小时的工作时间进行详细记录。该条款也适用于移动式工作及数字化工作。由于雇主此时的信息来源主要依据雇员的记录，因此如不想因疏忽违法面临罚款风险，就必须对雇员上报的工作时间进行详细核对。[5]此外，无论劳动合同如何规定，雇主需充分了解所有雇员每天实际的工作起止时间：唯有如此，企业职工委员会才能根据工作时间记录监督雇主是否遵循集体合同规定的工作时间，同时确保雇员工作时间不超过《工作时间法》规定的每周48小时，切实维护雇员享有《工作时间法》第5条规定的不间断的11小时休息时间的权利。[6]

2. 标准工作时间之外的工作

如果不是约定了信任工作时间制度，而是约定了正常工作时间制度，会出现以下问题：雇员在正常工作时间之外做事能否被认定为《**工作时间法**》中所指的"**工作**"。雇员完成**雇主**下达的指令或"建议"的行为理应视为工作。[7]同样，为完成雇主**期待**而干活到半夜，也属于"工作"。对以下问题则颇有争议：**雇员自行决定**加班到半夜或是周末加班，是否应计入工作时间。即便自行决定，这一做法仍构成利他行为（fremdnützige Tätigkeit），通常也

---

[1] Schulze/Hofer, AiB 7-8/2016 S. 29.
[2] 亦可参见 Kramer – Kramer, Teil B Rn. 865。
[3] 参见 Krause, 71. DJT, B 34。
[4] BAG, 6.5.2003 – 1 ABR 13/02 – NZA 2003, 1348.
[5] 也有人认为应该废除未尽记录义务的罚则，参见 Moderne Arbeitswelt, S. 10。
[6] BAG, 6.5.2003 – 1 ABR 13/02 – NZA 2003, 1348. 亦可参见 Sassenberg/Faber – Neighbour, Teil 2 G Rn. 54f.；Wiebauer, NZA 2016, 1430, 1433。
[7] Kramer – Kramer, Teil B Rn. 877 认为，雇员容许根据雇主指令开展活动即可视为工作。

被雇主接受,"准许"视为雇员在履行合同。[1]上述认定如不成立,雇员的部分工作随时可被归入"休闲行为",尽管事实上在休息时间工作并不比正常工作轻松。[2]不过,雇员在休息时间出于好意给领导或同事帮忙,或出于好奇而主动查看邮件了解某些进展,不算是工作。[3]同理,雇主明令禁止雇员在下班后或休息时间内工作,[4]给雇员规定的工作量在正常时间内也能完成,[5]则雇员在休息时间内主动工作也不会被认定为工作,但这种情况十分罕见。

6　3. 加班工资

德国联邦劳动法院关于加班工资的司法实践也有利于间接避免工作时间无限延长,也让个体雇员可预见未来会面临什么情况。即便劳动合同中存在条款规定了税前工资包含加班工资,但这**不适用于超出《工作时间法》许可的时间**,[6]雇主必须另行支付雇员加班工资。《工作时间法》立法目的在于避免雇员过度劳累,但并不排除雇员对加班工资的请求权。[7]侵权行为的法律后果由禁止之目的(Verbotszweck)而决定,联邦劳动法院的这一观
7　点值得肯定。

根据联邦劳动法院后来作出的司法判决,如无法明确所需的额外工作时长,则**不可继续对其实施全包工资(Pauschalierung)**(月工资总额包含该月的加班报酬),因为这违反了德国《民法典》第 307 条第 1 款第 2 句主张的透明原则。[8]该劳动合同条款无效,应适用《民法典》第 612 条第 1 款规定:"按情形,仅支付报酬始得期待劳务之给付者,需给予其约定报酬。"然而,一名收入高于社会平均水平的律师为了当上律所合伙人而拼命工作,即便希望最后落空,仍不存在**报酬期望(Vergütungserwartung)**。[9]同样的,若雇员的薪酬收入高于社会养老保险缴费基数上限,一般也不存在报酬期望。[10]这一司法理解的影响十分重大,基本免除了雇主向高管人员支付额外报酬的义务。合同中全包工资的条款失效不会对高管人员带来任何经济后果。即便不得不接受联邦劳动法院的上述司法观点,在许多情况下,**超出协定**工作时间导致的加班报酬支付义务还是会给雇主带来**巨大的**财务压力。

---

〔1〕参见 Krause, NZA 2016, 1004, 1005; Wiebauer, NZA 2016, 1430, 1433; 关于雇主的"容许"可参见 Sassenberg/Faber – Neighbour, Teil 2 G, Rn. 44 ab。或参见 Kramer – Kramer, Teil B Rn. 873:该作者错误地认为,在法律层面上雇员在休息时间无法展开工作。若该假设正确,则雇员依雇主指令完成的活动也不会被认定为工作。

〔2〕Karthaus, AuR 2017, 154.

〔3〕亦可见 Krause, 71. DJT, B 36; Kramer – Kramer, Teil B Rn. 879; 相似观点见 Freyler, NZA 2017, 1297。

〔4〕Jacobs, NZA 2016, 733, 735.

〔5〕如不满足该前提,则与在休息时间不工作这一指令矛盾,指令无效。

〔6〕BAG, 28. 9. 2005 – 5 AZR 52/05 – NZA 2006, 149.

〔7〕BAG, 28. 9. 2005 – 5 AZR 52/05 – NZA 2006, 149 OS 2.

〔8〕BAG, 1. 9. 2010 – 5 AZR 517/09 – NZA 2011, 575.

〔9〕BAG, 17. 8. 2011 – 5 AZR 406/10 – NZA 2011, 1335.

〔10〕BAG, 22. 2. 2012 – 5 AZR 765/10 – NZA 2012, 861. "社会养老保险缴费基数上限"是指雇员缴纳社会养老保险费基数的最高标准。例如,2016 年社会养老保险最高缴费基数为每月 6200 欧元。这项规定在当下有利于高收入人群,可以让他们少缴费,但也同样意味着他们未来也只能依据所交金额领取相应额度的养老金。

4. 可联络状态（Erreichbarkeit）属于呼叫待命状态还是随时待命状态

尚不明确如何从《工作时间法》角度界定随时可联络状态。在德国传统观念中，雇员在企业或者是在企业附近的区域**随时待命**，收到命令后能够立即投入工作，就处在随时待命状态（属于《工作时间法》规定的工作时间）。[1] **呼叫待命状态**（不属于《工作时间法》规定的工作时间）是指，雇员只须保证能保持联系畅通（通常是电话畅通），一般可自行选择待命地点，并在收到命令后适当时间内投入工作。[2]

如雇主要求雇员接到命令后在很短时间内展开工作，例如 20 分钟内到场，雇员基本无法自由选择待命地点。根据司法实践，这类状况应属于随时待命状态而非呼叫待命状态。[3] 相反，若雇员接到命令后**有 45 分钟**的准备时间，则视为呼叫待命状态。[4] 如果雇主只"期望"能联系到雇员且雇员接到指令后解决任务，而该"期望"在企业中通常被遵行的话，即等同于雇主和雇员之间已就可联络状态达成明确协议。[5] 司法实践对**"轮班计划"**也同理处置，如果雇员可以拒绝某次具体的班次安排，但现实中一般不会拒绝，那么应当认为轮班安排等同于具有一定义务性的指令。[6]

如雇员可完全自由选择待命地点，同时又必须保证联系畅通并能在接到命令后**立即开展工作**，便会产生一些难题。这种状况真实地存在于互联网相关的工作中。传统观念上关于随时待命状态和呼叫待命状态的区别在于雇员是否被限定在固定地点待命，这一区分在此并不适用。[7] 除非存在明确的集体合同，否则必须探究区分目的：接到指示后被期望必须立即着手工作的人要比那些等一个小时也无妨的人压力大。前者属于随时待命状态，后者则属于呼叫待命状态。[8]

某一具体案例中如认定情况属于前者（电话传达指令往往没有精确的时间规定，实际中很难认定为前者），会使得工作时间大幅延长。一般来说，以周 40 小时工作计，雇员**随时待命状态**不应超过平均每周 **8 小时**，除非依照《工作时间法》第 7 条通过集体合同协商延长这一时间。因此，**估计**司法实践会将一般的可联络状态认定为**呼叫待命状态**，以避免企业陷入严重困境。

雇主在具体案例中如明确强调雇员必须立即开始工作，则认定为随时待命状态，然而这构成例外。一旦可证实存在明确要求，企业职工委员会便可坚持执行《工作时间法》。而通常的呼叫待命状态应该受到怎样的时间限制，《工作时间法》并未提及。[9]

---

〔1〕 Buschmann/Ulber, ArbZG, 8. Aufl. 2015, § 2 Rn. 17.

〔2〕 Anzinger/Koberski, ArbZG, § 2 Rn. 53.

〔3〕 BAG, 31. 1. 2002 – 6 AZR 214/00 – ZTR 2002, 432 = NZA 2002, 871.

〔4〕 BAG, 22. 1. 2004 – 6 AZR 544/02 – ZTR 2005, 27.

〔5〕 这与 Bissels/Domke/Wisskirchen, DB 2010, 2052 观点相反，他们认为这既不是随时待命状态也不是呼叫待命状态。与本书此处相似观点可见 Kramer – Kramer, Tel B Rn. 881，但其未对"期望"做出具体描述。还可见 Jacobs, NZA 2016, 733, 735; Krause, NZA 2016, 1004, 1005; Schuchart, AuR 2017, 342.

〔6〕 BAG, 30. 11. 1994 – 5 AZR 704/03, NZA 1995, 622, 624.

〔7〕 如雇员必须留在家中办公，情形则不同，属于随时待命状态。可参见 Kramer – Kramer, Teil B Rn. 884.

〔8〕 另可参见 Krause, 71. DJT B 38; Kramer – Kramer, Teil B Rn. 882.

〔9〕 参见本章边码 12.

德国联邦劳动法院援引原来的《联邦职员集体合同》（BAT）*第 15 条第 6b 款规定：呼叫待命状态是指雇员在休闲时间随身携带"无线电话"并且接到电话后必须采取措施。[1]但是，有些电话会促使雇员立刻开展活动（在判例中也的确立即开展了），联邦劳动法院却未考究这一情节是否应该算入随时待命状态。**这一问题至今未有定论。**

5. 无限制的呼叫待命状态？

德国《工作时间法》未提及呼叫待命状态，因而呼叫待命状态没有明确的时间上限。尽管如此，容许雇主让雇员在全部休闲时间内待命，显然会招致异议。雇主可以随时呼叫雇员并要求其间隔一定时间后必须展开工作，这会给雇员造成巨大的负担，雇员"关机下线"及其休闲效果都会因此而大打折扣或不复存在。[2]因此，**联邦劳动法院合理地将呼叫待命状态是否计入工作时间**、其时长和时段等事宜**划入《企业组织法》第 87 条第 1 款第 2 项规定的共同决定权范围内**。[3]由此顾了雇员（相对）自由地规划个人生活的权益。[4]企业职工委员会由此可强制要求雇员一天中的**特定时段**或周末**不用保持"可联络状态"**。[5]

如该情形并未实现或企业没有职工委员会，便会产生以下问题：**针对呼叫待命状态是否存在不成文的限制？**该问题长期以来似乎鲜有讨论。不过，处置其他不存在法律明文规定的情况中发展出了两项原则，在此可以加以沿用。

第一，判例法发展出的这项基本原则对某些情况极为重要，即"待命"工作状态**不得超过规定工作时间的四分之一**。[6]如规定的工作时间为 36 小时，则额外的呼叫待命状态理应不得超过 8 小时。

第二，德国《工作时间法》的相关规定不适用时，则应适用**一般性的限制（allgemeine Grenzen）**。这便涉及依据《工作时间法》第 18 条第 1 款第 1 项而被该法排除在外的**企业高管**。然而，德国《民法典》第 618 条适用于包括这些高管在内的所有雇员；一旦违反该法律规定，雇主负有损害赔偿义务。[7]《劳动保护法》也同样适用，该法律和德国《民法典》第 618 条均都**不允许工作时间有害雇员健康**。无限时的呼叫待命状态何时开始危害健康，无法进行抽象的规定。实际呼叫及引发后续工作的情况应当构成重要的判断标准。如鉴于以往经验，雇员一年中被呼叫后展开工作的情况每月只发生一次，比起每三个"单位工作时间"后发生一次，法律接受和许可的呼叫待命状态时长在前者中应长得多。是否会半夜三更"打扰"雇员，还是 22：00 后不再拨打雇员电话，也有区别。

---

* BAT 是德语 Bundesangestelltentarifvertrag 的缩写，指《联邦职员集体合同》（适用于公共服务机构的员工）。

[1] BAG, 29.6.2000 – 6 AZR 900/98 – DB 2001, 102.

[2] Kohte, NZA 2015, 1417, 1423 或 Krause, 71. DJT B 38。

[3] BAG, 21.12.1982 – 1 ABR 14/81, AP Nr.9 zu § 87 BetrVG 1972 Arbeitszeit; BAG, 23.1.2001 – 1 ABR 36/00, DB 2001, 1371 = PersR 2001, 350（针对人事委员会）。

[4] DKKW – Klebe, § 87 Rn 81.

[5] 这符合法国通过的新规定，即"雇员下班后有权切断网络"。可参见 Durlach/Renaud, AuR 2017, 196，但这一举措只能通过集体谈判实现。

[6] BAG, 7.12.2005 – 5 AZR 535/04, NZA 2006, 423.

[7] 详见 BAG, 13.3.1967 – 2 AZR 133/66, AP Nr.15 zu § 618 BGB; BAG, 27.2.1970 – 1 AZR 258/69, AP Nr.16 zu § 618 BGB。注：德国《民法典》第 618 条规定雇主有义务使雇员免受健康危害。

6. 中断《工作时间法》第 5 条规定的休息时间

接听工作电话以及迅速回复工作电子邮件都属于"工作",这便引发了"新"问题。据《工作时间法》第 5 条,雇员完成该工作后,要重新开始计算应有的 11 小时休息时间。然而有的法律文献认为,**"轻微"中断了休闲时间**或是**"工作微不足道"**,[1][2] 上述规定便不适用,但实际上并不存在将此情况视为特例的法律依据。[3] 也不存在任何法律依据表明仅仅不允许那些显然有损雇员休息的工作——且不说该看法还会引发如何界定"轻微"的问题。[4][5] 在这一点上,立法机关应规定《工作时间法》第 5 条的特例,同时也需界定何为"轻微"。

因工作需要将 11 小时的休息推迟到第二天上午,从而**推迟上班**,会引发问题:雇主是否还需**支付不工作时间的报酬**?应支付的法律依据是德国《民法典》第 615 条第 3 句:于雇主承担停工风险之情形,准用受领迟延时之报酬。因此可说,雇员因工作需要不得不在原定休息时间里开展工作,是雇主自己造成了雇员推迟上班。[6] 正如停电雇主也需支付雇员工资,此处也不例外。德国联邦劳动法院依据以往的法律规定曾做出以下司法审判:虽然工作中断,但只要雇员每周实际总工作时间不少于每周规定的工作时间,在雇员至少已获得相应报酬的情况下,雇主无权拒绝支付雇员不工作时间的报酬。[7] 德国《民法典》第 615 条第 3 句于 2002 年 1 月 1 日生效后,该观点已经过时。如雇员因推迟上班而欠缺的工作时间长于本应休息而工作了的时间,联邦劳动法院仍判决雇主有义务支付全额薪资,尽管实际工作时间未达到约定的工作时长。[8]

三、工作时间所处时段

1. 企业规定

根据《企业组织法》第 87 条第 1 款第 2 项,企业职工委员会可**共同决定**工作的起止时间及在一天中所处的时段。法律上使用了宽泛的"工作时间"概念。该概念**也包括了呼叫待命状态**,[9] 这与上文提及的《工作时间法》有区别。企业职工委员会有权要求某些特定

---

〔1〕 Baeck/Deutsch, ArbZG, 3. Aufl. 2014, § 5 Rn 14;亦可参见 Bissels/Domke/Wisskirchen, DB 2010, 2052, 2054, Jacobs, NZA 2016, 733, 737; Kramer – Kramer, Teil B Rn. 869:此处是轻微而不是严重中断。

〔2〕 Anzinger/Koberski, § 5 Rn. 13.

〔3〕 Buschmann, PersR 2011, 249; Buschmann/Ulber, § 5 Rn. 8; Falder, NZA 2010, 1152; Hahn/Pfeiffer – Schubert – Jerchel, § 5 Rn. 15; Kittner/Zwanziger/Deinert/Heuschmid – Heuschmid, § 28 Rn. 121; Kohte/Faber/Feldhoff – Reim, § 5 ArbZG Rn. 12; Schuchart, AuR 2017, 342; ErfK – Wank, § 5 ArbZG Rn. 4; Wiebauer, NZA 2016, 1430, 1433; Zmarzlik, BB 1993, 2009, 2011.

〔4〕 详见 Baeck/Deutsch, § 5 Rn. 14。

〔5〕 详见 Kohte/Faber/Feldhoff – Reim, § 5 ArbZG Rn. 12。亦见 Krause, NZA 2016, 1004, 1005。

〔6〕 Buschmann/Ulber, § 5 Rn. 8; HK – ArbR – Ernst/Bartl, § 5 ArbZG Rn. 8; HK – ArbSchR – Reim, § 5 ArbZG Rn. 12; Linnenkohl, BB 1982, 2053, 2054; Gitter, ZfA 1983, 375, 386. AR – Krauss, § 5 ArbZG Rn. 1 持不同意见,认为此时应由雇员承担经济上的损失。

〔7〕 BAG, 5. 7. 1976 – 5 AZR 264/75, AP Nr. 10 zu § 12 AZO.

〔8〕 亦可见 Freyler, NZA 2017, 1296, 1299。

〔9〕 BAG, 21. 12. 1982 – 1 ABR 14/81 – AP Nr. 9 zu § 87 BetrVG 1972 Arbeitszeit; DKKW – Klebe, § 87 Rn. 103; Fitting, BetrVG, 27. Aufl. 2014, § 87 Rn. 127; Richardi – Richardi, BetrVG, 14. Aufl. 2014, § 87 Rn. 303.

18　　时段不允许呼叫待命状态发生，或提前限制每周仅特定时段可要求"呼叫待命"。随时待命状态更必须经过共决。企业职工委员会的决定若与雇主意见不一，则交由劳资协调处决定。

　　许多企业都有关于工作时间的企业协议，雇员须在特定的**"弹性工作时间框架"**内工作，例如从7:00到20:00。要是雇主在晚上9点给某名雇员打电话，要他准备好第二天开会要用的资料，雇员需要两个小时才能做完，这种情况怎么办？倘若企业协议中未覆盖这一工作时间，应由企业职工委员会行使共决权；未经企业职工委员会认可，禁止安排雇员**在弹性工作时间框架之外**工作。假如雇主反其道行之，企业职工委员会可向劳动法院请求**临时禁令**，禁止雇主如此主动安排或接受雇员的劳动给付。[1]这也是贯彻落实企业协议的义务。[2]只有取得企业职工委员会的同意，或劳资协调处代替其同意，再或紧急情况发生，才允许有例外。**柏林劳动法院（ArbG Berlin）**的一项司法审判值得注意，在该判例中雇员完全通过手机工作。

19　　2. 关闭设备？

　　大众汽车公司2011年8月起实行的一项规定引起社会广泛关注。规定如下：工作日晚上6:15至早上7:00和周末，**公司服务器不可访问**；办公用的黑莓手机和智能手机也只可用于打电话。从而约4000名被集体合同覆盖的雇员在这些时段内无法发送电子邮件，也无法在线工作。[3]大众公司的这一规定平衡了工作与生活，现已被广泛接受；不过这一规定也招致批评：总会发生某段时间的工作量非常大的情况，雇员此时可能并不想在下午6:15结束工作；非要强制其下班只会增加第二天的工作压力。[4]因此，其他公司则采取了不同的方式：交由**团队来协商**规定何时不可联系雇员，以及要求上司承担义务，保护雇员不至过劳。[5]

20　　3.《工作时间法》的限定

　　需要补充的是《工作时间法》也提及了工作时段。该法原则上并未禁止夜班，但安排夜班必须满足特定前提。相反，《工作时间法》第9条原则上禁止雇员**周日工作**。虽然对此存在许多例外，《工作时间法》第10条也将这些例外一一列明，但其中并不包括"用计算机工作"或"用智能手机工作"。[6]实践中该规定常被忽视。雇员每年平均有将近六周的年休假，每周、每月和每年的工作时段会受年休假的影响。

21　　**四、年休假期间免于工作**

　　"年休假"是指完全不处理工作，雇员自行支配时间并自由地做最符合自己需求的事

---

〔1〕 ArbG, Berlin, Beschluss v. 22.3.2012 – 54 BV 7072/11. 相关深入探讨可见 Baunack, AiB 2012, 500ff. 。

〔2〕 柏林劳动法院甚至主要以此而立论，见 Baunack, AiB 2012, 500。

〔3〕 详情可见 Giese, AiB 9/2014, 64。

〔4〕 类似观点见 Vogl/Nies, Mobile Arbeit, S. 160；另见 Boewe/Schulten, Mitbestimmung, Heft 4/2014, 该处援引 Nies 及 Schulze/Hofer, AiB 7 – 8/2016 S. 29。批评观点可见 Klebe, NZA Beilage 3/2017 S. 77, 81。

〔5〕 Giese, AiB 9/2014, 65. 更支持大众模式的观点可见 Schwemmle/Wedde, S. 94。

〔6〕 有关雇员在夜间或周末工作的补偿费用问题，可见 Freyler, NZA 2017, 1296, 1299（限制性）。

情。[1]约定年休假期间的**呼叫待命状态协议与此抵触**；雇主期望"随时"可联络到雇员、要雇员在休假期间不时做这做那，都不符合法律意义上规定的"年休假"。雇员对休假的请求权未被满足，仍可要求休年假。[2]雇主如保留将休年假期间的雇员召回工作的权利，也同样视为雇员未休假。[3]雇员若不得不中断休假返回工作——即便时间很短——就无法自行支配时间，也无法通过休假恢复活力。

虽存在以上的法规，雇主如未作特殊约定，仍联络年休假中的雇员**商谈工作**，则须具体区分情况——10分钟之内的**简短电话**，例如只是询问某些数据或文件的下落，则不会产生任何法律后果。雇员若想避开，可以关闭手机、不接显示公司号码的电话，或者对关乎工作的电子邮件不予理会。雇主**电话联系雇员时间较长**，或是要其参加**电话会议**，或要求雇员对某一问题做出书面陈述，则当天不计入年休假内，因为此时雇员无法通过休假恢复活力。该情况和生病类似，德国《联邦年休假法》第9条明确规定生病期间不计入年休假时间。[4]年休假被打断的情况连续发生两次以上，剩余的天数也不再计入年休假。[5]即便雇员继续留在度假地，为弥补"被打扰"的原定休假，雇主仍必须给予雇员剩余的年休假天数或补假。然而雇员不能将这一补休天数添至本次休假中；如不存在其他约定，雇员必须在预计的时间点返回劳动岗位。[6]企业日后将余下的年假天数补还给雇员。

如雇主在雇员临近假期前给他安排了一项复杂**任务**，同时要求雇员**在假期结束后立即完成**，也不算雇主给予了雇员年休假。这是因为，雇主的该行为自相矛盾，因此其给予年休假的意思表示不具法律效力，[7]雇员的休假权仍保留。在这种情况下雇员只有**牺牲部分假期**才能完成工作，雇员这样一来肯定无法修养身心，所以雇主的该项指令违法并且无效。[8]

五、《工作时间法》遭遇执法难

如企业存在明显违反《工作时间法》的行为，企业职工委员会可根据《企业组织法》第89条第1款第2句请**主管机关**出面监管协调。但法律并没有明确规定企业职工委员会此时是否可以将雇员的个人数据转交给主管机关。只有当职工委员会或主管机关拥有了解相关数据信息的正当利益，且与有关雇员受保护的利益并不冲突的情况下，德国联邦劳动法院才认可这一做法。[9]也有人指出，以上对数据保护的顾虑在现行欧洲法律层面上已经过时。**欧洲法院（EuGH）批准了**监管机构可为监督企业遵守工作时间的法规而要求企业上

---

[1] 关于休假目的，可见 Däubler, Arbeitsrecht 2, Rn. 293ff.；Kittner/Zwanziger/Deinert/Heuschmid – Litzig § 50 Rn. 25ff.。

[2] BAG, 20.6.2000 – 9 AZR 405/99, NZA 2001, 100 Tz. 28.；Kramer – Kramer, Teil B Rn 896.

[3] BAG, 14.3.2006 – 9 AZR 11/05, AP Nr. 32 zu § 7 BUrlG；亦见 Kramer – Kramer, Teil B Rn. 889。

[4] 关于此问题请参见 Buschmann, PersR 2013, 247, 250；Gaul, DB 2013, 60, 62；Krause, 71. DJT, B57。亦可参见 Kramer – Kramer, Teil B Rn. 898。

[5] 亦可见 Krause, NZA 2017, 1004, 1006。

[6] LAG Baden – Württemberg, 9.5.1974 – 6 Sa 137/73, BB 1974, 1300.

[7] 详见 Däubler, BGB kompakt, 3. Aufl., München 2008, Kap. 8 Rn. 49。

[8] 基本持相同观点的有 Krause, 71. DJT, B 56；Kramer – Kramer, Teil B Rn. 893。

[9] BAG, 3.6.2003 – 1 ABR 19/02 – AuR 2003, 265.

交雇员个人数据。[1]主管机关即可援引此点，确保企业遵循《工作时间法》。然而主管机关仍无法根据德国法监督企业遵行集体合同。

企业职工委员会一般**不太可能真的采取上述途径**，而致使雇主被处以罚金。尽管德国对委员会成员规定了全面的解雇保护制度，[2]可企业职工委员会通常并不想与雇主正面激烈对抗——也很难判断同事是否会将这种做法视为"**拆自己人的台**"。此外，委员会很多时候至少会感觉，依靠**雇主的善意更好办事**：比如人事领导同意后，狂欢节和圣诞节期间的工作时间便可宽松；对《企业组织法》第 37 条第 6 款规定的委员参加培训，雇主不会特别严格地审查是否满足了法定前提。好处这么多，企业职工委员会还非要不惜一切维护 11 小时的休息时间吗？

援引《工作时间法》的相关规定或行使《企业组织法》规定的共同决定权有助于解决具体案例，但这也需**个体雇员**拒绝接受那些违反《工作时间法》的工作任务。现实情况中这样做很难，单个雇员比职工委员会更**不愿对抗雇主**。也有很多雇员对工作的认同感极强，干起活来"不看表"。[3]举例来说：晚间接打工作电话的现象绝非罕见，可据本书作者所知，针对该现象仅存在一个柏林劳动法院的判例，而且从未在法律文献上全文发表。[4]由此可知，绕开企业职工委员会让雇员在晚间工作，雇主**通常无须**承担法律后果。并且，目前尚无案例涉及雇员援引《工作时间法》第 5 条规定维护自身休息，直到第二天 10：30 才上班。企业职工委员会也会说："活儿总得干呐。"

雇员同样不大可能有效运用对其非常有利的《联邦年休假法》。尽管身处度假地却还接听了两个冗长的工作电话，雇员依然不会去人事部门要求增加两天假期来弥补中断的休息时间。非**特殊情况**更不会起诉。除非他已经打算离职，完全不用顾忌公司对起诉的反应。法律与"法律现实"之间发生如此的矛盾，却并不造成实质后果。

六、进一步提高《工作时间法》的灵活性？

1. 雇主方的建议

上述情况明确显示，无论德国《工作时间法》、《联邦年休假法》的相关法条，还是集体协议和劳动合同中针对工作时间的相关规定都未在实践中充分落实。因此雇主方建议**放宽《工作时间法》的限定**：[5]未来不应继续维持每日 8 小时工作制（有时亦可延至 10 小

---

[1] EuGH, 30. 5. 2013 – C – 342/12 – NZA 2013, 723；同见 DKKW – Buschmann, § 89 Rn. 25。

[2] 参见［德］沃尔夫冈·多伊普勒著，王倩译：《德国劳动法》，上海人民出版社 2016 年版，边码 237。

[3] 参见 Karthaus, AuR 2017, 154："虽然工作客观上是为别人提供工作业绩，但雇主观上常感到是为了自己，他们自己想要推动项目进展。"

[4] 无法在法律期刊中找到相应内容；Baunack, AiB 2012, 500ff. 的文章是迄今文献中评论此案的。

[5] BDA（德国雇主联合会），《把握数字化的机遇——经济和工作的数字化转型》，发布于 2015 年 5 月，链接：https://www.arbeitgeber.de/www/arbeitgeber.nsf/res/6308287022D75F36C1257FA2005707DD/ $ file/BDA_Chancen_Digitalisierung.pdf（最后访问时间：2017 年 10 月 3 日）；BDA，《工作 4.0——把握机遇，迎接挑战：对德国联邦劳动和社会事务部绿皮书的观点》，发布于 2015 年 11 月，链接：https://www.arbeitgeber.de/www/arbeitgeber.nsf/res/7ED1A4C415AF387DC1257FA200573BC0/ $ file/Stn_BDA_Gruenbuch_Arbeiten40.pdf（最后访问时间：2017 年 10 月 3 日）。

时），而转换成**每周 48 小时工作制**。雇主方认为这样不增加工作负担，还可以解决雇员某些天工作量过大的问题。[1]雇主方也认为应**灵活处置**《工作时间法》第 5 条规定的连续 **11 小时休息制**：有时，雇员因为照顾孩子需要提前下班，但晚上 9 点会接着工作，从而弥补因早退而未完成的进度。此外，还需考虑跨时区导致雇员不得不清晨或深夜与对方联络，11 小时休息制会使这一情况非常难办。

8 小时工作制是一项**历史性成就**，更改或废除定会遭遇巨大阻力。即便不考虑这一点，现行的 8 小时工作制其实已可"灵活计算"——雇员一天的工作时间可延长至 10 小时，只要在其他工作日将时间补还给雇员，六个月内周工作时间最高不超过 48 小时即可。如继续提高工作时间的灵活性，8 小时工作制会变得**有名无实**。对待法律规范尚且如此马虎，又怎知实践中更基础的层次上不会越发敷衍了事——休息时间若可缩减至 9 或 10 个小时，可能也会被肆意变动：例如要求雇员在晚上 11 点和美国合作伙伴通话，清晨 5 点和东亚的商业合作伙伴通电话等等。在许多**企业**里，现行**工作时间制度**可充分**发挥效用**，也不与经营需求产生冲突。如还要提高灵活性，只会减少对雇员的保护。此外，并无可靠数据证明实践中完全遵守《工作时间法》会妨碍有效工作。[2]雇主应当明白，减少《工作时间法》对雇员的保护可能换来一场"皮洛士式"的惨胜。*工作负担加重会对雇员的健康产生影响，因之引发在**《劳动保护法》**框架内重新进行风险分析判断，并根据判断结果再次整改。[3]

2. 德国联邦劳动和社会事务部白皮书

联邦劳动和社会事务部（BMAS）白皮书明确**拒绝全面放开《工作时间法》的法律管制**并**驳回废除 8 小时工作制的请求**；[4]认为这两项请求都不符合劳动保护的目标，也有违雇员时间自主性。[5]但联邦劳动和社会事务部表明可以考虑制定**《工作时间自主决定法》**，允许某些条件下就 8 小时工作制和 11 小时休息制进行**"灵活协商"**。该法应首先试行两年，从而积累经验。[6]其中一个必要前提是：通过制定集体合同，放开对工作时间的限制，且基于集体合同制定的企业协议对**"自主决定工作时间概念"**加以界定，至少还应有对"关于记录工作时间"及对风险评估的明确规定。[7]此外需提前征得雇员个人的同意。该法律实施两年后对企业内部的反馈结果进行评估，并将实践经验纳入可能颁布的长期法规中。

目前对该提案的**反应较为平淡**。有文献指出，根据欧盟**第 2003/88/EG 工作时间指令**，

---

〔1〕 德国联邦企业劳动法律师协会（Bundesverband der Arbeitsrechtler in Unternehmen，简称"BVAU"）的观点则略有不同，可见 Jacobs, NZA 2016, 733, 736。

〔2〕 反对观点可见 Krause, 71. DJT, B 41ff. 及 Wiebauer, NZA 2016, 1430, 1434。

* "皮洛士式胜利"是一句西方谚语，是指代价高昂的胜利、惨胜。——译注

〔3〕 Wiebauer, NZA 2016, 1430, 1435. 批评观点见 Klebe, NZA Beilage 3/2017 S. 77, 81；对雇主这一举措的相关质疑可见 Sassenberg/Faber – Neighbour, Teil 2 G Rn. 47。

〔4〕 德国联邦劳动和社会事务部，《工业 4.0》白皮书，2017 年发布于柏林，链接：https://www.bmas.de/SharedDocs/Downloads/DE/PDF – Publikationen/a883 – weissbuch.pdf?__blob = publicationFile&v = 9（最后访问时间：2017 年 10 月 3 日）。

〔5〕 德国联邦劳动和社会事务部，《工业 4.0》白皮书，第 124 页。

〔6〕 德国联邦劳动和社会事务部，《工业 4.0》白皮书，第 124 页。

〔7〕 德国联邦劳动和社会事务部，《工业 4.0》白皮书，第 125 页。

11 小时休息制的进一步灵活化受制于某些难以实现的具体条件。[1]另一方面也有人强调联邦劳动和社会事务部对该问题应采取谨慎态度。[2]因当前**工会处于弱势，常常无法**与雇主**平等**协商，如开启通过集体合同偏离法律框架的可能，会导致谈判中雇主单方受益。这会引起雇员的不满，打击他们的工作热情。只有每个参与者都认同自己的工作，经济的数字化转型才能成功。绝不可损害参与各方对数字化转型的积极性。由此可知，白皮书无法解决这些问题。

七、前景：让更多人分担工作

32

许多雇员在企业里时刻不停，在途中或在家里也接着工作，[3]这让人不得不猜测：雇员在既定工作时间内常无法完成分配的工作量。为提高或保持公司的国际竞争力，雇主方采取紧缩的人事政策。那减轻雇员工作压力是否可以从重新分配工作、改善工作流程和招聘新雇员入手？对此存在法律手段，但它们很少得到使用。下文将谈到两起司法审判，它们和上文中柏林劳动法院的判例一样，不甚为人所知。

33

1. 实践经验

斯图加特劳动法院审理了一桩案件，当事方是一家拥有约 900 名雇员的机械制造公司。[4]该公司存在针对"工作时间账户"的企业协议。*如工作时间账户总是存在"盈余"内，且一个小组中有人离职，企业职工委员会可以要求补聘一名雇员。如小组的平均工作时间账户的盈余（详述见附录）超过 270 小时或工作时间的年增加额超过 150 小时，**企业职工委员会可以要求招聘新雇员**，招聘雇员数量由相关公式计算得出。该企业协议通过谈判达成，劳资协调处虽未参与，但对其有效性不存在异议。法庭争论只针对一个问题：若某位签订无固定期限劳动合同的雇员离职，企业职工委员会是否可要求聘用的新人同样签订无固定期限劳动合同？斯图加特劳动法院驳回了该要求——该公司的企业协议允许雇佣固定期限劳动合同的雇员以及劳务派遣员工。相较于后续问题，此处更应注意的是其基本思想：通过维持或增加人员数量来调节工作量，从而确保个体雇员不至不堪重负。

34

该做法的目的与**量化配制岗位人员的原则**相符，该原则 20 世纪初源于**印刷行业**——特定型号印刷机至少要配一定数量的操作员，避免个人的工作负担过重。[5]该原则是否适用其他领域？譬如规定一名酒店清洁工在 4 小时内需清扫多少房间，或运送 1000 个包裹需要多少个快递员。但雇主不希望被"越俎代庖"，坚决反对这种配置人员的方式。只有力量强大的工会类组织才有可能迫使雇主达成妥协，但如此强大的组织相当罕见。**柏林夏丽特医**

---

[1] Karthaus, AuR 2017, 154ff.

[2] Hanau, RdA 2017, 213, 216.

[3] 可参见调查结果报告，见 Krause, 71. DJT B 28ff.。

[4] Beschluss v. 13. 1. 2009 – 3 BV 131/08（该司法审判未对外公布）。

* 在德国工作时间账户非常普遍。如雇员个人的工作时间超过了合同约定的时间，将记入他的"账户"。工作量减少时，此人可要求消耗账户上累积的工作时间盈余，即可要求休一天甚至几天。年底雇主应对超过一定数量（例如 20 小时）的工作时间盈余付给雇员报酬，不过也可另行约定。

[5] 参见 Däubler-Heuschmid/Klein, TVG, § 1 Rn. 855ff.。

院（**Berliner Charité**，欧洲最大的医院）做到了这点，它的岗位分配规则是：重症监护病房里一名护士负责两张病床；正常病房则为五到七张病床配备一名看护人员。柏林－勃兰登堡州劳动法院已明确宣布许可**为实现这类目标而展开罢工**。[1]基尔劳动法院近期也认定一项劳资协调处的决议有效，该决议出于劳动保护方面的考虑，明确规定了护工的最低人员配置。[2]

第二个案件事关企业监督局（Gewerbeaufsicht）的干预，[3]由**巴伐利亚行政法院**审理。Burda 出版社旗下 BUNTE 杂志编辑部*的编辑每天工作远远不止 8 小时。**企业监督局**勒令出版社必须遵守 8 小时工作制，还对出版社的违法行为处以罚款。但出版社则援引媒体自由来进行反驳，宣称无法找到足够的认同该杂志方针的编辑。慕尼黑行政法院及巴伐利亚行政法院都驳回了出版社的辩诉，认为媒体企业同样不能违背《工作时间法》。如作为雇主的出版社想让企业继续以现有规模运营，就必须**增加人手**。虽然本判决主旨为要求企业遵守工作时间，并未指出应采取哪些具体方法；但由于不可能考虑"限制企业运营"，招聘新雇员便理所应当。[4]

2. 企业职工委员会依据《企业组织法》第 99 条*行使法律手段

除上述手段外，企业职工委员会是否还有其他发挥影响的方法？我们不妨看看《劳动合同法》，该法规定了雇主和企业职工委员会的合作。

根据德国《民法典》第 611a 条，雇主需在个人能力范围内履行工作义务。[5]能力超过平均水平的雇员理应做出平均水平以上的贡献。但能力低于平均水平的雇员，力所能及地工作，也不违反该项义务。[6]司法要求雇员"恰当运用个人能力"，[7]**不能牺牲雇员身体健康**。[8]德国《民法典》第 618 条也对此作出了明确规定，它对行使《企业组织法》第 99 条规定的权利十分重要。

企业职工委员会是否可以影响这些问题：**哪些岗位需要招聘新人或需要调整人员配置？**根据现行法律，这两种情况都适用《**企业组织法**》**第 99 条**，企业职工委员会可根据该法条第 2 款第 1 项规定，**投诉违法行为**。分配的工作量过大可能威胁雇员身体健康，而这本可避免。安排过于繁重的工作违反了劳动合同和《劳动保护法》。据《企业组织法》第 99 条

---

[1] 24. 6. 2015 – 27 SaGa 1959/15，AuR 2015，339.

[2] ArbG Kiel, 26. 7. 2017 – 7 BV 67 c/16 – NZA – RR 2017，539. 另见本书第六章，边码 33 及以下。

*企业监督局在有些联邦州被称为"劳动保护局"，主要负责监督企业遵守劳动保护和工作时间方面的规定。——译注

[3] Bayer. VGH, 28. 10. 1993 – 22 B 90. 3225，GewA 1994，192 = VGHE BY 46，130.

* BUNTE 是德国一本热门画刊，德国基本人人都知道该杂志。

[4] 《工作时间法》规定的劳动监督权（Befugnisse der Arbeitsaufsicht），可见 HK – ArbR – Ernst/Bartl，§ 17 ArbZG Rn. 5ff. 以及 HK – ArbR – Growe，§ 3 ArbZG Rn. 23ff. 。

* 依《企业组织法》第 99 条规定企业职工委员会享有共决权，可见 [德] 沃尔夫冈·多伊普勒著，王倩译：《德国劳动法》，上海人民出版社 2016 年版，边码 332 及以下。

[5] BAG, 11. 12. 2003 – 2 AZR 667/02，NZA 2004，784；BAG, 17. 1. 2008 – 2 AZR 536/06，NZA 2008，693.

[6] ErfK – Preis，§ 611 BGB Rn 644.

[7] BAG, 11. 12. 2003 – 2 AZR 667/02，NZA 2004，784，786.

[8] ErfK – Preis，§ 611 BGB Rn 643，此为共识。

第 2 款第 4 项，如**某雇员**在聘用或调岗时受到**亏待**，且并不存在企业经营或雇员个人方面的理由，企业职工委员会可进行干预，维护雇员利益。工作量尚不足威胁雇员身体健康、但仍**负荷过大的**，企业职工委员会也可进行干涉。

以上考虑**在实践中**的作用有限，因为用工之初通常无法预料工作强度将高出法律许可的程度，一段时间后方才显现。一项工作开始时很难有理据证明，该工作超出原本合适的雇员的能力，致使其不得不长时间加班。这样一来也不难理解，为何《企业组织法》第 99 条至今未发挥明显作用，该情况未来或会改善。

3. 《企业组织法》第 84 条和 85 条规定的投诉程序

医院、养老院和公共服务部门常出现**超负荷通报**，雇员以此表明自己在既定条件下无法恰当完成工作任务。[1]可认为该通报是雇员向雇主或企业职工委员会**提请的投诉**。雇员可一边就超负荷工作通报雇主，一边向企业职工委员会阐述事实进而提请投诉。企业职工委员会随后审查情况是否属实。如属实，企业职工委员会须依照《企业组织法》第 85 条第 1 款的规定**要求雇主采取补救措施**。如双方无法达成一致，可通过劳资协调处解决。劳资协调处对雇员投诉是否合理以及雇主的补救义务作出最终裁定。《企业组织法》第 85 条第 2 款第 3 项规定，劳资协调处不可就雇员的法律请求权作出裁定，但这仅针对雇员毫无疑问具有请求权的情况，且该请求权可通过向法庭提出给付之诉主张。[2]如该请求权获得由劳动法法官作为主席的劳资协调处支持，则雇员在法律诉讼中的获胜机会也增加。如**无法明确是否可从雇主的照顾义务等一般原则**、平等待遇原则、《企业组织法》第 75 条第 1 款的公平合理原则等**推导出某一请求权**，则由劳资协调处决定。[3]该情况在超负荷工作案例中应十分常见。

4. 关于改善现状的几点建议

（1）立法问题还是司法问题？

根据上文边码 1 中提及的司法审判可知，目前已存在限制工作时间、非工作时间用工的胜诉先例。然而这些判决只能提供**个别的解决方案**；许多关键问题还未进入较高审级的法院。但这不意味着应该坐等司法界给出答案，毕竟可能还需十到十五年时间才会形成更多判例法。随着数字化迅速发展，**立法者必须采取行动**，防止雇员负荷过大。[4]首先要关注分配给雇员的工作量和工作难度。雇员的自主权也需要得到保护，尤其是时间自主的权利。[5]

（2）占用休息时间

数字化工作的推进，导致雇员在合同规定的正常劳动时间之外继续工作。雇主晚上给

---

[1] HK – ArbR – Hamm/Faber，§ 17 ArbSchG Rn. 3.

[2] DKKW – Buschmann，§ 85 Rn. 21.

[3] 可见 LAG Frankfurt/Main，11. 3. 2002 – 4 TaBV 75/01 – AuR 2003，437；dass. 3. 3. 2009 – 4 TaBV 14/09 – AuR 2009，181；LAG Hamburg，18. 7. 2006 – 3 TaBV 7/06 – AuR 2007，219。

[4] 近期的一项实证研究表明，企业协议难以成为出路，因其极少涉及当前及将来可预见的问题。Vogl/Nies，S. 164ff.；Boewe/Schulten，Die Mitbestimmung，4/2014 引用了此研究。

[5] 参见 Kocher/Welti，WSI – Mitt. 2010，299。

雇员打**电话**或要求雇员接下来工作 20 分钟的现象**难以完全禁止**，也难以限制特别积极的雇员自愿"开夜车"。但立法者须确保雇主不可迫使雇员工作，雇员也不至于因为不属于企业内"多劳者"而承受压力。[1]因此，立法者应考虑对现行法律进行一些变更。 43

将来可考虑设定**微量界限（Bagatellgrenze）**，即：雇主仅极短地占用了一次雇员的非工作时间，不构成打断《工作时间法》第 5 条规定的 11 小时休息时间。这一界限或可设为 10 分钟。[2]通过技术手段可确保**所有的数字化工作**都得到记录，并将时间计入雇员的工作时间账户。[3]由此产生的数据只能用于记录工作时间的目的。雇员工作时使用雇主提供的设备或使用获准可用于办公的自有设备，即可实际确保该措施实现。[4] 44

如雇主要求雇员在规定工作时间之外或在弹性工作时间之外工作，并期望其立即或最迟 30 分钟后动手，则应视为雇员处于**随时待命状态**。如雇员可享有更长的时间间隔，则属于**呼叫待命状态**。两种状态都应获得适当的报酬。 45

应赋予雇员要求让自己处于**不可联络状态（Nichterreichbarkeit）的权利**，[5]包括年休假期间和工作日晚上 8 点到早上 7 点之间；除非该雇员有义务上晚班，或需要顶替某一缺岗同事。**呼叫待命状态**每周不得超过 20 小时。不可联络状态是指：除非《工作时间法》第 14 条第 1 款所示的紧急情况发生，否则雇主不能通过电信方式联系雇员。

（3）把企业职工委员会的参与作为基本原则 46

有了企业职工委员会或人事委员会的积极参与，才可顺利推进数字化工作。这与"**互联网与数字社会**"调查委员会第八次中期报告的决议一致。[6]该委员会一直坚持共同决定的理念，[7]并主张必要时应重新定义"企业"概念，以避免各项共同决定权受损。[8]企业职工委员会必须平等地参与工作环境的数字化转型，所有雇员才会齐心协力投身这一重大转型。本章主题并非企业在数字化时代能否继续存续，也并非质疑雇员对企业的隶属关系，因为该隶属关系本不在于空间上的距离，而在于雇员在企业组织里的功能。[9]不过鉴于本章所述问题，我们也须思考另外两项转变。

（4）对引入电子考勤系统的倡议权 47

将来应该在《企业组织法》第 87 条第 1 款第 6 项下赋予企业职工委员会对引入电子考勤系统的倡议权。由此可基本确保完整记录总工作时间及避免"非正式"加班。变更这一权利也可通过以下途径——德国联邦劳动法院放弃先前判决，将企业职工委员会据《企业

---

[1] Seebacher, AiB 11/2014，19.

[2] 亦可参见 vbw, Moderne Arbeitswelt, S. 10 的主张："短暂中断"不影响休息时间。

[3] 亦可见 Schwemmle/Wedde, S. 94f.。

[4] Seebacher, AiB 11/2014，20 提议可以通过企业协议对此作出约定。

[5] 还可参见"互联网与数字社会"调查委员会，BT – Drucksache 17/12505 及 Schwemmle/Wedde, S. 87, 95；Boewe/Schulten, Die Mitbestimmung Heft 4/2014。亦可见 Kastner, Mitbestimmung, Heft 12/2013："Entnetze dich"；相关批判性观点请参见 vbw, Moderne Arbeitswelt, S. 11。

[6] BT – Drucksache 17/12505。

[7] 同上，S. 16。

[8] 同上，S. 18。

[9] DKKW – Trümner, § 1 Rn. 47ff. m. w. N.

组织法》第 87 条第 1 款第 6 项具有的共同决定权视同于其他共同决定权，从而覆盖倡议权。在签订以《企业组织法》第 87 条第 1 款第 6 项为基础的企业协议时，也须一贯地遵守数据保护法规。[1]

48　**（5）企业职工委员会预防雇员过劳**

基于劳动合同，雇员需在个人能力范围内履行工作义务。[2]**绝不可以牺牲雇员身体健康为代价**。[3] 从理论上看，这一原则似乎足以预防雇员过劳。然而实践中，劳动合同对过劳的保护力度仍不够。个体雇员不想被看作"工作积极性低"或被视为"少劳者"，通常不会援引该规定自我保护。因此，为制止牺牲雇员身体健康的过劳，**企业职工委员会作为**

49　**集体利益代表**出面干预就非常有意义。

过劳可能因为分配的工作任务过难，或量过大，雇员无法在既定时间内完成而产生。

50　企业职工委员会必须干预，将来可采取两种法律策略。

第一种策略，据《企业组织法》第 87 条第 1 款第 14 项，对雇主指派的"某一类"任务，赋予**企业职工委员会共同决定权**。之所以是"某一类"任务，而非"某一项"任务，是为避免使得雇主每项安排都要经过企业职工委员会同意。所以此共决权只应针对工作的基本分配。例如给新雇员指派工作范围，或让老雇员接受额外或新任务，企业职工委员会便可行使共同决定权。某一类工作会给雇员造成的负荷通常难以预估。所以相较于其他参与权，共同决定权的优势在于还包括了倡议权。如雇员在数月后才向企业职工委员会求助

51　并说明超负荷，企业职工委员会便可主动出面并与雇主商讨减少该雇员的工作量。

第二种策略相对没有那么有效，即在《企业组织法》第 99 条下赋予企业职工委员会对工作分配的**拒绝权（Zustimmungsverweigerungsrecht）**，然而职委会很少行使这一权利。该权利不仅应覆盖《企业组织法》第 95 条第 3 款规定的调岗，还应该覆盖首次指派工作范围

52　和分配额外的工作任务。

企业职工委员会不能任意拒绝同意雇主的工作分配，只能出于分配的工作任务**给雇员造成过重负担这一理由**。如无法与雇主达成一致，则应由劳动法院按《企业组织法》第 99 条作出判决。雇主也可依据《企业组织法》第 100 条采取临时措施。实施时方可知到底是雇主还是企业职工委员会的评估准确。为了清楚起见，这一规定不应纳入《企业组织法》第 99 条，因为第 99 条本身已含糊不清，而应将其写进一条特殊规定中（例如新增《企业组织法》第 101a 条）。该规定的目的仅为**预防过劳**，所以只应规制扩充工作范围而非缩限工作范围。工作时间安排不当也会造成健康风险。

53　**（6）对休假权进行解释**

雇员在年休假期间免于任何形式的工作义务，也不能要求其呼叫待命。如雇主通过电子邮件或电话方式联系雇员，并使雇员工作超过 10 分钟的微薄上限（Geringfügigkeitsgrenze），

---

[1] Schwemmle/Wedde, S. 90; Däubler, Gläserne Belegschaften Rn. 787ff.

[2] 见本章边码 36。

[3] ErfK - Preis, § 611 BGB Rn. 643, 此为共识。

则该天不计入年休假。[1]《联邦年休假法》第 9 条对年休假期间生病的情况已作规定,将来或许还可以补充第 2 款,如:

举例:"雇员年休假期间,雇主如使雇员工作超过十分钟,则当天不计入年休假。"

如休假雇员一周内被多次安排工作任务,则整周不计入休假。除非下周明确规定禁止雇主联系雇员并且得以有效落实,否则下周也不计入休假。

---

[1] 亦可见 Schwemmle/Wedde, S. 96(但该观点忽略了微薄上限)。

第6章

劳动保护

1 **一、电脑屏幕工作造成的伤害**

信息技术的工作通常需借助电脑屏幕完成。其对健康的危害尽管远不如传统工业体力劳动明显，但研究早就显示长时间使用屏幕会造成**一系列特定病痛**。[1]最突出的包括肩膀、脖颈和腰背痛，以及眼部疾病和疲惫。[2]传统上，劳动保护首要关注对身体健康可证实的危害；电脑屏幕工作在此具有一定的"**先导性（Vorhutfunktion）**"，因此本章将首先讨论。**完全数字化的作业流程还会带来其他风险**，这些风险不仅体现在技术上的劳动保护（tech-
2 nischer Arbeitsschutz）方面，还体现在工作造成的心理危害中。

欧盟法对德国立法机关、同业工伤事故保险联合会*和法庭做出了具有法律效力的规定，要求它们采取措施保证电脑屏幕工作者的健康——1990年5月29日颁布的欧共体《屏幕指令》[3]在序言中作出如下说明：

"为保障雇员的安全和健康，遵守对电脑屏幕工作的最低要求规定是确保较高安全标准不可或缺的前提。"

据其第1条第1款，该指令是对1989年6月12日欧共体劳动保护框架指令[4]的具体体现。后者着眼于"改善雇员劳动时的安全和健康保护"。[5]现行德国劳动法通过两个路径对以上要求予以贯彻。

---

〔1〕 参考 Ullsperger/Ertel, in: van Haaren/Hensche（Hrsg.）, Arbeit im Multimedia – Zeitalter, S. 65 ff. 和 CF 7/2001, 2 的报道。

〔2〕 参考 Ullsperger/Ertel 的研究结果，第69页。病痛汇总也可参考 Besgen/Prinz – Werner, § 9 Rn. 86。

* 同业公会是德国社会保险中工伤保险的经办机构，可对辖属企业颁布具有法律效力的工伤预防条例。

〔3〕 欧共体理事会1990年5月29日就使用屏幕设备劳动的安全和健康保护颁布最低要求的指令（据89/391/EWG（90/270/EWG）第16条第1款第5个单项指令，ABl Nr. L 156/14 ff., 也引用于 Däubler/Kittner/Lörcher, Nr. 443。

〔4〕 见 Däubler/Kittner/Lörcher, Nr. 441。

〔5〕 BAG, DB 1996, 1725, 1727 左栏也援用了该欧共体法律规定。

1. 被《关于工作场所的条例》（ArbStättVO）取代的《关于电脑屏幕工作的安全和健康保护条例》（BildschirmarbeitsVO）

(1)《关于电脑屏幕工作的安全和健康保护条例》中最重要的内容

1996年12月4日，基于德国《劳动保护法》（1996年8月7日颁布[1]）的《关于电脑屏幕工作的安全和健康保护条例》[2]颁布，其第1条和第2条对电脑屏幕工作做出了定义。据此，雇主原则上负有四大义务：[3]

• 根据《条例》第3条，《劳动保护法》第5条规定的"风险分析判断"（Gefährdungsanalyse）主要针对视力危害、身体病痛及精神负担，该判断不仅应单项考察，也应统观它们之间的彼此作用。[4]《条例》第3条并未对此具体说明，然而欧共体《屏幕指令》中作了相应规定，解释第3条时应考虑。[5]

• 电脑屏幕工作设备和环境的安排布置应符合《条例》附录中列出的各项要求。例如，屏幕显示字符必须"鲜明、清晰、大小适宜"，"字符间距和行距适宜"；屏幕没有"令人烦躁的反射和眩光"。**工作场所必须**空间充足，**工作时可变换姿势，变换肢体活动**。还必须尽量控制**辐射**，使其无害屏幕使用者的安全和健康。这些要求主要针对较老旧的设备。[6]然而，设备老旧的情况还须遵守《条例》第4条第2款的过渡规定，即，1999年12月31日前，只有由于其他原因需彻底改造劳动场所时，方必须据《条例》要求调整老旧设备。更重要的是第二个特例情况：据《条例》第3条判定劳动对雇员的生命或健康造成危害的，须立即采取补救措施。

• 根据《条例》第5条，应合理安排电脑屏幕工作者的活动，定时穿插其他活动或**工间休息**，减少屏幕工作带来的负担。[7]其他活动或工间休息一并视为劳动时间。[8]

举例：条例禁止雇主按如下情形安排劳动：呼叫中心的屏幕上持续显示雇主公司的网络服务，而雇员必须不停为来电者介绍这些服务。[9]

• 《条例》第6条规定雇主全面铺开屏幕工作之前和之后，及雇员出现视力问题时，须定期提供一名专业人士对雇员进行**适宜的眼睛检查**。必要时提供眼科医生开展检查。雇主还须为雇员提供必要的**特定视力辅助**用于工作。必须提前在集体合同或企业协议中对此作出规定。

---

[1] BGBl. I S. 1246.
[2] BGBl. I S. 1843, 上一次修订：2008年12月18日的条例（BGBl. I S. 2768）。
[3] 同见于 Kollmer, NZA 1997, 142；Angermaier, AiB 1997, 78。
[4] 具体详见 Richenhagen, CF 6–7/1998, 38ff.。
[5] Angermaier, AiB 1997, 78。
[6] Richenhagen, AiB 1995, 757。
[7] Wedde, CF 6/2000, 21；同见 Martin, CF 3/2001, 14；Skowronek, CF 7/2001, 35。
[8] Besgen/Prinz–Werner, § 9 Rn. 99.
[9] 类似思考参见 Scheerer, CF 5/2000, 10。

(2) 合并后的《关于工作场所的条例》及其新内容

由于目前**大多数劳动岗位均配屏幕**，人们普遍认为《关于工作场所的条例》和《关于电脑屏幕工作的安全和健康保护条例》应当合并。2013年德国议会大选前，当时的联邦劳动部部长乌尔苏拉·冯·德莱恩（Ursula von der Leyen）便公布了相应草案。[1]接任劳动部部长的安德烈娅·纳勒斯（Andrea Nahles）承继了这一计划，并于2014年底推动联邦政府**通过（合并统一了的）新版《关于工作场所的条例》**，小幅修改后也在联邦参议院通过。然而雇主阵营在联邦总理默克尔处施压干预，这一事件以大标题"纳勒斯走向荒唐斯坦国"闻名。批评集中在《条例》中一些与数字化进程关系不大的条文上——如每个雇员都应获得可上锁的更衣柜；厕所也应该有窗户；档案室温度不得低于17度；预留急救室；确保雇员在家工作时，装屏幕的地方不会被日光炫目。草案由此被搁置。直到2016年底，几个联邦州才重新向联邦参议院提交新草案，该草案采纳了雇主阵营的许多（但非全部）意见，从而波澜不惊地在联邦参议院顺利通过。[2]新条例于**2016年11月底**在联邦法律公报上公布。[3]

新条例的**适用范围**存在难题。据《关于工作场所的条例》第2条第5款，"处于劳动场所内并配有屏幕设备和其他劳动手段"的岗位视为"电脑屏幕工作"，**劳动场所外的岗位从一开始**就被排除在外；另一方面，《条例》却覆盖了在劳动场所的短时停留，令人愕然。[4]此外，据《关于工作场所的条例》第2条第7款，当且仅当**彻底由雇主布置并提供设备**，且签订**协议规定每周工作时间和在家工作的存续时间，在家工作（Homeoffice）**才被纳入电脑屏幕工作范畴。以上两点均难以与欧盟《屏幕指令》相符。[5]

《关于工作场所的条例》附录第6点列出了屏幕类工作的内容要求，延续了之前的各项原则。例如，附录6.1第2款规定雇主须确保雇员在屏幕前的工作穿插其他活动或定时工间休息。《条例》第3条中的风险分析判断**也须关注**由噪音、空间狭小或照明不佳、工作流程和组织安排缺陷等因素造成的**有害精神压力**。[6]据《条例》第6条，须对雇员全面介绍劳动岗位的各项情况，尤须阐述潜在的危害及预防性应对措施（"解释说明"Unterweisung）。

2. 企业职工委员会的共决权

《劳动保护法》中的部分概念非常宽泛，《关于工作场所的条例》管辖内也存在同样宽泛的概念（尽管数量相对较少），而后者仅关涉劳动的外在条件。例如，《条例》中并未提及个体雇员工作所用的软件应具备哪些性质。尤其**"工作流系统"（workflow System）**很早便造成了问题，因为这些系统常规定单个工作步骤必须在一定时限内完成。[7]德国《企业组织法》第87条第1款第7条针对的就是此类情况，该法条赋予了企业职工委员会对执

---

[1] 公布于 Kiper, CuA 1/2017 S. 19, 下同。

[2] 参见 Wiebauer, NZA 2017, 220。

[3] BGBl. I S. 2681.

[4] Wiebauer, NZA 2017, 221, 援用《关于工作场所的条例》第2条第4款。

[5] Wiebauer, NZA 2017, 220, 222。

[6] Kiper, CuA 1/2017 S. 19。

[7] 详见 Beck/Schneider, CF 11/1999, 14ff.。

行**具体劳动保护规范**（Ausfüllung arbeitsschutzrechtlicher Normen）的共决权。[1]根据联邦劳动法院的判决[2]，该共决权尤其体现在法律规定特别宽泛的情形下，例如《劳动保护法》第4条第1款：

"雇主须基于以下基本原则采取劳动保护措施：
1. 劳动安排应尽量避免危害生命和健康，尽量减少残余风险；
2. 从源头控制危险；
3. ……（至8）。"

企业职工委员会在这些法规框架下对个体雇员使用的**软件**进行共决。《劳动保护法》第5条规定的**风险分析判断**也应经企业职工委员会共决而详细界定。[3]

企业内各方具有**多种多样规约劳动场所的可能**。[4]因此以下仅以电脑屏幕工作相关的几例作为说明：

• 《关于工作场所的条例》附录6.2第5款规定，显示屏幕发射的电磁**辐射**必须控制在低水平，不得对雇员的安全和健康造成危害。法条并未具体说明"无危害"的界限。[5]企业职工委员会由此可以通过共决，明确要求遵守一定的临界值。

• 附录6.1第2款并未具体规定雇员屏幕前工作的**间隔**到底是穿插**工间休息还是其他活动**。企业职工委员会可以据此要求雇主给予休息时间，或要求每进行45分钟屏幕前的工作，雇主必须分配其他任务。

• 附录第6条第10款禁止劳动岗位周围**温度过高**，**损害健康**。通过共决，企业职工委员会可精确规定"过高"的界限（如23度），必要时可借助劳资协调处（Einigungsstelle）协调。

• 《关于电脑屏幕工作的安全和健康保护条例》第6条曾规定，必须"定期"安排**眼科检查**。尽管这一规定并未进入新规，企业职工委员会仍可援用《劳动保护法》第4条第1款，要求每年进行一次眼科检查。也可依屏幕使用的强度，将雇员分组，安排不同间隔的检查。

• 企业职工委员会可以要求雇主采取符合一定条件的**工作流系统**，例如顾及**容错原则**（**Grundsatz der Fehlertoleranz**）。[6]

如同一公司里有多家分支机构使用相同的软件系统，则共决权归属于该公司的**共同企业委员会**（**Gesamtbetriebsrat**）。[7]

---

[1] 详见 DKKW – Klebe, § 87, Rn. 204ff.。
[2] 2.4.1996 – 1 ABR 47/95 – DB 1996, 1725ff.
[3] 参见 Resch/Blume, CF 3/2004, 8ff. 及本章脚注25。
[4] Däubler, BetrR 1998, 31ff.；Kittner, FS Däubler, S. 693ff.
[5] 《企业意外风险防范条例》中"电磁场"部分（BGV B 11），见 Besgen/Prinz – Werner, § 9 Rn. 107。
[6] 具体规约建议见 Beck/Schneider, CF 11/1999, 17。
[7] BAG, 16.6.1998 – 1 ABR 68/97 – DB 1999, 438. 关于公司职工委员会详见［德］沃尔夫冈·多伊普勒著，王倩译：《德国劳动法》，上海人民出版社2016年版，边码391及以下。

二、数字化工作造成的生理和精神负担

1. 变化了的情势

尽管在现代工作中已不再普遍,但人们思考屏幕工作的劳动保护问题时首先想到的仍是传统工业生产中"实打实"的危害。传统工业若有毒气体泄漏或濒临爆炸,个体劳动者的确很难自我保护,因而亟需技术保护手段,紧急情况下可与他人共同使用。

今日的情势完全不同:**工作时间延长,精神压力上升**。哪怕谨小慎微或吹毛求疵的雇员也只会对工作提出这些**质疑**:工作时间虽然长,但(相对)独立,是否真会造成健康问题?假如我喜欢工作,甚至将其视为生活的一部分呢?可自主分配工作时间的情况下,必要的自律能力是否需要先学习培训,还是每个人本都具有?[1]各人对压力的敏感程度很不一样吧?有些人不是更习惯忙乱,四下安静反而不安么?难道有时家庭压力不比工作压力更大?这些问题貌似老生常谈,但它真真切切地影响着现实。许多现代雇员都认为"问题没那么严重",尽管感到时间愈加紧迫,压力随之上升,但对工作的整体满意度并未大幅下滑。[2]

另一方面,人们已普遍认识到许多行业劳动密度增大,导致精神**负担急剧攀升**。[3]工作原因导致精神疾病的病例在过去10至15年明显上升,这并不奇怪。[4]德国医疗保险基金会提供了以下数据:[5]2001至2010年内,由于精神和行为异常造成无法工作的天数(占总工作天数的比例)从6.6%上升到13.1%。[6]越来越多人因为精神疾病而提早退休——德国联邦心理治疗师协会(Bundespsychotherapeutenkammer)数据显示,2001年此人群所占比例为26%,2012年便已高达42%![7]2004年到2010年,**过劳综合征(Burn-out-Syndrom)**导致的病假天数翻了九番。[8]工作条件对此造成的影响不可小觑。尤其在广泛运用IT技术的行业里,多重压力常接踵而至:个体雇员不再了解单个的作业步骤,可即便一头雾水也必须解决故障,着实力所不及;[9]雇员必须不断过滤、分类、评估无数信息,并在此基础上做决策的"数字压力"(digital stress)常见报端。[10]

持续处于待命状态和精神紧张具有**直接关联**——自述"常感到紧张"的人里,36%同时承认几乎一直处于在线状态。[11]德国社会医疗保险基金会DAK的一项健康报道指出,雇

---

[1] Schwemmle/Wedde, S. 45.

[2] Apt/Martin u. a., S. 2.

[3] Gaul, DB 2013, 60; J. Schneider, DB 2013, 1551, 1553 (后者提及"劳动紧张程度最大化")。

[4] Reusch, PersR 2010, 340ff.

[5] 详见 Krause, 71. DJT, B 66ff.。

[6] BT-Drucksache 17/9478, S. 5.

[7] 见 Krause, 71. DJT, B 67. 更多数据参见 Balikcioglu, NZA 2015, 1424。

[8] Welkoborsky/Baumgarten, AiB 12/2014, 51 引用了德国社会医疗保险机构 AOK 科研所的一项分析。

[9] Kohte, NZA 2015, 1417, 1418.

[10] Vagt, Stress am digitalen Arbeitsplatz, 8.7.2014, 链接:http://besser20.de/author/katrin/(最后访问时间:2017年10月6日);参见 Kastner, Magazin Mitbestimmung 12/2013, S. 24ff.; Krause, NZA 2016, 1004, 1006 (»Informationsüberlastung«).

[11] Krause, 71. DJT, B 68.

员处于可联络的待命状态和其遭受精神病痛的风险存在直接关联。[1]增加个体劳动者**调配工作自主性**的技术**手段**还远未开发殆尽，许多人却已感到负担渐增、安全感丧失。[2]由于**希望对方迅速回复邮件或"消息"，结果导致对方手忙脚乱甚至反应粗鲁，最后造成双方关系紧张，这一切本可避免。**[3]

以 **3D 打印**为代表的增材生产制造工艺也会带来新的难题。[4]目前尚不明确该技术手段对人体的危害。[5]目前德国和其他国家都在研究单个工艺步骤可能造成的危险。[6]

2. 应对手段？

（1）技术上的劳动保护（technischer Arbeitsschutz）

技术上的劳动保护是指，基于全部现有经验，保证机器和其他劳动设备足够安全，不会伤及人身。2015 年 2 月 3 日颁布的《企业安全条例》（Betriebssicherheits – Verordnung）构成相应的核心法规。[7]该条例第 3 条第 1 款规定，使用设备作为工具的前提是展开风险分析判断。根据该条例第 3 条第 2 款第 2 句第 3 项，风险分析判断也须分析雇员"使用工具"（即操作设备）而出现的身体和精神负担。劳动手段既包括雇主提供的，也包括雇主"让雇员使用的"。这一点在"自带设备办公"[8]下体现为仅允许使用雇主认可的设备；若雇员擅自使用私人设备办公，则违反《企业安全条例》。[9]

具体来说，据《条例》第 4 点第 2 条第 2 句，采取保护措施应遵循 **TOP 原则**。[10]即首先采用技术上（**t**echnisch）的保护手段；技术手段不足以保护时则应改变组织管理（**o**rganisatorisch）；最后才考虑个体保护手段（**p**ersonenbezogen）。

（2）对移动式工作（mobile Arbeit）和在家工作（Homeoffice）的法律规定

一般性的**劳动保护法规同样**适用于**数字经济**，但此处不逐条列出和说明。[11]本部分仅介绍"现代"劳动的两种典型形式，即在家工作和移动式工作。[12]

《劳动保护法》适用于所有形式的从属性劳动，第 2 条第 2 款第 3 项甚至明文覆盖了所有的类雇员。该法的适用无关开展劳动的场所，因此同样覆盖在家远程办公和路上的移动

---

〔1〕 报道见 Krause, 71. DJT, B 68。

〔2〕 Schwemmle/Wedde, Digitale Arbeit, S. 68. 另参见 Apt/Martin u. a., S. 4：不计劳动时间的弹性工作者常在自由时间内继续工作，生病也不例外。详见 Besgen/Prinz – Werner, § 9 Rn. 113ff.。

〔3〕 Kastner, Mitbestimmung Heft 12/2013（www. boeckler. de）。关于数字化工作的压力，参见 Welskop – Deffaa, in: Schröder/Urban, Gute Arbeit 2016, S. 194ff.，文中也提及了某些人难以应对自我安排工作和时间。

〔4〕 添加式制造的介绍参见 Leupold/Glossner – Klemp, Teil 1, Kap. 1, Rn. 4ff.。

〔5〕 Leupold/Glossner – Seidel, Teil 7 Rn. 7ff.

〔6〕 Leupold/Glossner – Seidel, Teil 7 Rn. 18ff.

〔7〕 BGBl. I S. 49，最后一次由 2017 年 3 月 29 日的法律第 147 条修订，BGBl. I S. 626。

〔8〕 参见本书第三章。

〔9〕 Krause, 71. DJT, B 59。

〔10〕 BR – Drucksache 400/14, S. 82。

〔11〕 关于将来发展的立法政策的建议，见 Welskop – Deffaa, in: Schröder/Urban（Hrsg.），Gute Arbeit 2016, S. 189, 197ff.。

〔12〕 本书第一章边码 12 已介绍概况。

式工作。[1]唯有传统意义上的家庭劳动被排除在外,因为《家庭劳动法》(HAG)对其作出了特殊规定。然而实践中将该法适用于移动式工作和在家工作存在诸多困难——雇主常不了解移动式工作方面存在的限制条件,也不能对雇员在家工作切实承担责任。[2]《企业安全条例》第 2 条第 4 款第 1 句在说明适用范围时援用了《劳动保护法》,不过《条例》第 2 条第 2 款第 2 句第 2 点则涵盖了家庭劳动,由此超过了《劳动保护法》的适用范围。[3] 仅《关于工作场所的条例》限缩了适用范围:据其第 2 条第 7 款的规定,雇员私人场所的远程岗位(Telearbeitsplätze im Privatbereich)必须完全由雇主布置并满足其他几项条件后,才适用该条例。[4] 然而条例中并未涉及对设备本身的要求。[5] 德国《劳动时间法》也同样适用远程岗位,仅在适用的雇员上排除了高级雇员。

26

劳动保护的相关规定适用于移动和在家工作,在实践中具体体现在以下三点:

①德国企业监督局(Gewerbeaufsicht)可开展检查,考察企业是否在移动式和在家工作中遵守了适用法规。尽管该检查目前较少,未来情况则可能不同。

②下文将详述的**风险分析判断**也覆盖移动式和在家工作相关的风险。

③《企业组织法》第 87 条第 1 款第 7 点规定的**企业职工委员会共决权**也包含:贯彻落实劳动保护在这两种工作形式上的有关规定,但仅限于正式雇员。类雇员不包含在《企业组织法》的适用范围内,因此(不可通过劳资协调处强制规定)唯有企业自愿赋权于第三方才可覆盖类雇员和管理人员。[6]

(3)出路在于风险分析判断?

27

a)法律基础

《劳动保护法》第 5 条第 1 款规定雇主须进行风险分析判断,从而确定必要的劳动保护手段。该法在第 5 条第 3 款中列举了应调查的一些风险因素,"劳动的精神负担"(第 6 点)

28

2013 年后也被列入。

《关于工作场所的条例》第 3 条的规定相对稍具体:

"第 3 条 风险分析判断

据《劳动保护法》第 5 条开展劳动条件评估时,雇主首先应该考察雇员在布置和运作劳动场所时是否遭到危害或可能遭到危害。如危害存在,雇主须评估对雇员安全和健康所有可能的危害,并同时考虑劳动组织及劳动场所中的劳动流程带来的影响。开展风险分析判断时,雇主须考察身体及精神负担,对电脑屏幕工作尤须关注眼部负担或对雇员视力的危害。基于风险分析判断的结果,雇主须根据本条例及附录规定的要求,按技术、职业健

---

[1] Pieper, § 2 ArbSchG Rn. 16; Wiebauer, NZA 2016, 1431.

[2] 详见 Wiebauer, NZA 2016, 1431。

[3] 参见 Wiebauer, NZA 2016, 1430, 1432 对《企业安全条例》第 5 条第 4 款提出的合理批评;该条文规定雇主必须预先批准每一台雇员使用的设备。

[4] 见本章边码 9。

[5] Kittner/Zwanziger/Deinert/Heuschmid – Heuschmid, § 118 Rn. 60.

[6] 某案中曾在社会计划中惠及高级雇员,见 BAG, 31. 1. 1979 – 1 AZR 206/81 – AP Nr. 8 zu § 112 BetrVG 1972. 法律文献中的主流观点也有此主张,参见 DKKW – Däubler, § § 112, 112a Rn. 92。

康和卫生的现有水平,采取措施保护雇员。并须顾及劳动科学方面其他的可信结论。"

《企业安全条例》第 3 条第 2 款中也有类似描述。[1]

b) 评估方法

研究文献中表明,最主要的**致病因素均可被查出**,这包括"限制过多、工作缺乏意义、缺乏透明度、缺乏尊重"。[2] **软件**是否符合**人体工学**也应一并考察。[3] **精神紧张和其他不利于健康的精神压力**也属于"劳动组织"和"劳动流程"带来的影响,因此风险分析判断也必须有所顾及。文献中还强调,(缩减人员和同事缺岗造成的)**劳动强度提高**、工序加快、工作和自由时间界限逐渐模糊及**同时处理多件工作(Multitasking)**都会带来危害。[4] 移动和在家工作也不例外。[5] 即便雇主不能控制以上所述的各项危险发生,仍应引起重视,雇员可努力避免,雇主则可采取防护措施。[6] 风险分析判断的手段主要包括标准化的员工调查问卷、观察式采访、文件分析和有主持的分析工作坊。[7] 由具有资质的外部专家陪同评估也相当重要。[8]

c) 企业职工委员会的共决权

如前文所述,《企业组织法》第 87 条第 1 款第 7 项规定**企业职工委员会**对所有**企业劳动保护问题**,只要相关法规给予空间的,都具有广泛的**共决权**。企业职工委员会这一"查漏补缺能力"对风险分析判断尤为重要,因为《劳动保护法》第 5 条、《关于工作场所的条例》第 3 条和《企业安全条例》第 3 条第 2 款均未(也无法)具体规定各个企业应当如何开展风险分析判断。[9] 共决权特别体现在如下主题上——**需要分析哪些具体危险**("该寻找查明哪些风险?")、采取**何种标准选择**进行风险分析判断的**人员**或机构。[10] 即便特定健康风险尚不存在(或尚不可证明!),也可要求展开评估。[11]

企业职工委员会可随时行使**倡议权(Initiativrecht)**,要求开展风险分析判断。即便过去已经开展过,只要企业发生了**情况变化**——劳动组织管理方式改变、工作流程改变,均构成企业职工委员会要求再次开展风险分析判断的正当理由,除非改变微不足道。2013 年

---

[1] 见本章边码 22。

[2] Kastner, Mitbestimmung Heft 12/2013(www. boeckler. de)。

[3] Martin, CuA 3/2014 S. 4ff.

[4] Balikcioglu, NZA 2015, 1424, 1426.

[5] 同见 Schwemmle/Wedde, S. 92。

[6] 巴伐利亚州经济联合会(vbw)对此持不同意见。参见 Moderne Arbeitswelt - Modernes Arbeitsrecht, 2014 年 11 月(www. vbw - bayern. de/vbw/Aktionsfelder/Recht/Arbeitsrecht/vbw - Position - Moderne - Arbeitswelt - Modernes - Arbeitsrecht. jsp),第 9 页,文中主张风险分析判断应限制在雇主可控的危险范围内。

[7] Balikcioglu, NZA 2015, 1424, 1426.

[8] Balikcioglu, NZA 2015, 1424, 1427.

[9] Balikcioglu, NZA 2015, 1424, 1425 的见解正确:应当考虑每个企业的具体特点。

[10] BAG, 8. 6. 2004 - 1 ABR 13/03 - AP Nr. 13 zu § 87 BetrVG 1972 Gesundheitsschutz;BAG, 8. 6. 2004 - 1 ABR 4/03 - AP Nr. 20 zu § 76 BetrVG 1972 Einigungsstelle;BAG, 12. 8. 2008 - 9 AZR 1117/06 - AP Nr. 29 zu § 618 BGB. 文献参见 Balikcioglu, NZA 2015, 1424, 1426;DKKW - Klebe, § 87 Rn. 230;Fitting, § 87 Rn. 299;GK - BetrVG - Wiese/Gutzeit, § 87 Rn. 609。

[11] BAG, 8. 6. 2004 - 1 ABR 4/03 - AP Nr. 20 zu § 76 BetrVG 1972 Einigungsstelle.

起依据相关法律规定，评估须顾及**精神负担**，若之前的评估未顾及此项或精神负担并非捉摸不定，仅基于该新规便可要求重新进行风险分析判断。[1]

32　　**d）个体雇员的权利**

法律也规定了**个体雇员**的义务。依据《劳动保护法》第15条第1款，个体雇员应尽其可能在工作时注意安全和健康。个体雇员也**有权要求**开展风险分析判断，但无权规定评估依据的标准——企业职工委员会和雇主才有权决定标准。[2]无法达成共识时，由劳资协调处决定评估针对的风险和评估执行者。[3]

33　　**e）评估结果及转化执行**

风险分析判断的结果可能显示劳动负担过重（如护理行业），会**危害雇员健康**。[4]评估员原则上可自行决定是点到为止，还是进一步提出补救措施（如增加人员）。如提及补救措
34 施，一般是建议**更改工作流程**或劳动组织。

法律上究竟如何看待风险分析判断的各项发现，目前尚无定论。联邦劳动法院最新的判决赋予风险分析判断"引发效用"。即发现风险后，据《劳动保护法》第3条第1款第1句，雇主负有**采取必要措施排除该风险**的义务。[5]履行该义务通常存在不同途径，因而据《企业组织法》第87条第1款第7项，**企业职工委员会**应发挥**共决权**。委员会无法与雇主达成一致的情况下，必须交由劳资协调处决定。基尔市劳动法院[6]据此支持劳资协调处的
35 决议，要求雇主必须保证护理员团队的人数下限。

风险分析判断如进一步提出**具体补救要求**，也即对《劳动保护法》的一般性规定填充具体内容，则雇主必须执行。本书作者认为，不仅雇主（必要时与企业职工委员会一起）具有该执行能力，受委托开展该风险分析判断的个人和机构也具有该能力。不过也可能出现以下情况：委托评估时规定，评估个人或机构仅承担发现风险的任务。如未做此限制，评估结果也提出了补救建议，则包括企业职工委员会委员在内的全体员工，起码可援引德国《民法典》第618条，主张具有对排除风险的**请求权**。[7]联邦劳动法院正是对**企业合理容纳程序框架下（BEM – Verfahren）的建议**作出了这样的判决。[8]坚定不移地跑完风险分析判断全过程的最后一棒，不因与雇主产生不快而动摇，是企业职工委员会现实中常需承担起的任务。其实，"产生不快"并非理所应当——雇主在企业健康管理中**每投入**

---

〔1〕Kronig 报道了 SAP 就风险分析判断制定的值得肯定的企业协议，见 Kronig, Gefährdungsbeurteilung in der IT – Branche. SAP – Betriebsvereinbarung gegen psychische Erkrankungen, CuA 11/2014 S. 13ff. 。

〔2〕BAG, 12. 8. 2008 – 9 AZR 1117/06 – AP Nr. 29 zu § 618 BGB.

〔3〕关于测量精神负担，见 Gutjahr/Hampe, Gefährdungsbeurteilung von psychischen Belastungen aus arbeitsrechtlicher Sicht, DB 2012, 1208；关于过劳综合征的病因，见 Sasse, Burn – out als arbeitsrechtliches Problem – Rechtliche Fragen von Stress und psychischen Belastungen im Arbeitsverhältnis – BB 2013, 1717。

〔4〕参见案例 ArbG Kiel, 26. 7. 2017 – 7 BV 67 c/16 – NZA – RR 2017, 539 Tz. 18。

〔5〕BAG, 28. 3. 2017 – 1 ABR 25/15 – NZA 2017, 1132。

〔6〕26. 7. 2017 – 7 BV 67 c/16 – NZA – RR 2017, 539, Tz. 23。

〔7〕赞同意见参见 Kittner/Zwanziger/Deinert/Heuschmid – Heuschmid, § 118 Rn. 61。

〔8〕BAG, 10. 12. 2009 – 2 AZR 400/08, NZA 2010, 398 Ls. 4；赞同意见参见 Balikcioglu, NZA 2015, 1424, 1429。

1 欧元，就会产生 **1.6 至 2.7 欧元的回报**。[1]

　　f) 其他途径

　　上文主张的意见之外，另一种看法则是**立法机关**应**行动起来**，许多企业的风险分析判断才不会一直走过场而无实效。立法机关应明文规定，风险分析判断必须针对发现的健康风险**指出排除建议**，只有未发现风险时，雇主才不具有相应义务。

---

〔1〕 证据参见 Balikcioglu, NZA 2015, 1424, 1433。

第 7 章

互联网上的雇员数据

1 一、事实情况

前面两章仅讨论了雇主与雇员的关系以及《劳动时间法》和《劳动保护法》对雇员的保护。这些均发生在公司"内部"。而**越过公司界限**，向外界提供关于雇员个人的数据，会带来**新问题**。在德国，个人数据保护这一主题十分重要。因此，尽管其他国家对其重要性

2 持不同看法，本书中仍会频频讨论数据保护。

遍布整个康采恩的内联网已是司空见惯，内联网或由康采恩管理层、或由单个的康采恩公司、或由专门的数据处理子公司管理。使用内联网时，必要时也会在其他康采恩公司存储及处理雇员数据。

3 **举例**：在内联网上，每个隶属于康采恩集团的公司都有查阅内部电话簿的权限，电话簿里标注了每个人在公司层级中的职位。

跨国康采恩的内联网已跨越了国家的界限。早前便有报道称，西门子公司拥有全球内

4 联网，约80%的雇员拥有访问权。[1]雇员数据在此也举足轻重。

何时允许将雇员数据传输给另一家康采恩公司，相关规定已在另一本书中作过讨

5 论，[2]此处不再赘述。

当**雇员数据**出现在"防火墙"之外的**互联网上**时，诸多问题随之产生。例如，**雇主是否能打着"魅力团队"的旗号，在互联网上发布雇员**的**姓名**、**照片**、通讯地址及资质，来为企业做宣传？在这种情况下，雇员数据就是一种宣传手段（详见本章第二节）。还有一些其他案例：某雇员在某"评价平台"上遭到攻击、受到侮辱时，该怎么办？该雇员可否就此提出诉讼？律师费由谁承担？（详见本章第三节）。还有：大多数**公司都有脸书主页**。若公司允许顾客在公司脸书主页上分享与某些雇员打交道的经历，那当雇员遭受不正确、不

---

[1] Klebe/Wedde, in：FS 50 Jahre Arbeitsgerichtsbarkeit Rheinland – Pfalz, S. 350.

[2] Däubler, Gläserne Belegschaften, § 8 III（Rn. 450 ff.）.

客观的批评时，如何保护雇员？（详见本章第四节）。是否可以借助**云计算**将雇员数据存储在世界上的任何地方？（详见本章第五节）。此外，雇员数据还可能经由其他形式进入互联网（详见本章第六节）。最后，雇员遭到人格侵害时，能在多大程度上要求雇主赔偿？（详见本章第七节）。

二、雇员信息作为公司互联网形象的一部分

1. 原则上合法

德国联邦州数据保护专员过去的报告已显示，**公共机构和私营公司都会将雇员数据发布到互联网上**，[1]包括姓名、头衔、资质、工作范围及联系方式（如电话、传真、电子邮箱）等。公司网站上也常会有雇员照片。**北莱茵－威斯特法伦州高级行政法院**是首个对此类案件作出判决的法院。该案的核心问题在于，对某高校校长在网上发布该校教授的相关信息，该校人事委员会是否具有《北莱茵－威斯特法伦州人事委员会法》第72条第3款第1项规定的共决权？[2]几年后，关于在无明确法律依据时，主管当局是否有权在网上发布公职人员的姓名、职务及工作联系方式这一问题，**莱茵兰－普法尔茨州高级行政法院**[3]及作为上诉法院的**德国联邦行政法院**[4]均作出了肯定答复，理由是，这一做法有利于**打造贴近公民的、"有人情味的"行政机关**，判决中也对公职人员的工作内容作出了规定。法院认为，信息发布以不至造成"安全隐患"为限。在另一案中，劳动法院要裁决的问题是，是否可以要求德国青少年福利局的某女性雇员在所有公务文书及公务电子邮件地址中除使用**姓氏**外，也使用**名字**。出于与上一案中相近的考量，劳动法院同样作出了肯定答复。[5]然而，**德国联邦劳动法院**尚未对私营企业在互联网上发布雇员信息的问题明确表态。[6]长期以来，在已有文献中，仅有少数作者简要讨论过劳动合同法方面及数据保护法方面对在网上发布雇员信息的合法性问题。[7]

将个人数据发布到互联网上意味着**全世界的人都能看到**。[8]由于技术上存在诸多访问这些数据的可能性，因此即使发布数据时并无此意，也无法阻止数据在互联网上广泛传播。[9]**传统技术**一样会带来传播效应，例如某记者在跨区域日报上发表文章，或德国之声某评论员发表观点，纸质书籍的作者同样会为能够在更大范围内为人所知而感到欢喜。这都清楚地表明，不能一概禁止在互联网上发布个人数据，但必须遵守德国《联邦数据保护

---

[1] 证据见 Gola, MMR 1999, 323。以下陈述基本与 Däubler, Gläserne Belegschaften, Rn. 464ff. 相符。
[2] 判决见 20.1.2000 – 1 A 128/98. PVL – RDV 2000, 171 = PersR 2000, 456, 另见 CF 2/2001, 33f.。
[3] 10.9.2007 – 2 A 10413/07 – K&R 2007, 671 = RDV 2008, 27.
[4] 12.3.2008 – 2 B 131/07 – ZTR 2008, 406 = DuD 2008, 696.
[5] LAG Schleswig – Holstein, 23.1.2008 – 3 Sa 305/07 – RDV 2008, 212.
[6] BAG, 8.6.1999 – 1 ABR 67/98 – DB 1999, 2218.
[7] 参见 Gola, MMR 1999, 323。
[8] 欧洲法院（EuGH, 6.11.2003 – C – 101/01（Bodil Lindqvist） – JZ 2004, 242）根据《欧盟数据保护指令》的适用范围否认了这一点，但这并不改变相应事实。
[9] 在欧洲法院的前述判决中，某教会志愿员工将同事的数据发布到互联网上，只有该教区的接受坚信礼者才能够访问这些数据。

8　　法》的前提条件。对此可能存在以下两方面的顾虑。

　　传输数据时，接收方必须将数据用于预先确定的目的，这方面并没有什么问题：事实上，问题不在于数据传输，而在于数据使用——如今术语上称之为"应用"。更难裁定的问题是，雇员是否有义务将其个人数据发布到互联网上或接受雇主发布其个人数据的行为。文献中有时会根据劳动关系是否必需**对外展示雇员信息**来进行区分，例如**客户顾问**和**商事代理人**必然需要告知他人自己的信息。[1]若并非必需，则雇员自愿同意后方可发布其个人
9　　数据。[2]

　　与早前的对外联络形式相比，全球各处都可访问个人数据即便对**客户顾问**和**商事代理人**来说也是全新局面。从保护原则方面来看，动态地解释互联网时代前签订的旧劳动合同，认为不断变化的当今情势意味着雇员有新的义务，这样的主张是有问题的。情势不明确时，必须依据德国《民法典》第305c条第2款规定，即存疑时应选择对雇主不利益的解释。[3]因此，存疑时应征得**雇员明示同意发布其个人数据**。较新的劳动合同中可能已经包含了这一点：由于互联网的出现及其使用的飞速增长，作为企业或机构**发言人**，或想要成为**客户顾问**，就必须预想到自己的姓名及通讯地址会出现在雇主网站上。[4]因此，雇主在合同里
10　　写入相应条款并非霸道。即便未写入，对劳动合同作补充解释通常也是一样的结果。

　　若非客户顾问或商事代理人这类特殊情况，那么只有在征得数据主体同意后方可在互联网上发布其个人信息。该同意必须符合《通用数据保护条例》第6条第1款a项规定和第4款第11项的规定，更重要的是该同意必须是**自愿的**。[5]若雇员自愿宣传雇主产品，但在宣传时违反了《反不正当竞争法》的规定，雇主须为此承担责任。[6]

2. 具体前提条件

11　　除客户顾问或商事代理人这类特殊情况外，发布雇员个人数据首先应注意以下四点：

　　（1）通常来说，雇主只**可在商业目的（Geschäftszweck）**必需的限度内公开**个人相关数据**。原则上只公布姓氏、名字、头衔、资质、职位及工作联系方式。[7]若雇员主动希望展示自己，愿意公布诸如结业考试地点、发明创造、个人荣誉、出版作品等常见于人员介
12　　绍的信息，则另当别论。若雇主满足了雇员此类意愿，则认为雇员自愿表示同意。

　　（2）另一方面，应根据《通用数据保护条例》第7条第3款的法律思想，给予雇员禁

---

〔1〕　Gola, MMR 1999, 323.

〔2〕　见脚注13及Gola, CF 11/2000, S. 27ff.；另见Tinnefeld/Viethen, NZA 2000, 980。

〔3〕　在旧版法律中也有对一般工作条件的规定，见 BAG, 25.5.1973 – 3 AZR 405/72, AP Nr. 160 zu § 242 BGB Ruhegehalt; BAG, 12.2.1985 – 3 AZR 183/83, AP Nr. 12 zu § 1 BetrAVG; BAG, 18.9.1991 – 5 AZR 650/90, AP Nr. 14 zu § 339 BGB = EzA § 339 BGB Nr. 7.

〔4〕　亦见 Gola/Schomerus, § 32 Rn 22.; Simitis – Seifert, § 32 Rn 124。关于职务参见 Taeger, in: Taeger/Gabel § 4a Rn 66。Beckschulze/Henkel, DB 2001, 1496 的基本思想一致，但涉及更大的群体。

〔5〕　旧版法律中有同样规定，见 Gola, MMR 1999, 323。

〔6〕　LG Freiburg, 4.11.2013 – 12 O 83/13, K&R 2014, 133.

〔7〕　类似情况参见 Simits – Seifert, § 32 Rn 124，但 Simits – Seifert 认为发布的信息中也可包括个人简历。关于未经授权使用照片进行宣传的损害赔偿义务，见 AmtsG Rüsselsheim, 10.10.2001 – 3 C 806/01, RDV 2002, 132 = MDR 2002, 32。

止其个人数据未来继续被使用的权利。[1]然而，若劳动合同中已明确对发布雇员数据作出约定，则雇主未来可继续对外发布雇员数据，也即雇员不再具有禁止权。[2]若雇主的商业目的要求指名某一人员，则可选择使用假名作为"折中方案"，在电子邮件往来中也必须使用这一假名。

（3）当雇主询问多数雇员是否同意发布某些数据时，适用**德国《企业组织法》第 94 条规定**。此外，在网上发布个人相关数据可能会导致管控的可能性增加（如记录联系次数），故此时也适用德国《企业组织法》第 87 条第 1 款第 6 项规定。[3]

（4）若存在**"安全隐患"**，则不得发布个人相关数据——司法对此持一致意见。[4]首先这可能与**行政机关的性质**有关：德国联邦情报局绝不会想要在网上公布职员的姓名、职能及电话号码。此外，安全隐患也可能**危及雇员个人**，例如，雇员的私人住址及私人电话号码更易被他人探知，从而导致雇员受到跟踪，甚至遭到德国《刑法典》第 238 条规定中的"纠缠骚扰"。然而，抽象的担忧尚不构成"安全隐患"，[5]访客或顾客口头威胁或发送恐吓信则应当视为"安全隐患"。

3. 特例：互联网上的照片

据德国《艺术著作权法》第 **22** 条特别规定，必须征得照片上人物同意后方可传播照片。仅存在雇主商业利益并不够。**同意必须符合一般前提要求**。[6]某人在脸书个人页面中发布了自己的照片，这并不构成授权第三方出于个人目的使用该照片。[7]此外，同意必须"自愿"。

由《通用数据保护条例》第 7 条第 3 款规定可推导出[8]，即使给出的同意符合德国《艺术著作权法》第 22 条规定，也可**撤回该同意**；自撤回时起，同意不再有效。然而，当同意构成劳动合同的一部分时，是否也适用这一点，不同法院有不同判决。[9]一个例外情况是，服装模特接受拍照属于劳动合同规定的主要义务的一部分，因此任一方不可随意撤回同意。[10]若劳动合同或雇主与雇员的其他协议中并未明确规定撤回权，[11]有人提出，此时应将撤回权与是否存在重大理由挂钩。由此便与《通用数据保护条例》第 7 条第 3 款产生冲突。若**与雇员解除了劳动关系**，可以认为该雇员不再同意前雇主继续使用其照片进行

---

[1] Ruppmann, S. 63; Weichert, DANA 4-5/1996, S. 9, 13 支持这一观点。

[2] 参见 Gola/Schomerus, § 32 Rn 22。

[3] 关于人事委员会，见 Schierbaum, PersR 2010, 268ff.。

[4] BVerwG, 12. 3. 2008 - 2 B 131/07 - ZTR 2008, 406 = DuD 2008, 696; OVG Rheinland - Pfalz, 10. 9. 2007 - 2 A 10413/07 - K&R 2007, 671 = RDV 2008, 27; LAG Schleswig - Holstein, 23. 1. 2008 - 3 Sa 305/07 - RDV 2008, 212.

[5] LAG Schleswig - Holstein, 23. 1. 2008 - 3 Sa 305/07 - RDV 2008, 212.

[6] 详见 Lorenz, ZD 2012, 367ff. （关于至今所要求的书面形式）。

[7] OLG Köln, 9. 2. 2010 - 15 U 107/09 - MMR 2011, 323 = RDV 2010, 127 意见相反，认为这一行为构成同意。

[8] 详见 Däubler, Gläserne Belegschaften, § 4 VI (Rn. 169ff.)。

[9] Däubler, Gläserne Belegschaften, Rn. 172。

[10] 参见 Gola/Schomerus, § 32 Rn 22。

[11] 法兰克福市劳动法院审判的某案件中便存在相关条款，见 ArbG Frankfurt/Main, 20. 6. 2012 - 7 Ca 1649/12 - DuD 2013, 185 = ZD 2012, 530。

宣传。然而，当照片宣传并非仅涉及该雇员一人时，情况则不同。[1]在第一种情况下，相关负责人应自动删除所有涉及该雇员的照片。[2]在第二种情况下，离职雇员必须明确要求删除其个人相关部分。与德国联邦劳动法院此前一个就以前的法律作出的判决相反[3]，此时雇员不需要给出明确理由；此类情况更适用《通用数据保护条例》第7条第3款所规定的自由撤回权。就此而言，相关司法观点已有些过时。

若雇员**照片为较大图像的一部分**，且移除后会留下明显空缺，引起观者疑惑，则会造成特殊问题。法兰克福市劳动法院[4]提出，可将修饰、模糊面部及添加黑条作为替代方案，以上做法在八卦小报中十分常见。根据具体情况，修饰面部或为最优方法，它既保护了数据主体的权利，又不会使雇主蒙受利益损失。

三、评价网站

1. 德国联邦法院对 Spickmich 网站案的判决

一旦部分个人信息被发布到互联网上，就更易遭到第三方评头论足，与客户打交道者也是如此。**德国联邦最高法院对 Spickmich 网站一案的判决**引起了公众广泛关注，该案涉及网站上对一位教师的匿名评价。[5]

> **举例**：Spickmich 是一个社区网站，用户可在网站运营商给定的框架内设置内容。如知道某所学校的名字，便可在该网站上注册账号，对该校教师作出评价，评价为常见的1到6分制*。有些问题已提前给定，如"认真备课?"、"风趣幽默?"、"积极主动?"。当对某位教师的评价数达到四条时，网站就会计算平均分并公布。某德语女教师得到了四条评价，平均分为4.3分，她因此提起诉讼，要求运营商从网站上删除这些所有用户都可见的有关她的言论。

本案中，该网站并非出于自身商业目的，而是为将数据传输给第三方而收集及存储数据，因此，此时存储数据及将数据传输给用户的法律依据为旧版德国《联邦数据保护法》第29条第1款。[6]该网站收集和存储数据是"业务性的"，而构成业务无需以盈利目的为前提，仅需该活动为"重复性的、持续一段时间的"。[7]本案关键问题在于，是否可认为该

---

[1] BAG, 11.12.2014 – 8 AZR 1010/13, NZA 2015, 604; LAG Köln, 10.7.2009 – 7 Ta 126/09 – K&R 2010, 144 = DuD 2009, 765; 类似案例见 LAG Rheinland – Pfalz, 30.11.2012 – 6 Sa 271/12, ZD 2013, 286。

[2] 事实情况见 LG Köln, 8.6.2011 – 28 O 859/10 – RDV 2012, 253, 在该案中, 某应召女郎机构继续使用某已离职女性的名字及照片进行宣传。

[3] 11.12.2014 – 8 AZR 1010/13, NZA 2015, 604。

[4] 20.6.2012 – 7 Ca 1649/12 – ZD 2012, 530, 531 = DuD 2013, 185。

[5] BGH, 23.6.2009 – VI ZR 196/08 – NJW 2009, 2888。

* 在德国1到6分制评分制度中, 1分为最高分, 4分为及格。——译注

[6] BGH, a.a.O., Tz. 23ff.

[7] 关于德国《联邦数据保护法》第30a条（市场调查及意见调查）的应用, 见 raschko – Luscher/Kiekebeck, ZD 2012, 263。

名女教师具有应受保护的合法利益，从而可要求阻止 Spickmich 网站存储及传输数据（旧版德国《联邦数据保护法》第 29 条第 1 款第 1 句第 1 项）。为确定这一点，需权衡该教师享有的信息自决权及德国《基本法》第 5 条第 1 款规定的网站用户享有的交流自由权。[1]

评价匿名这一点对权衡是否重要？德国联邦最高法院延续了德国联邦宪法法院的观点，即匿名表达意见同样受德国《基本法》第 5 条第 1 款对基本权利的保护。这一观点的合理性在于，若不受保护，表达意见者或许会由于担心遭受报复或其他负面后果而进行"自我审查"。[2]此外，德国《电信媒体法》第 13 条第 6 款第 1 句明确规定，应当允许匿名或以假名使用电信媒体。

20

经权衡后，德国联邦最高法院**判决该教师败诉**。法院认为，该教师仅在"社交领域"受到妨碍，且妨碍并非极其严重，因为人人都知道学生的意见完全不能与商品测试类的客观评价相提并论。法院未发现存在不客观的诽谤性批评或侮辱。此外也**不存在任何能够被认定为侵犯人的尊严的羞辱、社交排斥或公开侮辱行为**。[3]

2. 其他应用案例

21

位于法兰克福的黑森州高级法院[4]及德国联邦法院[5]将相同原则应用于某**医生评价网站**案中，并认为在该网站发布经验及评价原则上属合法行为。两法院均应用了旧版德国《联邦数据保护法》第 29 条第 1 款规定，明确表示允许匿名发布信息。医生可采取行动要求网站运营商删除不实信息及侮辱性评价，必要时可采取临时法律保护。[6]目前评价网站数不胜数，有评价教授（www.meinprof.de）、手工业者[7]、餐饮业者[8]的网站，还有**评价雇主的网站**（如 www.kununu.com 和 www.meinchef.de）。评价网站的法律合理性毋庸置疑，[9]然而并不建议在评价网站上实名批评自己的雇主。[10]很久以来，eBay 网站就有评价缔约方的功能，但与评价平台不同，在 eBay 上缔约双方相互评价。[11]新的法律基础为《通用数据保护条例》第 6 条第 1 款 f 项，网站运营商及表达意见者的"合法利益"仅受言论自由的一般限制。

---

〔1〕 BGH, a. a. O., Tz. 27.
〔2〕 BGH, a. a. O., Tz. 38.
〔3〕 BGH, a. a. O., Tz. 31 ff.
〔4〕 OLG Frankfurt/Main, 8. 3. 2012 – 16 U 125/11 – ZD 2012, 274；另参见 LG Hamburg, MMR 2011, 488。
〔5〕 23. 9. 2014 – VI ZR 358/13 – K&R 2014, 802.
〔6〕 BGH, 23. 9. 2014 – VI ZR 358/13 – K&R 2014, 802, 806 Tz. 36. 基尔州法院判决中同样指出这一可能性，见 LG Kiel, 6. 12. 2013 – 5 O 372/13 – RDV 2014, 217. 其他关于医生评价网站案件的司法判决见 BGH, 1. 7. 2014 – VI ZR 345/13 – NJW 2014, 2651 – »Ärztebewertungsportal I«；BGH, 23. 9. 2014 – VI ZR 358/13 – NJW 2015, 489 ff. – »Ärztebewertungsportal II«；BGH, 1. 3. 2016 – VI ZR 34/15 – NJW 2016, 2106 – »Ärztebewertungsportal III«。
〔7〕 www.bewertet.de/bewertung/handwerker – bewertung.
〔8〕 Günther, NJW 2013, 3275.
〔9〕 Vonhoff, MMR 2012, 571 m. w. N.
〔10〕 关于可能的违法行为，见 Besgen/Prinz – Schumacher, § 1 Rn. 58 und oben § 4 IV (Rn. 31 ff.)。
〔11〕 Iraschko – Luscher/Kiekenbeck, ZD 2012, 261.

3. 相关数据主体的权利

当相关数据主体认为评价为虚假或不客观时，可以提出抗辩吗？可以对评论者或网站运营商提起诉讼，捍卫自己的名誉或职业声誉吗？对此应详细区别以下情况。

（1）针对"评价者"的请求权

互联网中的此类行为受到**德国《电信媒体法》**的约束。[1]《电信媒体法》第 13 条第 6 款要求，只要技术上可能且可合理期待，服务提供商应当为用户**匿名或以假名**使用电信媒体及支付费用提供可能。因此，当被评价者遭受诽谤性批评或侮辱等，只有网站运营商**提供评价者的联系方式**，被评价者才能对评价者采取行动。但**德国联邦最高法院**在医生评价网站一案的首次判决中**驳回了相关请求**。[2]联邦最高法院认为，一方面，根据一般原则，若权利人在可理解的范围内无法确定其权利的存在或范围，而义务人不难提供消除这一不确定性所需信息时，出于德国《民法典》第 242 条的诚信原则，权利人有知情权，所以本应提供第三方的姓名。但另一方面，该案中数据保护法规不允许提供相关信息，因为德国《电信媒体法》第 12 条第 2 款对数据使用目的作出了十分严格的规定，仅当存在明确涉及电信媒体的特殊准许时，才可将数据用于其他目的。恰恰由于缺少这一特殊关联，德国《民法典》第 242 条不构成授权基础。

人们可能会问，不得对外披露评价者的信息，那评价者不就享有俗称所谓的**"傻瓜自由"**（**Narrenfreiheit**，即肆无忌惮的言论自由），这是否合理？的确，**只有当评价者涉及刑事犯罪**，以及主管当局（特别是检察院）要求服务商提供基础数据（德国《电信媒体法》第 14 条第 2 款）及使用数据（德国《电信媒体法》第 15 条第 5 款第 4 句）时，评价者**才会面临风险**。此时还可能适用新的《网络执行法》（Netzwerkdurchsetzungsgesetz）[3]，其中规定应在短时间内删除违法犯罪内容。[4]但该法中基本未对**侮辱**作出规定；此外，侮辱纯属**自诉罪行**，根据德国《刑事诉讼法》第 376 条规定，只有涉及公共利益时，检察院才会对侮辱提起告诉。实际中很少出现该情况。若发生此类案件或更为严重的罪行，作为受害人的相关数据主体可要求查看刑事诉讼卷宗，以获得犯罪者的必要有关信息。[5]除此类特殊情况外，评价者基本无需担忧。[6]只有当评价者——无论出于什么奇怪的理由——同意披露自己的数据时，才会面临被索赔的风险。已有文献对这一法制状况作出了合理批评，[7]理由主要是德国《电信媒体法》将版权保护请求视为例外情况，然而严重名誉侮辱常常要比版权侵害严重得多，但前者却未得到充分法律保护，如此行事实在难以说得通。

---

〔1〕 参见2007 年 2 月 26 日（《联邦法律公报》第一卷，第 179 页），最近一次修改为 2016 年 7 月 21 日第 1 条（《联邦法律公报》第一卷，第 1766 页），链接：https://www.gesetze-im-internet.de/tmg/BJNR017910007.html （最后访问时间：2017 年 5 月 22 日）。另见本书第八章，边码 14 及以下。

〔2〕 BGH, 1.7.2014 – VI ZR 345/13 – NJW 2014, 2651 – »Ärztebewertungsportal I«.

〔3〕 全称《改进社交网络中法律执行的法案》，2017 年 9 月 1 日，《联邦法律公报》第一卷，第 3352 页。

〔4〕 Spindler, K&R 2017, 533 认为基于欧盟法和德国基本法的观察，该法律存在不少问题。

〔5〕 关于知情权，另参见 Paschke/Halder, MMR 2016, 723ff. 。

〔6〕 Paal, NJW 2016, 2081.

〔7〕 Plath – Hullen – Roggenkamp, § 14 TMG Rn. 21ff. ; Taeger/Gabel – Zscherpe, § 14 TMG Rn. 51 mit Fn. 77.

然而，由于《通用数据保护条例》不包含任何附属条款，内容上也不涉及任何对互联网上匿名行为的规定，所以《电信媒体法》第12条及以下规定在2018年5月25日《通用数据保护条例》生效后是否继续有效这一问题，目前仍悬而未决。

（2）针对网站运营商的请求权

《电信媒体法》第7条第2款规定，在互联网上提供服务的网站运营商**不负有监控网站上信息的义务**；显示可能存在违法行为时，运营商也不负有调查义务。然而，网站运营商通过编辑修改某些言论，或收到相关人投诉后，在网上保留或删除某些言论，便将他人言论变为自己的言论：[1]此时网站运营商将承担全部民事责任，必要时须承担赔偿责任。不过，自动检查部分评价中是否有"不端之处"以及计算平均分数还算不上"变他人言论为自己言论"。[2]所以说，构成言论主体变换的门槛实际上是比较高的——这也体现了人们普遍不希望因为关于责任的法规阻碍互联网经济发展。与此类似的是1896年版德国《民法典》的一些规定：为促进德国工业化进一步顺利发展，实质上将工业化的危险转嫁到了外部。[3]

网站运营商**受到**相关人**指责**（假设指责是正确的），且该指责十分具体，因而不难确定发生了违法行为时，网站运营商便**不可再置身事外**。网站运营商自此时起负有调查义务；若发现确实存在违法言论，必须立即将其删除（参见《电信媒体法》第10条第1句第2项）。如不删除，相关人可要求赔偿。

关涉**移除请求权和停止侵害请求权**时，服务提供商不再享有特权。德国《电信媒体法》第7条第3款第1句将其表述为，"依法"删除或屏蔽使用信息的义务"不受影响"。这里主要涉及德国《民法典》第1004条规定的请求权；相关数据主体可以要求删除网上侵犯其人格权的不实陈述。若有重复妨害之虞，相关人亦可提起停止侵害之诉。对于不再符合现今情况的过往搜索结果，此项规定同样适用。[4]

网站中的评价何时是违法的并因此应被删除呢？在这方面，法院会**权衡基本权利**：一方面，根据德国《基本法》第1条第1款、第2条第1款、第12条第1款及《欧洲人权公约》第8条第1款规定，相关数据主体享有社会认可及（职业）声誉受保护的权利；另一方面，根据德国《基本法》第5条第1款及《欧洲人权公约》第10条规定，网站运营商享有交流自由权，根据德国《基本法》第5条第1款，评价者享有言论自由权。[5]在评价医生一案中，若评价者根本就没到医生处**就诊**，则相关数据主体（即医生）的基本权利占优；评价属违法。[6]这同样适用于**诽谤性批评**（即仅想要令某人"不好过"）、**侮辱**（例如将某人比作公众不喜的动物，如猪、老鼠）及**侵犯人格尊严**，在这三种情况下甚至无需权衡基

---

[1] BGH, 4.4.2017 – VI ZR 123/16 – MMR 2017, 526.

[2] BGH, 1.3.2016 – VI ZR 34/15 – NJW 2016, 2106 Tz. 18 – »Ärztebewertungsportal III«.

[3] 详见 Däubler, BGB kompakt, 3. Aufl., München 2008, Kap. 25 Rn. 26。解释："转嫁到了外部"是指损失不必由肇因者承担，而是转嫁给了他人（通常为受害者或其保险公司）。

[4] LG Köln, 28.5.2015 – 28 O 496/14, ZD 2016, 29.

[5] BGH, 1.3.2016 – VI ZR 34/15 – NJW 2016, 2106 Tz. 31 – »Ärztebewertungsportal III«.

[6] BGH, (Fn. 59) Tz. 36.

本权利。[1]另一方面，相关数据主体应当接受**真实的事实陈述**及由此得出的评价，[2]此时只有过去了相当长时间后，"被遗忘权"[3]才能在一定程度上作出补救。[4]若进行基本权利权衡，已有司法判决中一般为言论自由权占优。因此，在 Spickmich 网站一案中，法院判决允许继续在网上保留学生对该教师专业能力及备课情况的匿名（负面）评价，并另附陈述理由：人人都知道学生评价的说服力很低。也许人们会质疑这一判决是否充分考虑到了学生评价的影响——如果学生继续传播这些差评，导致该教师与其他教师相比受到轻视，那她可能难以继续开展工作。

最新的司法判决中引入了一个新的元素：若某条评价受到合理抗议，网站运营商就应负起**更高的注意义务**。此时需为核查工作付出多少时间及费用取决于具体情况。至关重要的是抗议者提出的侵权行为的严重性及运营商辨别侵权行为的可能性。此外还应考虑运营商提供服务的既定目的及评价者的个人责任。[5]法院认为，对于医生评价网站而言，滥用言论自由任意发表侵害人格的言论可能会带来严重风险，而能够匿名发表言论则导致该风险进一步增大。因此，网站运营商必须严肃查明评价的事实依据。如**对是否进行过诊疗存在争议**，仅要求评价者至少用两句话叙述诊疗过程以及说明诊疗时间还不够。应要求评价者尽量详细描述诊疗过程，并提供账单、处方等证明材料；必要时，可**涂黑姓名**。[6]如网站运营商未考虑到这一点，则认可医生的说法，即评价者根本未在该医生处进行过诊疗。[7]

（3）针对雇主的请求权？

即使在其他**一般人格权受到严重侵犯**的情况下能够请求赔偿，但雇员因工作而遭遇网上负面评价时，请求赔偿常常只是一纸空谈。如雇员陷入此类境况，可考虑根据德国《民法典》第 670 条规定，对雇主提出补偿请求。该项规定不仅适用于雇员开展工作时牺牲个人财产的情况（如因公务导致私人车辆受损）。[8]早在德意志帝国时期，帝国最高法院就已将德国《民法典》第 670 条规定中的**费用偿还扩展至最高个人法益**（如生命、健康），[9]德国联邦最高法院沿用了此观点。[10]这一点亦得到劳动法相关文献中的多方支持。[11]那在一般人格权受到侵犯时，又有什么理由不可要求补偿呢？[12]

---

[1] BGH, 23.6.2009 – VI ZR 196/08 – NJW 2009, 2888 Tz. 34 m. w. N.
[2] BVerfG, 29.6.2016 – 1 BvR 3487/14 – K&R 2016, 593.
[3] EuGH, 13.5.2014 – C – 131/12, CuA 6/2014 S. 30.
[4] 关于被遗忘权的明确限制，见 Däubler, Gläserne Belegschaften, Rn. 561bff. 。
[5] BGH,（Fn.59）Tz. 38.
[6] BGH,（Fn.59）Tz. 43.
[7] BGH,（Fn.59）Tz. 49.
[8] BAG, 16.11.1978 – 3 AZR 258/77 – AP Nr. 5 zu § 611 BGB Gefährdungshaftung des Arbeitgebers；BAG, 17.7.1997 – 8 AZR 480/95 – AP Nr. 14 zu § 611 BGB Gefährdungshaftung des Arbeitgebers.
[9] RG, 7.5.1941 – VI 72/40 – RGZ 167, 85, 89.
[10] BGH, 5.12.1983 – II ZR 252/82 – BGHZ 89, 153, 157.
[11] 证据见 Däubler, Arbeitsrecht 2, Rn. 443 Fn. 552。
[12] 参见本章边码 46 及以下。

四、顾客在雇主脸书主页上提出批评

1. 事实情况

某雇主公司设有五个接受献血的"**输血中心**",并在该处进行血液加工及转售。2013年4月,该公司开设了脸书主页,允许所有用户发布评论,这些评论会被发布在**虚拟公告板**上。该公司明确表示希望以此实现更多意见交流。用户点击"点赞"按钮即表示同意该评论。

在开设脸书主页当天,一名**匿名献血者评论**道:"2013年4月14日,我在N市献出我宝贵的血液。我从18岁就开始献血,但我不得不说,昨天在我献血时给我扎针的那位女士还得再学习学习,她根本就不会扎针。"

第二天,雇主在该页面对此发表评论;法院判决中并未公布评论的具体内容。两个月后,有人对**某位医生发表评论**。评论称,该医生未对一名较为年长的女性献血者进行正确检查,以至于该献血者近乎虚脱,不得不接受输液来稳定情况。

2. 法律评析

毫无疑问,原则上,雇主有权**要求顾客对**公司的服务**表现作出**(正面或负面)**评价**。在上述案件中,企业职工委员会对此亦无异议,但却认为,由于**脸书主页**可被用来收集有关雇员行为及工作表现的数据,所以运营它**应当进行共决**。由于雇主方并不同意这一观点,并继续保留脸书主页上的评价功能,企业职工委员会便请求劳动法院进行裁定,法院裁定:如企业职工委员会不同意,或未经劳资协调处的决议来替代企业职工委员会的同意,雇主不得继续运营该脸书主页。

德国《企业组织法》第87条第1款第6项规定,企业职工委员会可以对"引入及使用用于监督雇员行为或工作表现的技术设施"进行共决。早在20世纪70年代,德国联邦劳动法院已在司法判决中对此作出了进一步解释:为保护雇员人格权,雇主是否有(难以证实的)监督目的并不重要。**在客观上**,**技术设施适用于收集**或**存储**能够监督雇员行为及工作表现的**数据**,便已足够企业职工委员会进行共决。[1]法学界普遍同意将"用于监督"发展为"适用于监督"。[2]此外,只要技术设施中包含手动收集或输入的雇员个人信息,企业职工委员会即可对此进行共决。[3]另外,也无需存储的数据本身即能恰当体现雇员行为及工作表现,如在数据基础上借助谈话或手动导出的列表等**辅助手段**可对雇员行为及工作表现作出评价,企业职工委员会即可对此具有共决权。[4]

---

[1] BAG, 9.9.1975 – 1 ABR 20/74 – AP Nr. 2 zu § 87 BetrVG 1972 Überwachung; BAG, 10.7.1979 – 1 ABR 97/77 – AP Nr. 4 zu § 87 BetrVG 1972 Überwachung.

[2] 此为最新文献观点,见Fitting, § 87 Rn. 226; Däubler/Kittner/KlebeWedde – Klebe, § 87 Rn. 186; GK – BetrVG – Wiese/Gutzeit, § 87 Rn. 532; 仅Richardi – Richard观点略有不同,见Richardi – Richardi, § 87 Rn. 501ff. 。

[3] BAG, 14.9.1984 – 1 ABR 23/82 – AP Nr. 9 zu § 87 BetrVG 1972 Überwachung.

[4] BAG, 6.12.1983 – 1 ABR 43/81 – AP Nr. 7 zu § 87 BetrVG 1972 Überwachung; BAG, 23.4.1985 – 1 ABR 38/81 – AP Nr. 11 zu § 87 BetrVG 1972 Überwachung; BAG, 11.3.1986 – 1 ABR 12/84 – AP Nr. 14 zu § 87 BetrVG 1972 Überwachung.

尽管存在上述法律基础，本案在判决时仍遭遇困难。杜塞尔多夫市劳动法院判决同意进行共决，并对企业职工委员会的申请予以批准，[1]而位于杜塞尔多夫的北莱茵-威斯特法伦州劳动法院则作出了相反判决。[2]后者认为，实际在"适用于"监督的情况下即存在共决权，这一共决权的前提为，**技术设施本身**自动处理某些操作的数据，因此只要部分监督活动通过技术设施进行便足以进行共决。而在本案中并非这一情况。在本案中，脸书主页并不进行监督，只是记录用户言论，用户也可以通过发电子邮件或写信来传达这些意见。

37 在较长一段时间后，通过搜索仍能找到原始发帖的功能并不会使本案情况发生任何改变。

与北莱茵-威斯特法伦州劳动法院观点相反，**德国联邦劳动法院**仍坚持其一贯观点，**判决同意**企业职工委员会拥有**共决权**。[3]德国联邦劳动法院认为，脸书主页属于通过开通"账户"而被引入及使用的技术设施。主页不属于雇主，而属于脸书公司，这一点并不重要。雇主设置"**访客来帖**"**功能**使监督雇员的行为及工作表现成为可能。访客写下帖子并将其发布到脸书主页上，这使雇员**持续**面对**被监督的压力**。雇员必须时刻想着有人会对自己的工作表现或行为发帖评价，不仅雇主能够看到这些帖子，所有访问此页面的人都能看到。而雇主是否依据这些帖子作出评判，以及是否在必要时采取人事措施，这对判断企业职工委员会是否可以进行共决并不重要。也不需要所存储的访客来帖本身构成对雇员行为或工作表现的合理的最终评价。能借助**来帖及其他信息**作出评价即可。发帖是手动输入的这一事实对于共决权来说也不重要。此外，与北莱茵-威斯特法伦州劳动法院意见相反，联邦劳动法院认为，公众可以长期获取这些数据，这是发帖与投诉信的不同之处。联邦劳动法院责令雇主禁用"访客来帖"功能。由于这一功能可与脸书主页其他部分分开，因此

38 后者可被继续保留——尽管企业职工委员会起初提出的申请中要求雇主关闭脸书主页。

德国联邦劳动法院的这一判决为实践带来了**重要澄清**。[4]彼时被标榜为原则性判决的北莱茵-威斯特法伦州劳动法院判决[5]已成为过去。在具体情况下，企业职工委员会应该很少会同意借助顾客发帖评价雇员。同样，根据已有经验，只有当公司面临如盗窃或侵吞公款之虞，劳资协调处主席才会"倾向于进行监督雇员"，而本案中并无此风险。该判决对雇主发起或实现的**在互联网上评价雇员的行为**作出了**重要限制**，然而这一限制只有在存在

39 企业职工委员会的企业里才会起效。[6]

即使企业里存在职工委员会，雇主仍可检查公司所提供服务的质量。雇主可以设置多名**测试买家及测试客户**，让他们报告自己的体验——但必须限制他们不得披露任何能够指

---

[1] ArbG Düsseldorf, 27.6.2014 – 14 BV 104/13 – AuR 2015, 199.

[2] LAG Düsseldorf, 12.1.2015 – 9 TaBV 51/14 – ZD 2015, 282 = NZA – RR 2015, 355.

[3] BAG, 13.12.2016 – 1 ABR 7/15, NZA 2017, 657. 当雇主不要求顾客发表意见时，对于智能手机应用来说，情况则不同，见 ArbG Heilbronn, 8.6.2017 – 8 BV 6/16 – K&R 2017, 669。这一判决忽视了这一情况，即，几十年以来，最高法院司法判决中一直都考虑到监督雇员行为的客观可能性。

[4] Nebeling/Klumpp, DB 2017, 74.

[5] Conrad/Huppertz, in: Auer – Reinsdorff/Conrad（Hrsg.）, Handbuch IT – und Datenschutzrecht, 2. Aufl. München 2016, § 37 Rn. 328ff.（这本书十分重要，常被用作 IT 法律方面专业律师培训用书）。

[6] 关于人格权的法律限制见本章边码 46 及以下。

向具体雇员的信息。[1]

五、云上的雇员数据

借助"云计算"(cloud computing)可将存储及处理数据的工作转交给能够提供足够容量的第三方。[2]一般来说,"云服务"物美价廉,而这些服务大多并非由服务商自身提供,而是由位于世界各地的分包商和二级分包商完成。所以,委托方及数据的实际"所有人"不再能够有效管控数据,他们甚至并不知道数据位于哪台服务器上。合同中对此可能会有不同的约定。"云"(cloud)表示事物隐于其后,这个表述十分贴切。事实上,人们既不可能再监督相关法律法规是否得到遵守,也无法估计国外有关当局在多大程度上能够访问云上存储的数据。换言之,**缺少透明度及管控**。[3]

技术本身不会改变一般数据保护规定的适用性。一般来说,决定在云上存储哪些内容以及如何处理这些内容的仍是"云用户",因此他才**希望委托他方处理相关数据**。[4]所以,此处适用**《通用数据保护条例》第 28 条第 3 款第 2 句第 h 项**,即合同中必须约定,委托方可获得能够帮助其检查在《通用数据保护条例》第 28 条下是否合规的所有信息。此外,受托方必须允许并配合委托方或由委托方指定的人进行**"审核,包括检查"**。假设受托方所在地为美国,为其工作的却是位于加勒比海地区 A 国的二级分包商,而该二级分包商又需要位于加勒比海地区 B 国的某公司的帮助——实际中谁会想到要亲自查看所有服务器呢?假如真有这样一位"合规狂热者"(现代一点的说法叫"控制狂")萌生了这样的念头,别人多半也会向他解释说,在他(自掏腰包!)达到目的之前,可能早就启用另一台二级分包商的服务器了。尽管新的法律规定受托方在使用另一台二级分包商服务器前必须向委托方告知情况,但这一点并不会改变现实情况。迄今还没有人进行过这样的**兔子与刺猬的赛跑** *——云供应商拥有庞大的计算能力,保证了低廉的价格,因而人们似乎不再特别重视数据保护法方面的隐忧了。[5]

云很少只位于一国国内[6],所以自然会产生**跨国数据保护的问题**。因此,若第三国的数据保护不够严密,只有通过缔结欧盟委员会的示范合同或通过采用"约束性企业规则"(Binding Corporate Rules,简称 BCR)来确保实现恰当的数据保护,从而将第三国纳入到法律框架内。若未缔结示范合同或未采用约束性企业规则,监察机构可能会要求自行更正。

---

〔1〕 BAG, 18.4.2000 – 1 ABR 22/99 – NZA 2000, 1176.
〔2〕 参见 Funke/Wittmann, ZD 2013, 221ff.; Sinn, CuA 4/2014, 4ff.; Weichert, DuD 2010, 679ff.; Pötters, NZA 2013, 1055。
〔3〕 Pötters, NZA 2013, 1055; Pötters/Thüsing, in: Thüsing (Hrsg.), Beschäftigtendatenschutz, § 15 Rn. 4ff.
〔4〕 参见 Funke/Wittmann, ZD 2013, 221ff.。
* 兔子与刺猬赛跑的故事源自《格林童话》,大致内容为兔子要求与刺猬赛跑,刺猬在出发后只跑了几步便躲了起来,并让妻子假装是自己等在终点前,骗兔子是自己先到达终点。兔子这样与刺猬跑了七十三回,在跑到第七十四回时,兔子终于累死了。——译注
〔5〕 代表性观点参见 Kramer – Solmecke, Teil A Rn. 26f., Kramer – Solmecke 仅叙述了云计算的经济优势,对其风险则只字未提。
〔6〕 Pötters, NZA 2013, 1055.

无视数据保护相关法规的话,可能会受到惩处。不过通常没有人会动念干预物美价廉的云服务商。[1]一般只对**外国国家机关侵入云**,甚至窥探**企业机密**存在顾虑。一些公司已经考虑到了这一点,因此只在欧盟境内提供数据处理服务。[2]

法学界尝试对此提出建设性意见,进而解决这一问题。有学者认为,应当用对受托方**的标准化检测报告**来代替委托方的实际管控。[3]最近有学者建议采用 **ISO 27018 认证**,并认为这一认证必然将带来更多的法律确定性,然而该认证却不能保护相关数据不被国外有关当局访问。[4]由于雇员数据一般都是机密数据,因此最好考虑一开始便**不将其存储在云上**。只有这样才能保障企业职工委员会的信息了解权及监督权。在跨国康采恩中,必要时可制定集团内部规定,设置切实可控的目标,保证无法向外泄密。

六、互联网上的其他雇员数据

除有意在雇主网页上"发布信息"、引入评价网站、在雇主网页上设置"评论角"以及将数据存储在云上外,雇员数据还可以通过其他方式进入互联网。举个简单的例子,工作邮件地址中使用个人姓名也可能导致侵犯人格权。领英或脸书个人资料中允许包含多少企业信息,同样可能成为问题。必须排除他人从这些数据中间接推导出企业或商业机密的可能。[5]另一方面,除情报机构、德国联邦刑事犯罪调查局及敏感研究项目外,其他企业或机构不得将自身所有工作活动称为"机密"。此时尤其要注意这样一个问题:曾被发布到互联网上的数据是否能够、以及在多大程度上能够被有效删除?[6]

七、雇员要求雇主赔偿

1. 问题的复杂性

上文对法制状况的陈述应该已清楚显示,使用法律手段保护相关数据主体的人格并非易事。对德国《电信媒体法》的详细解读已超出了常见的劳动法问题,也会给一些诉讼代理人带来困难。**对于不了解相关法律的雇员来说,与某个评价网站起争端仿佛一场大卫与巨人歌利亚之战** *。即使对了解相关法律和有经验的人而言也还是要面对相当大的不确定性——在具体案件中,进行基本权利权衡会产生哪些结果?法院判决允许评价教师,那也允许评价医生、律师、业务主管等人吗?若有**"法官评价网站"**,司法判决或许会有变化

---

〔1〕 与此相左,石勒苏益格-荷尔斯泰因州独立数据保护中心(ULD Schleswig – Holstein, RDV 2012, 266)对此持乐观态度,认为能够实现数据保护的云计算可行。相似观点见 Brookman, ZD 2012, 401。
〔2〕 详见 Weichert, DuD 2010, 679, 686ff.。
〔3〕 Pötters, NZA 2013, 1055, 1058 m. w. N.
〔4〕 Konrad – Klein, CuA 4/2015, 23ff.
〔5〕 Schulze/Hofer, AiB 7 – 8/2016 S. 28.
〔6〕 关于被遗忘权,参见 Däubler, Gläserne Belegschaften, Rn. 561bff.;Holznagel/Hartmann, MMR 2016, 228ff.。

* 这一故事源自《圣经》,大致内容为年轻的牧童大卫在对战巨人歌利亚时,用石子击中了歌利亚的额头,并割下了他的首级,将其杀死。比喻弱小者对抗强大对手。——译注

吗？如何对不客观的顾客评价提出抗辩？如何确保未经授权的人无法访问云上存储的数据？雇员是否能够阻止雇主获知自己作为顾客在亚马逊或 eBay 上的表现？

2. 对雇员的花费补偿？

这里讨论的雇员经济损失不是闲暇活动造成的或多或少的费用，而是劳动合同中所规定的**工作**的**直接后果**，也就是说，这里只涉及工作活动。聘请律师跟网站打官司会产生费用。若雇员败诉，对方律师费用及法庭费用也由该雇员承担。不对此作出规制、听之任之的话，**劳动关系的风险结构可能会发生变化**，使雇员须承担与工作直接相关事件的经济后果——而出差或为继续开展工作而购置材料等开销自然由雇主承担。此处同样**相应适用德国《民法典》第 670 条规定**，即雇主应补偿雇员为工作而支出的费用，这一规定可使雇员免于负担经济后果。[1] 雇员的私人车辆因公受损[2]，或第三方在某评价网站上诽谤雇员从而导致该雇员社会声誉受损，这两种情形不应区别对待。

雇主的这一"支持义务"也可参考（较少被提及的）已有典例及判决先例。对于特殊问题，可以参照适用**德国《一般平等待遇法》第 12 条第 4 款规定**。根据该规定，若雇员在开展工作活动时受到第三方歧视亏待，雇主必须采取"在个案中适当、必要、相称的措施来保护雇员"。此外还可参考德国联邦劳动法院对保释金失效一案的判决，该案案情为：由于涉嫌交通违法行为，某受雇司机在国外被捕，只有在缴纳保释金后才能被释。该司机认为该国的刑事追诉违反法治国家原则，不愿在该国受到刑事追诉，于是逃回德国，因此**保释金失效**。之后，该司机要求其雇主补偿保释金，德国联邦劳动法院判决准予同意。[3] 如该司机在德国因为工作卷入到某起交通事故当中，也可要求雇主偿还辩护费用。[4]

3. 牺牲雇员人格？

法律规定可能导致**即便严重侵犯人格权也不会受到惩处**：如在八周后才发现严重侮辱行为，并告知网站运营商或其他服务商，则索赔自该时刻起才开始生效；由于"犯罪者"可以匿名隐藏起来，而网站运营商受到德国《电信媒体法》第 7 条及以下规定保护，因此不得就之前发生的事情向"犯罪者"提起索赔。因此会出现这样一种罕见的情况，尽管发生了侵犯一般人格权的行为（刑事犯罪除外），却不能要求赔偿损失或进行其他惩处。在与工作直接相关的情况下，若雇员的部分人格未得到保护，他是否可以对此要求"费用补偿"？

费用是指**自愿支出的财产**，如雇员预先支付的差旅费。根据德国《民法典》第 670 条规定，雇员可要求雇主补偿这笔费用。已有司法判决将这一规定扩展至**非自愿的财产支出**。例如经雇主同意，雇员将私人车辆用于工作目的，如发生意外产生损失，雇员也可要求雇

---

[1] ErfK‑Preis, § 611 BGB Rn. 553; Schaub‑Koch, § 82 Rn. 1ff.; Däubler, Das Arbeitsrecht 2, Rn. 902ff.

[2] 关于雇主的基本补偿义务，见 BAG, 16.11.1978 – 3 AZR 258/77 – AP Nr. 5 zu § 611 BGB Gefährdungshaftung des Arbeitgebers; BAG, 17.7.1997 – 8 AZR 480/95 – AP Nr. 14 zu § 611 BGB Gefährdungshaftung des Arbeitgebers。

[3] BAG, 11.8.1988 – 8 AZR 721/85 – AP Nr. 7 zu § 611 BGB Gefährdungshaftung des Arbeitgebers = NZA 1988, 649.

[4] BAG, 16.3.1995 – 8 AZR 260/94 – AP Nr. 12 zu § 611 BGB Gefährdungshaftung des Arbeitgebers = NZA 1995, 836.

主补偿。[1]在委任及事务处理的相关法律规定中,即德国《民法典》第 670 条的直接应用领域中,德意志帝国法院的司法判决早已先行一步,考虑到了**非自愿承受的人员伤亡**。[2]德国联邦法院判决中[3]及责任法相关文献中[4]沿用了这一点。在劳动法领域,也有人呼吁将德国《民法典》第 670 条应用于意外险未覆盖的健康损失。[5]因此我们有理由认为,当其他非物质法益受损时,同样适用这一规定——在工作相关情况中,若雇员的一般人格权受到严重侵害,可要求合理补偿。

---

[1] BAG, AP Nr. 5 und 14 zu § 611 BGB Gefährdungshaftung des Arbeitgebers.
[2] RGZ, 167, 85, 89.
[3] BGH, 5. 12. 1983 – II ZR 252/82 – BGHZ 89, 153, 157.
[4] 见 Däubler, BGB kompakt, Kap. 22 Rn. 97ff. 。
[5] 参见 HK – ArbR – Waas/Palonka, § 618 BGB Rn. 19; Gamillscheg/Hanau, Die Haftung des Arbeitnehmers, 2. Aufl. , Karlsruhe 1974, S. 153; Gick, JuS 1979, 641ff. ; Däubler, JuS 1986, 428ff. 。

第 8 章

雇主监控的可能和雇员的数据保护

一、问题所在

1. 网络使用痕迹

在 2000 年出版的《国际互联网经济法》文集[1]中，克里斯托弗·保卢斯（Christoph Paulus）在序言部分也提到了劳动法问题。原文如下：[2]

"劳动法也受到了新技术的挑战。我在这里只说监视的可能完全可达到奥威尔《1984》中或赫胥黎《美丽新世界》中的程度。任何必须在电脑前或在电话机旁（如借助电子银行或电子商务）完成工作的人，他每一秒的工作效率都可能受到监视，在很多企业中也确实如此：谈话的时间、待人接物的方式以及成功率等数据不仅随时可追溯，甚至也被存储，导致雇员事实上已经透明化。看不见的技术持久监控员工，由此产生的数据记忆给普通员工造成长期负担，并对其人格造成侵犯，有关监管合法性的这一普遍问题随即自然浮现……"

任何上网的人都会留下使用痕迹，这点毋庸置疑。一封邮件、一份电子银行转账单（技术上）要辗转很多机构，因此**个体的行为随时**会受到**追踪**。这里以企业内的**防火墙系统**为例，该系统旨在保护公司内部免受来自外部的未授权访问，另外还可限制和监控"对外网络通道"。[3]实现此监控需要收集通过这一"瓶颈"的所有信息，甚至登录网络的失败尝试也不例外。由此产生的"记录"提供给雇主，雇主便可由此证明某个雇员过度私人上网。[4]另外一个例子是**代理服务器**。它具有存储常用网上信息、方便调取的功能，也可由此确定谁在什么时候获取了哪些信息。

举例：据悉，斯图加特市劳动法院有一项悬而未决的解雇保护诉讼。该诉讼涉及一个被即时解雇的培训师。该培训师在业余时间利用企业设备从网上下载并观看了大量色情电影；他输入了自己的信用卡号码，承担了相关费用。其他任何人都不知道他

---

[1] Immenga 等（见参考文献）。
[2] 同上，第 15 页。
[3] 技术细节介绍见 Schuler, CF 4/1999, 16ff.。
[4] LAG Berlin – Brandenburg, 14.1.2016 – 5 Sa 657/15，BB 2016, 891.

的这一"爱好"。他完整地培训了实习生们,也给他们介绍了代理服务器的功能。实习生由此发现了缓存文件,显然也很有兴趣。他们觉得特别要通报的是:服务器还记录了哪台设备调取过这些信息。之后的论述中还会提到这个案例。

还有 GPS[1]和移动手机的定位功能。两者都使随时查询外勤人员当前位置成为可能,从而掌控其工作行为的细节。[2]另一本书中对这种监控形式的界限作了必要说明。[3]

2. 有针对性的监控

使用某些**程序**可以扩大监控范围。[4]其中一个程序被有意命名为"小老弟"(Little Brother)。* 银石公司(Silverstone)的一个程序记录了电脑上的所有活动并允许定期**"截图"**。德国联邦劳动法院也对一个"键盘记录"的监控系统作出过判决。[5]还可以设想秘密安装程序,仅在调用某些数据时才激活,可能五分钟内每秒做一次屏幕截图。[6]此外还可以把所有访问过的互联网网址记录在加密的日志文件中,必要时还记录计算机的使用时间。[7]也可以存储和分析**键入行为**,甚至用作**"识别手段"**或是检查手段,观察坐在电脑前的人员谁效率最高。[8]呼叫中心对**语音的自动分析**可以得出某接话员对待来电者的态度是否友好。[9]集中监控还可以这样进行:不监视工作过程本身,而是对**工作结果进行深入的细节评估**。例如一家保险公司监控所有出险办事员,他们每天和每周处理的业务量、业务落后的情况、案件被拖拉了多久、打电话的频率、打电话所费的时间都被记录下来,从而了解每个人的工作结果和做出的工作安排等。然后将记录结果与工作小组的平均值进行比较。哪怕只有一个因素超出了波动范围,主管也会找他谈话。[10]

3. 技术监控的优势与弊端

没人要剥夺雇主监督雇员履行工作任务这项基本**权利**,[11]该权利的行使对有效的公司运作甚至不可或缺。唯一的问题在于,雇主是否可以使用具有以下特征的技术手段:

- 监控能力极高、

---

[1] GPS = Global Positioning System,即全球定位系统。

[2] 见 Gola, ZD 2012, 308; Sebastian Meyer, K&R 2009, 14ff.; Wedde, in: van Haaren/Hensche (Hrsg.), Arbeit im Multimedia - Zeitalter, S. 97。

[3] Däubler, Gläserne Belegschaften, Rn. 318ff.; Däubler/Wedde/Weichert/Sommer - Wedde, § 26 Rn. 128ff.

[4] 十余年前便已存于市面的程序概览,见 Haverkamp, CF 12/1998, 18ff. 及 Heilmann/Tege, AuA 2001, 54。

* "老大哥"(Big Brother)是乔治·奥威尔在其小说《1984》中刻画的人物形象,是无所不监控的独裁者的代名词。

[5] BAG, 27. 7. 2017 - 2 AZR 681/16, NZA 2017, 1327.

[6] 案例见 ArbG Augsburg, 4. 10. 2012 - 1 BV 36/12 - CuA 1/2013, 13 及 Däubler 评论。

[7] 说明详见 Haverkamp, ebd., S. 21。

[8] Dotzler, DuD 2011, 192.

[9] Kiesche/Wilke, CuA 4/2012, 5ff.; Tillenburg, DuD 2011, 197ff.; Zoebisch, DuD 2011, 394ff.

[10] BAG, 25. 4. 2017 - 1 ABR 46/15, NZA 2017, 1205.

[11] Däubler, K&R 2000, 326; Raffler/Hellich, NZA 1997, 862.

- 极有可能无法被他人察觉、
- 将雇员工作行为的具体细节"透明化"、
- 可实现"全体员工的透明化"。

赞成技术监控的论据如下：
- 监控可确保使用系统所产生的成本在一定限度内[1]并确保系统不会过载。[2]
- 电子邮件极有可能成为**泄露商业秘密**和刑事犯罪（如诽谤）的手段。持续的监控可防止这种情况发生。[3]
- 介入雇员和第三方的交流，可了解雇员是否恰当、友好地对待**客户**。
- 监控系统可**抵制经济间谍活动**，这类活动已有出现，也给德国企业带来了负担。[4]

雇员一方则持相反意见，他们认为**控制成本**可**通过其他方式**实现。此外，现在**网络使用费**非常**低廉**，多发一封电子邮件的成本负担或基本为零，或微不足道，难以核算。[5]另外，网络系统功能强大，无需**担心**再发生**超负荷**的情况。保护商业机密和减少刑事犯罪固然是**重要的目标**，但监控邮件对此用处不大。若有人想对企业或他人不利，那他知道存在监控时会像以前一样使用私人电话或是书面文件。阻止入侵者当然必要，但完全可以在不收集雇员数据的情况下实现。

网络系统使监控变得容易。我们还可以断言，**随着数字化推进，监控会更容易**。例如在工作中佩戴智能眼镜，[6]雇员就处于持续的电子通信中。眼镜可精准记录雇员行为。排查自控系统故障的修复团队成员也时时被系统监控。[7]与此相比，有些人每天在屏幕前度过半个小时，不会对记录开始和结束时间动怒，真是让人觉得安逸恬静。

4. 法律框架

使用技术监控工具必须遵守重要的法律框架。个体劳动法部分的首要问题是：是否适用"**电信秘密**"从而保护雇员？一般人格权又可在多大程度上限制雇主？集体劳动法部分则讨论**企业职工委员会**或公职人员的人事委员会对监控的**共决权**。基于共决权，雇员利益代表机构可抵制全面监控的威胁。

原则上，不得使用侵犯雇员私人空间和违反企业职工委员会共决权的信息。这点适用于**诉讼和非诉讼程序**。此类数据必须立即删除。[8]这点将在接下来的部分予以说明。

---

[1] Balke/Müller, DB 1997, 326; Raffler/Hellich, NZA 1997, 862.
[2] Balke/Müller, DB 1997, 326.
[3] Balke/Müller, DB 1997, 326.
[4] Kiper, CF 6/2000, 17 指出，西门子和勃林格等大公司在过去都与美国国家安全局有过不愉快的经历。该机构显然将商业机密透露给了作为竞争对手的美国公司。全部信息亦见 Lindemann/Simon, BB 2001, 1950.
[5] 参见 Heilmann/Tege, AuA 2001, 53 已做出的计算结果。据此，一个月内每天都用电子邮件寄发两页标准 A4 纸的成本约为 2.5 芬尼。
[6] 其功能见本书第一章，边码 22。
[7] 参见本书第一章，边码 19。
[8] BAG, 29.10.1997 – 5 AZR 508/96 – NZA 1998, 307（私人领域）；BAG, 22.10.1986 – 5 AZR 660/85 – AP Nr. 2 zu § 23 BDSG（共决权）。

二、电信法在劳动关系中的应用

1. 导言

自德国联邦邮政私有化以来，德国制定了十分细致的《**电信法**》。[1] 与传统的邮政和通信法不同，《电信法》不仅涵盖语言通信（电话交谈），还覆盖了**广义上借助电子通信实现的信息传输**和**信息交换**。

《电信法》（Telekommunikationsgesetz，缩写TKG）第3条第22项[2]就"电信"一词给出了法律定义。据此，电信是"借助电子通信设备传输、发送和接收信号的技术过程"。早期版本的提法不是"信号"，而是"以符号、语言、图画和声音等为形式的各类消息"。[3]

法律规范不再仅仅针对重点经营电信和多媒体的企业。[4] 由于邮政不再被垄断，立法机关**着眼于**企业"**提供的电信服务**"，而不关注电信服务在公司整体活动中的地位。因此，钢铁厂或是大学也可以成为法律意义上的"电信通信服务商"。

电信领域将**极有可能会出台**欧盟层面上的**条例**，因此相关的德国法规可能将不再适用。欧盟委员会正在推进相关计划并提交了**条例草案**。[5] 会出现哪些变化目前还难以预料。[6] 下文所述不仅涉及德国法律，还考虑到了欧盟委员会的草案。

(1)《电信法》《电信媒体法》《德国广播国家协议》德国《民法典》——层级模式

现行《电信法》对"用户不够友好"。为便于理解，应**区分三个不同"层级"**。[7]

1) **第一层级**是信息传输技术。例如，何种前提下可在公共道路下铺设电缆？如何确保电话不被未获授权者监听，电子邮件不被其阅读？2004年6月22日出台的《电信法》[8]对上述问题及一些其他问题作出规定。

2) 尤其非语言交流扩充了**网络上提供的特定服务**。例如，有人想知道莫斯科的天气或

---

〔1〕 参见Holznagel u. a., Grundzüge des Telekommunikationsrechts, Münster u. a. 2000。有关该法律最新发展情况见Das neue TKG：im Mittelpunkt steht der Verbraucher, NJW 2012, 1622ff. 。另见Hoeren, S. 338ff. 。

〔2〕 2004年6月22日版（BGBl. I S. 1190），最近一次修改版本颁布于2012年5月3日（BGBl. I S. 958）。

〔3〕 1996年7月25日颁布的《电信法》，BGBl. I S. 1120。

〔4〕 Jaspers/Müthlein, S. 19.

〔5〕 欧洲议会和委员会关于尊重私人生活和保护电信通信过程中个人数据的规定的提案及有关废除2002/58/EG欧盟指令（关于私人领域和电子通信的法规）的说明，时间2017年1月10日，COM（2017）final（DE）——通常被称为《电子隐私条例》。

〔6〕 最新情况见Engeler, ZD 2017, 549 及 P. Kramer, DSB 1/2018 S. 6；以前的情况见Maier/Schaller, ZD 2017, 373ff. 。

〔7〕 直观呈现见Jaspers/Müthlein, S. 21ff. 。Tinnefeld/ Viethen, NZA 2000, 980 已就难以区分的情况作了合理说明。

〔8〕 BGBl. I S. 1190，最终修改版本为颁布于2012年5月3日的法条，见BGBl. I S. 958；颁布于2014年7月25日的法条，见BGBl. I 1266；及颁布于2017年6月27日的法条，见BGBl. I S. 1963；最初版本为1996年7月25日颁布的《电信法》，见BGBl. I S. 1120。

是多伦多的股市,还有人想购买古董书或预定航班,就有人提供这些最新消息。这就是**第二层级**,即"服务"。从法律上讲,这一层级应予以细分。 17

若是一则普通服务,

> **举例**:我想要在汉诺威寻找一名劳动法领域的专业律师,便点击网址www.soliserv.de 并在那里找到一份律师名录。

则应适用 2007 年 2 月 26 日[1]出台的《**电信媒体法**》(Telemediengesetz,缩写 TMG)的规定。该法规定了服务提供商对信息传输内容(有限)的责任。 18

若事关影响公众舆论的编撰类文章,则不适用《电信媒体法》,而适用联邦各州签署的《**德国广播国家协议**》(Staatsvertrag für Rundfunk und Telemedien,缩写 RStV)。该协议于 2007 年 1 月 30 日出台。[2]个别情况下,这种区分还可能带来问题。好在编撰类文章在企业内信息处理中并不多见。然而总还是会有企业报刊的存在。企业报刊的发起人可以主张新闻自由权[3]并依据各州新闻法要求公共机关提供信息。[4] 19

3)传输信息的内容受制于一般法律原则。若股市信息服务方称一家公司"行将破产",而这并不属实,该公司可根据德国《民法典》第 823 条第 1 款要求服务方履行赔偿义务。一个人实名聊天时侮辱他人,也适用一般法律原则。

(2)数据保护法规

所有三个领域中都存在特别法规以保护个人数据。 20

第一层级的相关规定见《**电信法**》**第 88 至 107 条**。这里规定了传统意义上的"远程通信秘密",今天它已发展为"**电信通信秘密**"。主旨在于确保只有通信的指定接收方才可触及通信的外部形式和内容。 21

规划中的欧盟《电子隐私条例》第 5 条确保"电子通信数据的保密性"并作了如下规定:

"电子通信数据保密。禁止任何侵犯电子数据保密性的行为,如最终用户之外的他人窃听、监听、存储、监视、扫描以及其他形式实施拦截、监视和加工信息的行为。本条例允许的情况除外。"

《电子隐私条例》第 6 条及以下部分规定了与数据使用直接相关的几点限制。 22

1997 年 7 月 22 日颁布的一部特别法,即《**远程服务数据保护法**》(Teledienstedatenschutzgesetz,缩写 TDDSG)最早对**电信服务**领域的**数据保护**作出了规定。[5] 现行法规为

---

[1] BGBl. I S. 179,最终修改版本颁布于 2016 年 9 月 1 日 (BGBl. I S. 3352)。在此之前适用的法律为颁布于 1997 年 7 月 22 日的《电信法》(Teledienstegesetz,缩写 TDG)(BGBl. I S. 1870)。

[2] 即《第九部修改版广播协议》,已发表于各州法律公报上。可参见 GV,NRW 2007 S. 101ff.。

[3] ErfK – Schmidt,Art. 5 GG Rn. 52;Däubler,Arbeitsrecht 1,Rn. 825a.

[4] 在网上发布编撰类文章的门户网站运营商享有信息咨询权,见 OVG Bautzen, 10. 7. 2015 – 3 B 96/15,ZD 2016,200。

[5] BGBl. I S. 1871.

《电信媒体法》第 11 条至第 15a 条。这两部法规都主要针对这一问题：电信服务商可以记录用户的哪些信息？例如是否可以建立**买家个人资料**，不仅留作自用，而且出售给其他公司？

最后，电话交谈、电子邮件往来或 eBay 网上的电子订单等的内容中涉及个人信息传输的，则适用一般数据保护法的规定，也就是《**通用数据保护条例**》和新版德国《**联邦数据保护法**》。例如，人事部门的一名员工在电话里把 X 雇员人事档案的一部分读给自己的熟人听，该行为违反了新版德国《联邦数据保护法》第 26 条第 1 款的规定（而且还违反了劳动合同义务），因为此举不是履行劳动合同义务所必须的。如此人不是通过电话，而是把雇员信息上传到网上，情节则更严重。

2.《电信法》第 88 条及以下是否适用于劳动关系？

(1) 法律框架

据《电信法》第 88 条第 2 款第 1 句，"**电信通信服务商**"应承担保护电信秘密的责任。《电信法》第 3 条第 6 项对电信通信服务商的特征作出如下定义：

"电信通信服务商在任何业务上完全地或部分地

a) 从事提供电信服务或

b) 参与提供这类服务。"

《电信法》第 3 条第 10 项对"**从事提供电信服务**"作了明确说明：带有或不带有盈利目的地持续向第三方提供电信通信。

(2)《电信法》适用于私人通信，不适用于办公通信

如电话、邮件等电信设施**用于办公**，雇主被视为"电信通信服务商"的条件便不满足。虽然向雇员提供电信通信，但这并非"向第三方的要约"。[1] 劳动关系中的雇员不是能够选择是否使用服务的第三方，而必须为履行工作任务而使用雇主向他提供的条件。这不是一种在市场中形成的关系，而是上下级隶属关系。

如雇员有权使用**私人电信服务**，由雇主支付或报销费用，情况就完全不同了。这是一个典型"要约"情形，雇员可以选择接受，也可以选择不接受。雇主此时就是提供电信服务，或者更准确的说，他在根据《电信法》第 88 条第 2 款第 1 句参与提供服务，确保德国电信或其他电信服务商向雇员提供服务。直到最近几年，法律文献还曾普遍认同：**私人通信受到《电信法》的制约**。[2]

---

[1] 普遍性观点。见 OVG Lüneburg, 14. 9. 2011 – 18 LP 15/10 – ZD 2012, 44；Beckschulze/Henkel, DB 2001, 1495；Ernst, NZA 2002, 588；Heilmann/Tege, AuA 2001, 54；Jaspers/Müthlein, S. 22；Jofer/Wegerich, K&R 2002, 236；Kratz/Gubbels, NZA 2009, 652, 653；Lindemann/Simon, BB 2001, 1951；Post‑Ortmann, RDV 1999, 103；Leitfaden des Bundesbeauftragten für den Datenschutz (RDV 2003, 105)。

[2] Bock, in: Beck'scher Kommentar zum TKG, § 88 Rn. 24；Ernst, NZA 2002, 587；Garstka, in: Bartsch/Lutterbeck (Hrsg.), S. 299f.；Gola, MMR 1999, 324；Hanau/Hoeren, S. 41f.；Heckmann‑Braun, Kap. 7 Rn. 105；Arndt u. a. ‑ Ellinghaus, § 88 Rn. 24；Kratz/Gubbels, NZA 2009, 652, 653 m. w. N.；Lindemann/Simon, BB 2001, 1951；Post‑Ortmann, RDV 1999, 103；Vehslage, AnwBl 2001, 146；不同观点见 Gramlich, RDV 2001, 123。

(3) 对获准的私人通信适用《电信法》的反对意见

继下萨克森州劳动法院[1]、柏林-勃兰登堡州劳动法院[2]、法兰克福行政法院[3]及黑森州高级行政法院[4]作出判决后,一些法律文献的作者现在认为**雇主不是"电信通信服务商"**。因此雇主检查电子邮件时无须考虑《电信法》第88条关于通信秘密的规定。[5]但学界对这种观点存在**争议**。[6]

该新观点认为,雇员不是接到了要约的"第三方"。即便私人通信时,他也隶属于公司。[7]反对该观点则更有道理——私人通信通常发生在雇员的休息时间和工休时间,这些时间段内雇员恰恰**同组织之间没有"隶属关系"**。[8]另外,履行合同义务通常优先于处理私人事务,以至后者只能(偶尔)在工作容许的空余时间里解决。[9]此外,雇主既是通信接收者又是向雇员提供通信服务的参与者的这一双重身份也无关紧要。[10]同时雇主还容许员工长期使用私人通信,这也符合《电信法》第3条第10项"持久地"要约的规定。[11]该法条也明确说明(雇主)无须带有盈利目的。

(原版)《电信法》的**发展历程**也确证了对办公用途和私人用途之间的区分。根据法律起草者的意图,通信秘密的适用范围也应延伸到"企业网络"、酒店和医院的小型程控交换机、俱乐部的电话以及"企业和机关里所有容许雇员进行私人通信的小型程控交换机"。[12]通信秘密既然适用于4132号和5133号电话机之间的私人通话,打外线电话时为何要区别对待?倘若人们认为立法者忽视了劳动关系中的问题,这种指责是空穴来风。立法者只是在此采用类似旧版德国《联邦数据保护法》第3条第11款的说法,称(广义上的)"被雇佣者",而不是(狭义上的)"雇员"。[13]

文献中还有这样的观点:《电信法》,特别是其第109条(保护通信秘密的技术手段)的广泛适用,会给雇主造成巨大的成本,这显然不可能是立法者的本意。[14]对此应该这样反驳:按《电信法》第109条规定应采取的技术手段的确重大,却只适用于"公共的"服

---

[1] 31.5.2010 – 1 Sa 875/09 – NZA – RR 2010,406.

[2] 16.2.2011 – 4 Sa 2132/10 – ZD 2011,43 = NZA – RR 2011,342.

[3] 6.11.2008 – 1 K 628/08 – RDV 2009,130.

[4] 19.5.2009 – 6 A 2672/08. Z – RDV 2010,39 Ls.

[5] Deiters, ZD 2012, 109ff.; Thüsing, in: Ders., Beschäftigtendatenschutz und Compliance, § 3 Rn. 79 – 99; Wybitul, ZD 2011, 69ff. 亦见 Schimmelpfennig/Wenning, DB 2006, 2290. 有关德国《刑法典》第206条在这一情形下不适用的论述见 Barton, RDV 2012, 217ff.。

[6] 特别要提到 J. Fischer, ZD 2012, 265ff.; de Wolf, NZA 2010, 1206; 尖锐观点亦见 Brink, RDV 2015, 171; Panzer – Heemeier, DuD 2012, 48, 52f. 及 Plath – Jenny, § 88 TKG Rn. 15。

[7] Deiters, ZD 2012, 109, 110; Wybitul, ZD 2011, 69, 71。

[8] J. Fischer, ZD 2012, 265, 266.

[9] Kratz/Gubbels, NZA 2009, 652, 653("自由发展时间")

[10] J. Fischer, ZD 2012, 265, 266. Deiters, ZD 2012, 109, 110 持不同观点,忽略了"参与"的事实。

[11] 亦见 de Wolf, NZA 2010, 1206, 1208.

[12] BT – Drucksache 13/3609, S. 53.

[13] 只有 Panzer – Heemeier, DuD 2012, 48, 49 谈到法律上要给出"明确的"的说法,类似的说法还有 de Wolf, NZA 2010, 1206, 1208, 但他指责雇员不应直接被称为涉事者。结论同见 Plath – Jenny, § 88 TKG Rn. 15。

[14] Post – Ortmann, RDV 1999, 103.

31 务提供商。只向自己的雇员提供通信服务的雇主不在该范围内。[1]

最后，有观点指出，《电信法》的目的仅限于为通信领域带来竞争。[2]这种观点因此认为《电信法》只适用于市场开放的情形，而不适用于企业内部社会政策。而且不同于其他市场参与主体，雇员别无选择。[3]无论《电信法》法条的文字表述还是立法目的都与上述目的论式缩限《电信法》**适用范围**的主张针锋相对。《电信法》的立法目的既在于维护用户权利，也在于保护远程通话秘密。[4]此外，如果雇主提供的是付费通信服务，那么只要员工上班时带着智能手机上网，就会产生竞争。

32 **（4）适用《电信法》的结果**

今天法学界普遍观点仍认为只要雇主许可雇员进行私人通信，[5]就应适用《电信法》。[6]该观点对法律实践影响巨大。即，原则上适用**《电信法》第88条第2款关于电信通信秘密的规定**。如技术上无法分离，这一规定也可延伸到办公通信。[7]据《电信法》第88条第3款第1句规定，雇主只能收集与结算费用相关和保护技术系统所需的数据，**原则上不允许获取**电子通信的内容和细节情况。[8]只有《电信法》或其他法律允许获取并明确指出适用电信通信过程时，才能视为**例外**。由于这一特定法律前提，也不可借助集体合同或是企业协议规定雇主可获取电信通信，因为无论《集体合同法》还是《企业组织法》都和电信通

33 信过程没有直接联系。[9]

但是，《电信法》第88条第2款有关电信通信秘密的规定没有超出德国《基本法》第10条第1款邮政和通信秘密范围。根据德国联邦宪法法院的司法判例，该基本权利的保护范围仅限于**通信过程本身**。过程一旦结束，便不必再适用德国《基本法》第10条第1款。[10]然而从这一刻起，保存的电话通信记录和电子邮件也并非不受任何保护，而是以**信息自决权以及保证信息技术系统私密性和完整性这一基本权利**规范**侵犯信息行为**。[11]

一旦信息到达接收者的"控制范围"，通信过程即告结束。作该时间上的限制，是因为信息在传递过程中特别容易遭到第三方（包括国家在内）截获。而信息"到达"接收者控

---

〔1〕 Beckschulze, DB 2009, 2097, 2098 及 HWK – Lembke, Vorb. BDSG Rn. 92a（与当时要求的私人数据存储的最底线规定有关）。

〔2〕 Thüsing, Arbeitnehmerdatenschutz, 1. Aufl．, Rn. 240ff.

〔3〕 Schimmelpfennig/Wenning, DB 2006, 2290, 2294.

〔4〕 Kratz/Gubbels, NZA 2009, 652, 655.

〔5〕 赞同观点见 de Wolf, NZA 2010, 1206；ErfK – Franzen, § 32 BDSG Rn. 26；Gola/Schomerus, § 32 Rn. 23；HWK – Lembke, Vorb. BDSG Rn. 105；HK – ArbR – Hilbrans, § 32 BDSG Rn. 22；Simitis – Seifert, § 32 Rn. 92；Däubler/Klebe/Wedde/Weichert – Wedde, § 32 Rn. 115；Taeger/Gabel – Munz, § 88 TKG Rn. 20, 23；Däubler, Gläserne Belegschaften, Rn. 338。

〔6〕 亦见 ErfK – Franzen, § 32 BDSG Rn. 26。

〔7〕 Bijok/Class, RDV 2001, 56.

〔8〕 例如可参见 Schimmelpfennig/Wenning, DB 2006, 2290；Simitis – Seifert, § 32 Rn. 92；de Wolf, NZA 2010, 1206.

〔9〕 Schimmelpfennig/Wenning, DB 2006, 2290, 2291.

〔10〕 BVerfG, 2.3.2006 – 2 BvR 2099/04 – NJW 2006, 976；BVerfG, 16.6.2009 – 2 BvR 902/06 – NJW 2009, 2431.

〔11〕 后面几项见 BVerfG, 27.2.2008 – 1 BvR 370/07, 1 BvR 595/07 – NJW 2008, 822, 827 Tz 201。

制范围后，接收者原则上可以采取必要的防护措施。[1]这一点带来的结果比如：邮件仅存储于服务提供方的服务器上，接收方又没有技术手段阻止邮件被发送给第三方时，仍适用德国《基本法》第10条第1款。[2]而收件人将**电子邮件存储在自己的（办公）电脑上**，则德国《基本法》第10条第1款和《电信法》第88条第2款不再适用。[3]是否可依此推断企业内联网存储邮件的情形也是这样？考虑到联邦宪法法院对一个服务提供方作的判例，恐怕不行。[4]但最高法院还未就该问题下决定。

34

如何**从技术上分离**私人通信和办公通信？拨电话时可规定必须先输入特定号码。电子邮件上，则可考虑限制如 gmx.de 和 web.de 等外部提供商。[5]光标记邮件是"办公"的还是"私人"的并不够，因为雇主在打开邮箱账户时，起码也会看到雇员私人邮件的外部信息。[6]区别私人和办公通信这个问题对于雇主来说十分重要，因为根据德国《商法典》第257条雇主必须保留"办公信函"至少六年，而办公信函也可以是电子邮件。《税收通则》第147条也出于税收目的而作了类似规定。

35

纯办公链接同样会接收私人电话和私人电子邮件。在此，这一事实无足轻重。通信为办公这一整体性质不因此改变；鉴于数量有限，没有理由适用《电信法》。[7]不过，雇员的电信通信秘密并非得不到保护。[8]

3. 《电信媒体法》第11条及以下是否适用于劳动关系？

36

适用《电信媒体法》也区分办公用途和私人用途。

《电信法》第12条及之后的条款都针对应承担一定法定数据保护义务的"服务供应商"。根据《电信媒体法》第11条第2款，服务供应商是相对于用户（Nutzer）的概念。用户"主要为了获取或访问信息而使用电信媒体"。这种**市场连接**在**劳动关系履行**中并不存在。劳动关系中雇员为了更好履行职责，必要时会使用电信服务。[9]这一点与《电信法》不同。《电信媒体法》之前的《远程服务数据保护法》第1条第1款第1项曾规定，公职关系和劳动关系中仅出于办公目的而使用电信媒体时，该法不适用。《电信媒体法》第11条第1款现在规定，有如下情形时，《电信媒体法》第12条及以下的数据保护规定不适用于用户：

---

[1] BVerfG, 2.3.2006 – 2 BvR 2099/04 – NJW 2006, 976 Tz 75, 76.

[2] BVerfG, 16.6.2009 – 2 BvR 902/06 – NJW 2009, 2431 Tz 46.

[3] VGH Kassel, 19.5.2009 – 6 A 2672/08. Z – NJW 2009, 2470 对此作出明确说明。

[4] 不同观点见 de Wolf, NZA 2010, 1206, 1209 及 Plath – Jenny, § 88 TKG Rn. 22。

[5] Beckschulze, DB 2009, 2097（"免费邮件账户"）

[6] Simitis – Seifert, § 32 Rn. 92.

[7] 亦见 Ernst, NZA 2002, 588; Gola, MMR 1999, 324。

[8] 见本章第三节。值得注意的是，（就目前来看）德国联邦劳动法院甚至还从没有考虑将《电信法》应用于办公电话。

[9] Beckschulze/Henkel, DB 2001, 1495; Bijok/Class, RDV 2001, 56; Gola, MMR 1999, 328; Heilmann/Tege, AuA 2001, 55; Jofer/Wegerich, K&R 2002, 236; Lindemann/Simon, BB 2001, 1951; Post – Ortmann, RDV 1999, 105 支持《远程服务数据保护法》。

- "在公职和劳动关系中仅以工作或公务目的提供电信媒体服务"或
- "在非公共机构内或不同非公共机构间仅为了控制工作或业务流程而提供电信媒体服务。"

"公职关系"指的是公法雇佣关系,如公务员和法官的聘用关系。但没有理由将**自由职业者**和其他类雇员置于《电信媒体法》第12条及以下的规定之下;就这一点而言,他们的待遇和雇员是一样的。[1] 表述调整为"仅以"工作或办公目的,表明有限的、得到许可的私人使用电信也适用《电信媒体法》第12条及以下部分。第二种情形主要涉及康采恩内的统一控制流程。[2]《电信媒体法》在防范办公场所不适当的监控措施方面所起到的作用相对较小。[3]

跟《电信法》一样,《电信媒体法》在获得许可的私人通信上适用:此时雇主要么自己提供服务,要么给雇员创造相应条件。正因为如此,此时应适用《电信媒体法》**第12条及以下法条对服务提供商特定义务的规定**。[4] 正如电信通信本身,技术上与组织上的分离(私人数据和办公数据)势在必行,否则根据《电信法》第14条有关基础数据(包括私人数据和办公数据)的特殊规定便不能实施。[5]

4. 雇员数据内容的一般性保护

《通用数据保护条例》、新版德国《联邦数据保护法》以及后者之前的一些特殊规定适用于传输雇员数据。为电信通信的**所有"层级"制定统一的规定**很有意义,尤其应消除办公用途和私人用途之间的区别。[6] 这必定会让现行法律更加清晰、操作性更强,目前——温和地说吧——法律还没有做到这两点。

5. 拟定的《电子隐私条例》出台后的法律状况

《电子隐私条例》草案并未区分不同的层级,而立足于**电信传输本身**。该过程完全保密。但《电子隐私条例》第13条参考意见明确指出保密只适用于**公开网络**;对"仅限公司成员访问的由终端用户组成的封闭群体(例如公司网络)"不适用。因此,电信保密不适用于**内联网**,个体只能在一般人格权的框架下受到保护。那如果雇主允许雇员私人使用电信网络,雇主是否即构成电信网络运营商?虽然该条例的**文字表述**对此没有作出**明确**回答,不过以下这一点支持将雇主视为运营商——向他人提供公共通信网络者**不是终端用户**,因此必须遵守《电子隐私条例》第5条有关保密的规定。何为终端用户?《电子隐私条例》草案第4条第1款b项对此作出定义,参考了欧洲议会和欧洲委员会2016年10月12日有

---

[1] Taeger/Gabel – Moos, § 11 TMG Rn. 11 m. w. N.

[2] 关于适用范围,见 Taeger/Gabel – Moos, § 11 TMG Rn. 21。

[3] Mester, S. 69.

[4] Gola, MMR 1999, 329; Kiper, CF 6/2000, 15; Kutzki/Hackemann, ZTR 2003, 376; Post – Ortmann, RDV 1999, 105. 不同观点见 Ernst, NZA 2002, 587; Hanau/Hoeren, S. 44。

[5] Post – Ortmann, RDV 1999, 105.

[6] 相关短评见 Däubler, RDV 1999, 247 及 Tinnefeld/ Viethen, NZA 2000, 977ff. 。

关"欧洲统一电子通信惯例"指令提案第 2 条第 14 项。[1]最终表述还需等待。[2]值得注意的是，条例第 8 条还全面禁止使用"终端用户的**终端设备**"上存储的信息。

三、对办公使用电信设施实施监控

1. 保护雇员人格

（1） 一般法律原则

让我们回到对德国法的探讨：《电信法》和《电信媒体法》不适用于纯粹的办公通信，带来的后果自然是：只能依靠**劳动关系中保护人格的一般原则**。但这并不意味着劳动关系中出现"法律真空"，《企业组织法》第 75 条第 2 款规定尤其指出：雇主和企业职工委员会必须"保护和促进企业雇员人格的自由发展"。这点得到欧洲人权法院的司法判例证实。该法院据《欧洲人权宣言》第 8 条，认为保护隐私同等适用于办公通信和工作场所的私人通信。[3]

（2） 监听电话交谈

有关**（办公）电话通信保密**的司法判例和法律文献都尤为具体地说明了人格保护的范围和界限。那些在电话通信保密中可接受的做法也极有可能沿用到其他形式的电信通信。[4]关于电话通信已形成以下一些基本原则：

根据**联邦宪法法院的司法判例**，[5]雇员即便打办公电话时仍具有"话语自主权"。他人对其实施监听是对该雇员私人领域的侵犯，等同于秘密录音。[6]个体必须可以自主决定谁能知晓他的话语。[7]即便雇员认识到自己可能被监听这种抽象可能性的存在，他也不会因此失去话语自主权方面的保护。对话方也默认对话保密、不存在"监听者"。只有对话一开始时便指出有另外一人存在，而无人反对，才可认为存在**默示许可**。[8]根据一般法律原则，只有当事人无法及时表示许可（当然这在打电话时绝不可能发生），[9]才能认为存在推定许可（mutmaßliche Einwilligung）。当然，的确存在一些雇主可正当介入对话的情况。不过，雇主此时必须具有应获保护的优先利益。

---

［1］　COM（2016）590 final.

［2］　最新情况见 Engeler, ZD 2017, 549 及 P. Kramer, DSB 1/2018 S. 6；之前情况见 Maier/Schaller, ZD 2017, 373ff.。

［3］　EGMR, 5.9.2017 – No. 61496/08 – ZD 2017, 571 mit Anm. Sörup. 另见 Breckheimer, K&R 2017, 700ff. 及 Weichert, CuA 10/2017 S. 20f.。

［4］　以下论述与 Gläserne Belegschaften, Rn. 345ff. 中论述基本一致。

［5］　19.12.1991 – 1 BvR 382/85 – DB 1992, 786 = CR 1992, 498ff.，德国联邦宪法法院判决同意，见 BVerfG, RDV 2003, 27 = DuD 2003, 170。

［6］　有关干涉行为不被允许的论述，见 BVerfG, 31.1.1973 – 2 BvR 454/71 – BVerfGE 34, 238, 245。

［7］　BVerfG, 19.12.1991 – 1 BvR 382/85 – DB 1992, 786 = CR 1992, 498, 提及 BVerfGE 54, 148, 155。亦见 BGH, 18.2.2003 – XI ZR 165/02 – RDV 2003, 237。

［8］　BVerfG, 2.4.2003 – 1 BvR 215/03 – RDV 2003, 290 = NJW 2003, 2375.

［9］　BVerfG, 14.12.2001 – 2 BvR 152/01 – DuD 2002, 568.

联邦劳动法院延续了联邦宪法法院的这一司法判决[1]并**进一步限定**了雇主的正当理由：个案中的雇主利益优先于雇员利益。只有雇员对话的内容、形式或是交谈情境使得雇主有必要介入，且介入行为构成最温和的手段时，雇主才算具有优先利益。[2]具体案例则涉及一家**航空公司的预定中心**。雇主致力于打造提供"优质服务"的公司。新雇员是否能达到公司要求，雇主只有通过监听电话才能确定。法院认为可批准该做法，因为此时雇员的利益居于次要地位——监听仅限于雇员试用期，内容仅限于预定电话及与之相关的信息，即"基本不会触及雇员一般人格权保护范围的内容"。[3]也即法院权衡利益时，（合理地）考虑了介入行为在多大程度上进入了私人领域。更久之前的一起判决同样显示有必要对个案进行细致区分。该判决针对一起是否该在零售店内**安装隐形监控摄像头**的纠纷：[4]同样要权衡货品价值和利益。只有货物损失严重且安装摄像头构成抓捕盗窃者的唯一手段时，才存在监控的合理理由。后来的判决正是如此。[5]

这些判决对**呼叫中心的工作**具体有何意义？目前的司法判例仍未就这一问题作出回答。不允许出于普遍地为了"保证质量"而秘密窃听，[6]也不允许宣布要实施监听而不指定具体时间点。只有因客户提出各种投诉从而**对雇员工作质量**存在**疑虑**时，雇主才可监听。[7]

存在**刑事犯罪预谋**或**出现重大嫌疑**，"**监听**"则应被允许。[8]这点可以从新版德国《联邦数据保护法》第 26 条第 1 款第 2 句得到印证。然而，**雇主**也可能会**自行裁断**，认为存在"嫌疑"，而独立司法机构可能根本不会这样认为。因此雇主开展监听前应优先考虑通报刑事追诉机关，这样也可避免因未经许可监听违反德国《刑法典》第 201 条而被起诉。[9]联邦劳动法院的表述也肯定了这一观点，"通常情况下"第三人**秘密监听**雇员和雇主的**人事谈话不具备正当理由**。[10]**欧洲人权法院**同样强调，计划实施或可能实施监控之前要通知被监控者。[11]如未通知，则对私人通信的录音是违法的。[12]此外，被记录的数据不能超出监控目的必需的范围。[13]

---

[1] BVerfG, 30.8.1995 – 1 ABR 4/95 – NZA 1996, 218; BAG, 29.10.1997 – 5 AZR 508/96 – DB 1998, 371; BAG, 27.3.2003 – 2 AZR 51/02 – DB 2003, 2230.

[2] BAG, 30.8.1995 – 1 ABR 4/95 – NZA 1996, 218, 221; MünchArbR – Reichold, § 86 Rn. 10.

[3] BAG, 30.8.1995 – 1 ABR 4/95 – NZA 1996, 218, 221.

[4] BAG, 7.10.1987 – 5 AZR 116/86 – DB 1988, 403.

[5] BAG, 27.3.2003 – 2 AZR 51/02 – DB 2003, 2230.

[6] Wedde, DuD 2004, 21ff.

[7] Jordan/Bissels/Löw, BB 2008, 2626, 2628f. 就定期抽样监控发表了很多见解，但这种做法不符合德国联邦宪法法院和德国联邦劳动法院的基本原则。

[8] HWK – Lembke, Vorb. BDSG Rn. 105.

[9] 出于可能泄露经营秘密和商业秘密的原因而实施监听的做法仅仅是理论上的想法：（实际上）如果雇主知道谈话可能有这样的内容，他会选择其他方式或渠道阻止竞争对手获取这些有价值的信息。

[10] BAG, 29.10.1997 – 5 AZR 508/96 – DB 1998, 371.

[11] EGMR, 5.9.2017 – No. 61496/08 – ZD 2017, 571 – Barbulescu.

[12] 另参见 Weichert, CuA 10/2017, S. 20f.。

[13] 亦见 Behling, BB 2018, 52ff.。

（3）记录电话信息

相比监听，记录**电话交谈情境**的信息（通话开始和结束、通话时长、被叫号码）对雇员私人领域的侵犯程度要小得多。因此，在此通常会优先雇主对监控雇员工作行为的利益。[1] 即便对**因公导致的私人谈话**，雇主利益也优先。[2] 虽然这些谈话属于雇员的私人领域，但只要雇员可以自行决定自己承担拨打私人电话的费用，就优先雇主对监控的利益。[3]

在这里不是要批判分析这一司法判决，而是要考虑到其对于后文阐述的司法实践起到的导向作用。

2. 电话通信法规对当前的适用性拓展

联邦宪法法院和联邦劳动法院判决所设立的规则的适用不局限于某一特定的电子通信技术，而适用于一切劳动关系，且不仅限于保护言语通讯。以下这一点尤其具有广泛适用性：干涉私人领域的程度越深越要有充分的理由。如完全不存在任何合理理由，便不可分析日志文件等数据。[4] 法律文献也肯定了这一**对人格权的广泛保护**，特别指出这种保护适用于电子邮件。[5] 如采取不同的做法，则与《电信法》的发展背道而驰：对《电信法》和《电信媒体法》而言，保密已不再区分言语交流还是非言语交流。[6] 例如，绝不允许针对某一雇员的所有网络活动开展**自动、全面的监控**。[7] 法学界还一致认为，使用**能够记录雇员行为每一细节**的诸如 "Spector pro" 之类的监控软件是对雇员私人领域的严重侵犯，应被全面禁止。这种做法被认定为构成德国《刑法典》第 202a 条规定的窥探数据罪（**Datenausspähung**）。[8] 在手机和智能手机里类似的嵌入式程序也同样被禁止。[9]

3. 具体结果

（1）电子邮件处理方面

某雇员拥有独立的公司邮箱（如 anton. mueller@ bund – verlag. de）。处理这位雇员收到的邮件时，雇主是仅自动获取一些如发送时间、发送地址等外在数据[10] 还是可在雇员不知情的情况下在屏幕上读取**邮件内容**？两种情况**差别很大**，应跟接打电话一样作出区分。虽然电子邮件不涉及对口头言语的权利，但相当多的文献仍认为：比起信件往来，电子邮件

---

[1] 原则上遵循 BAG, 27. 5. 1986 – 1 ABR 48/84 – DB 1986, 2080, 2082f. 。

[2] 关于这一谈话类型，参见本书第十一章，边码 8。

[3] BAG, 27. 5. 1986 – 1 ABR 48/84 – DB 1986, 2080, 2083。

[4] Konrad – Klein, CuA 11/2014, 21；Rozek, CuA 9/2014, 30ff。

[5] Balke/Müller, DB 1997, 326；Hanau/Hoeren, S. 58；Kiper, CF 6/2000, 14；Raffler/Hellich, NZA 1997, 863；Post – Ortmann, RDV 1999, 106；Skowronek, CF 10/2000, 27；比较保守的说法见 Gola, MMR 1999, 326。

[6] 见德国《电信法》第 3 条第 22 项，这里电子通信被定义为"信号传输、发送和接收信号的技术过程"。

[7] 见 der Leitfaden des Bundesbeauftragtenfür den Datenschutz, RDV 2003, 105。关于智能手机监控风险问题，见 Flake, CuA 10/2014, 11ff. 。

[8] 甚至 Beckschulze, DB 2003, 2781 也有如此论述。深入了解该技术以及涉事者该如何识别监控见 Haverkamp, CF 1/2003, 14ff. 。最新情况见 Konrad – Klein, CuA 11/2014, 20ff. 。

[9] 参见 Haverkamp, CuA 2/2015, 29ff. 。

[10] 这一点实际上被普遍接受；见 Vehslage, AnwBl 2001, 148。

更类似于电话交谈。[1]电子邮件的内容确实常是不经过深思熟虑而自发性回应寄件人。不同于商务信函,也受人格权保护的电子邮件发送方不认为可能有第三方会获知文本信息。[2]未通知当事人而采取监控措施,其"侵犯程度"堪比秘密监听电话交谈。因此可以得出结论:**绝不允许秘密查看电子邮件传输内容**。[3]

　　一种**例外情况**是雇主具有充分保护价值的利益。[4]根据新版德国《联邦数据保护法》第26条第1款第2句,如存在犯罪嫌疑并有事实依据,雇主就可以查看信息传输内容。一般以业务机密和商业机密泄露为例,只要存在严重的违反劳动义务嫌疑,就可适用联邦劳动法院据来自旧版德国《联邦数据保护法》第32条第1款第1句(相当于新版德国《联邦数据保护法》第26条第1款第1句)的司法判例。[5]如无法以其他方式排除通信故障(比如病毒侵害),[6]也允许未经计划地查看信息传输内容,但负责数据保密的系统管理员要作出解释。贝克·舒尔茨建议[7]处理**嫌疑**(**Verdachtsfälle**)时先实施"**匿名**"监控、存在具体嫌疑时"主动出击",这一提议缺乏说服力。该提议在实践中也很可能失败,要把匿名数据关联到某一特定的人身上,必须花费相当大的时间、金钱和精力。[8]在具体案例中若能轻易确认人员身份,调查事实上就不再是匿名的,会有**很多无辜者被当作嫌疑人对待**,这种做法不合法。

　　雇主可要求雇员提供**收到的或已发送的办公电子邮件的打印版**,也可以要求雇员**将这些邮件转发给自己**。传统信件的处理方式亦是如此。同秘密审查相比,这种处理方法的优势在于透明:雇员可以详细解释他为什么以某种方式行事或为什么选择特定的表达。欧洲人权法院要求雇主提前告知监控措施及其方式,应该也是考虑了透明度这一点。[9]

　　如**电子邮件地址就是公司**或部门的名称(vertrieb@ bund – verlag. de),则一开始就不存在私密性。企业或部门中的所有工作人员都可以访问该邮箱,发送邮件至该信箱的人也清楚这一点。[10]办公邮箱地址上标有指定个人,而此人在企业中还有一个私人电邮账户,发送给其办公邮箱地址的邮件也同样不具有私密性。[11]

---

〔1〕 Balke/Müller, DB 1997, 326; Ernst, NZA 2002, 589; Raffler/Hellich, NZA 1999, 863。Beckschulze, DB 2003, 2779; Jofer/Wegerich, K&R 2002, 237 则持不同观点。

〔2〕 Ernst, NZA 2002, 589. Jofer/Wegerich, K&R 2002, 237 及 Hanau/Hoeren, S. 54 持不同观点。

〔3〕 ErfK – Franzen, § 32 BDSG Rn. 26 认为一般可以这么做,没有区分秘密查看还是公开查看。

〔4〕 亦见 Ernst, NZA 2002, 589 及 Bijok/Class, RDV 2001, 54; 主张一般禁止, 见 Heilmann/Tege, AuA 2001, 55 re. Sp., 也见 der EMRK im Fall Barbulescu(EGMR 5. 9. 2017 – No. 61496/08 – ZD 2017, 571)。不同观点见 Beckschulze/Henkel, DB 2001, 1494, 此处错误地主张自己的观点是"主流观点",及 Grosjean, DB 2003, 2652。主张雇主可随时查看数据, 见 Lindemann/Simon, BB 2001, 1952, 其论证如此处所述, 作了缩略且没有相当完整的文献评价。

〔5〕 BAG, 29. 6. 2017 – 2 AZR 597/16, NZA 2017, 1179.

〔6〕 Ernst, NZA 2002, 590.

〔7〕 DB 2003, 2779.

〔8〕 旧版德国《联邦数据保护法》第3条第6款提到了匿名数据, 但在《通用数据保护条例》中却没有体现, 因为这类数据没有指向具体的人。

〔9〕 EGMR, 5. 9. 2017 – No. 61496/08 – ZD 2017, 571.

〔10〕 Ernst, NZA 2002, 589.

〔11〕 Jofer/Wegerich, K&R 2002, 238.

雇员可以自主决定是否要**给邮件加密**，但到目前为止，鲜有雇员选择加密。[1]加密后，雇主由于技术限制无法直接查看邮件。如满足前文所述的任何一种例外情况（Ausnahmetatbestände）或雇主想要了解邮件的原文，此时雇员**有义务解锁邮件**。[2]

举例： 如业务合作伙伴突然提出终止业务关系，此时雇主想要详细了解电子邮件来往记录的要求就是合理的。

根据《企业组织法》第87条第1款第1项，"**禁止加密**"须通过职工共决。[3]若邮件发到内联网之外，对不希望自己发表的书面言论遭到互联网中第三方随意查阅的雇员来说，雇主禁止其加密邮件的做法更构成了对雇员**私人领域的不法侵犯**。从技术角度来看，禁止加密等同于雇主指示雇员不可写信，只能写明信片——没有人会赞同这种做法。

若以对传统电话数据记录的司法判例为根据，[4]那么雇主记录**电子邮件的发送时间**和收件人的邮件地址并无问题。这同样适用于雇员接收到的**电子邮件**，因为通常不存在其他文件。[5]因此，主管必要时可以要求雇员将邮件转发给他或**上交打印件**。要弄清楚病毒的大概来源，也只能通过这种方式。

特殊问题主要体现在**离职员工**身上，他们以前的办公**电子邮件地址**为很多人知晓。如电邮账户仅限于办公，那其业务接手人可以查看这些账户，或是激活转交功能（Weiterleitungsfunktion）。后者似乎是处理纯私人电子邮件账户的正确方式。两种情形下，业务接手人都可自动告知账户中的联系人无法再通过这一地址联系离职员工。处理"**混合用途账户**"就会很麻烦：既不允许离职员工再阅读办公信息，也不允许雇主干扰雇员的私人生活。只有离职员工激活自动应答功能（Auto-Reply-Funktion）并自动告知账户中的所有联络人哪个邮件地址为办公账户，哪个又是私人账户，员工的私人领域才能得到最好的保护。[6]

如果**雇员长时间生病**，通常会有员工顶替他工作。顶替人可以看生病雇员的邮件或是将邮件转发给他。多数情况下，生病雇员有权从同事圈子中选择他信赖的人。他要是没有行使这一权利，**雇主就有**获知其办公电子邮件内容的**优先权**。紧急情况下，雇主可以通过重置旧密码和申请新密码的方式访问账户。[7]

(2) 内联网里的通信

只要雇员从内联网读取信息，比如读取"内部邮件"或管理层发布的经营状况，那他

---

〔1〕 有关加密作为保护数据方法见 Simitis-Ernestus，§ 9 Rn. 164ff.。
〔2〕 Balke/Müller，DB 1997，328；Raffler/Hellich，NZA 1997，863；Schierbaum，PersR 2000，507；Vehslage，AnwBl 2001，148. 此处观点亦见 Hanau/Hoeren，S. 66。
〔3〕 赞同观点见 Ernst，NZA 2002，587。
〔4〕 BAG，DB 1983，2080.
〔5〕 Bijok/Class，RDV 2001，54；Lindemann/Simon，BB 2001，1952；Vehslage，AnwBl 2001，148.
〔6〕 另参见黑森州监察部门报告，总结性概述见 RDV 2003，159f.。
〔7〕 见 LAG Berlin-Brandenburg，16. 2. 2011 - 4 Sa 2132/10 - ZD 2011，43 = NZA-RR 2011，342，该案中邮箱可发送和接收私人信件。关于混合使用账户案，见本章边码90。

一开始便无法从人格权保护的角度抗议自己的**行为事实被记录**。原则上，雇员参与视频会议或是查阅公司文档中心时亦是如此。

但时至今日，仅关注上述几种个别情况不合时宜，因为当今个体雇员大部分工作都通过联网的个人电脑完成。由此，雇主可对雇员的**工作行为**实施**无缝监控**。此外还可设想，整合人事部门的一些信息，雇主可创建雇员的"**个人档案**"，一定程度上全面描述出特定生活场景中某一员工的优点和缺陷。雇主由此还可以断定企业雇员之间和工作组内部的互动关系，便于雇主判断哪些人是"局外人"、哪些又是"核心人物"，并因人采取不同的对待策略。[1]

如此密集地数据收集是不合理的，构成了对**私人领域的严重侵犯**。[2]即便数据收集仅涉及个体员工的工作行为，但也不允许持续监控、不允许记录所有工作停顿和每次去卫生间过程。人们已经能在1969年7月16日联邦宪法法院的"**微型普查案判决**"(**Mikrozensus – Entscheidung**)中找到明确表述："禁止强制登记能全面反映个体特征的信息并将其归总和分类"。[3]雇主违法记录和评估工作结果的，也有联邦劳动法院的相关司法判例。[4]如雇主长期储存数据，以逐渐**完整地反映企业内沟通全景**，为未来人事决策提供依据，则同样违反了最少数据储存（Vorratsdatenspeicherung）的规定。[5]即便数据能被有效地匿名化，涉者者虽不必担心自己信息泄露，但基于数据的评价方式也让雇员不得不面对"海量数据"，可能永远找不到辩解之法。他最终可能不得不接受基于数据作出的结论，雇主的这一做法违背了数据保护法的透明性原则。

雇主只能记录系统的**某些使用情况**或**抽样记录**。[6]有关准确划定监控界限的讨论才刚刚开始，将来的雇员数据保护法会对此作出更加明确的界定。

(3) 使用互联网服务

出于办公目的使用了互联网上提供的某些服务，这些**事实会被记录**。至少付费的网络活动都如此。

举例：受聘律师使用了一个小时的Juris数据库，数据库向其雇主收费。

如网络服务商提供一价全包的套餐协议，使用互联网服务花销不大，则此时记录的意义就在于监控相关人员的工作行为。只要企业存在"**信任工作时间**"，[7]实施监控就没有道

---

[1] 见 Höller/Wedde, S. 33（"交际图谱"Social Graph）。

[2] 类似观点见 Bull, Ziele, S. 43：经济利益不得作为构建个人画像的理由；Gola/Hümmerich, S. 15；Heilmann, AiB 1988, 22；Zöllner, Daten – und Informationsschutz, S. 44（摄像头全面监控）。总览亦见 Däubler, Gläserne Belegschaften, Rn. 119ff. 。

[3] BVerfG, 16. 7. 1969 – 1 BvL 19/63 – BVerfGE 27, 1, 6. 但这一说法反映的是公民和国家的关系。

[4] BAG, 25. 4. 2017 – 1 ABR 46/15, NZA 2017, 1205.

[5] Höller/Wedde, S. 34f.

[6] 类似观点见石勒苏益格 – 荷尔斯泰因州独立数据保护中心（das Unabhängige Landeszentrum für Datenschutz Schleswig – Holstein），RDV 2003, 261。

[7] 参见本书第五章，边码3及以下。

理，因为雇员自行决定何时完成被指派的任务。如企业实行固定工作时间，也许有人主张可以实施监控，但前提仍要避免全面监控发生（详细说明参见上文2）。数据会自动产生（比如通过"防火墙"），但只有存在特殊的理由时，比方说收到投诉，方可对数据实施分析。比起电话号码，互联网地址承载了具体得多的内容，这一点值得考虑。[1]例如雇员浏览 www.amazon.de 极有可能是为了买书，浏览 www.seitensprung.de 则可能与私人生活有关。就这一点而言，处理电话数据的一些基本原则不能无条件地适用于互联网。

63

本段所说情况以雇主**不允许私用网络**为前提。雇主可以设置**过滤程序**或访问限制等手段来阻碍办公用途以外的互联网使用。某些通信联系显然与履行工作义务毫无关联，可考虑记录它们并在必要时对质涉事雇员。[2]

举例：虽然雇主规定上网只能办公事，但某银行雇员还是加入了一个分享冬季度假经验的聊天论坛。

64

问题在于，如雇员将私人的互联网数据下载到自己的办公电脑上，雇主是否可以审查**这些私人数据的内容**？本书此处认为，尽管在收集和储存数据的过程中违背了劳动合同义务，但数据本身的私人属性并未发生改变。[3]雇主可得知雇员下载了私人数据，即满足了雇主利益。至于雇员是看了旅行报价还是在 Immoscout 网站上找假日公寓，从劳动法的角度来看并不重要。[4]若**雇员**被允许在雇主的驱动器上存储**受密码保护的数据**，则更要禁止雇主访问这些数据。[5]

65

合理查看雇员数据需要**雇主利益居于主导地位**，但此时并不符合这一条件。对劳动关系而言，能看出数据的私人属性便足够了，而这从雇员访问的网址即可判断。察觉雇员私人上网后，如有必要，雇主可采取符合劳动法的相应制裁手段，[6]但这些手段同数据的内容以及订购书籍的内容并无关联。即便制裁手段取决于数据内容，光是证据不足就无法证明雇主利益居于主导地位。[7]另外，不容忽视的是，私人通信过程受制于《电信法》和《电信媒体法》（并且在未来可能受制于《电子隐私条例》）。[8]

66

即使雇员下载了包含**违法内容**的数据，上述基本原则也不变。只要雇员不把数据转发给第三方，劳动关系本身就不会受影响。只有当雇员给了同事（比方说）宣扬暴力信息时，

---

[1] Seemann, S. 101.

[2] 只要企业中有企业职工委员会，那就以企业职工委员会根据《企业组织法》第87条第1款第6项所就数据储存办法表决同意为前提。

[3] 亦见 Grosjean, DB 2003, 2652。

[4] 亦见 Kratz/Gubbels, NZA 2009, 652, 654。

[5] Weißgerber, NZA 2003, 1006 正确地指出此时对私人领域的侵犯要比窃听时捕捉"稍纵即逝"的话语造成的危害更大。但针对办公通信的情况有所不同，见 LAG Köln, 15. 12. 2003 – 2 Sa 816/03 – AuR 2004, 236。

[6] 关于未经允许私用互联网，参见本书第三章第四节。

[7] BVerfG, 9. 10. 2002 – 1 BvR 1611/96 – RDV 2003, 22 = DuD 2003, 170 = AP Nr. 34 zu § 611 BGB Persönlichkeitsrecht. 亦见 BGH, 18. 2. 2003 – XI ZR 165/02 – RDV 2003, 237；Weißgerber, NZA 2003, 1008。

[8] 见本章边码24，边码77及以下。

雇主才可审查信息内容。倘如雇主可普遍审查违法数据，等于在行使刑侦机关的职能。

举例： 像前述案件那样，将有违法色情内容的文件缓存到代理服务器上的行为本身不构成违反劳动义务。雇主可以通过分析网址或是主题来断定雇员是否不顾公司禁令查看了色情文件。但雇主不可透露这些数据，或如前文所述，[1]也不可让第三方访问这些数据。[2]

4. 地位特殊的雇员[3]

(1) 掌握职业秘密者

67　能通过职务获得他人信息的雇员适用特殊规则，比如医生。这些雇员不能将通过职务获取的信息传达给第三方，否则构成违反德国《刑法典》第 203 条有关泄露私人秘密的规定，应受到制裁。雇主也属于"第三方"的范畴。因此，根据**联邦劳动法院**的判决，不允许记录在职**心理医生**拨出的电话号码，因为可能泄露接受心理辅导者的身份。[4]这同样适用于医生和**其他保健工作者**、婚姻、教育和青年问题咨询师，成瘾问题咨询师以及国家认

68　可的社工和社会教育者等，德国《刑法典》第 203 条第 1 款同样涵盖这些从业者。

适用于电话通信的法规，应适用于**电子邮件通信**领域——雇主不得记录受雇的心理医师或医生具体给谁发了电子邮件。邮件的内容更属于私密范畴。[5]同病人、患者之外人员的通信受到一般法律原则的约束。只要办公通信和私人通信未从技术上分开（比如只有一

69　个电子邮件地址），则有关职业秘密的特殊规定就适用于所有通信过程。

依据德国《刑事诉讼法》第 138 条规定，见习律师或是**高校教师**也可担当律师。此时也不允许记录他们拨出的电话号码或是发送电子邮件的地址。新闻界、广播电视台和电视台的**记者们**也同属特殊情况——《刑事诉讼法》第 53 条第 1 款和德国《民事诉讼法》第 383 条第 1 款第 5 项赋予他们作证豁免权（Zeugnisverweisungsrecht）。假使雇主存储其拨出的电话号码，甚至存储详细通话和电子邮件，这些做法都使回溯信息源成为可能，记者作证豁免权会因而失去效力，法律不许可这些做法。这也符合旧版德国《联邦数据保护法》第 41 条第 3 款第 2 句的规定：即便因媒体报道而导致人格权遭到侵害的人也不能要求信息发布者告知信息源。[6]新法保全了《通用数据保护条例》第 90 条第 1 款第 1 句规定的保护职业秘密和其他同等秘密的义务，新版德国《联邦数据保护法》第 29 条则免去了相关职业

70　提供信息和详情的义务。

另外，上述基本法律原则理应适用于**神职人员**。针对这一情形，德国《联邦数据保护

---

[1] 见本章边码 2。
[2] Vehslage, AnwBl 2001, 147 认为，即便是未经授权的私人使用，也不允许雇主查看这些内容。详细理由亦见 Weißgerber, NZA 2003, 1006ff.。
[3] 关于企业职工委员会成员的法律地位，参见本书第十四章，边码 12 及以下。
[4] BAG, 13.1.1987 – 1 AZR 267/85 – DB 1987, 1153.
[5] 此处观点见 Beckschulze/Henkel, DB 2001, 1495; Ernst, NZA 2002, 590; Hanau/Hoeren, S. 54。
[6] 赞成观点见 Beckschulze/Henkel, DB 2001, 1495; Raffler/Hellich, NZA 1997, 866。

法》是否作为普遍适用的法律而同样适用于公法宗教团体在此并不重要，因为职业秘密必须得到保全。[1]

（2）具有专业独立性的雇员

联邦劳动法院认可了办公通话时记录雇员拨出号码的做法。[2]这引发了顾虑：业务上具有独立判断权，因此可免于被"指责"为有不当行为的雇员也可能因该判决而使得行为受监控。这一判决首先便会关涉**法官**，[3]法官无需向任何人通报为何处理案件时询问了情况，或同某位诉讼代理人通了电话。

此外，**企业数据保护员**以及**环保和故障专员**[4]也应独立行使专业职能，不受通信监督的限制。如在具体情形下有违反义务的嫌疑，则处理方式不应有别于其他的违反义务行为：如雇员确实进行了长时间的未经允许的私人通话，则应参照相应的企业内部行为或是纯粹的不作为行为来处理。[5]

（3）科学家

德国《基本法》第5条第3款规定科学自由的基本权利，为科学研究提供了特殊的保护，使其免于监控。这种权利表现在两个方面：一方面，出于科研目的进行的数据收集在某种程度上享有特权。但也意味着获取的**数据只能用于研究目的**，[6]否则"被研究者"让位自己的利益便不再合理。具体而言，这意味着非科学机构不能动用这些数据。因此，大学的财务部门只能收集无法追溯到通话对象的电话数据以及无法查询接收者的电子邮件数据。另外，存储研究结果时必须隔离其他数据。鉴于《通用数据保护条例》第85条授予各成员国的广泛权利，新法律不会对上述规定进行任何改动。新版德国《联邦数据保护法》第27条也证实了这一点。

除了对"信息提供者的保护"外，还存在对**科学家本人的保护**。原则上，科学家可以自由地选择科研方法并且享有不可剥夺的学术交流权利。[7]因此不可存储拨出号码或发出的电子邮件地址，不过，高校和工业企业、服务业企业都未做此存储。**使用互联网在个别情况下也可出于科研目的。**

> **举例**：因为大学图书馆没有经费或是购置书籍所用时间太长，科学家自费从亚马逊网站上订购了一本书。或者，科学家想大致了解互联网的功能，以更好地判断使用互联网带来的法律、经济等方面的问题。

---

[1] 关于职务上有保密义务人员的特殊地位，亦见 Hanau/Hoeren, S. 74 及 Däubler/Klebe/Wedde/Weichert - Weichert, Erl. Zu § 39（就目前法律）。

[2] BAG, RDV 1991, 79 = DuD 1992, 41.

[3] 巴登符腾堡州高级行政法院对这一问题没有表态，见 VGH Baden - Württemberg, RDV 1991, 145。

[4] 参见 Ehrich, DB 1993, 1772。

[5] 亦见 Raffler/Hellich, NZA 1997, 867。

[6] 旧版德国《联邦数据保护法》第40条；参见 Däubler, Gläserne Belegschaften, Rn. 385f.。

[7] 参见 Wendeling - Schröder, S. 215；Däubler, NZA 1989, 945ff.。

不过，雇主可设定费用限制并在超出一定金额时要求雇员作出解释说明。这一点几乎仅对电话通话有实际意义。[1]《通用数据保护条例》还赋予了科研更广的空间。[2]

75　**5. 数据使用禁令（Verwertungsverbot）**

若雇主违背本章所述的几项基本原则、存储了有关雇员的数据，则适用普遍的数据使
76　用禁令。[3] **评价、甚至警告和解雇雇员**都不能以存储的数据为依据。[4]

个别情况下，数据使用禁令可能难以发挥作用。

> **举例**：雇主了解到雇员打电话的一些谈话内容。这些话让雇主很生气。尽管仍未改变友好态度，但升职时却没有考虑这位雇员。此外，雇主以说得过去的理由，向该雇员指派了一份他不喜欢的工作任务。而这项任务本可由另一同事完成。

删除数据是应对这些情况的最佳方法；雇主也有法律义务删除数据。[5] 安装**反监控软件**也许更为有效。德国《民法典》第 227 条对正当防卫权的规定也证实了安装的合理性。[6]

四、对私人使用电信设施实施监控

1. 《电信法》的要求

77　**(1)《电信法》第 88 条规定的通信秘密保护**

雇员获得许可进行私人通信，雇主受《电信法》的制约，[7] 适用《电信法》第 88 条第 2 款。据此，"服务提供商"以及所有为其劳动的人都要**保守通信秘密**。根据《电信法》第 88 条第 1 款，通信秘密不仅涵盖电信通信的内容（比如电话通话和电子邮件），还包括其**详细情境信息**，特别是谁参与了通信过程。根据《电信法》第 88 条第 1 款第 2 句的规定也纳入了失败的链接尝试（"浏览器找不到服务器"）。第 88 条的直接相对人既是雇主，根
78　据具体情况也可能是相关的网络服务提供商。[8]

干涉通信秘密**的正当理由很有限**。《电信法》第 88 条第 3 款对此作了详细的说明。据此，从事电信通信服务者仅可为开展通信业务而获取通话的内容和其他情境信息。

> **举例**：允许干涉通信秘密的例外情形很有限。例如，根据德国《刑法典》第 138 条，人们仍有义务报告可能发生的（严重）犯罪行为。假如程序管理员恰巧知道了一

---

[1] 总的来说，Raffler/Hellich, NZA 1997, 866 所述观点与此处一致。
[2] K. Schaar, ZD 2016, 224ff.
[3] 详细说明见本章边码 122 及以下。
[4] BAG, 29.10.1997 – 5 AZR 508/96 – NZA 1998, 307; Balke/Müller, DB 1997, 330; Ernst, NZA 2002, 587; Linnenkohl/Gressierer, AuA 1999, 410; Raffler/Hellich, NZA 1997, 863.
[5] BAG, 22.10.1986 – 5 AZR 660/85 – AP Nr. 2 zu § 23 BDSG (1977).
[6] 反对观点见 Ernst, NZA 2002, 590. 不同观点见 Haverkamp, CF 1/2003, 23f. 。
[7] 见本章边码 25 及以下。
[8] Bock, in: Beck'scher TKG – Kommentar, § 88 Rn. 22; Scheurle/Mayen – Zerres, § 88 Rn. 10.

起谋杀阴谋，他可以报警（参见《电信法》第88条第3款第4句）。 79

这意味着电话通话只能记录并使用通话计费所需数据。**拨出的电话号码不在此列**。[1]记录通话时长基本上就足够了。是否记录通话的开始和结尾只能看雇员的意愿，要看雇员是否想避免过高的通话费用。 80

雇员被允许使用私人电子邮件的，雇主不得保存电子邮件的地址。若雇员从一开始就放弃要求雇主支付使用费（鉴于费用低廉、消费趋近于固定价格），就根本没有理由记录私人电子邮件往来。假如出于技术原因数据还是被记录下来了，也不能使用。这些数据应被立即删除。 81

针对其他获得许可的私人互联网使用，唯有雇员付费时才有权利储存信息。极少见雇主要求雇员为纯粹使用互联网付费。文献中[2]有人考虑到是否至少要记录上网时间，以查明雇员是否可能违反了劳动义务。若雇员使用付费数据库，当然可以记录使用情况。但此时，如雇员不想被记录更多信息，仅记录费用金额也足够了，无需详细解析数据。

（2）《电信法》第109条规定的技术保护措施 82

作为"业务上的"电信服务提供方，雇主必须根据《电信法》第109条第1款实施"必要的**技术预防措施**和其他措施"，以保护通信秘密和个人数据。不仅包括技术措施，也包括组织措施以及监督既定原则遵守情况的措施。[3]一部分文献批评，实施这些措施成本过高，[4]另一部分文献则合理地指出可以缩限地解读该法条：应采取的措施并不应超过保护企业机密的所需范围。[5]现行的《电信法》第109条区分了所有提供方都必须履行的基本义务以及向公众提供服务的额外义务。[6]雇主应履行的义务通常被归为前者。[7]如为了通话计费打印**联络数据**（电话号码、数据库使用情况等），必须确保这些数据不会落入未经授权者之手。

举例：例如，惯常会将私人电话通话清单放入未封口的信封中并寄给分机使用者，该做法实际不合法。互联网计费也不可采用该做法。 83

应采取的举措尤其包括**尽量减少知情者人数**。"秘密知情者"越少，泄露给第三方的风险就越小。这同旧版德国《联邦数据保护法》第3a条、《通用数据保护条例》第5条第1

---

[1] 关于旧版法律，BAG，27.5.1986 – 1 ABR 48/84 – DB 1986，2080已有上述说明。

[2] Vehslage，AnwBl 2001，147.与之相反、合理的观点见Lindemann/Simon，BB 2001，1953，因《电信法》第85条第3款（现第88条第3款）不允许雇主有这样的目的。Ernst，NZA 2002，587.认为只能记录必要的计费数据。

[3] Bock，in: Beck'scher TKG – Kommentar，§ 109 Rn. 19ff.

[4] Post – Ortmann，RDV 1999，103.亦见Hilber/Frik，RdA 2002，94。

[5] Hanau/Hoeren，S. 50.

[6] Bock，in: Beck'scher TKG – Kommentar，§ 109 Rn. 4.

[7] Heckmann – Braun，Kap. 7 Rn. 123.

款 c 项以及第 25 条规定的最小范围内传播数据的基本原则的表述一致。同样，联邦劳动法院对人事档案中的特殊敏感内容作出了判决：如有必要，这些内容必须封存在单独的地点，只有特殊情况下才能使用。[1]

> **举例**：该判例规定，心理治疗师的鉴定必须与个人档案的其他部分分离开来；只有出现相关的健康问题时才能查看该鉴定。也就是说，不是每个有权批准正常年休假的人都可看到鉴定。类似的，根据《联邦办公员法》第 108 条第 1 款第 2 句，这也适用于联邦公务员的公务员健康信息数据。

84　**2.《电信媒体法》的要求**

只要允许雇员使用办公设备进行私人通信，雇主就构成《电信媒体法》第 11 条以下所称的"服务提供者"（Dienstanbieter），因为他为雇员提供了通信渠道。[2]通信过程由此受
85　《电信媒体法》数据保护机制的制约。适用下面几点：

• 组织电信服务时，必须遵守**数据精简的基本原则**。根据《远程服务数据保护法》第 3 条第 4 款，设计和选择电信业务技术设施必须符合"尽可能少地收集、处理和使用个人相关数据"的目标。这一规定曾是旧版德国《联邦数据保护法》第 3a 条的样板，也可能影响到欧洲的法规。所以现行的《电信媒体法》第 13 条第 6 款依此规定，提供商必须允许用
86　户**匿名或用假名**使用电信媒体及付款。用户从而可自由表达意见，丝毫不必担心受到惩罚。

• 缔结、订立或修改电信媒体使用合同关系所必需的用户信息，服务提供商可以收集、加工并使用（《电信媒体法》第 14 条第 1 款）。这些所谓的**基础数据（Bestandsdaten）**仅涉及合同本身，而不涉及合同履行。但根据《电信媒体法》第 14 条第 2 款，相关部门下达指令后，服务提供商可提供信息，以协助刑事侦查、协助警方抵御危险和协助安全部门
87　调查。

• 只可为了提供使用服务或计算使用费，而收集和处理使用电信媒体产生的数据（《电信媒体法》第 15 章第 1 款）。这些**使用数据（Nutzungsdaten）**也应尽快删除（《电信媒体法》第 15 章第 4 款和第 7 款），不得告知第三方。据《电信媒体法》第 15 条第 8 款，只有涉及支付问题时才能违背上述规定，较长时间地数据存储；可能违反劳动合同义务的行为
88　不构成存储理由。[3]

据此，也不允许记录电信服务的**使用时长**。但这可以通过计费数据间接计算出来。对免费服务则无法实施监控。[4]

---

[1] BAG, 15.7.1987 – 5 AZR 215/86 – AP Nr.14 zu § 611 BGB Persönlichkeitsrecht = DB 1987, 2571 = AiB 1988, 183.

[2] 见本章边码 36 及以下。

[3] Hilber/Frik, RdA 2002, 92；亦参见 Taeger/Gabel – Zscherpe, § 15 TMG Rn. 93ff.。

[4] 亦见 Lindemann/Simon, BB 2001, 1953。

举例：雇员 X 想阅读联邦法律公报，进入网址 "www.makrolog.de"。在主页上，他得知自己需要一个登录码。短短几分钟后便可获得该码（惯例长期如此），之后可免费阅读公报。他的邮件地址和名字被记录下来：根据《电信媒体法》第 15 条第 1 款，登录日期也会被记录。公报的主页不收费。许可雇员这一私人爱好的雇主不能电子记录雇员阅读公报的时长。

89

另外，**电子邮件**也构成**远程电信服务**。一方面联邦参议院就此作出过判定；[1]另一方面雇员接收的电子邮件会首先保存到雇主的服务器，也证明了构成远程电信服务。[2]因此，如雇主不要求雇员为使用互联网付费的话（通常皆如此），则**完全禁止雇主接触雇员的私人电子邮件**。**唯有雇员明确表达同意才能多少改变**这种情况。但雇员必须自愿同意，[3]且使用远程电信服务原则上不能以雇员同意为条件。根据《电信媒体法》第 13 条第 2 款，雇员可以通过电子形式表达同意，可随时撤回对未来的同意。根据《电信媒体法》第 13 条第 3 款第 1 句，服务提供者必须告知用户他拥有的上述权利。

3. "混合数据存储"的要求

90

如从技术上无法分离办公通信和私人通信，则适用私人通信的法规，因为对此不存在特殊规定，且私人通信秘密无论如何都必须得到保全。因此，原则上雇主不能动用混合数据。[4]但雇员**上司**可以在指示权范围内要求雇员**打印**办公电子邮件**或**要求**转发**电子邮件。[5]由此可履行德国《商法典》第 257 条和《税收通则》第 147 条规定的保管义务（Aufbewahrungspflichten）。如雇员拒绝，或不完整转交办公文件则构成严重违反义务。如存在办公使用互联网的相关数据，则也应根据要求告知上级。

91

真正的难题出现在**雇员离开公司或是**因病或休假**暂时离开**公司又联系不上的时候。通常会有顶替规定，所有邮件都可转发给指定人员或交由此人审阅。但该规定以雇员的**自愿同意**为前提，因为其私人信息也包含在内。如缺少顶替人员，则要看**雇主是否迫切需要**了解办公电子邮件内容，而这种情况并不罕见。

举例：客户最终拒绝合同了吗？外国合作公司是否确定了代表团的访问日期？是否按照约定取消了《信息技术市场》杂志的订阅？

在这种情况下，**打开雇员的电子邮件账户**是合理的。此时不再适用《电信法》第 88 条第 2 款规定的**电信保密原则**，因为该原则仅涉及传输过程。如果信息已在收件人可控制的

---

〔1〕 见 BT – Drucksache 13/7385，S. 52 中的描述。

〔2〕 Post – Ortmann，RDV 1999，104，Fn. 14 将普通电子邮件归类为常见的电子通信，加入新闻组等则被视为（原）《电信服务法》（Telekommunikations – Dienst – Gesetz）的适用范围。

〔3〕 旧版德国《联邦数据保护法》第 4a 条在《电信媒体法》的框架下仍然适用，见 Taeger/Gabel – Moos，§ 12 TMG Rn. 24。这同样适用于《通用数据保护条例》第 4 条第 11 项和第 7 条。

〔4〕 关于雇主同意雇员出于工作需要使用私人设备，参见本书第二章。

〔5〕 参见本章边码 50。

范围内，该原则不再有效。[1]但反对意见更有说服力：不在公司的**收件人**通常对接受的信息**一无所知**。此时很难将这些信息归为收件人"可控制的范围"。[2]根据《电子隐私条例》草案第8条，电子邮件账户仍应保密，等同于电信保密原则的范畴内。此时如无法知会收件人，也即雇员，或该雇员不配合的话，原本不可打开其邮件账户。然而鉴于雇主利益在此时居于主导地位，雇主仍可打开，但不能触及雇员私人通信的内容。如私人通信本身已有标注，雇主或同事就不能查看。[3]如果从外观上无法区分邮件性质属于办公还是私人，则可以**由中立的局外人**查看，例如公证人或是律师，只允许他们向雇主传达办公信息。[4]

五、企业职工委员会的共决

92　1.《企业组织法》第87条第1款第6项的构成要件

根据《企业组织法》第87条第1款第6项，"引进和应用旨在监督雇员行为和义务履行的技术设备"要受企业职工委员会职工共决的制约。根据普遍的观点，**该规定立足于保护人格权**，该保护借助特定机制得到加强，即企业职工委员会的共决。[5]这一机制应用以阻止违法的侵入，合法的介入也应限定在必要的范围内。[6]出现疑问时，**解释**法规应秉承

93　尽量限制侵入的目标。[7]

联邦劳动法院的司法判例基本上遵循了这一基本原则。存在雇主监控的客观可能性就引发《企业组织法》第87条第1款第6项适用，无需雇主具有监控意图（意图本就难以证实）。[8]须由职工共决来决定的事宜不仅包括借助技术设备收集个人数据，

　　举例：X员工输入了密码后，系统会记录他使用互联网连接的时长。

还包括借助电子数据处理手段，分析手动收集的数据。[9]

　　举例：外勤人员每天都填写一份报告表。然后，这份报告表会通过计算机进行

---

〔1〕参见本章边码33。

〔2〕参见本章边码33及Tiedemann, Anm. zu LAG Berlin - Brandenburg, ZD 2011, 46。问题在于只有当信息完全"存储"到信息接受者的个人电脑上时，才能视为最终到达了"可控制范围"；如其他运营网络技术上能存储这些数据，应将其删除。

〔3〕见LAG Berlin - Brandenburg, 16. 2. 2011 – 4 Sa 2132/10 – ZD 2011, 43 = NZA – RR 2011, 342。

〔4〕原则上采用这种解决方法的还有de Wolf, NZA 2010, 1206, 1211。规制建议见Deiters, ZD 2012, 109, 114f. 。

〔5〕BAG, 14. 5. 1974 – 1 ABR 45/73 – AP Nr. 1 zu § 87 BetrVG 1972 Überwachung；BAG, 9. 9. 1975 – 1 ABR 20/74 – AP Nr. 2 zu § 87 BetrVG 1972 Überwachung；DKKW – Klebe, § 87 Rn. 166；Richardi – Richardi, § 87 Rn. 480. 另见Dirk Andres, Die Integration moderner Techniken in den Betrieb, Berlin 2000. 更为深入的探讨见Däubler, Gläserne Belegschaften, Rn. 689 – 838h。

〔6〕DKKW – Klebe, § 87 Rn. 166；Richardi – Richardi, § 87 Rn. 480。

〔7〕Fitting, § 87 Rn. 216 m. w. N. 。

〔8〕BAG, 9. 9. 1975 – 1 ABR 20/74 – AP Nr. 2 zu § 87 BetrVG 1972 Überwachung；st. Rspr. 。

〔9〕BAG, 14. 9. 1984 – 1 ABR 23/82 – NZA 1985, 28ff. 。

分析。

对此最主要的考虑是：**分析数据给雇员人格权带来的风险**与通过技术手段记录数据带来的风险**一样大**：电子数据处理手段具有几乎无限的存储容量、可随时同企业内部其他数据相链接、可任意调取所有信息、数据分析脱离于原初的社会场景——这一切不仅体现在使用电子数据处理手段的信息收集中，也体现在信息处理中。[1]

借助额外的工具（比如按姓名和员工号归类的列表），也就是借助额外知识，反推出具体谁应该对记录下的事件负责，这同样也构成对雇员行为和表现的监控。被记录的数据本身不一定具备"评判关键性"。[2]

举例：技术上仅记录输入的密码，也即系统只知晓用户名为"奶油圆蛋糕"的用户于15：00至15：30处理并发送了邮件。然而借助列表（"额外知识"）就可以查到用户名为"奶油圆蛋糕"用户是弗兰茨·米勒。

电子数据手段的记录可能只构成**评判**中极小的**部分**。

举例：记录午餐开始和结束的时间就足够了；通过询问雇员上级或（更现实些）通过对其他系统数据的分析，便可了解雇员在工作场所的时长及其是否敬业。

只要引进或应用了**"技术设备"**，职工委员会就可行使共决权，而电信通信设施无疑属于技术设备。

扩展现有的技术系统，也就是系统的应用发生改变时，同样适用《企业组织法》第87条第1款第6项的规定，应进行共决。改变的程度并不重要。[3]这一点对现有设备联网或系统扩大尤为重要。[4]

2. 《企业组织法》适用于电子邮件、内联网和互联网领域

文献中的观点一致认为，《企业组织法》第87条第1款第6项也适用于工作岗位上引进**电子邮件链接**。[5]这一点可直接如下推导出来：雇主单凭发送或接收电子邮件的时间和

---

[1] 详见 BAG，14.9.1984 – 1 ABR 23/82 – NZA 1985，28，30。

[2] BAG，23.4.1985 – 1 ABR 2/82 – AP Nr. 12 zu § 87 BetrVG 1972 Überwachung = NZA 1985，671；BAG，11.3.1986 – 1 ABR 12/84 – AP Nr. 14 zu § 8 BetrVG 1972 Überwachung = NZA 1986，526；亦见 Fitting，§ 87 Rn. 235，该处可找到详实证据。

[3] DKKW – Klebe，§ 87 Rn. 188，156；ErfK – Kania，§ 87 BetrVG Rn. 59；Fitting，§ 87 Rn. 249；Worzalla，in：Hess u. a.，§ 87 Rn. 349.

[4] 参见 Däubler, Gläserne Belegschaften, Rn. 830ff.；DKKW – Klebe，§ 87 Rn. 189。

[5] Balke/Müller，DB 1997，327；Däubler, Arbeitsrecht 2，Rn. 476ff.；DKKW – Klebe，§ 87 Rn. 201；Fitting，§ 87 Rn. 245；Hilber/Frik，RdA 2002，90；Jofer/Wegerich，K&R 2002，239；Linnenkohl/Gressierer，AuA 1999，413；Post – Ortmann，RDV 1999，107.

数量或连同其它信息，就可**推断雇员的行为和表现**。雇员根据指示或自行对邮件进行**加密**，影响并不大，因为即便加密邮件，雇主仍可直接或间接监控。[1]

若雇主**允许**雇员**私人使用**电子邮件，企业职工委员会仍有责任进行共决。[2]然而，鉴于雇主实施监控的可能不大，[3]职委会共决的调节空间也相应有限，基本只能对职委会可不可以**监督**雇主是否**遵守了监控禁令**以及如何实施监督进行共决。[4]此外，雇员使用私人电子邮件的权利构成员工福利（且免税——《个人所得税法》第3条第45项），可能涉及《企业组织法》第87条第1款第10项的共决权。[5]

如**劳动岗位的计算机联网**并且雇主安装了**内联网**，构成现有技术设备也发生改变；此时适用《企业组织法》第87条第1款第6项。若对**现有网络**进行**拓展**，该法条亦适用。

举例：企业内部新添了一套电子档案系统，将取代现有的文献档案室。由此带来的电信通信增量足以为主张共决权提供依据。

（额外的）**互联网链接**，防火墙通常会记录链接的使用情况，雇主可分析防火墙存储的数据，[6]导致实施监控的客观可能。[7]是否真正实施了监控，雇主是否意图监控，并不影响法律规定的共决权。

将**互联网链接直接关联到外部供应商**，供应商也必须依照雇主的委托行事。但这也不影响《企业组织法》第87条第1款第6项的适用。[8]

3. 行使共决权

共决权一般通过**签订企业协议**来行使。但雇主和企业职工委员会也可仅签订**约定书**（Betriebsabsprache）或**调节议定书**（Regelungsabrede）。[9]这两种约定的生效无要式（formlos gültig），但职工委员会主席必须基于相应的委员会决议方有权与雇主签订这两种约定。[10]此外，职工委员会有权随时要求签署企业协议。[11]

但法学界很少讨论如何评价**企业职工委员会**对某个系统的"**一揽子许可**"（Pauschalzustimmung），雇主可能并未详细介绍该系统，或者，非IT专家很难理解系统的全貌。根

---

[1] Balke/Müller, DB 1997, 327.
[2] Bijok/Class, RDV 2001, 54; Matthes, CR 1987, 113.
[3] 参见本书第四章。
[4] 参见 BAG, 30.8.1995 – 1 ABR 4/95 – NZA 1996, 218, 根据该判例，授予企业职工委员会随时查阅系统以及系统相关文件的权利能与《企业组织法》第87条第1款第6项的法理基础相适应。关于SAP公司在监督企业协议实施过程中出现的实际问题，见 Rupp, CF 6/2001, 8 ff.。
[5] Schulze/Hofer, AiB 7 – 8/2016, S. 29.
[6] 参见 LAG Berlin – Brandenburg, 14.1.2016 – 5 Sa 67/15, DuD 2016, 684 = BB 2016, 891。
[7] 亦见 Ernst, NZA 2002, 591; Fitting, § 87 Rn. 245。
[8] Däubler, Gläserne Belegschaften, Rn. 771 m. w. N. 已就传统的个人数据处理问题作了介绍。
[9] DKKW – Berg, § 77 Rn. 161 ff.; Fitting, § 87 Rn. 255; GK – Wiese, § 87 Rn. 578, 86 ff.; Worzalla, in: Hess u. a., § 87 Rn. 387.
[10] DKKW – Berg, § 77 Rn. 165; Fitting, § 77 Rn. 219; GK – Kreutz, § 77 Rn. 11; GK – Wiese, § 87 Rn. 91.
[11] BAG, 8.8.1989 – 1 ABR 62/88 – DB 1990, 281, 282.

据《企业组织法》第 2 条第 1 款信任合作的理念，雇主必须**向企业职工委员会作出全面阐述**，让职委会有能力准确评判自己决策的影响。如雇主未阐述，**企业职工委员会的许可可能被判无法律效力**。尤其雇主未具体介绍某些监控方案时，更是如此。

举例：20 个劳动岗位上配备了电子邮件接口。这些接口跟私人电子邮件接口一样，都直接连接到网络供应商的服务器。雇主告知企业职工委员会不会实施监控，会对滥用采取必要的措施。职委会表示许可。后来有证据显示：企业中有一处可存储所有收发的电子邮件，并"根据需要"可打印出来。

若企业职工委员会不同意，则可要求雇主终止使用这些技术设备，直至双方就监控问题达成一致或由劳资协调处促成达成一致为止。[1]主流意见认为，雇员在这种情况下**有权依德国《民法典》第 273 条拒绝给付劳务（Leistungsverweigerungsrecht）**，而雇主须继续支付报酬。[2]

4. 行动空间

签署企业协议或劳资协调处作决定时须保护雇员人格权。《企业组织法》第 75 条第 2 款也适用该情形。[3]这意味着，**无论针对办公使用**的保护还是**私人使用**的保护都不得低于**法定的保护标准**。因此不可借助企业协议而普遍监控邮件。[4]企业协议有可能偏离德国《联邦数据保护法》的一般规定，从而可能损害个别雇员的利益，[5]但这一点在此处无关紧要，因为针对办公使用的保护可直接从雇员人格权推导出来，针对私人使用的保护则从电信保护法领域的特别条例中推导。

针对雇主监控通信，企业职工委员会能达成哪些有意义的规定？这将在后文进行探讨。[6]之所以要问这个问题，是因为**企业协议通常不仅**规定**监控**，还要规定如《企业组织法》第 97 条第 2 款和第 98 条规定的员工继续培训问题、《企业组织法》第 112 条规定的经济损失补偿问题等。

5. 单个企业的职工委员会还是公司职工委员会？

对于公司的统一系统，（"内联网"）不可只针对个别分支机构进行规制。此类情形下，只有达成**统一适用于**公司内的**所有分支机构的规定**才有意义。因此根据《企业组织法》第

---

[1] Fitting, § 87 Rn. 256 m. w. N. 另见 ArbG Hamburg, 7. 12. 1999 – 25 BV 7/99 – AiB 2001, 360; Schierbaum CF 8 – 9/2000, 29。

[2] DKKW – Klebe, § 87 Rn. 166; Fitting § 87 Rn. 256; GK – Wiese § 87 Rn. 580; Jofer/Wegerich, K&R 2002, 239. 批评观点见 Worzalla, in: Hess u. a., § 87 Rn. 389ff.；不同观点见 Richardi, § 87 Rn. 533。

[3] BAG, 27. 5. 1986 – 1 ABR 48/84 – DB 1986, 2080, 2082; 另参见 BAG, 29. 10. 1997 – 5 AZR 508/96 – DB 1998, 371 及 Lindemann/Simon, BB 2001, 1950。

[4] Bijok/Class, RDV 2001, 55。

[5] 见 BAG, 27. 5. 1986 – 1 ABR 48/84 – DB 1986, 2080ff.，另见 Gola, CF 1/2001, 24f.。

[6] 见附录 1。

50条第1款，应由公司职工委员会（Gesamtbetriebsrat）负责。[1]如公司内各机构使用相同类型和性能的设备和程序，则公司职工委员会的权限就延伸到设备和程序的具体使用。[2]这同样适用于跨企业联网。若系统只涉及一家分支机构，或各分支机构**使用不同的技术**，则仍由**单个机构的职工委员会负责**。单个机构的职工委员会仍据《企业组织法》第80条第1款第1项，享有信息权和监督权。[3]

109　　6. 框架企业协议（Rahmenbetriebsvereinbarung）

通常可查到关于应用信息技术的框架企业协议。这些协议原则上只能自愿订立。在谈判过程中，如存在据《企业组织法》第87条第1款第6项应共决的某个要件（Tatbestand），则职工委员会仍可行使共决权。不然职工委员会就是不合法地放弃了自己的权利。"框架"的作用仅限于确定**最高程度的监控水平**和**最低程度的补偿措施**；具体应用框架协议时，只能提高对监控的保护标准或改善雇员的福利。框架协议不仅规定了监控方面，还据《企业组织法》第111条规定了补偿损失的情况的，此原则同样适用。由于**企业协议**是**自愿订立**的，因此根据《企业组织法》第77条第6款，解约后效力不延续，除非双方就效力延

110　续明确达成协议。

由于通常不涉及雇主给予的补偿，到底是框架企业协议还是之后谈判订立的新企业协议更有利于雇员，这个问题难以定论。存在疑问时，应优先考虑**晚些时候**谈判中达成的**协议**，因为谈判期间共决权的影响通常会对雇员方有利。

六、公职人员人事委员会的共决

111　　1. 基本原则

根据《联邦人事委员会法》第75条第3款第17项，公职人员的人事委员会有权就"引进和应用旨在监督雇员行为和义务履行的技术设备"一事进行共决。因此，即便在文字的细节措辞上，人事委员会都享有**等同于企业职工委员会**的权利。尽管长期以来人事委员会法领域的司法判例和文献无论从数量来说还是质量来说都远远落后于企业组织法领域，但是在本章讨论的主题上两者已经达到了相近的水平。[4]

112　　2. 通过司法审判进一步具体化

联邦劳动法院所有针对《企业组织法》第87条第1款第6项的重要表述，都得到联邦行政法院采纳，主要是因为联邦行政法院后来才开始处理这类案件。**有些问题甚至得到了**

113　**联邦行政法院更为明确的阐述**。以下几点细节值得重视：

- 《联邦人事委员会法》第75条第3款第17项仅针对"技术"监控，不针对自然人

---

〔1〕 亦见 BAG, 30.8.1995 – 1 ABR 4/95 – NZA 1996, 218; BAG, 11.11.1998 – 7 ABR 47/97 – K&R 2000, 262 = DB 1999, 1457.

〔2〕 BAG, 11.11.1998 – 7 ABR 47/97 – DB 1999, 1457, 1458.

〔3〕 BAG, 16.8.2011 – 1 ABR 22/10 – RDV 2012, 28.

〔4〕 W. Schneider, PersR 1986, 189ff., PersR 1991, 129ff. 已有这样的概括。

实施的监控。通过技术收集的信息**是否被记录了下来****并不重要**；若用**摄影机**观察雇员并仅为发现异常，也需人事委员会进行共决。[1]

- 个人数据的收集、在**电子信息处理系统中输入**和分析都属于法律意义上的"监控"。[2]
- 原则上，**收集的**或通过评估获得的**数据**的**性质如何**并**不重要**。一方面数据关涉个人时，同额外知识联系起来时就能说明雇员的行为和表现，因此人事委员会有权共决。另一方面，若雇主"无须大费周章"就可获取监控软件且无需改动设备就能使用，则无论数据性质是否关涉个人，人事委员会都可进行共决。[3]比如企业系统会记录下谁使用了某台设备多长时间，而市场上可买到读取这类信息的软件，此时人事委员会便可共决。
- 雇主是否存在**监控意图**并**不重要**。只要被记录的数据能用于监控便满足了共决前提。[4]
- **个人电脑**构成《联邦人事委员会法》第75条第3款第17项规定的**技术设备**。[5]只要个人电脑能在办公的某一环节派上用场，它是不是员工私人物品便不重要。[6]使用"自带设备"不影响共决权。仅当电脑的提供只是为了方便雇员工作，且不存储或不能存储同事的数据，也不可对单个用户实施监控时，人事委员会无须共决；因为用户此时没有义务使用该电脑，可随时删去所有存储的数据，也可随时将数据存储到磁盘上带回家。[7]
- 如**设备**同其他设备**联网**，则可能存在被监控的风险，因为系统中的各个终端的权限互不透明。因此人事委员会可就此共决。共决权不取决于意图采取的措施是否合法，权限不透明，从而违反《通用数据保护条例》第5条第1款a项的系统在运行前也必须经过共决（通过共决或许可以解决透明度问题）。
- 《联邦人事委员会法》第75条第3款第17项也适用于**针对小团体的监控**，比如几个人共用一个复印机使用密码。该项共决权不适用于较大的群体。[8]
- **系统变动需要进行共决**。[9]这也适用于实际操作发生改变、监控能力不变的情形。[10]

3. 结果

对电子邮件、内联网和互联网的处置都与《企业组织法》相同。因此上文论述[11]可供参考。[12]

---

[1] BVerwG, 31.8.1988 – 6 P 35/85 – ZBR 1989, 14.
[2] BVerwG, 16.12.1987 – 6 P 32/84 – NZA 1988, 513 = CR 1988, 498.
[3] BVerwG, 16.12.1987 – 6 P 32/84 – NZA 1988, 513 及 BVerwG, 27.11.1991 – 6 P 7/90 – PersR 1992, 147。
[4] BVerwG, 27.11.1991 – 6 P 7/90 – PersR 1992, 147.
[5] BVerwG, 23.9.1992 – 6 P 26/90 – PersR 1993, 28, 31.
[6] BVerwG, 12.10.1989 – 6 P 9/88 – CR 1990, 132 = NZA 1990, 451.
[7] BVerwG, 23.9.1992 – 6 P 26/90 – PersR 1993, 28, 31.
[8] OVG Nordrhein – Westfalen, 11.3.1992 – CL 38/89 – PersR 1993, 33.
[9] BVerwG, 13.8.1992 – 6 P 20/91 – PersR 1992, 505.
[10] 其他观点见 OVG Hamburg, 4.7.1988 – Bs PB 11/87 – PersR 1988, 215。
[11] 边码103及以下。
[12] 有关人事委员会参与搭建互联网，见 OVG Greifswald, 21.12.2000 – 2 M 64/00 – ZfPR 2002, 165 及 Lorenzen/Eckstein – Rehak, § 75 Rn. 195ff.。

七、证据使用禁令

1. 问题所在

若有人逾越了本章介绍的界限,秘密窃听电话、未经相关人员同意便打开私人电子邮件、个别情况下没有充分的理由就去分析网络使用记录,会有怎样的后果?职工集体利益代表的权利也不容忽视。假如企业职工委员会或人事委员会的共决权被忽视,或雇主派人查阅企业职工委员会的个别文件,会有什么后果?

2. 普遍的证据使用禁令还是仅以保护人格权为限?

理应期待,非法途径获取的信息不能用于司法程序。诉讼一方不顾《电信法》第88条通信秘密的规定,评估了雇员的私人电子邮件并因此赢得了解雇保护诉讼,这就是通过非法行为谋取好处吗,难道不**违背诚信原则**吗?法院对此却不敢明确肯定这一观点。法院背后的思考在于,刑事诉讼以外不存在明确的证据使用禁令,且**诉讼程序旨在查明真相**——如在诉讼程序中引入了一条(未经授权获得的)信息,对方也没有就其内容提出异议,则原则上法院可依据该信息作出裁决。[1]司法因此作出"折衷"决定:唯有**重复或持续侵犯**个人的人格权时,证据使用禁令才成立。[2]比方**秘密录像**就是典型的例子。如不是恰好涉嫌刑事犯罪或严重违反义务,秘密录像取得的信息就不可作为证据。[3]这也适用于秘密**搜查**雇员的**储物柜**并发现"物证"的情形。[4]而另一方面,查阅办公计算机内存储的私人聊天记录却被法院接受,理由是雇主允许雇员私人使用办公计算机的前提在于必要时可随时查看数据,因此雇员不可期望私人通讯的私密性。[5]

司法意见自身的确逻辑贯通,但法学文献对此提出疑虑:[6]某人不仅被未经允许的监控而侵犯了私人领域,还因此在诉讼过程中处于不利,那他的基本权利就遭到了两次侵害——这好比,一位财产所有人,不仅货仓被盗取了大量物品,还要和占有了被盗物品的窃贼的朋友展开商业竞争。但到目前为止,司法审判尚未考虑到相关人员**诉讼基本权利也可能受到侵害**:正如摩根罗斯(Morgenroth)[7]所指出的那样,如果一方要面对违法获取的证据,且不得不接受该证据为"完全有效",**诉讼过程就没有遵守源自德国《基本法》第3条第1款的**武器平等原则**(Gebot der Waffengleichheit)**,此时单方承担了不利的风险。

---

[1] 参见 BAG, 27. 3. 2003 – 2 AZR 51/02 – NZA 2003, 1193, 1195。

[2] BAG, 16. 12. 2010 – 2 AZR 485/08 – NZA 2011, 571;赞同观点见 Forst, AuR 2010, 106, 111;Plath - Stamer/Kuhnke, § 32 Rn. 139ff. 。

[3] BAG, 21. 11. 2013 – 2 AZR 797/11 – RDV 2014, 96. 关于使用安装在汽车中的行车记录仪来记录交通事故,见 LG Heilbronn, 3. 2. 2015 – I 3 S 19/14 – K&R 2015, 280;关于禁止用摄像机拍摄运输全过程,见 VG Ansbach, 12. 8. 2014 – AN 4 K 13. 01634 – CuA 11/2014, 31 = DuD 2015, 49。

[4] BAG, 20. 6. 2013 – 2 AZR 546/12 – RDV 2014, 103 = ZD 2014, 260.

[5] LAG Hamm, 10. 7. 2012 – 14 Sa 1711/20 – RDV 2012, 254.

[6] Morgenroth, NZA 2014, 408, 410.

[7] NZA 2014, 408, 411.

若**电话交谈**被他人**秘密窃听**，则此人不可以在后期庭审中作为证人出席作证。[1]但这仅限于听话者有意被"卷入"该事件或出于自愿介入此事的情形；如听话者只是偶然撞上此事，比方说打电话的人将其手机调到"公放"模式而且打电话的人和听话者当时共处一室，则此时听取电话交谈不违法、也不存在证据使用禁令。[2]如电话**出自国外的分公司**、当地法律允许秘密窃听，但从德国诉讼法角度，使用窃听到的内容作为证据会构成对私人领域的侵犯，因此不可使用。[3]

若雇主始终禁止雇员私人使用互联网，则对**互联网使用记录**进行分析也不会带来纠纷：比方雇主发现个别雇员出于私人目的使用互联网，存在足够的理由进行审查，则雇主可查看互联网使用记录。[4]电信保密原则不受影响。[5]但如果查看**超出了应有的界限**，比如雇主尽管允许雇员使用私人电子邮件，但**查阅了雇员的私人邮件**，则构成对当事人人格权的侵犯。假如把由此获得的信息用于诉讼，将是对涉事者一般人格权的再次侵犯。这种做法难以为常理接受，即应适用证据使用禁令。此外，应根据具体情况考察某些获取证据的手段是**否合乎比例**：为查明受监控者是否从收银台里拿走了几分钱，进行秘密视频监控，是违法的。[6]

雇员常常**很难**对未经授权的调查结论从**内容上**（"证实"）**提出异议**，这就引发了诉讼程序问题。这一点在视频监控中尤为明显。[7]对此处的讨论主题也造成麻烦：如非法查看使用日志，从而清楚看出某人某天从 13 点到 15 点没在工作、而在玩电脑游戏，该雇员可如何辩驳？德国联邦劳动法院似乎起初并未重视该问题，认为内容上无争议的信息可作为判决和决议的理由，而不考虑这些信息的"来源"。[8]然而在新近的判决中，联邦劳动法院**发现了相关人的困难处境**。[9]雇员不应被强迫首先回应雇主就其发现的某件事提出的质疑，以向雇主讲明自己当时情况下做法的合理性，再申述雇主行为的非法性。相反，雇员可以**从一开始就申述雇主信息获取方式非法**，除非他不提出异议的行为本身即可视为同意对方使用这些争议性事实。[10]后一种情况不可能出现，因此即便在此类"显而易见"的情形中，证据使用禁令依然有效。

先让他人评估非法渠道获得的数据，再让此人作证，以此来规避**证据使用禁令**，这是

---

〔1〕 BAG, 23.4.2009 – 6 AZR 189/08 – RDV 2009, 276 Ls. 关于提起刑事诉讼，见 BGH, 15.1.2013 – 4 StR 385/12 – ZD 2013, 232。

〔2〕 BAG, 23.4.2009 – 6 AZR 189/08 – RDV 2009, 276.

〔3〕 Dzida/Grau, NZA 2010, 1201, 1204. BGH, 21.11.2012 – 1 StR 310/12 – ZD 2013, 278 也持相同观点，认为证据是否可采用，取决于当事人提起诉讼的国家的法秩序。

〔4〕 如见 OVG Lüneburg, 14.9.2011 – 18 LP 15/10 – ZD 2012, 44。

〔5〕 见本章边码 48 及以下。

〔6〕 BAG, 21.11.2013 – 2 AZR 797/11 – RDV 2014, 96, 98.

〔7〕 有关其重大的实际作用可参见监督机构报告节选，来源见 RDV 2014, 203。关于证据使用禁令，亦见 Kort, ZD 2016, 555, 559。

〔8〕 BAG, 13.12.2007 – 2 AZR 537/06 – NZA 2008, 1008.

〔9〕 BAG, 16.12.2010 – 2 AZR 485/08 – NZA 2011, 571, 574.

〔10〕 BAG, 16.12.2010 – 2 AZR 485/08 – NZA 2011, 571, 574 Tz 32.

不允许的。[1] 这可被概括为任何参与非法证据收集的人都不能以证人的身份接受质询。[2] 向被控渎职或刑事犯罪者呈上**非法渠道收集的证据**，被指控者随后作**供认**，这同样无效。[3] 更加难以解决的问题是：如非法程序导致进一步调查而该调查本身完全合法，此时证据使用禁令是否有效？德国一般不接受禁令的这种"**深远影响**",[4] 不同于美国某些地区，德国没有"**毒树果实理论**"。根据该理论，非法信息导致的后续措施都是非法的。[5] 假如雇主在进行违法视频监控后，开始调查雇员报销采购时是否没有欺瞒，法院很可能认为该调查结果可作为证据。[6] 我们只能接受这一现实，即便存在如下疑虑：行为人非法侵害了他人的人格权并从中获益，有时甚至长期获益（比方得以解除由于其他原因不愿再维系的劳动关系）。

129　　**3. 违反《企业组织法》规定**

司法审判高度关注非法调查措施是否侵犯了相关人的一般人格权。但也有可能出现其他问题。若诸如医生等具有保密义务的雇员受到非法监控，同样适用普遍的证据使用禁令。[7] 此处特别介绍可能违反企业组织法规范的行为。对此需要区分下面两种情况。

130　　**(1) 双方的独立性**

一方面，可以设想一方以非法的方式**从另一方的管控范围**内获得**数据**。比方雇主通过系统管理员查看企业职工委员会的文档，以便更好地应对职委会。这显然不法侵害了企业职工委员会的独立地位（unabhängige Stellung）。从法律角度而言，出于均衡力量的考虑，企业职工委员会被设定为雇主的对立方。因此，由雇主委任的公司数据保护专员不能监控职委会。[8] 位于杜塞尔多夫的北莱茵－威斯特法伦州劳动法院对此的判决[9] 合理——即便为了揭露企业职工委员会委员违反合同的行为，雇主也不能查阅**职委会的文档**。[10] 但他要是真这样做了，证据使用禁令就会生效——此时的关键不在于是否侵犯人格权，而在于

131　《企业组织法》的基本原则。

以上对证据使用禁令的主张可以从反例中得到证实——该案例中，职委会通过一位有关联的系统管理员非法获取了**雇主对公司内部事务的想法**。

　　举例：雇主一再实施小规模裁员，从未超出《企业组织法》第111条的规定。只

---

[1] ArbG Düsseldorf, 3. 5. 2011 – 11 Ca 7326/10 – ZD 2011, 185, 188.
[2] BAG, 20. 6. 2013 – 2 AZR 546/12 – ZD 2014, 260 Tz. 19 = RDV 2014, 103.
[3] LAG Baden – Württemberg, 6. 5. 1999 – 12 Sa 115/97 – BB 1999, 1439; Däubler, Gläserne Belegschaften, Rn. 388f.
[4] BAG, 16. 12. 2010 – 2 AZR 485/08 – NZA 2011, 571, 574 Tz. 40; BGH, 1. 3. 2006 – XII ZR 210/04 – NJW 2006, 1657.
[5] BGH, 1. 3. 2006 – XII ZR 210/04 – NJW 2006, 1657 Tz 18. 关于"毒树果实理论"的非法性，见 LAG Baden – Württemberg, 6. 5. 1999 – 12 Sa 115/97 – BB 1999, 1439。
[6] 见 BAG, 16. 12. 2010 – 2 AZR 485/08 – NZA 2010, 571, 亦见 Kort, NZA 2012, 1325。
[7] 参见本章内容。
[8] BAG, 11. 11. 1997 – 1 ABR 21/97 – DB 1998, 627.
[9] 7. 3. 2012 – 4 TaBV 87/11 – RDV 2012, 310.
[10] LAG Düsseldorf, 7. 3. 2012 – 4 TaBV 87/11 – RDV 2012, 310.

有能证明裁员措施是出于雇主对经营的统一决策时，才能将数次裁员的人数相加。唯一的证据是一项机密的企业内部记录。职委会用不正当的方法获得了该记录。

根据德国《劳动法院法》第 99 条第 2 款，毫无疑问，劳资协调处裁决争议时不会使用这些"材料"。[1]

（2）违反共决权

实施调查措施时，常发生雇主忽视企业职工委员会共决权的现象。是否也应遵循**证据使用禁令**？联邦劳动法院起初并未作出判决。[2]但此后坚决地**作出了否决**，[3]并驳回了巴登符腾堡州劳动法院[4]以及不来梅劳动法院[5]与联邦法院意见不一致的判决。德国联邦劳动法院的否决基于以下几点：

- 由于缺乏明确法律依据，不应实施证据使用禁令。只有其中**一方"宪法上的根本地位"**（verfassungsrechtliche Grundpositionen）受到侵犯时，才可考虑适用禁令。有些情况下，信息或证据获取的方式不合法，不一定导致这些信息和证据失效。[6]
- 当诉讼程序使用违法获取的证据会导致另一方"重要的、应受法律保护的地位"受到**反复地、持续地侵害**时，方考虑适用证据使用禁令。[7]
- 雇主违反共同决定权，会引发后续的集体劳动法的制裁（kollektivrechtliche Sanktionen），特别是根据《企业组织法》第 23 条第 3 款、一般企业组织法中的不作为请求权，还有诸如给付拒绝权等劳动合同法上的制裁。因此，不需要实施进一步的程序法制裁。[8]
- 忽视共同决定权或是忽视以该权利为基础订立的企业协议并不构成人格权的侵犯。[9]
- 此外《企业组织法》第 87 条第 1 款第 1 项的保护个人人格权目的，也无法导出可实施证据使用禁令。[10]

联邦劳动法院的观点引起了驳斥：

- 为何只有诉讼一方的"宪法基本地位"受侵害才构成实施证据使用禁令的正当理由？这一点联邦劳动法院没有论证。为何违反普通法律就不是正当理由？到底为什么要讲"重要的、受法律保护的地位"？难道在法律上还有"不太重要"的保护？当然，司法审判存在的意义在于查明真相，并基于此作出客观的、正确的判决。然而，不能孤立地看待各个法律程序。侵害共同决定权却不受程序法的制裁，等于雇主忽视共决权——雇主若原本就

---

[1] 亦参见 Däubler, CuA 1/2013, 13, 16。可参见 LAG Köln, 18.5.2011 – 8 Sa 364/11 – RDV 2012, 87，该案例中雇员对领导与职工的谈话进行录音被明确地认定为特别严重的违反义务行为。

[2] BAG, 27.3.2003 – 2 AZR 51/02 – NZA 2003, 1193, 1196.

[3] BAG, 13.12.2007 – 2 AZR 537/06 – NZA 2008, 1008, 1010 Tz 26.

[4] 6.5.1999 – 12 Sa 15/97 – BB 1999, 1439.

[5] 28.7.2005 – 3 Sa 98/05 – RDV 2006, 24 = AiB 2006, 325 mit Anm. Grimberg.

[6] BAG, 13.12.2007 – 2 AZR 537/06 – NZA 2008, 1008, 1010 Tz 27 – 30.

[7] BAG, a. a. O. Tz 30.

[8] BAG, a. a. O. Tz 31.

[9] BAG, a. a. O. Tz 32.

[10] BAG, a. a. O. Tz 33.

以证实嫌疑为目标，正好可以毫无顾忌地下手实现。

• 对不法侵害按明文法规实施**制裁**，前提是企业职工委员会知晓不法侵害存在。然而，企业职工委员会无法知晓雇主**秘密采取监视措施**。该监视措施理论上可以持续多年。如程序上存在证据使用禁令，那雇主一开始就不会考虑如此行事。

• 立法方制定了《**企业组织法**》第87条第1款第1项和第6项的构成要件，**以保护雇员**的**人格权**，联邦劳动法院也认可这一点。[1]为何不考虑在诉讼程序中通过其他途径（即职工共决）来扩大人格权的保护的范围并进而实现这一目标呢？这有何不妥？德国联邦劳动法院对这种加强人格权保护的举措（即职工共决）抱有的态度给人以模棱两可的印象。

未来几年司法意见会不会改变？这还有待观察。此外，司法判例还不得不应对这一观点：使用非法手段获取的证据违背了程序上的武器平等（Waffengleichheit）基本原则。

在个别情况下，**明确**规定**证据使用禁令**可能会有帮助。正如人可主动放弃通过诉讼实现诉求那样，也可以承诺少援用或不援用一些特定事实。这可以通过订立**企业协议**实现。企业协议跟集体合同一样，既有义务性部分，[2]也可包含有利于第三方的协议。

4. 涉及第三方的信息

可以想象，未经允许查看数据不仅会导致披露某些雇员的信息，也会了解到第三方的信息，而第三方本不是"调查措施"的对象。要将这些**"偶然发现"**用作证据，[3]即便根据现有的司法判决，也必须以保全第三方的人格权为前提。非法窃听电话、非法评估数据很难不侵犯第三方的人格权，因为原本就不存在支持其这么做的正当理由。

---

[1] BAG, a. a. O. Tz 33.
[2] 德国《企业组织法》第77条第1款；参见 GK‑Kreutz, § 77 Rn. 23ff.。
[3] Dzida/Grau, NZA 2010, 1201, 1204.

第9章

基于大数据制定人力资源政策？

一、"大数据"现象

"大数据"这一概念无法准确定义，对其比较通俗的描述是：采用更好的方法分析海量数据。[1]该现象早在20世纪80年代便已出现，那时通过**电脑检索**排查德国红军旅（Rote Armee Fraktion）左翼恐怖分子；[2]分析的数据除了来自情报机关信息系统，还有来自居民登记处和电力供应商的文件。以色列秘密情报局摩萨德（Mossad）曾开发**关键词识别系统**又是一例；[3]阿拉伯地区的大量电话被录音（如今依旧如此），摩萨德只排查录音中是否出现特定词汇或特定姓名及其出现次数。只对经常出现这些关键词的电话（如哈马斯领导人名字）进一步"细查"。

现下情况大有不同。首先，可供使用的**数据量**较之以往**翻了数倍**。10亿脸书用户会自动生成大量数据，每分钟上传到YouTube的视频足以录制72小时"电视节目"。[4]许多设备已连网，配备导航的汽车只是一例。[5]借助社交网络可了解特定情况下个人的偏好及其性格、长处及缺点。技术可更准确地预测个人行为，从而有针对性地制定**最优广告营销策略**——这还是最无害的后果。[6]从亚马逊购买图书，通常会收到这样的提示：购买同一书籍的其他买家还对以下书籍感兴趣，同时配图。这绝非偶然，而是系统记忆的结果：有人说网络上早已无"匿名性"可言。[7]大数据之强大可见一斑。这也是当今大数据与过去的第二大不同——**分析方法**已显著**发展**。来自生活方方面面的数据由此可联系起来，从而实现细致入微的判断。

---

[1] Brandt, CuA 11/2013 S.11.

[2] Paal/Hennemann, NJW 2017, 1697.

[3] 相关方法见Kiesche/Wilke, CuA 4/2012 S.4, 6ff.；Zoebisch, DuD 2011, 394ff.。

[4] Weichert, ZD 2013, 252.

[5] 关于"物联网"见本书第一章，边码19，及Sinn, CuA 12/2013, S.4；Nürnberger/Bugiel, DuD 2016, 503。

[6] Roßnagel, ZD 2013, 562. 亦参见BITKOM, Big-Data-Technologien, S.19ff.。违反法规的其他后果见Hoffmann-Riem, AöR 142（2017），11ff.。

[7] Boehme-Neßler, DuD 2016, 419.

在**宏观层面**上还有可能利用大数据预测人的行为，甚至将其引导至某一方向。大数据会影响消费习惯和工作，也可塑造人们的基本情绪和态度，从而让个人更容易接受一些政治讯息。换言之，存在通过大数据干预操控众人的风险。2018年，脸书公司将其数百万用户数据卖给剑桥分析公司（Cambridge Analytica），后者将其用于美国总统大选中，提高了候选人特朗普的机会。这一事件即为利用大数据进行干预操控的典型案例。有学者称大数据可导致"公民自由的终结"，诚如是。[1]所谓民主的选举也可能由此丧失合法性。

二、整合雇员数据

雇员数据也不例外。[2]例如，对天气、部门工作强度和弹性工作时间建立相关性分析后，可得知雇员工作的积极性——阳光灿烂而工作任务大堆，雇员在岗时长却刚刚满足企业规定的核心工作时间，显然他对自己的工作或对雇主并非满腔热血。又例如，相比没有职权、晚上陪伴家人的普通雇员，没有家室还常在晚上听 YouTube 上工人运动歌曲的企业职工委员会成员更可能参加罢工。虽然目前还很少使用大数据分析雇员情况，但也不能排除类似事件已在悄然发生。

数据保护广泛适用于大数据领域。[3]在多大程度上可明确区分工作相关行为与休息时间行为，这构成尤为重要的问题。能否阻止雇主详细了解雇员在社交网络上的行为和雇员经常访问哪些网站？即便阻止了雇主上述行为，仍存在风险：海量数据从企业内部通讯产生，雇主由此可全面掌握雇员及整个企业活动的信息。随着工作数字化的推进，对工作行为的记录愈发详细。比如某个四人组负责修复自控系统故障，他们的每个操作都有案可查。[4]复盘个人行为也不成问题。[5]

一旦开发出以多种方式进行大数据分析的**算法**，就可确立**高绩效优秀员工的多个特征**。可依据这些标准，评判外部求职者或晋升候选者。与传统的评估标准相比，基于大数据分析的评估更细致、更差异化（但可能也更易出错）。[6]雇主还可以从专业公司**购买**辅助人事决策的**软件**。举例来说：[7]某软件系统会分析员工行为，如与猎头会面或拒绝加班，从而探查员工是否计划跳槽。若公司想要留住该员工，则需采取行动，提高其薪资或改善工作条件。据报道，有公司凭此软件将**离职率降低**了50%。[8]

首先探讨这个**根本问题**：是否许可收集大量关于个人的数据并将其整合创建"**画像**"？之后依据算法确定的标准得到评估，而这些标准可能由公司自行制定，也可能源于第三方公司。另一个难题在于，在多大程度上可**将个体雇员数据用于"生成"算法**。分析出色员工的数据，

---

[1] 可见 Westphalen, BB Heft 1/2 2017 S. I. 尤其可参见 Hoffmann - Riem, AöR 142 (2017), 11ff.。
[2] 见 Brandt, CuA 11/2013, S. 11ff.，下同。
[3] 详见 Weichert, ZD 2013, 251。
[4] 见 Däubler, SR 2016 (Sonderheft), S. 2, 5f.，该处援用 Hartmann。
[5] 详见 Höller CuA 5/2016 S. 9ff.。
[6] 关于此模式，见 Dzida, NZA 2017, 541。
[7] Workday 公司提供此类软件，见 Sommer, CuA 2/2017, S. 8ff.；Burgsmüller, CuA 2/2017, S. 14ff.。
[8] Niklas/Thurn, BB 2017, 1589.

将其整合建立通用档案,作为未来人事政策的参考标准,此类做法是否符合现行的劳动者数据保护规定?若公司选择第三方提供的标准,数据质量则可能有问题。一家美国软件公司从众多美国公司的商业运营中提取出来的"经验"就一定适合德国或法国公司吗?最后,人们可能要问,也理应要问,此类算法关联了多少具有歧视性的特征,依此选拔员工的流程在多大程度上违反了德国《一般平等待遇法》(Allgemeines Gleichbehandlungsgesetz,缩写 AGG)?[1]

三、创建"数据画像"(Persönlichkeitsprofil)?

1. 概念阐释:立法者尝试解释数据画像

2010 年的《就业者数据保护法》草案曾经有一条规定,禁止雇主用以下方式处理和使用员工数据,即不可"通过**自动整合员工生活数据及个人数据**获悉员工**全面**心理和性格特点或健康状况"。该规定其实禁止了创建员工"数据画像"。官方解释中并未强调这一点,仅称这是对"保护信息自决权"的其他法律法规作必要补充。[2] 禁止"数据画像"事无巨细地描述某雇员至少在某一领域的全部情况,属于一般人格权的传统保护范畴。[3] 因此,这一拟议条款的意义仅在于,它作了"数据画像"的**定义**,使实际操作更简单。

禁止雇主了解第一种情况("员工全面心理和性格特点")相对容易。但由于该法条限定了必须是自动整合数据,所以适用范围有限。草案并未考虑对企业数据库、电子人事档案库等处的数据进行**人工整合**而整体了解员工。但人工整合对"大数据"意义不大。

第二种情况"**员工全面健康状况**"仅从医生诊断证明中就可知晓。比如,雇主可能要求医生预测雇员未来健康状况,因为该状况对解雇保护诉讼程序很重要。该做法显然不应视为违法,也不应禁止。因此更需思考的是下述情况:通过整合企业健康管理措施(Eingliederungsmanagement)、因病缺工时间及其他(合法进入员工人事档案内的)医生诊断证明等数据,得出员工全面的健康状况。毕竟,《就业者数据保护法》草案中明确规定,不得描述某人在某一方面的全部情况,否则即构成违法的"数据画像"。

2. 欧盟《通用数据保护条例》的规定

《通用数据保护条例》**第 4 条第 4 款将"画像"(Profiling) 定义**为:"为评估与自然人相关的某些个人情况,特别是为了分析和预测该自然人的工作表现、经济状况、健康状况、个人偏好、兴趣、可信度、行为、位置或行踪,而对个人数据进行的任何形式的自动化处理和利用。"* 这一定义惊人得宽松。尤其值得注意的是,必须先得大量追踪上述特征,方可"**预测**"相关人的行为。法律虽然仍旧禁止绘制员工完整的数据画像,[4] 但《通用数据保护条例》并未对此类数据处理形式划定严格界限。其第 14 条第 2 款 g 项要求,在创建数

---

〔1〕 见 Lewinski/de Barros Fritz, NZA 2018, 620 ff.。然而他们忽略了这一点,决断方尽管不知晓存在歧视,但容忍了歧视,此时反歧视保护仍应适用。

〔2〕 BR – Drucksache 535/10, S. 35.

〔3〕 见 Däubler, Gläserne Belegschaften, Rn. 120ff.。

* 如定义所示,《通用数据保护条例》的语言通常十分晦涩,大众难以理解。

〔4〕 见 Däubler, Gläserne Belegschaften, Rn. 134e ff.。

据画像时，数据控制者有义务向数据主体告知"数据画像过程中运用的逻辑以及该种数据处理对数据主体的重要性和可能产生的后果"。但是，如果数据控制者未履行该项义务，哪个个体数据主体会提起诉讼或者告知监管机关？《通用数据保护条例》第21条第1款第1句第2个半句规定，数据主体对数据画像有异议权，但是实践中又有多少人会行使这项权利。此外，据《通用数据保护条例》第22条第1款，基于自动化处理作出的决定，不得对数据主体产生法律后果或产生类似"重大影响"。

《通用数据保护条例》上述条款均**不构成**创建"数据画像"的**法律基础**。《通用数据保护条例》第22条仅规定，"数据画像"本身不能构成有约束力的决定或类似措施的基础。同时，《通用数据保护条例》制定背景第72条第1句也指出："本条例关于个人数据处理的条款，比如对个人数据处理的合法性基础的要求和数据保护的基本原则，也适用于数据画像"。换言之，数据处理必须满足**《通用数据保护条例》第6条第1款中至少一项条件**或符合其他允许数据处理的法律条款（如新版德国《联邦数据保护法》第26条第1款第1句和《通用数据保护条例》第88条规定）。如涉及《通用数据保护条例》第9条第1款规定中的敏感数据，则必须符合该条例第9条第2款规定中特殊情况。[1]此外，处理数据时必须遵守《通用数据保护条例》第5条规定的原则，如透明性、诚信、限期存储。[2]个人生活的各个领域是否可创建数据画像，满足哪些前提条件后可创建，不影响这些原则适用。各成员国立法机关依据欧盟《通用数据保护条例》第88条开放性条款，在本国法律框架内制定数据处理的相关限制规则，这些规则适用于从属性雇佣领域。[3]即使欧盟法律允许进行信用评级时创建数据画像，[4]该做法也不必适用于从属性雇佣的法律领域。

3. 具体规定

何种情况下算是违反劳动法创建数据画像？由于缺少司法判决，这一问题至今仍无定论。**2010年《雇员数据保护法》草案制定过程中对相关概念定义的争议是一个重要的关注点**。亦可能援引德国联邦宪法法院早前对"登记和编录"个人数据的禁令。[5]一旦不仅记录相关人的资质和职业表现，而且详细记录其工作行为及其与同事、领导的交流，即属违反禁令。**德国联邦劳动法院最新司法判决**中亦维持了这一观点。

在**2017年7月27日记录键盘一案**中[6]，雇主使用监控软件记录雇员每一次互联网通讯及每一次敲击计算机键盘，还定期拍摄屏幕截图；却只笼统告知相关雇员会记录互联网使用情况。由于雇员并不存在刑事犯罪或严重违反义务的嫌疑，德国联邦劳动法院认为雇主该行为是侵害了雇员的**信息自决权**，判决书中这样讲到：[7]

"在办公计算机上秘密安装（无限时的）键盘记录程序属于数据收集行为，该行为侵

---

[1] 相似观点见 J. Schneider, ZD 2017, 303, 但他尝试将这些数据都囊括进大数据评估中。
[2] 亦见 Spindler, DB 2016, 943; Däubler/Wedde/Weichert/Sommer – Weichert, Art. 22 DSGVO Rn. 11。
[3] 详见 Däubler, Gläserne Belegschaften, Rn. 90a。
[4] 关于分数计算问题，见 Eschholz, DuD 2017, 180ff.。
[5] BVerfGE 27, 1, 6, 德国宪法法院持同样意见，见 BVerfGE 65, 1, 48, 52。
[6] BAG, 27. 7. 2017 – 2 AZR 681/16, NZA 2017, 1327.
[7] BAG, a. a. O., Tz 33.

犯相关人一般人格权的严重程度等同于在工作场所秘密安装视频监控。虽然使用键盘记录程序原则上并未侵犯个人肖像权，尤其是它并不适用于视频监控相关雇员会感到羞愧的行为，但以此收集数据仍严重侵犯了雇员的信息自决权。所有敲击计算机键盘的行为都被记录和存储下来，包括敲击时间和敲击间隔，对于用户来说，这些操作是不可逆的。以此获取的数据几乎能事无巨细地勾勒出相关人私人和办公使用电脑时的行为轨迹。不仅可由此查看某些文档最终版本和过程中的草稿，还可追踪用户的每一步具体操作。此外还可以记录旧版德国《联邦数据保护法》第3条第9款（现《通用数据保护条例》第9条）规定中的特殊个人相关数据或（争议情况下的）其他高度敏感数据，如用户名、保护区域的密码、信用卡信息、PIN码等，而雇主实现监控的目的并不需要这些数据。同时，相关雇员既无动因也无可能标记某些内容为个人信息或高度隐私信息，从而拒绝雇主获知。上述行为本就严重侵犯了雇员的信息自治权，而再定期拍摄屏幕截图（如本案情况），侵犯则更为严重。"

虽然该案中雇主只记录了部分工作行为，德国联邦劳动法院仍认为雇主严重侵犯了雇员的私人领域。法院明确强调，若雇主声明禁止雇员私人使用互联网，则雇主存储网页的浏览历史数据或对其随机抽查并不违法。[1]

另一司法判决中[2]，雇主**怀疑雇员谎报病假，利用病休时间从事竞业禁止的工作**。为查明真相，该雇主委托一家**侦探社**进行调查。侦探社指派某侦探伪装成客户公司司机，探知相关信息。该雇员被即时解雇。在解雇保护诉讼程序中，法院需判决的问题为，是否可以**使用侦探调查结果**作为凭证解雇该雇员？就监控的合法程度，法院意见如下：[3]

"通过观察收集数据同样侵犯了原告的一般人格权。德国《基本法》第2条第1款（结合适用第1条第1款）规定的雇员的信息自决权受到侵犯。当第三方对目标采取系统的秘密监视，在目标不知监视目的的情况下，披露其行为信息，被秘密监视者自行决定使用和披露个人信息的权利就受到了侵害；无论第三方是否拍照、录像或录音。如第三方存在拍照、录像或录音行为，则还构成侵犯肖像权或言语权。构成侵犯信息自决权并非一定要求存在窥探相关人私人领域的行为。除内容和空间上受特别保护的隐私领域外，个人必须预计会被任意第三方感知，但无需预计自己会被系统地秘密监视，从而探知具体个人相关数据，以（关于自动收集公开信息，参见 BVerfG 11. März 2008 - 1 BvR 2074/05 ua. - Rn. 67，BVerfGE 120, 378）。本案中，"秘密监控"成立，原因在于侦探伪装成客户公司司机，原告无法识别监视者身份及出于何种目的将其行为汇报公司M。"

但是本案侵犯私人领域的行为具有正当理由，因为雇主基于事实**怀疑雇员严重违反义务**。如无这一特殊背景作为前提，则监视违法。即便并非全方位监视，而仅监视相关人小部分活动，只要某人受第三方调查而不知情即构成对其权益的非法侵权。

第三起司法判决[4]中，雇主并非借助技术手段或秘密调查，而是从多方面记录每个雇

---

[1] BAG, a. a. O., Tz. 31.

[2] BAG, 29. 6. 2017 - 2 AZR 597/16 - NZA 2017, 1179.

[3] A. a. O., Tz. 24.

[4] BAG, 25. 4. 2017 - 1 ABR 46/15 - NZA 2017, 1205.

员**每天和每周的"工作产出"**。该案涉及某保险公司的理赔员。雇员每天处理了多少起案件？手上积压了多少起案件？这些案件积压了多久？每起电话通话的时长是多久？雇员有几次呼出电话？通话后需要多长处理时间？雇主就这些及其他问题[1]"持续监控"雇员，使得雇员持续面临严重压力。任一问题上，只要员工表现超过了波动范围，显示工作**"低效"**，便会被约谈。如再发生，便可能受到警告。德国联邦劳动法院判决雇主这种"密集"记录构成非法，并强调，这构成对雇员私人领域的不法侵害。

17

将三例联邦劳动法院判决[2]的案例情况与上文对数据画像的定义相较，不难发现，司法判决还只是涉及**非法的数据收集，远未达到**建立雇员**数据画像**程度。仅深入详细记录工作行为或部分工作过程，便可构成非法收集数据。[3]这还远未达到收集必要的个人特征信息，以绘制《通用数据保护条例》第 22 条意义上的数据画像的程度。若要预测未来行为，就必须收集大量个人特征信息。光从这一点出发，**就不应考虑用大数据分析**为公司人事决策做准备。[4]

四、大数据分析应用案例

18

1. 购买"人力资源管理软件"

美国某公司提供人力资源管理软件，其中有"职业生涯管理"模块，列举了一系列标准，据此将员工划分为"高潜力员工"、"值得提拔的员工"和"无发展前途的员工"等五种类型。过去五年未曾晋升的员工会被自动归入"无发展前途的员工"一级，软件**建议与其终止劳动关系**。这一原则基于大量案例分析得出：其理由为，若员工一直未获晋升，则要么另谋职位，要么——若跳槽失败——内心毫无热情，只求不多做事混日子。

19

此类大数据得来的"经验之谈"应该基于美国的数据，由于它本身并非个人数据，即并不适用欧盟《通用数据保护条例》和新版德国《联邦数据保护法》。但只要雇主意图使用这一"经验之谈"进行人事评估，**企业职工委员会**便可根据德国《企业组织法》第 94 **条行使共决权**。[5]如将此"经验之谈"套用于某位员工，依此将其评为"无发展前途的员工"一级，则涉及数据保护，因而必须按《**通用数据保护条例》第 14 条**规定，**告知**数据主体这一评级存在及相应**标准**。这也是《通用数据保护条例》第 5 条第 1 款 a 项规定的**透明性原则**的要求，正如新版德国《联邦数据保护法》第 26 条第 5 款所述，数据透明性既是不

---

[1] 见 BAG, a. a. O., NZA 2017, 1205, 1207 编录。

[2] 参见本章边码 8 及以下。

[3] 相同情形见柏林劳动法院判决，ArbG Berlin, 10. 8. 2017 – 41 Ca 12115/16 – RDV 2017, 254。该案情况为，停车三分钟后出租车内会响起声音信号，出租车司机必须在 10 秒内按下按钮，否则他不会收到任何停车时间内的报酬，法院判定这属于非法监控雇员。

[4] 相同观点见 Niklas/Thurn, BB 2017, 1589, 1596。Hoffmann – Riem, AöR 142 (2017) S. 1, 12ff. 则考虑不够周详。

[5] 见 Däubler, Gläserne Belegschaften, Rn. 675ff. 及 [德] 沃尔夫冈·多伊普勒著，王倩译：《德国劳动法》，上海人民出版社 2016 年版，第 90 页。

具约束力的纲领性原则，也构成一条法律规则。这也符合欧盟第 29 条数据保护工作组 * 的表决意见，要求详细给出创建《通用数据保护条例》第 22 条中数据画像所依据的标准和数据基础。[1] 工作组认为，仅当相关雇员充分理解雇主所作评估时，方可主张自己的权益。本书还建议，就此问题参照适用司法实践就**工作证明（Arbeitszeugnis）** 发展出来的规则，即雇主负有证实所有陈述的义务。若雇主评价某雇员表现不达标，则必须提供依据。[2]

20

采用"经验之谈"涉及一个普遍性的难题：**大数据分析的可信度**取决于所据**数据**的**质量高低**。[3] 员工五年未晋升对美国公司和德国公司的意义截然不同：德国有很多员工对晋升不感兴趣，相比升职后要完成的工作，他们**更喜欢目前的工作**。忽视这一点，一味按照软件提供的建议行事，不仅对相关员工不公平，更非企业经营正道。

21

企业职工委员会可依据《企业组织法》第 94 条规定阻止此类行为；如企业未建职工委员会，情况则可能极为不利。例如，软件建议与十名员工解除劳动关系，如果没有一位意志坚定的人事负责人毅然拒绝，部分员工便可能在不了解背景的情形下**被迫协商一致解除劳动合同**，或因与了解内情的上司交恶，而成为牺牲者。

2. 企业自己的大数据分析

（1）美国的经验

22

基于大数据得出的认识（或误解）并非一定来自于外部。例如曾有文献中提及美国投资银行摩根大通（JP Morgan）于 2015 年 4 月投入使用一款程序，用于收集、合并及分析不同类型的员工数据，以查明**员工可能的不当行为**。[4] 其中亦涵盖电话通讯、电子邮件、参加合规培训课程及个人对相关规定的意见。通过这一方式筛查出**"高危人群"**，这些人可能会被调动到较差的岗位或在下一次裁员时被辞退。依据德国现行法律，目前无法在德国实行这一做法。雇主即便知晓大量信息（如电话通话内容、小范围内所提意见）存在，但出于数据保护原则仍无权使用。且此举至少构成部分的数据画像，根据现行司法判决，也不可使用。[5]

23

通过**分析声音和对话**获知说话人身份、情感和性格特征，并据此作出人事决定，该做法也属于非法。[6] 它违反了数据透明性原则，因为"被观察者"通常并不知道自己正在被观察。此外还违反了相关雇佣原则。[7]

（2）德国的思考

24

Dzida 建议采用下述与摩根大通相似的做法，他主张该做法符合欧洲/德国的相关法律。[8]

---

* 该工作组是一个根据 1995 年《欧盟数据保护指令》第 29 条设立的欧盟专家组。

[1] 观点见 Hänold, ZD 1/2018 S. XIV。

[2] BAG, 14.10.2003 – 9 AZR 12/03 – NZA 2004, 843；Däubler/Deinert/Zwanziger – Däubler, § 109 GewO, Rn. 98.

[3] 详见 Hoeren, ZD 2016, 459ff.。

[4] Schröder, Die digitale Treppe, S. 132，下同。

[5] 见本章边码 13 及以下。

[6] Schröder, Die digitale Treppe, S. 133f. 德国联邦劳动和社会事务部《工业 4.0 白皮书》中也提到了语言分析方法（S. 145）。

[7] Däubler, Gläserne Belegschaften, Rn. 207ff.

[8] Dzida, NZA 2017, 541ff.，下同。

分析那些**最成功的管理人员或销售人员**的工作行为,并在此基础上设计相应的算法,将其用于招聘。最接近公司"最佳员工"标准的求职者会被聘用,其余人则不予考虑。

评估雇员数据的**法律依据**应为**雇主的合法利益**(旧版德国《联邦数据保护法》第28条第1款1句2项,同为《通用数据保护条例》第6条第1款f项)。不可援用劳动合同为评估雇员数据的法律依据,因为此时并不涉及履行劳动合同(仅新版德国《联邦数据保护法》第26条第1款1句提及履行劳动合同),而是为了执行企业人事政策。如相关雇员利益高于雇主利益,雇主也不可援用"合法利益"。例如雇员健康状况的数据,雇主不可评估;但对培训进修和资格资质的数据则可以。数据性质若处于二者之间巨大的灰色地带,则理应取得雇员的同意。

有人主张雇主追求劳动关系之外的目的时,可援用**"合法利益"**来评估雇员数据——必须反驳这种说法,[1]因为这样一来,雇主与雇员之间的利益平衡可能会被打破,并牺牲单方利益。仅当涉及劳动合同规定范围外的问题时,方可援引旧版德国《联邦数据保护法》第28条第1款第1句第2项及《通用数据保护条例》第6条第1款f项。如果**雇员的同意**仅仅扩大了雇主的行为空间和控制可能,那么由于劳动关系中难以保证雇员的同意是自愿做出的,而且也缺乏德国《民法典》第307条第1款第1句所要求的合理性,所以此时仅有雇员的同意是不够的。[2]

有些人讲,大型康采恩员工众多,**不会将数据关联到个人**,所以反对雇主评估雇员数据的理由似乎并不存在。但前提是必须删除先前收集的雇员个人相关信息,这样才不违背数据保护法的相关要求。[3]但即便这样做了,对先前违反数据保护法相关原则的数据收集行为,仍可根据《通用数据保护条例》第83条规定处以罚款。

求职者权利方面也存在问题。**雇主可在询问权**范围内按一定标准审查求职者,但不得进行个性分析。[4]即便仅考察求职者的能力、经验和资质,也会关涉数据透明度问题:雇主必须让求职者充分了解评判标准,否则**这一流程便是非公开透明的**,从而违反了现行法律。[5]由于大数据结论背后的个人信息已被全部删除,因此无法了解大数据如何得出结论。此时企业职工委员会也可根据《企业组织法》第94条规定行使共决权。

有建议指出,雇主可**评估在职雇员在社交网络中公开发表的言论**,从中可获知雇员是否正考虑跳槽。雇主便有充分理由采取措施留住员工。[6]这虽然比上文所述美国公司提供的人力资源管理软件(本章边码18及以下)友好些,但雇主同样可借此查探潜在的低效员工,并根据相应情况考虑辞退他们。做法并无二致,上文所提到的此类做法在法律上的瑕疵(本章边码19-20)也同样适用。

---

〔1〕 见 Däubler, Gläserne Belegschaften, Rn. 185ff. ,下同。

〔2〕 Däubler, Gläserne Belegschaften, Rn. 160, Rn. 167.

〔3〕 仅在此类情况下方可称之为"大数据",目前处理案例中涉及的公司数据更应称之为"小数据"。

〔4〕 亦见 Dzida, NZA 2017, 541, 543.

〔5〕 关于透明性原则,见 Däubler, GläserneBelegschaften, Rn. 132ff. 。

〔6〕 Dzida, NZA 2017, 541, 545.

第10章

新劳动方式，新法律问题？

一、人工智能：使用机器人与其他智能系统

1. 是新现象吗？

就目前文献来看，劳动法院的司法实践尚未涉及机器人相关问题。普通法院则早已开始处理相关问题。早在 **2006 年**，德国联邦最高法院就曾对**机器人辅助的腰部手术**是否构成失误、是否及早告知了患者该新手术方法会带来不可预知的风险等问题作出过判决。[1]在这之后，多个法院都处理过医疗创新带来的问题。[2]今天，**应用机器人已蔚然成风**。比如在汽车工业领域，雇员和智能机器人就合作良好——机器人把握时机和方位，把所需部件递给组装工人。[3]各个公共医保机构希望通过使用护理机器人解决当前护理人员不足的问题。[4]2015 年，全球新投入使用的机器人高达 253748 台，比前一年增长 15%。很多国家都热烈讨论法秩序应如何应对该新技术问题，[5]却少有人从劳动法角度思考。

机器人与**自动装置的根本区别**在于前者有能力从经验中学习并基于此自主作出决定。这一特征同样适用于其他不具备机器人外形的智能"自主系统"：[6]比如**具有灵活转动轴的机械装置**，这些装置借助人工智能拥有学习能力，在一定程度上能实现自主。[7]对于机器人这些说法，其实要纳入**其他智能系统**才合乎道理。"它们守卫大门，建筑房屋，割草坪，在房屋内吸尘、擦灰，拆卸炸弹，给奶牛挤奶，拣货，做开颅手术……甚至驾驶汽车"。[8]在金融服务领域，"智能系统"应用于资本投资与资产管理，这一点常不为人所知，事实上

---

[1] BGH, 13.6.2006 - VI ZR 323/04 - NJW 2006, 2477 - Robodoc.

[2] 如见 OLG Bamberg, 11.10.2010 - 4 U 53/10; OLG Frankfurt/Main, 8.11.2013 - 25 U 79/12。

[3] 消息来自 Günther/Böglmüller, BB 2017.53 及脚注2. 亦参见 Gerst, in: Schröder/Urban, S. 279ff.。

[4] 消息来源 Schwäbisches Tagblatt v. 11.9.2017, S.1：TK 保险公司在护理领域投入机器人（Techniker-Krankenkassesetzt auf Roboter in der Pflege）. 有关实际领域中的最新情况，见 Helmrich（Hrsg.）, Die Verfassungsbeschwerden gegen den Pflegenotstand. Dokumentation und interdisziplinäre Analysen, Baden-Baden 2017。

[5] 见 Hilgendorf/Seidel (eds), Robotics, Autonomics, and the Law, Baden-Baden 2017 中的文章。

[6] Seidel, in: Hilgendorf/Seidel (eds.), S. 11ff. 注意到应将讨论重点转向智能系统。

[7] 定义出自 Groß/Gressel, NZA 2016, 991 m.w.N.。

[8] Günther/Böglmüller, BB 2017, 53.

却尤为重要。[1]此外,"法律科技"也得到广泛传播,[2]该技术可基于现有判例,预估出诉讼的胜算。

下文将在人工智能的框架下统一讨论机器人和其他智能系统引发的问题,[3]近几年此类问题引发了社会公众的普遍关注。[4]

3

机器人和智能系统能够**形成独立意志**并在个别情况下促成合同订立。正因如此,人们在德国对这一议题展开了多角度的法律讨论,其中涉及是否应该把机器人当作部分权利能力主体来对待的问题。[5]讨论中,有人甚至考虑在裁减人员时是否应根据《解雇保护法》第1条第3款将机器人纳入社会性挑选(soziale Auswahl)中。不过,机器人寿命不长、又没有亲人需要赡养,大概很难被列为社会特殊保护群体。[6]

4

2. 劳动法问题

人类使用机器人和人工智能系统可能带来各式各样的劳动法问题,涉及招聘程序、劳动保护、指示权、发生事故时的责任以及解雇保护等方面。

5

(1) 招聘程序

可以设想,雇主用自动系统筛选和评估简历,从而缓解人事部门的压力。由此引发的问题在前文[7]讲大数据的章节已作探讨:首先,这种数据处理方式对应聘者不透明;此外,筛选过程中很可能生成**违法的"个人画像"**。法律文献中不乏对"电脑雇员"参与工作的疑虑:旧版德国《联邦数据保护法》第6a条(现《通用数据保护条例》第22条)规定:若会产生法律效力或严重影响相关人的利益关切,则决定须由人作出。考虑到该规定,只可在不满足程式要求上才可使用**系统自动拒绝求职者**,比如求职者上交简历是否及时,是否这一岗位硬性要求的毕业证文凭等。[8]但这一做法据最新的《通用数据保护条例》规定也已不可施行,因其并不构成第22条第2款规定的例外。而且系统自动筛选对合同的缔结和履行也说不上必不可少(《通用数据保护条例》第22条第2款a项所述例外)。

6

(2) 劳动保护

目前现行法**尚未专门就机器人及其风险作出有约束力的规定**,因此适用包括其他机器和设备的一般性法规。如机器人和智能系统并非用于批量生产(目前机器人基本都用于大

---

[1] 详见 Möslein/Lordt, ZIP 2017, 793ff.。

[2] Hoffmann-Riem, AöR 142 (2017) 1, 15ff. m. w. N.

[3] 此处需区分"弱人工智能"和"强人工智能":在自动售货机上投入2欧元购买1.5欧元的巧克力,自动售货机自动找零,这属于前者;会下棋的计算机基于输入的数据自主学习总结出各种下棋的策略,战胜了世界冠军,这属于后者。具体参见 Klebe, SR 2019, 129。

[4] 就此可参见 Daum, in: Butollo/Nuss (Hrsg.), Marx und die Roboter. Vernetzte Produktion, Künstliche Intelligenz und lebendige Arbeit, Berlin 2019, S. 311 ff.。

[5] Schirmer, JZ 2016, 660 提供了详细信息,亦见 R. Schaub, JZ 2017, 342; Spindler, JZ 2016, 816; Bräutigam/Klindt, NJW 2015, 1137ff.。

[6] 参见 Günther/Böglmüller, BB 2017, 53, 57。

[7] 参见本书第九章。

[8] Groß/Gressel, NZA 2016, 990, 992。

批量生产），制造商必须和雇主一同讨论机器人从事的**具体任务**和**应用领域**。[1]首先应对照德国《产品安全法》[2]以及在此基础上颁布的法规，比如第9号法规[3]的第2条第12项参照了欧盟机械指令2006/42/EG附录1。根据这一指令，生产商有义务进行**生产安全风险评估（Risikobeurteilung）**，该评估决定了是否可进一步扩大生产该"机械"。根据《生产安全条例》第4条第1款，**成品机器**正式投入运行前必须**再一次接受风险分析判断**。[4]雇主可参考**同行业劳动保护研究所**出版的**建议书**，专门针对"设立人机协作岗位的"风险分析判断。[5]

不具约束力的 EN ISO 10218‑2011 专门介绍了使用工业机器人须注意的**安全预防措施**，原则上雇主可自行选择采取哪些措施。比如考虑人机安全距离：如人员越过安全界限，机器人自动停止运行；还可**限制撞击情形下机器人的动力**或普遍规定可手动启停机器人。[6]实践中可尝试多种方案。[7]

投入使用机器人意味着工作岗位发生根本性改变。因此，根据《企业组织法》第90条，企业职工委员会至少享有协商权。个别情况会发生《企业组织法》第111条第3句第4项或第5项规定的**企业重大变动**，企业职工委员会和雇主须就利益平衡协议和社会计划进行谈判。此外，如**风险分析判断**的内容和实施方面有规制空间的话，则职委会对其享有共同表决权。

机器人和其他智能系统在危险环境中也能和人一样（甚至比人更好地）正常工作。在这种情况下，可根据德国《劳动保护法》及德国《民法典》第618条应当**使用机器人代替人**，以避免给雇员造成危险。[8]

（3）指示权

机器人或其他智能系统可以承担起**协调雇员**的任务。谁最适合前往当前地点、最有能力维修突发的故障？系统自动保存或可获取所有相关信息，所以完全可能作出准确选择。安排谁去从事哪种具体工作此时取决于机器的"意愿"。就这点而言，雇主将**指示权委托给了机器**。

根据《营业条例》第106条，行使指示权应依照**"公平裁定"**原则。这意味着必须考虑雇员的利益，在做系统编程时也应考虑到这点。系统固然无法实现100%"公平"，但人行使指示权时也无法排除不公平的可能。联邦劳动法院给予雇员忽视不公平指示的权

---

[1] Kohte, NZA 2015, 1417, 1419.

[2] v. 8.11.2011, BGBl. I S. 2178, 2179; BGBl, 2012 I S. 131, 最后修定于2015年8月31日（BGBl. I S. 1474）。

[3] BGBl. I 2011, S. 2178, 2202.

[4] Kohte, NZA 2015, 1419.

[5] Günther/Böglmüller, BB 2017, 54.

[6] Günther/Böglmüller, BB 2017, 54. 进一步说明见 Gerst, in: Schröder/Urban, S. 279, 284ff.。

[7] Gerst, in: Schröder/Urban, S. 279, 284ff.

[8] Günther/Böglmüller, BB 2017, 54.

12   利,〔1〕在此处讨论中尤显意义重大。

  如果考虑到系统是**基于存储的大量个人数据作出决定**,那么赋予系统指示权就很有问题,此时适用《通用数据保护条例》第 22 条,即若某举措会产生法律效力或严重影响相关人的利益关切,则最终决定须实质上、而不是仅形式上由人作出。〔2〕某一举措规定了雇员须履行某一工作义务(视情况可能推迟另一项工作),很难说其不具"**法律效力**"。因为该举措将劳动合同规定的义务具体化了,从而改变雇员的法律处境(rechtliche Situation)。〔3〕这一点尤其体现在雇员**受系统干涉**而不得不变换执行工作的**顺序**。另外,如系统安排雇员换岗,无论此举措是否仍属于劳动合同规定的范畴,雇员的法律处境都会发生改变。唯一可行的方案是将**智能系统的"指示"视为建议**,即不具任何法律约束力。由此,如雇员认为系统指示不公平而不执行,事后证明他的判断有误,也不用担心要承担后果。〔4〕不过,现实中这种情况恐怕不多。

13   **(4)责任**

  责任问题构成民法上对机器人讨论的核心问题,劳动法上的责任问题**不那么复杂**。如因机器人失误而导致**事故**("智能系统"学错了),雇员有权提出法定工伤保险索赔。除了雇主故意为之这种理论上的可能性,雇主其他情况下可据《社会法典·第七卷》第 104 条第 1 款免责。如员工损伤了设备(如错误操作机器人),则根据公司内部损害赔偿基本原则承担责任。〔5〕**第三方责任**则受民法一般原则的**约束**。但有关第三方是向机器人生产商或是机器人所有者(或向两者)索取赔偿的争论仍然不小。〔6〕

14   **(5)解雇**

  基于智能系统获取的情况而发起解雇,该情形类似于**大数据**拒绝应聘者。〔7〕在此,人事部门无法借助智能系统减轻负担。购买使用机器人替换雇员,由此是否构成雇主发起基于经营原因解雇的正当理由,引发的法律问题跟传统机器替代人的情况没有区别。〔8〕

  (6)企业职工委员会的参与

  就像其他数字化引发的劳动法问题那样,涉及企业中使用人工智能的问题时,企业职工委员会也有相应的知情权、协商权和共决权。〔9〕

---

〔1〕 BAG, 14.6.2017 – 10 AZR 330/16(A), NZA 2017, 1185.

〔2〕 Jaspers/Jacquemain, Künstliche Intelligenz und ihre Auswirkungen auf den Beschäftigtendatenschutz, RDV 2019, 232 ff.

〔3〕 不同观点见 Günther/Böglmüller, BB 2017, 53, 56.

〔4〕 Sassenberg/Faber – Neighbour, Teil 2 G, Rn. 62 认为使用机器人应仅限于指示的预备阶段。

〔5〕 ErfK – Preis, § 619a BGB Rn. 7ff.; Däubler, Arbeitsrecht – Ratgeber, 12. Aufl., Rn. 532ff. 亦参见 Sassenberg/Faber – Neighbour, Teil 2 F Rn. 63ff.;〔德〕沃尔夫冈·多伊普勒著,王倩译:《德国劳动法》,上海人民出版社 2016 年版,边码 532 及以下。

〔6〕 如参见 R. Schaub, JZ 2017, 343ff.;关于自动驾驶汽车,见 Gomille, JZ 2016, 76ff.。

〔7〕 参见本书第九章,边码 18 及以下。

〔8〕 见 Sassenberg/Faber – Neighbour, Teil 2 G, Rn. 68ff. 的总结。

〔9〕 详见 Klebe, SR 2019, 128, 130 ff. 本书第二章边码 37 也有提及。

二、使用可穿戴设备

1. 设备类型

可穿戴设备配备传感器，可以随身携带。通常这些设备还配有微型计算机，可用来处理并传输存储的数据。[1]最为人知的有智能眼镜、健康手环和智能手表，当然还有许多其他设备。[2]可穿戴设备被认为属于"最热话题"。[3]对此法律界讨论的还不多。[4]为了能弄清潜在的法律问题，首先详细介绍这些设备。

智能眼镜主要用于工业生产和物流。个体可以调阅工作所需的数据，比方说用于维修设备或维修机器。调用数据时可借助语言，也可以通过其他方式。有些眼镜在一些使用场景中还可以自动在镜片上显示信息。显示的方式大多是文字，呈现在单个镜片上，肉眼可见。这种显示方式的优点在于解放操作者双手，不必敲电脑键盘，还可以考虑在不同地点摆上平板电脑，读取或毫不费力地获取信息。德国邮政正在考虑引入智能眼镜，为邮递员显示道路和地址。[5]

数据手套不如前者知名。手套中编好程序，借助程序可完成某些动作。一旦动作幅度超出允许范围（Tolerenzbereich），手套就会通过震动提示操作者。这样，操作者的具体动作受控并在这一极限点上不能自主；他可同时学习标准操作。[6]

健身手环产生于运动休闲中。手环记录心率和血压等身体功能，同时也能记录皮肤水分和肌肉收缩等指标，从而了解药物或某些环境因素的作用。[7]手环可用于劳动保健。

智能手表和手环类似。苹果手表除了记录使用者脉搏跳动外，还记录使用者逗留过的地点、移动方式以及里程。由此可了解使用者通常的运动水平及起床、睡眠等个人日常作息习惯。[8]

机械外骨骼[9]类似一种带机器装置的防护服，支持完成需要身体力量的活动。抬头作业由此变得容易很多。即便自身力量不够，也可以抬高或移动重物。此外，该技术可弥补肢体残障。配有传感器的外骨骼可以记录全身状况并对相应部位精准支持。因此人们将之称为"**主动的机械外骨骼**"。[10]它还可以自动给出操作指示，未来甚至可将意念转化成活动。

---

〔1〕 Weichert, NZA 2017, 565; Kopp/Sokoll, NZA 2015, 1352. 这一名称来自于英文穿戴（to wear）。
〔2〕 Wilmer, K&R 2016, 383.
〔3〕 Wilmer, in: Taeger (Hrsg.), Internet der Dinge, S. 1.
〔4〕 Kramer 在其 2017 年出版的专著《IT – Arbeitsrecht》中未提及可穿戴设备（其他领域介绍足够详实）。在劳动法专业基础书籍的术语表里（如 ErfK, HWK, Schaub）也没有出现该词。
〔5〕 Weichert, NZA 2017, 565.
〔6〕 其他功能 Klebe, NZA Beilage 3/2017, S. 77 下侧已有提及。
〔7〕 Weichert, NZA 2017, 565, 568.
〔8〕 Wilmer, K&R 2016, 383.
〔9〕 说明见链接：https://www.produktion.de/trends-innovationen/exoskelette-verleihen-superkraefte-226.html? page=1。
〔10〕 Martini/Botta, NZA 2018, 626ff.

警方已在使用**随身摄像头**，拍下警察行为和潜在攻击者。德国铁路公司也在考虑给列车员配备该装置。[1]

要是在智能眼镜中呈现人类裸眼看不到的信息，这就是**"增强现实"技术（augmented reality）**。[2]例如可以通过"X射线模式"来实现"增强现实"，帮助人们穿透如车门之类的障碍物观察外界。[3]一款名为"精灵宝可梦Go"的游戏引起广泛关注。游戏玩家可在屏幕上捕捉自己附近的虚拟现实小精灵；有人认为，人们上班时也玩这款游戏，不能将注意力集中在工作上。[4]

能测量并显示放射性辐射或有害物质的传感器纯粹用于保护人们的健康。还有传感器通过探测眼睛转动和眨眼频率确定驾驶员是否疲劳。还存在所谓的"压力探测器"。[5]

2. 法律问题

一方面，使用可穿戴设备可简化工作，无疑受人欢迎。另一方面这些设备会**收集海量数据**。这些数据常关涉雇员的**健康情况**；因此构成《通用数据保护条例》第9条第1款规定的敏感数据，享有特殊保护。这些数据无疑同**个人相关**，因为可从中查出谁在什么时段使用了什么设备。[6]几乎所有与可穿戴设备相关的案例从劳动法角度来看，其实都属于**雇员数据保护问题**，其他问题（"我一定要用新技术吗？"）从劳动法角度倒无需寻求特别对待。[7]还有许多数据安全问题——第三方轻易便可未经授权访问数据。[8]

根据新版德国《联邦数据保护法》第26条第1款，使用可穿戴设备的目的若仅限于**便捷工作和保护使用者健康**，收集和存储必要数据就合理合法，因为此时使用此类设备有益于履行劳动合同义务。但这一问题始终存在：是否用更少的数据也能达成目标？必须重视《通用数据保护条例》第25款规定的**最小化数据**义务。[9]这同样适用于信息存储的时长。比如，设备记录雇员在危险环境中的逗留地点，以便必要时尽快提供辅助，[10]但雇员身处正常环境中一周以上，设备还不删除这些数据，这就令人不解了。**机械外骨骼收集的数据**更是如此，收集数据是为了让设备适应受助者的身体条件，这些数据或应被立即删除，或只为将来工作而存储。

可穿戴设备配有的系统很容易遭到攻击。[11]此外，其收集的大量数据同雇员健康情况有关，构成法律上的敏感数据。根据《通用数据保护条例》第35款，上述两点都说明设备

---

[1] Weichert, NZA 2017, 565.

[2] 最简单的例子：球赛转播过程中，罚任意球时会显示罚球位置到球门的精确距离。

[3] Kopp/Sokoll, NZA 2015, 1352.

[4] 有关针对制造商的停止侵害请求权，见 Jacobs/Lotz/Maschmann, BB 2016, 2997。

[5] 有关这一功能，见 Weichert, NZA 2017, 565。

[6] Kopp/Sokoll, NZA 2015, 1352, 1353; Weichert, NZA 2017, 565, 569.

[7] 有关工作中使用新技术的雇员的义务，见本书第二章，边码8及以下；有关要求必要培训的权利，见本书第二章，边码22及以下。

[8] Bruhns, DSB 2017, 259ff.

[9] 亦见 Bruhns, DSB 2017, 260。

[10] 见 Weichert, NZA 2017, 565, 567。

[11] Weichert, NZA 2017, 565, 569.

投入使用前应该进行**数据保护影响评估**。[1]对评估中查明的风险必须通过数据保护措施降到最低。[2]

可穿戴设备也可用于**更广泛的目的**。使用它们产生的数据涉及各个领域，以至可无孔不入掌控工作行为的每个细节，并创建记录**各个员工行为的"画像"**。这有悖于新版德国《联邦数据保护法》第26条第1款第1句；过分侵入雇员的私人领域。[3]即便遵循了《通用数据保护条例》第22条，即最后决定是由人所做，这种做法仍非法。[4]尤其当借助"智能手表"提供的心率可识别雇员身份时，更是如此。美国发生过这样的案例。[5]另外，瑞典一公司给某位雇员**植入芯片**，从而使他获得进入企业及使用某些设备（如复印机）的权限，这一做法也非法。[6]

使用**数据手套**[7]能否符合保护人格权的要求？这一问题悬而未决。此时雇员直接成了**机器的附庸**，机器限制了他动作的每个细节。而从另一角度来看，关涉的只是一个实际操作动作，相较于写文章等其他活动，同个人人格并无紧密关联。使用手套**工作甚至更便捷**。

如可穿戴设备属于**企业健康计划**的组成部分，供感兴趣的雇员选用，则不会造成特别的法律问题。雇员自愿参与，数据也不传输给雇主的话，此服务完全不会遭到质疑。雇员自己随后通过脸书或企业内部系统公布其"健身数据"，是其本人的决定。[8]

可穿戴设备属于可用于监控雇员行为与表现的技术设备。因此，**根据德国《企业组织法》第87条第1款第6项**，引入时要**经由企业职工委员会共决**，[9]雇主是否真正实施了监控并不重要。谈判企业协议时，企业职工委员会可要求使用这种设备仅出于保护健康和减轻工作负担的目的。只有在不会向雇主传输数据时，比方说雇员自愿参与的健康项目，职工委员会才不具有共决权。

三、自控系统

人们常用**"物联网"**这一概念来讲自控系统。本书第一章已提到自控系统技术。[10]该系统并不会让人的劳动变得多余：不仅需要有人设计和制造，还必须有人处理故障（"**维修队**"）。还有某些活动无法实现自动化，或是至少因花费过高而不能实现自动化。

从事故障维修的雇员可能遇到其他劳动法问题。自控系统的各个"组成部分"彼此电子通信。人为干涉自控系统，会被系统定义为"例外情形"，因此每个操作细节都会被记

---

[1] Weichert, NZA 2017, 565, 569.
[2] 关于数据保护影响评估，见 Däubler, GläserneBelegschaften, Rn. 589ff.。
[3] Kopp/Sokoll, NZA 2015, 1352, 1355；亦参见 Weichert, NZA 2017, 535, 567。
[4] 进一步说明参见本书第九章，边码17，边码18及以下。Martini/Botta, NZA 2018, 625, 635虽有提及，但未充分考虑到动力外骨骼的情形。
[5] Kopp/Sokoll, NZA 2015, 1352, 1355.
[6] 这是瑞典的案例，报道出自 Kopp/Sokoll, NZA 2015, 1352, 1355。
[7] 参见本章边码17。
[8] Kopp/Sokoll, NZA 2015, 1352, 1356.
[9] 这适用于机械外骨骼，见 Martini/Botta, NZA 2018, 625, 634。
[10] 参见本书第一章，边码19。案例亦见 J. Brandt, AiB 7–8/2016 S. 16ff.。

录。Hartmann 在其文章中形象描述了这类工作的可能形式。[1]于相关雇员而言，他们**工作的每一个细节都被记录**在案，以至于受到"全面监控"。如信息记录在技术上无法避免，就必须确保立即删除数据。若无法删除数据，则应**严格限定**信息处理的**用途**，杜绝限定范围之外的信息处理，特别不能用作监控员工绩效和人事安排。

四、使用3D打印机

借助3D打印机可以生产各色物品，如工具和首饰。[2]人们使用增材生产的方法，操作时一层一层地叠加物料。首先借助电子控制塑造各层的外形，再将其同其他层拼接成预期产品。相比之下，传统生产工艺使用坯件，从坯件上剥离多余的物料后形成成品。[3]从《劳动法》角度看该技术，主要在劳动保护方面存在问题。[4]韩国、德国和法国正在研究该技术的"风险状况"。[5]德国具体负责此事项的是联邦劳动保护和劳动医学局。[6]某些行业（如制鞋业），3D打印机生产模式会造成国内外工作岗位数量大幅缩减。

五、用比特币支付

1. 比特币：数字"货币"

自2009年10月以来，互联网货币——比特币创生。[7]不同于欧元和美元，任何人都没有义务接受比特币为支付手段。在德国或在法国，所有银行、所有超市和所有的街头小贩都可以坚持让客户用欧元支付。不过并不排除某些商家接受其他的支付方式——比如当地"货币"甚至比特币。[8]在汉诺威和柏林还成立了所谓的**比特币交易区**。人们在这里可以使用比特币买东西。

为参与比特币的支付交易，人们必须下载一个名为"钱包"（wallet）的**访问软件**。然后会拥有一个账户，账户名并非姓名，而是IP编号；使用区块链技术**向其他用户转账**或接收转账。[9]银行不参与交易。该交易方式虽可降低成本，却使国家监督变得困难。[10]

---

[1] In: Botthof/Bovenschulte (Hrsg.), Das »Internet der Dinge«. Die Informatisierung der Arbeitswelt und des Alltags, Arbeitspapier 176 der Hans–Böckler–Stiftung, Düsseldorf 2009, S. 31f.，另有 Däubler, SR 2016, Sonderheft Digitalisierung und Arbeitsrecht, S. 5f. 复述了其基本内容。

[2] 本书第一章，边码19已有论述。

[3] Mattiuzzo, in: Kommission Arbeitsschutz und Normung (KAN) Brief 3/16 作了这样的表述，链接：https://www.kan.de/publikationen/kanbrief/neue–technologien/3ddruck–chancen–und–risiken/。

[4] 参见本书第六章，边码21。

[5] Leupold/Glossner–Seidel, Teil 7, Rn. 10ff. 有关德国的研究项目见 Mattiuzzo 的介绍，出处同上。

[6] https://www.baua.de/DE/Angebote/Publikationen/Berichte/F2389.html（31.1.2020）

[7] 见 Plitt/Fischer, NZA 2016, 799，下同。

[8] 小的实际案例：由于修路且道路施工为期一年，只有六千居民的D村的居民外出购物很困难。为了留住顾客，很多商家老板联合起来，用"D村塔勒币"给顾客打折：购物满50欧元者获得1元D村塔勒币，与1欧元等值。所有商店都接受D村塔勒币作为支付手段。

[9] 详情见 Plitt/Fischer, NZA 2016, 800。

[10] 相关介绍参见 Paulus, Was ist eigentlich... eine Blockchain? JuS 2019, 1049 及 A. Weiss, Zivil–rechtliche Grundlagenprobleme von Blockchain und Kryptowährungen, JuS 2019, 1050 ff.。

比特币可与**官方货币**进行**兑换**。起初，1 美元兑换 1309 比特币（比特币缩写为 BTC）。[1] 在这之后，**比特币的发展史无前例**。据本书作者所知，经济史历程中还没有别的可与之相提并论。2016 年 11 月 3 日必须花费 621.96 欧元才能兑换 1 比特币。一年后，也就是 2017 年 11 月 3 日，1 比特币已经可以兑换 6421.63 欧元；翻了十倍多。[2] 2017 年 12 月 17 日汇率达到历史最高点，1 比特币合 16892 欧元，但到 2018 年 1 月 17 日跌至 8845 欧元。[3] 2017 年 8 月比特币市值已达 **1216 亿美金**。[4]

如何解释如此迅猛的发展？有人认为是**投机商押宝**——比特币兑换率大幅波动，为投机交易创造良机。不到半个交易日（截至 2017 年 11 月 4 日 10:30），1 比特币就从 5997.68 欧元浮动到 6412.79 欧元。[5] 2018 年 1 月 17 日单日最高为 1 比特币兑换 11304 欧元，最低则 7497 欧元。[6] 在本书作者看来，比特币最主要的发展原因在于**付款交易过程匿名**；"**暗网**"的交易（或更广泛的各种形式的非法交易）都可通过比特币实现。固然，每个人都可设立号码账户。[7] 但真使用它们交易的却并非"所有人"，而是某些不愿让国家机关介入事务的人，这是另一面的现实。

2015 年 11 月以来，数字经济杂志《**t3n**》给予员工权利，可要求**一部分工资**用**比特币**支付。具体操作很简单：[8] "员工只需在 pey.de 平台上注册，填写转换的金额，将比特币钱包同免费的应用程序 pey 进行关联。工资单中包含该金额以及净扣除金额的说明。"这就引发了《劳动法》问题：能否用欧元以外的货币结算工资。

2. 以比特币支付工资？

根据德国《营业条例》第 107 条第 1 款，**工资**须用**欧元**结算和支付。基本出发点在于雇员可直接用货币维持生计，不依赖于任何形式的"兑换"。虽然《营业条例》第 107 条第 1 款具有强制效力，[9] 但是雇员**派驻国外工作**却构成德国法的**特例**；此时适用目的论缩限，应直接支付雇员所在国货币，使其不用将欧元兑换成外币。[10] 此外，《适用劳动关系之基本工作条件证明法》第 2 条第 2 款第 2 项要求，对于一个月以上的海外工作，合同应规定支付工资的币种。这也说明海外工作构成《营业条例》第 107 条第 1 款的例外。然而，比特币不同于他国币种，目前还**不具备一般支付手段的功能**。因此不能以《营业条例》第

---

[1] Plitt/Fischer, NZA 2016, 799.

[2] http://www.finanzen.net/devisen/bitcoin-euro-kurs

[3] https://www.finanzen.net/devisen/bitcoin-euro-kurs（最后访问时间：2018 年 1 月 17 日）

[4] http://derstandard.at/2000067175481/Bitcoin-setzt-Rekordlauf-fort-Erstmals-mehr-als-7-300-Dollar?ref=rss

[5] http://www.finanzen.net/devisen/bitcoin-euro-kurs（最后访问时间：2017 年 11 月 4 日）。关于投机问题，亦见链接：https://www.merkur.de/leben/geld/wird-bitcoin-zehn-jahren-etwaviel-wert-sein-zr-8676509.html。

[6] https://www.finanzen.net/devisen/bitcoin-euro-kurs

[7] 过去在瑞士，知名人士常持有一个仅同号码挂钩的账户；只有银行极少数雇员知道账户的真正持有者是谁。比较普遍的猜测是，非知名人士只要存 100 万瑞士法郎以上也可设立号码账户。

[8] 详细说明见链接：http://t3n.de/news/t3n-zahlt-gehalt-in-bitcoin/。

[9] HWK-Lembke, § 107 GewO Rn. 16; 基本一致观点也可见 AR-Kolbe, § 107 GewO Rn. 13。

[10] Däubler, Auslandsarbeit unter deutschem Recht, FS Birk, Tübingen 2008, S. 27, 30.

40　107 条第 1 款作为例外的依据，[1]但还存在《营业条例》第 107 条第 2 款规定的例外。

　　类似"t3n"公司的约定在法理上没有问题，即约定个体雇员**有权**要求用比特币支付一部分薪酬。是否行使该权利只取决于雇员本人。只有当雇员可自愿根据支付工资当天的汇率收取比特币作为报酬时，约定才有意义。在这种情况下也可暂时搁置比特币持有者[2]的
41　法律地位这个难题：让愿意冒险者自己承担不利后果。

　　劳动合同中写入有约束力的此类条款，必须以比特币支付部分报酬时，会出现法律问题。根据《营业条例》第 107 条第 2 款，如符合雇员利益或劳动关系的特征，雇主可以实物支付（Sachleistung）。"实物支付"并非德国《民法典》第 90 条的实物概念，而应理解成雇主提供的服务[3]和股票期权（Aktienoptionsrechte）等。[4]它们都不属于现金支付。因
42　此以比特币支付也符合这一特例。[5]

　　使用比特币支付工资是否满足《营业条例》第 107 条第 2 款第 1 句规定的其他前提，很难说。赞成该支付方式的观点认为，雇员利益并非体现在其主观愿望上，而应该是"客观的"、**"理解透彻了的"（wohlverstandend）利益**。[6]因此，雇员接受劳动合同中比特币支付工资的相应条款，尚不足以表明符合其"利益"。[7]这种支付方式必须让雇员客观上受益，但现实中这一点并不明显。不应只看比特币迄今惊人的增长，尽管这无疑使比特币持有者获利丰厚。当前更应该重视欧元兑换比特币的每日兑换率，鉴于比特币价格以投机方式形成，持有者也有遭受损失的风险。2017 年 12 月到 2018 年 1 月价格也的确下跌了。[8]"t3n"公司的雇员可随时提出用比特币结付部分工资的要求，这是充分考虑了雇员（客观
43　的）利益。通过**合同约定只以比特币支付工资则不符合雇员的利益**。[9]

　　"劳动关系的特征"也无法说明这种实物支付的合理性。迄今的相关案例均关涉特定行业里常见的工资实物支付方式：啤酒厂支付自家啤酒、林业支付木材、采矿业支付煤炭以及烟草行业支付雪茄。一般不允许这种分享生产成果的做法；唯有专门发行比特币的公司
44　才构成以其产品支付工资的特殊情况。[10]

　　要求用比特币支付部分工资的权利关涉劳动报酬的发放。因此，像 t3n 公司那样作普遍规定，须据《企业组织法》第 87 条第 1 款第 4 项，经过**企业职工委员会共决**。若雇主主

---

〔1〕　Plitt/Fischer, NZA 2016, 799, 801 也有过同样表述。

〔2〕　Seitz, K&R 2017, 763.

〔3〕　AR - Kolbe, § 107 GewO Rn. 17.

〔4〕　LAG Düsseldorf, 30. 10. 2008 – 5 Sa 977/08 – DB 2009, 687 Tz. 44.

〔5〕　Plitt/Fischer, NZA 2016, 799, 801.

〔6〕　LAG Düsseldorf, 30. 10. 2008 – 5 Sa 977/08 – DB 2009, 687 Tz. 46; ErfK – Preis, § 107 GewO Rn. 4; HWK - Lembke, § 107 GewO Rn. 29; AR - Kolbe, § 107 GewO Rn. 21.

〔7〕　Plitt/Fischer, NZA 2016, 799, 801 主张该形式可表明符合雇员利益。

〔8〕　有关兑换率发展的一手数据，见本章边码 36。

〔9〕　不同观点见 Plitt/Fischer, NZA 2016, 799, 802，该观点参考了德国联邦劳动法院的司法判例，认可灵活的工资支付方式，即比特币支付占工资总额 25% 至 30%。

〔10〕　亦见 Plitt/Fischer, NZA 2016, 799, 802。

动愿意用比特币支付部分报酬或在劳动合同中作出约定，企业职工委员会可依据《企业组织法》第 87 条第 1 款第 10 项进行共决。用比特币支付不法这一事实并不违背共决权；相反，共决权的一项功能正是制止不法行为发生。[1]

六、区块链技术的其他应用

除了比特币交易外，区块链技术还有许多其他潜在应用形式。并非每个具体应用形式都已为人知晓。[2] 最重要的要数区块链在"智能协议"框架下的应用。智能合约特点在于，以电子形式监控、记录和实现同法律相关的所有活动，比方按商定好的价格进行支付。[3] 智能房租合同就是一个很有震慑力的例子——如不及时交房租，房屋门便打不开。

区块链技术具有高度**可靠和防伪特性**。可以这样描述该技术：[4]

"区块链指分布式数据库。该数据库包含一个可扩展的数据记录列表，数据的完整性（防止后续的人为操纵）通过在后续数据记录中依此存储先前数据记录的加密校验得到保证。也被称为分布式账本技术。从本质上讲，区块链是一种去中心化的、记录交易双方交易行为的手段，让每次交易更透明。去中心化是指记录（数据库）分布在多台计算机上。人们将之成为'对等网络'，网络中不存在一个核心的、起管理作用的站点。所有网络（全节点）用户的本地储存器上都有一份整个区块链的完整副本。"

交易数据以可追溯的方式被记录，之后无法更改。因此，人们也在讨论不应仅在合同订立时使用区块链技术，还可以**用于档案记录**。[5]

从劳动法角度讨论**区块链的应用**目前尚不多。不难想象这种情况：一份**目标协议**规定好可准确测量的条件（比如促成合同的数量、培训课程成功结业），并规定完全达成目标后支付一定奖金——这构成智能协议的一部分，该协议自动记录目标的实现情况并自动支付奖金。为避免人为操纵而使用区块链技术。

区块链技术的应用引发了很多**数据保护法问题**。存储的数据不可更改，这违背了《通用数据保护条例》第 16 条和第 17 条，人们无法要求更正和删除数据。[6] 只有通过反向交易（"Reverse Transaction"[7]），即以相反内容交易，才能撤销之前的交易，但之前的交易过程仍然可见。这可能使只有不产生个人信息或可关联到个人的信息时方能应用区块链技术。

区块链技术有一段时间备受瞩目，但 2019 年以来在德国的热点明显下降。联邦政府虽

---

[1] 参见 BAG, 22.7.2008 – 1 ABR 40/07, NZA 2008, 1248, 1254 Tz. 58.
[2] Bechtolf/Vogt, ZD 2018, 66, 67.
[3] Schrey/Thalhofer, NJW 2017, 1431.
[4] Djazayeri, in: Meder/Beesch (Hrsg.), jurisPR – BKR 12/2016 Anm. 1.
[5] Jacobs/Lange – Hausstein, ITRB 2017, 10 ff.
[6] Schrey/Thalhöfer, NJW 2017, 1431, 1435.
[7] Schrey/Thalhöfer, NJW 2017, 1431, 1435.

然出台了所谓的"区块链战略",[1]但是并不具有多少约束力。比如2019年9月18日,联邦政府在新闻发布会上指出,"未来应发掘区块链技术的潜力,减少其被滥用的可能性。"可见联邦政府坚守了技术中立的原则。[2]此外,区块链技术的可靠和防伪特性将来可能会因为量子计算机的应用而失效。[3]

---

〔1〕 链接:https://www.bmwi.de/Redaktion/DE/Publikationen/Digitale-Welt/blockchain-strategie.pdf?__blob=publicationFile&v=22

〔2〕 链接:https://www.bmwi.de/Redaktion/DE/Pressemitteilungen/2019/20190918-bundesregierung-verabschiedet-blockchain-strategie.html

〔3〕 链接:https://scilogs.spektrum.de/beobachtungen-der-wissenschaft/googles-neuer-quantencomputer-erleben-wir-gerade-den-sputnik-moment-in-der-informationstechnologie/?utm_source=pocket-newtab

第 11 章

未经许可私用办公设备

一、引言

1

无论是通过雇员使用的电脑,还是通过雇主提供的某个移动设备,只要存在用于办公的互联网连接,就会产生一系列**后续问题**。

1. 可能的案情

2

前文已述,尽管当今的情势变化对雇员绝非"有百利而无一害",但互联网通常的确更方便雇员工作。[1]不过,新技术诱惑人们在办公时做私事:给远在日本的好朋友发封邮件、上班时顺便转账付款、预定度假套餐或在亚马逊上给太太买本书等等,还有些人上班时间浏览娱乐网站。在雇主看来,工作时间可能由此流失。还常有人认为这会造成公司内部信息体系负载过大或遭受病毒感染,[2]后者现在已经问题不大。许多雇员自己有移动设备,可以带到企业随时上网。

3

雇员**私用办公设备**是否违反**劳动合同约定的义务**?在此要思考的点并非只有雇员"不工作"。劳动合同里可能还禁止下载非法色情文件或浏览包含新纳粹主义内容的网站。此外还有一些"网络特殊"行为也可能构成违反劳动合同义务:如出于私人目的复制办公文件,私自窃取同事密码以获取自己不该得知的信息[3]。雇员还可能**散布侮辱雇主的言论**[4]或雇员私人使用某些互联网服务,账单却寄到雇主处。[5]

2. 法学讨论现状

4

起初,法律文献重点关注是否允许雇主监控雇员的**电子邮件往来**这一问题。[6]该讨论焦点至今仍有重大意义。但当前法学界提出了其他问题:私人网上"冲浪"是否违反了劳

---

[1] 参见本书前文,尤其第一章边码 29 及以下。
[2] Jofer/Wegerich, K&R 2002, 235.
[3] LAG Schleswig - Holstein, 15.11.1989 – 5 Sa 335/89 – DB 1990, 635:秘书盗取上司的密码。
[4] LAG Schleswig - Holstein, 4.11.1998 – 2 Sa 330/98 – CF 6/1999, 32 = RDV 1999, 223 = NZA - RR 1999, 132.
[5] 见 OLG Hamburg, CF 6/1999, 33。
[6] Balke/Müller, DB 1997, 326; Raffler/Hellich, NZA 1997, 862; Skowronek, CF 10/2000, 27ff.

动合同义务？[1]私人网上"冲浪"是否可占用工作时间？办公信息可否复制到私人存储设备上？或反过来，私人信息可否存储到办公设备上？[2]为"防范"雇主监视，雇员私自在办公设备上安装"匿名软件"怎么办？[3]雇员下载"黑客软件"存储到雇主系统中会造成什么后果？[4]这些问题已经讨论了近十五年，但至今仍无明确的解决方案为实践提供清晰的准绳。[5]

5　3. 法律问题

雇员能否使用互联网？以何为限？这首先取决于使用目的是做私事还是办公。因此本章将先探讨如何对公私做出界定（详见本章第二节，边码7及以下）。接下来则探讨现已不再罕见的一种情况，即什么条件下才能认定雇员确实具有私人使用互联网的权利？是否企业中存在相应实践就够了？假设同时存在明文禁令又如何？如滥用许可该如何处置？实践形成后还可以再次更改吗？（详见本章第三节，边码11及以下）。如仅允许雇员为完成办公任务而使用雇主提供的设备，则必须遵守相应规定。违反规定或私人使用办公设备可能受
6　到劳动合同中规定的惩处（详见本章第四节，边码30及以下）。

使用互联网还可能引发许多其他违反义务的问题。[6]护工在网上发布了能看得到患者的照片，怎么处理？在Xing这样的职场社交网络上与人联络，算不算办公？雇员在网上夸大吹捧公司的产品，是否构成雇主应负责的不当竞争？下文将对这些及其他问题展开探讨。

二、办公还是私人使用？

7　1. 何为办公使用？

只要雇员使用设备开展的活动与工作任务相关，理应能促进工作任务完成，该活动即可视为办公。评判标准并非某项具体活动是否有意义、是否真能"达成目的"，而是**意欲推进工作的意图**。[7]疑难情况可参照德国工伤意外保险法上[8]和雇员责任相关法规中[9]对办公的界定——两者均认定"活动与企业相关"即为办公。

> 举例：某受雇律师为某住宅建筑公司提供法律咨询，需要了解租赁法的最新规定，因而使用搜索引擎。他本应直接访问 www.bundestag.de（德国联邦议会官网）、

---

[1] 关于此问题，见 Kronisch, AuA 1999, 550。另见 Däubler, K&R 2000, 323ff.。较新判决见 OVG Lüneburg, 14. 9. 2011 – 18 LP 15/10 – PersR 2012, 40 = K&R 2012, 228 = RDV 2012, 95。

[2] 见 BAG, 24. 3. 2011 – 2 AZR 282/10 – NZA 2011, 1029。

[3] 见 BAG, 12. 1. 2006 – 2 AZR 179/05 – NZA 2006, 980。

[4] 见 OLG Celle, 27. 1. 2010 – 9 U 3809 – NZA – RR 2010, 299。

[5] Holzner, ZRP 2011, 12.

[6] 概览见 Kaumanns/Böhm, K&R 2015, 18ff.。

[7] 赞同观点见 Dickmann, NZA 2003, 1009; Ernst, NZA 2002, 588; Hanau/Hoeren, S. 19。

[8] 简介及其他证据见 Däubler, Arbeitsrecht 2, Rn. 429。

[9] BAG, 12. 6. 1992 – GS 1/89 – DB 1993, 939; Gemeinsamer Senat der Obersten Gerichtshöfe, 16. 12. 1993 – GmS – OGB 1/93 – BB 1994, 431.

www.bmj.bund.de（德国联邦司法部官网）或 www.gesetze–im–internet.de（德国法律查询网站）。搜索引擎可能会提供大量结果，反而加大他的工作困难。但无疑该律师的努力本身与企业相关。

就此，韦塞尔市劳动法院[1]曾恰当地指出，人们刚开始使用互联网都有学习过程，起初阶段即便出于私人目的浏览网页，仍具有办公性质。[2]而今当然很难再说还有人需要学习使用互联网了。不过，"办公通讯"并非丝毫不可谈及私事。[3]沟通私人情况有时反而能促进工作交往。[4]

2. 公务引发的私人使用

"公务引发的"私人电话视同办公电话。[5]最好的例子便是由于会议延长，雇员打电话告诉太太自己不能按时回家。适用电子邮件也可能发生相似的情况：由于工作导致雇员前往蒙特维的亚或上海的旅程推迟三天，可以发邮件告知本来约好晚上见面的当地私人朋友。[6]

3. 私人使用

其他所有形式的对外通讯均具有私人性质。唯一的特例则是**仅通过**或几乎**仅通过互联网进行工作的劳动关系**中有所不同，人们平常工作中在走廊或收发室遇见同事也会聊几分钟私事，所以纯电子通讯中必定也有一定比例的交流与工作无关。[7]此类案例中无论判定通讯为部分办公使用还是获准的私人使用（erlaubte Privatnutzung），对结果均无影响。

但在一般情况下，企业中或多或少地存在互联网连接，一方面完全允许工作场所里的私人交谈，另一方面却会产生这样一个问题：哪些前提条件下允许私人使用互联网，而不会违反劳动合同约定的义务？

三、被批准的私人使用互联网

1. 基本原则：雇主决策自由

作为互联网连接的所有权人，**原则上雇主拥有决策自由，可自行决定给予**雇员或其他人员多大的**使用空间**。这是财产使用权的体现。[8]无论是通过台式电脑还是通过（办公用）

---

〔1〕 21.3.2001 – 5 Ca 4021/00 – NZA 2001, 787.
〔2〕 赞同观点见 Dickmann, NZA 2003, 1009。
〔3〕 Ernst, NZA 2002, 589.
〔4〕 Dickmann, NZA 2003, 1010; Hanau/Hoeren, S. 20.
〔5〕 Matthes, CR 1987, 112.
〔6〕 赞同此情况的观点见 Ernst, NZA 2002, 588; Heilmann/Tege, AuA 2001, 53; Kramer, NZA 2004, 458; Vehslage, AnwBl 2001, 145；赞同沿用到电子邮件的观点见 Balke/Müller, DB 1997, 326, Dickmann, NZA 2003, 1009 基本也持同样意见。
〔7〕 详见本书后续章节。Heckmann – Braun, Kap. 7 Rn. 46 持赞同意见。
〔8〕 见 Braun/Spiegl, AiB 2008, 393; Dickmann, NZA 2003, 1010; Ernst, NZA 2002, 585; Holzner, ZRP 2011, 12; Kramer, NZA 2004, 458. 同见 LAG Nürnberg, 29.1.1987 – 5 TaBV 4/86 – LAGE § 87 BetrVG 1972 Kontrolleinrichtung Nr. 9.

笔记本电脑或（办公用）智能手机等移动设备上网，都不会影响雇主的决策自由。劳动合同通常不会赋予雇员出于私人目的使用雇主设施的权利，如私自制作备份或在电脑上观看足球比赛。

此原则之下仍存在一些**较细微的例外**。通常无人会禁止雇员在办公桌上放一张家人的照片或在墙上挂一张画或海报。[1]依据《基本法》第9条第3款，企业设施在一定范围内（然而十分有限）可用于工会目的。[2]从这一点延伸出去，也可认为雇主有权**在紧急情况下**使用办公电话机打一个**私人电话**。[3]其法律基础为从劳动关系中推导出的雇主的一项附随义务——考虑雇员的核心利益。该判断同样基于德国《民法典》第616条。依据此条法律，雇员如只能在工作时间内看医生[4]或出庭，雇主应予以准假并继续发工资。[5]雇员12岁以下的孩子生病，也有权在一定次数范围内请求暂离工作岗位。[6]相较而言，使用办公电话机（或互联网）给雇主带来的负担小得多，可推断认为相对不严重的事由已足以获得雇主许可。

举例：雇员的姐姐远在美国，由于事故而住院治疗，雇员发送电子邮件给她，询问伤情。

或：雇员的母亲因病无法照料雇员三岁的孩子。雇员使用互联网找人临时帮忙。

然而，私人使用获准的一贯前提是：私人通讯**无法延期至空闲时间内**或**无法**改用其他媒介进行；对此不应斤斤计较地制定判断标准。德国联邦劳动法院未（一概）不允许工作时间内拨打私人长途电话，而是未对此作出裁决，[7]这体现了比本文本处更宽泛的立场。当今雇员通常可将自己的移动设备带到劳动场所，这样的案例自然日趋少见。[8]

2. 明示或默示许可

除前文描述的特殊情况外，雇员私用电子邮件或互联网通常需经雇主许可。[9]可通过企业公示、签订企业协议或在劳动合同中纳入相应条款**明示许可**。此外，给每个雇员分配

---

[1] 详见 Däubler, Gewerkschaftsrechte im Betrieb, Rn. 621ff.。

[2] 详见本书第十三章，边码1及以下。

[3] 仍存争议见 LAG Nürnberg, 29.1.1987 – 5 TaBV 4/86 – LAGE § 87 BetrVG 1972 Kontrolleinrichtung Nr. 9。同样观点见 Braun/Spiegl, AiB 2008, 393; Ernst, NZA 2002, 588; Hanau/Hoeren, S. 20ff.; Heilmann/Tege, AuA 2001, 55; Holzner, ZRP 2011, 12; Kramer, NZA 2004, 458; Vehslage, AnwBl 2001, 145。

[4] BAG, 27.6.1990 – 5 AZR 365/89 – DB 1990, 2072. 另见 ErfK – Preis, § 616 Rn. 7。

[5] BAG, 13.12.2001 – 6 ZR 30/01 – NZA 2002, 1105; LAG Hamm, BB 1972, 177。

[6] ErfK – Preis, § 616 Rn. 8。

[7] BAG, 1.3.1973 – 5 AZR 453/72 – AP Nr. 1 zu § 611 BGB Persönlichkeitsrecht Bl. 2 R。

[8] 要禁止将私人设备带入劳动场所，据德国《企业组织法》第87条第1款第1项，须经企业职工委员会共决：LAG Köln, 12.4.2006 – 7 TaBV 68/05 – NZA – RR 2007, 80。下文将讨论是否通常完全不允许将私人设备带入劳动场所。

[9] Kramer – Wenzel, Teil B Rn. 97。另参见 Raffler/Hellich, NZA 1997, 862：雇主可以普遍禁止雇员私人使用互联网。Balke/Müller, DB 1997, 326; GK – Wiese § 87 Rn. 18：雇主也可普遍禁止打私人电话。

一个办公邮件地址和一个**私人邮件地址**也是可行且切合实际的做法,[1]还可以给雇员提供使用办公网络打开私人电子邮箱（如域名为 web. de 的邮箱）的可能。

一般来说,许可会对时间和/或内容附加**限定**,[2]例如封锁某些类型的网站,或通过所谓的**正面清单（Positivliste）**限制特定的连接源。[3]还有学者建议仅许可雇员用配给个人的办公台式电脑上网。[4]**屏蔽**所有**附件**的确能够防范病毒,但雇主相应也有义务告知雇员采取了此措施使得邮件"残缺不全",雇员才可通过其他途径获取完整讯息。[5]目前看来这种做法并未通行。另外,如雇主许可雇员私人使用互联网,但条件是雇员同意雇主对自己行使超出法定范围的监督权,法律是否允许这种做法也有待商榷。[6]企业职工委员会不具有对限定许可本身的共决权,但据德国《企业组织法》第 87 条第 1 款第 1 项,对限定覆盖的范围具有共决权。[7]

存在**默示许可（konkludente Einwilligung）**时的问题就更大了。雇主自行在浏览器"书签"中列入包含"汽车"、"财讯"、"健康"、"游戏"甚至"情色"等栏目在内的"1000 个热门点击网站",即认定雇主默示许可访问。[8]雇主在雇员休息室里放置可连接上网的设备、[9]雇主要求雇员个人结算私人使用互联网产生的费用,也视为雇主默示许可。[10]

如雇主许可**打私人电话**,雇员便可推断**在相近限度内**也可发送私人邮件和私人浏览网站。[11]雇主基于一价全包协议而不需承担额外费用时尤其如此。[12]即便企业职工委员会和雇主约定区别对待办公和私人使用,从而雇员理应支付个人使用费用,但较长时间内并未实际执行该规定,这种情况下也仍可推定雇主默示许可。[13]

---

[1] Gola, MMR 1999, 326; Hanau/Hoeren, S. 21. Ernst（NZA 2002, 585）同样认为这体现了明确许可。

[2] Beckschulze/Henkel, DB 2001, 1492; Vehslage, AnwBl 2001, 146. Ernst, NZA 2002, 586：不许打开游戏。其他例子见 Holzner, ZRP 2011, 13。

[3] Beckschulze, DB 2003, 2777.

[4] Jofer/Wegerich, K&R 2002, 238.

[5] Dickmann, NZA 2003, 1011.

[6] Heckmann – Braun, Kap. 7 Rn. 49 同意该做法。

[7] LAG Hamm, 7. 4. 2006 – 10 TaBV 1/06 – NZA – RR 2007, 20; DKKW – Klebe, § 87 Rn. 67. GK – Wiese, § 87 Rn. 188 m. w. N.：企业职工委员会对雇主是否许可私人使用互联网没有共决权。

[8] 一所德国北部的大学存在此情况。Dickmann, NZA 2003, 1010 质疑此推断, Beckschulze, DB 2003, 2778 延续其论证并主张,此类网站内容属于常规配置,雇主可能不知道或忘记覆盖对其手动删除。但该论证并不令人信服,因为雇主理应组织劳动过程并避免规定引起误解。德国《民法典》第 305c 条第 2 款体现了相应思想。合同明文条款或推定行为须解释时,雇主作为条款的提出者必须遵从对其较为不利的解释。

[9] Dickmann, NZA 2003, 1010; Vehslage, AnwBl 2001, 146。

[10] Vehslage, AnwBl 2001, 146, 同见 Kramer, NZA 2004, 459。

[11] 相同观点见 Hanau/Hoeren, S. 21; Heilmann/Tege, AuA 2001, 55; Balke/Müller, DB 1997, 326 认为理论上电话和电子邮件等同; Bijok/Class, RDV 2001, 53 及 Ernst, NZA 2002, 586 持质疑意见; Beckschulze/Henkel, DB 2001, 1492; Dickmann, NZA 2003, 1010; Heckmann – Braun, Kap. 7 Rn. 54; Kramer, NZA 2004, 459 持相反意见。

[12] 同见 ArbG Frankfurt/Main, 2. 1. 2002 – 2 Ca 5340/01 – NZA 2002, 1093。

[13] 见 LAG Köln, 2. 7. 1998 – 6 Sa 42/98 – LAGE § 1 KSchG Verhaltensbedingte Kündigung Nr. 66 关于电话交谈。

私人使用互联网也可构成"**企业惯例**"（**betriebsüblich**）。[1]然而构成惯例的前提为雇主至少可察觉雇员私人使用互联网，[2]且雇员可确信该现状未来也不会改变。惯例形成无须雇主具有承担义务的意愿，更无须证明该意愿存在；若非如此，传统合同法框架下足以解释，企业惯例这一独立法律制度即为多余。[3]对相应实践必须存续的时长尚无确凿规定，因为目前对此尚无最高审级的司法判决。通常**存续半年至一年**便视为惯例。[4]只有雇主一开始便作了保留（Vorbehalt），方可扣除新技术刚引进的"**熟悉期**"。[5]尽管司法判决中现存的与企业惯例相关的案例通常以雇主的金钱给付为对象，但这一事实在此无足轻重，因为私人使用互联网也构成一项**经济给付**。[6]另外，也不能以雇员行为非法为论据而主张并未构成企业惯例——每个企业惯例都有"初始阶段"，此时还不存在请求权。也就是说，起初六个月里雇主只是容忍雇员的行为，也可随时禁止。[7]根据新的司法判决，即便劳动合同中存在"**要求书面形式的条款**"（Schriftformklausel）也不能驳斥企业惯例形成，因为该条款本身无效。[8]

18

　　还可设想如下情况：雇主尽管**明示禁止**一切私人使用互联网，**同时却**在相当长的时间内**容忍**这种行为。[9]之所以发生这种情况，主要原因并非雇主的指示未能得力执行，而是雇主想通过此"禁令"免于被视作"电信提供方"，从而避免因此而必须采取更多（成本高昂的）措施。即便如此仍可产生企业惯例。[10]但若存在明示禁止，雇员需等待更长的时间方能确信，雇主面对企业中业已盛行的实践，不会回归其正式的法律立场。等待时间可能长达**一到两年**。在此之前，因私人使用互联网而被警告或被辞退的雇员可提出申诉，指出**雇主**未采取足够的（抽样）监督措施，雇员可由此认为已不存在已然有效的禁令。[11]利益权衡在每桩解雇中都必不可少，此时也应考虑雇主的监督不作为。[12]

19

---

　　[1] Vehslage, AnwBl 2001, 145 报道了数个案例, 大众、普鲁士格和大陆等大公司认为对私人使用互联网不存在干预的"事由"。Barton, NZA 2006, 460, 461; Beckschulze/Henkel, DB 2001, 1491, 1492; Dickmann, NZA 2003, 1009, 1010; Ernst, NZA 2002, 585, 586; Hanau/Hoeren, S. 22; Kramer, NZA 2004, 457, 459 支持形成相关企业惯例的可能性；不同观点见 Kramer – Wenzel, Teil B, Rn. 105ff.; Waltermann, NZA 2007, 529。Heckmann – Braun, Kap. 7 Rn. 55 同样持质疑意见。企业惯例的法律构成见［德］沃尔夫冈·多伊普勒著，王倩译：《德国劳动法》, 上海人民出版社 2016 年版, 边码 499 及以下。

　　[2] Beckschulze/Henkel, DB 2001, 1492; Barton, NZA 2006, 460; Ernst, NZA 2002, 586 持同意意见。

　　[3] Beckschulze, DB 2003, 2778 及 Waltermann, NZA 2007, 529, 531 持相反意见。

　　[4] Beckschulze/Henkel, DB 2001, 1492; Dickmann, NZA 2003, 1010; Ernst, NZA 2002, 586; Hanau/Hoeren, S. 22。Kramer, NZA 2004, 459 赞同存续一年。关于企业惯例形成的诸前提, 见 BAG, 20.3.1985 – 5 AZR 50/84 – DB 1985, 1482; BAG, 24.3.1993 – 5 AZR 16/92 – DB 1993, 1882。

　　[5] Beckschulze, DB 2003, 2778 持同意意见。

　　[6] Waltermann, NZA 2007, 529, 531 持不同意见。关于其酬劳性质见本章下文（边码 19）关于纳税的规定。

　　[7] Waltermann, NZA 2007, 529, 531 及 Braun/Spiegl, AiB 2008, 394 持相反意见。

　　[8] BAG, 25.4.2007 – 5 AZR 504/06 – NZA 2007, 801, 803 Tz. 17; BAG, 20.5.2008 – 9 AZR 382/07 – NZA 2008, 1233。更多论证见 Däubler/Bonin/Deinert – Däubler, § 305b Rn. 12ff.。

　　[9] Holzner, ZRP 2011, 13 也对此作了论述。

　　[10] Kramer – Wenzel, Teil B Rn. 109 持不同意见, 主张这种情况下绝不考虑企业惯例。

　　[11] Besgen/Prinz – Fausten, § 1 Rn. 146.

　　[12] 参见 LAG Köln, 11.2.2005 – 4 Sa 1018/04; ArbG Frankfurt/Main, 24.9.2010 – 24 Ca 1697/10。

私人使用互联网**不应认定为获得经济利益（geldwerter Vorteil）而缴税**。2000 年 1 月 1 日生效的德国《所得税法》第 3 条第 45 项规定，雇员私人使用办公电脑和办公电信设备的福利无须缴税。[1]其中包括使用互联网、电子邮件、以及获经许可接打私人电话。此法条同时确证，私人使用互联网等构成了具有经济价值的资助（Zuwendung）。雇员如获得雇主**赠予的电脑**，可能须**一次性缴纳 20% 的税**（**Pauschalbesteuerung**）。[2]关于营业税的问题，德国联邦财政部 2001 年 4 月 11 日的公告[3]给出了有利于企业的解决办法。

3. 撤回许可？

雇主许可雇员私人使用互联网，与许可雇员接打私人电话一样属于雇主的**自愿给付（freiwillige Leistung）**。[4]即便劳动合同明文规定了该自愿性，司法判决中仍认为未来不可终止该给付，因其构成劳动报酬的一部分。[5]即使作了撤回保留（Widerrufsvorbehalt），通常仍不可撤回该许可。[6]一旦产生了（无保留）的**企业惯例**，就必须修改劳动合同方可撤回该许可。此外可采用"反其道而行"的企业惯例——雇主要求员工不得私人使用互联网，此后的半年到一年内如确实无人再私人使用互联网，则之前的企业惯例失效。[7]雇主还可以向所有员工发送电子邮件，告知今后私人使用互联网仅构成雇主自愿提供的给付，随时可终止。如所有员工得到信息后毫不抗议、继续工作，即视为双方一致同意修改劳动合同。如**员工明确反对该保留**，坚持要求**保障其合同规定的权利**，则不构成双方一致同意修改合同。[8]反抗雇主该要求的通常是企业职工委员会成员、其他享有特殊解雇保护的员工，以及即将退休也不再全职工作的上了年纪的员工。

如**通过企业协议对私人使用互联网作出规定**，则据位于纽伦堡的巴伐利亚州劳动法院的意见[9]，协议的规定仅针对单次获准私人使用的处置；雇主随时可撤回其他情形下的许可——但前提为从协议的**解释**可推导出协议仅针对单次的获准私人使用。自愿的企业协议也可能针对总体上**是否许可私人使用**。此时撤回许可仅可通过（提前做了保留的）终止协议或通过协议规定"撤销途径"。但即便企业协议只调节了私人使用互联网的方式，也仍须思考在劳动合同基础上继续当前做法是否合理。

4. 滥用行为

(1)"大肆"私人使用

即使雇主未明文禁止或限制，雇员仍**不可任意无节制地**私人使用互联网，时间必须在

---

[1] 详细说明见 Beckschulze/Henkel, DB 2001, 1503；MMR Aktuell Heft 9/2001, S. V。
[2] Singer, MMR Aktuell Heft 9/2001, S. V。
[3] DB 2001, 1117.
[4] GK-Wiese, § 87 Rn. 189.
[5] BAG, 2.4.2007-5 AZR 627/06, NZA 2007, 853；Kramer-Wenzel, Teil B Rn. 113.
[6] Kramer-Wenzel, Teil B Rn. 117.
[7] Heckmann-Braun, Kap. 7 Rn. 63.
[8] Beckschulze/Henkel, DB 2001, 1492.
[9] 29.1.1987-5 TaBV 4/86-LAGE § 87 BetrVG 1972 Kontrolleinrichtung Nr. 9.

合理时长内。"大肆"接打私人电话违背劳动义务[1]，"**大肆**"**浏览互联网**也一样。[2]法规尚未精确划定"正常"、"可容许的"范围和"大肆"之间的界限。根据司法判决，存在足够待办工作时，七周时间内如雇员三日完全未工作，且还有数天仅少量工作，则毫无疑问属于"大肆"私用。[3]**一半的工作时间都在私人"冲浪"，被解雇通常也无话可说**。[4]另一方面，韦塞尔市劳动法院认为，雇员无须认为雇主会一概禁止**每日私人浏览20分钟互联网**，因此这么做不构成有过错的违约。[5]如雇主一开始便对私人使用互联网作出了时间限制（"每周不超过一小时"）或内容限制（"办理紧急事务"），而雇员却花了整整一下午私人使用互联网；或由于"私人娱乐"而拖延了应立即处理的工作[6]，这类情况下，雇主对雇员直接提出警告是恰当的，尽管通常雇主提出警告前必须先作出说明。

23　　**举例**：雇员如接打了数个时间较长的私人电话，最好提出自行承担费用。即便该要求出于"行政管理不便"的原因而被拒绝，[7]雇员起码不再有被（合法）解雇的危险。

24　　个别时候可能出现几近疾病的"**网瘾**"情况。该问题没有医学专业诊断难以确定。如确已成瘾，则过错不成立，也无法基于雇员行为而将其解雇。要进行基于雇员本身原因的解雇，则跟雇员酒精上瘾一样，必须治疗无果后方可解雇此人。[8]

　　对实行**信任工作时间**（Vertrauensarbeitszeit）制度的雇员[9]，只要其在每周平均工作时间内有效工作，则雇主不可对其私人使用互联网提出警告，因其并未违背劳动义务。[10]

25　**（2）色情电影**

　　另一种滥用行为也广受关注：雇员通过可以私人使用的互联网链接获取**色情文档**。这26 经常被视为构成即时解雇的理由。[11]对此类情况须加以区分。

---

[1] LAG Köln, 2.7.1998 – 6 Sa 42/98 – LAGE § 1 KSchG Verhaltensbedingte Kündigung Nr. 66.

[2] BAG, 7.7.2005 – 2 AZR 581/04 – NZA 2006, 98; BAG, 31.5.2007 – 2 AZR 200/06 – NZA 2007, 923 Tz. 30; ErfK – Müller – Glöge, § 626 BGB Rn. 100; Kronisch, AuA 1999, 550; Beckschulze/Henkel, DB 2001, 1497; APS-Dörner/Vossen, § 626 BGB Rn. 285i; ArbG Wesel, 21.3.2001 – 5 Ca 4021/00 – NZA 2001, 786.

[3] LAG Niedersachsen, 31.5.2010 – 12 Sa 875/09 – NZA – RR 2010, 406 = K&R 2010, 613 = RDV 2010, 232.

[4] ArbG Frankfurt/Main, 14.7.2004 – 9 Ca 10256/03 – RDV 2004, 274. 另见 Besgen/Prinz – Fausten，§ 1 Rn. 121。

[5] ArbG Wesel, 21.3.2001 – 5 Ca 4021/00 – NZA 2001, 786.

[6] 主张原则上只能在工间休息时私人上网的观点，见 Ernst, NZA 2002, 585 及 Hanau/Hoeren, S. 24，然而该主张仅在工作时间内一直要处理紧急事务时才说得通。但具体案例中雇主如申明工作优先的话，则在工作事务紧急时只能在工间休息时私人上网，见 Kramer, NZA 2004, 460。

[7] 见判例 LAG Köln, 2.7.1998 – 6 Sa 42/98 – CF 3/1999, 31。

[8] Besgen/Prinz – Fausten，§ 1 Rn. 111。

[9] 见本书第五章，边码3及以下。

[10] Ernst, NZA 2002, 586 持赞同意见。

[11] BAG, 7.7.2005 – 2 AZR 581/04 – NZA 2006, 98; LAG Niedersachsen, 31.5.2010 – 12 Sa 875/09 – NZA – RR 2010, 406 = K&R 2010, 613; OVG Lüneburg, 14.9.2011 – 18 LP 15/10 – PersR 2012, 40. 19.10.1993 – 11 TaBV 9/93 – LAGE § 626 BGB Nr. 76.

如色情文档**仅作私人消费**，未使其他雇员接触到，则不对劳动关系产生影响。这正符合巴登符腾堡州劳动法院对一宗企业场地内消费大麻案的判决[1]——雇员抽大麻是在工作结束后，且未对工作造成任何影响，因此这种情形下不可对雇员发出警告或基于雇员行为的解雇。即便雇员在互联网上私人浏览色情文档的行迹可追溯到雇主[2]，由于该事实属于99.9%的情况下都会被保全的电信秘密（Telekommunikationsgeheimnis），因此不会影响雇主声誉[3]，仍不影响劳动关系。个别案例中，浏览色情文件的行为可被视为不适合从事特定劳动。如某幼儿园园长在互联网上获取儿童色情取乐，则理所应当会收到非常解雇（außerordentliche Kündigung）。[4]

27

如雇员传输色情数据而**骚扰其他员工**，则该行为影响劳动关系，构成违反义务，可导致雇员被警告甚至解雇。[5]传输非法的色情品尤其如此。同样，如使用电子邮件链接，向他人发送多封贬损或侮辱性内容邮件，也可导致被警告甚至解雇。

28

（3）造成费用及干扰

雇员使用昂贵的"聊天"或其他**收费的网络服务**，给雇主造成费用负担，也构成滥用。[6]雇员私人使用互联网不应对企业信息系统造成干扰，[7]如导致**病毒**入侵、过度占用存储空间或致使企业服务器收到大量垃圾邮件等。若仅在理论上存在带入病毒的风险，则不足以构成滥用。[8]

29

（4）后果

一旦构成滥用，则导致的**法律后果**视同于事前已对其作出禁止。下文将对此详作阐述。[9]

四、仅限办公使用——违反后的处罚

1. 排除私人使用

30

雇主可以明示禁止雇员私人使用办公设备，或规定雇员只能出于"办公目的"使用办公设备。未作任何说明，也不存在线索表明存在企业惯例或表明雇主默示许可私人使用的，同视为雇员不可私人使用。如不存在这些例外情况，[10]则雇员**仅具有因公使用办公设备工**

---

[1] 19.10.1993 – 11 TaBV 9/93 – LAGE § 626 BGB Nr. 76。
[2] 参见 BAG, 7.7.2005 – 2 AZR 581/04 – NZA 2006, 98; Hanau/Hoeren, S. 25。
[3] 同一结果见 LAG Rheinland – Pfalz, 9.5.2005 – 7 a 68/05 – NZA – RR 2005, 634, 636; APS – Dörner/Vossen, § 626 BGB Rn. 285i 持赞同意见。Besgen/Prinz – Fausten, § 1 Rn. 122 也倾向于该结果；仅在理论上存在雇主声誉受损的危险。同见于 LAG Hamm, 18.1.2007 – 15 Sa 558/06。
[4] 判例见 ArbG Braunschweig, 22.1.1999 – 3 Ca 370/98 – K&R 2000, 42 = NZA – RR 1999, 192。
[5] 非法传输特定的色情品也如此，见 APS – Dörner/Vossen, § 626 BGB Rn. 285h。
[6] 参见 Ernst, NZA 2002, 586。
[7] BAG, 7.7.2005 – 2 AZR 581/04 – NZA 2006, 98; Hanau/Hoeren, S. 24。
[8] LAG Nürnberg, 26.10.2004 – 6 Sa 348/04; LAG Rheinland – Pfalz, 14.12.2007 – 9 Sa 234/07; Besgen/Prinz – Fausten, § 1 Rn. 127 持不同意见。
[9] 见本章边码34及以下。
[10] 见本章边码11及以下。

31 作的权利。[1]

  雇主提供给雇员的**移动设备**（例如智能手机）也适用相同原则。雇主可规定移动设备上是否能下载以及能下载哪些**应用程序**。[2]雇员须遵守雇主在时间和内容上对使用设备作出的规定。

32   **2. 违反义务**

  雇员如仍旧继续**私人使用**办公的互联网，则**构成违反**劳动合同中的一项**附随义务（Nebenpflicht）**。违背禁令而下载使用某些应用程序也构成违反合同义务。即便雇员严重违反义务，该行为本身尚**不构成**德国《民法典》第626条规定的**非常解雇理由**，也不构成德国《解雇保护法》第1条第2款规定的基于雇员行为而解雇的理由。吕讷堡高级行政法院作出的判决[3]确有道理；德国联邦劳动法院也有此倾向，但目前尚未最终明确。[4]目前，

33 雇主对雇员这些违反义务的行为仅可提出警告。

  如雇员还存在其他违反义务的行为，情况则不同。此处列举五个可被认定为违反义务的情况，然而这并非全部：[5]

  ● 雇员上班时私人使用互联网，从而**违反了劳动义务**。雇员仅在工间休息时或劳动开始前/结束后上网则不算违反。在无事可做的工闲时间（Leerzeiten）上网也无碍，然而雇员必须提供的确存在工闲时间的证明。[6]

  ● 雇员未经允许私人使用互联网，对雇主产生了**额外费用**。现今雇主一般都办理了一价全包的互联网套餐，雇员光是上网本身不会产生额外费用。[7]不过，雇员有可能使用收费的网上服务，从而造成费用。

  ● 雇员下载了可能干扰企业信息系统运作的数据。例如下载时未留意**病毒报警**[8]，或占用大量存储空间，导致难以存储办公数据（时至今日已很少见）。[9]

  ● 雇员下载了**非法数据**（如特定色情或煽动种族仇恨的内容），可能致使警方和检方展

---

[1] ArbG Frankfurt/M., 2.1.2002 – 2 Ca 5340/01 – NZA 2002, 1093 及 ErfK - Müller - Glöge, § 626 BGB Rn. 100 持较为宽大意见；Kramer, NZA 2004, 463 持批判意见。

[2] 参见 Thannheiser, AiB 2012, 351ff.。关于应用程序相关的安全问题，见 Achten/Pohlmann, DuD 2012, 161ff.。

[3] OVG Lüneburg, 14.9.2011 – 18 LP 15/10 – PersR 2012, 40ff. = K&R 2012, 228（Ls.）= RDV 2012, 85 (Ls.).

[4] BAG, 7.7.2005 – 2 AZR 581/04 – NZA 2006, 98；BAG, 27.4.2006 – 2 AZR 386/05 – NZA 2006, 977；BAG, 19.4.2012 – 2 AZR 186/11 – RDV 2013, 88ff。

[5] 参见前面提到的吕讷堡高级行政法院和联邦劳动法院的判例。相关材料参见 LAG Schleswig - Holstein, 6.5.2014 – 1 Sa 421/13 – K&R 2014, 689ff.。典型例子有违反劳动义务、造成病毒感染的危险、降低了传输其他文件的速度。

[6] KR - Griebeling/Rachor, § 1 KSchG Rn. 496b。

[7] 同见 KR - Griebeling/Rachor, § 1 KSchG Rn. 496b；Holzner, ZRP 2011, 13。

[8] LAG Rheinland - Pfalz, 12.11.2015 – 5 Sa 10/15, MMR 2016, 571。病毒可能在某些网站上出现。考虑当今常见安全措施，病毒危险亦可忽略。(KR - Griebeling/Rachor, § 1 KSchG Rn. 496b；Holzner, ZRP 2011, 13)。

[9] KR - Griebeling/Rachor, § 1 KSchG Rn. 496b。

开侦查，此时不再受电信秘密的保护。这可能导致雇主公司声誉受损。下载**合法色情品**[1]则不属于违反义务，因为此内容仍属电信秘密，雇主无需担忧声誉受损。[2]雇员存储合法色情品，使得企业其他相关人员可轻易接触并使用这些文件，可能构成违反义务。对其进行传输和"散布"也可构成违反义务。[3]雇员创建不雅网站从而**导致雇主声誉可能受损**，也构成违反义务。[4]

- 雇主已就私人使用互联网对雇员**提出警告**，而雇员并不改正。

3. 包括警告和解雇在内的处罚手段

34

一般来说，雇员未经许可私人使用互联网之外还存在其他违反义务行为，即**构成**非常解雇或基于行为的**解雇理由**。然而，这**并非理所应当、不可回旋**。如雇员仅在工作时间内看了一眼天气预报或本地新闻，并未耽误工作任务；[5]或在工间休息上了两分钟网而导致被雇主警告，即便三周后再次出现违反，雇主基于雇员行为而将其解雇仍是"反应过激"。

35

违反义务的严重程度显然与相关情况挂钩。如雇员并不知晓不可私人上网，或不知晓私人上网的许可限度，便只能对其提出说明性的**告诫**。[6]如雇主对使用互联网已作出明确规定，而雇员仍然违反，原则上可考虑对其提出**警告**。[7]对雇主明显不会接受且雇员可自行意识到雇主不会接受的严重违反义务行为，不必警告就可能致使立即解雇。[8]例如：公司明文禁止私人上网，雇员对其置之不理，三周时间内每天在网上私人浏览2至4个小时；或七周时间内每天在网上花费数小时写私人邮件，好几天完全不工作，公司可对其不警告**便即时解雇**。[9]不过，如果被解雇员工请了精干的诉讼代理人，后者会质疑当事企业的组织安排（也即雇主具有连带过错），还会提出雇员可能承受着精神病痛，其责任能力由此受限。[10]

36

举例：法兰克福市劳动法院[11]和黑森州劳动法院[12]判决，在一家大律所工作的女秘书向同事转发了一封关于动物保护的连锁邮件，该行为仅构成"可警告"。由于此

---

[1] 仅儿童色情、动物色情和暴力色情非法。

[2] OVG Lüneburg 和 BAG 以上判例未作此区分。

[3] 判例见 ArbG Hannover, 28.4.2005 – 10 Ca 791/04 – NZA – RR 2005，420。另见 APS – Dörner/Vossen, § 626 BGB Rn. 285h.

[4] 判例见 ArbG Hannover, 1.12.2000 – 1 Ca 504/00 B – NZA 2001，1022。另见 Dickmann, NZA 2003，1012。

[5] 参见 KR – Griebeling/Rachor, § 1 KSchG Rn. 496b："唯有"雇主明确提出过一次警告后，雇员仍违反禁止、短时间的私人使用互联网，方可解雇。

[6] 参见 DDZ – Deinert, § 314 BGB Rn. 7, 69。

[7] Jofer/Wegerich, K&R 2002, 240. 关于常未能得到遵守的警告前提，见 Kramer, NZA 2004，462。

[8] BAG, 24.3.2011 – 2 AZR 282/10 – NZA 2011, 1029 Orientierungssatz 3. 类似案例见 LAG Schleswig – Holstein, 6.5.2014 – 1 Sa 421/13 – K&R 2014, 689, 692。

[9] LAG Niedersachsen, 31.5.2010 – 12 Sa 875/09 – K&R 2010, 613.

[10] "网瘾"问题见本章边码 23。

[11] 20.3.2001 – 5 Ca 2259/00 – RDV 2001, 189.

[12] 13.12.2001 – 5 Sa 987/01 – DB 2002, 901.

行为仅发生了一次，且案情显示该律所并未完全明确规定禁止私人使用互联网，对该秘书提出警告其实也属过度。合情合理的雇主本应只对其进行告诫。实际情况则是雇主对该秘书提出了即时解雇，而劳动法院认定该雇主的解雇违法。

37 **越界行为**即便**轻微**，如多次发生，**累积**起来也可具有重大法律意义。

就本章阐述的所有可构成解雇理由的违反义务情况，均应思考以下问题：**不连接互联网**时，与该雇员的劳动关系**是否可以存续**？[1]如可以存续（时至今日愈发少见），不给雇员联网也许便可排除未来一切违反义务的可能。所以据合理预见原则（Prognoseprinzip），不
38 可解雇该雇员，[2]而应更换其劳动岗位，使其不可再出现类似行为。[3]

举例：策勒市劳动法院的一项判决（CF3/1999, 31）不甚恰当——一名卡车司机使用车载电话打私人电话，导致被即时解雇。之前雇主并未明确禁止接打私人电话；然而拨打公司以外的号码需要用一个特定的连接码，该司机上岗后在卡车的杂物箱中找到了该连接码。问题是雇主是否可以从电信公司那里获取卡车司机的电话记录，以
39 此作为证据指责司机？

上述路径行不通，只能对雇员发起非常解雇或正常解雇的话，必须**权衡雇主**对解除劳动关系的**诉求**和**雇员**对保留劳动岗位的**诉求**。权衡时需考虑多个因素，包括违反义务的严重程度、劳动关系的存续时长及雇员的家庭状况等。[4]

---

[1] 见 LAG Hessen, 5. 11. 2007 – 17 SaGa 1331/07 – MMR 2008, 599: "撤销其在公司论坛上书写言论的权利"。Besgen/Prinz – Fausten, § 1 Rn. 131 也主张使用该手段。

[2] 合理预见原则见 DDZ – Däubler, § 626 BGB Rn. 33, 80, § 1 KSchG Rn. 689。Beckschulze, DB 2003, 2781 提出将封锁互联网连接作为处罚手段。

[3] Besgen/Prinz – Fausten, § 1 Rn. 133 将此视为单独的处罚手段，而非缓和手段。

[4] 其他需考虑的要点见 KR – Griebeling/Rachor, § 1 KSchG Rn. 411；KR – Fischermeier, § 626 BGB Rn. 235ff.；DDZ – Däubler, § 626 BGB Rn. 42ff.。

第12章

雇员其他违反义务的行为

使用网络工作和在网络上工作可能还会出现其他对雇员造成严重后果的事件。本章将讨论这些现实当中司法审判经常需要处理的重要冲突。

一、不使用新技术

雇主可能要求雇员只能通过电子形式联系商业伙伴，即所有联系必须通过电子邮件。[1]这一要求或许并不明智。

举例：第三方可能会查阅甚至伪造电子邮件。

即使存在此类风险，仍无法完全排除雇主会发出类似指令。IT行业的公司尤其如此（当然不只有IT行业）。该行业已逐渐弃用传统信件，以电子邮件取而代之。还有的企业可能把电话目录完全放到内联网上，结算差旅费用或提交申请材料也只能通过内联网。[2]若雇员始终认为个人电脑这种工具"极其危险"，坚持写信，或完全不从内联网上获取公司内部信息，会怎么样？尽管此类情况日益罕见，但并不能彻底排除。*

原则上，雇主可自行决定工作方法及完成工作所使用的技术手段。德国《企业组织法》第111条及以下规定，必要时，企业职工委员会可作为监督修正方参与决定，本书另一章中已对此作过讨论。[3]然而，**仅当雇员能够接受新工作方法时，雇主的这些指令才是合法的**，即雇主必须为雇员提供接受全面培训的机会。[4]若无此类培训机会，则雇主指令非法，雇员不遵守指令也不违反劳动合同义务。

举例：若雇员参加了为期三天的SAP培训，但出于各种原因，雇员"记住"的内

---

[1] Strömer, S. 317.
[2] Klebe/Wedde, FS 50 Jahre Arbeitsgerichtsbarkeit Rheinland – Pfalz, S. 350.
* 笔者便认识一位民法领域十分重要的教授，该教授著作等身，但至今未主动写过任何电子邮件。
[3] 参见本书第二章，边码63及以下。
[4] 关于雇主提供工作所需进修的义务，参见本书第二章，边码22及以下。

容不多，因此不能恰当使用新系统，此时应当如何处理？在笔者看来，工作所需培训也要"检查成功率"，即核查雇员是否能够使用新技术。若雇员还未学会，则可要求进行"再培训"。司法中尚未见培训不成功导致争议的判例。可能因为情况严重时，雇主会主动向雇员提供必要的再培训机会（或和平协商解除劳动关系）。

若雇主的指令并无问题，雇员却不遵守，雇主可向该雇员**发出警告**。若警告无效，调岗亦不可行，则可考虑辞退该雇员。

二、技术使用不当

雇员使用联网的个人电脑或移动设备时，可能会出现一系列后果严重程度不一的错误。**忘记密码**或将密码**告知他人**的情形并不少见。[1]

忘记密码并不严重，通常大家也能理解。此时可以致电企业相关负责部门或密码提供方，以获得新的密码。教授们使用个人电脑时忘记密码也屡见不鲜。

将密码告知他人则要严重许多。若某人有权访问机密数据（人事档案、企业机密等），将密码告知他人便会**严重威胁工作机密**，该有权访问人也可能因此受到警告。[2]

若同事"也想上上网"，雇员在工作时间外把自己的设备让给同事使用，但并未告知他密码，情况则不同，**由于网费一价全包，不限使用量，雇主**一般不必为此额外支付费用，因此也不会对雇员发出**警告**或进行惩处。但若雇主**有意只向个别人开放使用**互联网或某些系统的**权限**，对其他人则不开放，结果或有所不同。人们可能会问，这类规定的意义何在？是否可认为这类规定违反平等对待原则？就已有经验而言，这类"排他性规定"在实际中并不多见，只在互联网时代初期被考虑过。

雇主可能要求雇员不得**使用不安全的网络连接**传输**工作文件**。若雇员不遵守，则构成过失，可能会因此被解雇。[3]此外还可能出现这些错误：未进行安全备份，[4]或本可发现风险，却仍打开了受病毒感染的文件[5]。

举例：看到"我爱你"（I love you）时必须谨慎，[6]不过第一收件人在好奇心的驱使下打开了文件倒也无可厚非。因此，尽管损失重大，却未曾发现按劳动法规定对此惩处的司法判例。最多是丈夫/妻子惊讶于为何伴侣会把名为"我爱你"的电子邮件当真……

---

[1] 参见 Kramer–Wenzel, Teil B, Rn. 125。

[2] Hanau/Hoeren, 32. 另参见 Kramer, NZA 2004, 461。

[3] 参见 OLG Celle, 25.5.2011 – 3 U 65/11 – AG 2011, 916：该案中进行利益权衡时考虑到某公司数据安全原则常未得到遵守，因此对某董事会成员发起即时解雇未果。

[4] Hanau/Hoeren, S. 32.

[5] 关于病毒问题，详见 Splanemann, CF 8 – 9/2001, 37ff. 。

[6] 2000年5月4日，一个以"我爱你"（I love you）为邮件主题的病毒文件在多个国家爆炸式传播，据称造成损失高达100亿美元。

若因雇员**过失行为**造成**损失**，必要时雇主可要求雇员赔偿。雇员开展与工作相关的活动造成损失时，适用有关雇员责任的特殊原则。[1]重要的是，**过失轻微**，雇员无需承担责任；**过失中等**，则应考虑包括雇员经济状况、薪酬和损失金额的比例在内的各个因素，由雇员和雇主共同承担损失；**过失重大**，原则上由雇员承担全部责任，但前提是"雇员出于不可宽恕的主观原因"造成该过失。[2]然而，若损失金额大大超过雇员薪酬，某些个案要求雇员承担全部损失可能有违诚信原则。

司法判决中尚无因**过失操作**而解雇雇员或要求雇员赔偿的案例。某文献中[3]提到了这样一案——尽管已提前警告存在病毒风险，雇员仍打开了邮件附件。实际当中雇主常常只是"威胁"雇员要承担责任，并未真让雇员担责。

三、"破坏计算机"

已公布的司法判决中鲜见蓄意造成雇主损失（"**破坏计算机**"）的案例，但还是有案可查。例如，某 **IT 工程师**的劳动合同即将期满，他便在系统中**安装了病毒**，第三方无法识别该病毒，聘请的软件公司对此也束手无策。[4]另有某雇员对雇主建议协商一致解除劳动合同十分愤怒，因此威胁要破坏数据，令雇主无法再使用。然而法院认为雇员实际上没有实施计划，未构成切实风险，在这种情况下对该雇员发出非常解雇属于过激行为。[5]而另有一案中，**某雇员擅自更改公司电脑主密码**，使雇主在一段时间内无法访问重要的业务数据，法院对此则作出了不同判决，允许雇主发出非常解雇。[6]还有一案中，某雇员因无法续签固定期限劳动合同，删除了所有在职期间的电子邮件、客户联系方式、与客户约定的会面日期及通讯地址簿，法院判决同意对其发起非常解雇。[7]另传闻一案中，某系统管理员"偷装"电脑程序，一旦在其工号下出现"已被雇主解雇"的信息，该程序将自动删除所有数据。此类情况会导致德国《民法典》第 626 条规定的即时解雇，对此没有争议。

四、违反保密规定

石勒苏益格-荷尔斯泰因州劳动法院认为[8]，某秘书设法得到上司的密码，查看上司级别方可见的公司内部信息，可对该秘书发起解雇。[9]这一判决似乎过于严重。至少在发起解雇前进行必需的利益权衡时，理应考虑相关人在多大程度上负有旧版德国《联邦数据

---

〔1〕 总结见 Däubler, Arbeitsrecht 2, Rn. 724ff.；ErfK – Preis, § 619a Rn. 7ff.。
〔2〕 BAG, 18.1.1972 – 1 AZR 125/71 – AP Nr. 69 zu § 611 BGB Haftung des Arbeitnehmers.
〔3〕 Beckschulze/Henkel, DB 2001, 1498.
〔4〕 LAG Saarland, 1.12.1993 – 2 Sa 154/92 – Beilage 7/1994 zu BB, S. 14.
〔5〕 ArbG Frankfurt/M., 4.7.2001 – 7 Ca 9752/99 – RDV 2002, 197（同意发出正常解雇）。
〔6〕 HessLAG, 13.5.2002 – 13 Sa 1268/01 – RDV 2003, 148.
〔7〕 HessLAG, 5.8.2013 – 7 Sa 1060/10 – ZD 2014, 377.
〔8〕 15.11.1989 – 5 Sa 335/89 – DB 1990, 635. 类似案例见 LAG Stuttgart, 11.1.1994 – 7 Sa 86/92 – Beilage 7/1994 zu BB, S. 5.
〔9〕 类似案例参见 ArbG Hannover, 10.1.2002 – 10 Ca 250/01 – RDV 2002, 249 = DSB Heft 3/2003 S. 13. 另参见 ErfK – Müller – Glöge, § 626 Rn. 100c.

保护法》第 5 条所规定的数据保密义务，以及相关数据在多大程度上属于敏感数据（如人事档案内容）。[1]相比之下，巴伐利亚州最高法院对某警员的处罚判决更为温和。该警员至少三次**出于私人目的查看警方数据库**以获取信息。巴伐利亚州最高法院认为，该行为不属于德国《刑法典》第 202a 条规定的违法"探知他人数据"行为，只违反了《巴伐利亚州数据保护法》，因此对该警员处以 300 马克罚金。[2]

12　　此类案情不会导致公职人员被"解除职务"，即不会被即时解雇。即使不是巴伐利亚州的警员（当然警员尤其代表着国家形象），而只是普通的软件开发员或秘书，雇员也几乎不会因轻度违规而被解雇。

　　即便**系统管理员**或整个组织的总程序员也只能在职责范围内获取并处理数据，越权则构成严重过失。[3]例如设法获取某总经理私人邮件中的文件，并将其告知另一总经理；[4]或打开某董事会成员收件箱里的一些电子邮件，[5]均属于雇员严重过失。

　　当然，在社交网络上发布病患照片也属于违反保密规定。[6]前文已作讨论。[7]

13　**五、未经许可传输数据**

　　传统的信息泄露（如向竞争对手公司员工告知本公司内部对市场战略的争议）属于违反义务传输数据；**向大量收件人**发送**同一封电子邮件**告知他们徒劳地申请了某个岗位或都是某公司的客户也属于违反义务传输数据。[8]《通用数据保护条例》及新版德国《联邦数据保护法》中均无此类数据传输行为的**法律基础**，通常雇主也**不会**许可此类行为。巴伐利亚数据保护监察署因此对某雇员处以罚款：该雇员通过电子邮件发送了长达十页的商务信函，其中九页半为地址，半页为文本。为避免违反数据保护规定，该雇员本应通过**"bcc"功能秘密抄送邮件**。[9]若雇员初犯此类错误，不应发出警告，解释性警戒（klarstellende

14　Ermahnung）更为合理。[10]

　　若攻击者利用**"易轻信他人"**的雇员，"截获"公司内部数据或（使用恶意软件）使公司系统瘫痪，情况则更严重。例如，某"论坛上的熟人"发来包含恶意软件（**"流氓软

---

[1] 任何人（如系统管理员）探知个人相关数据并作他用，都必须做好被非常雇解的准备。参见 VG Frankfurt/Main, 28. 8. 2000 – 23 L 1642/00（V） – RDV 2000, 279。同样，若某银行出纳员违反保密原则，使用他人密码，并试图通过销毁文件来掩盖形迹，也会被提起非常解雇，见 LAG Köln, 19. 11. 1999 – 11 Sa 768/99 – RDV 2001, 30.

[2] BayObLG, 12. 8. 1998, CF 3/1999, 32.

[3] LAG Hamm, 16. 9. 2011 – 10 TaBV 17/11 – ZD 2012, 183.

[4] LAG München, 8. 7. 2009 – 11 Sa 54/09 – CR 2010, 269 = K&R 2010, 751.

[5] LAG Köln, 14. 5. 2010 – 4 Sa 1257/09 – NZA – RR 2010, 579 = K&R 2010, 758.

[6] LAG Berlin – Brandenburg, 11. 4. 2014 – 17 Sa 2200/13 – NZA – RR 2014, 468 = ZD 2014, 481.

[7] 参见本书第四章，边码 60。

[8] 案例见 Tiedemann, ZD 2013, 488。

[9] Tiedemann, ZD 2013, 488.

[10] Tiedemann, ZD 2013, 488, 491.

件")的电子邮件附件,而雇员不知情地打开了邮件。[1]对此类由于雇员疏忽大意造成的过失,可采取告诫或警告;过失严重时亦可发起解雇。[2]迄今为止,法院尚未处理过此类案件。

六、将办公数据携至私人领域及制作盗版

雇员将**企业数据**转录至**私人硬盘**(或其他私人数据存储设备),而未顾及雇主的利益,一般构成违反德国《民法典》第 241 条第 2 款规定的"由债务关系产生的"义务,对其的处罚取决于过失行为的严重程度。[3]萨克森州劳动法院[4]早前的一项判决中采取了严格的标准。黑森州劳动法院判决同意对某**银行雇员**发出即时解雇,[5]因为该雇员在同意协商一致解除劳动合同后(但一段时间后解除合同才生效),出于个人目的大量**下载客户数据**。然而问题在于,事前已决定对该雇员进行停职处理,且此决定不可撤销,鉴此该雇员无再犯之虞,根据预测原则(Prognoseprinzip),实际上不得再对该雇员发出解雇。在另一案中,莱茵兰-普法尔茨州劳动法院表现出了良好的判断力,[6]判决对某银行客户顾问发出的解雇无效:该客户顾问私下偶遇某位女性客户,在银行数据中搜索到这位客户的**私人手机号码**,并向她发送了一条短信,该客户感觉受到了骚扰。法院认为对该客户顾问发出警告即可。另有一案中,某雇员曾未经授权**将某封工作邮件转发**至个人电子邮箱账户,法院同样认为对其发出警告即可。[7]

雇员使用办公资源**非法下载**或以其他方式**非法复制音乐或视频文件**,此类行为被视为德国《民法典》第 626 条规定的"重大事由"。应权衡双方利益后决定是否能够发起即时解雇。[8]还应考虑该行为是否使雇主蒙受物质或非物质损失。雇主要为企业侵犯知识产权的行为承担责任时,尤其可能蒙受损失。雇员在此应特别谨慎。[9]

七、公司计算机存储私人文件

若雇员违反禁令将私人数据存储在公司计算机中,原则上可将其**与未经授权私自使用网络作同样**处理,但通常只对雇员处以警告。[10]但在公司电脑上安装可破解密码的"**黑客软件**"就不一样了。**安装"黑客软件"**不仅有"心怀不轨"之嫌,还违反了德国《著作权法》第 95a 条第 3 款规定的刑事禁令,因此位于策勒的下萨克森州高级法院在某总经理一

---

[1] 详见 Heinemann, RDV 2014, 11ff. 。
[2] Heinemann, RDV 2014, 11, 15ff.
[3] BAG, 24.3.2011 – 2 AZR 282/10 – NZA 2011, 1029 Tz 23ff.
[4] 14.7.1999 – 2 Sa 34/99 – CF 10/2000, 30 = RDV 2000, 177f.
[5] 29.8.2011 – 7 Sa 248/11 – ZD 2012, 139.
[6] 10.11.2011 – 10 Sa 329/11 – ZD 2012, 437 = DuD 2012, 282.
[7] LAG Hamm, 16.1.2012 – 7 Sa 1201/11 – ZD 2012, 488.
[8] BAG, 16.6.2015 – 2 AZR 85/15, MMR 2016, 568. 另见 Gerlach, AiB 12/2017 S. 10。
[9] 详见 Gerlach AiB 12/2017 S. 8ff. 。
[10] BAG, 24.3.2011 – 2 AZR 282/10 – NZA 2011, 1029 Tz. 18ff.

案中，并未反对雇主对该经理做出非常解雇的处理。[1]在另一案中，某雇员秘密安装了可探查密码的恶意程序，柏林行政法院也作出了相同的判决。[2]可能图谋"破坏计算机"的准备活动也会导致惩处，除非雇员给出与损害雇主无关的可信理由。用工作电脑下载文件共享程序（该案发生于某警务机关），借此非法交换受版权保护的音乐，也会招来麻烦。[3]然而，下载必须可追溯到雇员本人，且他并未受第三方利用，方可在劳动法上惩处该雇员。[4]

18　　**八、手机作为"间谍"**

德国《企业组织法》第 30 条第 4 句规定，企业职工委员会会议不对外公开。若雇员**通过（功能类似微型计算机的）手机秘密对外**传递会议信息，该行为原则上构成非常解雇的重大事由。[5]同样，若会谈并不向某些人员开放，雇员却通过手机向他们传输会谈信息，亦构成非常解雇的重大事由。对雇员在企业内用智能手机拍照则应区分不同情况：企业庆祝活动原则上允许拍照，而在研发部门则不允许。一般来说，照片上不得含有任何可能属于企业机密或商业机密的内容。雇主最好规定禁止拍照，但《企业组织法》第 87 条第 1 款第 1 项规定，该禁令须由企业职工委员会共决。[6]

19　　**九、侮辱性话语及诽谤**

雇员可能在互联网上侮辱雇主。由于无法完全消除网上痕迹，互联网上的侮辱言论甚至比在当地报纸上发表读者来信影响更为严重。

20　　**举例：**在石勒苏益格－荷尔斯泰因州劳动法院审判的一个案件中，[7]某区机关雇员在网上"本周新闻"（News der Woche）里多次发表对雇主极为不利的言论，该雇员甚至谎称其所在区伪造数据。州劳动法院判决同意对该雇员发起基于雇员行为的解雇。

雇员可以公开发表哪些有关雇主的言论取决于**言论自由**的限度。当前此类争端的焦点为社交媒体，因此本书将言论自由的限度与**社交媒体**[8]一并讨论。

21　　**十、涉性问题**

法律法规面对涉性问题时仍受传统文化影响，但过去三十年间传统的影响力有所下降。

---

[1] OLG Celle, 27. 1. 2010 – 9 U 38/09 – NZA – RR 2010, 299.
[2] 参见 VG Berlin, 31. 7. 2012 – VG 5 L 130. 12 – K&R 2012, 775, 法院判决同意禁止该公务人员执行公务。
[3] 见 LAG Hamm, 6. 12. 2013 – 13 Sa 596/13, ZUM – RD 2014, 260 = AuA 2014, 114。
[4] LAG Hamm, a. a. O. ；另见 Kaumanns/Böhm, K&R 2015, 18。
[5] LAG Baden – Württemberg, 9. 9. 2011 – 17 Sa 16/11 – RDV 2012, 312.
[6] Hunold, NZA 2004, 1206ff.
[7] LAG Schleswig – Holstein, 4. 11. 1998 – 2 Sa 330/98 – CF 6/1999, 32 = RDV 1999, 223 = NZA – RR 1999, 132.
[8] 参见本书第四章，边码 44 及以下。

因此，根据德国《刑法典》第184条第1款规定，散播淫秽文书及图像不一定会受到惩处，而须满足特定前提条件：淫秽文书及图像内容为**"暴力行为、对儿童的性暴力或人与动物的性行为"**，散播、购买及**"保存"**淫秽文书及图像应**受到惩处**（德国《刑法典》第184条第3款）。

若雇员进行了该违法行为（如在工作电脑上"保存"淫秽文书及图像），即**应被认定属于非法私自使用计算机**且情节极其严重：即便雇主完全不限制雇员私人使用办公计算机，德国劳动法仍不许可该行为。某案中，某医院医生使用工作电脑从互联网上获取并打印了9000余张儿童色情图片，法院判决即时解雇该医生。[1]类似案例还有某幼儿园园长在互联网上购得了60卷显然为儿童色情的录影带；[2]德国联邦国防军某军官甚至通过邮件将此类文件发送给熟人，因此被革职。[3]上述原则不适用于**合法的色情品**。[4]

涉及电话色情的案件情况完全不同，司法对此的判决结果也丰富得多。电话色情是指假扮温情的女性诱使对方长时间通话。某案中由此产生了17000余马克的电话费。[5]99%的此类案件明显是雇员因私使用电话。若雇主禁止私用电话，拨打色情电话必然构成违反劳动合同义务。但雇主不必被"厚厚的电话账单"吓到：根据司法判决，收取高额费用（如每分钟1.8马克）的电话公司有违公序良俗。而且，提供服务的女性自己只能收到打电话者支付的金额中极低的一部分，这也构成无需支付账单的另一合理理由。[6]互联网色情服务情况类似。汉堡高级法院甚至作出以下判决：雇主不仅有权不支付色情电话账单，还可要求寄件人**未来不得继续发送此类账单**。[7]因此雇主不能以"造成的费用"为依据，对雇员进行劳动法上相关的惩处。

十一、宣扬暴力

迄今公布的司法判决中尚不涉及浏览、存储宣扬暴力及美化战争的内容，也无散播**纳粹符号**或纳粹材料的案例。这让人不由提问：真的不存在这两类案件吗？还是对此类案件采取了双重标准？[8]

---

〔1〕 案件描述见 CF 4/1999, 36。
〔2〕 ArbG Braunschweig, 22.1.1999 – 3 Ca 370/98 – K&R 2000, 42 = NZA – RR 1999, 192ff.
〔3〕 BVerwG, DSB Heft 7 及 8/2002, S.33。
〔4〕 参见本书第十一章，边码33。
〔5〕 OLG Düsseldorf, 8.6.1999 – 20 U 100/98 – CF 10/1999, 28。
〔6〕 OLG Stuttgart, 21.4.1999 – 9 U 252/98 – 及 OLG Düsseldorf, 8.6.1999 – 20 U 100/98 – 二者均见于 CF 10/1999, 28。
〔7〕 OLG Hamburg, 17.12.1998 – 3 U 148/98 – CF 6/1999, 33.
〔8〕 关于现实中对（绝对存在的）右翼活动的司法判决，概述见 DDZ – Däubler, § 626 BGB Rn. 202ff.。

第13章

网络上的工会

1 **一、问题**

长期以来，司法**几乎未涉及**是否允许以及在多大程度上允许借助现代技术实现雇员个人与工会沟通这一问题。目前仅能找到**石勒苏益格－荷尔斯泰因州劳动法院**的一项判决，大致情况如下：某雇员用家中电脑向同事发送了与工会相关的电子邮件。与埃尔姆斯霍恩市劳动法院判决不同，州劳动法院判决许可该雇员这一行为。[1] 直至2009年，**德国联邦劳动法院**才判决允许负责企业的工会通过雇员工作邮箱联络雇员，允许工会以此方式宣传信息和招徕会员。[2] 这实际上构成原则性判决，有利于工会活动自由。法学界对该问题的讨论
2 也大多支持雇员与工会便利沟通。[3]

转用新媒体攸关工会存亡。与工作相关的交际沟通愈发有赖于电子媒体；超过60%的雇员岗位上有电脑，55%的雇员有网络连接，[4] 算上移动设备就更多。若不在雇员的电子设备上露面，工会会慢慢淡出雇员视野，[5] 诉求也得不到IT领域和IT专家的聆听。[6] 法律
3 上应对工会的以下行为展开讨论：

工会根据章程对企业负责，**"从外部"**联系企业雇员，以宣传工会纲领，得到雇员支持。工会既可向工会成员也可向非工会成员"发送电子邮件"。邮件可能由工会组织发出，也可能由工会成员通过私人电子邮箱发出（正如上述石勒苏益格－荷尔斯泰因州劳动法院一案）。于是便产生以下问题："**收件人**"会有多大的**反应**？其能否在工作时间回信要求获得更多信息？此外，雇员亦可能主动加入工会或支持工会行动。详情见本章第二节（边码

---

[1] LAG Schleswig－Holstein, 1. 12. 2000－6 Sa 562/99－AuR 2001, 71；埃尔姆斯霍恩市劳动法院判决见 Skowronek, CF 12/1999, 36。

[2] BAG, 20. 1. 2009－1 AZR 515/08－NZA 2009, 615 = DB 2009, 1410.

[3] DKKW－Berg, § 2 Rn. 125ff.；Däubler, Gewerkschaftsrechte im Betrieb, Rn. 547g ff.；Fitting, § 2 Rn. 85；Richardi－Richardi, § 2 Rn. 162, 167. Beckschulze, DB 2007, 1526, 1537 及 Lelley, BB 2002, 252ff. 则持较为保留意见。

[4] 参见本书第一章，边码4。另见 DKKW－Berg, § 2 Rn. 125。

[5] 相似观点见 BAG, 20. 1. 2009－1 AZR 515/08－NZA 2009, 615, 621 Tz. 49："人们也会担心，雇员会越来越认为不使用企业电子邮箱系统的工会已经'过时'，因此不接受它们。"

[6] Welsch, in: van Haaren/Hensche (Hrsg.), S. 126. 另见 Klebe/Wedde, AuR 2000, 401f. 。

7 及以下)。

并非每个雇员的岗位上都配有与外界交流的工作电子邮箱。因此便产生以下问题：是否允许**工会**或个别工会成员**在企业内联网上进行宣传及发布信息**？是否能向同事发送附有入会申请表的内部电子邮件？技术可行时，是否能够通过邮件在企业里分发某几期工会杂志（如 Metall direkt 或 einblick *）？详情见本章第三节（边码 24 及以下）。

此外，**工会**或部分工会成员可能**在内联网上**建立**主页**，向所有访问者提供最新消息。最有可能这样做的是大企业里的工会亲信。允许他们提供哪些信息？详情见本章第四节（边码 31 及以下）。

最后，工会与雇主在多大程度上能够通过**达成协议而共处**？通过企业协议、集体合同或其他方式规定许可某些行为是否可行？详情见本章第五节（边码 36-37）。

二、通过邮件发布工会信息及进行宣传

1. 出发点：受到德国《基本法》第 9 条第 3 款保护的结社自由

工会是否能够以及在多大程度上能够在企业开展活动，关于这一问题，法律上仅就工会与企业职工委员会间的关系作出规定。与成员利益相关的工会自身的活动，如分发信息材料、讨论及提出要求，德国《企业组织法》第 2 条第 3 款明确不作法律规定，他处**亦无相关法规**。司法实践在此方面已作出突破，借鉴德国《基本法》第 9 条第 3 款规定，发展出**一系列基本原则**，这些原则在实践中起到了类似"企业内工会权利章程"的作用。

(1) 司法判决的发展现状

首先要讨论的是最基本的工会活动形式，即发布工会计划及活动信息（如发放传单）、宣传吸纳新的工会成员。根据德国联邦劳动法院的司法意见[1]，以上两者均属于**"宪法规定的社团拥有的宣传自由及信息自由的核心领域"**，尤其是在企业中向工会成员发布信息及宣传吸纳新成员。**德国《企业组织法》**先是**批准**这一原则**适用**于对选举人事委员会的宣传[2]，后来**批准其普遍适用**[3]，并将其表述为：根据德国《基本法》第 9 条第 3 款规定，对于维持及保障社团之存在来说**"必要的"**活动受到保护。[4]此类权利不仅适用于作为组织的工会，也适用于"参与工会活动"的个人。[5]

关于工会开展活动权的具体范围，劳动法院已有许多确切表述，但仍需根据德国宪法法院新的司法判决[6]再次修正。对于此处的讨论，以下**"传统司法判决"**中的表述值得参考：

---

* 两本工会杂志。

[1] BAG, 14.2.1967 – 1 AZR 494/65 – AP Nr. 10 zu Art. 9 GG 已作出判决。
[2] BVerfG, 30.11.1965 – 2 BvR 54/62 – BVerfGE 19, 303, 320 (= NJW 1966, 491), 德国联邦宪法法院判决同意，见 BVerfG, 23.3.1982 – 2 BvL 1/81 – DB 1982, 1415 = BVerfGE 60, 162, 170。
[3] BVerfG, 26.5.1970 – 2 BvR 664/65 – BVerfGE 28, 295, 304 = DB 1970, 1443.
[4] BVerfG, 26.5.1970 – 2 BvR 664/65 – BVerfGE 28, 295, 304 = DB 1970, 1443.
[5] BVerfG, 30.11.1965 – 2 BvR 54/62 – BVerfGE 19, 303, 312 = NJW 1966, 491.
[6] 见本章边码 10 及以下。

● **仅允许工作开始前、结束后及工间休息时发布信息、进行宣传**。[1]不仅主动行为方应遵守这一规定,在信息发布、宣传进行时,接收信息方也不得处于工作时间内。[2]德国联邦劳动法院主张,由于工会成员可在非工作时间与同事交流,开展更多活动对维持及保障工会存在来说并非"必要"。[3]

● **工会可使用不同手段**。除谈话外,还可在允许的范围内**张贴海报**、陈列及**分发宣传册**。[4]但由于还存在其他向工会成员发布信息的可能性,**仅向工会成员分发工会出版物"并非必要"**。[5]但若亦同非工会成员联系,则这一限制可不存在。此外,还允许工会成员佩戴徽章或在自己的衣服上贴工会标贴。[6]

● **工会可非常少量地使用雇主财产**。原则上,雇主有义务允许**在公告板上张贴工会海报**。[7]雇主通常可考虑提供一定区域来张贴海报。[8]与张贴海报不尽相同,德国联邦劳动法院认为,若安全帽属于雇主财产,在安全帽上粘贴工会标贴则不属于"必要"范畴。[9]使用**公司邮件分发系统**同样不属于"必要"范畴。[10]

(2)德国联邦宪法法院 1995 年 11 月 14 日判决

在此判决中,德国联邦劳动法院裁定,德国《基本法》第 9 条第 3 款不允许工会成员在接收信息方工作时间内与其攀谈[11],该判决引起了**违宪之诉**,德国宪法法院批准了这项诉愿。[12]

在本案中,某被停职的企业职工委员会成员受到雇主警告,原因是他曾在某同事工作时间内向该同事发放德国食品、饮料及餐饮业工会(Gewerkschaft Nahrung – Genuss – Gaststätten)宣传册,期间还与该同事进行了简短谈话。据其中一方回忆谈话时间约十秒,据另一方回忆谈话时间约一分钟。

德国联邦宪法法院在判决书摘要中作出关键陈述:德国《基本法》第 9 条第 3 款包含所有"**社团特定的行为**",并非仅限于那些对于维持及保障社团之存在"必要的"活动。[13]"**核心领域**"仅限制了立法者的干预权;就此而言,以往德国联邦宪法法院的司法判决受到了

---

[1] BAG, 14.2.1978 – 1 AZR 280/77 – DB 1978, 894 右栏。
[2] BAG, 26.1.1982 – 1 AZR 610/80 – DB 1982, 1327;BAG, 13.11.1991 – 5 AZR 74/91 – DB 1992, 843.
[3] BAG, 13.11.1991 – 5 AZR 74/91 – DB 1992, 843 明确主张这一点。
[4] BVerfG, 17.2.1981 – 2 BvR 384/78 – BVerfGE 57, 220, 247 = DB 1981, 1467.
[5] BAG, 23.2.1979 – 1 AZR 540/77 – DB 1979, 1185.
[6] BAG, 23.2.1979 – 1 AZR 472/78 – DB 1979, 1089.
[7] LAG Hamm, 21.1.1977 – 3 Sa 941/76 – DB 1977, 1052,德国联邦劳动法院持相同意见,见 BAG, 14.2.1978 – 1 AZR 280/77 – DB 1978, 894 右栏及 BAG, 30.8.1983 – 1 AZR 121/81 – DB 1984, 462。
[8] LAG Frankfurt/Main, 16.4.1971 – 5 Sa 72/71 – DB 1972, 1027.
[9] BAG, 23.2.1979 – 1 AZR 472/78 – DB 1979, 1089.
[10] BAG, 23.9.1986 – 1 AZR 597/85 – DB 1987, 440.
[11] BAG, 13.11.1991 – 5 AZR 74/91 – DB 1992, 843.
[12] BVerfG, 14.11.1995 – 1 BvR 601/92 – BVerfGE 93, 352ff. = DB 1996, 1627 = NZA 1996, 381.
[13] BVerfG, 14.11.1995 – 1 BvR 601/92 – BVerfGE 93, 352.

误解。[1]

由此，**德国联邦劳动法院过去判决的中心论点被废止**[2]，工会活动的核心领域在一定程度上再次受到了保护。[3]

工会及**个人**均具有就各项劳动条件及经济条件**开展活动的权利**。与以往不同，德国联邦宪法法院判决书中不再说"个人参与"组织的各项活动，而将工会成员视为独立的基本权利主体（Grundrechtsträger）。[4]

"当社团成员尝试让他人加入社团时，同样受到德国《基本法》第9条第3款保护。任何希望通过吸纳新成员来壮大自己所在社团的人，都是在行使结社自由的基本权利。"

扩大德国《基本法》第9条第3款的保护范围并不代表工会在企业中所有形式的活动都受到《基本法》保护，而是同样**重视雇主方受《基本法》保护的利益**。德国联邦宪法法院的上述判决仅涉及在工作时间与同事攀谈是否构成违反劳动合同义务，以及是否应因此受到警告。联邦宪法法院认为，在具体化一般合同义务时，应进行如下权衡：一方面，德国《基本法》第9条第3款保护工会成员宣传招徕新成员及与此相关的行为，以及在工作时间也希望为工会宣传的利益；另一方面，德国《基本法》第2条第1款规定，**雇主享有开展经济活动的自由**，"尤其在工作进程及企业和平受到妨碍时，这一自由会受到侵犯"。[5] 即便不涉及确定具体劳动合同义务，而是确定德国《基本法》第9条第3款所保障的开展活动权的界限时，也必须进行"权衡"。在上述案例中，法院权衡后判定该雇员与同事攀谈属于合法行为。

德国联邦宪法法院的该判决构成各劳动法院进一步发展其司法的基础。**法院限制工会某些行为时须在雇主基本权利中找到合法性，仅主张工会还可以使用其他手段不足以限制工会某些行为**。[6] 那些过去在"必要理论"基础上已被许可的工会行为，未来自然更可以继续存在。

2. 上述判决对使用电子邮件发布信息及进行宣传的适用

（1）允许私人使用电子邮箱

首先讨论没有争议的情况——雇主允许**雇员出于私人目的使用电子邮箱及互联网连接**。[7] 此时工会发送电子邮件、雇员阅读电子邮件都再无顾虑。个体雇员完全可以告知工会自己之后不想再收到任何电子邮件。**工会向其成员发送邮件时**，由于成员隶属于工会，因此工

---

[1] BVerfG, 14.11.1995 – 1 BvR 601/92 – BVerfGE 93, 352, 见 B I. 3 判决理由。

[2] DKKW – Berg, § 2 Rn. 121；ErfK – Linsenmaier, Art. 9 GG Rn. 41；Hanau, ZIP 1996, 447；Heilmann, AuR 1996, 122；Scholz, SAE 1996, 320；Schulte Westenberg, NJW 1997, 375 持此观点。GK – Franzen, § 2 Rn. 88 持不同观点。

[3] Hanau, ZIP 1996, 447.

[4] BVerfG, 14.11.1995 – 1 BvR 601/92 – BVerfGE 93, 352, 358.

[5] BVerfG, 14.11.1995 – 1 BvR 601/92 – BVerfGE 93, 352, 361.

[6] Rieble/Gutzeit, ZfA 2001, 373 忽视了这一点。Lelley, BB 2002, 252, 254ff. 指出有必要进行权衡，但未考虑具体后果。

[7] 详细前提条件见本书第十一章，边码11及以下。

会**使用电子邮箱地址**合理，适用《通用数据保护条例》第 6 条第 1 款 b 项规定。[1]工会向**非工会成员**发送邮件时，从德国《基本法》第 9 条第 3 款可推导出工会拥有开展活动权，这一权利构成相应的法律基础。针对这一话题 Berg 提出了一个有意思的建议[2]：要求雇主向工会提供所有未提出反对意见的企业成员的匿名邮件群发名单。由于工会并不知道具体姓名，因此便可在不泄露个人相关数据的情况下，仍能行使发布信息和进行宣传的权利。

（2）仅允许出于工作目的使用电子邮箱

若雇主仅允许雇员出于工作目的使用邮箱，则尽管**工会发送宣传邮件**仍属于**德国《基本法》第 9 条第 3 款的保护范围**，但此时还必须考虑**雇主的基本权利**。在此应区分以下情况：

首先，雇主可以主张自己是电子邮箱的所有人，因此至少可依据德国《民法典》第 903 条及第 1004 条，规定不得将电子邮箱用于自己所不愿之目的。但如此一来，相对于德国《基本法》第 9 条第 3 款规定的工会开展活动权，雇主便将自己**源于德国《基本法》第 14 条第 1 款规定的地位** * **绝对化了**。德国联邦宪法法院的司法判决并不许可这一点。确切来说，此时应该进行权衡，尤其须考虑侵犯权利的严重程度。工会发送邮件到雇员工作邮箱对雇主权利的侵犯程度就和在墙壁上张贴海报一样轻微；即便依据过去的法制状况，法院也并不反对张贴海报。[3]德国联邦劳动法院因此在 2009 年 1 月 20 日的判决中[4]判定工会的开展活动权优先；判决认为工会该行为对雇主仅构成"极其轻微的经济负担"，而对工会则是"应受保护的重大利益"。[5]

尽管过去对一信件分发设备案曾作出不同判决，[6]但由于德国联邦宪法法院已经表态，所以联邦劳动法院不再维持过去的意见。[7]

此外应考虑到，司法判决至今从未反对工会向雇员的工作通讯地址发送信件——收件人打开信件、把信件扔进废纸篓要比打开邮件、删除邮件费时费力得多。发送电子邮件显然只占用极少雇主财产，工会**发布信息、进行宣传的权利**理应优先。[8]因此应赞同德国联邦劳动法院的判决。

雇主还可能提出，在工作时间阅读电子邮件构成**违反劳动义务**。但此处要提到以下情况：**仅当在工作时间阅读电子邮件妨碍工作进程及企业和谐时，才在一定程度上构成侵犯**

---

[1] 同见 BAG, 20.1.2009 - 1 AZR 515/08 - NZA 2009, 615, 621 Tz. 53。

[2] DKKW, § 2 Rn. 126.

* 德国《基本法》第 14 条保护私有财产。

[3] 见本章脚注 16。

[4] 1 AZR 515/08 - NZA 2009, 615, 620.

[5] 参见另一处，Tz. 49。Besgen/Prinz - Besgen/Prinz, § 2 Rn. 113 持反对意见。

[6] 见本章边码 9。

[7] DKKW - Berg, § 2 Rn. 124; Schulte Westenberg, NJW 1997, 376; Klebe/Wedde, AuR 2000, 401f. 持同一观点。Richardi - Richardi, § 2 Rn. 167 及 Besgen/Prinz - Besgen/Prinz, § 2 Rn. 112 持不同观点。

[8] Lelley, BB 2002, 252, 255 持不同观点，却未进一步给出理由。

雇主开展经营活动的自由,也是德国宪法法院的判决理由之一。[1]但即使电子邮件中附有大量附件,也不能认为就超出了这一限制。雇员此时可保存收到的邮件,在休息时或工作结束后再阅读。

这一问题与实际情况不甚相符,因为迄今为止没有哪个工会用"海量信息"淹没雇员。

最后,雇主还可能提出,比起工会仅在企业分发传单或向雇员发送电子邮件、雇员在电脑屏幕上阅读电子邮件,**打印工会文件会使雇主蒙受极大财产损失**。但该主张忽视了这一点:打印文件不能归因于工会,而是雇员的个人决定;[2]雇主须自行考虑是否愿意提供纸张,或是放行雇员自费购买纸张。若雇主做出此种安排,那么打印工会文件与发送宣传邮件一样不会造成财产损失。[3]因此工会通过电子邮件发布信息及进行宣传属于**合法**,这一**判定结果**不变。

德国联邦劳动法院判决,若工会超出"发布信息及进行宣传"这一范围,**鼓动开展(合法)劳资斗争**,则可以关闭其发送电子邮件的途径。[4]理由为:不能指望雇主还要为反对自己的活动提供工具。乍看之下该观点似有道理。然而,工会发布信息及进行宣传同样可能是反对雇主的。此外,区分不同形式的合法工会活动并不存在法律依据。

3. 雇员个人行为

(1) 工会成员的行为

德国联邦宪法法院明确指出,个体雇员亦有结社自由以及与此相关的发布信息及进行宣传的权利。[5]从法律上讲,**电子邮件**是由"德国五金工会当地管理部门"还是**由某工会成员**用私人设备**发出**,并无任何区别。[6]

(2) 接收方的反应

个人可随意处置收到的"消息",可选择愉快或愤怒地回复,也可以选择保持沉默。**这也受到德国《基本法》第 9 条第 3 款保护**。这与个人谈话时并无不同——谈话时说"让我一个人静静"或者"滚出去"其实要比动动鼠标删除邮件更有损礼节,当然这一点在法律上无关紧要。收件人是否为工会成员也无足轻重。

(3) 雇员主动采取行动

最后,也要考虑到不是工会主动联系个人,而是个人主动联系工会这一情况。

---

[1] BVerfG, 14.11.1995 – 1 BvR 601/92 – BVerfGE 93, 352, 361. 另可参见 LAG Schleswig – Holstein, 1.12.2000 – 6 Sa 562/99 – AuR 2001, 71; Beckschulze/Henkel, DB 2001, 1497 持赞同意见。

[2] 同见 BAG, 20.1.2009 – 1 AZR 515/08 – NZA 2009, 615, 617 Tz. 18。

[3] Generalstaatsanwaltschaft Frankfurt/Main, RDV 2002, 87.

[4] BAG, 15.10.2013 – 1 ABR 31/12 – NZA 2014, 319.

[5] BVerfG, 14.11.1995 – 1 BvR 601/92 – BVerfGE 93, 352, 358.

[6] DKKW – Berg, § 2 Rn. 128. 关于在内联网上进行宣传,参见本章第三节,边码 24 及以下。

举例：雇员 A 认为，专职工会干部思想僵化。该雇员在前德国媒体行业工会（IG Medien）的主页上发现"多样性就是力量"这句话。这与该雇员的世界观不符（学习心理学家称之为"认知失调"），该雇员十分好奇，浏览了各种网页。

此类行为也被德国《基本法》第 9 条第 3 款覆盖。不仅"活跃分子"具有结社的基本权利，所有思考自己是否愿与他人一道"维护及提高工作条件及经济条件"的人均有这项结社权利。迄今学界主流意见从未认为个人主动联系工会有任何问题，在使用电子通讯的条件下也不例外。[1]

23　**4. 对企业职工委员会的特别规定**

德国《企业组织法》第 74 条第 3 款规定，企业职工委员会成员可自由参与工会活动。

举例：将私人电脑用于收发工会宣传邮件并不违反企业职工委员会成员的职责。

作为组织的企业职工委员会与工会交换意见不仅受到允许，也受到德国《企业组织法》第 2 条第 1 款鼓励。[2]

企业职工委员会需要法律指导时，自然也可通过电子邮件咨询工会。[3]这一点上不存在任何特殊情况。

三、工会在内联网上发布信息及进行宣传

24　**1. 工会组织对内联网的访问权**

德国《企业组织法》第 2 条第 2 款规定，工会**有权（实地）到访企业**，以履行《企业组织法》规定的任务与权利。[4]涉及社团权利时，如进行宣传以吸纳新成员或讨论劳资要求，工会可派遣一至多名专员进入企业。[5]是否可由此推导该权利同样适用于企业内部通

25　讯网络，即**工会可以网上访问代替实地访问**？

很难基于司法判决对这一问题作出肯定回答。一方面，允许工会"进入"企业就要取消内联网与互联网之间的界限，由此会产生技术问题。技术上或许可找到解决方案，但工会将拥有比传统到访权更为广泛的权利：工会到访企业，可开展谈话及实际查看劳动条件，但**不代表工会就能深度探知企业内部信息**。德国《基本法》第 9 条第 3 款的保护范围亦

---

〔1〕 DKKW‑Berg, 2 Rn. 130; Klebe/Wedde, AuR 2000, 401f．。另参见 Däubler, Gewerkschaftsrechte im Betrieb, Rn. 387a．。Beckschulze/ Henkel, DB 2001, 1501 持不同意见。

〔2〕 关于企业职工委员会与工会合作之详情，见 Däubler, Gewerkschaftsrechte im Betrieb, Rn. 45ff．，91ff．，127ff．，174ff．，189ff．。

〔3〕 关于企业职工委员会使用电子邮箱的权利，见本书第十四章，边码 13 及以下。

〔4〕 详情见 DKKW‑Berg, § 2 Rn. 78ff．。

〔5〕 详情见 Däubler, Gewerkschaftsrechte im Betrieb, Rn. 407ff．。

未赋予工会对其组织范围内公司的一般知情权。[1]

2. 企业雇员在内联网上发布工会信息及进行宣传

有内联网访问权的企业雇员想要发布其所属工会组织的信息或为之宣传时，不存在任何权限问题。正如前述，**雇员个人亦具有德国《基本法》第 9 条第 3 款规定的结社自由**[2]，即雇员开展工会相关活动受**德国《基本法》第 9 条第 3 款保护**。此时涉及的雇主利益、占用雇主财产及妨碍工作流程的问题，与工会从外部向企业雇员发送电子邮件的情况大致相同，可参考前文陈述。[3] 原则上允许雇员在内联网发布工会信息及进行宣传。[4]

但**雇员利用工作时间发布信息**可能引起疑虑。在此应区分不同情况。若企业实行**信任工作时间制度**，[5] 则不存在任何问题：若雇员可以纯粹出于私人目的中断工作，如去购物或理发（只要他"能够完成"约定的工作任务），那雇员用半小时或整整一小时来写一篇"赞扬工会的文章"也不构成违反劳动合同义务。相反，若企业实行**传统工作时间制度**，则不能认为原则上允许雇员在内联网上发布工会信息及进行宣传。若**相关工会活动时长不超过雇员与同事随时聊天**可用的时长，则不存在问题，因为根据德国《基本法》第 9 条第 3 款第 2 句，应对工会活动及其他非工作相关活动一视同仁。[6] **若超出此范围**，通常会耽误工作进度，根据德国联邦宪法法院标准，此时雇主利益占优。因此雇员仅能在休息时间或其他非工作时间撰写工会宣传文章。

雇员**携带磁盘**并将其中的内容传到网上的，也没有问题。当然前提是已安装防病毒程序并且企业并不禁止使用磁盘。

谈到病毒，有时让人不由想问，企业到底是真的要防范计算机病毒还是将防范病毒作为一种借口？

3. 对企业职工委员会的特别条款

企业职工委员会有内联网访问权，[7] 它也不能用内联网来发布工会信息及进行宣传。企业职工委员会作为组织"发声"时，负有对工会政策保持中立的义务。因此企业职工委员会成员只有以雇员身份行事时才拥有从德国《基本法》第 9 条第 3 款中推导出的权利。

德国《企业组织法》第 2 条第 1 款的出发点是企业职工委员会与工会"协力工作"，

---

〔1〕 关于通过劳资谈判实现此类权利，见 Däubler, Tarifvertragsrecht, Rn. 1213ff.。Klebe/Wedde, AuR 2000, 401f. 作了进一步延伸。Beckschulze, DB 2003, 2786 对工会有权访问内联网持反对意见。

〔2〕 BVerfG, 14.11.1995 – 1 BvR 601/92 – BVerfGE 93, 352, 358.

〔3〕 参见本章第二节 2（边码 14 及以下）。

〔4〕 Kramer - Neu, Teil C Rn. 305 持不同意见，但未区分工会主页及企业成员网页。

〔5〕 参见本书第五章，边码 3 - 4。

〔6〕 DKKW - Berg, § 2 Rn. 122, m. w. N.；Fitting, § 74 Rn. 72a. 德国联邦劳动法院也强调，工作中也不免私人谈话，私人谈话不构成违反义务。(20.1.2009 – 1 AZR 515/08 – NZA 2009, 615, 618 Tz. 28)。

〔7〕 相关权利见本书第十四章，边码 30 及以下。

因此企业职工委员会设置一个**工会"友情链接"**并不属于未经许可为工会宣传。[1]若有人询问当地工会组织的地址,企业职工委员会也不用表示不知情……就此而言,企业职工委员会类似于接入服务商。

若**企业职工委员会在内联网上建有主页**,[2]法律并不禁止**工会对该主页的访问权**。这也符合作为雇员利益代表方的二者保持密切合作。通过技术预防措施可确保工会无法违背雇主意愿访问内联网其他部分。

四、内联网上的工会主页

1. 基本问题

工会作为组织无权访问内联网,自然不可能在内联网上建立主页。那唯一的问题便在于,**作为企业雇员的工会成员**是否有这样的权利?

对此仍然要回到**德国《基本法》第9条第3款保护个体雇员进行宣传及发布信息的权利**。[3]企业内部的工会小组可据此自由设置公告板,在公告板上发布活动通知或宣传招徕新成员加入工会。[4]从这个角度看,网络主页也就是**现代形式的"公告板"**,个人可根据自己的意愿浏览或直接忽略。对雇主财产的损耗也不比传统公告板使用的木料或泡沫塑料多多少。海报宣传也是如此:以往司法判决准许的内容,如今也依旧准许。**与分发宣传册及工会报纸相比,在网上发布信息对雇主而言还没那么"令人讨厌"或"令人困扰"**。相较于传统公告板,现代信息手段能够传达更多信息,但这一点并不重要,因为此处无关宣传效率,仅考察雇主利益是否受到不合理损害。建立主页显然不会不合理损害雇主利益。

2. 具体问题

雇主无需承担制作工会公告板或印制工会传单的费用,自然**也无需承担**建立工会主页的**费用**——雇员须自行支付这笔费用,有时可获得工会报销。若雇员自己无法建立主页,**可向工会代表寻求帮助**,工会代表此时可行使到访权。[5]工会代表可以是得到工会授权的任何人,自然可以是知道怎么建立主页,也能指导他人更新主页的IT工程师。[6]

工会主页上的信息及宣传中可以出现哪些旗帜鲜明的内容,此处存有争议。**有明显政党倾向的主张**或许不行,但可就一般政治问题发表观点。[7]在此点上,网络主页这一新媒体手段与传统宣传手段并无二致。

---

[1] Beckschulze, DB 2003, 2786 及 Kramer – Neu, Teil C Rn. 308 未考虑到这一点。

[2] 相关权利见本书第十四章,边码30及以下。

[3] 参见本章边码20及以下。

[4] LAG Frankfurt/M., 16.4.1971 – 5 Sa 72/71 – DB 1972, 1027已作判决。另见 Däubler, Gewerkschaftsrechte im Betrieb, Rn. 358。

[5] 关于社团的访问权,详见 DKKW – Berg, § 2 Rn. 105。

[6] 关于在内联网上为工会进行宣传,另见 DKKW – Berg, § 2 Rn. 129。

[7] 这同样适用于企业职工委员会:BAG, 17.3.2010 – 7 ABR 95/08 – NZA 2010, 1133;关于工会公告详情,见 Däubler, Gewerkschaftsrechte im Betrieb, Rn. 290ff.。

主页发起者可以让主页具有工会特色。**主页外观**由建立人斟酌决定，允许使用**雇主公司名称**，有时也可使用雇主公司徽章或商标。[1]当然也可反其道而行之，将主页建得与雇主公司迥然不同，将"照亮街道的明亮之星"称作"黯淡的灯"。不过这样易招人反感。

举例：可以在主页上使用这句格言：
"勿要悲叹，勿要醉饮，
高举锤子，挥舞镰刀。"
因为它不（再）会让人联想到党派政治。*

五、协议

企业规章或其他企业协议**不可限制工会**在企业**开展活动的权利**。德国联邦劳动法院于1967年首次对这一点作出了原则性判决，[2]禁止"与工作无关信息"或"任何宣传"之类的间接或隐性限制也不被允许。若容许企业规章或企业协议限制工会开展活动，则企业职工委员会与雇主可能会达成不利于第三方的意见，现行法律并不允许这一做法。

与此相反，可以签订集体合同准许工会访问内联网，德国电信行业已达成了此类协议。[3]然而在多数情况下，采用集体合同这种形式或有"杀鸡焉用牛刀"之嫌。例如有观点认为，对于工会在企业里张贴海报，**雇主与工会就张贴区域达成简单一致即可**，[4]对于工会访问企业内联网的权限亦可持同样观点，[5]但不得超出德国《基本法》第9条第3款要求的底线。因此，不允许通过签订协议来要求工会在发布信息上网前必须征得雇主同意；如此一来，工会作为雇员利益代表方的独立性便不再有保障。另一方面，工会发布的信息如有变动，工会须将之告知雇主，学界对此并无异议。

六、题外话：通过互联网上的行动向雇主方施加压力

随着工作越来越多地在互联网上开展，也越来越可能发生网上的**示威行动**及**罢工活动**。这类活动甚至可以超越国界：尤其第三世界国家的剥削性劳动条件经由互联网传播，很快

---

[1] LAG München, 4. 10. 1984 – 2 Sa 29/84 – DB 1985, 1539 = AuR 1985, 291 支持西门子股份公司的和平倡议。此外，Rieble/Gutzeit, ZfA 2001, 352 认为，若工会名中已包含公司名（如 igmetall – Siemens），则自然可以使用公司名。企业职工委员会的域名同样如此，见 LAG Köln, 6. 5. 2013 – 2 Sa 62/13 – MMR 2014, 72。

* 这句格言原意为抱怨连天、萎靡不振不会有任何帮助，只有真抓实干才能取得成功。锤子和镰刀这两个意象常会使人联想到共产主义。——译注

[2] BAG, 14. 2. 1967 – 1 AZR 494/65 – AP Nr. 10 zu Art. 9 GG Bl. 5 R。

[3] 引自 Brandl, in: Sommer u. a. (Hrsg.), S. 29。

[4] Däubler, Gewerkschaftsrechte im Betrieb, Rn. 366. Dütz, Gewerkschaftliche Betätigung in kirchlichen Einrichtungen, Königstein/Ts. 1982, S. 65 持相同意见。

[5] Rieble/Gutzeit, ZfA 2001, 356 亦对自愿允许工会访问企业内联网的可能性持赞同意见。

便会被公众所知并引起不满,最终或引发抵制行动。[1]这方面目前已有相关经验,但劳动法相关的讨论中却很少涉及。

一方面,可以利用互联网**提高公众**对某些问题的**敏感度**。例如在劳务派遣领域,派遣方曾被要求至少要遵守由德国工会联合会(Deutscher Gewerkschaftsbund,缩写 DGB)签署的集体合同,否则便会被列入"**负面名单**",该名单会公布于互联网上。[2]零售业亦有"正面名单",其中列出了遵守集体合同及其他劳动法法规的企业,这份名单同样公布于互联网上。[3]在 **Lidl** 超市及日用品零售商 **Schlecker** 两案中,工会围绕劳动条件发起了大规模网上攻势。期间有人开通了博客,讲述个人经历,任何感兴趣的人都能评论当事人行为并提出自己的建议。[4]

虚拟世界与现实世界之间存在特殊的交互作用,**IBM 意大利分公司**与雇员的争端便体现了这一点。为抗议因分红减少带来的薪资下滑,来自意大利国内外的两千人参加了"**第二人生**"(**Second Life**)这一网络游戏。玩家可选择一个虚拟形象,给它分配某些属性。[5]这些玩家将劳资冲突"通关预演"了一遍——成立了罢工纠察岗,组织了游行示威,甚至冲击了一次董事会会议。这次活动**震动了公司管理层**,原本要进行的降薪被撤回,公司与工会签署了新的集体合同。

大量电话或**大量电子邮件**可能会使企业暂时瘫痪,但实际中极少发生这种情况。已有记录的是 2001 年 2 月位于德国斯图加特的 **Foxboro Eckardt 有限责任公司一案**。为抗议关闭位于斯图加特工厂的计划,约一千人在短时间内向十至二十名管理层人员发送了约十万封电子邮件,导致该集团**电子邮箱服务器过载**,**瘫痪**长达八小时。[6]目前已有数个此类活动的案例,通常将其称为 DoS 攻击(全称 Denial of Service,即拒绝服务攻击);若 DoS 攻击蔓延至更大范围,则称之为 DDoS 攻击(全称 Distributed Denial of Service,即分布式拒绝服务攻击,亦称洪水攻击)。

另一起案件虽不属于劳资冲突,但与上述案例类似。自 1999 年起,便有一场名为"**汉莎航空下线**"(**Lufthansa goes offline**)的网上运动。起因是一名来自苏丹的难民被驱逐出境,尽管他戴了手铐,并由两名德国联邦边防的警官陪同,但仍在汉莎航空的飞机上死亡。[7]该运动希望使公众关注到汉莎航空为**递解出境**提供航空服务而**获利**,[8]并希望促使汉莎航空改变政策。2001 年 6 月 20 日,汉莎航空公司的**主页**收到大量电子邮件,因此**瘫痪长达两小时**。为达成这一目的,有人开发了某种特殊软件,可在极短时间内发送大量问询

---

〔1〕 Klier, CuA 10/2012, 25, 此处提及电影《可口可乐案》(Der Fall Coca‐Cola), 该电影可在 YouTube 上观看。

〔2〕 Rehder/Deinert/Callsen, AuR 2012, 103, 105.

〔3〕 Rehder/Deinert/Callsen, AuR 2012, 103, 105.

〔4〕 Rehder/Deinert/Callsen, Arbeitskampfmittelfreiheit, S. 30ff.

〔5〕 Berg/Kocher//Schumann, TVG – AKR/AKR, Rn. 224; Däubler‐Däubler, Arbeitskampfrecht, § 30 Rn. 21, 下同。

〔6〕 Rehder/Deinert/Callsen, Arbeitskampfmittelfreiheit, S. 38; Renneberg, S. 235f.

〔7〕 下述报道见 Däubler(Hrsg.), Arbeitskampfrecht, § 31 Rn. 17。

〔8〕 除"经济舱"(economy class)和"商务舱"(business class)外,还有"递解出境舱"(deportation class)。

邮件。由于汉莎航空公司采取了**转用另一台服务器等**防御措施，这项行动在技术上很快便落了空，但仍引起了公众广泛关注。

在这一事件的**后续司法审判**中，法兰克福市劳动法院判决该活动发起人之一犯有胁迫罪（Nötigung），对其处以 900 欧元罚款。但**黑森州高级法院**于 2006 年 5 月 22 日**判其无罪**。[1] 法院认为，该名发起人的行为既非德国《刑法典》第 240 条规定中的暴力行为，亦非使用敏感恶劣手段的威胁行为。此外，这只是一次临时事件，因此亦不存在德国《刑法典》第 303a 条规定中的数据扣压行为。法学界对此持部分不同看法，[2] 但后续的法院判决人们并不知晓。这意味着，**暂时中断某公司的对外联系不会受到刑事制裁**。[3] 若同一情况下允许罢工，暂时使公司对外联系中断原则上不构成非法入侵工商企业，亦不构成违反劳动合同义务。德国联邦议会法律事务委员会认为，德国《刑法典》第 303b 条第 1 款第 2 项规定的计算机破坏罪不包括政治抗议行动。[4] 与之相反，使信息系统瘫痪，从而索要钱财的行为被认定属于勒索罪及计算机破坏罪，该行为应受惩处。[5]

2017 年 9 月 29 日，阿姆斯特丹辛茨海默研究所（Hugo‐Sinzheimer‐Institut Amsterdam）的一场会议上，某发言人提出了这样一个想法，"**互联网罢工**"也可能**模仿黑客行动**，使整个公司信息体系瘫痪，进而使公司无法运营。与黑客要求支付"赎金"不同，"互联网罢工"可以要求就提高薪资及改善工作条件进行谈判，达成一致后便会立刻归还所有数据。这一想法是否能获得赞同目前仍未可知。

---

[1] OLG Frankfurt/Main, 22.5.2006 – 1 Sa 319/05 – MMR 2006, 547 = CR 2006, 684.
[2] Giesen/Kersten, S. 207ff.
[3] 同见 Berg/Kocher/Schumann, TVG – AKR/AKR Rn. 223。
[4] BT – Drs. 16/5449, S. 5 f.
[5] LG Düsseldorf, 22.3.2011 – 3 KLs 1/11 – MMR 2011, 624.

第14章

数字世界中的企业职工委员会、公共机构人事委员会和欧盟职工委员会

1 **一、问题**

信息技术改变了世界，**企业中的职工利益代表组织**自然也**不能停滞于使用打字机和通告板**，其同样有采取现代信息和通讯手段的合理诉求。目前法律并未明确在多大程度上准
2 许这些职工利益代表使用现代手段，因而成为法学界争论主题。

本章首先将探讨企业职工委员会依据德国《企业组织法》第40条第2款对**连接互联网**的请求权。从而自然产生以下问题：企业职工委员会是否应当获得一台用于上网的设备，尤其是一台电脑？如认为应得，接下来就要问：是委员会作为整体应当获得设备，还是委员会中每个委员都应能独立访问互联网？职工委员会及委员是否具有对设立电子邮件账户的请求权？如某个委员的岗位上没有电脑怎么办？从雇主角度，提供设备的限度何在？本
3 章第二节将探讨所有这些问题（见边码7及以下）。

企业职工委员会不仅要获取信息，而且要在网上开展活动。Web 2.0时代对企业组织同样产生影响。相对以往，当今的职工委员会更要上通下达。意见的沟通渠道可以多种多样：

- 职工委员会与本企业的员工及其他人员发生**电子邮件**往来。
- 职工委员会也在**公司或康采恩集团的内联网**上占有一席之地；在内联网上提供"信息来源"或开设**博客（Blogs）**，提供自由（及匿名）的讨论空间。特别活跃、频频发布消息的职工委员会还可考虑创建电子版的"企业报"。也可建立 **Wiki** 系统。开发 App 同样是个好想法，由职工委员会和企业员工下载安装到智能手机上，实现双向的自由沟通。
- 职工委员会登录**互联网**。在互联网上开设自己的博客或**加入一个社交网络**。互联网上的活动与企业内联网的活动相比，会引发更多问题。到底**允许**企业的职工利益代表组织开展**多少"宣传工作"**？欧宝汽车吕塞尔斯海姆工厂的前职工委员会主席上过电视，佐证了宣传空间较宽泛。那开展宣传工作时如何处理企业内部信息？

雇主是否可以**监控**企业职工委员会的沟通行为，比如探知哪些员工经常给职工委员会发邮件？雇主是否可以要求事先审批委员会计划在内联网或互联网上发布的消息？这些问

题将在第三节阐述（见边码 28 及以下）。

数字化进程是否影响了职工委员会的内部结构？**企业职工委员会选举**时可否进行**网上投票**？企业职工委员会通过电话或**视频会议**达成**决议**是否可行？如许多雇员须服从劳动合同雇主方以外的第三方公司上级的指示，导致**难以对企业作出界定**时该怎么办？这是第四节探讨的主题（见边码 70 及以下）。

第五节和第六节（见边码 88 及以下）则简要介绍了**公共机构人事委员会（Personalvertretung）**和**欧盟职工委员会（EBR）**的特点。

新技术的采用并未解除企业职工委员会和公共机构人事委员会的**一般义务**。数字世界中同样需要注意保护企业和商业机密；也要尊重**个体员工的私人领域（Persönlichkeitssphäre einzelner Beschäftigter）**。例如，委员会委员在职工大会上照原文念某个不受欢迎同事的**求职信**，侮辱该同事，即构成严重违反义务，据《企业组织法》第 23 条第 1 款，企业职工委员会可将其开除出委员会。[1] 同样不允许委员超出其法定权限，屡屡窥探雇员的**电子人事档案**。[2]

二、职工委员会对连接互联网和必要设备的请求权

1. 过往的争论

企业职工委员会是否可以依据《企业组织法》第 40 条第 2 款，要求雇主提供一台个人电脑——这个问题曾是多年的争论重点。原则上委员会可以提这个要求，然而需满足许多前提条件。[3] 尽管《企业组织法》第 40 条第 2 款规定的企业职工委员会"开展工作的需求"中在 2001 年明确纳入了"信息和通讯技术"，而据联邦劳动法院的司法判决，个人电脑不应列入企业职工委员会的"常规设备"。[4] 因此，不愿配合的雇主完全可以给企业职工委员会制造困难，事实上这种情况也并不少见。具体曾存在以下要求：

• 企业职工委员会**必须从工作任务角度阐述必要性**。[5] 要充分代表职工利益，必须了解劳动法、企业组织法以及其他提供了劳动保护的法律（因此相关培训符合《企业组织法》第 37 条第 6 款意义上的"必要"），行使参与权和共决权却并非必须依赖现代办公技术。[6] 然而，**企业规模越大，越能证明**个人电脑作为物质手段的**必要性**。[7]

• 企业职工委员会**不可**主张要求**设备等同于雇主的设备**。法院认为雇主与企业职工委员会的**任务不同**。但是这里补充了一个**重要的特例**："仅在雇主任务和企业职工委员会任务的相交之处，也即职工参与和职工共决上，雇主方使用的现代通讯手段可影响应提供给职

---

[1] LAG Düsseldorf, 9.1.2013 – 12 TaBV 93/12 – RDV 2013, 203。

[2] LAG Berlin-Brandenburg, 12.11.2012 – 17 TaBV 1318/12 – RDV 2013, 204 = DuD 2013, 321. 关于企业职工委员会有限的查看雇员电子人事档案的权限，见 Kort, ZD 2015, 3ff. 。

[3] 最新见于 BAG, 16.5.2007 – 7 ABR 45/06 – NZA 2007, 1117。

[4] 见 BAG 前述案例，Ls. 3。

[5] BAG, 3.9.2003 – 7 ABR 12/03 – NZA 2004, 278（für die Neufassung des § 40 Abs. 2 BetrVG）.

[6] BAG, 11.3.1998 – 7 ABR 59/96 – NZA 1998, 953.

[7] BAG, 12.5.1999 – 7 ABR 36/97 – NZA 1999, 1291.

工委员会的物质手段。"[1]

● **雇主**与企业职工委员会就签订企业协议展开**谈判**，如**采用电子数据处理手段**进行诸如撰写或修改企业协议内容等工作，则企业职工委员会同样配备此手段便是恰当的。对文本撰写前需要收集整理大量数据的情况尤其如此。[2]

● 企业职工委员会阐述个人电脑必要性时，**仅以电脑比打字机效率高为论据还不够**。不换用电脑就无法履行企业职工委员会的个别任务时，才可以采用**效率提高**为论据。[3]这一点在2007年再次得到确认。[4]

2. 现今情况

德国联邦劳动法院的司法判决招致了众多批评。[5]一些较低审级的法院此前的意见也宽松得多，认为多人组成的企业职工委员会应有写字台、纸、打字机和个人电脑作为"基本设备"。[6]法律评注文献对联邦劳动法院该判决也多持批判态度。[7]

时过境迁，今天德国联邦劳动法院的司法判决更多考虑了技术发展。按其理解，**互联网连接（Internetzugang）** 现也属于《企业组织法》第40条第2款内的"信息和通讯技术"；**准许企业职工委员会将互联网连接视为持续必要的**，而"无须阐述当前存在具体任务，而必须从互联网上获取信息。"[8]从结果上来看，尽管表述有些佶屈聱牙，实际上这意味着将**互联网连接**纳入"**常规设备**"（**Normalausstattung**）。[9]该判决结果不久再次得到确认，且更进一步：即便企业管理层未设互联网连接，也不可据此否决职工委员会对互联网连接的请求权。[10]德国联邦劳动法院的第三个判决则强调，职工委员会原则上可要求为**每个委员会成员建立互联网连接**、**设立个人的电子邮件地址**。[11]要接通互联网，一台可连网的设备便必不可少：通常是（台式）**个人电脑**或智能手机。[12]

但当"雇主具有相反的**合理利益诉求**"时，可以也必须偏离常规。[13]司法判决中提出了以下情形：

---

[1] 德国联邦劳动法院在 BAG, 11.3.1998 – 7 ABR 59/96 – NZA 1998, 954f. 案中已经持此观点，在 BAG, 3.9.2003 – 7 ABR 12/03 – NZA 2004, 279 案中再次确认。

[2] 德国联邦劳动法院在 BAG, 11.3.1998 – 7 ABR 59/96 – NZA 1998, 955 案中已经持此观点，在 BAG, 3.9.2003 – 7 ABR 12/03 – NZA 2004, 279 案中再次确认。

[3] BAG, 11.3.1998 – 7 ABR 59/96 – NZA 1999, 953, 955。

[4] BAG, 16.5.2007 – 7 ABR 45/06 – NZA 2007, 1117, 1120 Tz. 26.

[5] 参见 U. Fischer, BB 1999, 1921; Klebe/Wedde, DB 1999, 1954。

[6] LAG Hamm, 12.2.1997 – 3 TaBV 57/96 – BB 1997, 1361 = AiB 1997, 470 mit Anm. Roos; LAG Baden–Württemberg, LAGE § 40 BetrVG 1972 Nr. 51; 另见 LAG Düsseldorf, 6.1.1995 – 10 TaBV 103/94 – BB 1995, 879 LS。

[7] DKK–Wedde, 9. Aufl., § 40 Rn. 98; Fitting, 21. Aufl., § 40 Rn. 131. GK–Wiese/Weber, 7. Aufl., § 40 Rn. 150 持较为赞同意见。

[8] BAG, 20.1.2010 – 7 ABR 79/08 – NZA 2010, 709 Ls. 4.

[9] 同见 Kramer–Neu, Teil C Rn. 227ff.。

[10] BAG, 17.2.2010 – 7 ABR 81/09 – NZA – RR 2010, 413.

[11] BAG, 14.7.2010 – 7 ABR 80/08 – DB 2010, 2731.

[12] Besgen/Prinz–Besgen/Prinz, § 2 Rn. 73. 同见 LAG Hessen, 13.3.2017 – 16 TaBV 212/16, MMR 2017, 644.

[13] 判例见 BAG, 14.7.2010 – 7 ABR 80/08 – DB 2010, 2731 Ls.

- 雇主无法承受这项**支出**。[1]司法判决中举了一个小型企业的例子,因其效益不高,为了节约成本,企业管理层也只能舍弃使用"昂贵的信息和通讯技术"。[2]不过这一点意义不大,因为当今常规的设备早已不能称其"昂贵"了。

- 职工委员会可能**滥用其互联网连接**这一抽象的**风险**不可算作雇主的"合理利益诉求";病毒或黑客攻击导致企业运行受扰这种理论上的可能性也不算。[3]然而,若存在"明显迹象"表明互联网可能被滥用或存在保密不周的"具体可能",则视为雇主具有相反的"合理利益诉求"。[4]现实中这一点通常也无甚意义。

最后,联邦劳动法院指出,"**企业普遍的**,具体来说是雇主方现有的**设备水平**",同一表述也可用于论证雇主无须提供互联网连接。[5]法院就此举出两个判决。第一个判例中的当事企业已具备大量互联网连接,为职工委员会设立连接也不会产生额外支出。[6]另一判例的案情则正相反,当事企业中只有市场主管和副主管可连接互联网,企业内联网相当完备,职工委员会对内联网之外信息的需求相对不大。[7]以这两个判决为例均不"恰当",因为当时的争议点在于为职工委员会的设备请求权提供支持论据,而两个案例则只关涉雇主相反的利益诉求。考虑到不必再重复上文已提过的支出负担,这里只可能涉及**职工委员会设备**明显比企业中**其他任何**设备都**更高档**的案例。

3. 个别问题

若企业职工委员会的所有委员在劳动岗位上都有能连接互联网的个人电脑,实际中一般不会有什么大问题。如该设备尚未就位,则雇主必须提供;电子邮件地址亦是如此。委员会办公室里也必须装有一台可连接互联网的设备。如**某些委员**尚未配备**电脑**,委员会通常可提出要求弥补空缺。委员会成员的**替补(Nachrücker)**,比如一个季度里参会三次,也同样应为其配置互联网连接——这样他们才能充分了解前情,参与会议讨论。[8](规模较大的)企业职工委员会如有**办公人员**,据《企业组织法》第40条第2款,也应为其配备电脑、电子邮件和互联网连接。

原则上,企业职工委员会可**自行决定设备的种类**。然而倘若企业上下都使用某一型号的**电脑**,委员会必须摆出强有力的论据才好主张更换品牌。委员会成员中如有经常不在企业场所工作的客户服务技师或销售人员等,可助其随时上网的**移动设备**(笔记本电脑、智能手机)就必不可少。[9]企业职工委员会也可认定为每个成员购买移动设备都是必要的,

---

[1] BAG, 14.7.2010 – 7 ABR 80/08 – DB 2010, 2731, 2732 Tz. 27 也提到这一点。
[2] BAG, 17.2.2010 – 7 ABR 81/09 – NZA – RR 2010, 413 Ls. 2.
[3] BAG, 17.2.2010 – 7 ABR 81/09 – NZA – RR 2010, 413 Ls. 3.
[4] BAG, 14.7.2010 – 7 ABR 80/08 – DB 2010, 2731, 2732 Tz. 27.
[5] BAG, 20.1.2010 – 7 ABR 79/08 – NZA 2010, 709, 712 Tz. 23;BAG, 17.2.2010 – 7 ABR 81/09 – NZA – RR 2010, 413, 415 Tz. 23;BAG, 14.7.2010 – 7 ABR 80/08 – DB 2010, 2731, 2732 Tz. 27.
[6] BAG, 3.9.2003 – 7 ABR 8/03 – NZA 2004, 280, 282 re. Sp.
[7] BAG, 23.8.2006 – 7 ABR 55/05 – NZA 2007, 337, 339 Tz. 16.
[8] Schomaker, AiB 2011, 57 主张顾及所有替补;Fitting, § 40 Rn. 134a 持反对意见。
[9] ArbG Karlsruhe, 11.6.2009 – 4 BV 15/07:委员会主席40%的工作时间均因公务而不在当地,因此可要求雇主提供手机。同见 Mischewski, CuA 7 – 8/2014, 11。另参见 LAG Köln, 13.12.2011 – 11 TaBV 59/11。

从而大大方便联络。[1]不过应当考虑雇主是否能够负担这些额外的支出。

举例:[2]为委员会所有成员配备手机后每月的支出仅增加352欧元,而整个集团共有32000台手机,每月造成704000欧元支出,这种情况下购置要求合理。

如企业有数个外部办事处,手机便是必要的。企业如分班次生产,只能在下班时间联络某些委员会成员,配备手机也属必要。[3]还有些情况下,只有使用手机才能保证通话不受打扰,也可作为手机必要的论据。[4]如在委员会办公室以外召开会议或在劳动岗位上谈话时,使用笔记本电脑可立即获取重要信息,则在台式电脑外配备**笔记本电脑**就是必要的。[5]缺乏该条件则不可要求雇主**额外配备笔记本电脑**。[6]配电话则必配答录机,这一点无可争议。[7]

然而**不可强迫**委员个人接受这些设备。不愿使用设备,对互联网也碰都不碰的人,绝不会因此"严重"违反义务,也不会有被惩罚的风险。

提供给企业职工委员会的设备,其**性能**必须能够满足其需求。[8]这也适用于键盘、鼠标、打印机、CD和DVD光驱、U盘接口和U盘等附属设备。[9]如雇主给企业职工委员会的文件为彩色的,则也应为其配备**彩色打印机**。[10]**Excel**软件一般属于必要设备,因为谈判休假、排班和解雇补偿金时常常用表格。[11]企业使用的如果是低辐射**液晶显示屏**,企业职工委员会也可要求同样配置。[12]企业职工委员会如定期需要发送较大批量的数据,可要求配备 CD 刻录机。[13]使用 Office 365 到底是否恰当,目前还有争论。[14]否决"Office Graph"软件则很有道理,因为其算法具备自学能力,会对企业成员间的往来进行分析。[15]

提供给企业职工委员会的设备型号若已**老旧过时**,甚至像石勒苏益格-荷尔斯泰因州劳动法院判例中的一台**"Gabriele"型号打字机**一样已经用了22年,[16]就是倒退回了办公

---

[1] Besgen/Prinz - Besgen/Prinz,§ 2 Rn. 68 对此作出限制,主张仅在联络困难时方有此权。
[2] LAG Hessen, 28.11.2011 – 16 TaBV 129/11 – NZA - RR 2012,307; Mischewski, CuA 7 - 8/2014,11.
[3] LAG Hessen, 13.3.2017 – 16 TaBV 212/16 – MMR 2017,644; Krause/Müller, CuA 12/2017, S. 21.
[4] LAG Sachsen - Anhalt, 23.6.2010 – 4 TaBV 4/10.
[5] LAG Köln, 13.12.2011 – 11 TaBV 59/11, juris mit Anm. Wolmerath, jurisPR - ArbR 31/2012 Anm. 3;同见 Krause/Müller. AiB 12/2017, S. 23。
[6] LAG Hessen, 25.7.2016 – 16 TaBV 219/15, FA 2017, 17.
[7] Krause/Müller, CuA 12/2017, S. 21.
[8] DKKW - Wedde, § 40 Rn. 173; Fitting, § 40 Rn. 131a.
[9] DKKW - Wedde, § 40 Rn. 170.
[10] LAG Hamm, 18.6.2010 – 10 TaBV 11/10 – NZA - RR 2010, 521; DKKW - Wedde, § 40 Rn. 174.
[11] 同见 Besgen/Prinz - Besgen/Prinz, § 2 Rn. 76。
[12] DKKW - Wedde, § 40 Rn. 164ff.
[13] DKKW - Wedde, § 40 Rn. 178 提出此类情况中还可要求 U 盘和移动硬盘。同见 Besgen/Prinz - Besgen/Prinz, § 2 Rn. 75 a. E。
[14] Konrad - Klein, CuA 1/2018, 32ff.
[15] Ruchhöft, CuA 11/2017, S. 8ff.
[16] LAG Schleswig - Holstein, 27.1.2010 – 3 TaBV 31/09 – BB 2010, 436 = AuR 2010, 132.

通讯的"石器时代"（石荷州劳动法院）。杜塞尔多夫劳动法院在类似判例[1]中指出，这等同于在雇主、全体员工和第三方面前**侮辱贬损企业职工委员会**。[2]构成了《企业组织法》第78条第1款中对委员会运作的阻碍。

企业职工委员会**不可自行购置**必要的技术设备，仅对雇主具有相应的请求权。雇主则可赋予委员会以企业资金购买设备的权力。紧急情况下，企业职工委员会有权"自助"。[3]过去也是这样。

企业职工委员会在考查某项物质手段对工作开展是否必要和决定设备数量时具有一定的**自主空间（Beurteilungsspielraum）**。法院在此只审查委员会请求的作为技术装备的电脑和附属设备是否用于执行法律规定的任务，以及委员会是否**在审慎地考虑之后作出了决定**。[4]也就是说，企业职工委员会既恰当地考虑了作为职工集体利益代表履行职责的合理利益，也恰当地考虑了雇主的合理利益，尤其是对限制开支的诉求。[5]委员会在此需采取**"理性第三方"的角度**审视决策。

即便企业规模小，也**不可要求企业职工委员会与他人共用同一台电脑**，从而避免个别信息泄漏的风险。[6]委员会必须能够在不受雇主监控的情况下，收集关于雇主的信息。

企业职工委员会全权自主**设置所有设备**。也即，企业职工委员会可自行决定是为每个委员会成员设立个人登录账户，还是全体成员均使用统一登录账户。[7]

某些企业职工委员会担忧，如设备联网，雇主可能会窥探委员会的邮件和内部讨论。建议购置一台**不联网的独立电脑（Stand－alone－PC）**，从而防止未经授权人员侵入。尽管司法裁判并未提及这样的"备用设备"，不过企业职工委员会仍具有自主空间，可要求此形式的设备；或要求提供**加密软件**。[8]就公共机构的人事代表，巴符州行政法院有此意见；[9]通常可以相信系统管理员会履行数据保密的责任，机关主管也不会违反义务地读取公共机构人事委员会的数据。联邦劳动法院已对企业组织的相关领域设置了其他标准——尽管企业的数据保护负责人（通常由雇主指定）负有保密义务，仍禁止其监控企业职工委员会的数据处理。[10]因此，企业职工委员会的**"防范利益"受法律认可**。[11]该诉求尤其针对系统管理员，因其并不具有数据保护负责人同样的中立客观义务。然而巴符州劳动法院

---

[1] LAG Düsseldorf, 23.8.2005 – 12 TaBV 23/05 – NZA – RR 2006, 139, 142 li. Sp.

[2] 同见 Fitting, § 40 Rn. 131。

[3] Besgen/Prinz – Besgen/Prinz, § 2 Rn. 63 m. w. N. Kramer – Neu, Teil C, Rn. 219 持不同意见，要求临时禁制。

[4] BAG, 12.5.1999 – 7 ABR 36/97 – NZA 1999, 1292.

[5] 同见 BAG, 3.9.2003 – 7 ABR 12/03 – NZA 2004, 278 及 BAG, 3.9.2003 – 7 ABR 8/03 – NZA 2004, 281。

[6] BAG, 11.3.1998 – 7 ABR 59/96 – NZA 1998, 953, 955；BAG, 11.11.1998 – 7 ABR 57/97 – NZA 1999, 945. 同样适用于传真机，见 LAG Niedersachsen, 27.5.2002 – 5 TaBV 21/02 – NZA – RR 2003, 250。

[7] BAG, 18.7.2012 – 7 ABR 23/11 – RDV 2012, 295；LAG Berlin – Brandenburg, 4.3.2011 – 10 TaBV 1984/10 – DB 2011, 882；DKKW – Wedde, § 40 Rn. 169.

[8] DKKW – Wedde, § 40 Rn. 176；Besgen/Prinz – Besgen/Prinz, § 2 Rn. 76 则持不同意见。

[9] 9.10.2001 – PL 15 S 2437/00 – AP Nr. 2 zu § 45 LPVG Baden – Württemberg.

[10] BAG, 11.11.1997 – 1 ABR 21/97 – DB 1998, 627.

[11] Däubler, CF 11/2002, 25.

仅于存在**具体线索表明雇主进行非法监控**的情况下，[1]方许可委员会建立独立于雇主网络的互联网连接。联邦劳动法院也持有同样观点。[2]相比之下，下萨克森州劳动法院得到更多肯定，[3]该法院否决了一个企业职工委员会对独立电话线的请求，理由是雇主已声明不监控并禁止审查通讯数据，不以任何形式追踪电子邮件。此案中的雇主还给予委员会权限，可打开特定网址。

27

不得已时，企业职工委员会成员也可使用**自有设备**。[4]如企业内实行BYOD，[5]该成员须遵守企业的相关规定。如企业并未实行BYOD，则委员会须自行有效**防范病毒**，或始终避免（例如不用U盘）自有设备中的数据进入企业网络内。[6]

举例： 企业职工委员会的会议记录以及"战略计划书"都用M委员的私人笔记本电脑撰写。进行撰写工作在M家还是在委员会办公室并无区别。该笔记本电脑通过企业内部的无线网络跟委员会的打印机相连。此外不使用任何其他的办公网络连接。

在此还要提及目前已上市的多个**"企业职工委员会APP"**，人人均可下载到智能手机或其他设备上。[7]使用这些APP，委员及其他员工可即时联络。企业职工委员会也不再依赖雇主的通讯系统。由于企业职工委员会的任务之一在于迅速通畅地与员工队伍开展沟通，据《企业组织法》第40条第2款，雇主须承担APP的费用。

三、网络上的企业职工委员会

28

1. 办公使用和私人使用

企业职工委员会委员与其他雇员一样，都只能在雇主许可或存在其他法律依据的前提下使用私人电子邮件和私人浏览互联网。[8]如许可私人使用的规定存在，雇主不可将企业委员会成员排除在外，不然即违反《企业组织法》第78条第2款，构成歧视。雇主不可监控企业委员会及其成员的通讯行为，不然即构成对企业职工利益代表独立性的侵犯。即便怀疑某些人员的时间并非全部用于委员会的工作，雇主仍不可展开监控。如雇主抱持"极大怀疑"并拒付《企业组织法》第37条第2款规定的劳动报酬，企业职工委员会成员则必须简要说明自己进行了哪些委员会的工作，时长多少，使雇主可以开展可信度检查。[9]雇

---

[1] 23.1.2013 – 13 TaBV 8/12 – AuR 2013, 183 = MMR 2013, 336. 同见 Mischewski, CuA 7–8/2014, 13.
[2] BAG, 20.4.2016 – 7 ABR 50/14, NZA 2016, 1033. Kramer – Neu, Teil C, Rn. 229 持赞同意见。
[3] 30.7.2014 – 16 TaBV 92/13 – RDV 2014, 344 = AiB 1/2015 S. 59 mit Anm. Mittländer.
[4] Däubler, CF 11/2002, 25ff.
[5] 参见本书第三章，边码1及以下。
[6] 详见 Däubler, CF 11/2002, 25。委员会成员带来的软件如造成病毒入侵，须承担赔偿义务，见 Besgen/Prinz – Besgen/Prinz, § 2 Rn. 77.
[7] https://www.stackfield.com/de/sicheres-kommunikationsmittel-fuer-betriebsraete
[8] 参见本书第十一章，边码1及以下。
[9] BAG, 15.3.1995 – 7 AZR 643/94 – NZA 1995, 961 = AP Nr. 105 zu § 37 BetrVG 1972.

主如仍抱有对必要性的合理怀疑，则委员会成员须具体列出自己在涉事时间内从事的具体活动。[1]

2. 使用电子邮件系统

企业职工委员会可以使用电子邮件向员工传达企业相关事务，[2]也可以通过职工大会或传统信件方式。[3]只要在其能力范围内，企业职工委员会可自行确定传达的内容。下文还将详细说明委员会能力范围。企业职工委员会还可将**企业协议的文本发送给**相关**工会**，如对病愈雇员的融入企业管理安排；所有企业协议都应对整个企业公开，因此不算企业机密，[4]且这并不属于"私人"活动。

3. 在内联网发布公告

（1）企业职工委员会接入内联网

过去一度争论**企业职工委员会**能否要求**在企业内联网上占据空间**，联邦劳动法院2003年9月3日作出**肯定**的判决：[5]认为内联网也属于适合用于完成企业组织法相关任务的物质手段。[6]企业职工委员会可以自主决定使用该工具**获取和传播信息**，不违背合理的企业利益即可；无论内联网只覆盖一间分支企业，还是**多间分支企业构成的整个公司**。[7]**康采恩集团的内联网**也向委员会开放，因为内联网建设目的同样包括传播与企业相关的信息。但雇主可限制其他企业人员的进入权限。

企业职工委员会进入内联网后即可获取**所有接入内联网的雇员均可见的信息**。还可与所有雇员进行沟通，从而通报委员会的在议事项、建议和活动，并接收个体员工的想法和投诉。双向的沟通均属于委员会法定的任务范围。

企业职工委员会知晓的**信息**，基本以所有员工知晓或可轻易获取的信息为最低限度。假如委员会必须先找某个有网络连接的员工才能获知诸如企业最新数据等信息，该情况就违背了《企业组织法》第78条第1句，相比不承担企业组织法功能的雇员，构成对委员会的歧视。即便企业内仅有百分之十或二十的员工可连接网络，上述依然成立。

主动**"全面而及时地向雇员通报信息"**属于企业职工委员会的**任务**。[8]很久以来人们一直认可委员会的通报方式无需限于法律中明文提出的企业职工大会和接待时间；同样可使用黑板、发布通知或散发传单。[9]《企业组织法》第40条第2款要求雇主提供所需的物

---

[1] DKKW – Wedde，§ 37 Rn. 46 持批评意见。
[2] Besgen/Prinz – Besgen/Prinz，§ 2 Rn. 83.
[3] Fitting，§ 40 Rn. 133a.
[4] LAG Hamm，30. 9. 2011 – 10 Sa 471/11.
[5] 7 ABR 12/03 – NZA 2004，278.
[6] BAG，1. 12. 2004 – 7 ABR 18/04 – AP Nr. 82 zu § 40 BetrVG 1972 确认；同见 Fitting，§ 40 Rn. 133；DKKW – Wedde，§ 40 Rn. 154。
[7] BAG，1. 12. 2004 – 7 ABR 18/04 – AP Nr. 82 zu § 40 BetrVG 1972；Fitting，§ 40 Rn. 133.
[8] 德国联邦劳动法院在 BAG，21. 11. 1978 – 6 ABR 85/76 – AP Nr. 15 zu § 40 BetrVG 1972 = DB 1979，751 案中已经持此观点，在 BAG，3. 9. 2003 – 7 ABR 12/03 – NZA 2004，278，280 案中再次确认。
[9] BAG，17. 2. 1993 – 7 ABR 19/92 – AP Nr. 37 zu § 40 BetrVG 1972 Bl. 2 R.

质手段。委员会具有可自行决定沟通手段的权能。联邦劳动法院在其"内联网决议"中这样阐述:[1]

"《企业组织法》中对企业职工委员会和雇员之间的联络既未固定机制,也未作出其他规定。该法律既未要求企业职工委员会通报信息必须在职工大会上或接待时间内采取口头传达形式,也未要求必须通过黑板上招贴通知或向全体员工发公开信的书面传达形式。雇主也不可限定企业职员委员会在企业内采取的沟通方式。企业职工委员会沟通时如需采用企业内现存的技术手段,则据《企业组织法》,职工委员会有权判断此手段是否具有必要性。"

34

企业职工委员会接入内联网便能接触到相当多的雇员。然而仍**不可**想当然地认为由此便可无一遗漏地联络到每个员工。对那些被"遗漏者",只能采用传统的黑板、通知等手段。建议雇主也为**这个雇员群体**创造**获取信息的途径**,例如在司机休息室里放置一台可接入内联网的电脑。企业职工委员会是否具有对"查漏补缺"的请求权,目前法学界似乎并未说明。可以援用下面这点支持该请求权:《企业组织法》对全体雇员法定平等的理解极其严格,法定平等开辟了使每个人平等享有选举权、参与企业职工大会、在接待时间内拜访委员会等的可能。也就是说,据此便不可容忍出现员工队伍被分为消息"灵通"和"闭塞"的情况。

35 **(2) 企业职工委员会在内联网建立主页**

连入内联网的企业职工委员会是否可以自行创立主页,并以此作为提供某些信息的手段?这个问题其实预先已有答案:委员会可自行决定如何使用沟通手段——无论是发出大量的公开信,还是将最新情况发布在网上的"新闻"栏目里。[2]委员会也可自行决断向员工队伍公布的信息量。联邦劳动法院因此特别明文规定了委员会在内联网建立主页的权利。[3]在此之前,帕德伯恩市劳动法院已作出了符合该精神的判决。[4]

36 **(3) 主页建设的具体细节**

对于非专业 IT 技术人员来说,建立主页绝非易事。企业职工委员会中如有这方面的能
37 手,他们可以在工作时间建设委员会主页。

如**没有 IT 高手**,委员会可要求雇主从外部取得协助。由此产生的费用和其他《企业组织法》第 40 条第 2 款中规定的委员会其他运作需求一样由雇主承担。聘请第三方建立委员
38 会主页时需注意,**委员须自行更新主页内容**,即便不懂 IT 技术也能学会如何更新。

企业职工委员会可自行决定将**主页建成什么样**。这属于委员会的**日常运营工作**,对此既不需要取得雇主同意,雇主也无权参与决定。联邦劳动法院在其(首个)内联网决议中作出了相应判决。[5]即便把徽标印在所有通讯上是企业惯例,职工委员会仍可不遵此做法,

---

[1] BAG, 3. 9. 2003 – 7 ABR 12/03 – NZA 2004, 278, 279.

[2] BAG, 1. 12. 2004 – 7 ABR 18/04 – AP Nr. 82 zu § 40 BetrVG 1972.

[3] BAG, 1. 12. 2004 – 7 ABR 18/04 – AP Nr. 82 zu § 40 BetrVG 1972.

[4] ArbG Paderborn, 29. 1. 1998 – 1 BV 35/97 – DB 1998, 678 = AiB 1998, 282 mit Anm. Klebe/Wedde.

[5] BAG, 3. 9. 2003 – 7 ABR 12/03 – NZA 2004, 278, 280.

选择其他外观。

举例：雇主公司尽一切可能地使用其徽标——"绿色希望丝带"。如企业职工委员会态度比较悲观，则其主页完全可以选择中性外观；也完全可以自行设计徽标，比如在所有页面左上角印上一个**小小的红色恶魔**。委员会愿不愿意这么做，完全由其自行决定。

企业委员会在主页上只能提及属于其负责范围的话题。**与企业完全无关的事物**不可在主页上出现。

举例：一家位于不来梅的企业，其委员会成员 X 在报纸上读到了一篇大肆嘲弄拜仁慕尼黑足球队落败的文章。他非常喜欢，想把它发给企业里所有员工。报纸很高兴该文获得如此关注，也同意他发布。尽管心情可以理解，但此文与企业完全无关，因此只能通过口头方式传播。同样来自不来梅的企业主是不是乐意宽容这次违反义务的发布则是另一码事了。

政党政治问题须遵守《企业组织法》第 74 条第 2 款，企业职工委员会主页仅可提及**与企业直接相关的**社会、环境和经济政策问题。

举例：《企业组织法》相关的一个司法判决发生了改变，委员会主页可以通报；而新任塞浦路斯总统是谁则不可以在主页进行通报。

企业机密和商业机密即便在企业内部也不可公开，[1]因为无法排除机密"向外"泄露的可能。

把企业职工委员会主页和相关栏目的链接做得**引人入胜**，唤起员工共鸣并促进沟通，这并**不是一个法学问题**，不过的确值得讨论其实际操作。[2]具体可以考虑以下栏目：

● **文档栏目**。可将企业协议和集体合同放到网上。一些司法裁决或许也能引起员工兴趣。可以考虑链接到联邦劳动法院和联邦宪法法院的主页。[3]

● **消息栏目**。在此公布企业职工大会和企业职工委员会会议的召开时间，还有委员会的接待时间。不具保密性质的委员会决议也可考虑公布。还可注明哪位委员会成员目前正在休假。

● **新闻栏目**。所有跟企业相关的事件可以放在该栏。例如对企业的媒体报道、企业管

---

［1］ Demuth/Strunk/Lindner, S. 63.
［2］ Hollis, CF 5/2000, 32ff. 提出了一些理性的建议。CF Heft 8 – 9/2001 的文章及 Mempel/Hakvoort, Intranet, Arbeitspapier 59 der Hans – Böckler – Stiftung 中也提出了一些设想。另参见 Kiper, PersR 2004, 208ff. 及 Haverkamp, Ratgeber für Internet – /Intranet – Auftritte, CF 4/2004, 38ff., 较新的文章收录于 CuA Heft 9/2011.
［3］ 网址见本书附录 2。

理者或某位员工在本地报纸上发表的读者来信等。**小道消息**也可发布,不过必须注明是小道消息,且该消息不可明显失实或具侮辱性质。链接到第三方(如报纸、另一公司或政府部门)的网站并不会损害其版权。[1]

• **博客栏目或员工论坛**,从前被戏称为"**抱怨角**"。每个员工都可以在此发表高见。重要的是通过技术措施保证人们可**使用假名**或匿名。这也是企业职工委员会在交谈或职工大会之外了解意见的重要方式:员工对企业职工委员会工作的意见、谁都不愿开口提出的难题等都可在此发表。与此相关的保密技术很容易实施。[2]在博客里**出口伤人者**,可通过技术手段对其禁言;种族歧视的言论也当照此办理。这里可援用网络聊天室发展出的原则:[3]**原则上排除委员会委员因"提供"论坛而产生的责任。**[4]另外,博客并非必须与企业职工委员会在内联网上的**主页关联**,其也可独立存在。[5]

• **企业报纸栏目**。如存在充足动因,企业委员会有权将其"通讯"扩展成定期发行的企业报纸,相关负责人受**媒体自由**这项基本权利保护。**德国联邦宪法法院**认可这一点适用于雇主发行的公司报纸,[6]雇员方的出版物自然不能有别。[7]其实际结果主要是,办报者在司法程序中仍具有对信息来源身份的**拒绝作证权**,被点名者也具有**反驳权**。文献中可找到关于讽刺文学受许可的极佳例子。[8]关于媒体自由界限何在的讨论,可翻查关键词"**违反义务**",[9]同时也不可忘记艺术创作的自由。[10]

依据法律规定,企业职工委员会和企业里被代表的工会是合作伙伴,这一点也通过工会有权派遣代表参与企业职工大会和委员会会议体现出来。[11]委员会可在主页中插入**本地或地区相应工会行政机关**的链接。雇员也可借此了解工会活动。[12]

举例:一家在博登湖畔的IT类企业,在管理层对工会链接提出反对后,"IG Metall"(译者注:金属行业工会,德国最大的工会)一词被更换成"雇员自助组织"。更名后该公司员工对工会兴趣大增;据说不少人此后加入了工会。

工会有权对具体案例提供**法律咨询**,而通常工会只对会员提供这项服务。

这里简短介绍的各项,均被**有意识地作为**企业职工委员会传达信息的种种**"可能性"**。

---

[1] BGH, 17.7.2003 – I ZR 259/00 – RDV 2003, 290.
[2] 详见 Ruppert, CuA 5/2011, 24ff.。
[3] 参见本书第一章,边码6。
[4] 参见本书第七章,边码71及以下(论坛运营者的责任)。另参见 LG Potsdam, CF 12/1999, 40 及 Kiper, PersR 2004, 209。
[5] 关于博客及其网络关联,详见 Demuth/Strunk/Lindner, S. 25ff.。
[6] BVerfG, 8.10.1996 – 1 BvR 1183/90 – BVerfGE 95, 28 = AuR 1997, 293 = NJW 1997, 386。
[7] ErfK – Schmidt Art. 5 GG Rn. 52; Däubler, Arbeitsrecht 1, Rn. 825a。
[8] CF 1/2004, 35(AG der Kirchlichen Mitarbeitervertretungen)。
[9] 参见本书第十二章,边码1及以下。
[10] 参见本书第四章,边码46及以下。
[11] 详见 Däubler, GewerkschaftsrechtimBetrieb, Rn. 128ff.,151ff.。
[12] 关于工会上网权利的介绍,见本书第十三章,边码7及以下。

很难有人能穷尽所有可能。有时，企业内部的冲突特别能刺激人们的遐思。

Hollis 的例子：[1]一位委员会成员文笔尖锐，在空闲时间里写了一篇童话放到网上。一位不受欢迎的部门主管发现自己跟其中一个讨人厌的角色很是相像。

（4）企业职工委员会的 Wiki

"Wiki"说到底是**知识数据库（Wissensdatenbank）**。其运作依据维基百科的原则——每个人都可对现有文本进行修改和补充，也必须接受其他人的批评。有了合理的工作方法才能产出好结果，企业建立 Wiki 后，所有参与其中的雇员都可投入自己的知识，共同打造更好的"产品"。并且 Wiki 还可将现有**知识固定和记录**下来，大大有助于未来的新同事熟悉工作。[2]然而需注意这一点：将自身知识公开并将其存储在电脑中后，此人便失去了在企业中的专家地位，也失去了自己的不可取代性。年轻人很快可以达到与有经验的年长同事相似的水平，由此轻易便可取而代之。[3]

"知识数据库"对**企业职工委员会**组织安排工作相当有用。委员更替依据民主原则，与企业更换员工不同。企业里的工程师或商务人员需要先经过教育培训、获得资格认证后方能胜任工作，而担任代表雇员利益的职工委员会委员却并非如此。因此将委员会全体委员及其前任的经验集聚起来便尤为重要，这样才能**提高工作质量**。有时 Wiki 也可用于搜集某一主题的信息——比如目前正有小道消息流传，几个委员会成员可以交换信息，共同商议这消息是否"有头有尾"；如确凿无疑又会带来什么影响。[4]这种工具在筹备会议时也很好用，每个人都能在其中列出认为有讨论必要的事项。

（5）是否会遭到雇主监控

这个问题从前在搜集电话数据上便已出现——允许雇主**在多大程度上追踪**企业职工委员会成员**接打电话**。[5]企业职工委员会收发电子邮件和使用互联网也存在类似问题。通常，与委员会邮件联络的企业员工同样希望邮件不会被雇主收集和分析。

基本立足点是企业职工委员会**独立于雇主开展工作**，不受其监控。**德国联邦劳动法院极其重视该原则**，由此判定（通常由雇主指定的）企业数据保护负责人不得监控委员会的数据处理。[6]联邦劳动法院对电话方面则宽松得多，只规定雇主不得记录委员会拨打的本地和附近地区的电话号码。[7]这也可适用到**内联网的连接数据**上，[8]因其属于办公用途，

---

[1] CF 5/2000, 34.
[2] （相当乐观的看法）详见 Demuth/Strunk/Lindner, S. 20f. 。
[3] Däubler, AiB 2005, 65 对技能数据库持批判观点。Demuth/Strunk/Lindner, S. 21 持更乐观的观点，称公开自身知识者可获得"更多认可"。本主题另见 Klier, CuA 9/2011, 7ff. 及 Ruchhöft, CuA 9/2011, 14ff. 。
[4] 新软件的例子见 Ruppert, CuA 5/2011, 25。
[5] 此点尤见于 Latendorf, CR 1987, 244; Matthes, CR 1987, 113; Wohlgemuth/Mostert, AuR 1986, 146。
[6] BAG, 11.11.1997 – 1 ABR 21/97 – DB 1998, 627.
[7] BAG, 1.8.1990 – 7 ABR 99/88 – DB 1991, 47: 可以记录拨打的长途电话号码。
[8] Bijok/Class, RDV 2001, 54 持不同观点；Skowronek, CF 11/2000, 30 主张即便远程通讯也不可收集连接数据。

不受德国《电信法》和《电信媒体法》管辖。[1]假设雇主可以收集信息从而了解谁因为何事通过内联网与企业职工委员会取得联系，就会危及委员会的独立性和企业组织法的整体实践。所以在实际中，技术上一旦收集到某个页面的连接源信息，须立即进行删除。本质上，网络上的沟通等同于在接待时间到访企业职工委员会，因此绝不可对此进行统计和审查，这就跟不可制定规则，要求每次委员会办公室里开会必须有雇主代表在场一样。

49

企业职工委员会可根据《企业组织法》第80条第1款第1项**检查**这些原则是否得到践行。[2]违反行为即构成《企业组织法》第78条第1句中对职工委员会工作的**阻碍**，可据《企业组织法》第119条进行惩处。**如雇主未经委员会许可就从网上删除其通知或言论**，则侵犯了委员会的工作权限，同样构成**阻碍**。委员会可要求雇主撤回此行为并不再犯。[3]即便**委员会**在网上发布的言论**主题并不在权限**内，也禁止雇主擅自删除的行为。仅在正当防卫情况下许可——雇主或总经理遭到严重侮辱时可以直接删除侮辱言论，而无须忍耐到走完法律途径。[4]

50

（6）通过协议约定《企业组织法》第40条第2款中的权利

雇主与企业职工委员会可以订立议定书或企业协议，对《企业组织法》第40条第2款中委员会的权利作出具体规定或扩大。[5]同样也可借助集体合同。但不得**反向缩减其权利**，[6]根据通行见解，也不允许缩减《企业组织法》规定的其他委员会权利。[7]

4. 互联网上的企业职工委员会

51

（1）企业职工委员会可以开展哪些活动

司法判决已明确指出，作为整体的企业职工委员会及单个委员均有权连接互联网；[8]也即，可从互联网获取认为**有益于开展委员会工作的任何信息**。不过，委员会是否有权进入Web 2.0时代，自行积极参与互联网，在网上发布声明呢？司法判决中认定委员会不具有对网上"主页"的请求权，[9]很长时间内也无人深究。随着社交媒体蓬勃发展，今日建立主页问题不再突出，然而委员会有兴趣的话，能不能直接注册脸书或其他社交媒体并发布言论呢？本章首先讨论将互联网用于"被动的"信息消费［见本节（2）］，接下来则讨论委员会有意"主动"在网上发表言论［见本节（3）］。

52

（2）以互联网为信息来源

53

企业职工委员会利用互联网，获取大量有益于工作的信息。可区分为以下领域：

---

〔1〕 参见本书第八章，边码25及以下。

〔2〕 关于《企业组织法》第87条第1款第6项的一项共决权问题，见 Däubler, Gläserne Belegschaften, Rn. 809。

〔3〕 BAG, 3.9.2003 – 7 ABR 12/03 – NZA 2004, 278, 280. 亦见 LAG Schleswig – Holstein, 28.1.2003 – 5 TaBV 25/02 – AuR 2003, 312 mit Anm. Wedde; LAG Hamm, 12.3.2004 – 10 TaBV 161/03 – RDV 2004, 223。

〔4〕 LAG Hamm, 12.3.2004 – 10 TaBV 161/03 – RDV 2004, 223.

〔5〕 类似问题也出现在获得电脑的权利上，参见本章第二节（边码12以下）。

〔6〕 BAG, 9.6.1999 – 7 ABR 66/97 – AP Nr. 66 zu § 40 BetrVG 1972 mit Anm. Kort.

〔7〕 证据见 DKKW – Däubler, Einl. Rn. 85。

〔8〕 参见本章边码12及以下。

〔9〕 ArbG Paderborn, 29.1.1998 – 1 BV 35/97 – DB 1998, 678.

企业职工委员会可从网上获得与**职工利益代表**直接相关的信息。例如 http://www.soliserv.de 上列有企业附近劳动法专业律师的名单。网上也许还能找到企业协议、集体合同和法院判决等，有助于解答本企业内部的相关问题。[1]大部分的出版社和研讨班组织方也都已上网，有时还可以网上报名参加。[2]

跟**本公司直接相关的信息**也有了解价值。例如查看雇主公司已在互联网上发布了哪些数据就可能对解决保密义务的争端有用。规模较大的公司一般都会在网上公布损益表，这在事务关涉康采恩集团下属公司及关涉**重要业务伙伴**时意义重大。

互联网上还可获取许多**经济信息**，从而以此推断雇主公司的发展前景。不仅经济委员会，企业职工委员会也应看重这点，可用于根据《企业组织法》第111条及之后条款开展的谈判。

企业职工委员会可自主选择对（企业内）的通讯手段和信息手段。不可强迫委员会仅从或主要从雇主处索取信息。

联邦劳动法院："企业职工委员会获取开展法定任务所必需的信息，《企业组织法》不要求必须首先或者仅可联络雇主。"[3]

面对**法律问题**，企业职工委员会可首先查阅法律评注；若想了解最新进展，委员会则可查阅联邦劳动法院和其他法院的媒体声明或裁判书。[4][5]如雇主可访问 Juris 等法律数据库，委员会也可共用，前提是不产生大额费用。[6]

雇主如与通讯公司签订了一价全包的套餐协议，委员会使用互联网就不会产生任何额外**费用**。即便并非如此，上网本身的费用如今几乎可忽略不计；而使用 Juris 等特定数据库的费用则仍相当可观。因此法律文献普遍认为，只有从网上的其他渠道无法免费获得委员会所需文件时，雇主才应创造条件，使委员会可访问数据库。[7]然而本书主张只有在数据库中资料全部可在互联网上搜到，且搜索消耗的时间精力不过分时，雇主才无需为访问数据库创造条件。"劳动法线上模块"等同于法律评注连同所有相关的判决书，因此根据《企业组织法》第40条第2款应当购买。[8]

---

[1] 有用的网址见附录。
[2] 参见 CF 1/2004, 2。
[3] 9.6.1999 – 7 ABR 66/97 – NZA 1999, 1292.
[4] 链接为 www.bundesarbeitsgericht.de 或 www.bag.de。
[5] Beckschulze, DB 2003, 2784 错误地主张查阅法律评注和浏览互联网是非此即彼的。但实践证明，这两者互相补充。
[6] DKKW – Wedde, § 40 Rn. 191; Fitting, § 40 Rn. 134; GK – Weber, § 40 Rn. 193 a. E.; Wlotzke/Preis/Kreft – Kreft, § 40 Rn. 55.
[7] 同上一脚注。
[8] 关于据《企业组织法》第40条第2款对法律评注的购买义务，见 DKKW – Wedde, § 40 Rn. 188; Fitting, § 40 Rn. 120; GK – Weber, § 40 Rn. 148ff.。

(3) 企业职工委员会发表网上言论

59 　　法律是否允许企业职工委员会在互联网上就企业相关或其他问题发表言论？这主要取决于委员会依据法律到底仅仅是面向雇主和员工队伍的纯企业内机构，还是也可具有"对外关系"，因此可公开发表言论。法律文献迄今对此论述不多，[1]也没有严密贯通的法律规定。

60 　　**a) 依法开展的对外交往**

　　许多"对外交往"理所应当——委员会依据《企业组织法》第80条第3款的前提条件，可聘请外部专家（externer Sachverständiger）或律师；[2]或与劳资协调处主席候选人展开讨论。[3]委员前往参加公司职工委员会举行的会议产生差旅费用，据《企业组织法》第40条第1款，雇主须报销。[4]与研讨班的主办方签合同属于委员会的日常工作；如时间紧

61 迫，委员会可自行满足需求。[5]

　　《企业组织法》及其他数部法律均涉及了委员会**与行政机关的合作**。《企业组织法》第89条第1款第2句规定委员会有义务通过"提醒、讨论和通告"方式，支持**劳动保护**部门、法定工伤意外保险基金会和其他相关部门的工作。《企业组织法》第96条第1款对**职业教育**方面也作了类似规定。依据《解雇保护法》第17条第3款第7句，面临大规模解雇时，委员会可向劳动局（Arbeitsagentur）作出更多的立场申明。据德国《社会法典·第九卷》第87条第2款，**残疾人救济署（Integrationsamt）**许可某一解雇前，须征求企业委员会的意见。德国《社会法典·第九卷》第99条第1款规定，为促进重度残疾人参与社会生活，残疾人救济署与企业委员会应紧密合作。委员会与其他机关部门合作的其他例子也很容易找到。[6]然而，从未有人就是否准许公开发表言论对现有法律规定提出疑问。[7]

62 　　**b) 司法认可的对外交往**

　　过去人们曾长期讨论企业职工委员会到底仅可在法律有明文规定的情况下开展对外交往，还是开展日常工作任务时无须特别批准也可与第三方联络。[8]过去和现今对此的**司法判决**很少，不过下面的判决无一例外均主张企业职工委员会**无需每次都申请许可**。因此，原则上委员会可以给罢工群体发去**表示支持的电报**。[9]联邦劳动法院认为，委员会主席参加本地劳动事务所举办的"劳动市场情况对话"，属于委员会工作的一部分。[10]委员会主席也可以在委员会办公室**与记者会面**，只要跟具体的某项工作任务相关。[11]此外，对**劳动事**

---

[1] 接下来的说明主要基于 Arbeitsrecht 1, Rn. 925a ff. 。
[2] Däubler, Arbeitsrecht 1, Rn. 875; Fitting, § 40 Rn. 60ff.
[3] DKKW – Wedde, Einl. Rn. 136.
[4] Fitting, § 51 Rn. 46 m. w. N.
[5] Däubler, Arbeitsrecht 1, Rn. 871c m. w. N.
[6] 就此的概述见 Plander, AuR 1993, 162ff. 及 Wiese, FS 50 Jahre BAG, S. 1126。
[7] Plander, AuR 1993, 164.
[8] 该点与"联络禁令"这个长期问题有某些相似性，见 Däubler, Arbeitsrecht 1, Rn. 88。
[9] BAG, 20. 3. 1979 – 1 AZR 450/76 – AiB 2012, 604 及 Däubler 评论（初版）。
[10] BAG, 23. 9. 1982 – 6 ABR 86/79 – AP Nr. 42 zu § 37 BetrVG 1972 = DB 1983, 182.
[11] BAG, 18. 9. 1991 – 7 ABR 63/90 – NZA 1992, 315. 但这个具体案例中双方会谈关于哪项工作任务并不清楚。Simitis – Kreuder, NZA 1992, 1009 对此持批判意见。Demuth/Strunk/Lindner, S. 62 从该判决中推断一般不应让公众知晓企业内部事务，误解了该判决。

故情况作出进一步公开说明也无可非议。[1]如媒体错误报道了委员会和其在职工全体大会上的角色,委员会可委托律师予以澄清(Gegendarstellung)。汉堡劳动法院特别强调,委员会的活动也涵盖与第三方的关系。[2]毕竟,正如上文所述(边码53及以下),委员会具有从互联网上获取开展自身活动所需信息的权利。大部分法律文献也同意委员会可对外联系。[3]Plander正确地指出,法律尽管对委员会的任务作出了最终说明,但并未指明委员会为开展任务可使用的工具。[4]这一点可从《企业组织法》第80条第1款的列举清单上得到佐证,该清单尽管列出了委员会的多种职权,却并未界定委员会可采用的手段,一系列的具体问题需特别指出。

c) 与其他利益代表组织的合作

企业职工委员会与其他公司和集团中的利益代表组织开展经验交流,实践中一般以如下方式进行:负责的工会建立工作小组,在业余时间召开会议,集结起某地区同行业各企业的职工委员会,如所有汽车零配件行业的企业委员会。据《企业组织法》第37条第6款召开研讨会这种形式更普遍,组织起来也更简单,然而研讨会不仅可以经验交流为目的,还须探讨利益代表相关的具体主题。[5]2001年起,《企业组织法》第3条第1款第4项赋予劳资各方建立跨企业和跨集团工作组的权力,作为额外的企业组织法内的工作委员会,并非共决机关。参与其中的职工委员会成员通常会参加该跨企业工作委员会的相关会议,参会造成的费用由雇主承担。[6]其他细节在集体合同中界定。[7]集体合同还应该预防出现以下情况——由于建立了此种跨企业或跨集团的工作委员会,导致了产生"无需缴费的工会替代组织"。[8]

d) 与其他机关的联络

只要企业职工委员会从事与法定任务相关的活动,例如企业环保方面的事宜,便可随时与法律中未明文列出的行政机关取得联系。[9]雇员信息方面产生问题,委员会可请求**数据保护**监管机关介入。[10]《企业组织法》第89条第1款第2句和第96条第1款对委员会在劳动保护和职业教育方面的工作作出了特殊规定:企业职工委员会不仅有权利,而且有义务与其他机关合作。法律规定委员会根据《企业组织法》第119条提起刑事控告或据第121

---

[1] ArbG Berlin, 5.12.1979 – 10 Ca 290/79 – BB 1980, 886.

[2] LAG Hamburg, 13.3.1984 – 1 TaBV 7/83 – LAGE § 40 BetrVG 1972 Nr. 17 = AiB 1984, 174 mit Anm. Geffken.

[3] Buschmann, AiB 1987, 53; DKKW – Wedde, Einl. Rn. 135ff., 140; Simitis – Kreuder, NZA 1992, 1009ff.; Plander, AuR 1993, 161ff.。Hoyningen – Huene, RdA 1992, 355ff. 则持不同意见。Plander, AuR 1993, 166.

[4] Plander, AuR 1993, 166,

[5] 详见 Däubler, Schulung und Fortbildung, Rn. 196a。

[6] ErfK – Koch, § 3 Rn. 7; Trümner, FS Däubler, S. 295, 306.

[7] 考虑到委员会成员以外的人士也可能参与此类委员会,应在集体合同中对解雇保护作出规定。参见 DKKW – Trümner, § 3 Rn. 88; ErfK – Koch, § 3 Rn. 7。

[8] DKKW – Trümner, § 3 Rn. 126;关于该问题,见 Däubler, Industrielle Beziehungen, 2001, 364ff.。

[9] Wiese, FS 50 Jahre BAG, S. 1133.

[10] Brill, AuR 1981, 207; Däubler, Gläserne Belegschaften Rn. 657; DKKW – Buschmann, § 80 Rn. 15.

条提出起诉时，可联络**警察机关和检察机关**。企业职工委员会举报雇主或管理层的其他刑事犯罪行为，并不违反第 79 条第 1 款的保密义务，因为该保密义务不覆盖违法行为。[1]根据联邦宪法法院的判决，[2]雇员对雇主或上级提起刑事控告，原则上不构成违反义务，这是雇员在行使自己的公民权利。然而，这并不适用于雇员蓄意或**草率地作出虚假陈述**，[3]也不适用于控告构成对实际情况的**过激反应**。[4]企业职工委员会行事须依据互相信任的合作原则，并具有《企业组织法》第 74 条第 1 款第 2 句规定的谈判义务，也就是说，只要条件允许，必须**首先在企业内部寻求补救**。[5]管理人员行为失误，则还比较可能寻求企业内部补救；如雇主本人或总经理存在犯罪行为则难以实现。委员会也需权衡利弊，思考如提出指控，会对全体员工造成何种中期和长期的影响。

65　**e）作为基本权利主体的职工委员会**

考虑到企业职工委员会具有部分法律权利能力，[6]企业职工委员会在开展与任务相关的活动中可申张基本权利，尤其是德国《**基本法**》**第 5 条第 1 款**规定的言论自由。[7]也即，企业职工委员会认为有必要时，可对企业内部问题发表声明。[8]

　　　举例：企业高层决定，由于利润过低，将关闭德国分厂。委员会可发表媒体声明提出反驳，指出利润率在 10% 左右。时任委员会主席也可上电视发表该声明。

这种情况也要遵循首先在企业内部寻求解决的原则。企业职工委员会的努力如遭失败或一开始便可预见毫无希望，也可**率先公开发表言论**。现有文献正确地主张委员会这一举动是在实现"信息对等"。[9]如企业职工委员会一直只能"第二个发声"，只能作出被动反应，便违背了信息对等原则。如存在对企业职工委员会行为的不实言论，委员会**有权澄清**，其可以通过临时禁令的方式主张该澄清权。[10]个别委员公开发表言论时可**指明自己的身份**，也不存在言论会被归咎于雇主的危险。[11]慕尼黑劳动法院甚至许可 X 公司员工创立的和平倡议组织使用"X 公司和平倡议"这一名称。[12]

---

［1］　Däubler, Arbeitsrecht 1, Rn. 789a; ErfK – Kania, § 79 Rn. 6.
［2］　2.7.2001 – 1 BvR 2049/00 – NZA 2001, 888 = NJW 2001, 3474.
［3］　BVerfG, a.a.O.
［4］　BAG, 3.7.2003 – 2 AZR 235/02 – NZA 2004, 427.
［5］　Wiese, FS 50 Jahre BAG, S. 1132.
［6］　证据见 Däubler, Arbeitsrecht 1, Rn. 893a.
［7］　ErfK – Schmidt, Art. 5 GG Rn. 40（"企业职工委员会在公共事务方面亦可援引言论自由权"）。同见 Müller – Boruttau, NZA 1996, 1071; Richardi – Richardi, Einl. Rn. 116ff.; Wiese, FS 50 Jahre BAG, S. 1127.
［8］　证据见本章边码 62。
［9］　ErfK – Dieterich, 10. Aufl., Art. 5 GG Rn. 40; Simitis – Kreuder, NZA 1992, 1013.
［10］　LAG Hamburg, 13.3.1984 – 1 TaBV 7/83 – LAGE § 40 BetrVG 1972 Nr. 17 = AiB 1984, 174 mit Anm. Geffken.
［11］　BAG, 20.3.1979 – 1 AZR 450/76 – AiB 2012, 604 mit Anm. Däubler.
［12］　LAG München, 4.10.1984 – 2 Sa 29/84 – DB 1985, 1539 = AuR 1985, 291 LS. 另见科隆劳动法院对名称权的裁决：LAG Köln, 6.5.2013 – 2 Sa 62/13 – MMR 2014, 72。

(4) 实践中的做法：博客

上文说明了对企业职工委员会公开发表言论存在种种限制，一旦委员会确实发表言论并在互联网上公开，这些限制即具有实际效力，尤其当企业职工委员会在互联网上建有**自己的"主页"**时。科隆劳动法院认为，[1]如企业职工委员会成员以雇主名称加上"－br注册域名"，不构成对雇主名称权的侵犯。公共部门的企业或公共部门对其具有一定影响的企业里，通常明确许可或至少容忍委员会自建互联网主页。[2]

企业职工委员会在网上对企业策略、管理层行为等发声批评，企业高层一般都会不满，哪怕其批评实事求是、毫无煽风点火之嫌。有些企业高层认为，企业职工委员会"**公开发声**"本身就是**对企业不忠**的表现。[3]措辞激烈且来自委员会大多数成员的批评更会引起企业高层的反感。黑森州劳动法院在一个此类案件中判决，[4]在（个人）网站上发表了争议性言论的一个企业职工委员会委员必须删除该言论，因为公开发布该言论违反了**互相信任的合作**原则。法院还作出补充说明，主张委员会只可将互联网作为信息来源，不可发布企业内部或委员会信息。[5]尽管有人可能认为该判决只是孤例，也无法排除仍会再出现类似事件的可能性。

不愿卷入此类争端的话，便不应以"委员会"的名义建立网页。实践中常用建立**企业博客（Betriebs - Blog）**的方式作为出路——建立这样的网页比较简单，委员会成员可在其上发表言论，所有读者和企业每名员工都可发表"评论"。[6]常用的博客主站列表可在文献中找到。[7]Amazon - ver. di - Blog 特别值得一提。[8]职工委员会委员若在此署名并列出职务，必须遵守前文列出的限制，尤其要**注意自身言论对企业的影响**，避免口出恶言；绝对不可提及**企业机密和商业机密**，泄密即构成严重违反义务。司法判例中曾有这样一宗，一位委员会成员拍摄了企业总经理作报告的场景，也摄入了包含企业部分机密的图片。[9]此案不仅关涉企业机密，也关涉保全他人的人格权。[10]

为吸引读者，搭建企业博客有一些实用的规则。[11]不可任意取用他人文本，取用必须首先征求**作者同意**，不然即侵犯著作权。对于具有**个人肖像权**的人，发布其人像照片也须

---

[1] 6.5.2013 - 2 Sa 62/13 - MMR 2014，72.

[2] 见 CF 5/2000，34 及 Kiper，PersR 2004，207。

[3] 参见 ArbG Paderborn, 29.1.1998 - 1 BV 35/97 - DB 1998，678："依据信任合作原则，未经雇主发起，禁止企业职工委员会对外公布企业内部信息"。Kröll, in: Altvater u. a. , § 44 Rn. 56b 认为此条也适用于联邦层面的人事委员会。

[4] 15.7.2004 - 9 TaBV 190/03 - RDV 2005，170.

[5] LAG Hessen, a. a. O. , Tz. 37.

[6] 详细步骤说明及技术指南见 Bossmann, CuA 5/2011，28ff. 。

[7] Bossmann, CuA 5/2011，29 （如 www. hugendubel - verdi. de 或 www. obi - verdi. blogspot. com）。

[8] 详见 Demuth, CuA 4/2014，34ff. 。

[9] LAG München, 17.12.2002 - 6 Sa 197/02.

[10] LAG Hessen, 6.7.2011 - 2 TaBV 205/10：一名委员会成员违背了（潜在）侵权受害者的意愿，公开了该受害人的姓名。

[11] 见十点规则：Bossmann, CuA 5/2011，31。

首先征求同意。[1]不过，允许发布可跳转到文本或照片的链接，既然在互联网上展示自身，就不能不让别人来看，或不让别人"组团参观"。[2]可浏览其他职工利益代表组织的网站汲取灵感。[3]当然，不可篡改图片[4]、攻击政治对手、使其遭受嘲弄。[5]

四、企业组织发生改变

70　法政策的讨论普遍认为，面对数字化带来的种种问题，企业职工委员会是重要的应对机构。德国联邦劳动和社会事务部发布的《劳动4.0》白皮书称，[6]积极代表雇员利益的组织构成《劳动4.0》世界中的核心要素；白皮书还明确支持企业新组建职工委员会。不过，一系列问题接踵而至，比如：《企业组织法》是否需要与时俱进的修订，从而应对数字化的环境？[7]一些主题与之相关。

71　1. 网络投票选举

委员会选举投票，是按惯常在选票上画叉，还是也可考虑网络投票？**现行法律**对此规定明确：[8]德国《联邦选举条例》第11条第1款第2句："通过投出装在指定信封（选票信封）中的选票，进行投票。"进行选举时不在企业场所的员工，根据《联邦选举条例》第24条进一步的规定可书面投票（"寄信投票"），选举方式仍为**在选票上画叉**。如仍以网络投票方式进行选举，则可能遭致撤销要求，甚至选举无效。某一单独声明如对形式没有

72　特别要求（例如索取寄信投票的相关材料），也可以电子邮件发送。[9]

某些法律文献提出了将网络投票选举至少作为一种备选方案的**法政策要求**。该要求主张：数字化进程使得越来越多企业的活动变得分散，在企业经营场所中上班的雇员数量也随之减少。[10]并且网络投票选举这种新方式号称更能促进年轻一代积极参与企业组织活动——天天在线上办公的雇员，更愿意在网上投票。[11]然而，网络票选会造成选举的**保密性问题**：以传统方式选举，如未能做到保密，泄密被发现后可能导致选举结果无效。**网络票选方式**则是人们各自用数码设备投票，**无法切实保证**投票时不受他人强迫，也无法保证投票举动不会被雇主或第三方（非法）监控和记录。以传统方式选举，让年轻一代感受投出一票的重要性，也是件好事。投票毕竟关涉重大，远非出门度假前用谷歌查当地天气

---

[1] 详见 Strunk, CF 1/2004, 27ff.。

[2] BGH, 17.7.2003 - I ZR 259/00 - RDV 2003, 290.

[3] 列表详见如 www.boeker-beratung.de，关键词"Service"。关于网上展示，另见 DSB 6/2003, S. 15 及 Kiper, PersR 2004, 208ff.。

[4] OLG Köln, DuD 2002, 762——Steffi Graf 一案。

[5] OLG Thüringen, DSB 1/2002 S. 19.

[6] 第 157-158 页。

[7] Fündling/Sorber, NZA 2017, 552.

[8] 另见 Fündling/Sorber, NZA 2017, 552, 554；Harms/v. Steinau - Steinrück/Thüsing, BB 2016, 2677；Kramer - Neu, Teil C Rn. 109。

[9] Kramer - Neu, Teil C Rn. 109.

[10] Fündling/Sorber, NZA 2017, 552, 555；Thüsing, SR 2016, 87, 103.

[11] Harms/v. Steinau - Steinrück/Thüsing, BB 2016, 2677.

可比。

2. 其他形式的雇员群体也可投票

根据现行法律，仅企业的固定员工（管理人员除外）可参加企业投票。固定员工也包括年满 18 岁的培训实习生，以及主要为企业工作的家内劳动者。据《企业组织法》第 7 条第 2 句，在企业工作三个月以上的劳务派遣员工才可参与选举。自雇人员即便主要或完全为一家企业劳动（类雇员），也不能参加选举。受雇于其他企业，而基于雇主与甲方的承揽或雇佣合同，在甲方企业运营地点较长时间工作的人员，同样不可参加甲方企业的选举。迄今为止，借助法律解释途径，试图赋予类雇员参选权的尝试都未取得成功。[1]

上述群体若在企业劳动的时间有限，因此不甚关切企业内部的组织结构，不准许其参加企业选举的现行法律规定也算合情合理。这些规定的确符合上世纪 70 年代初的现实情况。[2] 然而今日许多行业的现实早已面目全非——企业中不仅有**劳务派遣人员**，还有属于"**外聘人员**"的**许多其他员工**。[3] 从实际工作开展角度来看，企业管理层的决策对这些外聘人员产生的影响并不亚于"固定员工"，因此也应该给予这些人员共同决定权，从而防止并纠正权力滥用。在此完全可以《企业组织法》第 7 条第 2 句为范本，仅将最低期限拉长，例如必须工作满半年。这样做的法律前提在于，规定存在一种对企业的隶属关系，该隶属关系**既不以劳动合同**为基础，**也不以彻底融入**企业劳动流程为基础。未来，法规应纳入**较长期存续的实质性合作；间接劳动关系**（das mittelbare Arbeitsverhältnis）可作为**历史范例**，该关系的立足点既不是工作人员彻底融入间接雇主的企业，更不是劳动合同。[4] 心态开放的立法机关应当能制定出符合现代社会情况的解决方案。[5]

3. 企业概念本身发生改变

司法解释立足的企业概念本身界限不明晰，一方面增加了法律适用的难度，另一方面却也带来了容纳新型职工委员会的空间。[6] **矩阵式组织**的企业集团尽管架构各个不同，法律上仍能找到方案。[7] 从实际操作角度，当今即便上司受雇于集团旗下的另一家企业，甚至身处国外，仍可下达工作指令。不过，这种情况根据杜塞尔多夫的州劳动法院的一项判决，[8]

---

[1] KR – Rost, ArbNähnl. Pers. Rn. 54; Plander, FS Däubler, S. 272ff.

[2] 当时并非毫无"摩擦"。例如不来梅各造船厂中里有为数不少的西门子员工，多年来在单个造船厂中劳动，仅在工资结算出现问题时才联系西门子。但这样的情况在当年是少数。

[3] 见 Industrielle Beziehungen 杂志 2016 年第 2 期，收录了 Brors、Bücker、Däubler、Deinert/Helfen 等人的文章。

[4] 关于间接劳务关系，见 ErfK – Preis, § 611 BGB Rn. 172f.; Schaub – Koch § 182; Däubler, FS Buchner, S. 163, 169。雇员在其雇主的甲方企业具有选举权：ErfK – Koch, § 5 BetrVG Rn. 2 a. E.。

[5] Klebe, NZA Beilage 3/2017, S. 77, 83; Krause, 71. DJT, B 95; Nebe, AuR 2014, 51, 57; Oetker, JZ 2016, 823 支持类雇参与选举。与 2001 年改革挂钩：Däubler, AuR 2001, 1, 4; Hanau, RdA 2001, 65, 68; 之前 Rost, NZA 1999, 113, 120 已提出此观点。Krause, 71. DJT, B 95f. 对基于承揽合同提供劳务的人员参与选举持质疑观点，Däubler, AuR 2001, 1, 4 表示赞同。

[6] 企业概念见 HK – ArbR – Däubler, Einl. Rn. 74ff.。

[7] 见 Witschen, RdA 2016, 38 ff.。

[8] 20. 12. 2017 – 12 TaBV 66/17 – NZA – RR 2018, 298.

该上司同时自动隶属于接收指令的雇员所属的企业。[1]此外,《企业组织法》第3条第1款还规定可通过**集体合同**,根据公司或集团特点,组建相应的职工委员会。企业间的合作也被纳入,类似于欧盟《通用数据保护条例》对其的处理。[2]雇主"统一合并"了哪些事务,就可以对它们通过集体合同建立职工利益代表组织,提出这一要求符合情理。[3]面对实践中生发出的多种组织形式,与其试图统一到一个新的企业概念之下,不如借助集体合同进行调整。[4]敏捷式工作,尤其多名不同身份员工(甚至可能包括自雇者)共同参与特定项目的 **Scrum 方式**,也可采用此办法。[5]

4. 网络空间中举行委员会会议和表决

职工委员会委员如处在彼此距离很远的工作场所,或经常出差,难免希望**举行视频会议**。尽管视频会议尚能满足《企业组织法》第33条规定的"同时在场",[6]但会议应具备的不公开性则不能得到保证:摄像头通常无法拍摄到成员所处的整个空间,也就是说,房间内完全可能还有委员会委员以外的其他人,对该委员施加影响。要求与会者本人到场的会议则不可能发生这种情况。[7]

与会者共处一室时还可进行私下交流,这在视频会议上也是不可能的[8]——比如甲想私下告知只对乙有用的某一信息,视频会议上就无法做到。两人、三人或四人当面商讨分歧从而妥协一致的可能也高于视频会议,在后面的情况下说的每一句话其他人都能听到时,每个人心理上都会更不愿让步。**绝大多数法律文献都认为,由于不公开性得不到保证,因此不可采用视频方式举行委员会会议和进行表决**。[9]这也同样适用于**公司职工委员会总会和康采恩集团职工委员会**。

在此不考虑雇主希望节省差旅和住宿费用的诉求。因为国际康采恩里许多委员会委员经常出差就对以上原则作**特别通融**,[10]这在**法律上完全站不住脚**;完全可通过选举足够的替补来预防突发"干扰"。特殊情况下可召集小委员会(Rumpfbetriebsrat),商讨相对不迫切的事务。也不允许单个委员会成员通过视频"**拨入**"会议。《欧盟职工委员会法》(EBRG)第41a条只规定了一个特例,海员在欧盟企业职工委会担任成员,会议举行时该海员正在公海或海外港口时可通过视频"拨入"。但这仅是特别规定,不具普遍性。

---

〔1〕 详见 Seebacher/Silberberger, AiB 5/2018, 42。
〔2〕 例如第88条第2款中既提及了与本书中"康采恩"相对应的"公司群"(Unternehmensgruppe),也提及了"共同从事某项经济活动的一组公司"。
〔3〕 Krause, 71. DJT, B 94. Oetker, JZ 2016, 817, 822 原则上表示同意。
〔4〕 延伸思考见 Franzen, in: Giesen/Junker/Rieble(Hrg.), Arbeit 4.0, S. 107ff.。
〔5〕 参见 Litschen/Jacoubi, NZA 2017. 484 ff.。
〔6〕 Fündling/Sorber, NZA 2017, 552, 555 正确地指出了这一点。
〔7〕 Kramer - Neu, Teil C Rn. 120 m. w. N. 与本书意见一致;Fündling/Sorber, NZA 2017, 552, 556 持不同意见。
〔8〕 Klebe, NZA Beilage 3/2017 S. 77, 84 暗示了这一点。
〔9〕 DKKW - Wedde, § 33 Rn. 11; GK - Raab, § 33 Rn. 11; HWK - Reichold, § 33 BetrVG Rn. 3; 原则上 Fitting, § 33 Rn. 21b 也有该主张。Sendelbeck, CuA 6/2014, 31 介绍了实践中的特例。
〔10〕 Fitting, § 33 Rn. 21b 主张通融,DKKW - Wedde, § 33 Rn. 11 则主张拒绝。

做出表决也必须委员们亲自在场。发送邮件、使用 **Dropbox**（尽管平时可用 Dropbox 投票决定开会时间）均不算在场——即便给予所有与会者一票否决权，仍**无法达成具有效力的委员会决议**。[1]本书主张目前也不应该改变该法律现状。

5. 虚拟的企业职工全体大会

企业职工全体大会理论上也可在网络空间举行，但这里面临与委员会会议同样的问题：如何保证不公开性？[2]并且还有这样一个问题：个别**演讲人**可**拒绝**自己的演说被**摄录**、影像被重现。如真有演讲人行使该权利，则仅大会在场者可听到演讲，会导致信息不对等。这违背了职工大会的本质——促进对企业一切问题知情和自由的交流。[3]

6. 共同决定权发生改变

是否必须调整职工委员会的共同决定权，从而适应数字经济带来的种种改变，这个问题迄今在法学界的讨论中并不突出。这也许与《企业组织法》第87条第1款第6项的适用相对宽泛有关，只要技术装备"适合"用于监控雇员的行为和绩效，委员会便可依据该规定行使共同决定权，哪怕监控方必须借助额外的情报才能作出解析。[4]

不过，法律文献中构建了下面这个在数字经济中确实可能发生的具有现实意义的案例。[5]雇主企业需要**从另一家公司**获得软件**授权**（Lizenz）才可生产一个重要产品。这家拥有软件授权的第三方公司在市场上具有统领地位，并且要求只有**持本公司认证的雇员**方可操作该软件。使用者的行为受到第三方公司的严密监控，而这一点一开始便纳入了与雇主企业签订的合同。雇主企业的职工委员会虽然知情，但无法采取行动，因为这家第三方公司完全不容他人置喙。雇主企业的雇员甲在软件操作中犯了一个（可以理解的）失误，**丧失了第三方公司的认证**。这样一来，他便不可再操作该软件，并且雇主企业中找不到其他岗位可安排给他，雇主企业只能出于紧迫的经营需要而解雇甲。

现行法律并非完全未考虑此类案情。一名雇员如在**安全审查**中被认定构成风险源，同样可能导致丧失劳动岗位。[6]通过行政法院提起诉讼，试图使安全机关改变决定，实践中很难行得通。上一段中的案例与此的不同点在于，前者中导致雇员无法继续劳动的并非国家行使权力，而是**私营企业行使其市场权力**。由于职工委员会对第三方企业不具有共同决定权，对自家雇主采取行动又会带来巨大麻烦，职工委员会只能束手无策。

解决办法应当从**雇主企业**与**授权方公司**签订的**合同**入手。根据德国《民法典》第307条第1款第1句，使共同决定权或其他劳动法的保护条款沦为空文的民事合同不具效力，或至少构成对雇主利益的不当限制。[7]这一点体现在**联邦最高法院**对一份**加油站租赁合同**

---

[1] Fitting, § 33 Rn. 21a; ErfK - Koch, § 33 BerVG Rn. 3.

[2] Fündling/Sorber, NZA 2017, 552, 557 对此没有表示忧虑。

[3] 因此 Fündling/Sorber, NZA 2017, 552, 557 也对举行网络大会持质疑态度。

[4] 对第87条第1款第6项的司法解释总见 Däubler, Gläserne Belegschaften, § 14 (Rn. 689ff.)。

[5] Karthaus, NZA 2017, 558ff.

[6] 详见 Däubler, SR 2012, 57, 64ff.，下同。

[7] Däubler/Bonin/Deinert - Däubler, Anhang Rn. 49f. (»arbeitsrechtsbezogene Verträge«).

的**司法判决**中[1]——租赁方签订了格式合同，其中对出租方承诺，租赁合同解除时终止与亲属的所有劳动关系，将企业"毫无负担地"交还给出租方。由于终止劳动关系可能导致无法预见的巨大花费，联邦最高法院仅据此便作出了该合同违反德国《民法典》第 307 条第 1 款第 1 句的判决。此外，**该合同条款还违反了德国《民法典》第 613a 条第 4 款**，因为其规定的目标只可通过解雇方式实现。同样，如合同规定雇主企业必须实行特定的营业时间，而委员会根据《企业组织法》第 87 条第 1 款第 2 项行使否决权，且协调处不愿与雇主合作，致使雇主无法按合同规定营业，也应该按照德国《民法典》第 307 条第 1 款第 1 句处理。[2]

即便雇主企业与**第三方公司**签订协议，由第三方公司**开展某一理应经过企业职工委员会的共同决定的措施，委员会**并不因此丧失共同决定权。雇主企业更应该在合同中作出规定，第三方公司不可未经企业职工委员会（或劳资协调处）的同意就开展某一理应经过共同决定的措施。存在这样一个案例：企业委托第三方公司开展德国《劳动保护法》第 5 条规定的危害评估和第 12 条第 1 款规定的情况说明，**德国联邦劳动法院**对此明确作出判决，申明第三方公司不可未经企业职工委员会（或劳资协调处）的同意就开展某一理应经过共同决定的措施。[3]法院对下面的情形也持同样的观点：雇主企业要求雇员接受**客户公司进行的生物特征监控**。[4]假如该监控在本企业内开展，职工委员会必可行使共同决定权，因此在客户公司开展该监控时委员会也应具有共决权。

如主导市场的授权方迫使雇主企业对以上原则置之不顾，则双方签订的协议违反德国**《民法典》第 307 条第 1 款第 1 句**，万不得已时雇主企业可提起诉讼由法院裁决。考虑到力量对比，数个被授权方可组成德国《不作为诉讼法》第 3 条规定的团体（如行业协会、商会），依据《不作为诉讼法》提起**集体诉讼**。[5]如果雇主没有穷尽这些手段，那么雇员可以抗辩不存在紧迫的经营需求，因此解雇违法。

数字经济中不同企业的分工细化程度将进一步提高，所以也许将来应当对《企业组织法》第 87 条和其他共同决定权作出**明确补充**，从而明示共同决定权**同样适用**于委托第三方公司"开展措施"的情况。还应详细讨论的话题包括，是否应当对由单个员工负责的**"任务领域"**引入共同决定权。[6]还有文献建议将共同决定权也扩大到劳动组织方式（Arbeitsorganisation）和岗位人员配置（Personalbemessung）上。[7]

五、公共机构人事委员会的特别之处

企业组织法方面的法律规定原则上**同样适用**于公共机构人事委员会。不过，公共机

---

[1] BGH, 23.3.2006 – III ZR 102/05, NZA 2006, 551.
[2] DKKW – Klebe, § 87 Rn. 21 a. E.
[3] BAG, 30.9.2014 – 1 ABR 106/12, NZA 2015, 314.
[4] BAG, 27.1.2004 – 1 ABR 7/03, NZA 2004, 556.
[5] 《不作为诉讼法》也保护自营人员，该法中仅第 2 条作出对消费者的限定性规定。
[6] 参见 Däubler, ZTR 2016, 359ff. 。Thüsing, SR 2016, 87, 104 及 Peter/Müller – Gemmeke, S. 113, 117 也赞成拓展共同决定权。
[7] Klebe, NZA Beilage 3/2017 S. 77, 82.

构人事委员会主张委员会本身及每个成员都可上网,因此可要求获得**电脑**时,无法援引联邦最高法院的类似判决的支持;而必须像 2010 年以前的企业组织法实践中一样,阐述配备电脑的必要性。[1]在内联网和电子邮件方面问题的处理则与企业组织法的规定无甚差别,然而遭遇争端时,行政法院并不一定会跟随联邦劳动法院的判决。法律文献认为人事委员会可**在内联网上建立主页**。[2]接入互联网的主张目前只能援引企业组织法方面的原则。[3]

六、欧盟职工委员会

欧盟职工委员会(EBR)的组建通常以协议为基础。许多协议的签订早于 1996 年(适用《欧盟职工委员会法》第 41 条),有些也基于《欧盟职工委员会法》的第 17 条至第 20 条。协议签订方可**自由决定欧盟职工委员会的会议规则及表决方式**。如欧盟职工委员会要在(通常)每年召开的会议外公开发表观点,就必须借用电子邮件或其他技术手段。尽管存在某个成员被监控或被影响的风险,但若由此便彻底放弃发表言论,显然得不偿失——毕竟,影响多个国家企业的措施应得到欧盟职工委员会的评论,又不是总能凑巧赶上年度会议。因此,组建协议可在欧盟职工委员会的**运作规则**中规定,除召开会议,还可通过**电子邮件或视频会议进行表决**。[4]仅在通过法律建立欧盟职工委员会,且受德国法管辖这样的极少情况下,《欧盟职工委员会法》第 27 条第 1 款第 5 句的会议不公开原则才发生效力,也即会议必须成员本人在场方可形成决议。[5]

欧盟职工委员会是否有权**在企业内联网发布**关于委员会工作内容的**消息**?巴登符腾堡州劳动法院对此作出否定判决:[6]法院认为,欧盟职工委员会在企业内联网发布工作消息缺乏法律依据,因为《欧盟企业职工委员会法》第 36 条仅规定它有权告知当地的雇员代表,却未规定它有权告知整个员工队伍。事实上,《欧盟职工委员会法》第 36 条第 1 款的告知义务并未规定欧盟职工委员会是否可以主动与员工取得联络。此前从未有人主张,**公司职工委员会**根据《企业组织法》第 53 条第 2 款须在企业委员会全体大会上作工作报告,构成它与"基层联络"的唯一形式。恰恰相反,德国联邦劳动法院赋予公司职工委员会**直接联络所有雇员**的权利,[7]这样公司职工委员会才可了解各处的情况。代表必须了解被代表者的想法,民主制度里这一点不言自明,在企业内也不例外。并且,对委员会在企业内

---

[1] 证据见 Kröll, in: Altvater u. a., § 44 Rn. 56。

[2] Kröll, in: Altvater u. a., § 44 Rn. 56a。

[3] Kröll, in: Altvater u. a., § 44 Rn. 56b。

[4] 对欧盟职工委员会运作规则的建议,见 Däubler, in: Däubler/Kittner/Klebe/Wedde(Hrsg.),Arbeitshilfen für den Betriebsrat, EBRG Rn. 28ff.。

[5] DKKW-Bachner, § 27 EBRG Rn. 6。对德国企业职工委员会的主流意见,参见本章第四节,边码 76 及以下。

[6] LAG Baden-Württemberg, 2.10.2014-11 TaBV 6/13;向联邦劳动法院对此判决提出的申诉见 7 ABR 9/15。

[7] 9.12.2009-7 ABR 46/08-NZA 2010, 662。

联网上建立主页的请求权也没有明文依据，然而联邦劳动法院仍赋予了委员会该权利。[1]那欧盟职工委员会想通报工作情况怎么就不可以了？欧盟职工委员会向联邦劳动法院提出对巴符州劳动法院的以上判决申诉后，双方最终达成和解，事实上雇主赋予了欧盟职工委员会以上各项权利。显然，这一举动是为了避免联邦劳动法院作出终判，或为了避免上诉到欧洲法院。

---

[1] 参见本章边码35及以下。

第 15 章

居家办公和移动式工作：
《劳动法》当前的挑战

一、居家办公（Homeoffice）

1. 框架条件

很多雇员都**希望能够在家**完成至少一部分**工作**。这可能出于家庭原因，例如希望能够更好地照顾孩子或需要护理的亲属，或希望能够更自由地支配时间，因为一天中有些时段在企业里无法办公，在家却可以。但并非人人都想在家工作——一半以上的雇员更倾向于只在企业工作。[1]若雇员在家工作可**减少所需办公设施**，雇主便也可能考虑让雇员在家工作。轮值远程工作也不需要所有人同时在企业里，因此可进行**"桌面共享"（desk sharing）**——来上班的雇员自己选一个办公位，办公位大多情况下需要提前"预订"。[2]

但实际当中，居家办公迄今仍属例外情况。据金属及电气行业的一项调查表明，尽管20%的雇员有权在企业之外工作，但其中3/4的人每月在外工作时间最多不超过2天。[3] "到岗工作"仍是主流。

因**工作场所扩展**而产生的基本问题将在后续章节中讨论。[4]本章只讨论确立居家办公时，企业职工委员会、雇主及集体合同各方的规约空间。此处应尽可能参考已有经验。

2016年11月30日施行的新版《**关于工作场所的条例**》[5]第2条第7款对"**远程工作岗位**"作出了定义。它必须是"雇员私人场所中由雇主设置的电脑屏幕类工作岗位"。此外还须满足一系列前提条件：必须明确约定每周工作时间及工作场地的使用时间；雇主及雇员必须通过签订劳动合同或其他协议明确远程工作的其他条件；雇主必须"提供及安装"远程工作岗位所必需的设备，包括家具、劳动工具及电信装置。因此，即使**只有办公桌属**

1

2

3

---

[1] Ruf, CuA 11/2016, S. 16, 18 Fn. 6.

[2] 在金属及电气行业中，43%的企业提供广义上的"移动式工作"，即在家和在路上工作。20%的雇员有权在企业之外工作，但其中三分之二的雇员必须要给出理由。与其他雇员相比，资质高的雇员更有权随意选择工作地点。——参见Böckler, Impuls 17/2017，该处援引Piele所做调查。

[3] 参见Böckler, Impuls 17/2017，该处援引Piele所做调查。

[4] 参见本书第十六章，边码17及以下。

[5] BGBl. I S. 2681.

于雇员或雇员使用自己的笔记本电脑,也**不构成**法律意义上的远程工作岗位。所以,普通的家庭工作并不满足《关于工作场所的条例》第 2 条第 7 款的前提条件。[1]

为免歧义,本章虽基于**远程工作岗位的法律定义**展开讨论,但并不对这一极少见的情况过多着笔。[2] 本章首先会围绕不符合《关于工作场所的条例》第 2 条第 7 款条件的在家工作展开讨论,这种情况通常被称为**"居家办公"**(Homeoffice)。之后讨论**"移动式工作"**,即既非在企业也非在家中,而是例如在火车上或晚上在酒店里完成的工作。广义上,在企业之外开展任何形式的工作都可以被称为"移动式工作"。[3] 但由于这一定义过于宽泛,易引起混淆,故此处不予采用。

2. 居家办公的劳动合同要求

雇主**不可单方面**行使指示权,调动雇员岗位,指示雇员回家工作,[4] 除非劳动合同中明确规定居家办公构成可能的工作形式。若劳动合同中未言明工作地点,则可以调动雇员到《关于工作场所的条例》第 2 条第 7 款意义上的远程工作岗位。而居家办公改变了劳动关系的基础,因为雇员工作时要使用自己的劳动工具,至少要自己提供场所和家具。[5] 若存在紧急经营需求,要求雇员居家办公,理论上可以考虑发起德国《解雇保护法》第 2 条规定的基于经营原因的**变更解雇**(Änderungskündigung)。但更建议雇主与雇员进行协商:由于不在企业内工作总是需要以一定的**信任和忠诚**为前提,雇主单方面发起变更解雇绝非良好开端。就目前了解到的情况而言,实践中几乎不采用变更解雇的方式。

若雇员希望较经常或较长期地居家办公,便会产生这样一个问题:雇员是否具有对居家办公的**请求权**?**德国劳动法院**迄今未就这一问题从劳动关系角度作出明确的**司法判决**。仅在某起关涉一位受到特殊解雇保护的雇员案件中,德国联邦劳动法院提出了以下问题:为避免解雇雇员,雇主难道不能将设立居家办公岗位作为一种替代方案吗?[6] 但至今未有回答此问题的契机。在另一起诉讼案中,莱茵兰-普法尔茨州劳动法院认为,雇主负有权衡双方利益之义务,但法院在具体案件中却作出了不利雇员的判决。[7] **德国联邦行政法院**认为,主管当局可以裁量是否应为公职人员设置远程工作岗位。[8] 例如要求某警察学校的某位女教师全天在岗并不构成滥用裁量。盖尔森基兴市行政法院也曾作出同样判决:虽可酌情处理,但出于公务需要,行政机关工作人员通常应到岗工作。[9] 在某起解雇保护诉讼中,**德国联邦劳动法院**思量了以下问题:由于可以**在监狱**设置远程工作岗位,雇员处于长

---

[1] 参见 Eder, AiB 3/2017 S. 11:"定义非常狭义"。
[2] 在此方面,适用本书第十六章边码 17 及以下所述一般原则。
[3] 例如 Piele 受德国汉斯·博克勒基金会资助的项目,参见 Böckler, Impuls 17/2017。
[4] 参见本书第二章,边码 19。另见 Kramer – Hoppe, Teil B Rn. 562。
[5] Kramer – Hoppe, Teil B Rn. 562:雇主不得支配雇员的私人空间。
[6] BAG, 2. 3. 2006 – 2 AZR 64/05, NZA 2006, 985.
[7] LAG Rheinland – Pfalz, 18. 12. 2014 – 5 Sa 378/14, AE 2015, 136 = PersR 5/2015 S. 42.
[8] BVerwG, 31. 1. 2008 – 2 C 31/06 – PersR 2008, 212 = ZTR 2009, 47.
[9] VG Gelsenkirchen, 2. 12. 2016 – 12 L 2395/16.

期监禁是否无法构成解雇理由？[1]联邦最高劳动法院对此持合理的怀疑态度：囚犯的确有对无瑕疵裁量（fehlerfreie Ermessensausübung）的请求权，但考虑到囚犯对外联系受限，拒绝为雇员在监狱设置远程工作岗位不构成裁量瑕疵（ermessensfehlerhaft）。

7

德国《**联邦平等待遇法**》（**BGleiG**）第16条第1款第2句对德国联邦行政机构的公职人员及雇员作出特别规定：如有可能，行政机构应为需照顾孩子和家人的雇员提供"远程工作岗位"及"移动式工作岗位"。此外，德国《社会法典·第九卷》第164条第4款（2017年12月31日前为《社会法典·第九卷》第81条第4款）规定，雇主负有公平雇佣残疾人士之义务，因此，**重度残疾人士**及同等情况者亦有权要求"远程工作"及"移动式工作"。[2]在某案中，某高位截瘫雇员之前已每周在家工作两天，无人对此持有异议；由于位于当地的企业分支关闭，该雇员希望完全在家工作，下萨克森州劳动法院判决同意。[3]若已有多位雇员被授权可以在家工作，未被考虑者便可援引**平等对待原则**，[4]除非存在需要该雇员始终到岗工作的特殊原因。此外，对于私营雇主而言，也可出于对雇员的**照顾义务**，比如雇员需要照料孩子或亲属，可以不要求雇员持续到岗。在德国，**多数情况下**只有**在与雇主协商一致后**，雇员方可居家办公。此外，与普遍观点不同，荷兰的雇员并没有对居家办公的请求权。[5]

8

雇员与雇主协商时应**对某些要点作出规定**，尽管这些要点大多只对具体案例有意义。例如，双方可协商一致，雇员到底是必须居家办公还是有权要求居家办公。此外还必须**确定居家办公的时间**（例如"总是周一和周二"、"每周三天"）。另应明确在何种条件下，雇主可破例要求雇员在"居家办公日"到岗，例如要与外来商业伙伴进行重要会谈。[6]若因解雇等原因而解除协议也需要澄清。[7]其他常见问题最好通过企业协议或集体合同作出规定。[8]

9

一旦确立了居家办公，随即便产生**雇主**能否**撤销**该协定的问题。在公职法领域，主管机关可对此自行裁量。[9]在劳动法领域，位于哈姆的北莱茵-威斯特法伦州劳动法院[10]认为，雇主不得通过行使指示权撤销在雇员家的远程工作岗位。若无法达成和解，雇主只能选择发起变更解雇。若协议中**存在对"撤销"的保留**，也不得仅根据雇主意愿撤销协议，因为这显然使雇员受到了不利益，据德国《民法典》第307条第1款第1句，相关条款无

---

[1] BAG, 22.10.2015 – 2 AZR 381/14, NZA 2016, 482 Tz. 23.

[2] Kittner/Zwanziger/Deinert/Heuschmid – Heuschmid, § 118 Rn. 56.

[3] LAG Niedersachsen, 6.12.2010 – 12 Sa 860/10, Behindertenrecht 2013, 91；类似案例见 LAG Hamburg, 15.4.2015 – 5 Sa 107/12, LAGE § 81 SGB IX Nr. 15；VG Ansbach, 6.10.2011 – AN 14 K 11.01293 则持不同意见。

[4] 同本章脚注10。

[5] Walser, AuR 2016, 338；另见 Schwiering/Zurel, ZD 2016, 17, 21。

[6] 参见 Kramer – Hoppe, Teil B Rn. 563。

[7] 参见本章边码9。

[8] 参见本章边码12及以下。

[9] VG Gelsenkirchen, 2.12.2016 – 12 L 2395/16（该案中，原本允许雇员居家办公的协议到期了，没有得到延期）。

[10] 24.2.2016 – 4 Sa 681/15.

效。[1]而且撤销协议构成《企业组织法》第95条第3款意义上的岗位调动，根据《企业组织法》第99条第2款规定，企业职工委员会此时有拒绝权。

若雇员希望重新回到企业内工作，也只有在与雇主协商后方可实现。不存在不成文的"返回权"。[2]其合理性在于，或许雇主预计只有少量雇员在岗，便撤去了一些办公区域。理论上雇员也可提出变更解雇，但如此一来，雇员便有可能失去岗位。根据企业具体情况，在合同中明文规定"返回权"及相应的通知期限或为明智之举。

上文只讨论了部分合同约定的工作时间里，雇员不在企业或机关内，而是居家办公的情况。若雇员**完全到岗工作**，**下班后**或周末却在家继续**工作**，则属于额外工作，雇员可能会有加班报酬，但这与本章讨论的问题无关。

3. 关于居家办公的企业协议

由于雇员对居家办公的请求权一般不成立，通过集体协议规定居家办公便为恰当手段。[3]但企业职工委员会在这一问题的核心要点上无法强迫雇主，因为它**不具有对工作地点的共决权**。最多只能是雇员**向企业职工委员会投诉**雇主不同意居家办公，企业职工委员会根据《企业组织法》第85条第1款规定接受这一投诉，代表雇员与雇主协商。此类情况下，若无法与雇主就可能的补救办法达成一致，可以请劳资协调处介入。劳资协调处可对投诉的合理性作出约束性裁定，从而使雇主有义务采取补救办法。[4]根据《企业组织法》第85条第2款第3句规定，若投诉标的为法律请求权，则不适用**劳资协调程序**。然而，仅在理论上有从一般条款中——如照顾义务、依法公正处理（《企业组织法》第75条第1款）、平等对待原则——推导出具体请求权之可能，不足以确证存在请求权。位于法兰克福的黑森州劳动法院[5]对此作过多个判决，提出存在请求权至少是在该请求权得到司法判决认可的情况下。该法院认为，若非如此，《企业组织法》第85条第2款在实践中将毫无意义。[6]部分法学界人士持同样观点。[7]因此，劳资协调处可作出约束性裁定。企业职工委员会**对**一系列**个别问题拥有共决权**[8]，这有利于最终达成企业协议，从而形成"整体解决方案"。

关于居家办公的**企业协议**也可作为非强制性协议对**一系列要点**作出合理规范。雇主若认为居家办公值得施行，也会希望制定尽量**明确的规定**，以免日后发生争议。文献中已收

---

[1] LAG Düsseldorf, 10.9.2014 – 12 Sa 505/14 – AuR 2014, 490 = RDV 2015, 45. Kramer – Hoppe, Teil B Rn. 565 持赞同意见。

[2] Kramer – Hoppe, Teil B Rn. 566 持不同观点。

[3] 另见 Kramer – Hoppe, Teil B Rn. 559：区分个人劳动工具与企业劳动工具。

[4] GK – Franzen, § 85 Rn. 27.

[5] LAG Frankfurt/Main, 15.9.1992 – 4 TaBV 52/92, LAGE § 98 ArbGG 1979 Nr. 26；同见 LAG Frankfurt/Main, 8.12.1992 – 4 TaBV 103/92, LAGE § 98 ArbGG 1979 Nr. 25；LAG Frankfurt/Main, 12.3.2002 – 4 TaBV 75/01, juris, Tz. 13, DB 2004, 386；LAG Frankfurt/Main, 3.3.2009 – 4 TaBV 14/09 及 AuR 2009, 181。

[6] LAG Frankfurt/Main, 8.12.1992 – 4 TaBV 103/92, LAGE § 98 ArbGG 1979 Nr. 25.

[7] DKKW – Buschmann, § 85 Rn. 18；ErfK – Kania, § 85 BetrVG Rn. 5.

[8] Kittner/Zwanziger/Deinert/Heuschmid – Heuschmid, § 118 Rn. 68ff.

录了协议应考虑要点的"范本",[1]但这也并非全部。另一方面,协议也无需面面俱到,毕竟各企业情况不尽相同。亦有可能虽经过多番努力,但双方仍无法就某一问题达成共识,因此便将其排除在外。此处仅列举几个最为重要的规范要点。

(1) 对居家办公及重新回岗工作的请求权

企业协议可明文规定雇员具有对居家办公的请求权。[2]此要求可以是普适的,也可以**取决于某些前提条件**。可以效仿德国《联邦平等待遇法》第16条第1款第2句,规定只有家中有学龄儿童或需护理照顾之人,雇员方才具有对居家办公的请求权。另一种规约方式则是效仿德国《非全日制用工和固定期限劳动合同法》第8条第4款规定,若不与"经营原因"或"紧急经营原因"冲突,应同意雇员对居家办公的请求。此外,协议应规定**通知期限**,以使雇主必要时能作出安排。个案中可考虑采用"**尝试期**",尝试期结束后,雇员可重新回岗工作。还可考虑规定,任意一方都有权在一定期限后声明解除协议、恢复回岗工作。此外可明文规定,**不得**违背个人意愿,**迫使**他人居家办公。[3]

(2) 工作时间问题

关于雇员在何种程度上可居家办公,一般会在劳动合同中根据具体情况作出规定。企业协议仅就此提供**框架**,如规定最低限度(一天)和最高限度(四天)。工作时间内,**雇员必须保持电话及邮件畅通**。应确定必须保证联系畅通的核心工作时间,而在核心工作时间之外,雇员有权决定在一天中何时工作。在对企业经营必要的情形下,雇员也须在其他某些时段保持联系畅通。此外,雇员有义务遵守《劳动时间法》的规定,若当日工作时间超过8小时,应履行该法第16条第2款规定的记录义务,记录下自己所有的工作时间。雇员应在每月第一周向上级主管提交上月工作时间记录。[4]若雇员所有工作均在网上进行,可考虑**以电子方式记录工作时间**,但应在企业协议中确保相关数据仅用于结算工资,排除雇主借此监控工作质量的可能。

(3) 布置家庭办公室

家庭办公室必须位于符合建筑条例规定的人类可长时间停留之处,[5]至少应包含以下物品:

– 写字台、椅子

– 照明设备

– 可上锁的柜子

– 电话连接及互联网连接

– 笔记本电脑或台式电脑

– 打印机

---

[1] Eder, AiB 3/2017, S. 15; Kramer – Hoppe, Teil B Rn. 615.

[2] Kittner/Zwanziger/Deinert/Heuschmid – Heuschmid, § 118 Rn. 57.

[3] 参见 Ruf, CuA 11/2016, S. 19。

[4] 相关表述见 Kramer – Hoppe, Teil B Rn. 615(S. 205 下)。

[5] 相关表述见 Kramer – Hoppe, Teil B Rn. 615(S. 204/205)。

— 纸张

应详细规定以上物品由雇主还是雇员提供。若为雇主所有，通常会约定这些物品只可用于办公。

若家庭办公室占用了雇员私人住房，且产生电话及互联网费用，雇员会得到**一次性使用费**（如 200 欧元）。若产生更多费用，雇员可依凭证获得报销。[1]费用月结。

17　**（4）劳动保护**

居家办公同样适用劳动保护的法律规定。[2]未满足**《关于工作场所的条例》**第 2 条第 7 款的前提条件时，仍可协商适用《关于工作场所的条例》规定。[3]由此至少对雇主义务作出规定，不可扩大企业监督局的监察范围。企业监督局能否到雇员私人住宅中查看其他规定的执行情况，取决于雇员是否同意。同样，雇主、企业职工委员会及工会要进入雇员私人住宅，亦须经雇员同意。

18　**（5）责任问题**

对居家办公的雇员，社会法院仅在极少情况下给予**法定工伤保险**的保护。一个典型案例为：某女性雇员在家中阁楼办公，想从楼下的厨房取些饮品，却从楼梯上摔了下来，摔断一条腿，德国联邦社会法院将该雇员的行为认定为"对个人有利的活动"，因此判决该雇员不受工伤保险保护。[4]该法院认为，该判决不违反"平等对待"原则，尽管法定工伤保险完全覆盖雇员去公司食堂的路。在早前一起关涉居家办公的案件中，该法院也作出了相似判决。[5]此处不对此展开详细讨论，而是要从这一司法判决中指出，需要为雇员投保**补**

19　**充性的商业意外保险**，以填补法定工伤保险的空缺。因此，雇主应有义务投保团体险。[6]

若雇员损坏雇主为其提供的工作设备，则适用有限**雇员责任**原则。[7]即雇员存在重大过失时，原则上由雇主承担全部责任；轻微过失时，雇员无需承担责任；中等过失时，雇员按公平原则承担责任。根据**利他契约**的原则，这一规定也可扩展至家庭成员。[8]通过企业协议可将责任限制在重大过失等级，也可覆盖到访客及其他第三方。[9]若较贵重设备为雇员所有，可考虑投保财产险。

20　**（6）数据保护**

如若不在企业而在家中开展工作，雇员数据保护规定的适用并不因此而发生改变，此时仍适用收集及处理雇员数据的一般限制。[10]但必须对《通用数据保护条例》第 32 条规定

---

〔1〕　T. Isenhardt, DB 2016, 1500 亦支持费用补偿。
〔2〕　参见本书第六章，边码 24 及以下及 Kittner/Zwanziger/Deinert/Heuschmid – Heuschmid, § 118 Rn. 59f. 。
〔3〕　Eder, AiB 3/2017 S. 14.
〔4〕　BSG, 5. 7. 2016 – B 2 U 2/15 R, NJW 2017, 508.
〔5〕　BSG, 12. 12. 2006 – B 2 U 28/05 R, SGb 2007, 742. 该案详情见 Kramer – Hoppe, Teil B Rn. 599。
〔6〕　Kittner/Zwanziger/Deinert/Heuschmid – Heuschmid, § 118 Rn. 63.
〔7〕　见 Däubler, Arbeitsrecht, 12. Aufl. , Rn. 532ff. ; ErfK – Preis, § 619a BGB Rn. 7ff. 。
〔8〕　T. Isenhardt, DB 2016, 1499, 1501; Kramer – Hoppe, Teil B Rn. 569; Schaub – Vogelsang, § 164 Rn. 33。Bissels/Meyer – Michaelis DB 2015, 2331, 2335 则持不同意见。
〔9〕　Kittner/Zwanziger/Deinert/Heuschmid – Heuschmid, § 118 Rn. 58.
〔10〕　Däubler, Gläserne Belegschaften, Rn. 253ff. , 389ff.

的**数据安全**采取特别预防措施,包括有效保护密码、必要时不得在终端设备上存储数据、**加密**信道及硬盘等。[1]

二、移动式工作

1. 出发情况

上文[2]将"移动式工作"定义为既非在企业内又非在家中开展的工作。劳动合同或企业协议如何规约移动式工作,法学界对这一问题的讨论少于对居家办公的讨论。[3]文献中常一并讨论二者。[4]这也是合理的,因为这两种工作形式许可与否要依据相同的原则,且规约过程中出现的难题也大致相似。但居家办公和移动式工作仍存在一些不同。尽管如此,现有企业协议模板仍适用于两种工作形式。[5]

2. 规则问题

首先,企业协议必须对移动式工作作出界定。就内容而言,移动式工作亦指,在部分合同约定的工作时间内,雇员不在企业内完成工作。雇员正常在企业内工作以外、在企业外额外加班的,企业协议可以但不必一并规定。雇员在何种程度上具有对移动式工作的请求权,其判断原则与居家办公的情况相同。[6]

(1) 工作时间

在移动式工作的工作时间方面,除了居家办公也存在的问题外[7],还会出现其他问题。通常上级主管提出紧急要求后,雇员会开展移动式工作,尤其是出差时的晚上或去办公场所的路上。因此可考虑规定雇员在哪些时段内应处于**呼叫待命状态**,保持联系畅通。前文已对呼叫待命状态的限制做过讨论。[8]企业协议可具体作出如下限制:允许雇员在某些时段或某些天里不必保持可联系状态。此外,移动式工作与居家办公不同,只可**通过电子方式记录工作时间**。雇员出差或在客户处工作一般都在线,因此通常不必"亲自记录工作时间"。但个案情况或有所不同,此时可手写或在特定文档中记录工作时间。最后,企业协议应明确强调,开展移动式工作时也必须遵守《劳动时间法》。雇员应获得报酬的**加班**不应取决于上级主管是否作出正式加班安排,因为很容易发生这样的情况:上级主管虽未正式安排加班,但雇员仍须在正常工作时间之外工作,否则便无法完成任务。

(2) 劳动保护

移动式办公的劳动保护情况基本与居家办公相同。[9]但也存在一定困难,例如客户办

---

[1] Wedde, CuA 11/2016, S. 8, 11.
[2] 参见本章边码 4。
[3] Kramer – Hoppe, Teil B Rn. 557:"只是逐渐显现轮廓"。
[4] Kittner/Zwanziger/Deinert/Heuschmid – Heuschmid,§118 Rn. 53ff.
[5] Wedde, CuA 11/2016, S. 12f.
[6] 参见本章边码 14。
[7] 参见本章边码 15。
[8] 参见本书第五章,边码 12 及以下。
[9] 详见本书第六章,边码 24 及以下。

公室或酒店房间无法达到企业内或家庭办公室应满足的标准。因此可通过企业协议进行一定修改。

25　**（3）责任问题**

在法定工伤保险方面，移动式工作与居家办公有同样的问题。因此必须投保辅助性的意外保险，也应针对第三方损坏或偷窃设备投保。

26　**（4）数据保护**

与居家办公相比，在移动式工作中实际执行《通用数据保护条例》第32条的数据安全规定更加困难；尤其是无法在火车等交通工具上防止他人窥探电脑屏幕；此外，工作设备也更易遗失或被窃。因此，移动式工作对加密提出了更高要求。若设备丢失，必须能够远程删除所有数据。

27　**三、培训**

随着各工作领域**数字化**不断推进，对雇员的**要求**也发生了**改变**。如今仅凭上世纪90年代的知识已不足以完成工作。作为个人，如果不想依靠配偶生活，而是想在数字化时代有所作为，就更要**不断接受培训**。即使能出色完成当前任务的人，也应设想自己十年后必须
28　具备和今天"不一样"的技能。[1]

我们无法准确预测如何获得这些"不一样"的技能。但在讨论中有两点日益清晰：一是**对高水平工作的需求**将日益增加，而程式化工作将会消失不见，完全由数字化设备完成；二是由于工作过程中将更多地与不同伙伴合作，**社会交际能力与工作方法**将愈发重要。[2]
29　每个人都必须适应这些变化。

如何开展必要的培训取决于诸多因素。**企业职工委员会**可承担起**发起人**的重要角色。前文[3]已对企业职工委员会拥有的咨询权与共决权进行了详细说明。但在**实际**当中，企业职工委员会的**施展空间较小**。这是因为企业职工委员会仅在极少情况下才会行使**德国《企业组织法》第97条第2款规定的共决权**。行使共决权的前提条件几乎完全契合当下现实——雇员的职业知识与能力不再足以应对不断变化的需求，企业职工委员会便可要求提供职业培训。若雇主不进行培训或对培训需求存在分歧，企业职工委员会可请劳资协调处介入。劳资协调处有权提出约束性要求。但由于现实中**极少采用这一程序**，故而仍未得到充分研究。原因或在于，相关人员羞于承认自己能力不足。企业职工委员会也极少对培训行使动议权。也许因为雇员群体认为某些其他领域更为重要，而作为雇员利益代表方，企
30　业职工委员会对这些领域着力会得到雇员更大支持。

从雇主角度来看，有利于提高新技术使用水平的培训均具有重要意义，雇主在多数情况

---

[1] Locker/Eder, CuA 7-8/2017, S. 9.

[2] Ballauf, AiB 7-8/2016 S. 31ff.；Locker/Eder, CuA 7-8/2017, S. 9ff.；Schwarzbach, CuA 7-8/2017, S. 12ff.

[3] 参见本书第二章，边码22。

下都考虑到了这一点。但也有一些企业更愿意从劳动力市场上招聘具有相应资质的员工。[1]此外,雇主会担心雇员接受培训后随即辞职,因而白白浪费"人力投资"。但司法判决反对雇员此类行为,判决允许在协议中订立有利于雇主的**返还条款**:若培训使**雇员"身价"提高**,在劳动力市场上机会更多,而雇员未到一定期限便提出辞职,就必须返还培训费用。[2]司法判决对此有大量解释,此处不作详述。[3]

学习不只是在教育机构、课堂和培训班里,还可在工作中边做边学。[4]雇员可以**从经验中**获得新的知识,还可以从经验知识更丰富的同事那里了解应当如何应对某些情况("小窍门")。但这需要开放的企业文化,不把知识视为统治工具,企业中大家相互尊重。

---

[1]　见德国雇主协会联邦联合会前任主席 Dieter Hundt 观点,引自 Däubler, BB 2000, 1190。

[2]　ErfK – Preis, § 611 BGB Rn. 436; Däubler/Bonin/Deinert – Deinert, § 307 Rn. 101 ff.; HK – ArbR – Boemke/Ulrici, § 307 BGB Rn. 14; Schaub – Vogelsang, § 176 Rn. 21 ff. jeweils m. w. N.

[3]　BAG, 19.1.2011 – 3 AZR 621/08, NZA 2012, 85; BAG, 5.12.2002 – 6 AZR 539/01, NZA 2003, 559; 总结见 Däubler/Bonin/Deinert – Deinert, § 307 Rn. 101 – 138c。

[4]　Sauer, CuA 5/2017, S. 20ff.

第16章

互联网劳动关系

1　**一、新现象**

　　许多观察者**想当然地认为**，将来劳动仍会**在可见的"空间场所"**内进行。他们认为 IT 人员也一样会"来上班"，与其他雇员协调自己的工作。虽然机器作为劳动工具的比例会下降，更多使用电脑或其他数字设备，但绝大多数情况下仍保留共同的固定劳动场所。偶尔在家或在旅途工作只要雇员雇主双方商议即可。居家办公（Homeoffice）或移动式工作
2　（mobiles Arbeiten）是特例而非普遍情况。

　　然而**未来很可能有很大不同**。雇员与雇主及同事的**沟通**可能**全部通过网络**，这一点技术上和实践中都已能做到。下文将讨论这样的**"互联网劳动关系"**——沟通完全借助网络，
3　传统的当面口头沟通几乎或完全丧失意义。这会带来一系列特定的法律难题。

　　劳动关系的缔结、修改和终止常常**通过互联网**进行，当法律对形式作了特定要求时尤其易产生问题。例如，依据《非全日制用工和固定期限劳动合同法》第 14 条第 4 款，应书面规定劳动期限；集体合同对此也可能包含相应规定。详细阐述见第二节（边码 7 及
4　以下）。

　　与劳动**"单位"的地理距离**更得重点讨论。由于不在"单位"场所内工作，劳动的多项前提条件不复存在，从而造成实际影响和法律后果。假如"总部"和雇员劳动地点相隔千里，劳动关系到底是否成立？假如与同事沟通仅可通过办公媒介进行，会带来哪些结果？
5　是否无法再和同事闲谈，尽管这本是职场生活的日常？详见第三节（边码 17 及以下）。

　　互联网劳动关系如具**跨境性质**，更会导致其他难题。

　　举例：[1]位于德国的一家有限公司聘请了三名在印度、一名在美国的软件开发人员。该公司与他们的沟通全部通过网络。

　　这样的法律关系中假如出现争执，到底哪里的法院有管辖权？如何确定适用何种法秩

---

[1]　参见 Fenski, Rn. 472。

序？适用外国法以何为限？详见第四节（边码 32 以下）。

行文至此，本书也会探讨广受关注的**虚拟企业现象**。对于这样不长期存续，而是随特定项目完成而终结的企业，法秩序——尤其劳动法——会如何应对？[1]这里的讨论自然带有一些"**法律未来学**"的色彩，不过考虑到当前社会发展之迅速，也算未雨绸缪，预测失误而遭人抨击也许在所难免。详见第五节（边码 53 及以下）。第十七章则阐述"优步模式"，即互联网平台作为服务中介。第十八章介绍众包（crowdwork）这种与传统大相径庭的劳动形式。

二、通过互联网缔结、修改和终止劳动关系

1. 基本原则

（1）形式自由

根据现行法，**缔结**和修改劳动关系无须采取特定**形式**。劳动合同既可书面，也可口头，甚至可通过积极默示（schlüssiges Verhalten）订立。

　　举例：最后一点，依据德国《民法典》第 625 条甚至可作此推定：雇员在劳动合同终止后继续工作，仍构成订立劳动合同。合同已于 3 月 31 日终止，而雇员在人事部门知情的情况下 4 月 1 日继续工作，则产生无固定期限的劳动关系。《非全日制用工和固定期限劳动合同法》第 15 条第 5 款对有期限的劳动合同终止后雇员继续工作的情况也作了类似的规定。

缔结和修改劳动关系的形式自由，《证据法》并未对此做出改变。《证据法》规定仅雇主具有"**记录义务**"。如雇主未能履行义务，可能对其产生不利，带来赔偿义务；对劳动合同的效力则无任何影响。[2]既然口头声明或点头也可缔结劳动关系，通过**互联网缔结劳动关系**就更无可争议了。[3]

　　举例：甲写电子邮件给乙，表示愿意成为销售雇员。乙高兴地回复邮件，写道："我同意。你提的条件也都行。"劳动合同即已成立。互联网上的其他沟通形式也一样。

这一点对于《德国外国人居留法》第 19a 条规定的**欧盟蓝卡**申请人尤其具有实际意义。发放蓝卡的条件之一是申请人的工资达到一定水平。通过互联网缔结的劳动合同或网上给出的承诺通常可以作为证明。

但是电子邮件也会造成问题。一方若想反悔，可能声称**当时的电子邮件并非本人发送**。

---

　　[1] 此主题也可参见本书第一章，边码 34 及以下，第十四章，边码 75。
　　[2] BAG, 17.4.2002 – 5 AZR 89/01 – NZA 2002, 1096；参见 Däubler, Arbeitsrecht 2, Rn. 152ff.。
　　[3] Beckschulze/Henkel, DB 2001, 1491.

此时收件人必须证明含有争议内容的电子邮件的确是标注的此人发送,而这几乎不可能,甚至**表见证据**(Beweis des ersten Anscheins)都不可证明邮件的真实性。[1]除非"执行合同的行为"有据可查(雇员完成了一项工作委托)或电子邮件之外还存在书面合同。

10 **(2)《证据法》的要求**

电子邮件或在互联网上的声明,不满足《证据法》的要求。根据该法第2条第1款,雇主有义务对重要合同条款进行"书面记录、签署并交给雇员"。尽管电子邮件构成书面记录,**但缺少"签署"**。签署必须由缔约方或其代表亲笔进行,不能仅在电脑中输入姓名。[2]签名的扫描版本只是复印件,因此也不足够。也无法依据《证据法》第2条第4款,在书面劳动合同中作出符合法律要求的说明,从而回避第2条第1款要求的书面形式。因为现行法中的**书面形式**(Schriftform)意味着具名**签署形式**(Unterschriftsform),而签署则以
11 某人书写自己的姓名为前提。

《关于修改私法的形式规定和对现代法律行为中的其他规定》法(以下简称《**形式法》,Formgesetz**)于2001年7月13日[3]颁布,从而补充了德国《民法典》第126条第3款,其规定书面形式也可被电子形式取代。德国《民法典》第126a条中的电子形式,要求远高于一封简单的电子邮件——电子文件的出具者须附上自己的姓名并使用合格的电子签名。而此种签名方式在2001年5月22日颁布[4]的《**签名法**》(Signaturgesetz)中作了规定,该法取代了1997年7月22日的《签名法》[5],是对1999年12月13日[6]《欧共体签
12 名指令》的贯彻。[7]

就《证据法》第2条第1款所规定的记录关键劳动条件的要求,**电子形式不可**与书面形式**等同**——《形式法》第32条为《证据法》第2条第1款增加了第3句,排除了电子形式的证明。传统的书面形式可能会沿用到《证据法》第2条第4款许可的"书面"(schriftlich)劳动合同上。

13 **2. 德国《民法典》第623条规定的书面形式**

2000年5月1日,德国《民法典》第623条生效,依据当时的表述,解雇、规定劳动合同的期限和协商一致解除劳动合同均须以书面形式进行。[8]然而2001年1月1日生效的德国《民法典》第623条取消了以书面形式规定劳动合同期限的要求,而在《非全日制用工和固定期限劳动合同法》的第14条第4款中要求须以书面形式规定劳动合同的期限。也

---

[1] OLG Köln, CR 2003, 55; Roßnagel/Pfitzmann, NJW 2003, 1209ff.; Mankowski, CR 2003, 44ff. 持不同观点。

[2] 详见 Palandt - Ellenberger, § 126 Rn. 8ff. m. w. N.。

[3] BGBl. I S. 1542

[4] BGBl. I S. 876,最近一次修改为 Art. 4 Abs. 111 des Gesetzes v. 7. 8. 2013, BGBl. I 3154。关于该法,见 Pordesch/Bräutigam, CF 5/2001, 29ff.; Roßnagel, NJW 2001, 1817ff.。

[5] BGBl. I S. 1872.

[6] ABl. vom 19. 1. 2000, Nr. L 13/12.

[7] 详见 Redeker, CR 2000, 458。

[8] 参见 Krabbenhöft, DB 2000, 1562f.。

就是说，"电子形式的意思表达"不符合要求。雇主不能靠发电子邮件来解雇雇员、与雇员协商一致解除合同或规定劳动关系的期限。[1]只能走白纸黑字的"老路"。没有白纸黑字，解雇或双方协商一致达成的协议据德国《民法典》第125条均无效，劳动关系还将存续。

《形式法》没有修改此法律状态。对德国《民法典》第623条的补充明确指出，**解雇和协商一致解除劳动的，不能用电子形式替代书面形式**。然而《非全日制用工和固定期限劳动合同法》的第14条第4款的规定却没有类似表述，原因可能在于，开展《形式法》先期立法工作时，德国《民法典》第623条仍要求以书面形式规定劳动合同的期限。在这个意义上，是法律编写发生了失误，这样一来，依据《非全日制用工和固定期限劳动合同法》也不可用电子形式规定劳动合同期限。[2]

3. 集体合同规定的书面形式

集体合同也可规定必须以书面形式缔结劳动合同。未遵守此形式要求不会导致劳动合同无效，只不过雇员可据此要求明白无误地写下所有劳动条件。在这个意义上，这种情形与《证据法》规定的框架并无二致。[3]

如果集体合同针对特别重要的条款要求必须采用书面形式，则此时该**书面形式**可能不仅具有声明意义，而且具有**建构意义**。相应地，该条款必须采取书面形式才具效力。**电子形式**是否与德国《民法典》第126条第3款规定的书面形式等同，取决于如何（补充性地）解释整个集体合同。德国联邦劳动法院的一个判决可用于支持电子形式——根据该判决，传真可以视为集体合同的书面形式，可据此主张权利。[4]然而即便如此，德国《民法典》第126b条规定的无需本人签名的**"文本形式"**（**Textform**）也绝不等同于书面形式。[5]

三、劳动法如何处置设在办公场所之外的工作岗位

1. 早期尝试

互联网劳动关系在德国仍不常见。本书第十五章讨论的居家办公和移动式工作尽管借助互联网进行，不过雇员通常仍保有共同的工作场所。互联网的作用主要在于方便各个分散单元之间的沟通联络，而一个人也可构成一个单元。[6]随着信息技术的发展，**劳动流程分散化的趋势**显而易见。[7]对此的正向描述是：雇员不用再去上班，工作自然会找上门。[8]

对于彻底以互联网为媒介进行的工作，目前法律上的制度框架尚不完备。2002年7月16日，欧盟在社会对话框架下通过了《远程工作框架协议》（**Rahmenvereinbarung über**

---

[1] Däubler, AiB 2000, 189, 下同。

[2] 讨论现状见 DDZ – Wroblewski, § 14 TzBfG Rn. 187, 187a。

[3] 关于集体合同对书面形式的要求，见 Däubler – Nebe, TVG, § 1 Rn. 334ff.。

[4] BAG, 11. 10. 2000 – 5 AZR 313/99 – AP Nr. 153 zu § 4 TVG Ausschlussfristen.

[5] 关于文本形式，详见 Däubler, BGB kompakt, Kap. 11, Rn. 44c。

[6] Mankowski, DB 1999, 1854：互联网扩大并促进了远程工作。

[7] Dulle, S. 6; Kreilkamp, AuA 1999, 64; Wank, Rn. 53. 亦见 Kramer – Hoppe, Teil B Rn. 555。

[8] Schlachter, in: Noack/Spindler (Hrsg.), Unternehmensrecht und Internet, S. 199.

Telearbeit),[1]内容上也覆盖了互联网劳动关系。该协议的许多原则都值得赞扬,[2]却也存在重大缺陷:欧盟在该层面的其他许多协议都通过欧盟委员会**转化成具有法律效力的欧盟指令**,本协议却**并非如此**。不论当时和现在,欧盟各成员国的雇主组织和雇员组织都可自行决定如何施行该协议。难以指望这些组织真会有什么大动作——目前为止,还没有哪个组织想起来要掸去协议的灰尘,切实践行。

19　　**2. 雇员还是自雇者**

通过互联网和企业"挂钩"的人,到底算雇员还是自雇者,取决于**一般性的判断原则**。
20　对此不存在具体法规或司法判决衍生而来"案例组"(Fallgruppe)。

一直以来,德国联邦劳动法院在司法判决中重点考察一方是否听从于另一方的指挥,这是判断雇员身份的核心标准。2017年4月1日起纳入现行德国《民法典》的第611a条确认了这一点。雇主的指示可覆盖**工作活动的内容、开展方式、时间和地点**,从雇员融入雇主的组织体系的程度上,又可倒推出其在多大程度上听从雇主指示。根据**德国《商法典》第84条第1款第2句**,某人"基本可以自由决定如何开展工作、自由决定工作时间",他就是自雇者而非雇员。依据德国《民法典》第611a条,合同中的称谓无关紧要,重要的在于双方的法律关系在实际中如何体现。[3]由于"听从他人指示"有时无法清晰地与"自我组织"(Eigenorganiation)相区别,德国联邦劳动法院要求**综合考察个案的情况**。[4]这让法
21　官有了细致裁量的空间,但个体公民遭遇具体冲突时却难以预判结果。

德国联邦劳动法院的司法判决不仅遭遇了概念不清晰的责难,而且更多批评的声音指出,此处的**雇员概念未考虑劳动法规的制定目的**。[5]假如按常见方式,在"目的论"(teleologisch)的视角下,从确立法规的目的来定义概念的话,雇员概念中还应考虑"**经济从属性**"(wirtschaftliche Abhängigkeit)。支持此观点的还有另一理由:时下**主流的雇员概念**其实是"**工业化进程的产物**",源于工业劳动占主导地位的时代,劳动法也立足于工业劳动。时至今日,工业劳动在德国已非多数。[6]大多数劳动者现今从事的是服务行业。因此劳动法的适用理应不再以过去为导向,而应关注雇员的保护需求。起码,如果雇员的经济状况是其听从他人指示的重要原因,那么认定劳动关系时应考虑雇员的保护需求。

举例:一名广播传媒从业者被编入排班表,他有权在一定期限内回绝该安排。尽管出于家庭原因他希望被编入其他时间的班次,但他靠这份工作糊口,不愿给委托方

---

〔1〕链接:www.europa.eu.int/comm/employment_social/ – Stichwort Sozialer Dialog
〔2〕参见 Schierbaum, CF 5/2003, 12ff. 。
〔3〕BAG, 15.12.1999 – 5 AZR 566/98 – DB 2000, 723; BAG, 15.12.1999 – 5 AZR 3/99 – DB 2000, 879; BAG, 15.12.1999 – 5 AZR 770/98 – DB 2000, 1028,在这些案例中否认了保险公司代表的雇员身份。更多证明见 Däubler, Arbeitsrecht 1, Rn. 24ff. 。
〔4〕在 BAG, 6.5.1998 – 5 AZR 347/97 – DB 1998, 2275 案中联邦劳动法院已经持此观点,之后在见 BAG, 15.12.1999 – 5 AZR 770/98 – DB 2000, 1028 中再次确认。
〔5〕对此的基本性论述,见 Wank, Arbeitnehmer und Selbständige, München 1988。
〔6〕工业在德国社会价值创造中的比例仍为30%左右,在英国等其他西方国家则只占10%~15%。

留下"不可靠"的印象，便未行使自己的拒绝权。[1]

在居家办公和移动式工作方面，**劳动关系**仍占绝对多数。[2]尽管无法完全排除某些雇主的劳动组织方式会使"远程工作"变成事实上的自雇劳动，[3]但目前这种做法十分罕见。或许正是因为雇主并未借此将风险转嫁给雇员从而降低工资成本，雇员才接受远程工作。所有劳动法相关法规对企业场所内外的劳动都有效，这是现有的**集体合同**[4]及 IBM[5]和其他企业[6]过去签订**企业协议**时的一致出发点。[7]地理距离使得雇主很多时候**无法检查工作，只能信赖雇员**。但假如某个雇员感到自己是公司节省开支策略的牺牲者，便很难建立与公司之间的彼此信赖。不过，以互联网为中介平台的服务（如"优步"）[8]和众包工作[9]的情形则已大不相同。本书后文将详细阐述这两种情形下劳动关系与自雇劳动之间的界限问题。

3. 属于某个企业

企业概念也会出现类似的**适用问题**。该概念的界限也不明确，同样无法从相关法规的目的角度进行规定。[10]我们此处的讨论特别需要重视一点：日常生活中人们往往将企业视为固定空间内的一个单位，而法律上对企业的理解不同：企业是人员从属于、**融入于**一个组织体系——从而带来法律结果。举例来说，传统的企业外勤人员仍受《企业组织法》或其他基于企业概念的法规调节。[11]2001年对《企业组织法》第5条第1款第1句作出的补充，确认了外勤人员和远程办公人员均在该法的覆盖范围内。

有一个特殊情形需注意，《企业组织法》第4条第1款第1句第1项将至少有5名雇员且"**与企业主要场所相隔遥远**"的**企业部分（Betriebsteile）**视为独立企业。这一规定尤其可影响几名远程办公人员在企业邻近地区共同运营的办事处。此时从目的论角度做简化很有意义——考虑到本法条的内容是创造条件使员工利益代表尽可能贴近基层，关键在于参与方之间的联络沟通。如借助现代信息技术，地理距离已不再是难题，则《企业组织法》第4条第1款第1句第1项的适用领域也会逐渐缩小：包括视频会议在内的电子通讯发达，

---

〔1〕 参见 BAG, 16.6.1998 – 5 AZN 154/98 – DB 1998, 2276，该判例中的摄影记者"事实上"无法拒绝拍摄时间安排。

〔2〕 类似判断见 Boemke, BB 2000, 148; Wedde, Telearbeit, S. 58f. Haupt/Wollenschläger, NZA 2001, 289 则担忧日后会逐渐转为形式上的自雇。

〔3〕 案例见 Fenski, Rn. 359ff. 。涉及文字撰写工作的不同组织形式。参见 Schlachter, in: Noack/Spindler (Hrsg.), Unternehmensrecht und Internet, S. 205ff. 及 Wedde, Telearbeit, Rn. 233ff. 。

〔4〕 特别应查阅德国电信与德国邮政工会之间的集体合同，原文转载于 NZA 1996, 189。

〔5〕 转载及评论见 AiB 1992, 134ff. 。

〔6〕 概览见 Wank, Rn. 170ff. 。

〔7〕 详见本书第十五章，边码1及以下，边码21及以下。

〔8〕 详见本书第十七章，边码7及以下。

〔9〕 详见本书第十八章。

〔10〕 对此的基础性论证见 Joost, Betrieb und Unternehmen als Grundbegriffe im Arbeitsrecht, München 1988。

〔11〕 外勤人员在《企业组织法》的地位，见 Mayer, S. 163ff. 。

员工远程也可像同处企业般地交流意见，则该法规不再具有存在理由。[1]人员少于5名的**最小单元，哪怕与企业相距遥远也仍然属于企业**，这一点2001年《企业组织法》在第4条第2款作了明确规定。

外勤人员像是互联网劳动关系的"前身"，由此可看出互联网劳动关系也可归属于某一企业单位，但企业中40%或50%的人员均以外勤方式劳动，又**会带来什么实际结果**是难以明确的。至少现今的情形中，外勤员工很少参选企业职工委员会或成为工会成员。劳动法在实际中要良好推行下去，既要思考如何处置一些雇员被"企业"这个基本单位排除在外的现象，也要思考如何处置外勤员工较少参与企业组织的现象。因为，扩大某一节点上的量的变化也会带来质的变化。

4. 劳动保护

个体劳动者在家、在火车上、在酒店房间里或在客户的办公场地工作，**很难**对其适用劳动保护法或劳动时间法的规则，保障法规的执行就更难上加难。[2]本书中其他地方已讨论了由此带来的具体问题。[3]

5. 与同事沟通联络中的实际问题

劳动者与雇主和其他同事完全通过互联网联络，距离"总部"又非常遥远，会遭遇**两个法律未预见的不利**。第一，他在《企业组织法》上的地位没有实际价值，因为他无法与企业职工委员会面谈，也无法参加企业职工大会。第二，如未获得雇主的允许，他和同事只能谈工作相关的话题，无法像在正常企业中一样建立起互相信任的个人关系。

实践现行法时如充分考虑相关技术的特点，可在一定程度上克服以上这两点不利。

（1）企业组织

对**企业职工委员会的选举权**方面基本不存在难以逾越的障碍：与较长期在国外工作的员工一样，互联网雇员也可通过寄信参与投票。存在"互联网劳动关系"的企业也具有技术条件，可在选举开始前将信息（例如：哪些人参选？纲领是什么？企业职工大会上的竞选者介绍）通报给远程雇员。2001年的《选举法》明确许可以电子方式发布选举公告。

员工与企业职工委员会沟通联络，约谈可被**电子邮件**或**视频会议**取代。员工有权参与企业职工大会，但行使权利会遇到现实困难。[4]不过，可以借鉴已有的办法使其不至于被"落掉"：把**职工大会**的全过程录下来，远程员工便可以观看。尽管他无法参与现场讨论，但可在大会前后发送"文书"给企业职工委员会提出意见。工作量不过分的情况下，还可为处于一定地区的远程员工专门举行**部分职工大会（Teilversammlung）**。企业职工委员会成员提交报告给其他成员评论时，也可举行电话会议。

将一名互联网雇员选入企业职工委员会，在法律上毫无问题——后续的实际困难并不

---

[1] Beckschulze/Henkel, DB 2001, 1498 表示同意。类似趋势见 DKKW - Trümner, § 4 Rn. 58。
[2] 参见本书第五章及第六章。
[3] 参见本书第六章，边码24及以下，第十五章，边码17及24。
[4] Wedde, Telearbeit, Rn. 602ff.

阻碍被选举权。[1]短期被派遣到国外的员工也一样。由于企业职工委员会会议不可采用视频会议方式，表决也不能采用缺席投票方式，[2]如该互联网雇员的工作地点和会议地点距离过于遥远，导致差旅时间过长或雇主承担的旅费过高，则视为该成员无法出席会议（Verhinderung）。

（2）与同事的沟通联络

互联网雇员能否像一般劳动中一样与同事和上级偶尔谈谈私事，这一点将对从心理层面上建立"对企业的归属感"起到重大作用。若严格限制所有电子通讯只能与工作相关，会使人性化的工作条件大打折扣。这既不符合《劳动法》的精神，通常也难以提高雇员的工作效率，难以提高其忠诚度，进而不利于雇主。因此可推导出**雇主**在互联网劳动关系中必然具有**允许雇员在合理限度内进行私人沟通**的附随义务。合理限度依据"固定场所"企业内的私人沟通限度而定；抽象规定（如"每小时五分钟"）意义不大。不过，应放宽这些情况下私人使用互联网[3]的限度。

四、跨境的互联网劳动关系

1. 概念和潜在的实际意义

互联网跨越国界，因此技术上完全可实现雇主位于 A 国，雇员却在 B 国工作的劳动关系。不过这个话题至今几乎未得到法学界的关注和讨论，[4]难以形成统一的规则。[5]

除开可获"欧盟蓝卡"或与德国雇主签订了劳动合同从而可获德国工作许可的少数专门人才，在德国国外工作的劳动者**通常不直接受聘于德国本土企业**，而一般由企业当地子公司负责人员聘用，因为子公司比较熟悉本地情况，也能更好判断申请人是否适合岗位。这种劳动关系不具备跨境性质，因为员工是为位于本地的公司创造业绩，[6]受劳动给付地所在国的法律管辖。当**某些人在互联网上出售劳动力**，或某项工作任务由处在不同时区多个国家的人共同进行时，跨境的互联网劳动关系才成立。[7]另外，具备专业技能的雇员也可能"分处两地"，既与本地子公司也与总部母公司签有劳动合同。

2. 适用的劳动法

"跨境"的劳动关系到底适用哪种法律规范，依据**国际私法**（又称冲突法）的规则而定。**各国法院适用各自的冲突法**，在某些案例中会造成重大困难。

---

[1] 亦见 DKKW – Homburg, § 8 Rn. 19 对外勤雇员和远程雇员的论述。
[2] 详见本书第十四章，边码 76 及以下。
[3] 详见本书第十一章，边码 12。
[4] Wank 明确排除了对这个主题的讨论（Rn. 194）。
[5] 主要参见 Mankowski, DB 1999, 1854ff., Fenski, Rn. 466ff. 及 Schlachter, in: Noack/Spindler（Hrsg.）, Unternehmensrecht und Internet, S. 226ff.。Strömer 在 8.5.1（S. 325）也提到了该可能性，亦见 Wedde, Telearbeit, Rn. 642。
[6] Mankowski, DB 1999, 1857.
[7] Mankowski, DB 1999, 1857. 亦参见 Schlachter, in Noack/Spindler（Hrsg.）, Unternehmensrecht und Internet, S. 226ff.。众包工作参见本书第十八章。

举例：一名德国建筑工人被派遣到沙特阿拉伯。他的德国劳动合同依照劳资协定，加班可多拿25%工资。在沙特工作了一段时间后，此人了解到沙特法律强制规定50%的加班补贴。此人与德国雇主的关系本就不理想，因此在利雅得的伊斯兰法庭对雇主提出起诉。伊斯兰法庭对他这个异信者居然信赖伊斯兰的司法制度很是高兴，毫不意外地适用了当地法律，判决雇主必须补足加班费。[1] 雇主满不情愿地支付了补贴，思索着要报复。雇员回到德国后，遭到了退还补贴的索求：理由是他之前获得的额外25%补贴没有法律依据，伊斯兰法庭的判决在德国不适用。过去的法律文献也表达了类似意见。[2] 如德国的劳动法院支持雇主的主张，可能导致无休无止的法律争端。谁也无法阻止被迫在德国退还了补贴的雇员不会再到沙特阿拉伯去提出起诉。沙特的法院肯定会支持原判，甚至可能严重制裁雇主，雇主如前往沙特可能遭遇生命危险……

因此实践中必须**时时关注起诉是在哪个法院提出的**。下文首先将阐述这样一个案例，一名在德国国外劳动的（印度）雇员在德国对其德国雇主提出起诉［第（1）部分］。接下来则讨论相反的案情构成，雇员在德国为美国雇主提供劳动［第（2）部分］。

（1）在德国境外劳动的雇员提出起诉

在中国香港地区工作的雇员如在德国的劳动法院起诉其德国雇主，法院首先会审核自己的**管辖权（Zuständigkeit）**。该管辖权依据欧盟条例（EU‑Verordnung）1215/2012而定。[3] 具体来说，据该条例第21条第1项a，该德国雇主可在德国劳动法院被起诉；负责管辖的是雇主所在行政区划的劳动法院。

自然人依据住所确定管辖法院，法人则依据公司最高决策地而定。

管辖权确认之后，该德国法院则考察到底适用中国香港地区的劳动法还是德国的劳动法。判定依据为《罗马第一条例》第8条，而对于2009年12月17日之前签订的合同，仍然依据《德国民法典施行法》(EGBGB) 第30条。

要提的第一个问题是雇员的"**惯常劳动场所**"（gewöhnlicher Arbeitsort）在何处。据《**罗马第一条例**》**第8条第2款**或EGBGB第30条第2款第1项，原则上适用该地的现行法。也即，本文这个案例适用中国香港地区法。

该原则也存在**例外**。据《罗马第一条例》第8条1款或EGBGB第30条第1款，劳动合同双方若**约定**适用**其他法律**（如德国法），则按约定适用该法律。不过仍保留雇员在中国香港地区法所有强制性规定下得到的保护。在这个意义上，第8条1款和第30条第1

---

〔1〕 Hohloch, RIW 1987, 353ff. 及脚注14描述了这个案例。
〔2〕 Hohloch, RIW 1987, 358ff.。Gamillscheg, Internationales Arbeitsrecht, Tübingen 1959, S. 280f. 则持不同意见。
〔3〕 正式名称：《关于民商事管辖权与判决承认与执行的1215/2012号条例》，ABlEU v. 20. 12. 2012, Nr. L 351/1ff.。

款是在国际层面选择了便宜原则（Rosinenprinzip）。

即便案例本应适用其他法律，**德国劳动法规中的一些重要规定仍会得到施行**。例如，某人在德国劳动却适用他国的劳动法，德国法院仍会据**《罗马第一条例》第 9 条第 1 款**或 EGBGB 第 34 条适用德国的劳动保护法。如此人在德国以外的国家或地区劳动，这一点则意义不大。

举例：《企业组织法》也属《罗马第一条例》第 9 条第 1 款或 EGBGB 第 34 条的范围。因此，如在中国香港地区的雇员凭借现代信息技术与德国公司的联络密切，可视同为德国公司的外勤岗位，则他也享有该企业职工委员会的选举权和被选举权。不过现实当中几乎从未有过先例……

如他国的劳动法中含有**彻底违背**德国法律基本精神的**规定**，依据《罗马第一条例》**第 21 条**或 EGBGB 第 6 条的**公共秩序保留（Ordre‑public‑Vorbehalt）**，这些规定在德国不适用。这里主要关涉极端个案。

举例：假如中国香港地区劳动法许可无缘无故即可解雇员工，这可构成一个极端个案。如法律允许由于性别歧视（"女人又蠢又难搞"）或种族歧视（"西方人诡计多端"）而解雇员工，就是违反了公共秩序。

本节的案例中如仍适用中国香港地区的解雇保护法，则接到起诉的德国法院必须着手了解**中国香港地区的法律情况**。如法院无法做到，依据《民事诉讼法》第 293 条，可要求涉案双方自行收集信息。[1]

该雇员也可选择不在德国而**在中国香港地区起诉**雇主。不过，中国香港地区法院会根据本地的诉讼法推进，与欧盟条例不一定吻合。中国香港地区法院还会自行决定适用哪个实体劳动法。雇员胜诉后，判决也可能难于在德国执行，雇员事实上只能要求执行雇主在中国香港地区的财产。

（2）在德国劳动的雇员起诉外国雇主

在德国劳动的雇员多半会想到寻求德国劳动法院的帮助，法院仍依据欧盟条例 1215/2012 决定管辖权，该条例不适用的情况下，则适用《民事诉讼法》的管辖规则。

该条例第 21 条第 2 款规定，只要雇员的惯常劳动场所在德国国内即可适用该条例。这一点上，该条例与其前身欧盟条例 44/2001 不同，后者的适用前提为雇主在德国国内设有分部。[2] 特例情况下，如欧盟条例 1215/2012 不适用，则法院必须依照《民事诉讼法》的规定，从以下几点出发确定管辖法院：

---

[1] 详情见 Geimer, Rn. 2577ff. 。
[2] 见 Däubler, NZA 2003, 1297ff. 。

47　●争议的工作尽管在德国国内完成，但德国并非惯常劳动场所。则据《民事诉讼法》第 29 条管辖法院可能为**履行地法院**。但对此存在不同意见。[1]

48　●争议对象是**违法行为**的，如雇员声称自己的利益遭到雇主恶意损害，则据《民事诉讼法》第 32 条，由德国法院管辖。

　　●最后，雇主**在德国有财产**的，也可在德国对其提出起诉（《民事诉讼法》第 23 条）。不过光有一个银行账户并不够，[2]雇主起码要在德国国内开展最低限度的活动。劳动关系在此具有重要意义。[3]

49　德国**劳动法院**从以上依据出发认定具有管辖权的，而雇主属于欧盟条例第 21 条第 2 款的情况，则对案件**适用惯常劳动场所**的国家法，也即**德国法**。其他情况则取决于案件与哪个国家的关联最为紧密。

　　适用惯常劳动场所的国家法，这一点存在保留：案件不可与其他法律存在"**更紧密的关联**"。如存在明显更多依据显示，本案与他国法更密切相关，则应将案件排除德国法管辖。上文中，中国香港地区案例如具有此类情形，便也应当对其提出与哪里的法律关联更紧密的问题。

50　**举例**：一位本身是美国公民的 IT 人员，在德国国内为一家美国企业工作。他的合同是英文的，工资也以美元支付。应该说此处存在更多适用美国法的依据。[4]

　　法院如认为应适用外国劳动法，则应施行《罗马第一条例》第 9 条或 EGBGB 第 34 条。

　　举例：如具备构成德国国内企业的前提，则该美国公民也具有企业职工委员会的选举权和被选举权。

51　在此必须注意到，《雇员派遣法》第 2 条极大地扩充了适用于德国国内劳动的"绝对强制性规范"。[5]例如，此案的最低限度也要适用德国《民法典》第 138 条禁止工资压榨和德国《联邦年休假法》（BUrlG）。[6]也就是说，本案例中虽然适用美国法，但该雇员仍可期待从德国劳动法院中得到相当程度的保护。

　　然而**判决执行（Vollstreckung）**上，本案和中国香港地区案同样存在困难。德国法院

---

〔1〕 见 Thomas/Putzo，§ 29 Rn. 6。

〔2〕 BGH, 2.7.1991 – XI ZR 206/90 – BGHZ 115, 90.

〔3〕 关于原告住所对德国《民事诉讼法》第 23 条适用的（重大）意义，见 BGH, 13.12.2012 – III ZR 282/11 – NJW 2013, 386。

〔4〕 参见 BAG, 24.8.1989 – 2 AZR 3/89 – DB 1990, 1667：英国公民在挂德国旗的船只上劳动，船东是英国人，工资以英镑支付。

〔5〕 该规定由 1998 年 12 月的《修正法》引入，目的之一在于贯彻欧盟的派遣指令（ABl v. 21.1.1997, Nr. L 18/1ff.）。

〔6〕 详见 Däubler, RIW 2000, 257ff.。

的判决通常只能执行雇主在德国的财产。

自然，该雇员也可到美国提出起诉。雇主公司位于美国，因此管辖权应该不存在什么争议。至于适用哪种法秩序则取决于美国法的规定。很难说（每个联邦州的情况可能也不同）法院的判断通常会考虑惯常劳动场所，还是考虑与哪个国家的关联更紧密。此外，在美国打官司时间漫长、费用高昂。这一点与互联网的发展倒没有什么关系——尽管技术飞速进步，但冲突法方面并未产生本质上全新的法律问题。[1]

五、虚拟企业中的劳动法

1. 尚未形成的概念

"虚拟企业"似乎是个流行话题。企业界曾一度强调，这个词主要具有**噱头性质**，背后并没有实质性的明确构想。[2]还有人认为它是个"变幻莫测的概念",[3]可从多种角度阐释理解。概念不确定，显示了目前现实也尚不清晰——二三十年后劳动将被信息技术统治，谁也无法确凿预见那时会是什么情景。

如果说这个概念存在"核心"的话，应该具有以下**两要素**。

- 该企业之所以被称为"虚拟"，是因为其**活动**、其**生命只存在于屏幕上**。只看外部的话，网络空间仅存在于想象当中，才被称为"虚拟"，然而网络空间对现实的确造成实际结果。从中可看出，使用"虚拟"一词带有意识形态色彩，有意无意地把人们的注意力从现实引开。无论我在 Comdirekt 银行开设账户，还是在 Buch&mehrdirekt 网站购买书籍，这都是实在发生的事情；使用的虽然是数字手段，但仍并非"虚拟"。当然，网上玩大富翁，或开设股票游戏交易账户模拟炒股，在这些情况下说"虚拟"是恰当的。

举例：有时人也会被抛回现实。登录 EdenCity 游戏（www.edencity.de），市民登记局的 Sandra 会友好地问："我能为你做什么？"如果你同样友好地回答："我想见见你。"你会得到这样的回答："没可能的，我是机器。"

- 光看"虚拟"这个词，也无法看出虚拟企业的第二个特点：它们的**规模具有弹性**。这些企业由不同的细分单元组成，每个单元擅长解决一个任务。做完项目或完成委托，企业即告解散。其"元素"可能重新组合后再进行另一个项目。**这些单元既可以是小企业**，也**可以是**三四个人的小团队，甚至**是**个人。[4]根据预测，这样弹性的结构主要会出现在 IT 行业。

---

[1] 类似观点见 Mankowski, DB 1999, 1858。
[2] Wehling, Industrielle Beziehungen 7（2000）, S. 132。
[3] Fricke, AiB 1997, 31。
[4] 对该概念的理解，见 Wolmerath, FS Däubler, S. 717ff.；Wehling, Industrielle Beziehungen 7（2000）, S. 133ff.。

2. 劳动法上的后果

(1) 规范不再符合现实

56　　以上设想如果变成现实，对劳动法的震动会相当大。它们导致的变数会远远超过"互联网劳动关系"。总体上看，对**传统的劳动法体系**会形成 3 个"**冲破口**"。

57　　● 由单个个体或数个地位平等个体组成"小单元"的话，**难以将其与虚拟企业之间的法律关系界定为劳动关系**。是否存在指挥依附关系也存在巨大疑问，因为该小单元完全可将其劳动力投入另外的项目。这样的小单元应该更类似于手工业者，或软件及企业咨询师。

58　　● 即便"小单元"归某人所有，常常也达不到**解雇保护规定**或人事及经营方面共决规定生效的**基本要求**。现实表明，因为合作者常发生变化，也很难选举出代表劳动者"共同"利益的**企业职工利益代表**。

59　　● 在形成经营决策方面，虚拟企业可能自身具有决策机关，也可能由参与的小单元协商后决定，无论哪种，许多**经营决定**都在虚拟企业层面作出。而要在这个层面上建立起公司职工委员会之类的劳动者利益代表机关，可能在项目已经完成大半时才能达成，甚至可能项目结束了还没实现。**建立伴随决策过程的共同决定机制十分困难**。

(2) 法律并非束手无策

60　　法律是可以对此做出反应的。但对此的严肃讨论尚待虚拟企业现象在一些地方成为现实。因此本书只提出**一些暂时性的思考**：[1]

61　　● 可以考虑**扩充雇员概念**，将联邦劳动法院司法判决中的现有思路延续下去，如认为虚拟企业和小单元之间会形成引起特定行为的经济框架条件，即构成依附性劳动的依据。然而，哪怕作出这样的扩充，只要小单元原则上可选择其他的行为，还是无法适用劳动法。面对此类情况，我们只能考察**民法的规定**在多大程度上能提供**最低限度的保护**。本书第十八章对众包工作的介绍会谈及此点。

62　　● **多个小企业**可通过**集体合同共同组成（zusammenfassen）**具有成立职工委员会能力的单位。分店经营已存在这样的先例。《企业组织法》第 3 条第 1 款第 1 点明确许可，由多个微小企业组成的虚拟公司可建立跨企业的职工利益代表组织。建立后便可立即开始运作。

63　　企业合并或拆分，目前也必须通过职工利益代表组织的讨论。

64　　● 最大的难题在于**虚拟企业缺乏持久性**，从而导致与单个个体或小群体缔结的**劳动关系通常都有固定期限**。可以在全行业**成立名义雇主**来解决该问题。此外还可考虑建立"**基本劳动关系**"（Grundsatzarbeitsverhältnis），员工为不同的虚拟企业劳动时，该基本劳动关系则得到更新，缺乏劳动机会时则保证基本收入。这样个体劳动者也可获得必要的独立性，从而卓有成效地开展创意劳动。

---

[1] 亦见 Fricke, AiB 1997, 33ff.; Wehling, Industrielle Beziehungen 7 (2000), S. 150ff.; Wiedenfels, AuA 2000, 418f.; Wolmerath, FS Däubler, S. 719ff. 关于虚拟"抗议示威"（发送十万封电子邮件让雇主企业的服务器短时内无法运转），见 metall Heft 4/2000, S. 14 报告。为推动和雇主的谈判，巴斯夫公司内通过电子邮件号召职工延长午休，见 Kiper, PersR 2004, 208。

举例：许多德国和他国的港口都建有类似机制：成立全港公司作为名义雇主，一方面行使合同雇主方的职能，另一方面在具体运营上则作为港口内的"劳动力分配方"。这样同时**保证了雇佣关系的稳定性和为多个委托方服务的灵活性**——难得地真正实现了"弹性安全"。*

65

目前这一切似乎仍是天方夜谭，但我们也不能忘记，希望生存有保障的不仅是雇员。从雇主角度，只有维系企业的雇员**无需为生计担惊受怕**、收入稳定时，**才能推动企业创新和生产力进步**。相比过去的流水线时代，在"知识社会"中，雇员是否有内在动力，是否认同工作本身，具有重大意义。

66

也许，几年后 IT 行业的工会将提出这样的观点：雇员有些像风险投资，必须尽力扶持，使其愉快。即便十个人里只有一个做出了新发明也够收回投入了。

---

* "弹性安全"（Flexicurity）是一个人造词，由"flexibility"（弹性）和"security"（安全）组合而成。欧盟委员会多年来一直将其作为发展劳动法的法政策目标之一。然而弹性方面确实得到了有效扶持，对基本生活的安全保障却没得到重视。

第17章

通过网络分配订单

1 **一、基于互联网的新兴工作形式——平台经济**

数字化的不断发展改变着人们以往对工作岗位的认知,对工作岗位的要求在变,对工作岗位的时间和空间约束也在变。要完整地展现现实就必须考虑**新兴的工作形式**。它们产生于所谓的互联网平台,这些平台将供给与需求"汇集起来",简化了市场交易,节省了大量交易成本,使许多企业(如传统中介)失去了存在的必要性。[1]此处要区别**两种"平台经济"现象**。

2 **1. 分配订单**

优步公司(Uber)基于互联网建立了新的商业模式,广为人知。*顾客在智能手机上下载 APP 并连接互联网,优步便可通过 GPS 确定顾客的位置。验证信用卡信息后,顾客即可开通账户,预订行程。众多司机也有优步 APP,顾客预订车辆时,距离顾客最近的司机便会获得订单。这种模式及其他类似情况被称为"按需经济"(economy on demand)。顾客向优步支付车费,优步收取其中 20% 至 30%,其余归司机所有。顾客与司机进行双向匿名互评(rating),若司机多次被差评,平台则不再向其分配订单。完成订单越多,优步收取佣金越少,司机获得报酬越高。优步已事先设定好一些路线(如"慕尼黑-纽伦堡")的价格。若优步在某市根基尚不稳,司机的报酬也会比较丰厚,但随着时间推移,报酬会逐渐减少。优步还会详细规划行驶路线;另外,若顾客无其他愿望,行驶途中将播放预先设置
3 的背景音乐。[2]

---

[1] Coase 对企业变得无用的论述见 Schneider – Dörr, SPW 6/2017, S. 60。

* 中国的滴滴公司也提供类似服务,此处不作详述。

[2] 优步的商业模式见 Prassl/Risak, Uber, TaskRabitt, & Co: Platforms as Employers? Rethinking the legal Analysis of Crowdwork, Comparative Labor Law and Policy Journal 37 (2016), Issue 3, 亦见 https://ssrn.com/abstract = 2733003。Krause, 71. DJT, B 20, 99ff. 也讨论了这一商业模式。

在德国和法国，优步的**商业模式**因受工商业管理法限制而**遭遇失败**。[1]在英国则不同，优步自认为在英国并非司机的雇主，而只是中间方。

另一类似系统名为**跑腿兔（TaskRabbit）**，但它对劳务人员的要求较宽松。顾客在跑腿兔上可预订各类劳务，如修剪草坪、采买购物，甚至是人身保护。[2]顾客既可是个人，也可是企业。跑腿兔同样采用评价制，但差评不会导致劳务人员被逐出平台，平台更多情况下会采取提高绩效的措施，或给被差评者分配报酬较低的订单。与优步一样，跑腿兔也**认为自己只是中间方**。在它看来，顾客与"任务完成者"（tasker）之间是否存在劳动关系尚无定论。[3]网上还存在一些其他服务于特定需求的平台，如"careship. de"提供购物帮助及照管服务，"advocado. de"提供法律咨询与法律代理，"erstenachhilfe. de"帮助解决学业问题。[4]

外卖送餐业务增长很快：顾客在某个餐厅预订了餐食，外卖平台安排位于餐厅附近的外卖骑手接单，去餐厅取餐后送到顾客家。德国最有名的两家外卖平台是 Deliveroo 和 Foodora。曾有人在 2017 年和 2018 年对这两家外卖平台的劳动条件进行了调研，相关结果将在以下第二部分第 3 节讨论。[5]

劳务提供存在**不同形式**。有时私人家庭雇佣"迷你工"或黑工；有的劳务提供者属于独立自雇者；还有人由劳务公司雇佣，属于雇员。[6]负责房屋清洁行业的德国建筑、农业及环境工会（IG BAU）与度假房屋中间商爱彼迎（Airbnb）就清洁人员的工作条件进行了磋商。[7]有意思的是，外卖送餐的两大巨头中，Deliveroo 基本只用"独立自雇者"骑手，而 Foodora 则主要用"雇员"骑手，后者在竞争中并没有处于劣势。总体来说，此类互联网服务中介平台在德国的重要性远不及在中国。

2. 在网络上工作

在平台经济的第二种形式中，不仅在互联网上分配工作，工作本身也在互联网上开展。其中最重要也最知名的形式是众包工作（crowdworking），下一章将详细展开讨论。[8]

---

〔1〕 HambOVG, 24. 9. 2014 – 3 Bs 175/14, NVwZ 2014, 1528, 德国联邦宪法法院驳回了违宪之诉，见 BverfG, 13. 11. 2014 – 1 BvR 2861/14；另见 LG Frankfurt, 18. 3. 2015 – 3/8 O 136/14 u. a., CR 2016, 126；KG, 11. 12. 2015 – 5 U 31/15, GRUR – RR 2016, 84。仅可有限援引《欧洲联盟运作条约》所规定之服务自由；因此，是否准许优步进入本国市场仅由本国法律决定（EuGH, 20. 12. 2017 – C – 434/15）。

〔2〕 类似商业模式为 Helpling（某在线家政服务提供商）。

〔3〕 描述见 Prassl/Risak, S. 22ff.（本章脚注2）。

〔4〕 举例引自 Kocher/Hensel, NZA 2016, 985, 亦见 Klebe, NZA Beilage 3/2017 S. 78。

〔5〕 详见 Ivanova/Bronowicka/Kocher/Degner, Foodora and Deliveroo: The App as a Boss? Control and Autonomy in App – Based Management – The Case of Food Delivery Riders, Working Paper Number 107, Hans – Böckler – Stiftung, Dezember 2018（englisch），链接：https://www. boeckler. de/pdf/p_fofoe_WP_107 – 2018. pdf（29. 11. 2019）。

〔6〕 Kocher/Hensel, NZA 2016, 984, 986f.

〔7〕 报道见 Goddar, MagazinMitbestimmung, 2017, 链接：https://www. magazin – mitbestimmung. de/artikel/Agil + ja%2C + aber + nicht + per + Order + von + oben@ thV6zJy9Qi6wTnsIfhUp8A。

〔8〕 参见本书第十八章。

二、法律问题

7　　目前所有已知平台经济形式中都存在这样一个问题：劳务提供者是否属于雇员？如是，则适用劳动法，包括享受解雇保护及选举企业职工委员会等。如否，则应考察劳务提供者对平台是否存在经济从属性。如存在，大多情况下可认为劳务提供者属于所谓的类雇员，因而适用少部分劳动法的规定，但不适用《解雇保护法》及《企业组织法》等核心劳动法规定。若劳务提供者不属于类雇员，则法律上对此类劳动仅按民法原则处理，对此提供的保护可能严重不足。因此，首先必须确定劳务提供者普遍还是仅在某些特定情况下满足构成雇员的前提条件。

8　　1. 沿用至今的雇员概念

9　　前文讨论互联网劳动关系时已经介绍了雇员概念的基本特征。[1] 为解决此处讨论的平台用工问题还需要进一步加深讨论。

● 德国《商法典》第 84 条第 1 款第 2 句对商事代理人的规定为："独立性是指一个人基本上可以自由安排自己的活动，以及决定自己的工作时间。"由此可推导出，工作由他人决定且**无法自由决定工作时间**的人并非独立，因此属于雇员。

● 2017 年 4 月 1 日起生效的**德国《民法典》第 611a 条第 1 款**第 1 句规定，基于劳动合同，雇员负有对另一人"提供依指示的、依赖性的、有人格从属性的劳动"的义务。第 611a 条第 1 款第 2 句规定，指示权涉及"工作活动的内容、执行、时间及地点"。第 611a 条第 1 款第 3 句重述从《商法典》第 84 条第 1 款第 2 句推导出的结论："依指示是指基本上无法自由安排自己的活动以及决定自己的工作时间。"第 611a 条第 1 款第 4 句补充，人格从属性的程度与工作性质相关。

● **德国《营业条例》第 106 条**适用于所有雇员，其中明文规定，"若劳动合同、企业协议规定、适用的集体合同或法律中未规定劳动条件"，雇主可"合理酌情对工作内容、地点及时间作出进一步详细规定"。这同样适用于"企业内规则及雇员行为"。此外应考虑到雇员的残疾问题。除德国《民法典》第 611a 条第 1 款外，该条对行使指示权亦提出了一些10　要求。

但这样仍未最终明确界定雇员概念。过去数十年以来，司法判决在界定雇员概念的过程中发展出了一系列基本原则，新的德国《民法典》第 611a 条第 1 款仅将其中一部分写入成文法律。[2] 司法判决在此仍具权威地位。司法实践现已放弃精准定义雇员这一概念，更多援用某些支持（或反对）存在劳动关系的"要点"及"旁证"。此处最重要的问题在于相关人是否**吻合"典型"雇员**。德国《民法典》第 611a 条第 1 款第 5 句也沿用了这一观点，要求"综合考量所有情况"。尽管该路径模糊不明，且法院是否承认雇员身份会带来重

---

〔1〕 参见本书第十六章，边码 27。
〔2〕 理由见 RegE, BT - Drs. 18/9232 S. 31f.。

大影响，但德国联邦宪法法院仍许可这一路径。[1]也就是说，法院对是否存在劳动关系、是否适用劳动法有最终话语权。

"**典型雇员**"的核心特征为**听从于他人指示**，及**融入**雇主企业组织。[2]这一点不难从德国《商法典》第84条第1款第2句及《营业条例》第106条中推导出来[3]，且现已被德国《民法典》第611a条第1款第1句证实。法律上将其称为**人格从属性**。这两点特征总是同时存在，"融入"企业组织当然是以雇主具有指示权为前提。[4]但有时（如家政工作[5]或外勤工作中）雇员亦可能并不融入企业组织；这种情况下，是否属于雇员完全取决于他是否听从于雇主指示。[6]

雇员概念的**模糊**使灵活性显著增加，使其能够覆盖新的类型。在此不考虑劳务提供者对"雇主"或"委托方"的经济从属性。一般认为经济从属性不是界定雇员身份的恰当标准，因为许多其他合同类型中也可能存在经济从属性。[7]

根据司法判决的类型化方法及德国《民法典》第611a条第1款（"综合考量"），**指示权不必**延伸到劳动关系的**所有"方面"**。关键在于，相关人是否受另一方调遣支配。举个例子，主任医师属于雇员[8]——尽管没有人在工作内容上给他作指示，但他必须在一定地点及时间开展工作。与之相反，在信任工作时间制度[9]中，雇员可自行确定工作时间及时长，也常可自行确定工作地点，但在工作内容上被指派的任务受到限定；[10]无疑，此时雇员身份成立。

若劳动合同中已准确描述了工作活动，因而不需要再做其他指示，根据早期德国联邦劳动法院司法判决，业余大学及音乐学校的教师不具有雇员身份。但在某案中，德国联邦劳动法院仍判定这些教师属于雇员，因为教师的授课时间由校领导层根据教师、父母及学生意愿确定。[11]可以这样反驳联邦劳动法院的早期观点——通过设定合同义务也可产生人格从属性，这些义务在某种程度上属于**预先集中指示**。目前，德国联邦劳动法院已转变观点，在某**送报员**案中，联邦劳动法院**判决**送报员的**雇员身份**成立。[12]其详细解释为：

---

〔1〕 BVerfG, 20.5.1996 – 1 BvR 21/96, NZA 1996, 1063.
〔2〕 BAG, 26.5.1999 – 5 AZR 469/98, NZA 1999, 983, 984 左栏。
〔3〕 德国《社会法典·第四卷》第7条第1款第2句也对社会保险法意义上的劳动关系作出规定："认定劳动关系的关键点为按指示开展工作及融入指示者的工作组织。"
〔4〕 参见 BAG, 6.5.1998 – 5 AZR 247/97, NZA 1999, 205, 207："原告必须在一定时间内提供劳务，而她本身无法对该时段施加任何影响，特别是这一关键点可以证明原告已被纳入被告企业组织中。"
〔5〕 根据德国法，自然人也可以成为雇主。
〔6〕 BAG, 26.5.1999 – 5 AZR 469/98, NZA 1999, 983, 984：广播电视费收费专员未融入企业组织中。
〔7〕 ErfK – Preis § 611a BGB Rn. 47.
〔8〕 BAG, 27.7.1961 – 2 AZR 255/60, AP Nr. 24 zu § 611 BGB Ärzte, Gehaltsansprüche。
〔9〕 参见本书第五章，边码 3–4。
〔10〕 另见某可自由安排工作时间的收费员案，见 BAG, 26.5.1999 – 5 AZR 469/98, AP Nr. 104 zu § 611 BGB Abhängigkeit，及某德国之声新闻编辑案，该编辑必须每天18点通过电视台朗读自己收集到的新闻，见 BAG, 3.10.1975 – 5 AZR 162/74, AP Nr. 15 zu § 611 BGB Abhängigkeit。
〔11〕 BAG, 24.6.1992 – 5 AZR 384/91, AP Nr. 61 zu § 611 BGB Abhängigkeit.
〔12〕 BAG, 16.7.1997 – 5 AZR 312/96, NZA 1998, 368, 369.

> "对于既可作为劳动关系也可作为自由劳务关系开展的活动来说,适用原则为,与高级工作相比,就枯燥的简单工作而言,判定雇员身份,融入他人的工作组织这一标准比听从于他人指示更为重要。这也符合通行观点。简单工作,尤其是一些机械的手工工作,原本就没有多少自由安排活动的空间。因此,少量组织性指示即可决定雇员如何开展工作,故而不能称之为基本上可以自由安排活动(参见德国《商法典》第84条第1款第2句)。此类情况下也不能因为合同中已涵盖雇主的少量必要指示,就排除雇员身份。"

14　此外还有其他一系列旁证,对于此处讨论的问题来说同样值得探讨。

15　雇员必须始终**亲自**完成工作,由他人代替完成工作属于自雇工作的典型特征。[1] 但有时**其他旁证**或许**更为重要**。例如,某送报员可在家人或他人帮助下完成工作;某卡车司机应服从指令,但在生病或度假时可由他人替工,他们也不会仅因此便失去雇员身份。[2]

16　通常**由雇主提供工作用具**,因此使用他人资源工作是雇员身份的旁证。但也存在例外,如模特必须穿某些衣服出场,或受雇出租车司机必须驾驶自己的出租车,这些并不与雇员身份相冲突。[3]

17　法律关系的**时长并不重要**,既可能存在仅一日的劳动关系,也可能以自雇者身份从事同等时间的短时工作。若"委托方"可要求劳务提供者无酬参加培训,则属于劳动关系。[4] 若见面时间由客户决定,同样也属于劳动关系。

18　有时合同当事人会尝试通过签订协议重塑法律关系,使其不再以劳动关系的形式呈现。

19　法学界一致认为,**雇员概念具有法律强制性**。劳动合同和集体合同均无法使雇员成为非雇员,[5] 否则合同双方通过约定便会使整部劳动法成为空文,相关强制性规定也不再具有约束力。因此,若合同中规定了典型雇员义务,却将合同另行命名,称之为"承揽合同",在法律上不具任何意义。这一点已被德国《民法典》第611a条第1款第6句证实,根据该句规定,若实际履行情况符合劳动关系,则合同中如何称呼此种关系并不重要。可以设想这样的情况:某人在形式上属于自雇者,注册了自己的企业,也在税务机关登记在案。但若合同中对**其工作活动作出了非常详尽的规定**,以至于他实现自己的经济目的时几乎毫无自由空间,那么他便处于劳动关系中。正因如此,在 **Eismann 公司销售送货员**一案中,雇主声称该销售送货员属于自雇者,但联邦劳动法院[6] 与联邦最高法院[7] 对此均予以否决。

---

[1]　BAG, 12.12.2001 – 5 AZR 253/00, NZA 2002, 787.

[2]　送报员案见 LAG Düsseldorf, 5.3.1996 – 16 Sa 1532/95, LAGE § 611 BGB Arbeitnehmerbegriff Nr. 30;卡车司机案见 LAG Niedersachsen, 26.1.1999 – 7 Sa 1192/98, LAGE § 611 BGB Arbeitnehmerbegriff Nr. 38。

[3]　模特案见 BSG, 12.12.1990 – 11 RAr 73/90, NZA 1991, 907, 908(Model);出租司机案见 BAG, 29.5.1991 – 7 ABR 67/90, AP Nr. 2 zu § 9 BetrVG 1972(Taxifahrer)。

[4]　BAG, 6.5.1998 – 5 AZR 247/97, NZA 1999, 205, 207.

[5]　BAG, 22.3.1995 – 5 AZR 21/94, NZA 1995, 823, 833;BAG, 12.9.1996 – 5 AZR 104/95, NZA 1997, 600, 602.

[6]　BAG, 16.7.1997 – 5 AZB 29/96, NZA 1997, 1126.

[7]　BGH, 4.11.1998 – VIII ZB 12/98, NZA 1999, 53.

有时司法实践也要处理这样的情况，即雇员**有权拒绝轮值计划规定的工作时间**[1]或可在轮值计划中登记自己希望的工作时间[2]。德国联邦劳动法院合理强调，前一情况中，雇主会期待雇员基本遵守轮班计划；后一情况中，若某一时段无人自愿当值，雇主拥有重新安排权。两种情况下无疑均**存在劳动关系**。即便可提前将某些日期排除在轮班计划外，甚至可延长年休假时间，存在劳动关系的事实仍然不变。[3]最后，即使每次**安排工作都须经劳动者同意**，但6个月以上的时间里，劳动者每次都同意工作，那么也认为存在劳动关系。[4]雇员"同意"或"反对"某一工作活动的自由并不影响**人格从属性**的存在，因为人格从属性体现在工作本身。当事人多数情况下不想丢掉工作饭碗，所以他们不会拒绝工作安排。 20

最后要讨论的是**合同约定**与**实际履行不相符**的情况，即合同中约定相关人有充分自由安排工作及分配时间，但实际中却如雇员一般"依指示"工作。司法判决及新的德国《民法典》第611a条第1款第6句规定，仅根据实际执行情况进行判断。若在实际当中雇主对待自雇者与对待雇员并无分别，则适用劳动法。[5]

2. 在互联网分配订单领域的适用 21

上文[6]已详细叙述了美国加利福尼亚州优步公司的实例。如前文所述，优步公司案所涉问题在于，是否应将个体司机认定为优步雇员。[7]

与受雇出租车司机不同，优步司机**没有义务**必须**接受** APP 分配的**出行**订单。就此而言，优步司机不受任何指示权约束，能够拒绝订单。但与轮值计划案[8]判决相似，法院认为，司机接受订单为绝对常态，而拒绝订单为绝对例外。[9]因此根据德国司法意见，**拒绝权**对于司机是否具有雇员身份并**无决定性意义**。[10] 22

而对于工作本身来说，即把乘客从 A 处送至 B 处，司机须**遵守详细规定**。[11]这首先涉及司机自身。要成为优步缔约方，司机必须提交警方出具的驾驶证，并告知由位于弗伦斯堡的德国联邦机动车管理局（Verkehrszentralregister）出具的驾驶违规扣分状况。此外，优步要求车辆须有车辆保险，司机须衣着整洁，须维护车辆，车辆须为四门车。有时也会规定司机应为乘客打开车门，帮助乘客搬运行李，还会规定某些问候语及告别语。[12]优步还

---

[1] BAG, 30.11.1994－5 AZR 704/93, NZA 1995, 622.
[2] BAG, 12.6.1996－5 AZR 960/94, NZA 1997, 191.
[3] BAG, 16.2.1994－5 AZR 402/93, NZA 1995, 21, 23.
[4] BAG, 22.4.1998－5 AZR 92/97, NZA 1999, 82.
[5] 德国联邦劳动法院就此有明确表态，见 BAG, 12.9.1996－5 AZR 104/95, NZA 1997, 600, 602。另见 BAG, 20.7.1994－5 AZR 627/93, NZA 1995, 161 Ls.2；BAG, 19.11.1997－5 AZR 653/96, NZA 1998, 364, 365；BAG, 20.8.2003－5 AZR 610/02, NZA 2004, 39。
[6] 参见本章边码2。
[7] 另见 Lingemann/Otte, Arbeitsrechtliche Fragen der »economy on demand«, NZA 2015, 1042, 1043。
[8] 参见本章边码18。
[9] 为避免出现"逃兵"，拒绝率不得超过20%。（Prassl/Risak, Comparative Labor Law and Policy Journal 37 (2016) Issue 3，本章脚注2）
[10] Lingemann/Otte, NZA 2015, 1042, 1044 持不同观点。
[11] 下述参见 Lingemann/Otte, NZA 2015, 1042, 1043。
[12] 关于受雇超市收银员的相应做法见 Däubler, Arbeitsrecht konkret, AiB 2009, 350。

考虑到了行程中的背景音乐；若乘客无其他要求，会在行程中播放这些音乐。以上所有规定都会在"司机培训"中告知司机，若不参加司机培训，则不会被收录进司机库。

优步作为"中间方"决定**车费**，并收取20%至30%的"佣金"，其余车费归司机所有。司机还会得到一部装有优步APP的智能手机，以实现定位、最佳调度、与调度员及乘客沟通。车辆属于司机财产。优步不会通过抽查或摄像等方式来保证司机"举止有礼"及履行义务，只会由乘客评价司机（司机也会评价乘客）。若被大量差评，司机将不再获得任何订单，也将因此失去获得收入的机会。此时司机的**"声誉影响"**和雇主做出的**纠正性指令**在基于雇员行为发出解雇方面**的作用没有什么不同**。[1]

综合考虑以上所有框架条件，与"标准劳动关系"不同，优步案中存在**某些特殊之处**，法院在其他案件中已对这些特殊之处作过讨论，并认为它们不会改变雇员身份。其中包括已提及的订单拒绝权，还有在与司机签订的合同中对工作方式作出的明确规定。就此而言，优步案与上述送报员案[2]原则上并无区别，**参加司机培训**也属于存在劳动关系的**旁证**。[3] **车费分配**也符合普通劳动关系中雇主有权从雇员劳动中获得收入的情况。[4] 相较其他形式，通过评价体系**监管具体工作行为**或许更为有效。因此人格从属性未发生改变。

若上述条件均具备，则**优步与司机之间**存在**劳动关系**。[5] 优步自称中间方而非雇主，这无关紧要。英国法院也作出这样的判决。[6] 在美国，优步同意支付一亿美元和解金，以避免法院最终判决司机具有雇员身份。[7] 在**其他"按需经济"**的商业模式中，因合同各有不同，判决结果亦不尽相同。[8]

3. 外卖送餐的问题

(1) 工作流程

上面提到的实证性研究[9]描述了外卖骑手把餐食从餐馆送到顾客家中的整个工作流程是怎么运作的。就这个工作过程而言，**Deliveroo**和**Foodora**并没有什么区别。外卖骑手需要自备自行车和智能手机，但是不需要特定技能，甚至不需要会说德语。外卖平台会给他一个**送餐的盒子和统一的制服**，主要是为了使人能够辨认外卖骑手和他所属的平台。

尤为重要的是外卖骑手使用的 App，他需要将此应用程序下载到智能手机上。该外卖

---

[1] Prassl/Risak, Comparative Labor Law and Policy Journal 37 (2016) Issue 3（本章脚注2）。

[2] 参见本章边码12。

[3] 参见本章边码15。

[4] 法律规定见 Däubler, Arbeitsrecht 2, Rn 116ff. 。

[5] Heuschmid/Klebe, FS Kohte, S. 73ff. 同样倾向于这一判决结果，另见 Prassl/Risak, Comparative Labor Law and Policy Journal, a. a. O.（本章脚注2）。

[6] Stoffels, Uber – Fahrer in Großbritannien sind Arbeitnehmer, in: beck – community, 链接：https://community.beck.de/2017/11/15/uber-fahrer-in-grossbritannien-sind-arbeitnehmer, 伦敦劳工法庭（Employment Tribunal London）与劳工上诉法庭（Employment Appeal Tribunal）均据此作出判决。其他国家的相关判决参见 Waas, AuR 2018, 548 ff. 。

[7] http://www.spiegel.de/wirtschaft/unternehmen/uber-zahlt-bis-zu100-millionen-dollar-an-fahrer-a-1088608.html

[8] 关于跑腿兔（TaskRabbitt），见 Prassl/Risak, 本章脚注2。

[9] 见本章脚注7。

程序上会显示**下面一周的工作任务安排**，一次"任务安排"一般一小时。外卖骑手可以在应用程序上选择下一周某个时段的任务安排，这些任务安排也可以在时间上前后相连。另外，外卖骑手也可以选择他接单的特定城市的城区范围，一般他会选择自家附近较为熟悉的城区。**在开始任务时**，他要在应用程序上**登录**。如果 Deliveroo 的外卖骑手收到派单，他不是必须接单。但他如果选择接单，就必须马上去指定的餐馆取餐，到达取餐地时需要点击确认，送达顾客家时也需要点击确认。一般在到达餐馆后，外卖骑手才会知道顾客家的地址，他可以自行决定如何选择路线以及送餐速度。完成送餐后，外卖骑手可以再次接单。谁在什么时候获得哪个订单，由算法决定。 28

外卖骑手可以在 Deliveroo 平台上提前 24 小时取消之前选择的任务安排。如果当天推迟开始接单或者提早结束接单，也不构成违反义务的行为。如果**工作流程有异常**，比如在餐馆的等待时间过长或在途送餐时间过长，会自动反映在应用程序中。外卖骑手此时可以向所谓的"调度员"求助，或者向调度员解释相关情况，但是他没有义务这么做。很多外卖骑手很看重这种自由，即可以自主安排工作时间、工作地点以及工作速度。在调研中，外卖骑手表示**应用程序的反馈**比上司的抱怨和指责要好受得多。外卖平台也打着"做你自己的老板"的口号招徕人员。

（2）报酬支付 29

Deliveroo 最初只使用非全日制的雇员，后来在柏林却只使用"独立的"外卖骑手。外卖骑手每单大概能挣到 5 欧元。如果他们得到"好"的任务安排（如周五晚上）或者负责"好"的城区，那么每小时最高可以挣到 20 欧元。但是如果他选择在周一上午住宅区的任务安排，那就很难获得订单，也就赚不到钱。[1] 选择在周末接单，往往会获得额外的津贴。 30

Foodora 的工作流程基本相同，也是主要通过应用程序完成。不过已经选定的任务安排带有义务性，不能随便更改，如果 3 次不遵守任务安排，就会被解雇。对某个无人选择的任务安排，也可以由平台指派给某个外卖骑手。报酬根据工作时间计算，**略高于每小时 9 欧元的最低工资**。在该平台工作一年以上的骑手可以获得每小时 50 欧分的补贴。另外，外卖骑手可以获得每小时 25 欧分的自行车修理补贴。此外，每个月还有一笔额外津贴：若某人一个月内完成 6 个以上任务安排，并且每次任务安排内平均接单超过 2.2 个，那么他可以额外获得 50 欧元；如果某人在周末接单超过 100 个，可以额外获得 100 欧元。也就是说，平台用发放额外津贴的方式鼓励骑手尽快完成接单任务。

（3）自由选择权和真实的状况 31

两个平台都会根据外卖骑手的工作表现把他们分成 3 组。Deliveroo 只看某人是否提前 24 小时取消任务安排，或迟到是否超过 15 分钟。Foodora 则适用多种标准，比如每周的任务安排数量、平均工作时间长短、是否存在缺勤。最好的一组可以优先在应用程序中选择任务安排时间，例如应用程序可以在每周一就向最好的一组放开选项，而中间的第二组每周二才能选择，最差的第三组则只能等到每周三再看还剩下什么。一般最差的第三组赚钱

---

〔1〕 Ivanova/Bronowicka u. a. , S. 21（本章脚注 7）。

的机会也最差。所以，即使 Deliveroo 的外卖骑手可以自行决定是否按时开始任务安排、可以拒绝接单，但是他们实际上很少这么做，而是尽量保证准时。

工作流程发生异常时应用程序的自动通报也能够使平台**控制外卖骑手的行为和绩效**。平台既不需要视频监控，也不需要 GPS 定位系统。应用程序中自动收集的数据不仅可以帮助平台评判骑手的工作效率，也能够帮助平台优化工作流程。

在平台和外卖骑手之间存在着极大的**信息不对等**。比如骑手并不知道有多少骑手和他选择了同一个任务安排单位，而这又会影响到他接单的数量。第三组的骑手也不知道各有多少可以优先选择任务安排的最好一组和中间第二组。骑手也不知道算法遵循何种标准分配订单。[1]所以，实际上外卖骑手的自由是一种虚幻的自由，因为他缺乏信息来做出理性的决定。

（4）外卖骑手是否是雇员

骑手能够自行决定服务地点（某个城区）、自行决定工作时间（任务安排）以及行驶速度，这是 **Deliveroo** 的骑手被认为是"**自雇者**"的关键原因。对于法院而言，需要关注的是，骑手的这种选择自由在平台各种激励机制和限制下是大打折扣的，"外卖骑手是雇员"这一结论是否正确需重新考量。前面提到的德国联邦劳动法院针对轮值计划的"自愿性"的论述[2]，正说明了这种虚幻的自由没有多少意义，不应该影响劳动关系的认定。[3]然而目前劳动法院还没有就此问题明确表态。

（5）劳资斗争

Deliveroo 在世界上 200 个城市经营，而 Foodora 更多，经营范围覆盖了 260 个城市。[4]在多个城市中都出现了劳资斗争。例如，Deliveroo 决定在伦敦不再按每小时支付骑手报酬，而是按每单计费。因此，外卖骑手们通过 WhatsApp 等通讯工具组织联络，共同停工达六天之久。[5]有时劳资斗争的起因未必涉及物质方面，例如 Foodora 单方面决定，柏林顾客对骑手不必使用尊称，骑手们以一场示威罢工予以回应。科隆的骑手停止工作的原因是，平台决定为麦当劳提供送餐服务，而麦当劳因为污染环境在当地名声很差。[6]除罢工外，还有一些其他的行动方式，例如攻击公司的脸书主页，又比如把 Deliveroo 选作"德国最差雇主"。另外，Foodora 和 Deliveroo 的骑手们都在科隆和其他地区尝试选举了企业职工委员会，[7]导致了一系列的诉讼。[8]有意思的是，Deliveroo 的骑手们选出了一个企业职工委员会，但是按照德国法律，只有雇员有权选举企业职工委员会，公司却没有申请撤销该选举。

---

[1] Ivanova/Bronowicka u. a. , a. a. O. , S. 30 f. （本章脚注 7）。
[2] 见本章脚注 32。
[3] Ivanova/Bronowicka u. a. , a. a. O. , S. 40（本章脚注 7）也持赞同意见。
[4] Degner/Kocher, KJ 2018, 248 f. 提及。
[5] Degner/Kocher, KJ 2018, 247, 250.
[6] Degner/Kocher, KJ 2018, 247, 250.
[7] 见 Knieps, Die Welt v. 24. 1. 2018, 链接: http://www.welt.de/wirtschaft/bilanz/article172756800/Deliveroo-Fahrer-gruenden-Betriebsrat-in-Koeln.html（最后访问时间：2019 年 11 月 30 日）。
[8] 详见《科隆汇报》2018 年 9 月 6 日报道，链接: https://www.rundschau-online.de/region/koeln/koeln-archiv/betriebsrat-und-belegschaft-gekuendigt-streit-mit-deliveroo-landet-vor-arbeitsgericht-31223466（最后访问时间：2019 年 11 月 30 日）。

第18章 众包工作

一、什么是"众包工作"（Crowdwork）

1. 三种形式

让我们先从一个小例子开始。巴登－符腾堡州能源供应公司（EnBW）*每年向客户寄送一张卡片，客户要在卡片上写下电表读数。大多数人都会照做，因为"邮资到付"，他们只需要将填好的卡片投入信箱即可。但有的人字迹独特，数字的写法千奇百怪，使得计算机难以读取卡片以及将数据录入计费系统。每个错误都会导致公司需要再次费时费力询问客户，这也让客户倍感不悦。若卡片读取错误率达10%，整个过程就不再有任何意义，还不如以往上门读"电表"的方式来得经济划算。但还有另一种选择——利用人类的换位思考能力和智慧读取卡片。具体来说就是，在某一平台上发布信息找人来将电表读数录入系统，按每万件计酬。这大大降低了错误率。这些人来自"大众"，即数量庞大的互联网用户。他们是住在德国、印度、危地马拉还是美国都不重要，只需要知道德国人一般是如何书写某些数字即可。平台承诺的报酬相当微薄，快马加鞭、专心致志地工作，每小时能赚2美元。〔1〕

（1）上述是一个"**微任务**"（**microtask**）的例子。从大众中招募来的人通常被称为"众包工人"（crowdworker），他们不需要具备特殊的资质。许多任务都能通过这种方式完成——有谁愿意查看CD封面并检查它是否"少儿不宜"？〔2〕有没有母语者能将由谷歌翻译的初稿改为通顺的英语？有谁愿意检查网上数据库里的地址记录是否正确，并进行补充？〔3〕有谁能用自己的母语描述网球用品，以供之后某大型电商用于销售？〔4〕

也有的工作流程会被拆分为小块，然后向"外"分配出去。〔5〕拆分任务这一步有时也

---

* 全称Energie Baden－Württemberg AG（巴登－符腾堡州能源供应股份公司）。

〔1〕 源自真实案例，见Böhm, CuA 10/2014, S. 15ff. 。以下亦见Kraft, Magazin Mitbestimmung Heft 12/2013, S. 20ff. 。

〔2〕 本例见Böhm, CuA 10/2014, 16。

〔3〕 BITKOM（Hrsg.）, Crowdsourcing für Unternehmen, S. 17；该处可见其他案例。

〔4〕 详见BITKOM（Hrsg.）, Crowdsourcing für Unternehmen, S. 21。

〔5〕 BITKOM（Hrsg.）, Crowdsourcing für Unternehmen, S. 16；另参见Risak, ZAS 2015, 11, 13。

由平台完成。[1] IBM 曾广泛使用该方式。[2] 人们认为该方式前景无限，学界将其称为新的"泰勒化"劳动（即科学管理化——译注）。[3]

（2）从数量上来看，微任务可能是众包工作最重要的形式，但并非唯一形式。互联网上**也会发布要求更高的任务**，学界称之为**"创意竞赛"（Kreativwettbewerbe）**。[4] 例如，某公司想要一个新 logo，希望从互联网上获得提案。某平台基于与该公司的协议，在网上发布简要描述，要求有意者于下月底前带提案联系。然后由公司选出最合意的设计并支付预先说定的费用（含平台中介佣金）。未在竞赛中"得胜者"则不获得任何酬劳。若公司对哪个提案都不满意，便谁也得不到报酬。[5] 有些平台甚至让输家放弃对自己产品的知识产权，[6] 声称之后或许有需求。总体上，质量标准及资质标准由平台设定。[7]

制作 logo 并非唯一任务类型，文献中还有其他更为复杂的任务案例，如**设计产品**、**建立公司网页**、**营销活动**、评估融资方案等。[8] 花费极少，但可收集到不计其数的想法[9]——怪不得被称为"共创项目"（co-creation project）。[10] 借助众包制定营销战略还有个优点，即能够提早了解一部分未来潜在客户的喜好。[11] 种种美好景象让人浮想联翩。[12]

（3）最后还有一种形式，有时被称为"云工作"。它不像前两种形式那样程式化。发布到互联网上的**任务要求极高，具有特殊性**，需要找能力素质过硬的人。例如，某美国大公司想要了解德国物理学领域当前在讨论哪些想法，就要寻找了解德国物理学界且知晓情况的人，例如某高校物理学教授。若有多人报名，此公司可进行筛选。之后公司会与被选中者商议报酬，报酬可能十分可观。另外一种情况是**软件测试**；[13] 最好也不要随便找人，而应根据候选者的过往经验及其他标准进行筛选。法学文献中将这种现象称为"**自由职业**

---

[1] Kocher/Hensel, NZA 2016, 985.

[2] IG Metall-Vorstand (Hrsg.), Crowdsourcing. Beschäftigte im globalen Wettbewerb um Arbeit-am Beispiel IBM, 2013. 另见 Peter/Müller-Gemmeke, 115。

[3] Kittur/Nickerson/Bernstein u. a., in: Benner (Hrsg.), Crowdwork, S. 179.

[4] 详见 Florian A. Schmidt, Arbeitsmärkte in der Plattformökonomie-Zur Funktionsweise und den Herausforderungen von Crowdwork und Gigwork, herausgegeben von der Friedrich-Ebert-Stiftung, Berlin 2016 in der Reihe: gute gesellschaft-soziale demokratie #2017 plus, S. 16ff.。

[5] Kocher/Hensel, NZA 2016, 984, 986.

[6] Kocher/Hensel, NZA 2016, 984, 986.

[7] Kocher/Hensel, NZA 2016, 984, 986.

[8] Böhm, CuA 10/2014, 15.

[9] Böhm, AiB 11/2014, 39, 42.

[10] BITKOM (Hrsg.), Crowdsourcing für Unternehmen, S. 10. 共创项目中应注意的要点清单，尤其是风险方面，参见该书第 14–15 页。

[11] Leimeister, CuA 10/2014, 18. BITKOM (Hrsg.), Crowdsourcing für Unternehmen, S. 9 提到一项研究，该研究表明，与外部共同开发的产品在市场上取得了更大的成功。

[12] 参见 Benner, CuA 4/2014, 18：原则上可覆盖所有形式的价值创造。其他实例见 Leimeister/Zogaj/Blohm, in: Benner (Hrsg.), Crowdwork, S. 10ff.。

[13] BITKOM (Hrsg.), Crowdsourcing für Unternehmen, S. 26ff.

交易市场",[1]本书称之为**"专家众包工作"**。[2]从劳动法的角度来看，此类形式的众包工作中存在的问题最少。尤其当任务十分复杂，只能由彼此配合的专家组完成时，一般不会出现与劳动法相关的难题。"云工作"在一定意义上回归到了传统的齐心协力、共同行动。

2. 平台的介入

通常并非企业与众包工人直接签订合同，更多情况下会由**平台介入**：企业与平台达成协议，由平台发布要约。有意者与平台联系并获得合同。众包工人通常并不知晓谁是工作真正的接收方。此外还存在这种情况：平台只为众包工人与企业协商及完成工作提供基础设施。[3]当然，以上两种情况下，平台均可获得一定报酬。

3. 外部众包工作与内部众包工作

将任务分配给大众来做，即所谓"众包"，有多种形式和应用场景。既可以是"**内部的**"，也可以是"**外部的**"。[4]前者指**在康采恩集团内部**发布某些任务，申请者只能是集团内其他企业的雇员，雇员身份不变。这些雇员并非为合同雇主工作，而是经合同雇主同意后，暂时为集团内另一家企业工作。这种情况现今并不少见。[5]其中 **IBM – Project Liquid 项目**最为著名。[6]雇主通常期望雇员自己在康采恩集团内部平台上寻找任务，贡献自己的专业知识。雇主可能希望将雇员薪酬及晋升机会与成功完成任务挂钩，即与"员工满负荷工作"挂钩。但法律上至少不允许将雇员薪酬与完成任务关联，因为会违反德国《民法典》第615条规定——无工作可做的风险由雇主负担。若在劳动合同中附加条款，规定雇员薪酬与完成集团内任务相关，**劳动关系中的风险便单方面转移至雇员**，雇主的一般交易条款及提前制定的个别合同便一定会违反德国《民法典》第307条第2款第1项的规定。[7]鉴此，以下不再讨论此类意义上的集团内的内部众包。

但大多数众包[8]并非发生在康采恩集团范围内，而是**第三方**也可以**申请**，由此带来的新的法律问题更为复杂。此种形式被称为**外部众包**。乍看之下，"申请人"似乎是争取到订单委托的自雇者。但也不排除以下情况：申请人"脱离"了劳动法保护，只受其他法律原则规约，但后者提供的保护可能要弱得多。接下来将详细讨论此类众包工作。

---

　　[1] Schmidt, a. a. O., S. 13ff.
　　[2] "云工作者"这一名称或会造成误解，人们可能会认为，任何使用云服务的人都可以被列入这一概念。平台在其他情况下也会使用云。就此而言，这一名称缺少区分力。
　　[3] 例如美国亚马逊劳务众包平台 Amazon Mechanical Turk 的"参与协议"（Participation Agreements）第1项，见 https://www.mturk.com/mturk/conditionsofuse。
　　[4] Leimeister/Zogaj/Blohm, in: Benner (Hrsg.), Crowdwork, S. 16ff.
　　[5] 关于经常采用内部众包的康采恩矩阵结构见 Kort, NZA 2013, 1318。
　　[6] Rehm, in: Benner (Hrsg.), Crowdwork, S. 61ff.（与 Monika Schäfer 的访谈）；应注意的是，此处亦采用外部众包。
　　[7] Bonin, in: Däubler/Bonin/Deinert, AGB – Kontrolle im Arbeitsrecht, § 307 Rn. 243 m. w. N. 关于劳动关系中（强制性）风险分配见 Däubler, Arbeitsrecht 2, Rn. 121 m. w. N.。Risak, ZAS 2015, 12 也看到了这一问题。
　　[8] Leimeister, CuA 10/2014, 18.

10   **4. 实际意义**

众包工人的数量如今已相当可观。德国平台 **Clickworker** 声称拥有约 **40 万成员**。[1]另一家同样位于德国的平台 **twago** 强调，自己一年内共有 **22.8 万名专家完成了 3.6 万份订单**，订单金额超过 **1.72 亿欧元**。[2]但二者均逊于英语国家的平台：位于美国马萨诸塞州的 Top-Coder 成员超过 50 万[3]，亚马逊劳务众包平台 Amazon Mechanical Turk 同样如此[4]。位于澳大利亚的 Freelancer 声称已拥有 880 万名用户及 492.8 万个项目。[5] **Elance – oDesk** 称在全球拥有 **900 余万大众员工**，该平台将他们称为"个体企业家"。[6]此二者之中必有其一在全球市场领先。

11   **5. 对众包工作者带来的后果**

向外分配工作任务 **"摊薄"了企业**，[7]在任务被外包的部门里，只有负责拆分工作流程和监控质量的雇员能留下来。[8]这本身并非什么新现象。但众包工作的特点在于，来自不同国家的人均可申请订单。若外国申请人与本国申请人绩效相近，而来自发展中国家和新兴国家的申请人薪酬较低，此时就有巨大优势。这导致无需特别技能的工作和程式化的工作当前 **平均报酬** 每小时只有约 **2 欧元**。[9]这样的报酬在印度或许可以维持生活，在西欧却活不下去。[10]在亚马逊劳务众包平台 Amazon Mechanical Turk 上，**有经验的众包工人的报酬可以接近美国最低工资每小时 7.8 美元**，但这种所谓的"大师级工人"（power turker）大约只占该平台所有员工的 **20%**[11]，其他人只是"数字时代的苦力"[12]。对于雇主来说，

12   众包的吸引力不仅在于支付的薪酬低，还可节省房屋及社保成本支出。[13]

若此种工作形式扩展到多个领域，将导致 **职场发生根本性变化**。[14]不仅会极大压低薪

---

[1] Strube, in: Benner (Hrsg.), Crowdwork, S. 85 称 Clickworker 已有 50 万名成员注册，Risak（ZAS 2015, 12）引用该平台运营商自述，称已有 70 万名注册成员。

[2] Klebe/Neugebauer, AuR 2014, 4.

[3] 该公司专门从事编程工作（见 Strube, in: Benner (Hrsg.), Crowdwork, S. 85ff.），并采用"竞价"模式。

[4] 关于亚马逊劳务众包平台 Amazon Mechanical Turk，见 Böhm, CuA 10/2014, 16 及 Strube, in: Benner (Hrsg.), Crowdwork, S. 75ff.。

[5] 关于德国市场发展，见 Nießen, in: Benner (Hrsg.), Crowdwork, S. 93ff.。其他平台见 BITKOM (Hrsg.), Crowdsourcing für Unternehmen, S. 19f.。

[6] BITKOM (Hrsg.), Crowdsourcing für Unternehmen, S. 6.

[7] 关于是否存在企业重大变动、是否须因此就利益平衡协议展开谈判以及是否须约定社会计划，见 Däubler/Kittner/Klebe/Wedde – Däubler, § 111 Rn. 111a.

[8] 关于此情况下存在企业重大变动，见 DKKW – Däubler, § 111 Rn. 111a。

[9] 关于薪酬水平的研究，概述见 Leimeister/Zogaj, S. 73。Kraft, in: Mitbestimmung Heft 12/2013 的经验报告亦值得参考。据一位行业协会代表估计，德国国内时薪为 5 至 40 欧元（Nießen, in: Benner (Hrsg.), Crowdwork, S. 70）。

[10] 若只将众包工作视为副业或"爱好"，可能对此不以为然。关于不同的众包工人群体，见 Risak, ZAS 2015, 11, 13，其中所讨论的众包工作者，除特别指出外，均依靠众包工作收入生活。

[11] Strube, in: Benner (Hrsg.), Crowdwork, S. 79.

[12] 此说法见 Böhm, AiB 11/2014, 39。

[13] 见 IBM 人力资源管理负责人，引自 Böhm, AiB 11/2014, 39。

[14] Benner, CuA 4/2014, 17：工作组织的全新形式。

酬，使劳动者无法维持基本生计。[1]更重要的是，**劳动力市场的国际化程度**会比以往大大加深：许多领域轻易便可获得世界各国的劳动力，而这些劳动者生活水平与其所在国相当。目前仅在海运行业有此现象。在大多数航运船上，除船长及大副外，其他船员均来自于发展中国家，他们的薪酬略高于当地水平。另一重要变化在于，个人会与企业或其他社会单位脱钩，众包工人通常**独自在家工作**，且不与其他众包工人联系。有时合同中甚至会有意阻止众包工人互相联系。[2]此时，工人难以开展传统的集体行动。[3]尽管如此，亚马逊劳务众包平台 Amazon Mechanical Turk 的成员仍建立起了名为 "**Turkopticon**" 的论坛，[4]在该论坛上警示其他人注意平台上的无良委托方，并谴责其不良行径。[5]自 2015 年 5 月 1 日起，**德国五金工会（IG Metall）**一直在 www.faircrowdwork.org 上运营一个平台，人们在该平台上可获取信息、报告问题、**获得建议**，也可对约 40 个平台及其条件进行评价。**德国服务业工会（ver.di）**在 www.ich-bin-mehr-wert.de 上也提供类似服务。

二、合同条件完全取决于市场情况

薪酬和工作条件取决于市场对所提供劳动的需求。众包工作的市场不受任何监管调控。既不看众包工人是否有高中毕业文凭或高等教育文凭，也不理会**国家制定的**保护弱势方的**种种规则**。这些规则或不适用，或得不到执行。

通常众包工人在合同中**被称为"自雇者"**，会被核查是否具备恰当的资质。平台和企业总认为自己与众包工人签订的是与手工业者或自由职业者一样的民事合同，故此并不适用劳动法保护规则，**想要获得法律保护**只能**通过法院诉讼**。作为"自雇行业从业者"，众包工人似乎也不是消费者，因此保护消费者的法规对他们来说也同样不起作用。

只要委托方、平台和众包工人**位于德国**，即适用德国《民法典》。必要时可向法院提起诉讼，例如一般交易条款中的某些规定违背公序良俗（德国《民法典》第 138 条第 1 款）或众包工人受显然不利益（德国《民法典》第 307 条第 1 款第 1 句）时。但实际上仍存在诸多阻碍，其中最重要的是众包工人担心不再能够收到订单委托，因为众包工作中并无存续保护。

若平台或某委托方**位于美国或澳大利亚**，或许也存在类似规定，人们却并不知晓，通常律师也帮不上忙。也很难说是否可以请德国法院裁决，很可能必须在美国或澳大利亚提起诉讼。大公司也许还能这么做，对众包工人来说，这却远远超出自身能力范围。某些法律限制将完全失去作用；但若这些法律限制根本不存在，不公的合同更不会发生任何改变。

---

[1] 由于跨国竞争导致的进一步资强劳弱，参见 Schwemmle/Wedde, S. 66。
[2] 参见边码 86。这明显与众包工作有利于合作式结构的观点相悖。
[3] Leimeister/Zogaj/Blohm, in: Benner (Hrsg.), Crowdwork, S. 34 从（过于）乐观的视角总结了众包工作的利弊，这一视角仅适用于高要求工作中。
[4] Irani/Silberman, in: Benner (Hrsg.), Crowdwork, S. 131ff. 其他在美国的行动见 Liebman, SR 2017, 221, 234。
[5] 相关信息及亚马逊劳务众包平台 Amazon Mechanical Turk 的工作条件，见 V. Barth 与"spamgirl"（化名）的访谈，引自 Benner (Hrsg.), Crowdwork, S. 99ff.。

这就导致**完全**由**市场地位**决定众包工人的**薪酬水平**，弱势方不得不接受对方提出的条件。强势方只有在难以找到能胜任的合作者时，才会受到一些限制。"无良剥削者"的名号带来的声誉损失或许能使强势方修正自己的行为，但这在欧洲未有先例。故此，法律便成了摆设。这具体意味着什么？我们以众包工作的各个具体形式为例进行说明。

三、"微任务工作者"的情况

1. 经济情况

根据平台提供的信息来看，[1]微任务工作者的数量相当可观。来自德国埃森的平台Clickworker据称拥有约70万名成员，来自硅谷的平台CrowdFlower拥有500万名成员。而亚马逊劳动众包平台Amazon Mechanical Turk的成员数量则相对较少，仅50万。[2]但若以为这些平台的成员大多以此为全职，或至少以此为副业，那就错了。就目前了解到的情况而言，至少在德国，**微任务**还只是**小型兼职工作**。德国劳动和社会事务部（Bundesministerium für Arbeit und Soziales）委托进行的一项调查显示，受访众包工人在过去6个月里平均完成了25项订单，每项订单平均处理时间为10分钟。[3]即半年中工作总时长为四个多小时，的确是迷你工；这些众包工人显然还需要通过其他方式维持生计：或从事其他工作，或享受养老金，或正在读书。一项新的实证研究[4]调查了德国所有类型的248名众包工人，发现**97%**的微任务工作者**每月收入低于500欧元**。[5]他们之中只有**6%**的人以众包工作为**主要收入来源**。[6]

当前情况剪影无法展现未来发展趋势。在美国，众包工人已提起集体诉讼（class action），要求设定众包工作的法定最低工资，因为他们要以此维持生计。[7]根据以往经验，几年后德国也会出现类似情况。既然**把工作任务分配给大众**能为公司节约大量**成本**，德国公司又怎甘落后于美国？不过，作此预测时必须考虑到，**技术的发展可能会改变局面**。可能不久之后在德国国内借助3D打印机就能以较低成本生产运动鞋，将生产转移到越南便不再具有经济优势。怎好说计算机就不会配上人工智能，使其能够识别写得歪歪扭扭的数字呢（即开篇所举之例）？

---

〔1〕见本章边码10。

〔2〕该信息见 Schmidt, a. a. O., S. 15。其他数据见 Klebe, Crowdwork: Faire Arbeit im Netz? AuR 2016, 277 (278)。

〔3〕BMAS (Hrsg.), Befragung zum sozioökonomischen Hintergrund und zu den Motiven von Crowdworkern – Endbericht –, durchgeführt vom Zentrum für Europäische Wirtschaftsforschung (ZEW), Februar 2016, S. 8.

〔4〕Leimeister u. a., Crowd Worker in Deutschland. Eine empirische Studie zum Arbeitsumfeld auf externen Crowdsourcing – Plattformen, Hans – Böckler – Stiftung, Juli 2016, 链接：http://www.boeckler.de/pdf/p_study_hbs_323.pdf.

〔5〕Leimeister u. a., a. a. O., S. 45.

〔6〕Leimeister u. a., a. a. O., S. 48.

〔7〕Otey vs. Crowdflower. 该诉讼以双方和解而终结，平台支付了60万美元［见 Klebe, AuR 2016, 277 (281)］，但和解款的可观部分被律师收取。

2. 认定为雇员

微任务工作者原则上可自由决定**想在何时何地工作**。他们通常不受任何指令，只须完成事先给定的任务即可——这和工匠刷墙或修水龙头无甚差别。就此而言，将微任务工作者认定为自雇者似乎合情合理。但上文提到，德国联邦劳动法院的**司法判决**[1]判定在类似情况下工作的**送报员**构成劳动关系[2]：送报员同样不受指令，只须在某时到达某地，取来报纸并在之后投递至已知（或列表中列出的）订购者信箱即可。德国联邦劳动法院认为，简单工作一定程度上**预先给定了劳动合同中的指令**。那么也可认为，微任务工作中同样存在劳动关系。我们可以将开篇所举之例稍作变化，巴登－符腾堡州能源供应公司（EnBW）让自家雇员输入电表数字，即雇员们坐在一个大房间里，做着和众包工人完全一样的工作，不必有人给他们额外下指令；然而他们毫无疑问属于雇员。若认定这种情形为从属性劳动，即使众包合同将他们称为自雇者，仍理应适用劳动法的规定，不可通过合同约定来规避法律限制。另一些情况下，可能更多地依据平台对工作流程的监管来认定存在雇佣劳动关系。[3]然而仍有许多案例难以将众包工人认定为雇员。

作为雇员的众包工人可以要求**法定最低工资**。根据德国《最低工资法》第20条规定，即便雇员为某外国雇主（如某平台）工作，并协议适用外国法律，该雇员同样可要求依据德国法主张法定最低工资。[4]存在充分理由论证德国劳动法院具有管辖权的，[5]雇员胜诉可能性很高。另外，外国平台的一般交易条款中常有这样的条款：平台及雇主**拒收工作成果**，也可拒付报酬，但**不必给出理由**。若雇员对此提起诉讼，胜诉可能性也很高。[6]这让人不禁要问，若有人确实愤而起诉，情势会发生怎样的变化？

3. 实际影响

对于所有不受某种语言限制的任务，平台不会对长期恶劣的条件做出任何改变，只会考虑来自印度等国的众包工人，这些工人不会对时薪2美元有任何不满。显然，只靠某国的立法或司法并不能纠正全球市场。"**无法无天的市场**"将继续存在，不过地域范围缩小一些罢了。[7]对于德国以外的平台，只有分配的订单要求德语时，德国的相关保护法规才可能生效，而是否真正有效则取决于多重因素。处于公共机构之外传统劳动关系中的雇员，只有当已结束或确定将结束劳动关系时，才可能会向法院提起上诉。若雇主方（因担心某次事件使自己声誉受损）遵守德国的相关保护法规，便会把跟德国国内市场无关的**简单劳动转移至国外进行**——在非虚拟世界中，此类情况已存在多年，但二者仍存在重大区别。对于传统劳动关系，将工厂或工厂部分职能转移至某欠发达国家会带来巨额交易费用，为

---

[1] 参见本书第十七章，边码7及以下。
[2] BAG, v. 16. 7. 1997 – 5 AZR 312/96 – NZA 1998, 368, 369.
[3] 参见 Kocher/Hensel, NZA 2016, 984, 988。
[4] HK – ArbR – Däubler, § 20 MiLoGRn. 5 m. w. N.
[5] 欧盟指令第1215/2012号第21条第2款，并结合第21条第1款 b（ABl v. 20. 12. 2012 – L 351/1ff.）。
[6] 该条款及其他平台一般交易条款见 Däubler, Crowdworker – Schutz auch außerhalb des Arbeitsrechts? in: Benner (Hrsg.), S. 243（250ff.）。
[7] 这反驳了 Kocher/Hensel, NZA 2016, 984, 990 的建议。

新厂费力配备能源供应、打通当地行政部门关节都是成本。而众包工作则无需考虑这些，进行少量平台编程就能把工作外包出去。若来自某国的众包工人表现不好，未来平台不再用他便是，还有无数人等着接班，简直是一支庞大的现代后备军。

四、"创意竞赛者"的情况

23　　1. 经济情况

招标 logo、产品设计等常采取竞赛形式。任何有意向并认为自己能够胜任的人都可提交草案。仅最优者能获得奖金，其他人则空手而归。该领域最大的平台是悉尼的**"99designs"**，该平台"雇有"130 万名设计师。据记录，至 2016 年 3 月，该平台共计已举办 50 万场竞赛，向获胜者支付奖金总额共计 1.25 亿欧元，[1]即平均每场奖金为 250 欧元。每场竞赛中提案数超过 100 个，即若中选机会平均，**每个提案报酬为 2.5 欧元**，无偿工作的比例极大。另一平台的宣传口号是"举办一场 logo 设计大赛，雇用 700 名设计师，向 1 人支付酬劳"。只有申请者热衷于**独立自雇的创意工作**，并希望由此获得圈内认可时，这种竞赛才办得起来。很多人希望胜出后能一举成名，如此便不再依赖平台，可以独立获得客户，实现**事业起飞**。

24

但这种想法通常脱离实际。平台在一般交易条款中已有规定，**2 年内，作品获胜者后续接订单必须经过平台**，否则须支付 2500 欧元买断。[2]对于初入职场者，即便刚从竞赛中脱颖而出，这也是个不菲数目。竞赛报酬如此之低，也导致**"剽窃"**大行其道：拿别人的创意去参加竞赛，最省时省力。这"毒害"了工作氛围，人人彼此猜忌，最终所有人对工作都极度不满。[3]若这种现象继续扩大，商业模式便无法继续下去，市场发展也到了极限。

25　　2. 法律依据

德国劳动法及《民法典》均**不认可"仅胜者获得酬劳"**的原则，而是认为实际开展了的劳动必须得到报酬。公开招标显然需要投标人"前期投入"，这可在一定程度上构成例外。但公开招标与创意众包工作的区别在于，前者只需要做提案（虽然这有时也极其费时费力），但绝不需要交付全部工作。若招标的一般交易条款作了此类规定，会使劳动给付方受显然不利益，据德国《民法典》第 307 条第 1 款第 1 句，此类规定无效。

26

那什么会取代竞赛呢？平台多半不愿给所有参与人都支付最低时薪或最低的一次性报酬，因为这样会不得不为很多劣质作品付费。平台很可能会**回归传统筛选方式**，根据各申请者的"名声"及显示出的能力选择。对一些人来说，这倒也不失为一种好方法。

27

但劳动法恐怕很难适用于此类个案。**"听从于他人指示"**是劳动关系的核心要素，但在众包工作中却**不存在**：申请者在雇主给定的宽泛框架下提出自己的想法及创意解决方案，即并不受雇主指示，而是自主工作。就工作流程及工作内容而言，创意众包与二十年前自

---

[1] Schmidt, a. a. O., S. 16f., 下同。
[2] Schmidt, a. a. O., S. 18.
[3] Schmidt, a. a. O., S. 18.

由画家的工作并无不同,"请为我司设计一个 logo""请帮我做一个圣诞装饰设计"。就此而言,创意众包与劳动法无甚关联。但仍可制定并不断完善一些有利于全体创意众包工作者的标准。[1]

就**报酬形式**而言,若一些国家认定当前按竞赛模式只向获胜者支付报酬的做法违法,可以预想平台会想出的对策——不向来自这些国家的申请者开放竞赛。

五、专家众包工作中缔约双方的地位

在第三类众包工作中,互联网基本只用于跨国寻找有意向的圈内人士,传统方式(如报纸、杂志)无法实现或至少不能以同等速度实现这一点。**合约缔结双方基本上力量相当**。最重要的是,这些专家一般具有周全的其他保障,因此他们认为无法接受合约条件时,完全可放弃合约而不受明显不利益。双方可谈判恰当的薪酬及其他合约条件。这在众包工作中难得一见。**合约内容**由市场关系决定,对其一般**不存在修正理由**。

上文介绍的案例是通过专家众包获取一般难觅的知识,[2] 除此之外,柏林的 **Jovoto** 平台发布任务,**为新产品进行宣传及营销,也可算是专家众包**。可口可乐、德意志银行、拜尔斯道夫等大型康采恩集团都使用该平台的服务。[3] 此类众包工作的特点在于,平台的员工既要照顾管理申请人,也要考虑委托方;就此而言,专家众包便类似于传统合作关系。但并不排除众包申请人空手而归的可能。不过与创意竞赛形式相比,这种形式的专家众包**与劳动法的关联稍近一些**:若平台在"照顾管理"的框架下定期问询以及与承包方会谈,且委托方或平台具有最终决定权,便可认为这是劳动法意义上的指示从属性。这就意味着相关人员有权要求法定最低工资及 6 个月后享有解雇保护,不过对此讨论甚少。

专家众包存在争议时,也仅在**特殊情况下才会提起诉讼**,而且多半不会主张劳动法上的请求权。就此而言,专家众包工作的情况与本章第四节讨论的创意竞赛并无根本不同。但由于专家在市场中享有优势地位,委托方行事通常不会出格。

六、集体利益代表

假设在三类众包工作中均有大量以此为主要收入的人,若能将其视为雇员,原则上便可**选举企业职工委员会**代表众包工人利益,与平台谈判。作为雇员的众包工人也能加入代表雇员**缔结集体合同**的工会。即使缔约一方位于德国国外,或委托方为国外公司,众包工人直接与其缔结合约,从法律上来讲,只要在德国开展工作,企业职工委员会就可按德国法律通过集体利益代表主张众包工人利益。[4]

哪怕众包工人里只有少数被认定为雇员,也不完全排除这一维权途径。不过,若众包工人作为自雇者**定期为同一平台工作**,便可能属于**类雇员**:其前提为,尽管他们能自行安

---

[1] Kocher/Hensel, NZA 2016, 984, 989.
[2] 见本章边码 6。
[3] Schmidt, a. a. O., S. 18f., 下同。
[4] Deinert, Internationales Arbeitsrecht, Tübingen 2013, § 17 Rn. 10 m. w. N.

排工作，却仍对另一方（如某平台）有经济从属性。尤其"全职"众包工人可能被认定为类雇员。[1]

迄今为止，**德国《企业组织法》**中并**未纳入**类雇员，居家办公者属于例外。但根据德国《基本法》第 9 条第 3 款规定，类雇员可随时**加入工会**。**《集体合同法》第 12a 条**也允许类雇员缔结**集体合同**，但现实中仅公法上的广播电视机构的自由职业者运用过这一规范。工商业中的类雇员难以积聚力量，有效主张缔结集体合同。众包工人的境况也并无明显不同。每个个体单独工作，使得集体行动更难开展。

不从属于某一平台的"**真正**"自雇者不是"类雇员"。当下也必须考虑那些只**偶尔**承接众包工作**作为迷你副业**的人。这两个群体**很少**加入工会，更不会让工会**集体代表利益**。尽管如此，德国五金工会（IG Metall）及德国服务业工会（ver. di）仍成功让 8 个平台签署了行为守则，虽然守则并不保障任何可诉权利。[2]目前还建立了一个中介委员会，由一名平台代表、一名德国五金工会代表、一名众包工人及一名调解人组成，负责调解平台与众包工人间的冲突。[3]

若在德国也出现相当数量的**以众包工作为主要收入来源**的工作者，应该怎么办？不妨先看一看美国。

亚马逊劳务众包平台 Amazon Mechanical Turk 雇佣的众包工人建立了名为 **Turkopticon 的特殊平台**。[4]众包工人**可在此**实名或匿名讲述某些任务经历，与其他情况类似的雇员交流。极端情况可能使得委托方被标记为"不可靠"或"条件恶劣"，其他众包工人会被要求不要再为他工作。由此委托方"**名誉扫地**"，或对其业务造成严重影响，再也找不到人工作。进而这样的风险可以起到预防作用，使委托方因不想被抵制而遵守**某些最低标准**。这构成众包工人的**一种防卫方式**，无论他们在法律上是否属于雇员或自雇者，也无论是否存在集体利益代表方。可以说，这是未经法律规范的集体行为。[5]

此类做法其实早有先例：**中世纪的行会运动**中便存在"众口铄金"的现象，即某手工业者或某手工业群体因行为极其不端而遭到抵制。若与他们缔结合约，自己也会声名狼藉，为"名门正派"不齿。从现代角度来看，这是一种**劳资斗争的方式**。这种方式并不需要众人聚集于同一企业（这是工业革命以来罢工的典型特征），所有人私下达成一致即可。工业时代初和当今后工业时代的劳资斗争形式竟有一定相似之处，这难道不令人惊异吗？

---

〔1〕 参见 Sassenberg/Faber – Neighbour, Teil II G Rn. 13。

〔2〕 Sassenberg/Faber – Neighbour, Teil II G Rn. 13。链接：https://www.magazin – mitbestimung.de/artikel/Agil + ja%2C + aber + nicht + per + Order + von + oben@ thV6zJy9Qi6wTnsIfhUp8A（最后访问时间：2018 年 1 月 24 日）。Giesen/Kersten, S. 42ff. 对数字经济下组建集体利益代表团体的可能性持悲观态度。

〔3〕 Liebman, SR 2017, 221, 235.

〔4〕 Irani/Silberman, Turkopticon. Ein Tool, um Arbeiter auf Mechanical Turk sichtbar zu machen, in: Benner (Hrsg.), S. 131ff.，下同。

〔5〕 德国或也存在此类情况，由德国五金工会及德国服务业工会各自运营的咨询平台 www.faircrowdwork.org 及 www.ich – bin – mehr – wert.de 也有类似功能。

第19章

IT 安全

一、危机重重

1

计算机系统遭受攻击（几乎）已是家常便饭。公共"网络战"几乎与恐怖主义一样司空见惯。[1]例如，2016年11月底著名的**德国电信重大故障事件**导致约90万**网络端口**瘫痪。受攻击者的电话、网络及电视均被切断连接。同样，2016年，**德国诺伊斯市一家医院**几乎一整天系统故障，无法查看病历，无法准备及进行手术。[2]**黑客**借助勒索软件使医院**系统**暂时**瘫痪**，并将所有文件加密。黑客称，只有在医院支付一定赎金后，系统才会恢复正常，否则所有数据便会被彻底删除。此外，黑客还警告称已禁用机器人的安全装置，并且能够操控机器人。[3]这些案例仅是九牛一毛。[4]

2

随着**数字化继续发展**，系统之间愈发相互依赖，**风险**也随之**加剧**。[5]虽可采取安全措施加以应对，但这需要成本和时间。此外，网络攻击的数量和严重程度都在持续攀升。[6]由于当前愈发依赖信息技术，网络攻击的破坏性也不断增强。[7]德国联邦信息技术安全局（简称BSI）在2015年年度报告中曾写道："用户对IT系统的保护无法跟上开发利用安全漏洞工具的速度。"[8]受到威胁的多是公共机构及公司。被恶意感染的设备可被用来窥探信息（尤其是商业机密），并将结果出售给公司竞争对手。[9]据估计，因遭受网络攻击及网络间谍，德国公司每年**损失约130亿欧元**。[10]因此，德国电气工程师协会（VDE）的调查结果

---

[1] Basar, jurisPR – StrafR 26/2016, Anm. 1, 下同。
[2] 见 Konrad – Klein, CuA 2/2017, S. 24。
[3] Gerst, in: Schröder/Urban, S. 279, 286.
[4] 概况见 Sassenberg/Faber – Mantz/Spittka, Teil 2 E, Rn. 134ff.。
[5] Könen, DuD 2016, 12; Sassenberg/Faber – Mantz/Spittka, Teil 2 E, Rn. 133; Bräutigam/Klindt, NJW 2015, 1137, 1140：IT安全问题被低估。
[6] Gehrmann/Klett, K&R 2017, 372.
[7] Kipker/Pfeil, DuD 2016, 810.
[8] 见 Jakobs, CuA 2/2016, S. 24。
[9] 参见 Rath/Kuss/Bach, K&R 2015, 437。
[10] Gehrmann/Klett, K&R 2017, 372.

3　便不足为奇——70%的受访者表示，IT安全匮乏是当前工业4.0蓬勃发展的主要障碍。[1]

攻击者（"黑客"）可能是个人或小型群体，他们能匿名藏身于网络中。而来自大型群体或敌对势力的攻击可能致使电力系统及水力系统长时间瘫痪。此外，他们也可能更改生产系统的运行模式，使其长时间无法使用。[2] 总之，攻击者能使整个社会生活陷入大规模停滞。例如在震网病毒Stuxnet事件中，Stuxnet病毒不仅使伊朗核电站瘫痪，还攻击了其他基础设施。[3]

二、立法者的回应

4　1. 概况

立法者已通过多种方式对现实作出回应，然而迄今仍未有令人信服的解决方案。[4] 2009年8月14日[5]，**德国《IT安全法》**[6]对《联邦信息技术安全法》（BSI-Gesetz）作出重大修订。但与其名称有所出入的是，《IT安全法》本身并非一部直接对信息安全作出规定的法律，而是**条款修改立法（Artikelgesetz）**，即只是对其他多部法律作出修改。其内容重点为**《联邦信息技术安全法》新增第8a至8e条**及对《原子能法》《能源产业法》《电信法》《电信媒体法》进行的补充及修订。主要内容参见德国联邦信息技术安全局出

5　版物。[7]

《IT安全法》并未涵盖所有公司与机构，只是意欲确保**"关键基础设施"**公司及机构能够制定特别保护措施。对此，《联邦信息技术安全法》第2条第10款以较为抽象的方式规定的关键基础设施涉及能源、信息技术与电信、交通运输、医疗卫生、水务、食品及金融保险。德国联邦内政部根据《联邦信息技术安全法》第10条第1款逐步具体化以上规定：**《联邦信息技术安全局关键基础设施条例》（BSI-KritisVO**，以下简称《关键基础设施条例》）2016年4月22日第一版[8]中规定的关键基础设施包括能源、水务、食品及信息技术与电信部门，后在现行2017年6月21日版本[9]中新加入医疗卫生、金融保险及交通

6　运输部门[10]。

---

〔1〕　见Giesen/Kersten, S. 31。

〔2〕　可能的攻击动机见Könen, DuD 2016, 12。

〔3〕　详见https://de.wikipedia.org/wiki/Stuxnet（最后访问时间：2017年11月4日）；另一例见Sassenberg/Faber-Mantz/Spittka, Teil 2 E, Rn. 140. Marc Elsberg, Blackout. Morgen ist es zu spät, 30. Aufl., München 2012.（中文：《全球断电：明天为时已晚》）该小说讲述了网络攻击所致损失及（德国）社会的应对无力。

〔4〕　见Kipker/Pfeil, DuD 2016, 810ff. 案例研究。但Kipker, MMR 2017, 455认可《中华人民共和国网络安全法》的立法安排。

〔5〕　BGBl. I S. 2821. Buchberger对2013年版评论，见Buchberger, in: Schenke/Graulich/Ruthig (Hrsg.), Sicherheitsrecht des Bundes, München 2014。

〔6〕　全称《加强信息技术系统安全法》（简称：IT安全法），2015年7月17日，BGBl. I S. 1324。

〔7〕　https://www.bsi.bund.de/SharedDocs/Downloads/DE/BSI/Publikationen/Broschueren/IT-Sicherheitsgesetz.pdf?__blob=publicationFile&v=6

〔8〕　BGBl. I S. 958.

〔9〕　BGBl. I S. 1903.

〔10〕　第一版其他修订见Kipker, Der 2. Korb, Manuskript。

与德国相同，欧盟亦积极就 IT 安全问题立法。欧洲议会及理事会于 2016 年 7 月 6 日通过"确保欧盟内网络及信息系统高度共同安全之措施"的**第 2016/1148 号欧盟指令**。[1]德国迅速根据这一指令于 **2017 年 6 月 23 日**通过**实施法案**。[2]《联邦信息技术安全法》现行版本由此产生，德国联邦信息技术安全局的监管职能得以扩展。至此，立法程序暂告一段落。

2. 基本内容

在《关键基础设施条例》的基础上，确定关键基础设施领域所涵盖的公司与机构共分为三步。[3]**第一步**，认定"**关键基础服务**"：如水务部门包括"饮用水供应及污水处理"，医疗卫生部门包括"医疗供应、消费医疗产品供应、处方药及实验室供应"。**第二步**，确定需特别保护的**设备类型**：如水务部门包括"排水设备、净水设备、控制中心、回收提取设备、预处理设备及配水系统"，医疗卫生部门包括"医院、生产厂、交货处、献血时血液采集及处理设备/系统、车间及仓库、处方药销售设备/系统、药房、运输系统、委托及诊断传输用通讯系统、实验室"。**第三步**，根据所谓的"**50 万规则**"，将范围缩小至对整个社会供应具有重大意义的基础设施，即供应量至少涉及 50 万人时才可称为"关键基础设施"。医院构成唯一例外：每年住院人数达 3 万的医院即"具有重大供应意义"。但这一纯量化方式饱受诟病。原因在于，有些单位虽未达到这一标准，但实际上在为其他被认定为"大型供应单位"的公司提供供给。若此类"幕后供应单位"崩溃，其后果或比直接供应单位瘫痪更为严重。[4]

据德国联邦政府估计，《联邦信息技术安全法》及《关键基础设施条例》涵盖约两千家企业，[5]这些企业负有一定的**行为义务**：只要供应单位提供服务，便须承担与职责相关的义务。[6]其义务履行情况受德国联邦信息技术安全局监管。违规时，根据《联邦信息技术安全法》第 14 条规定，最高可处 10 万欧元**罚金**。立法者迄今尚未考虑过" IT‑Security by Design"（从设计开始确保 IT 安全）[7]这一想法。[8]

《联邦信息技术安全法》第 8a 条第 1 款规定，关键基础设施运营商有义务最晚在《关键基础设施条例》生效后 2 年内采取"**组织和技术预防措施**"，避免对所运营关键基础设施正常运转至关重要的信息技术系统及组件的可用性、完整性、可靠性及保密性失常。关键基础设施运营商应紧跟**最新技术水平**。

但对以上规定在具体情况下的意指仍无最终定论。"最新技术水平"意为使用业内常见

---

[1] ABl. v. 19. 7. 2016, L 194/1. 概要见 Voigt/Gehrmann, ZD 2016, 355。

[2] 全称《2017 年 6 月 23 日对 2016 年 7 月 6 日欧洲议会及理事会第 2016/1148 号欧盟指令"确保欧盟内网络及信息系统高度共同安全之措施"的实施法案》，见 BGBl. I S. 1885。内容概要参见德国联邦信息技术安全局，https://www.bsi.bund.de/DE/DasBSI/NIS‑Richtlinie/NIS_Richtlinie_node.html（最后访问时间：2017 年 11 月 5 日）。

[3] Gehrmann/Klett, K&R 2017, 372, 373, 下同。

[4] Gehrmann/Klett, K&R 2017, 372, 374。

[5] 见 Rath/Kuss/Bach, K&R 2015, 437, 438。

[6] Sassenberg/Faber‑Mantz/Spittka, Teil 2 E, Rn. 162.

[7] Bräutigam/Klindt, NJW 2015, 1137, 1141.

[8] 但 Sassenberg/Faber‑Mantz/Spittka, Teil 2 E, Rn. 150 建议立法者采纳这一想法。

"顶级产品"。[1]然而，这仅为**应然规定**，理由充分时亦可使用次优技术。此外，**成本投入**必须**"合理恰当"**，不得出现成本明显高于可能发生的损失的情况。[2]再者，规定中所用概念过于宽泛，又**缺少司法判决**供各方参考，也会导致存在法律执行上的问题。

《联邦信息技术安全法》第8a条第2款规定，可制定**行业安全标准**，该标准必须符合第1款中的一般性要求。为确保这一点，**经德国联邦信息技术安全局批准后**行业安全标准方生效。

《联邦信息技术安全法》第8b条第4款进一步规定，若**发生条款中所列失常情况**，[3]关键基础设施运营商必须立即通报联邦信息技术安全局。除这一**通报义务**外，《联邦信息技术安全法》第8a条第3款规定，关键基础设施运营商必须至少**每2年**以适当方式向联邦信息技术安全局证明自身履行了第8a条第1款中规定的一般性义务。[4]证明方式可为安全审核、检测或认证。[5]

《联邦信息技术安全法》意图实现的IT安全与2018年5月25日生效的《通用数据保护条例》第32条规定的**数据安全措施**多处吻合。后者中亦有"适当的技术和组织措施"一说。但《联邦信息技术安全法》的目标更为全面，其保护目标并非个人相关数据，而是电子系统整体的完整性。[6]尤其对于关键基础设施来说，重点常是**非个人相关数据**，而是**特定系统**（如能源供应系统）**的正常运行**。[7]精心设计数据保护同样有利于系统保持稳定。学界亦建议具体措施可借鉴IT安全措施目录。[8]

3. 具体尝试

具体执行时常参考德国联邦信息技术安全局的"基本保护"标准，如对信息安全管理系统（**ISMS**）的要求。[9]最重要的参考标准为**ISO 27001**，网上可以找到相关介绍，但无法免费下载完整版。[10]某案中曾据此标准检查某**供水公司的安全措施**，但检查结果令人不甚满意。[11]供水公司被控对IT安全投入不足，公司仅满足于控制损失，对全面预防则重视不足。[12]相比之下，不久前根据《IT基本保护纲要》新修订的《**IT基本保护编目**》[13]表

---

[1] Gehrmann/Klett, K&R 2017, 372, 374. Rath/Kuss/Bach, K&R 2015, 437, 439持相近观点。
[2] Gehrmann/Klett, K&R 2017, 372, 376.
[3] 关于告知义务详见Rath/Kuss/Bach, K&R 2015, 437, 438及Könen, DuD 2016, 12ff.。
[4] Rath/Kuss/Bach, K&R 2015, 437, 439.
[5] Könen, DuD, 2016, 12, 14.
[6] Bräutigam/Klindt, NJW 2015, 1137, 1141：数据安全为IT安全的"子领域"。
[7] Kühling/Buchner – Jandt, Art. 32 Rn. 3持不同观点，认为第32条既希望实现数据安全，也希望实现IT安全。
[8] Auernhammer – Kramer/Meints, Art. 32 Rn. 49; Gola – Piltz, Art. 32 Rn. 19. 另参见Paal/Pauly – Martini, Art. 32 Rn. 14ff. 及Sydow – Mantz, Art. 32 Rn. 34。
[9] 参见德国联邦信息技术安全局标准100 – 1（BSI – Standard 100 – 1），链接：https://www.bsi.bund.de/SharedDocs/Downloads/DE/BSI/Publikationen/ITGrundschutzstandards/BSI – Standard_ 1001.pdf? __ blob = publication-File&v = 1。
[10] https://www.iso – 27001.at/download/
[11] Kipker/Pfeil, DuD 2016, 810ff.
[12] Könen, DuD, 2016, 12.
[13] https://www.bsi.bund.de/DE/Themen/ITGrundschutz/ITGrundschutzStandards/ITGrundschutzStandardsnode.html（最后访问时间：2017年11月8日）。

述则更为具体，且更易获得。[1] Bruhns建议使用优质加密技术。[2] Könen还提到了以下系列措施：[3]

- 必须每两年审核一次IT基本保护情况，结果应告知联邦信息技术安全局。
- 必须为企业故障情况制定预警计划。
- 即使发生故障，亦须有能够继续运营之可能。因此必须制定"业务连续性计划（business continuity plan）"。
- 必须制定"灾难恢复计划（disaster recovery plan）"。
- IT基础设施必须具备配有防火墙及入侵检测系统（intrusion detection system）的多级安全系统。

4. 保险业准则

非关键基础设施企业也需要保护自己的信息系统，例如通过为可能发生的损失投保。由德国保险业协会（Gesamtverband der Deutschen Versicherungswirtschaft，缩写GDV）全资控股的子公司VdS防损有限责任公司（VdS Schadenverhütung GmbH）＊在**信息安全准则**（"**VdS 3473**"）中制定了对"中小型企业网络安全"的要求，可从网上获取该准则。[4] 准则中的规定较为具体，对雇员行为也作出了相关规定。然而，VdS公司总经理称，该准则仍未达到《联邦信息技术安全法》第8a条所要求之标准。[5]

三、对雇员行为的具体要求

1. 合规原则

很多公司都有"**合规准则**"或"**伦理规范**"，其目的主要是确保相关适用法律在企业中得到遵守。企业会为此采取适当的预防性措施。这些合规原则亦旨在揭发违规行为并对之施以相应处罚。[6] 不同企业合规守则的形式有所不同，**或仅为建议**，或构成其他**劳动合同义务**的依据。无论合规守则是否具有法律约束力，引入此类合规守则均属于德国《企业组织法》第87条第1款第1项规定中企业职工委员会行使共决权的事项。[7]

《联邦信息技术安全法》第8a条第1款及第8b条第4款亦对**公司的法律义务**作出规定。若公司对雇员作出约束性规定，要求雇员必须协助公司履行法律义务，则《联邦信息技术安全法》中所列义务亦包含在内。故此，若出现**故障威胁**及破坏活动，雇员必须告知雇主——当然，即便不存在法律义务，忠诚的雇员也会如此。若其他雇员可能为潜在作案

---

[1] 德国联邦信息技术安全局标准见链接：https://www.bsi.bund.de/DE/Themen/ITGrundschutz/ITGrundschutzStandards/ITGrundschutzStandards_node.html，最后访问时间：2017年11月8日。

[2] Bruhns, DSB 1/2018 S. 12.

＊ VdS为Vertrauen durch Sicherheit的缩写，意为安全带来信任。——译注

[3] Könen, DuD 2016, 12, 16.

[4] https://vds.de/fileadmin/vds_publikationen/vds_3473_web.pdf（最后访问时间：2017年11月5日）。

[5] 访谈见CuA 2/2016, S. 27。

[6] Thüsing, in: Ders., Beschäftigtendatenschutz, § 2 Rn. 6ff.

[7] BAG, 22.7.2008 – 1 ABR 40/07, NZA 2008, 1248 – Honeywell, Os. 2.

人，则适用特殊原则。[1]

2. 劳动合同的附随义务

若企业未制定合规原则或合规原则不涉及 IT 安全，则可从**德国《民法典》第 241 条第 2 款**中推导出雇员的附随义务，即雇员必须采取行动**防止公司蒙受损失**。[2] 值得一提的是，**VdS 准则**中有如下规定：

- 雇员必须**遵守并执行**所有与自身或工作相关的信息安全措施及规则，必须**报告"故障、安全事故及紧急情况"**。（第 4.8 条）
- 若申请公司信息安全要位，申请人必须具备必要的能力及必需的可信度。（第 7.1 条）
- 第 7.2 条规定，聘用及**（入职）培训新员工**时，须注意以下 4 点：

（1）应签署保密协议，其中亦须规定信息安全相关义务，劳动关系**终止**或发生变动后仍须履行相关义务。

（2）应指导新员工熟悉信息安全**指导方针**、所有约束性信息安全准则及其他约束性信息安全规章。

（3）对新员工需掌握的安全机制，应进行培训。

（4）新员工应有必要的访问权限及**使用权限**，并接受使用培训。

若劳动关系**终止**或发生变动，应在必要范围内向雇员、顾客、供应商及其他受托方告知人事变动及业务变动（第 7.3 条）。此外，应即刻检查（截至目前所有）雇员的访问权限及使用权限，并**在必要时进行调整**。

3. IT 安全专员

《联邦信息技术安全法》及《关键基础设施条例》均未对委任 IT 安全专员作出规定，但许多公司中都有负责此类事务的员工。**VdS 准则**在第 4.3 条中对委任"信息安全专员"作出明文规定。[3] 该专员"负责"以下 10 项任务：

（1）发起、计划、实施、把控信息安全流程；

（2）提出具体改进建议；

（3）协助高层管理人员制定信息安全指导方针，并对其进行年度审查及调整；

（4）在信息安全核心问题方面协助高层管理人员；

（5）制定所有信息安全准则，并对其进行年度审查及调整；

（6）调查信息安全相关事件；

（7）引入并把控信息安全意识提高活动及培训活动；

（8）对影响信息处理的项目、引入的新软件及新 IT 系统，担任联系人，确保信息安全相关事务受到足够重视；

（9）向信息安全小组提交公司信息安全现状年度报告，其重点为风险及安全意外事故；

---

[1] Däubler, NZA 2017, 1483.

[2] ErfK – Preis, § 611a BGB Rn. 744；HK – ArbR – Kreuder/Matthiessen – Kreuder, §§ 611, 611a Rn. 481.

[3] "高层管理人员必须委任一名员工担任信息安全专员。"

（10）担任信息安全主要联系人。

与数据保护专员不同，IT 安全专员的职位及工作权能**不存在明文保障**，他们也不享受特殊解雇保护，也未明确规定应给予 IT 安全专员完成任务**所必要的时间**。此外，也无人提到，大公司中的 IT 安全专员需组建员工团队，方可全面圆满完成任务。

德国联邦劳动法院最近的一项判决涉及根据《联邦州公共服务机构集体合同》对 **IT 安全专员进行薪酬分组**。[1] 在案情构成要件中，根据时间占比，详细**说明**了适用薪酬分组的**工作内容**：

"（1）把控及协调 IT 安全流程（75%）

- 制定及调整 IT 安全指导方针
- 协调制定及调整 IT 安全方案
- 为贯彻执行 IT 安全措施，制定落实计划并监督执行
- 制定及协调分步方案（如存档方案、应急方案等）
- 协助制定 IT 安全准则及规章
- 记录 IT 安全方案执行情况
- 履行向管理层及 IT 安全小组报告 IT 安全状态的义务
- 维护及更新 GS 工具 *中的存储数据
- 协调 IT 安全相关项目
- 调查 IT 安全相关事故
- 调查研究危险情景，持续报告 IT 安全领域最新进展

（2）与下级业务部门合作（14%）

- 领导 IT 安全小组
- 协调及协助下级业务部门采用 IT 安全准则及规章
- 协助执行 IT 安全流程及制定自身分步方案

（3）使员工参与 IT 安全流程（11%）

- 设计及维护内联网网页以提高员工 IT 安全意识
- 发起 IT 安全主题学习活动及培训活动
- 提供相关信息材料。"

该案争议在于 IT 安全专员是否必须接受过**高等教育**，而接受过高等教育即应获得更高薪酬。德国联邦劳动法院认为接受高等教育并非必要条件，并驳回了将 IT 安全专员归入更高薪酬级别的要求。本书此处主要关注该案对 IT 安全专员工作内容的说明。

4. 企业职工委员会的参与权

德国《企业组织法》第 87 条第 1 款首句规定，如已有法律作出规定，则企业职工委员

---

[1] BAG, 14.9.2016 - 4 AZR 964/13 - NZA - RR 2017, 264.

* GS 工具为德国联邦信息技术安全局根据 IT 基本保护原则创建的数据库应用程序，公共机构可免费购买。——译注

会无共决权。因此，当《联邦信息技术安全法》已制定约束性框架时，该框架即为标准。对于**雇主无活动空间**之处，无须进行共决。当联邦信息技术安全局基于《联邦信息技术安全法》或其他法律作出**行政行为**，上述规定同样适用。[1]

27

若法律给予了雇主活动空间，且根据德国《企业组织法》第 87 条第 1 款规定存在共决权或其他参与权，企业职工委员会便可行使共决权。这一规定源于《企业组织法》第 87 条第 1 款引言中的法律保留原则及集体合同保留原则。此外，劳动保护方面同样根据《企业组织法》第 87 条第 1 款第 7 项规定进行处理。[2] 在多大程度上满足**行使共决权的前提条件**取决于个案具体情况。例如，若在工作场所安装电子访问管理系统或通过引入生物识别功能等方式加强电子访问管理，则可根据《企业组织法》第 87 条第 1 款第 6 项规定进行共决。同样，若执行其他 IT 安全措施时涉及处理雇员数据，根据《企业组织法》第 87 条第 1 款第 6 项规定，企业职工委员会同样应行使共决权。[3] 关于某些人群是否必须作出保密声明，以及保密声明具体应包含哪些内容，根据《企业组织法》第 87 条第 1 款第 1 项规定，此时应由企业职工委员会参与共决。

28

在个案中，尤其在委任 **IT 安全专员**时，由于发生《企业组织法》第 95 条第 3 款规定中的工作范围变动，因此满足**岗位调动**的前提条件。将当前某雇员委任为企业数据保护专员时，也相应适用这一规定。[4] 因此，企业职工委员会可出于《企业组织法》第 99 条第 2 款规定中所列原因拒绝同意。若企业数据保护专员**缺乏必要的专业知识**，企业职工委员会可控诉该任命违反《企业组织法》第 99 条第 2 款第 1 项规定。由于缺少法律依据，对数据保护专员的上述规定并不自动适用于 IT 安全专员。然而，若 IT 安全专员无相关经验，因而明显缺乏工作所需知识，则可认为其任命违反《联邦信息技术安全法》第 8a 条第 1 款规定。

---

[1] BAG, 11. 12. 2012 – 1 ABR 78/11 – NZA 2013, 913.

[2] Klebe, in: Däubler/Kittner/Klebe/Wedde, § 87 Rn. 210ff.

[3] Sassenberg/Faber – Mantz/Spittka, Teil 2 E, Rn. 170.

[4] BAG, 22. 3. 1994 – 1 ABR 51/93 – NZA 1994, 1049; LAG München, 16. 11. 1978 – 8 TaBV 6/78 – DB 1979, 1561.

参考文献

Achten, Oliver M./Pohlmann, Norbert, Sichere Apps. Vision oder Realität? DuD 2012, 161–164

Ahrens, Hans-Jürgen, Vereinbarung Vertrauensarbeitszeit, CF 5/2001, S. 12–17

Albecht, Jan-Philipp/Jotzo, Florian, Das neue Datenschutzrecht der EU, Baden-Baden 2017

Albrecht, Thorben, Digitale Revolution in der Arbeitswelt? SPW Ausgabe 1/2016, S. 30–35

Altenburg, Peter/Walensky-Schweppe, Frank/Zimmermann, Bernd, Intranet als Informationsbasis, CF 8–9/2000, S. 34–35

Altvater, Lothar/Baden, Eberhard/Berg, Peter/Kröll, Michael/Noll, Gerhard/Seulen, Anna, Bundespersonalvertretungsgesetz mit Wahlordnung, Kommentar, 9. Aufl., Frankfurt/Main 2016 (Zitierweise: Verf. in: Altvater u. a.)

Angermaier, Max, Die neue Verordnung zur Umsetzung von EG-Arbeitsschutz-Richtlinien, AiB 1997, 76–80

Anzinger, Rudolf/Koberski, Wolfgang, Kommentar ArbZG, 4. Aufl., Frankfurt/Main 2014

Apt, Wenke; Peter, Martin; v. Stokar, Thomas; Pärli, Kurt; Bovenschulte, Marc, Der Wandel der Arbeitswelt in der Schweiz. Gesellschaftliche, strukturelle und technologische Entwicklungen, Working paper of the Institute for Innovation and Technology, Nr. 20 (2014)

Arndt, Hans-Wolfgang/Fetzer, Thomas/Scherer, Joachim (Hrsg.), Telekommunikationsgesetz. Kommentar, Berlin 2008

Arning, Marian/Moos, Flemming/Becker, Maximilian, Vertragliche Absicherung von Bring Your Own Device. Was in einer Nutzungsvereinbarung zu BYOD mindestens enthalten sein sollte, CR 2012, 592–598

Ascheid, Reiner/Preis, Ulrich/Schmidt, Ingrid (Hrsg.), Kündigungsrecht. Großkommentar zum gesamten Recht der Beendigung von Arbeitsverhältnissen, 5. Aufl., München 2017

Auer-Reinsdorff, Astrid/Conrad, Isabell (Hrsg.), Handbuch IT- und Datenschutzrecht, 2. Aufl., München 2016

Auernhammer, Herbert (Begr.), Datenschutz – Grundverordnung, Bundesdatenschutzgesetz und Nebengesetze. Kommentar, 5. Aufl., Köln 2017 (Zitierweise: Auernhammer – Bearbeiter)

Bader, Peter/Etzel, Gerhard/Fischermeier, Ernst u. a., KR. Gemeinschaftskommentar zum Kündigungsschutzgesetz und zu sonstigen kündigungsschutzrechtlichen Vorschriften, 11. Aufl., Köln 2016 (Zitierweise: KR – Verfasser)

Baeck, Ulrich/Deutsch, Markus (unter Mitarbeit von Kramer, Nadine Barbara), Arbeitszeitgesetz. Kommentar, 3. Aufl., München 2014

Balikcioglu, Julia, Psychische Erkrankungen am Arbeitsplatz. Die zunehmende Bedeutung der Psyche im Gesundheitsschutz, NZA 2015, 1424 – 1433

Balke, Barbara/Müller, Andreas, Arbeitsrechtliche Aspekte beim Einsatz von E – Mails, DB 1997, 326 – 330

Balkenhol, Christof, Trendmonitor Arbeit 4.0, AiB 7 – 8/2016 S. 10 – 15

Ballauf, Helga, Qualifikation 4.0, AiB 7 – 8/2016 S. 31 – 33

Barton, Dirk – M., Betriebliche Übung und private Nutung des Internetarbeitsplatzes, NZA 2006, 460 – 466

Ders., Keine Strafbarkeit wegen Verletzung des Fernmeldegeheimnisses nach § 206 StGB bei betrieblicher E – Mail – Kontrolle, RDV 2012, 217 – 225

Bartsch, Michael/Lutterbeck, Bernd (Hrsg.), Neues Recht für neue Medien, Köln 1998

Basar, Eren, IT – Sicherheit im Strafrecht (»digitaler Hausfriedensbruch«), jurisPR – SttrafR 26/2016 Anm. 1

Bauer, Jobst – Hubertus/Diller, Martin, Wettbewerbsverbote: Rechtliche und taktische Hinweise für Arbeitgeber, Arbeitnehmer und vertretungsberechtigte Organmitglieder, 6. Aufl., München 2012

Bauer, Jobst – Hubertus/Günther, Jens, Kündigung wegen beleidigender Äußerungen auf Facebook. Vertrauliche Kommunikation unter Freunden? NZA 2013, 67 – 73

Baumann, Reinhold, Stellungnahme zu den Auswirkungen des Urteils des Bundesverfassungsgerichts vom 15.12.1983 zum Volkszählungsgesetz 1983, DVBl. 1984, 612 – 619

Baunack, Sebastian, Einsatz mobiler Arbeitsmittel außerhalb der Arbeitszeit, AiB 2012, 500 – 504

Bechtold, Rainer, Kartellgesetz: Gesetz gegen Wettbewerbsbeschränkungen (§§ 1 – 96, 130, 131). Kommentar, 7. Aufl., München 2013

Bechtolf, Hans/Vogt, Niklas, Datenschutz in der Blockchain – Eine Frage der Technik. Technologische Hürden und konzeptionelle Chancen, ZD 2018, 66 – 71

Beck, Larissa/Schneider, Wolfgang, Ergonomische Workflow – Management – Systeme, CF 11/1999, S. 14 – 21

Beck'scher TKG – Kommentar, herausgegeben von *Martin Geppert u. a.*, 3. Aufl., München 2006

Becker, Maximilian, Ein Recht auf datenerhebungsfreie Produkte, JZ 2017, 170 – 181

Beckschulze, Martin, Betriebsratskosten für moderne Kommunikationsmittel, DB 1998, 1815 – 1817

Ders., Internet – , Intranet – und E – Mail – Einsatz am Arbeitsplatz, DB 2003, 2777 – 2786

Ders., Internet – und E – Mail – Einsatz am Arbeitsplatz, DB 2009, 2097 – 2103

Ders./Henkel, Wolfram, Der Einfluss des Internets auf das Arbeitsrecht, DB 2001, 1491 – 1506

Behling, Thorsten B., Neues EGMR – Urteil zur Überwachung der elektronischen Kommunikation am Arbeitsplatz: Datenschutzrechtliche Implikationen für deutsche Arbeitgeber, BB 2018, 52 – 56

Benner, Christiane (Hrsg.), Crowdwork – zurück in die Zukunft? Perspektiven digitaler Arbeit, Frankfurt/Main 2014

Dies., Amazonisierung der Arbeit durch Crowdsourcing? Gewerkschaftliche Perspektiven in der digitalen Arbeitswelt, CuA 4/2014 S. 17 – 20

Berg, Peter/Kocher, Eva/Schumann, Dirk (Hrsg.), Tarifvertragsgesetz und Arbeitskampfrecht. Kompaktkommentar, 5. Aufl., Frankfurt/Main 2015

Bergmann, Michael, Grenzüberschreitender Datenschutz, Baden – Baden 1985

Besgen, Nikolai/Prinz, Thomas, Handbuch Internet. Arbeitsrecht: Rechtssicherheit bei Nutzung, Überwachung und Datenschutz, 3. Aufl., Bonn 2013 (Zitierweise: Besgen/Prinz – Bearbeiter)

Beucher, Klaus/Leyendecker, Ludwig/von Rosenberg, Oliver, Mediengesetze. Kommentar, München 1999

Bijok, Bernd – Christoph/Class, Thomas, Arbeitsrechtliche und datenschutzrechtliche Aspekte des Interneteinsatzes (insbesondere E – Mail), RDV 2001, 52 – 60

Birk, Rolf, Umschulung statt Kündigung, in: Festschrift Kissel, München 1994, S. 51 – 75

Bissels, Alexander/Lützeler, Martin/Wisskirchen, Gerlind, Facebook, Twitter & Co.: Das Web 2.0 als arbeitsrechtliches Problem, BB 2010, 2433 – 2439

Bissels, Alexander/Meyer – Michaelis, Isabel, Arbeiten 4.0 – Arbeitsrechtliche Aspekte einer zeitlich – örtlichen Entgrenzung der Tätigkeit, DB 2015, 2331 – 2336

BITKOM (= Bundesverband Informationswirtschaft, Telekommunikation und neue Medien e. V.), Hrsg., Soziale Netzwerke. Eine repräsentative Untersuchung zur Nutzung sozialer Netzwerke im Internet, 2011 (abrufbar unter bitkom@ bitkom. org).

BITKOM (Hrsg.), Arbeiten 3.0. Arbeiten in der digitalen Welt, Berlin 2013

BITKOM (Hrsg.), Crowdsourcing für Unternehmen. Leitfaden, Berlin 2014

BITKOM (Hrsg.), Big – Data – Technologien – Wissen für Entscheider, Berlin 2014

Blanke, Thomas, EBRG – Kommentar, 2. Aufl., Baden – Baden 2006

BMAS (Hrsg.), Befragung zum sozialökonomischen Hintergrund und zu den Motiven von Crowdworkern – Endbericht – durchgeführt vom Zentrum für Europäische Wirtschaftsforschung (ZEW), Berlin, Februar 2016

BMAS, Weißbuch Arbeiten 4.0, Berlin 2017

Böhm, Michaela, Digitale Tagelöhner, AiB 11/2014, S. 39 – 42

Dies., Crowdwork – zurück in die Zukunft? Perspektiven digitaler Arbeit, CuA 10/2014 S. 15 – 16

Boehme – Neßler, Volker, Das Ende der Anonymität. Wie Big Data das Datenschutzrecht verändert, DuD 2016, 419 – 423

Ders., Die Macht der Algorithmen und die Ohnmacht des Rechts. Wie die Digitalisierung das Recht relativiert, NJW 2017, 3031 – 3037

Boemke, Burkhard, Das Telearbeitsverhältnis. Vertragstypus und Vertragsgestaltung, BB 2000, 147 – 154

Ders./Ankersen, Per, Das Telearbeitsverhältnis – Arbeitsschutz, Datenschutz und Sozialversicherungsrecht, BB 2000, 1570 – 1572

Ders. (Hrsg.), Gewerbeordnung. Kommentar zu §§ 105 – 110, Heidelberg 2003

Böker, Karl – Hermann, IKT – Qualifizierung: Thema für Betriebs – und Dienstvereinbarungen, CF 7 – 8/2003, S. 15 – 19

Ders., Für' n Appel und ' n Ei, CF 1/2004, S. 38 – 39

Ders./Kamp, Lothar, Betriebliche Nutzung von Internet, Intranet und E – Mail. Analyse und Handlungsempfehlungen, Frankfurt/M. 2003

Börding, Andreas, Ein neues Datenschutzschild für Europa, Warum auch das überarbeitete Privacy Shield den Vorgaben des Safe Harbor – Urteils des EuGH nicht gerecht werden kann, CR 2016, 431 – 441

Bösche, Burchard/Grimberg, Herbert, Rechtsfragen der Außendiensttätigkeit, in: Festschrift Gnade, Köln 1992, S. 377 – 402

Boewe, Jörn/Schulten, Johannes, Recht auf Abschalten, Die Mitbestimmung Heft 4/2014, abrufbar unter www.boeckler.de

Borges, Georg/Meents, Jan Geert (Hrsg.), Cloud Computing. Rechtshandbuch, München 2016

Bosman, Wieland, Arbeitsrechtliche Fragen bei der Einführung von Neuen Medien, NZA 1984, 185 – 188

Botthof, Alfons/Bovenschulte, Marc (Hrsg.), Das »Internet der Dinge«. Die Informatisierung der Arbeitswelt und des Alltags, Düsseldorf 2009, Arbeitspapier 176 der Hans – Böckler – Stiftung (abrufbar unter www. boeckler. de)

Boßmann, Timm, In 5 Schritten zum eigenen Betriebs – Blog. So einfach funktioniert Öffentlichkeitsarbeit im Internet! CuA 5/2011 S. 28 – 33

Bräutigam, Peter/Klindt, Thomas, Industrie 4. 0, das Internet der Dinge und das Recht, NJW 2015, 1137 – 1142

Brandl, Karl – Heinz, Elektronische Arbeit, in: Sommer, Michael u. a. (Hrsg.), Netz@work, Hamburg 2003, S. 22 – 33

Brandt, Jochen, BYOD – Handlungsbedarf für die Belegschaftsvertretung, CuA 10/2011, 8 – 12

Ders., BYOD – Kernpunkte möglicher Regelungen, CuA 10/2011, 12 – 13

Ders., Big Data? – eine neue Dimension? CuA 11/2013, S. 11 – 13

Ders., Social Web und Mitbestimmung. Tipps für die betriebliche Interessenvertretung, CuA 2/2015 S. 12 – 13

Ders., Schöne neue Welt, AiB Heft 7 – 8/2016 S. 16 – 20

Brandt, Peter, Industrie 4. 0 – aus der Vergangenheit lernen. Gestaltende Mitbestimmung von Anfang an, CuA 5/2014 S. 4 – 7

Braun, Frank/Spiegl, Katarina, E – Mail und Internet am Arbeitsplatz, AiB 2008, 393 – 397

Breckheimer, Stephan, Sag mir, was Du vorhast! – Zur Möglichkeit von Überwachungsmaßnahmen durch den Arbeitgeber. Zugleich Kommentar zu EGMR, Entscheidung vom 5. 9. 2017 – 61496/08, K&R 2017, 700 – 704

Breisig, Thomas, Entlohnen und Führen mit Zielvereinbarungen. Orientierungs – und Gestaltungshilfen für Betriebs – und Personalräte sowie für Personalverantwortliche, 2. Aufl., Frankfurt/M. 2001

Brink, Stefan, Datenschutzgerechte Nutzung von Informations – und Kommunikationstechnik im Unternehmen, RDV 2015, 171 – 179

Brookman, Justin, Können wie der Cloud vertrauen? ZD 2012, 401 – 402

Bruhns, Ildikó, Ziemlich vermessen: Fitnesstracker und Gesundheits – Apps tricksen Sicherheit und Datenschutz aus, DSB 12/2017, S. 259 – 261

Dies., Verschlüsselung: Kryptischer Datensalat schmeckt Cybergangstern nicht, DSB 1/2018 S. 12 – 13

Brunst, Phillip W., Staatlicher Zugang zur digitalen Identität. Erosion der Anonymität im Internet, DuD 2011, 618 – 623

Bsirske, Frank, Digitalisierung und Beschäftigung: Prognosen und Perspektiven, in: Schröder/Urban (Hrsg.), Gute Arbeit. Digitale Arbeitswelt – Trends und Anforderungen, Ausgabe 2016, Frankfurt/Main 2016, S. 61 – 72

Buchner, Benedikt, Informationelle Selbstbestimmung im Privatrecht, Tübingen 2006

Buggisch, Christian, Einführung von Social Media Guidelines bei DATEV, RDV 2012, 186 – 189

Bundesministerium für Wirtschaft und Energie (Hrsg.), Zukunft der Arbeit in der Industrie 4.0, Berlin 2014

Büllesbach, Achim, Transnationalität und Datenschutz. Die Verbindlichkeit von Unternehmensregelungen, Baden – Baden 2008

Bull, Hans Peter, Ziele und Mittel des Datenschutzes, Königstein/Ts. 1981

Burr, Manfred, Echelon – das weltweite Horchsystem, CF 5/2003, S. 4 – 7

Buschmann, Rudolf, Die betriebsverfassungsrechtliche Beschwerde, in: Festschrift Däubler, Frankfurt/M. 1999, S. 311 – 326

Ders., Beschäftigte online. Die ständige Erreichbarkeit und ihre Folgen, PersR 2011, 247 – 250

Buschmann, Rudi/Ulber, Jürgen, Arbeitszeitgesetz. Basiskommentar, 8. Aufl., Frankfurt/Main 2015

Byers, Philipp/Wenzel, Kathrin, Videoüberwachung am Arbeitsplatz nach dem neuen Datenschutzrecht, BB 2017, 2036 – 2040

Cakir, Ahmet E., Aufräumen im Arbeitsschutz. Integration der Bildschirmarbeitsverordnung, CuA 1/2015 S. 24 – 26

Ders., Arbeitsstättenrecht neu geregelt, CuA 7 – 8/2017 S. 21 – 26

Carstensen, Tanja, Social Media in der internen Zusammenarbeit. Neue Anforderungen an Beschäftigte und ihre Vertretungen, CuA 6/2014 S. 18 – 21

Conrad, Isabell/Schneider, Jochen, Einsatz von »privater IT« im Unternehmen. Kein privater USB – Stick, aber »Bring your own device (BYOD)? ZD 2011, 153 – 159

Däubler, Wolfgang, Das Arbeitsrecht 1, 16. Aufl., Reinbek 2006; Das Arbeitsrecht 2, 12. Aufl., Reinbek 2009

Ders., Gewerkschaftsrechte im Betrieb, Handkommentierung, 12. Aufl., Baden – Baden 2017

Ders., Gläserne Belegschaften – Das Handbuch zum Beschäftigtendatenschutz, 7. Aufl., Frankfurt/M. 2017

Ders., Tarifvertragsrecht – Ein Handbuch, 3. Aufl., Baden – Baden 1993

Ders., Arbeitsrecht. Ratgeber für Beruf – Praxis – Studium. 12. Aufl., Frankfurt/Main 2017

Ders. (Hrsg.), Kommentar zum Tarifvertragsgesetz, 4. Aufl., Baden – Baden 2016

Ders. (Hrsg.), Arbeitskampfrecht, 4. Aufl., Baden – Baden 2017

Ders., Interessenausgleich und Sozialplan bei der Einführung von Bildschirmgeräten, DB 1985, 2297 – 2302

Ders., Neue Technologien – neues Wirtschaftsrecht?, in: Däubler – Gmelin, Herta/Adlerstein, Wolfgang (Hrsg.), Menschengerecht, 6. Rechtspolitischer Kongress der SPD, Heidelberg 1986, S. 268 – 282

Ders., Recht und Akzeptanzverweigerung – zwei Wege zur Gestaltung von Technik?, in: Roßnagel (Hrsg.), Freiheit im Griff. Informationsgesellschaft und Grundgesetz, Stuttgart 1989, S. 165 – 176

Ders., Das Fernsprechgeheimnis des Arbeitnehmers, AiB 1995, 149 – 157 (= CR 1994, 754ff.)

Ders., Grenzüberschreitender Datenschutz – Handlungsmöglichkeiten des Betriebsrats, AiB 1997, 259 – 266

Ders., Das neue Mitbestimmungsrecht des Betriebsrats im Arbeitsschutz, BetrR 1998, 31 – 33

Ders., Obligatorische Schriftform für Kündigungen, Aufhebungsverträge und Befristungen. Der neue § 623 BGB, AiB 2000, 188 – 192

Ders., Nutzung des Internet durch Arbeitnehmer, K & R 2000, 323 – 327

Ders., Neue Akzente im Arbeitskollisionsrecht, RIW 2000, 255 – 260

Ders., Eine bessere Betriebsverfassung? Der Referentenentwurf zur Reform des BetrVG, AuR 2001, 1 – 8

Ders., Die veränderte Betriebverfassung – Erste Anwendungsprobleme – AuR 2001, 285 – 291

Ders., Das neue Bundesdatenschutzgesetz und seine Auswirkungen im Arbeitsrecht, NZA 2001, 874 – 881

Ders., Internetnutzung am Arbeitsplatz – Kontrolle durch den Arbeitgeber? In: Ahrens, Martin/Donner, Hartwig/Simon, Jürgen (Hrsg.), Arbeit – Umwelt, Baden – Baden 2001, S. 1 – 8

Ders., Schutz des Betriebsrats durch eigene Software und separate Geräte? CF 11/2002, S. 25 – 27

Ders., Haftung des Unternehmens für Internetaktivitäten von Arbeitnehmern, in: Heermann/Ohly (Hrsg.), Verantwortlichkeit im Netz, Stuttgart u. a. 2003, S. 125 – 135

Ders., Transparenzprinzip auch für den Gesetzgeber? NJW 2004, 993 – 994

Ders., BGB Kompakt, 3. Aufl., München 2008

Ders., Arbeitsrecht unter Sicherheitsvorbehalt? SR 2012, 57 – 75

Ders., Spyware im Betriebsrats – PC? Heimliche Überwachung verstößt gegen das Persönlichkeitsrecht, CuA 1/2013, S. 13 – 16

Ders., Ungeschminktes auf Facebook, AiB 3/2014 S. 26 – 29

Ders., Entgrenzung der Arbeit – ein Problem des Arbeitsrechts? SR 2014, 45 – 65

Ders., Internet und Arbeitnehmerdatenschutz, AiB Sonderheft März 2015 S. 29 – 32

Ders., Arbeitsrecht in der digitalisierten Arbeitswelt? SPW 1/2016 S. 40 – 45

Ders., Steuerung der Arbeitsmenge in der digitalisierten Welt? ZTR 2016, 359 – 366

Ders., Digitalisierung und Arbeitsrecht. SR 2016 (Sonderausgabe) S. 2 – 44

Ders., Crowdwork – Arbeit der Zukunft? FIfF – Kommunikation 4/2016 S. 56 – 60

Ders., Daheim und unterwegs – entgrenzte Arbeit zwischen Selbstausbeutung und Selbstverwirklichung, ZBVR – Online 9/2017, S. 30 – 36

Ders., Informationsbedarf versus Persönlichkeitsschutz – was muss, was darf der Arbeitgeber wissen? NZA 2017, 1481 – 1488

Ders./Bonin, Birger/Deinert, Olaf, AGB – Kontrolle im Arbeitsrecht, Kommentar zu den §§ 305 – 310 BGB, 4. Aufl., München 2014

Ders./Deinert, Olaf/Zwanziger, Bertram (Hrsg.), Kündigungsschutzrecht. Kommentar, 10. Aufl., Frankfurt/Main 2017 (Zitierweise: DDZ – Bearbeiter)

Ders./Hjort, Jens Peter/Schubert, Michael/Wolmerath, Martin (Hrsg.), Arbeitsrecht. Individualarbeitsrecht mit kollektivrechtlichen Bezügen. Handkommentar, 4. Aufl., Baden – Baden 2017 (Zitierweise: HK – ArbR – Bearbeiter)

Ders./Kittner, Michael/Klebe, Thomas/Wedde, Peter (Hrsg.), BetrVG, Kommentar für die Praxis, 16. Aufl., Frankfurt/M. 2018 (Zitierweise: DKKW – Bearbeiter)

Ders./Kittner, Michael/Lörcher, Klaus, Internationale Arbeits – und Sozialordnung, 2. Aufl., Frankfurt/Main 1994

Ders./Klebe, Thomas, Crowdwork: Die neue Form der Arbeit – Arbeitgeber auf der Flucht? NZA 2015, 1032 – 1041

Ders./Klebe, Thomas/Wedde, Peter/Weichert, Thilo, Bundesdatenschutzgesetz, Kompaktkommentar, 5. Aufl., Frankfurt/Main 2016

Ders./Wedde, Peter/Weichert, Thilo/Sommer, Imke, Kommentar zur DSGVO und zum neuen BDSG, Frankfurt/Main 2018

Dammann, Ulrich/Simitis, Spiros, EG – Datenschutzrichtlinie. Kommentar, Baden – Baden 1997

de Wolf, Abraham, Kollidierende Pflichten: zwischen Schutz von E – Mails und »Compliance« im Unternehmen, NZA 2010, 1206 – 1211

Deinert, Olaf, Internationales Arbeitsrecht, Deutsches und europäisches Arbeitskollisionsrecht, Tübingen 2013

Ders., Soloselbstständige zwischen Arbeitsrecht und Wirtschaftsrecht: Zur Notwendigkeit eines erweiterten Sonderrechts für Kleinunternehmer als arbeitnehmerähnliche Personen, Baden – Baden 2015

Deiters, Gerhard, Betriebsvereinbarung Kommunikation. Beschäftigteninteressen und Compliance bei privater Nutzung von Kommunikationsmitteln im Unternehmen, ZD 2012, 109 – 115

Demuth, Ute,»Immer mehr Leute mischen sich ein und trauen sich was …«. Interview mit einem der Autoren des Amazon – ver. di – Blogs, CuA 4/2014 S. 34 – 38

Demuth, Ute/Strunk, Jan A./Lindner, Martin, Soziale Medien in der Öffentlichkeitsarbeit der Interessenvertretungen, Frankfurt/Main 2013

Dickmann, Roman, Inhaltliche Ausgestaltung von Regelungen zur privaten Internetnutzung im Betrieb, NZA 2003, 1009 – 1013

Diringer, Arnd, Der Chefarzt als leitender Angestellter, NZA 2003, S. 890 – 896

Djazayeri, Alexander, Rechtliche Herausforderungen durch Smart Contracts, in: Meder, Stephan/Beesch, Anna – Maria, jurisPR – BKR 12/2016 Anm. 1

Döbele – Martin, Claudia/Martin, Peter, Die kommentierte Bildschirmarbeitsverordnung, CF 6 – 7/1998, S. 32 – 35

Dolata, Ulrich, Internetökonomie und Internetkonzerne. Märkte – Expansion – Macht, in: Schröder/Urban (Hrsg.), Gute Arbeit 2016, S. 148 – 155

Dornbusch, Gregor/Fischermeier, Ernst/Löwisch, Manfred (Hrsg.), AR. Kommentar zum gesamten Arbeitsrecht, 8. Aufl., Köln 2016 (Zitierweise: AR – Bearbeiter)

Dostal, Werner, Beschäftigungsgewinne in Informationsberufen, MittAB 1999, 448 – 460

Dotzler, Florian, Eine datenschutzrechtlich motivierte Untersuchung Tippverhalten basierender Authentifizierungssysteme. Darstellung am Beispiel textgebundener Lösungen zur Benutzererkennung, DuD 2011, 192 – 196

dtb – Datenschutz – und Technologieberatung – Matthias Wilke (Hrsg.), SAP kompakt für den Betriebsrat. verstehen, mitbestimmen und am System prüfen, Frankfurt/Main 2014

Dütz, Wilhelm, Gewerkschaftliche Betätigung in kirchlichen Einrichtungen, Königstein/Ts. 1982

Dulle, Klaus, Rechtsfragen der Telearbeit, Aachen 1999

Durlach, Emilie/Renaud, Maud, Das Recht auf Nichterreichbarkeit – Droit à la Déconnection – nach der Loi Travail, AuR 2017, 196 – 197

Dusny, Kathleen, Weiterbildung 4.0 – fit für die Zukunft, CuA 3/2015 S. 11 – 13

Dzida, Boris, Big Data und Arbeitsrecht, NZA 2017, 541 – 546

Ders./Förster, Julia, Kündigung des Arbeitsverhältnisses aufgrund »politischer« Äußerungen in sozialen Netzwerken, BB 2017, 757 – 761

Dzida, Boris/Grau, Timon, Verwertung von Beweismitteln bei Verletzung des Arbeitnehmerdatenschutzes, NZA 2010, 1201 – 1206

Dies., Rechtsfolgen von Verstößen gegen den Beschäftigtendatenschutz, ZIP 2012, 504 – 513

Eder, Isabel, Homeoffice – mit Betriebsrat, AiB 3/2017 S. 10 – 15

Ehmann, Eugen/Helfrich, Marcus, EG – Datenschutzrichtlinie: Kurzkommentar, Köln 1999

Ehmann, Eugen/Selmayr, Martin (Hrsg.), Datenschutz – Grundverordnung. Kommentar, München 2017

Ehrich, Christian, Die neue Verordnung über Immissionsschutz – und Störfallbeauftragte, DB 1993, 1772 – 1779

Elking, Lennart/Fürsen, Cay, Unternehmenszugehörigkeit im Internet. Sind Mitarbeiter in beruflichen Portalen unkündbar? NZA 2014, 1111 – 1115

Ellger, Reinhard, Der Datenschutz im grenzüberschreitenden Datenverkehr. Eine rechtsvergleichende und kollisionsrechtliche Untersuchung, Baden – Baden 1990

Engelen – Kefer, Ursula, Mündet die Datenautobahn in der sozialen Sackgasse?, in: van Haaren, Kurt/Hensche, Detlef (Hrsg.), Arbeit im Multimedia – Zeitalter, Hamburg 1997, S. 22 – 30

Engeler, Malte, Die ePrivacy – Verordnung zwischen Trilog und Ungewissheit, ZD 2017, 549 – 550

Engelhardt, Norbert, »Kleine« Tele (heim) arbeit, CF 3/2004, S. 18 – 20

Engels, Gerd/Trebinger, Yvonne/Löhr – Steinhaus, Wilfried, Regierungsentwurf eines Gesetzes zur Reform des Betriebsverfassungsgesetzes, DB 2001, 532 – 542

Ensthaler, Jürgen, Gewerblicher Rechtsschutz und Urheberrecht, 3. Aufl., Berlin/Heidelberg 2009

Ders., Handbuch Urheberrecht und Internet, 2. Aufl., Frankfurt/Main 2010

Erd, Rainer, Probleme des OnlineRechts, KJ 2000, 107 – 121, 284 – 299, 457 – 471

Erfurter Kommentar zum Arbeitsrecht, herausgegeben von Müller – Glöge, Rudi/Preis, Ulrich/Schmidt, Ingrid, 17. Aufl., München 2017 (Zitierweise: ErfK – Bearbeiter)

Ernst, Stefan, Der Arbeitgeber, die E – Mail und das Internet, NZA 2002, 585 – 591

Eschholz, Stefanie, Big Data – Scoring unter dem Einfluss der Datenschutz – Grundverordnung, DuD 2017, 180 – 185

Falder, Roland, Immer erreichbar – Arbeitszeit – und Urlaubsrecht in Zeiten des technologischen Wandels, NZA 2010, 1150 – 1157

Fenski, Martin, Außerbetriebliche Arbeitsverhältnisse. Heim – und Telearbeit, 2. Aufl., Neuwied u. a. 2000

Fickert, Jürgen, Internet im Betrieb, CF 11/2000, S. 14 – 18

Fischer, Julian, Arbeitnehmerschutz beim E – Mail – Verkehr. Von der funktionalen Bestimmung bis zum Fernmeldegeheimnis, ZD 2012, 265 – 269

Fitting, Karl (Begr.) /Engels, Gerd/Schmidt, Ingrid/Trebinger, Yvonne/Linsenmaier, Wolfgang, BetrVG mit Wahlordnung, Handkommentar, 28. Aufl., München 2016 (Zitierweise: Fitting)

Flake, Uli, Smartphone – Kontrollen. Mitbestimmen beim Mobile Device Management, CuA 10/2014 S. 11 – 14

Forgó, Nikolaus; Helfrich, Marcus; Schneider, Jochen (Hrsg.), Betrieblicher Datenschutz. Rechtshandbuch, München 2014

Forst, Gerrit, Bewerberauswahl über soziale Netzwerke im Internet? NZA 2010, 427-433

Ders., Die Rechte des Arbeitnehmers infolge einer rechtswidrigen Datenverarbeitung durch den Arbeitgeber, AuR 2010, 106-112

Franck, Lorenz, Herausgabe von Passwörtern und der nemo-tenetur-Grundsatz, RDV 2013, 287-290

Frankfurter Kommentar zum Kartellrecht, herausgegeben von Helmuth v. Hahn u. a., Köln, Loseblatt

Franzen, Martin, Das Mitbestimmungsrecht des Betriebsrats bei der Einführung von Maßnahmen der betrieblichen Berufsbildung nach § 97 II BetrVG, NZA 2001, 865-874

Ders., Folgen von Industrie 4.0 für die Betriebsverfassung – Betriebsbegriff und Vereinbarungen nach § 3 BetrVG, in: Giesen/Junker/Rieble (Hrsg.), Industrie 4.0, München 2016, S. 107-126

Freyler, Carmen, Vergütung 4.0 – Lohnrechtliche Fragen der betrieblichen Nutzung von Mobile Services, NZA 2017, 1296-1300

Fricke, Wolfgang, Virtuelle Betriebe – Auswirkungen auf die Betriebsratsarbeit, AiB 1997, 31-35

Frija, Daniele, Smartphones im Arbeitsleben. Ein neues Handlungsfeld für Betriebs- und Personalräte, CuA 9/2010, S. 35-37

Frings, Arno/Wahlers, Ulrich, Social Media, iPad & Co. im Arbeitsverhältnis, BB 2011, 3126-3133

Frowein, Bettina, Mitarbeiterkontrollen per Keylogger, AiB 12/2017 S. 16-18

Fündling, Caroline/Sorber, Dominik, Arbeitswelt 4.0 – Benötigt das BetrVG ein Update in Sachen digitalisierte Arbeitsweise des Betriebsrats? NZA 2017, 552-558

Fuhlrott, Michael/Oltmanns, Sönke, Social Media im Arbeitsverhältnis – Der schmale Grat zwischen Meinungsfreiheit und Pflichtverletzung, NZA 2016, 785-791

Dies., Kündigungsrelevanz von Äußerungen in sozialen Medien, DB 2017, 1840-1846

Funke, Michael/Wittmann, Jörn, Cloud Computing – ein klassischer Fall der Auftragsdatenverarbeitung? Anforderungen an die verantwortliche Stelle, ZD 2013, 221-228

Furier, Manfred-Theo, Die Versetzung, AiB 1997, 83-88

Gamillscheg, Franz/Hanau, Peter, Die Haftung des Arbeitnehmers, 2. Aufl. Karlsruhe 1974

Garstka, Hansjürgen, Das Telekommunikationsgeheimnis und seine Schlupflöcher, in: Bartsch-Lutterbeck (Hrsg.), Neues Recht für neue Medien, Köln 1998, S. 293-303

Gaul, Björn, Leistungsdruck, psychische Belastung & Stress – Arbeitsrechtliche Handlungserfordernisse – DB 2013, 60-65

Gehrmann, Mareike/Klein, Detlef, IT – Sicherheit in Unternehmen – Weiterhin viel Unsicherheit bei der Umsetzung des IT – Sicherheitsgesetzes, K&R 2017, 372 – 378

Geimer, Reinhold, Internationales Zivilprozessrecht, 6. Aufl., Köln 2009

Geis, Ivo, Die digitale Signatur, NJW 1997, 3000 – 3004

Gerlach, Götz, Vom Kavaliersdelikt zur Kündigung, AiB 12/2017 S. 8 – 12

Gerling, Rainer W., Verschlüsselung im betrieblichen Einsatz, Frechen 2000

Ders., Betriebsvereinbarung E – Mail und Internet. Ein kommentierter Entwurf für die Praxis, DuD 1997, 703 – 708

Gerst, Detlef, Roboter erobern die Arbeitswelt. Betrachtungen aus der Sicht des Gesundheitsschutzes, in: Schröder/Urban (Hrsg.), Gute Arbeit 2016, S. 279 – 291

Gick, Dietmar, Verschuldensunabhängige Haftung des Arbeitgebers für Sachschäden des Arbeitnehmers – BAG, NJW 1979, 1423 und LAG Hamm, NJW 1979, 943, JuS 1979, 638 – 643

Giese, Gudrun, Privat ist nicht privat, AiB 3/2014 S. 30 – 32

Dies., Abschalten gegen Dauerstress, AiB 9/2014 S. 64 – 66

Giesen, Richard/Junker, Abbo/Rieble, Volker (Hrsg.), Industrie 4.0 als Herausforderung des Arbeitsrechts, München 2016

Giesen, Richard/Kersten, Jens, Arbeit 4.0. Arbeitsbeziehungen und Arbeitsrecht in der digitalen Welt, München 2017

Gitter, Wolfgang, Probleme der Arbeitsbereitschaft, ZfA 1983, 375 – 407

Gliewe, Martin, Social Media im Arbeitsverhältnis, AuA 2012, 464 – 466

Goebel, Jürgen W., Recht der digitalen Signatur, in: Bartsch – Lutterbeck (Hrsg.), Neues Recht für neue Medien, Köln 1998, S. 265 – 276

Göpfert, Burkard/Wilke, Elena, Recherchen des Arbeitgebers in Sozialen Netzwerken nach dem geplanten Beschäftigtendatenschutzgesetz, NZA 2010, 1329 – 1333

Dies., Nutzung privater Smartphones für dienstliche Zwecke, NZA 2012, 765 – 771

Gola, Peter, Neuer Tele – Datenschutz für Arbeitnehmer? Die Anwendung von TKG und TDDSG im Arbeitsverhältnis, MMR 1999, 322 – 330

Ders., Vereinbarung contra Selbstbestimmung? CF 1/2001, S. 24 – 25

Ders., Datenschutz am Arbeitsplatz, 4. Aufl., Heidelberg 2012

Ders., Die Ortung externer Beschäftigter. Abwägung zwischen Überwachungsinteresse und schutzwürdigen Arbeitnehmerinteressen, ZD 2012, 308 – 311

Ders./Hümmerich, Klaus, Personaldatenrecht im Arbeitsverhältnis. Stand und Entwicklungstendenzen beim Datenschutz im Personalwesen, Heidelberg 1985

Ders./Pötters, Stephan/Wronka, Georg, Handbuch Arbeitnehmerdatenschutz. Unter Berücksichtigung der Datenschutz – Grundverordnung (DS – GVO), 7. Aufl., Frechen 2016

Ders./Schomerus, Rudolf, Bundesdatenschutzgesetz. Kommentar, Bearbeitet von Gola, Peter; Klug, Christoph; Körffer, Barbara, 12. Aufl., München 2015

Gola, Peter (Hrsg.), Datenschutz – Grundverordnung. Kommentar, München 2017

Gomille, Christian, Herstellerhaftung für automatisierte Fahrzeuge, JZ 2016, 76 – 82

Gramlich, Ludwig, Internetnutzung zu privaten Zwecken in Behörden und Unternehmen, RDV 2001, 123 – 125

Grau, Timon/Granetzny, Thomas, EU – US – Privacy Shield – Wie sieht die Zukunft des transatlantischen Datenverkehrs aus? NZA 2016, 405 – 410

Greenwald, Glenn, Die globale Überwachung. Der Fall Snowden, die amerikanischen Geheimdienste und die Folgen, München 2014

Greve, Silke, Das ist bei Social Media zu regeln, AiB 11/2016, S. 49 – 51

Gridl, Rudolf, Datenschutz in globalen Telekommunikationssystemen. Eine völker – und europarechtliche Analyse der vom internationalen Datenschutzrecht vorgegebenen Rahmenbedingungen, Baden – Baden 1999

Griese, Thomas, Die Mitbestimmung bei Versetzungen, BB 1995, 458 – 464

Grosjean, Sascha R., Überwachung von Arbeitnehmern – Befugnisse des Arbeitgebers und mögliche Beweisverwertungsverbote, DB 2003, 2650 – 2654

Groß, Nadja/Gressel, Jacqueline, Entpersonalisierte Arbeitsverhältnisse als rechtliche Herausforderungen – Wenn Roboter zu Kollegen und Vorgesetzten werden, NZA 2016, 990 – 996

Grünewald, Uwe/Moraal, Dick, Kosten der betrieblichen Weiterbildung in Deutschland. Ergebnis und kritische Anmerkungen (herausgegeben vom Bundesinstitut für Berufsbildung), Berlin 1995

Günther, Jens/Böglmüller, Matthias, Arbeitsrecht 4.0 – Arbeitsrechtliche Herausforderungen in der vierten industriellen Revolution, NZA 2015, 1025 – 1031

Dies., Künstliche Intelligenz und Roboter in der Arbeitswelt, BB 2017, 53 – 58

Günther, Jörg – Michael, Rechtlicher Spielraum bei Gastronomiebewertungen – zwischen Meinungsfreiheit und Schmähkritik, NJW 2013, 3275 – 3280

Gürtler, Paul, Baustelle Datenschutz – internationale Entwicklungen, RDV 2012, 126 – 135

Gutjahr, Lidija und Hampe, Ingrid – Beate, Gefährdungsbeurteilung von psychischen Belastungen aus arbeitsrechtlicher Sicht, DB 2012, 1208 – 1210

van Haaren, Kurt, Leitbilder einer sozialen Informationsgesellschaft, in: Tauss u. a. (Hrsg.), Deutschlands Weg in die Informationsgesellschaft, Baden – Baden 1996, S. 919 – 929

Ders., Die Entstehung einer neuen Arbeitswelt, in: Ders./Hensche, Detlef (Hrsg.), Arbeit im Multimedia – Zeitalter, Hamburg 1997, S. 13 – 21

Ders./Hensche, Detlef (Hrsg.), Arbeit im Multimedia – Zeitalter. Die Trends der Informationsgesellschaft, Hamburg 1997

Härting, Niko, Internetrecht, 7. Aufl., Köln 2017

Hahn, Frank/Pfeiffer, Gerhard/Schubert, Jens (Hrsg.), Arbeitszeitrecht. Handkommentar, Baden – Baden 2014

Hakvoort, Renate/Mempel, Rainer, Stand der elektronischen Vernetzung zwischen betrieblichen Interessenvertretungen im europäischen und internationalen Raum, Düsseldorf 2000

Hamm, Ingo, Arbeiten im Zeitgeist: Die Vertrauensarbeitszeit hält Einzug in den Unternehmen, AiB 2000, 152 – 161

Hanau, Hans, Schöne digitale Arbeitswelt? NJW 2016, 2613 – 2617

Hanau, Peter, Die Koalitionsfreiheit sprengt den Kernbereich, ZIP 1996, 447

Ders., Denkschrift zu dem Regierungsentwurf eines Gesetzes zur Reform des Betriebsverfassungsgesetzes, RdA 2001, 65 – 76

Ders., Arbeits – und Sozialversicherungsrecht 4.0 im Weißbuch des BMAS, RdA 2017, 213 – 216

Ders./Hoeren, Thomas (unter Mitwirkung von Dirk Andres), Private Internetnutzung durch Arbeitnehmer, München 2003

Harms, Michael/von Steinau – Steinrück, Robert/Thüsing, Gregor, BB – Forum: Betriebserfassung 4.0 – Onlinewahl ermöglichen! BB 2016, 2677

Hassemer, Winfried, Grundrechte in der Kommunikationswelt, in: Bartsch, Michael/Lutterbeck, Bernd (Hrsg.), Neues Recht für neue Medien, Köln 1998, S. 1 – 23

Haupt, Susanne/Wollenschläger, Michael, Virtueller Arbeitsplatz – Scheinselbständigkeit bei einer modernen Arbeitsorganisationsform, NZA 2001, 289 – 296

Haverkamp, Josef, Jobsuche im Internet, CF 5/2000, S. 36 – 40

Ders., Alles unter Kontrolle?, CF 12/1998, S. 18 – 24

Ders., Fernwartung und Hintertür – Programme, CF 12/2000, S. 27 – 29

Ders., Die Erhebung und Verarbeitung » besonderer Arten personenbezogener Daten « im Arbeitsverhältnis, RDV 2001, 125 – 127

Ders., Spione am Arbeitsplatz, CF 1/2003, S. 14 – 24

Ders., Alles bekannt, ausspioniert und kontrolliert. Totalkontrolle durch Überwachungssoftware auf Handys, CuA 2/2015 S. 29 – 31

Heckmann, Dirk (Hrsg.), Internetrecht, juris Praxiskommentar, 4. Aufl., Saarbrücken 2014 (Zitierweise: Heckmann – Bearbeiter)

Heermann, Peter W./Ohly, Ansgar (Hrsg.), Verantwortlichkeit im Netz. Wer haftet wofür? Stuttgart u. a. 2003

Heermann, Thorsten, USA: Dürfen Unternehmen von Bewerbern die Zugangsdaten zu deren sozialen Netzwerken verlangen? ZD 6/2012 ZD Fokus XIV

Heilmann, Joachim, Koalitionsfreiheit als normales Grundrecht: Gedanken zum Beschluß des Bundesverfassungsgerichts vom 14.11.1995, AuR 1996, 121 – 123

Ders. , Entscheidungsanmerkung, AiB 1988, 21 – 22

Ders. /Kuhtz, Anne, Arbeitnehmererfinder – und – urheberrecht, in: Blanke, Thomas (Hrsg.), Handbuch außertarifliche Angestellte, 2. Aufl. , Baden – Baden 1998, S. 207 – 236

Ders. /Tege, Claudia, Informationstechnologie im Unternehmen. Rechte und Pflichten bei der Kommunikation, AuA 2001, 52 – 57

Heine, Werner, Die Hacker. Von der Lust, in fremden Netzen zu wildern, Reinbek 1985

Heinemann, Manuel J. , Die arbeitsrechtlichen Möglichkeiten von Unternehmen, wenn Arbeitnehmer bei digitalen Angriffen als »Werkzeug« benutzt werden, RDV 2014, 11 – 18

Hemker, Thomas, Kann das jeder? – Ja, eigentlich schon! DuD 2010, 626 – 629

Ders. ,»Ich brauche das! « – Mobile Geräte im Unternehmenseinsatz. Übersicht über die Bedrohungslage und die Schutzmaßnahmen für die Verwendung geschäftlicher Daten auf (privaten) mobilen Geräten, DuD 2012, 165 – 168

Hensche, Detlef, Multimedia – Verheißungen und Risiken, in: Tauss u. a. (Hrsg.), Deutschlands Weg in die Informationsgesellschaft, Baden – Baden 1996, S. 906 – 918

Henssler, Martin/Willemsen, Heinz Josef/Kalb, Heinz – Jürgen (Hrsg.), Arbeitsrecht. Kommentar, 7. Aufl. , Köln 2016 (Zitierweise: HWK – Bearbeiter)

Herberger, Maximilian, Internet – Rechtsprechung 1999/2000 – Inhalte und Trends in der Rechtsprechung, NJW 2000, 2082 – 2084

Hermida del Llano, Cristina, Die Verteidigung der individuellen Privatsphäre innerhalb des » sozialen Exhibitionismus«, DuD 2011, 639 – 641

Herrnleben, Georg, BYOD – die rechtlichen Fallstricke der Software – Lizenzierung für Unternehmen, MMR 2012, 205 – 206

Herwig, Stefan, Austarierung von Anonymität und Verantwortung im Netz. Ein kommunikationswissenschaftlicher Zwischenruf, ZD 2012, 558 – 563

Hess, Harald/Worzalla, Michael/Glock, Dirk/Nicolai, Andrea/Rose, Franz – Josef/Huke, **Kristina, Kommentar zum BetrVG, 9. Aufl. , Neuwied u. a. 2014 (Zitierweise: Verf. in: Hess u. a.)**

Heuschmid, Johannes/Klebe, Thomas, Erwerbsarbeit in der Plattformökonomie und Schutz des Arbeits – und Sozialrechts? FS Kohte, Baden – Baden 2016, S. 73 – 84

Hilber, Marc D. /Frik, Roman, Rechtliche Aspekte der Nutzung von Netzwerken durch Arbeitnehmer und den Betriebsrat, RdA 2002, 89 – 97

Hilgendorf, Eric/Seidel, Uwe (eds.), Robotics, Autonomics, and the Law, Baden – Baden 2017

Hinrichs, Sven/Schierbaum, Bruno, Soziale Medien – neue Aufgaben für die Interessenvertretung, CuA 10/2012, 5 – 10

Hobert, Guido, Datenschutz und Datensicherheit im Internet, Frankfurt/M. 1998

Höller, Heinz-Peter, Mining the Enterprise Social Graph, CuA 5/2016 S. 8-13

Höller, Heinz-Peter/Wedde, Peter, Die Vermessung der Belegschaft. Mining the Enterprise Social Graph, Düsseldorf 2018 (*https://s3-eu-west-1.amazonaws.com/boeckler-select/wp-content/uploads/2018/01/24162001/*p_ mbf_ praxis_2018_010.pdf)

Hoeren, Thomas, Rechtsfragen des Internet. Ein Leitfaden für die Praxis, Köln 1998

Ders., Internet-und Kommunikationsrecht, Praxis-Lehrbuch, 2. Aufl., Köln 2012

Ders., Rechtsoasen im Internet. Eine erste Einführung, MMR 1998, 297-298

Ders., Urheberrecht 2000-Thesen für eine Reform des Urheberrechts, MMR 2000, 3-7

Ders., E-Business und die Rezession: Was wird vom elektronischen Handel bleiben? NJW 2002, 37

Ders., Big Data und Datenqualität - ein Blick auf die DS-GVO. Annäherungen an Qualitätsstandards und deren Harmonisierung, ZD 2016, 459-463

Ders./Sieber, Ulrich/Holznagel, Bernd (Hrsg.), Handbuch Multimediarecht, München, Loseblatt (Stand: Dezember 2014)

Ders./Vossen, Gottfried, Die Rolle des Rechts in einer durch das Web 2.0 dominierten Welt, DuD 2010, 463-466

Hötte, Daniel Antonius, Crowdsourcing. Rechtliche Risiken eines neuen Phänomens, MMR 2014, 795-798

Hoffmann-Remy/Tödtmann, Ulrich, Sicherung der Arbeitgeberrechte an Social Media-Kontakten, NZA 2016, 792-799

Hoffmann-Riem, Wolfgang, Verhaltenssteuerung durch Algorithmen - eine Herausforderung für das Recht, AöR 142 (2017) S. 1-42

Hofmann, Kai, Smart Factory-Arbeitnehmerdatenschutz in der Industrie 4.0, ZD 2016, 12-17

Hohenegg, Christoph/Tauschek, Stefan, Rechtliche Problematik digitaler Signaturverfahren, BB 1997, 1541-1548

Hohloch, Gerhard, Arbeitsverhältnisse mit Auslandsbezug und Vergütungspflicht. Abwehr und Rückforderung »statutenwidriger« Überzahlungen?, RIW 1987, 353-362

Hollis, David, Interessenvertretung im Intranet, CF 5/2000, S. 32-34

Holtz, Leif-Erik, Datenschutzkonformes Social Networking: Clique and Scramble! DuD 2010, 439-442

Holznagel, Bernd/Bysikiewicz, Axel/Enaux, Christoph/Nienhaus, Christian, Grundzüge des Telekommunikationsrechts, 2. Aufl., München 2001

Ders./Kussel, Stephanie, Möglichkeiten und Risiken bei der Bekämpfung rechtsradikaler Inhalte im Internet, MMR 2001, 347-352

Ders./Hartmann, Sarah, Das »Recht auf Vergessenwerden« als Reaktion auf ein grenzenloses

Internet, MMR 2016, 228 – 232

Holzner, Stefan, Neues zur Regelung der Nutzung von E – Mail und Internet am Arbeitsplatz? ZRP 2011, 12 – 15

Hromadka, Wolfgang, Arbeitnehmerähnliche Personen. Rechtsgeschichtliche, dogmatische und rechtspolitische Überlegungen, NZA 1997, 1249 – 1256

Hubmann, Heinrich (Begr.) /Götting, Horst – Peter, Gewerblicher Rechtsschutz: Patent – , Gebrauchsmuster – , Geschmacksmuster – und Markenrecht, 10. Aufl., München 2014

Hunold, Wolf, Fotohandys im Betrieb und die Reichweite des § 87 I BetrVG, NZA 2004, 1206 – 1208

Ilbertz, Wilhelm/Widmaier, Ulrich/Sommer, Stefan, Bundespersonalvertretungsgesetz mit Wahlordnung, Kommentar, 13. Aufl., Stuttgart/Berlin/Köln 2014

Immenga, Ulrich/Lübben, Natalie/Schwintowski, Hans – Peter (Hrsg.), Das internationale Wirtschaftsrecht des Internet, Baden – Baden 2000

Imping, Andreas/Phole, Jan,»BYOD«– Rechtliche Herausforderungen der dienstlichen Nutzung privater Informationstechnologie, K&R 2012, 470 – 476

Irani, Lilly C. /Silberman, M. Six, Turkopticon. Ein Tool, um Arbeiter auf Mechanical Turk sichtbar zu machen, in: Benner, Christiane (Hrsg.), Crowdwork – zurück in die Zukunft? Perspektiven digitaler Arbeit, Frankfurt/Main 2014, S. 131 – 166

Iraschko – Luscher, Stephanie/Kiekenbeck, Pia, Internetbewertungen von Dienstleistern – praktisch oder kritisch? Meinungsäußerungen zu Lehrer, Arzt & Co. vor dem Hintergrund des § 30a BDSG, ZD 2012, 261 – 265

Isenhardt, Tilman, Homeoffice: Einrichtung und Ausgestaltung, DB 2016, 1499 – 1502

Jacobs, Christoph/Lange – Hausstein, Christian, Blockchain und Smart Contracts: zivil – und aufsichtsrechtliche Bedingungen, ITRB 2017, 10 – 15

Jacobs, Matthias, Reformbedarf im Arbeitszeitrecht, NZA 2016, 733 – 737

Jacobs, Steffen/Lotz, Benjamin/Maschmann, Frank, No – Go für Pokémon Go? – Abwehransprüche von Betriebsinhabern gegen Betreiber von augmented – reality – Software, BB 2016, 2997 – 2999

Jakobs, Joachim, Sabotage. Reichlich Angriffsziele dank Internet der Dinge, CuA 12/2014 S. 24 – 28

Ders., Neuer Standard für IT – Sicherheit, CuA 2/2016, S. 24 – 28

Jarass, Hans D. /Pieroth, Bodo, Grundgesetz für die Bundesrepublik Deutschland. Kommentar, 12. Aufl. München 2012

Jaspers, Andreas/Müthlein, Thomas, Tele – Gesetze. Datenschutz bei Multimedia, Telekommunikation und Post, Frechen 1998

Joerges, Christian, Status und Kontrakt im Franchise – Recht, AG 1991, 325 – 351

Jofer, Robert/Wegerich, Christine, Betriebliche Nutzung von E – Mail – Diensten: Kontrollbefugnisse des Arbeitgebers, K & R 2002, 235 – 240

Jordan, Christopher/Bissels, Alexander/Löw, Christine, Arbeitnehmerkontrolle im Call – Center durch Silent Monitoring und Voice Recording, BB 2008, 2626 – 2631

Junker, Abbo, Die Entwicklung des Computerrechts im Jahre 1998, NJW 1999, 1294 – 1299

Ders./Band, Maren/Feldmann, Marko, Neue Kommunikationsmittel und Rechte des Betriebsrats, Beilage 10 zu Heft 48/2000 BB, S. 14 – 22 (zugleich Beilage 3 zu Heft 12/2000 von K & R)

Ders./Benecke, Martina, Computerrecht, 3. Aufl., Baden – Baden 2003

Käufer, Katja, Weiterbildung im Arbeitsverhältnis, Baden – Baden 2002

Kamp, Lothar, Betriebs – und Dienstvereinbarungen Telearbeit. Analyse und Handlungsempfehlungen, Düsseldorf 2000

Kania, Thomas/Sansone, Piero, Möglichkeiten und Grenzen des Pre – Employment – Screenings, NZA 2012, 360 – 364

Kappus, Matthias, Die Computerheimarbeit, NJW 1984, 2384 – 2390

Karthaus, Boris, Wahlarbeitszeitgesetz – Flexibilität am Küchentisch, AuR 2017, 154 – 156

Ders., Mangelnde Beteiligungsfähigkeit des Algorithmus im betriebsverfassungsrechtlichen Beschlussverfahren. Steht dem Betriebsrat bei digitalisierten Produktionsmethoden ein Unterlassungsanspruch gegen fremde Arbeitgeber zu? NZA 2017, 558 – 565

Kastner, Michael, »Entnetze dich!«, Die Mitbestimmung Heft 12/2013 (abrufbar unter www.boeckler.de)

Kaumanns, Peter, Kommentar zu ArbG Dessau – Roßlau, K&R 2012, 445 – 447

Kaumanns, Peter/Böhm, Sebastian, Arbeitsrecht & Neue Medien. Eine Übersicht der aktuellen Rechtsprechung, K&R 2015, 18 – 23

Keber, Tobias, Rechtskonformer Einsatz von Social Media im Unternehmen – ausgewählte Einzelaspekte im Lichte aktueller Rechtsprechung, RDV 2014, 190 – 196

Kempen, Otto Ernst/Zachert, Ulrich (Hrsg.), Tarifvertragsgesetz, Kommentar für die Praxis, 5. Aufl., Frankfurt/Main 2014

Kempermann, Philip, Strafbarkeit nach § 206 StGB bei Kontrolle von Mitarbeiter – E – Mails? Rechtskonforme Lösungen zur Einhaltung von Compliance – Maßnahmen, ZD 2012, 12 – 15

Kiesche, Eberhard/Wilke, Matthias, Neue Überwachungsformen in Call – Centern. Zur Zulässigkeit von Stimmanalyse und »Keyword Spotting«, CuA 4/2012 S. 5 – 12

Dies., Fernmeldegeheimnis im Arbeitsverhältnis, AiB 2012, 92 – 95

Kiper, Manuel, Kontrollierte Kommunikation, CF 6/2000, S. 12 – 18, CF 7/2000, S. 10 – 15

Ders., Internetgestützte Personalratsarbeit, PersR 2004, 205 – 214

Ders., Verbesserungen für Bildschirmarbeiter. Neue gesetzliche Regelungen für die Arbeit an Computern, CuA 2/2015 S. 23 – 28

Ders., Viel Neues bei der Bildschirmarbeit, CuA 1/2017, S. 18 – 22

Ders./Schierbaum, Bruno, Arbeitnehmer – Datenschutz bei Internet – und E – Mail – Nutzung, Edition BTQ Niedersachsen Nr. 3, Oldenburg 2000

Kipker, Dennis – Kenji, Unbestimmte Rechtsbegriffe, DuD 2016, 610

Ders., Das neue chinesische Cybersecurity Law, MMR 2017, 455 – 460

Ders., Der 2. Korb der BSI – Kritisverordnung tritt in Kraft – Rechtsänderungen nicht nur im Bereich neuer KRITIS – Sektoren, sondern ebenso für die schon bestehenden Vorgaben, Manuskript, Bremen 2017

Ders./Voskamp, Friederike, PRISM und staatliche Schutzpflichten – ein politisches Märchen? RDV 2014, 84 – 87

Ders./Pfeil, David, IT – Sicherheitsgesetz in Theorie und Praxis, DuD 2016, 810 – 814

Kirchhoff, Britta/Terhoeven, Jan, Assistent Datenbrille, CuA 10/2016 S. 15 – 18

Kittner, Michael, Die Mitbestimmung des Betriebsrats beim Arbeitsschutz – zur Reichweite des § 87 Abs. 1 Nr. 7 BetrVG, in: FS Däubler, Frankfurt/M. 1999, S. 690 – 699

Ders./Zwanziger, Bertram/Deinert, Olaf/Heuschmid, Johannes (Hrsg.), Arbeitsrecht. Handbuch für die Praxis, 9. Aufl., Frankfurt/Main 2017

Kittur, Anniket/Nickerson, Jeffrey V./Bernstein, Michael S. u. a., Die Zukunft der Crowdarbeit, in: Benner, Christiane (Hrsg.), Crowdwork – zurück in die Zukunft? Perspektiven digitaler Arbeit, Frankfurt/Main 2014, S. 173 – 229

Klas, Benedikt, Grenzen der Erhebung und Speicherung allgemein zugänglicher Daten, Edewecht 2012

Klebe, Thomas, Crowdwork: Faire Arbeit im Netz? AuR 2016, 277 – 281

Ders., Betriebsrat 4.0 – Digital oder global, NZA – Beilage 3/2017 S. 77 – 84

Ders./Neugebauer, Julia, Crowdsourcing: Für eine Handvoll Dollar oder Workers of the crowd unite? AuR 2014, 4 – 7

Ders./Wedde, Peter, Vom PC zum Internet: IT – Nutzung auch für Betriebsräte?, DB 1999, 1954 – 1960

Dies., Betriebsrat und moderne Arbeitsmittel, in: Schmidt, Klaus (Hrsg.), Arbeitsrecht und Arbeitsgerichtsbarkeit, Festschrift zum 50jährigen Bestehen der Arbeitsgerichtsbarkeit in Rheinland – Pfalz, Neuwied u. a. 1999, S. 345 – 367

Dies., Gewerkschaftsrechte auch per e – Mail und Intranet, AuR 2000, 401 f.

Kleinebrink, Wolfgang, Digitalisierung der Arbeitswelt: Das Anforderungsprofil und dessen arbeitsrechtliche Bedeutung, DB 2017, 1713 – 1718

Klengel, Jürgen Detlef W./Heckler, Andreas, Geltung des deutschen Strafrechts für vom

Ausland aus im Internet angebotenes Glücksspiel. Ein Beitrag zur Frage des Erfolgsorts bei abstrakten Gefährdungsdelikten, CR 2001, 243 – 249

Klier, Alexander, Vom Datenfriedhof zum echten Wissensmanagement. Was Technik nicht zu leisten vermag und weshalb Menschen Wissen (nicht) wissen können, CuA 9/2011 S. 7 – 10

Ders., Unternehmen am Pranger. Soziale Medien fördern verantwortliches Handeln, CuA 10/2012 S. 25 – 28

Klotz, Ulrich, Die neuen Regeln der Informationsökonomie, CF 1/2000, S. 6 – 13; Informationsökonomie – New Economy, CF 2/2000, S. 4 – 12, CF 3/2000, S. 8 – 13; New Economy: Fakten zum IT – Arbeitsmarkt, CF 4/2000, S. 6 – 12

Kocher, Eva, Die Grenzen des Arbeitsrechts. Der rechtliche Schutz in der Erwerbsarbeit außerhalb von Arbeitsverhältnissen, KJ 2013, 145 – 157

Dies./Hensel, Isabell, Herausforderungen des Arbeitsrechts durch digitale Plattformen – ein neuer Koordinationsmodus von Erwerbsarbeit, NZA 2016, 984 – 990

Dies./Welti, Felix, Autonomie und soziale Sicherheit – Anforderungen an arbeits – und sozialrechtliche Regulierung, WSI – Mitt. 2010, 299 – 305

Köhler, Christian, Arbeitgeberschelte auf Facebook – wer beleidigt, riskiert die Kündigung, AiB 2/2013, 107 – 112

Köhler, Markus/Arndt, Hans – Wolfgang, Recht des Internet. 7. Aufl., Heidelberg 2011

Könen, Andreas, IT – Sicherheit gesetzlich geregelt. Kooperationen gestalten, Umsetzung steuern, DuD 2016, 12 – 16

Köppen, Hajo, Die Gewinner sind die Verlierer, CF 12/2000, S. 30 – 32

Körner, Marita, Regierungsentwurf zum Arbeitnehmerdatenschutz, AuR 2010, 416 – 421

Kohl, Helmut, Der Schutz des Individuums im weltweiten Netz. Eine Skizze, in: Simon, Dieter/Weiss, Manfred (Hrsg.), Zur Autonomie des Individuums. Liber Amicorum Spiros Simitis, Baden – Baden 2000, S. 151 – 162

Kohte, Wolfhard, Arbeitsschutz in der digitalen Arbeitswelt, NZA 2015, 1417 – 1424

Kohte, Wolfhard/Faber, Ulrich/Feldhoff, Kerstin (Hrsg.), Gesamtes Arbeitsschutzrecht. Kommentar, Baden – Baden 2014

Kollmer, Norbert, Inhalt und Anwendungsbereich der vier neuen Verordnungen zum Arbeitsschutzgesetz, NZA 1997, 138 – 143

Konrad – Klein, Jochen, Er war's! Beschäftigte unter Beobachtung, CuA 11/2014 S. 20 – 24

Ders., Datenschutzstandards für die Cloud. ISO/IEC 27018 zum Schutz personenbezogener Daten, CuA 4/2015, S. 23 – 26

Ders., IT – Sicherheit 1.0, CuA 2/2017 S. 22 – 27

Ders., Agile Weiterbildung, CuA 7 – 8/2017, S. 16 – 20

Ders., Office 365 für die Interessenvertretung, CuA 1/2018 S. 32 – 36

Konzen, Horst, Der Regierungsentwurf des Betriebsverfassungsreformgesetzes, RdA 2001, 76 – 92

Kopp, Reinhold/Sokoll, Karen, Wearables am Arbeitsplatz – Einfallstore für Alltagsüberwachung? NZA 2015, 1352 – 1359

Korff, Douwe, Der EG – Richtlinienentwurf über Datenschutz und »anwendbares Recht«, RDV 1994, 209 – 217

Kort, Michael, Anspruch des Betriebsrats auf Online – Zugriff auf Datenverarbeitungsverfahren des Arbeitgebers? NZA 2010, 1038 – 1043

Ders., Die Stellung des Betriebsrats im System des Beschäftigtendatenschutzes, RDV 2012, 8 – 17

Ders., Kündigungsrechtliche Fragen bei Äußerungen des Arbeitnehmers im Internet, NZA 2012, 1321 – 1326

Ders., Online – Datenzugriff im Betrieb. Die Rechtsprechung des BAG zu §§ 34 und 80 BetrVG, ZD 2012, 247 – 250

Ders., Matrix – Strukturen und Betriebsverfassungsrecht, NZA 2013, 1318 – 1326

Ders., Betriebsrat und Arbeitnehmerdatenschutz. Rechte der Interessenvertretung bei datenschutzrechtlich relevanten Maßnahmen des Arbeitgebers, ZD 2016, 3 – 9

Ders., Arbeitnehmerdatenschutz gemäß der EU – Datenschutz – Grundverordnung, DB 2016, 711 – 716

Ders., Die Zukunft des deutschen Beschäftigtendatenschutzes, ZD 2016, 555 – 560

Krabbenhöft, Maike, Stolpersteine – Schriftformerfordernisse aufgrund des Nachweis – und des Arbeitsgerichtsbeschleunigungsgesetzes, DB 2000, 1562 – 1567

Kramer, Philipp, E – Privacy – Verordnung: Tracking ja oder nein, bürokratische Verbote oder Verbraucherschutz? DSB 1/2018 S. 6 – 7

Kramer, Stefan (Hrsg.), IT – Arbeitsrecht. Digitalisierte Unternehmen: Herausforderungen und Lösungen, München 2017 (Zitierweise: Kramer – Bearbeiter)

Ders., Internetnutzung als Kündigungsgrund, NZA 2004, 457 – 464

Kratz, Felix/Gubbels, Achim, Beweisverwertungsverbote bei privater Internetnutzung am Arbeitsplatz, NZA 2009, 652 – 656

Krause, Elina/Müller, Carsten M., Zeitgemäße Arbeitsmittel, AiB 12/2017, S. 20 – 23

Krause, Rüdiger, Digitalisierung der Arbeitswelt, Gutachten B zum 71. Deutschen Juristentag, München 2016 (Zitierweise: Krause, 71. DJT)

Ders., Digitalisierung der Arbeitswelt – Herausforderungen und Regelungsbedarf, NZA 2016, 1004 – 1007

Kreilkamp, Peter, Telearbeit. Ihre Einführung will gut vorbereitet sein, AuA 1999, 64 – 66

Kremer, Sascha, Datenschutzerklärungen von Social Media Diensten: Anwendbares Recht und AGB – Kontrolle, RDV 2014, 73 – 83

Kroll, Joachim, Datenschutz im Arbeitsverhältnis, Königstein/Ts. 1981

Kronig, Ralf, Gefährdungsbeurteilung in der IT – Branche. SAP – Betriebsvereinbarung gegen psychische Erkrankungen, CuA 11/2014 S. 13 – 16

Kronisch, Gerhard, Privates Internet – Surfen am Arbeitsplatz, AuA 1999, 550 – 551

Kühling, Jürgen/Buchner, Benedikt (Hrsg.), Datenschutz – Grundverordnung. Kommentar, München 2017

Kühn, Ulrich/Schläger, Uwe, Datenschutz in vernetzten Computersystemen, 2. Aufl., Frechen 1998

Kühnlein, Gertrud, Neue Typen betrieblicher Weiterbildung, Düsseldorf 1999

Küttner, Wolfdieter (Hrsg.), Personalbuch 2016, München 2016 (Zitierweise: Küttner – Bearbeiter)

Kutzki, Jürgen/Hackermann, Martin, Internet und E – Mail in der Behörde, ZTR 2003, 375 – 380

Lambrich, Thomas/Cahlik, Nina, Austausch von Arbeitnehmerdaten in multinationalen Konzernen – Datenschutz – und betriebsverfassungsrechtliche Rahmenbedingungen – RDV 2002, 287 – 299

Latendorf, Michael, Möglichkeiten und Grenzen der Telefondatenerfassung – Zugleich eine Anmerkung zum Beschluß des BAG vom 27. Mai 1986, CR 1987, 242 – 246

Laue, Philip, Öffnungsklauseln in der DS – GVO – Öffnung wohin? ZD 2016, 463 – 467

Laue, Philip/Nink, Judith/Kremer, Sascha, Das neue Datenschutzrecht in der betrieblichen Praxis, Baden – Baden 2016

Lehmann, Michael (Hrsg.), Rechtsgeschäfte im Netz – Electronic Commerce, Stuttgart 1999

Leimeister, Marco, Einfluss auf das Gestalten von Crowdsourcing nehmen, Interview, CuA 10/2014, S. 17 – 20

Ders./Zogaj, Shkodran, Neue Arbeitsorganisation durch Crowdsourcing. Eine Literaturstudie. Arbeitspapier Nr. 287 der Hans – Böckler – Stiftung, Düsseldorf 2013

Ders./Zogaj, Shkodran/Blohm, Ivo, Crowdwork – digitale Wertschöpfung in der Wolke, in: Benner, Christiane (Hrsg.), Crowdwork – zurück in die Zukunft? Perspektiven digitaler Arbeit, Frankfurt/Main 2014, S. 9 – 41

Ders./Durward, David/Zogaj, Shkodran, Crowdworker in Deutschland. Eine empirische Studie zum Arbeitsumfeld auf externen Crowdsourcing – Plattformen, Düsseldorf, Juli 2016 (abrufbar unter *www. boeckler. de* – 11. 11. 2017)

Lelley, Jan Tibor, Die Grenzen digitaler Gewerkschaftsrechte im Betrieb, BB 2002, 252 – 255

Lemcke, Martin, Das Zugangsrecht des Personalrats zu Arbeitsplätzen der Beschäftigten der Dienststelle, PersR 1990, 171 – 174

Leupold, Andreas/Glossner, Silke (Hrsg.), 3D Printing. Recht, Wirtschaft und Technik des industriellen 3D – Drucks, München 2017

Liebman, Wilma B., Debating the Gig Economy, Crowdwork and New Forms of Work, SR 2017, 221 – 238

Lindemann, Achim/Simon, Oliver, Betriebsvereinbarungen zur E – Mail, Internet – und Intranet – Nutzung, BB 2001, 1950 – 1956

Lingemann, Stefan/Otte, Jörn, Arbeitsrechtliche Fragen der »economy on demand«, NZA 2015, 1042 – 1047

Linnenkohl, Karl, Arbeitszeitschutz, Rufbereitschaft und Lohnrisiko, BB 1982, 2053 – 2054

Ders./Gressierer, Christine, Das Mithören von Telefonaten im Arbeitsverhältnis, AuA 1999, 410 – 413

Litschen, Kai/Yacoubi, Ilies, Arbeitnehmerüberlassung und agile Prozess – und Organisationsmethoden, NZA 2017, 484 – 489

Locker, Katrin/Eder, Isabel, Bildungs – Updates für Beschäftigte, CuA 7 – 8/2017 S. 8 – 11

Loewenheim, Ulrich/Meessen, Karl – Matthias/Riesenkampff, Alexander (Hrsg.), Kartellrecht, 2. Aufl., München 2009

Löwisch, Manfred, Änderung der Betriebsverfassung durch das Betriebsverfassungs – Reformgesetz, BB 2001, 1734 – 1746 und 1790 – 1798

Loock – Wagner, Oliver, Das Internet und sein Recht, Stuttgart u. a. 2000

Lorenz, Bernd, Das Schriftformerfordernis für das Veröffentlichen von Bildnissen. Verhältnis der Datenschutzgesetze zum KUG, ZD 2012, 367 – 371

Lorenz, Frank/Schneider, Günter (Hrsg.), Der flexible Betriebsrat. Flexibilität und Virtualität in betrieblichen Arbeitsbeziehungen, Hamburg 2002

Lorenzen, Uwe/Eckstein, Karlfriedrich (Begr.), Bundespersonalvertretungsgesetz, Kommentar, Loseblatt (Stand: Januar 2013). Zitierweise: Lorenzen/Eckstein – Bearbeiter

Lutterbeck, Bernd, Globalisierung des Rechts – am Beginn einer neuen Rechtskultur?, CR 2000, 52 – 60

Maier, Natalie/Schaller, Fabian, ePrivacy – VO – alle Risiken der elektronischen Kommunikation gebannt? Entwurf ohne datenschutzrechtliche Regelungen für P2P – Kommunikationsdienste, ZD 2017, 373 – 377

Mainusch, Johannes/Burtchen, Christian, Kontrolle über eigene Daten in sozialen Netzwerken, DuD 2010, 448 – 452

Mankowski, Peter, Internet und Telearbeit im internationalen Arbeitsvertragsrecht, DB 1999, 1854 – 1856

Ders., Für einen Anscheinsbeweis hinsichtlich der Identität des Erklärenden bei E – Mails, CR 2003, 44 – 50

Martin, Peter, Mach mal Pause. Pausen und Erholzeiten am Bildschirm, CF 3/2001, S. 14 – 16

Ders., Software ergonomisch gestalten. Benutzungsfreundliche Bildschirmarbeit, CuA 3/2014 S. 4 – 10

Martini, Mario/Botta, Jonas, Iron Man am Arbeitsplatz? Exoskelette zwischen Effizienzstreben, Daten – und Gesundheitsschutz, NZA 2018, 625 – 637

Maschmann, Frank/Sieg, Rainer/Göpfert, Burkard (Hrsg.), Vertragsgestaltung im Arbeitsrecht, Arbeits – und Anstellungsverträge, 2. Aufl., München 2016

Matthes, Hans – Christoph, Möglichkeiten und Grenzen betrieblicher Telefondatenerfassung, CR 1987, 108 – 113

Matthießen, Volker, Arbeits – und handelsvertreterrechtliche Ansätze eines Franchisenehmerschutzes, ZIP 1988, 1089 – 1096

Mayer, Udo, Mitarbeiter im Außendienst. Der Ratgeber zu arbeits –, sozial – und steuerrechtlichen Fragen, Frankfurt/M. 1999

Meiser, Carola, Urheberrechtliche Besonderheiten bei angestellten Filmschaffenden, NZA 1998, 291 – 297

Dies./Theelen, Ulrich, Filmschaffende und Arbeitsrecht, NZA 1998, 1041 – 1046

Melot de Beauregard, Paul/Gleich, Christian, Social Media am Arbeitsplatz – Chancen und Risiken, DB 2012, 2044 – 2048

Mempel, Rainer/Hakvoort, Renate, Intranet. Einsatz in der betrieblichen Interessenvertretung, Düsseldorf 2002

Mengel, Anja, Compliance und Arbeitsrecht. Implementierung – Durchsetzung – Organisation, München 2009

Mester, Britta A., Arbeitnehmerdatenschutz – Notwendigkeit und Inhalt einer gesetzlichen Regelung, Edewecht 2008

Meyer, Sebastian, Mitarbeiterüberwachung: Kontrolle durch Ortung von Arbeitnehmern, K&R 2009, 14 – 20

Mischewski, Volker, Das digitale Betriebsratsbüro. Moderne Technik für die Arbeitnehmervertretung, CuA 7 – 8/2014 S. 10 – 13

Möslein, Florian/Lordt, Arne, Rechtsfragen des Robo – Advice, ZIP 2017, 793 – 803

Morgenroth, Carsten, Verfassungsrechtliche Überlegungen zu Verwertungsverboten im Arbeitsrecht, NZA 2014, 408 – 414

Mühlhausen, Peter, Homepage als erforderliches Sachmittel nach § 40 Abs. 2 BetrVG, NZA 1999, 136 – 139

Müller, Wolfgang, Auch Winner wollen nicht endlos arbeiten, Freitag (Nr. 31) vom 28. 7. 2000, S. 5

Ders., IT – Beschäftigte wollen Gewerkschaften!? CF 1/2000, S. 4 – 6

Müller – Glöge, Rudi/Preis, Ulrich/Schmidt, Ingrid (Hrsg.), Erfurter Kommentar zum Arbeitsrecht, 17. Aufl., München 2017 (Zitierweise: ErfK – Bearbeiter)

Müller – Maguhn, Andy, Visionen für eine informierte Gesellschaft, in: Tauss u. a. (Hrsg.), Deutschlands Weg in die Informationsgesellschaft, Baden – Baden 1996, S. 930 – 939

Müller – Riemenschneider, Severin/Specht, Louisa, Share oder Like? – Zur Reichweite der Einwilligung bei der Einbindung von Facebook – Buttons, K&R 2014, 77 – 80

Müller – Terpitz, Ralf, Internet – Telefonie. Eine regulatorische Betrachtung, MMR 1998, 65 – 69

Müllner, Wolfgang, Privatisierung des Arbeitsplatzes – Chancen, Risiken und rechtliche Gestaltbarkeit der Telearbeit, Stuttgart u. a. 1985

Münchener Handbuch zum Arbeitsrecht, herausgegeben von Richardi, Reinhard/Wlotzke, Otfried/Wissmann, Hellmut/Oetker, Hartmut, 2 Bände, 3. Aufl. München 2009 (Zitierweise: MünchArbR – Bearbeiter)

Münchener Kommentar zum Bürgerlichen Gesetzbuch, Band 1, §§ 1 – 240, Band 4, §§ 611 – 704, 7. Aufl., München 2016 (Redakteur: Martin Henssler)

Nägele, Stefan, www. betriebsrat. de? Arbeitsrechts – Berater (ArbRB) 2001, 19 – 23

Nassibi, Ghazaleh, Schutz vor Lohndumping in Deutschland: eine Untersuchung des Arbeitsrechts, Arbeitsstrafrechts und Arbeitsvölkerrechts, Baden – Baden 2012

Nebe, Katja, Neue Arbeitswelten – Die Innovationskraft des Betriebsverfassungsgesetzes, AuR 2014, 51 – 57

Nies, Gerd, Arbeitsrecht in der multimedialen Gesellschaft. Gestaltung des Übergangs, in: van Haaren, Kurt/Hensche, Detlef (Hrsg.), Arbeit im Multimedia – Zeitalter, Hamburg 1997, S. 140 – 147

Nießen, Irene, Fünf Fragen an Nicolas Dittberner, in: Benner, Christiane (Hrsg.), Crowdwork – zurück in die Zukunft? Perspektiven digitaler Arbeit, Frankfurt/Main 2014, S. 93 – 96

Dies., Fünf Fragen an Claudia Pelzer und Ivo Blohm, in: Benner, Christiane (Hrsg.), Crowdwork – zurück in die Zukunft? Perspektiven digitaler Arbeit, Frankfurt/Main 2014, S. 67 – 72

Nietsch, Thomas, Datenschutzrechtliches Gebot zur Vergabe dynamischer IP – Adressen im IPv6. Konsequenzen aus der Wahrung von Anonymität im Internet, CR 2011, 763 – 768

Niklas, Thomas/Thurn, Lukas, Arbeitswelt 4.0 – Big Data im Betrieb, BB 2017, 1589 – 1596

Nümann – Seidewinkel, Ingrid, Telearbeit – eine Arbeitsform mit Zukunft, K &R 2001 Heft 5,»Die erste Seite«

Nürnberger, Stefan/Bugiel, Sven, Autonome Systeme – autonome Probleme, DuD 2016, 503 – 506

Oberwetter, Christian, Bewerberprofilerstellung durch das Internet – Verstoß gegen das Datenschutzrecht? BB 2008, 1562 – 1566

Ders. , Soziale Netzwerke im Fadenkreuz des Arbeitsrechts, NJW 2011, 417 – 421

Oetker, Hartmut, Digitalisierung der Arbeitswelt – Herausforderungen und Regelungsbedarf, JZ 2016, 817 – 824

Omlor, Sebastian, Geld und Währung als Digitalisate. Normative Kraft des Faktischen und Geldrechtsordnung, JZ 2017, 754 – 763

Ordolli, Geneviève, Intranet et internet dans les rapports collectifs de travail. Etude de droit suisse et comparé, Genève 2013

Paal, Boris P. , Persönlichkeitsrechtsschutz in Online – Bewertungsportalen, NJW 2016, 2081 – 2083

Ders./Hennemann, Moritz, Big Data im Recht. Wettbewerbs – und daten (schutz) rechtliche Herausforderungen, NJW 2017, 1697 – 1701

Ders./Pauly, Daniel A. (Hrsg.), Datenschutz – Grundverordnung. Kompakt – Kommentar, München 2017

Palandt, Otto (Begr.), Kommentar zum BGB, 76. Aufl. , München 2017 (Zitierweise: Palandt – Bearbeiter)

Panzer, Andrea, Mitarbeiterkotrolle und neue Medien, Frankfurt/Main 2004

Panzer – Heemeier, Andrea, Der Zugriff auf dienstliche E – Mails. Neubewertung des Arbeitgebers als Provider? DuD 2012, 48 – 53

Paschke, Anne/Halder, Christoph, Auskunftsansprüche bei digitalen Persönlichkeitsrechtsverletzungen, MMR 2016, 723 – 727

Paulus, Christoph G. , Multimedia als Herausforderung an das Wirtschaftsrecht, in: Immenga/Lübben/Schwintowski (Hrsg.), Das internationale Wirtschaftsrecht des Internet, Baden – Baden 2000, S. 11 – 22

Peter, Simone/Müller – Gemmeke, Beate, Die digitale Arbeitswelt kollektiv gestalten, in: Schröder/Urban, Gute Arbeit 2016, S. 113 – 119

Pickshaus, Klaus, Gesundheitsrisiken und Gestaltungschancen. Computerarbeit auf dem Prüfstand, in: van Haaren, Kurt/Hensche, Detlef (Hrsg.), Arbeit im Multimedia – Zeitalter, S. 85 – 93

Ders., Arbeiten ohne Ende und ohne Maß, CF 4/2000, S. 14 – 17

Piepenbrock, Hermann – Josef/Schmitz, Peter, Fernabsatzgesetz: Neuer Rechtsrahmen für E – Commerce, K & R 2000, 378 – 381

Pieper, Ralf, Arbeitsschutzrecht. Kommentar für die Praxis, 6. Aufl., Frankfurt/M. 2017

Pierson, Matthias/Seiler, David, Internet – Recht im Unternehmen, München 2002

Piltz, Carlo, Die Datenschutz – Grundverordnung, K&R 2016, 557 – 567

Plander, Harro, Erstreckung der Betriebsverfassung auf Arbeitnehmerähnliche durch analoge Anwendung der »Heimarbeitsklauseln« des § 6 BetrVG? In: FS Däubler, Frankfurt/Main 1999, S. 272 – 285

Plath, Kai – Uwe (Hrsg.), BDSG/DSGVO. Kommentar zum BDSG und zur DSGVO sowie den Datenschutzbestimmungen von TMG und TKG, 2. Aufl., Köln 2016 (Zitierweise: Plath – Bearbeiter)

Plitt, David/Fischer, Rebecca, Kryptowährungen im Arbeitsrecht – Wieviel Bitcoin darf es sein? NZA 2016, 799 – 803

Pötters, Stephan, Beschäftigtendaten in der Cloud, NZA 2013, 1055 – 1059

Pordesch, Ulrich, Elektronische Signatur vor dem Durchbruch? CF 4/2001, S. 12 – 16

Ders./Bräutigam, Lothar, Elektronische Signatur: Die Haken und Ösen aus Arbeitnehmersicht, CF 5/2001, S. 29 – 34

Post – Ortmann, Karin, Der Arbeitgeber als Anbieter von Telekommunikations – und Telediensten, RDV 1999, 102 – 109

Prassl, Jeremias, Humans as a Service, Oxford 2017

Prassl, Jeremias/Risak, Martin, Comparative Labor Law and Policy Journal 37 (2016) Issue 3, S. 618 – 651

Preis, Ulrich (Hrsg.), Der Arbeitsvertrag. Handbuch der Vertragspraxis und – Gestaltung, 5. Aufl., Köln 2015 (Zitierweise: Preis – Bearbeiter)

Raffelsiefen, Beate, Telearbeit – eine Arbeitsform der Zukunft, PersR 2001, 139 – 144

Raffler, Andrea/Hellich, Peter, Unter welchen Voraussetzungen ist die Überwachung von Arbeitnehmer – E – Mails zulässig?, NZA 1997, 862 – 868

Rath, Michael/Kuss, Christian/Bach, Simone, Das neue IT – Sicherheitsgesetz, K&R 2015, 437 – 440

Redeker, Helmut, EU – Signaturrichtlinie und Umsetzungsbedarf im deutschen Recht, CR 2000, 455 – 461

Rehbinder, Manfred/Peukert, Alexander, Urheberrecht, 17. Aufl., München 2015

Rehder, Britta/Deinert, Olaf/Callsen, Raphael, Arbeitskampfmittelfreiheit und atypische Arbeitskampfformen. Rechtliche Bewertung atypischer Arbeitskampfformen und Grenzen der Rechtsfortbildung, HSI – Schriftenreihe, Saabrücken 2012

Dies., Atypische Arbeitskampfformen der Arbeitnehmerseite. Sozialwissenschaftliche Grundlagen und rechtliche Rahmenbedingungen, AuR 2012, 103 – 114

Rehm, Herbert, Fünf Fragen an Monika Schäfer, in: Benner, Christiane (Hrsg.), Crowdwork – zurück in die Zukunft? Perspektiven digitaler Arbeit, Frankfurt/Main 2014, S. 61 – 65

Reichold, Hermann, Die reformierte Betriebsverfassung 2001. Ein Überblick über die neuen Regelungen des Betriebsverfassungs – Reformgesetzes, NZA 2001, 857 – 865

Reimer, Eduard/Schade, Hans/Schippel, Helmut, Das Recht der Arbeitnehmererfindung, 6. Aufl., Berlin 1993

Renneberg, Peter, Die Arbeitskämpfe von morgen? Arbeitsbedingungen und Konflikte im Dienstleistungsbereich, Hamburg 2005

Resch, Martin/Blume, Andreas, Analyse psychischer Belastungen, CF 3/2004, S. 8 – 13

Richardi, Reinhard (Hrsg.), BetrVG mit Wahlordnung, Kommentar, bearbeitet von Richardi, Reinhard/Thüsing, Gregor/Annuß, Georg, 14. Aufl., München 2014

Richardi, Reinhard/Dörner, Hans – Jürgen/Weber, Christoph (Hrsg.), Personalvertretungsrecht. Bundespersonalvertretungsgesetz mit Erläuterungen zu den Personalvertretungsgesetzen der Länder, 4. Aufl., München 2012 (Zitierweise: Richardi/Dörner/Weber – Bearbeiter)

Richenhagen, Gottfried, Die geltenden Vorschriften zur Gestaltung von Bildschirmarbeitsplätzen, AiB 1995, 757 – 766

Ders., Arbeitsbedingungen beurteilen mit ABETO, CF 6 – 7/1998, S. 38 – 42

Rieble, Volker/Gutzeit, Martin, Gewerkschaftliche Selbstdarstellung in Internet und Intranet, ZfA 2001, 341 – 376

Riehmer, Klaus/Hessler, Christina, Rahmenbedingungen und Ausgestaltung von Provider – Verträgen, CR 2000, 170 – 176

Riesenhuber, Karl, Kein Fragerecht des Arbeitgebers, Ein Beitrag zum System des Datenschutzes und zur Systematik des BDSG, NZA 2012, 771 – 776

Riester, Walter, Auswirkungen der Informationstechnik auf die Arbeitswelt, in: Tauss u. a. (Hrsg.), Deutschlands Weg in die Informationsgesellschaft, Baden – Baden 1996, S. 894 – 905

Risak, Martin, Crowdwork. Erste rechtliche Annäherungen an eine »neue« Arbeitsform, ZAS 2015, 11 – 19

Rolf, Christian/Rötting, Michael, Google, Facebook & Co als Bewerberdatenbank für Arbeitgeber? RDV 2009, 263 – 267

Rolf, Christian/Riechwald, Jochen, Betriebliche Social Media Richtlinien auf dem arbeitsrechtlichen Prüfstand, RDV 2010, 256 – 261

Roßnagel, Alexander, Globale Datennetze: Ohnmacht des Staates – Selbstschutz der Bürger, ZRP 1997, 26 – 30

Ders., Big Data – Small Privacy? Konzeptionelle Herausforderungen für das Datenschutzrecht, ZD 2013, 562 – 567

Ders./Pfitzmann, Andreas, Der Beweiswert von E – Mail, NJW 2003, 1209 – 1214

Rozek, Heike, Zugriff des Arbeitgebers auf Kommunikationsdaten. Klare Grenzen auch beim Verbot der Privatnutzung, CuA 9/2014 S. 30 – 32

Dies., Social Media als Arbeitsmittel. Reichlich Regelungsbedarf für die Interessenvertretung, CuA 2/2015 S. 4 – 9

Ruchhöft, Matthias, Wissen vernetzen. Wissensmanagement verknüpft mit Wiki, Blog & Co., CuA 9/2011 S. 14 – 17

Ders., E – Recruiting 2.0 – Personalsuche in sozialen Netzen. Was ändert sich für Betriebs – und Personalräte? CuA 10/2012 S. 17 – 20

Ders., Unified Communications. Effizienz auf allen Kanälen? CuA 10/2014 S. 24 – 27

Ders., Digitales Arbeiten – das neue »Wir« im Job, CuA 3/2015 S. 16 – 19

Ders., Die Vermessung sozialer Beziehungen, CuA 11/2017, S. 8 – 11

Rudolph, Wolf – Dieter, Personalrat und PC, PersR 1997, 449 – 450

Ruf, Urs Peter, Die Stellschrauben für mobile Arbeit, CuA 11/2016 S. 16 – 20

Ruhland, Robert Malte, Social Media Guidelines. Regelungen für soziale Medien im Betrieb, CuA 1/2012 S. 12 – 14

Ders., Social Media Guidelines. Muster – Richtlinie zum Umgang mit sozialen Medien, CuA 4/2012 S. 12 – 13

Ruhmann, Ingo, NSA, IT – Sicherheit und die Folgen. Eine Schadensanalyse, DuD 2014, 40 – 46

Rupp, Hans, SAP kontrollieren – aber wie? CF 6/2001, S. 8 – 15

Ruppert, Willi, Enterprise 2.0 – Anwendungen für Belegschaftsvertretungen, CuA 5/2011 S. 24 – 27

Ruppmann, Evelyn, Der konzerninterne Austausch personenbezogener Daten. Risiken und Chancen für den Datenschutz, Baden – Baden 2000

Santosuosso, Amadeo/Bottalico, Barbara, Autonomous Systems and the Law: Why Intelligence Matters. A European Perspective, in: Hilgendorf/Seidel (eds.), Robotics, Autonomics, and the Law, S. 27 – 58

Sasse, Stefan, Burn – out als arbeitsrechtliches Problem – Rechtliche Fragen von Stress und psychischen Belastungen im Arbeitsverhältnis – BB 2013, 1717 – 1720

Sassenberg, Thomas/Faber, Tobias (Hrsg.), Rechtshandbuch Industrie 4.0 und Internet of Things. Praxisfragen und Perspektiven der digitalen Zukunft, München 2017

Schaar, Katrin, DS – GVO: Geänderte Vorgaben für die Wissenschaft. Was sind die neuen Rahmenbedingungen und welche Fragen bleiben offen? ZD 2016, 224 – 226

Schaar, Peter, Datenschutz im Internet. Die Grundlagen, München 2002

Ders., Neues Datenschutzrecht für das Internet, RDV 2002, 4 – 14

Schack, Haimo, Urheber – und Urhebervertragsrecht, 6. Aufl., Tübingen 2013

Schapper, Claus Henning, Grenzüberschreitender Datentransfer und Datenschutz, CR 1987, S. 86 – 94

Schaub, Günther (Begr.), Arbeitsrechts – Handbuch, bearbeitet von Ahrendt, Martina; Koch, Ulrich; Linck, Rüdiger; Treber, Jürgen; Vogelsang, Hinrich, 17. Aufl., München 2017

Schaub, Renate, Interaktion von Mensch und Maschine, JZ 2017, 342 – 349

Scheffler, Hauke/Dressel, Christian, Vorschläge zur Änderung zivilrechtlicher Formvorschriften und ihre Bedeutung für den Wirtschaftszweig E – Commerce, CR 2000, 378 – 383

Scherrer, Karin, Belastung und Beanspruchung im Call – Center, CF 5/2000, S. 4 – 11

Schertel, Claudia, Was auch der normale User wissen sollte, in: Sommer, Michael u. a. (Hrsg.), Im Netz@Work, Hamburg 2003, S. 11 – 21

Scheurle, Klaus – Dieter/Mayen, Thomas (Hrsg.), Telekommunikationsgesetz. Kommentar, 2. Aufl., München 2008

Schierbaum, Bruno, Personal – Informations – Systeme: die rechtlichen Rahmenbedingungen, CF 8 – 9/2000, S. 22 – 29

Ders., Datenschutz bei Internet und E – Mail – Handlungsmöglichkeiten von Personalräten, PersR 2000, 499 – 507

Ders., Telearbeit – Regelung auf Europa – Ebene, CF 5/2003, S. 12 – 17

Ders., Beschäftigten – Daten auf der Homepage der Dienststelle, PersR 2010, 268 – 273

Schimmelpfennig, Hans – Christoph/Wenning, Holger, Arbeitgeber als Telekommunikationsdienste – Anbieter? – Eingeschränkter Zugriff auf elektronische Geschäftskorrespondenz bei zugelassener Privatnutzung von E – Mail und Internet am Arbeitsplatz? – DB 2006, 2290 – 2294

Schirmer, Jan – Erik, Rechtsfähige Roboter? JZ 2016, 660 – 666

Schlachter, Monika, Rechtsfragen virtueller Unternehmensorganisation: Telearbeit, in: Noack, Ulrich/Spindler, Gerald (Hrsg.), Unternehmensrecht und Internet, München 2001, S. 199 – 231

Dies., Arbeitsbeziehungen ohne Zeit und Raum? Grundbegriffe der Betriebsverfassung in virtuellen Unternehmen, in: Lorenz/Schneider, Der flexible Betriebsrat, Hamburg 2002, S. 40 – 59

Schliemann, Harald (Hrsg.), Das Arbeitsrecht im BGB, 2. Aufl., München 2002

Ders., Flucht aus dem Arbeitsverhältnis – falsche oder echte Selbständigkeit? RdA 1997, 322 – 326

Schmidt, Florian A., Arbeitsmärkte in der Plattformökonomie – Zur Funktionsweise und den Herausforderungen von Crowdwork und Gigwork, herausgegeben von der Friedrich – Ebert – Stiftung, Berlin 2016

Schmidt, Klaus/Koberski, Wolfgang u. a., Kommentar zum Heimarbeitsgesetz, 4. Aufl., München 1998

Schmitz, Karl, Internet – Zugang – nicht ohne Probleme, CF 12/1997, S. 16 – 19

Schneider, Jochen, Schließt Art. 9 DS – GVO die Zulässigkeit der Verarbeitung bei Big Data aus? Überlegungen, wie weit die Untersagung bei besonderen Datenkategorien reicht, ZD 2017, 303 – 308

Schneider, Gerhard, Die Wirksamkeit der Sperrung von Internet – Zugriffen, MMR 1999, 571 – 578

Schneider, Jörn A., Arbeitsrechtliche Vorhaben der Bundestagsparteien – Überblick über die Wahlprogramme, DB 2013, 1551 – 1555

Schneider – Dörr, Andreja, Essay: Disruptiert doch bitte den Kapitalismus, SPW Ausgabe 6/2017, S. 58 – 61

Schoden, Michael, Betriebliche Arbeitnehmererfindungen und betriebliches Vorschlagswesen. Ein praktischer Ratgeber, Köln 1995

Schreiber, Kristina/Kohm, Simon, Rechtssicherer Datenverkehr unter dem EU – US – Privacy – Shield? Der transatlantische Datentransfer in der Unternehmenspraxis, ZD 2016, 255 – 260

Schrey, Joachim/Thalhofer, Thomas, Rechtliche Aspekte der Blockchain, NJW 2017, 1431 – 1436

Schröder, Lothar, Die digitale Treppe. Wie die Digitalisierung unsere Arbeit verändert und wie wir damit umgehen, Frankfurt/Main 2016

Schröder, Lothar/Urban, Hans – Jürgen (Hrsg.), Gute Arbeit. Digitale Arbeitswelt – Trends und Anforderungen, Frankfurt/Main 2016

Schubert, Claudia, Der Schutz der arbeitnehmerähnlichen Personen: zugleich ein Beitrag zum Zusammenwirken von Arbeits – und Wirtschaftsrecht mit den zivilrechtlichen Generalklauseln, München 2004

Schuchart, Uta, Ständige Erreichbarkeit – Arbeitszeit *light* vs. Recht auf Unerreichbarkeit, AuR 2016, 341 – 343

Schulte Westenberg, Michael, Gewerkschafts – kontra Arbeitgeberinteressen: Gewerkschaftliche Mitgliederwerbung während der Arbeitszeit – Abschied von der Kernbereichstheorie, NJW 1997, 375 – 376

Schulz, Andreas D., Nutzung und Datenschutzpraxis im studiVZ. Eine Untersuchung zum Selbstdatenschutz, DuD 2012, 262 – 269

Schulze, Marc – Oliver/Hofer, Katharina, Betriebsräte sind gefordert, AiB 7 – 8/2016 S. 27 – 30

Schwartmann, Rolf, Datenschutz im Schwarm – Rechtsfragen des Schutzes der Privatsphäre im Internet, RDV 2012, 1 – 7

Schwartz, Paul M., Privacy, Participation and Cyberspace: An American Perspective, in: Simon, Dieter/Weiss, Manfred (Hrsg.), Zur Autonomie des Individuums, Liber Amicorum Spiros Simitis, Baden – Baden 2000, S. 337 – 351

Schwarz, Mathias, Merkmale, Entwicklungstendenzen und Problemstellungen des Internet, in: Prinz, Matthias/Peters, Butz (Hrsg.), Medienrecht im Wandel, Festschrift für Manfred Engelschall, Baden – Baden 1996, S. 183 – 198

Schwarzbach, Marcus, E – Business: Informationsphase ausgiebig nutzen, CF 12/2003, S. 17 – 19

Ders., Leistungsdruck und ständige Erreichbarkeit durch neue Technik, CF 1/2004, S. 12 – 15

Ders., Industrie 4.0 rechtzeitig erkennen, AiB Heft 7 – 8/2016 S. 21 – 24

Ders., Permanenter Lernprozess, CuA 7 – 8/2017, S. 12 – 15

Schwemmle, Michael/Wedde, Peter, Digitale Arbeit in Deutschland. Potentiale und Problemlagen, Friedrich – Ebert – Stiftung, Bonn/Berlin 2012

Schwiering, Sebastian/Zurel, Burak, Das Homeoffice in der Arbeitswelt 2.0, ZD 2016, 17 – 21

Seebacher, Krikor R., Die Nutzung von E – Mail – Systemen durch Betriebsräte, AiB 1998, 245 – 248

Ders., Immer Anschluss unter dieser Nummer, AiB 11/2014 S. 19 – 21

Ders./Silberberger, Uwe, Matrix reloaded, AiB 5/2018, S. 42 – 44

Seemann, Matthias, Datenschutz im privatrechtlichen Arbeitsverhältnis nach deutschem Recht, Sonderdruck aus »ArbR« Mitteilungen des Instituts für Schweizerisches Arbeitsrecht, Bern 2001, S. 79 – 113

Seidel, Uwe, Industry 4.0 and Law – Experiences from AUTONOMICS, in: Hilgendorf/Seidel (eds.), Robotics, Autonomics, and the Law, S. 11 – 26

Seitz, Johannes, Distributed Ledger Technology & Bitcoin – Zur rechtlichen Stellung eines Bitcoin – »Inhabers«, K&R 2017, 763 – 769

Sendelbeck, Georg, Virtuelle Betriebsratssitzungen. Moderne Technik für die betriebliche Interessenvertretung, CuA 6/2014 S. 31 – 33

Simitis, Spiros, Internet oder der entzauberte Mythos vom »freien Markt der Meinungen«, in: Festgabe Kübler, 1997, S. 285 – 314

Ders. (Hrsg.), Kommentar zum Bundesdatenschutzgesetz, 8. Aufl., Baden – Baden 2014 (Zitierweise: Simitis – Bearbeiter)

Ders./Kreuder, Thomas, Betriebsrat und Öffentlichkeit, NZA 1992, 1009 – 1015

Sinn, Dieter K., BYOD – eigene Hardware für die Arbeit nutzen, CuA 10/2011 S. 4 – 7

Ders., Das Internet der Dinge, CuA 12/2013, S. 4 – 8

Ders., Cloud Computing – die Fakten. Wolkige Versprechen im Reality – Check, CuA 4/2014 S. 4 – 8

Skowronek, Andreas, Rechtsberatung im Internet, CF 5/2000, S. 29 – 30

Ders., SAUBER: Maßanzug für WinWord 97, CF 4/2000, S. 34 – 36

Ders., eMail – Kommunikation des Betriebsrats, CF 11/2000, S. 30 – 32

Ders., Pausenregelung bei Bildschirmarbeit, CF 7/2001, S. 35 – 36

Ders., Auf die Rezeptur kommt es an – Website – Inhalte an gesetzlichen Aufgaben orientieren, CF 8 – 9/2001, S. 10 – 15

Solove, Daniel J./Schwartz, Paul M., Information Privacy Law, 4th edition, New York 2011

Soma, John T./Rynerson, Stephen D., Privacy Law, St. Paul 2008

Sommer, Michael/Brandt, Cornelia/Schröder, Lothar (Hrsg.), Im Netz@ work, Hamburg 2003

Spies, Axel, Keine »Genehmigungen« mehr zum USA – Datenexport nach Safe Harbor? Übertragung personenbezogener Daten aus Deutschland in die USA, ZD 2013, 535 – 538

Spindler, Gerald, Konvergenz der Medien – Divergenz im Recht!, MMR 1999, 377 – 378

Ders., Die neue EU – Datenschutz – Grundverordnung, DB 2016, 937 – 947

Ders., Digitale Wirtschaft – analoges Recht: Braucht das BGB ein Update? JZ 2016, 805 – 816

Ders., Das Netzwerkdurchsetzungsgesetz, K&R 2017, 533 – 544

Splanemann, Andreas, Schutz vor Viren, CF 8 – 9/2001, S. 37 – 42

Steffan, Ralf, Arbeitszeit (recht) auf dem Weg zu 4.0, NZA 2015, 1409 – 1417

Steinmüller, Wilhelm, Informationsrecht – das Arbeitsrecht der zweiten industriellen Revolution?, DVR 1982, 179 – 185

Stoffels, Markus, AGB – Recht, 2. Aufl., München 2009

Stopfer, Juliane M./Back, Mitja M./Egloff, Boris, Persönlichkeit 2.0. Genauigkeit von Persönlichkeitsurteilen anhand von Online Social Network – Profilen, DuD 2010, 459 – 461

Strömer, Tobias H., Online – Recht. Rechtsfragen im Internet und in Mailbox – Netzen, 3. Aufl., Heidelberg 2002

Strube, Sebastian, Vom Outsourcing zum Crowdsourcing. Wie Amazons Mechanical Turk funktioniert, in: Benner, Christiane (Hrsg.), Crowdwork – zurück in die Zukunft? Perspektiven digitaler Arbeit, Frankfurt/Main 2014, S. 75 – 90

Strunk, Jan A., Website – Gestaltung und Urheberrecht. Die Geister, die ich rief …, CF 1/2004, S. 27 – 30

Ders., Social Media, die Interessenvertretung und das Recht, CuR 10/2012 S. 11 – 16

Sturm, K. Günter, Zur Angemessenheit von Arbeitnehmererfindungsvergütungen. Eine Analyse aus der Sicht eines Arbeitnehmererfinders, DB 1989, 1869 – 1875

Sydow, Gernot (Hrsg.), Europäische Datenschutzgrundverordnung. Handkommentar, Baden – Baden 2017

Taeger, Jürgen, Personaldatenschutz in der Dienststelle, PersR 2000, 435 – 441

Ders./Gabel, Detlev (Hrsg.), Kommentar zum BDSG und zu den Datenschutzvorschriften des TKG und TMG, 2. Aufl., Frankfurt/Main 2013 (Zitierweise: Taeger/Gabel – Bearbeiter)

Tapper, Anne, Crowdworking – ein Blick in die Arbeitsbeziehungen der Zukunft, 2015, nach dem Manuskript zitiert

Tauss, Jörg/Kollbeck, Johannes/Mönikes, Jan (Hrsg.), Deutschlands Weg in die Informationsgesellschaft. Herausforderungen und Perspektiven für Wirtschaft, Wissenschaft und Politik, Baden – Baden 1996

Teubner, Gunter, Globale Bukowina: Zur Emergenz eines transnationalen Rechtspluralismus, Rechtshistorisches Journal 1996, 255 – 290

Thannheiser, Achim, Personalrat und neue Technologien, CF 1/1999, S. 23 – 28, 2/1999, S. 10 – 15, 3/1999, S. 13 – 18

Ders., Neue Computerprogramme und Personalratsbeteiligung, CF 3/2004, S. 21 – 23

Ders., Apps im Arbeitsleben und für die Betriebsratsarbeit, AiB 2012, 351 – 355

Ders., Microblogging, Tweets, Twitter. Neue Werkzeuge für die Arbeit der Interessenvertretung? CuA 1/2013 S. 33 – 37

Ders., Regeln für Smartphones & Co, AiB 3/2014, S. 19 – 22

Ders., Soziale Medien im Einsatz, AiB 10/2014 S. 21 – 24

Ders., Mobile Kommunikation und Arbeit, AiB Sonderausgabe März 2015, S. 33 – 37

Thomas, Heinz/Putzo, Hans (Begr.), Zivilprozessordnung, Kommentar, 38. Aufl., München 2017

Thüsing, Gregor, Beschäftigtendatenschutz und Compliance. Effektive Compliance im Spannungsfeld von BDSG, Persönlichkeitsschutz und betrieblicher Mitbestimmung, 2. Aufl., München 2014 (unter Mitarbeit von Gerrit Forst, Thomas Granetzny, Stephan Pötters und Johannes Traut)

Ders., Die Entwicklung des U. S. – amerikanischen Arbeitsrechts in den Jahren 1997 und 1998, NZA 1999, 635 – 643

Ders., Digitalisierung der Arbeitswelt – Impulse zur rechtlichen Bewältigung der Herausforderung gewandelter Arbeitsformen, SR 2016, 87 – 108

Thüsing, Gregor/Lambrich, Thomas, Das Fragerecht des Arbeitgebers – aktuelle Probleme zu einem klassischen Thema, BB 2002, 1146 – 1153

Tiedemann, Jens, E – Mail – Etikette, Datenschutz und Arbeitsrecht. Wann müssen geschäftliche E – Mails als Blindkopie geschickt werden? ZD 2013, 488 – 491

Tiedemann, Paul, Internet für Juristen. Eine praxisorientierte Einführung, Darmstadt 1999

Tillenburg, Gereon, Stimmt die Stimme? Biometrielösungen im Einsatz, DuD 2011, 197 – 199

Tinnefeld, Marie – Theres/Buchner, Benedikt/Petri, Thomas, Einführung in das Datenschutzrecht, 5. Aufl., München/Wien 2012

Dies./Viethen, Hans Peter, Arbeitnehmerdatenschutz und Internet – Ökonomie, NZA 2000, 977 – 983

Tommen, Hans, Alles sehen, alles kontrollieren. Und mehr ···, CF 2/1999, S. 4 – 8

Tonner, Klaus, Das neue Fernabsatzgesetz – oder: System statt »Flickenteppich«, BB 2000, 1413 – 1420

Trümner, Ralf, Der »stumme« Verzicht auf Mitbestimmungsrechte des Betriebsrats bei Einführung und Durchführung abspracheorientierter Arbeitszeitregelungen in teilautonomen Gruppenarbeitsmodellen, in: Festschrift zum 50jährigen Bestehen der Arbeitsgerichtsbarkeit Rheinland – Pfalz, Neuwied u. a. 1999, S. 395 – 411

Ulber, Jürgen, Heimarbeit, neue Technologien und betriebliche Interessenvertretung, AiB 1985, 22 – 27

Ullsperger, Peter/Ertel, Michael, Macht Computerarbeit krank? Befunde zu Gesundheitsrisiken und arbeitsbedingten Erkrankungen, in: van Haaren, Kurt/Hensche, Detlef (Hrsg.), Arbeit im Multimedia – Zeitalter, S. 65 – 77

vbw, Die bayerische Wirtschaft, Moderne Arbeitswelt – Modernes Arbeitsrecht, Stand: November 2014, abrufbar unter: www. vbw – bayern. de/vbw/Aktionsfelder/Recht/Arbeitsrecht/vbw – Position – Moderne – Arbeitswelt – Modernes – Arbeitsrecht, jsp

Vehslage, Thorsten, Privates Surfen am Arbeitsplatz, AnwBl 2001, 145 – 149

Venzke, Sven, Social Media Marketing. Eine datenschutzrechtliche Orientierungshilfe, DuD 2011, 387 – 393

Vogl, Gerlinde/Nies, Gerd, Mobile Arbeit, Frankfurt/Main 2013

Voigt, Paul und Gehrmann, Mareike, Die europäische NIS – Richtlinie. Neue Vorgaben zur Netz – und IT – Sicherheit, ZD 2016, 355 – 358

Voigt, Peter, Homeoffice – Segen oder Fluch? AiB 3/2017 S. 16 – 19

Volmer, Bernhard/Gaul, Dieter, Arbeitnehmererfindergesetz, Kommentar, 2. Aufl., München 1983

Vonhoff, Hans, Negative Äußerungen auf Unternehmensbewertungsportalen, MMR 2012, 571 – 574

Voskamp, Friederike/Kipker, Dennis – Kenji, Virtueller Pranger Internet. »Shitstorm« und »Cybermobbing« als Bühne für die Meinungsfreiheit? Providerpflichten nach der BGH – Rechtsprechung, DuD 2013, 787 – 790

Waas, Bernd/Liebman, Wilma B./Lyzbarsky, Andrew/Kezuka, Katsutoshi, Crowdwork –

A Comparative Law Perspective, Frankfurt/Main 2017

Wahsner, Roderich, Zum Recht des Personalrats auf Arbeitsplatzbesuche und Gespräche am Arbeitsplatz, PersR 1986, 126 – 129

Walser, Manfred, Homeoffice in den Niederlanden, AuR 2016, 338 – 341

Waltermann, Raimund, Anspruch auf private Internetnutzung durch betriebliche Übung? NZA 1997, 529 – 533

Wank, Rolf, Telearbeit, Heidelberg 1997

Wedde, Peter, Telearbeit. Arbeitsrecht – Sozialrecht – Datenschutz, 3. Aufl., München 2002

Ders., Entwicklung der Telearbeit. Arbeitsrechtliche Rahmenbedingungen, Bonn 1997

Ders., Aktuelle Rechtsfragen der Telearbeit, NJW 1999, 527 – 535

Ders., Arbeitsrechtliche Probleme im Call – Center, CF 6/2000, S. 20 – 25

Ders., Vom gläsernen Arbeitnehmer zum gläsernen Betrieb, in: van Haaren, Kurt/Hensche, Detlef (Hrsg.), Arbeit im Multimedia – Zeitalter, Hamburg 1997, S. 94 – 101

Ders., Datenschutz im Betriebs – und Personalratsbüro, CF 8 – 9/2001, S. 28 – 32

Ders., Die Virtualisierung der Arbeitsbeziehungen, in: Lorenz/Schneider (Hrsg.), Der flexible Betriebsrat, Hamburg 2002, S. 17 – 39

Ders., Auf dem Weg zu einem Arbeitnehmerdatenschutzgesetz, in: Sommer, Michael u. a. (Hrsg.), Im Netz@work, Hamburg 2003, S. 55 – 80

Ders., Schutz vor verdeckten Kontrollen im Arbeitsverhältnis, DuD 2004, 21 – 26

Ders., Heimliche Video – Überwachung von Arbeitnehmern zulässig? CF 1/2004, S. 23 – 26

Ders., Wenn der Arbeitgeber eine Flatrate hat … CF 5/2004, S. 28 – 31

Ders., Der analysierte Arbeitnehmer, CuA 5/2016 S. 14 – 16

Ders., Den Arbeitsplatz immer dabei, CuA 11/2016, S. 8 – 15

Wehling, Margret, Mitbestimmung in virtuellen Unternehmungen, Industrielle Beziehungen 7 (2000), S. 131 – 156

Weichert, Thilo, Cloud Computing und Datenschutz, DuD 2010, 679 – 687

Ders., Drittauskünfte über Beschäftigte, AuR 2010, 100 – 105

Ders., Big Data und Datenschutz. Chancen und Risiken einer neuen Form der Datenanalyse, ZD 2013, 251 – 259

Ders., EU – US – Privacy – Shield – Ist der transatlantische Datenverkehr nun grundrechtskonform? Eine erste Bestandsaufnahme, ZD 2016, 209 – 217

Ders., Wearables – Schnittstelle Mensch und Computer, CuA 10/2016, S. 8 – 14

Ders., Die Verarbeitung von Wearable – Sensordaten bei Beschäftigten, NZA 2017, 565 – 570

Ders., Schnüffelnde Chefs, CuA 10/2017, S. 20 – 21

Weiß, Steffen, Die Angemessenheitsentscheidung der Europäischen Kommission – Anspruch und Wirklichkeit, RDV 2013, 273 – 279

Weißgerber, Michael, Das Einsehen kennwortgeschützter Privatdaten des Arbeitnehmers durch den Arbeitgeber, NZA 2003, 1005 – 1009

Weizenbaum, Joseph, Die Mythen der Informationsgesellschaft, in: van Haaren, Kurt/Hensche, Detlef (Hrsg.), Arbeit im Multimedia – Zeitalter, Hamburg 1997, S. 31 – 37

Welkoborsky, Horst/Baumgarten, Birger, Aktiv gegen Arbeitsstress, AiB 12/2014 S. 51 – 53

Welsch, Johann, Die Revolution der Informationsarbeit. Die Zukunft der kollektiven Regulierung von Arbeitsverhältnissen, in: van Haaren, Kurt/Hensche, Detlef (Hrsg.), Arbeit im Multimedia – Zeitalter, Hamburg 1997, S. 115 – 127

Welskop – Deffaa, Eva M., Die Gestaltung des Arbeitsschutzes in der Arbeitswelt 4.0, in: Schröder/Urban (Hrsg.), Gute Arbeit 2016, S. 189 – 201

Wendeling – Schröder, Ulrike, Autonomie im Arbeitsrecht. Möglichkeiten und Grenzen eigenverantwortlichen Handelns in der abhängigen Arbeit, Frankfurt/M. 1994

v. Westphalen, Friedrich Graf, Big Data und das Ende der bürgerlichen Freiheit? BB Heft 1/2 2017, S. I

Wiebauer, Bernd, Arbeitsschutz und Digitalisierung, NZA 2016, 1430 – 1436

Ders., Die Novelle der Arbeitsstättenverordnung 2016, NZA 2017, 220 – 224

Wiedemann, Herbert (Hrsg.), TVG, Kommentar (bearbeitet von Oetker, Hartmut/Thüsing, Gregor/Wank, Rolf/Wiedemann, Herbert), 7. Aufl., München 2007

Wiedenfels, Matthias, Virtuelle Betriebe und das BetrVG, AuA 2000, 418 – 420

Wieduwilt, Hendrik, Neues Fotorecht im öffentlichen Raum, K&R 2015, 83 – 85

Wiese, Günther/Kreutz, Peter/Oetker, Hartmut/Raab, Thomas/Weber, Christoph/Franzen, Martin/Gutzeit, Martin/Jacobs, Matthias, BetrVG, Gemeinschaftskommentar, 11. Aufl., 2 Bände, Köln u. a. 2018 (Zitierweise: GK – Bearbeiter)

Wilke, Matthias, Mitbestimmung in der Krise, CF 5/2003, S. 20 – 25

Wilke, Matthias/Kiesche, Eberhard, Personaldatenverarbeitung einmal anders, AiB 2013, 368 – 371

Dies., Eine Lücke im System, AiB 3/2014 S. 23 – 25

Willert, Christian, Reaktionsmöglichkeiten des Arbeitgebers bei kritischen Äußerungen von Arbeitnehmern im Internet, K&R 2010, 551 – 555

Wilmer, Stefan, Wearables und Datenschutz – Gesetze von gestern für die Technik von morgen? in: Taeger (Hrsg.), Internet der Dinge. Digitalisierung von Wirtschaft und Gesellschaft (Tagungsband Herbstakademie 2015), Edewecht 2015, S. 1 – 16, abgedruckt auch in K&R 2016, 383ff.

Wintermeier, Martin, Inanspruchnahme sozialer Netzwerke durch Minderjährige. Datenschutz aus dem Blickwinkel des Vertragsrechts, ZD 2012, 210 – 214

Witschen, Stefan, Matrixorganisationen und Betriebsverfassung, RdA 2016, 38 – 49

Wlotzke, Otfried/Preis, Ulrich/Kreft, Burghard (Hrsg.), Betriebsverfassungsgesetz. Kommentar, 4. Aufl., München 2009 (Zitierweise: Wlotzke/Preis/Kreft – Bearbeiter)

Wohlgemuth, Hans Hermann, Datenschutz für Arbeitnehmer, 2. Aufl., Neuwied 1988

Ders., Konfliktfälle bei grenzüberschreitender Datenverarbeitung, BB 1991, S. 340 – 344

Ders./Mostert, Michael, Rechtsfragen der betrieblichen Telefondatenverarbeitung, AuR 1986, 138 – 144

Wolber, K., Internet – Zugang und Mitbestimmung, PersR 2000, 3 – 4

Wolf, Manfred/Lindacher, Walter F./Pfeiffer, Thomas (Hrsg.), AGB – Recht. Kommentar, 6. Aufl., München 2013

Wolff, Heinrich Amadeus/Brink, Stefan (Hrsg.), Datenschutzrecht in Bund und Ländern. Kommentar, München 2013

Wolmerath, Martin, Virtuelles Unternehmen + Virtuelle Beschäftigte = Virtuelles Arbeitsrecht?, in: Festschrift Däubler, Frankfurt/M. 1999, S. 717 – 729

Wurzberger, Sebastian, Recht 4.0, CuA 4/2017 S. 22 – 23

Wybitul, Tim (Hrsg.), Handbuch EU – Datenschutz – Grundverordnung, Frankfurt/Main 2017

Ders., Neue Spielregeln bei E – Mail – Kontrollen durch den Arbeitgeber. Überblick über den aktuellen Meinungsstand und die Folgen für die Praxis, ZD 2011, 69 – 73

Zmarzlik, Johannes, Entwurf eines Arbeitszeitgesetzes, BB 1993, 2009 – 2016

Zoebisch, Michael, Stimmungsanalyse durch Call – Center. Datenschutzrechtliche Zulässigkeit der Analyse der emotionalen Verfassung anhand der Stimme, DuD 2011, 394 – 397

Zöllner, Wolfgang, Daten – und Informationsschutz im Arbeitsverhältnis, 2. Aufl., Köln/Berlin u. a. 1983

Ders., Arbeitsrecht und menschengerechte Arbeitsgestaltung, RdA 1973, 212 – 218

关键词索引

粗体数字指章节数，非粗体数字指边码。

3-D-Drucker 3D 打印机 **1** 19

3-D-Drucker und Arbeitsschutz 3D 打印机和劳动保护 **6** 21；**10** 33

Abbild der gesamten innerbetrieblichen Kommunikation 完整地反映企业内沟通全景 **8** 59

Abmahnung wegen unerlaubter Privatnutzung 针对未经许可的私人使用的警告 **11** 35

Abschalten der Geräte 关闭设备 **5** 19

- starre oder vereinbarte Zeiten 定死了的或约定的时间 **5** 19

Account in sozialem Netzwerk 社交网络中的账户

- Herausgabe bei Ausscheiden? 离职时交还信息？ **4** 22

- wem gehört er? 账户属于谁？ **4** 21

Acht-Stunden-Tag 八小时工作日

- Forderung nach Abschaffung 要求废除 **5** 29 **8** 27

Additives Verfahren 增材生产的方法 **10** 33

agiles Arbeiten 敏捷式工作 **14** 75

Airbnb 爱彼迎 **17** 5

Aktionen im Internet 互联网上的行动 **13** 38 及以下

Akzeptanz als Rahmenbedingung 建立适宜的框架 **1** 54

Algorithmus als Chef? 用算法做老板？ **1** 44

Algorithmus 算法

- erfolgreiche und leistungsfähige Mitarbeiter 成功的和富有效率的员工 **9** 6

Allgemeines Persönlichkeitsrecht des Arbeitnehmers und Angriffe in Bewertungsportal 雇员的一般人格权和评价网站上的攻击 **7** 76

Ältere und neue Technik 已有技术和新技术 **2** 15，35

Alternierende Telearbeit 允许雇员远程办公

- als Versetzung 作为调岗 **2** 51

Änderung der Tätigkeit kraft Direktionsrechts? 借助雇主的指示权更改工作内容？ **2** 20

Anforderungsprofile 劳动内容

- Änderung der 变更劳动内容 **2** 22

Angemessenheitsbeschluss 恰当性决议 **7** 41

Anonyme Bewertungen im Netz 网络上的匿名评价 **7** 69

Anonymität im Netz 网络中的匿名 **8** 85

Anordnung, mit neuer Technik zu arbeiten 安排，使用新设备劳动 **2** 8

Anspruch auf Homeoffice 要求居家办公 **15** 5 及以下

Apps auf Dienstgerät 办公设备上的应用程序 **11** 31

Arbeit mit eigenen Geräten 使用自带设备工作 **1** 14

Arbeit zu Hause 在家工作
- Anweisung zur – ? 安排在家工作? **2** 19

Arbeit 工作；劳动
- aufgrund von Erwartungen des Arbeitgebers 为完成雇主期待 **5** 5
- außerhalb der Arbeitszeit 工作时间之外 **5** 5

Arbeitgeber als Telekommunikationsanbieter 作为远程通信服务商的雇主 **8** 27

Arbeitnehmer als gutgläubiges Werkzeug 易轻信他人的雇员 **12** 14

Arbeitnehmer in der Plattformökonomie? 平台经济中的雇员? **17** 7 及以下

Arbeitnehmer oder Selbständige bei Internet – Arbeitsverhältnis 互联网劳动关系中的雇员或自雇者 **16** 19

Arbeitnehmer, Crowdworker als – 众包工人作为雇员 **18** 20

Arbeitnehmerbegriff bei virtuellem Unternehmen 虚拟企业情形下的雇员概念 **16** 61

Arbeitnehmerbegriff 雇员概念 **16** 20 及 21，**17** 8 及以下
- Ablehnungsrecht von Einsätzen 对订单安排的拒绝权 **17** 19, 21
- abweichende Bezeichnung im Vertrag 不同的合同 **17** 18
- Arbeit in eigener Person 亲自完成工作 **17** 14
- Arbeitsmittel des Arbeitgebers 雇主的劳动工具 **17** 15
- Eingliederung 融入组织 **17** 11
- Gesamtbetrachtung 综合考量 **17** 12
- persönliche Abhängigkeit 人格从属性 **17** 11
- Uber – Fahrer 优步司机 **17** 21 及以下
- Vertrag und tatsächliche Durchführung 合同及实际履行 **17** 20
- vorweggenommene Weisungen im Arbeitsvertrag 劳动合同中预先指示 **17** 13
- wirtschaftliche Abhängigkeit? 经济从属性? **16** 21
- zwingender Charakter 强制性 **17** 18

Arbeitnehmerdaten im Internet 互联网上的雇员数据 **7** 1 及以下，**7** 52 及以下，90
- Gefährdung des Mitarbeiters 对职工的威胁 **7** 60
- Mitbestimmung des Betriebsrats 企业职工委员会的共决 **7** 59
- Sicherheitsbedenken 安全隐患 **7** 60
- Verhältnismäßigkeitsprinzip 比例原则 **7** 57
- Widerruf der Einwilligung 撤销同意 **7** 58

Arbeitnehmerdaten in der Cloud 云上的雇员数据 **7** 86 及以下

Arbeitnehmerdaten 雇员数据
- Einbeziehung in Big Data 囊括进大数据中 **9** 4
- grenzüberschreitende Übermittlung 跨境转移 **7** 3

Arbeitnehmerfotos im Internet 互联网上的雇员照片 **7** 61 及以下
- Einwilligung des Arbeitnehmers 雇员的同意 **7** 62
- nach Ausscheiden des Arbeitnehmers? 雇员离职之后？ **7** 62

Arbeitnehmerrechte und Verträge des Arbeitgebers mit Drittunternehmen 雇员权利和雇主公司与第三方公司签订协议 **14** 85

Arbeitsbereich, Definition 工作领域，定义 **2** 49

Arbeitskampf im Internet 互联网上的劳资斗争

13 38 及以下
- Blockierung des Netzkontakts bis zum Ende der Verhandlungen 切断网络通讯直至谈判结束 13 44
- massenhafte E – Mails 大量电子邮件 13 41
- »Second Life« "第二人生" 虚拟游戏 13 40
- Unterbrechung des E – Mail – Verkehrs 切断电子邮件往来 13 43

Arbeitskräfte 生产力
- nicht ersetzbare 不可被替代的 1 54

Arbeitsmethoden 劳动方法
- Einführung grundlegend neuer – 引进全新的劳动方法 2 67 及 68

Arbeitspensum 分配的工作量
- Festlegung des – s statt Arbeitszeitbegrenzung 确定分配工作量替代限制工作时间 5 32 及以下

Arbeitspflicht, vertragliche 工作义务，劳动合同规定的工作义务
- Gefährdung der Gesundheit? 牺牲身体健康？ 5 37

Arbeitsplatz, Internet am – 工作岗位，在工作岗位上可上网 1 4

Arbeitsschutz bei mobiler Arbeit 移动式工作的劳动保护 15 24

Arbeitsschutz im Homeoffice 居家办公的劳动保护 15 17

Arbeitsschutz und Digitalisierung 劳动保护和数字化 6 1 及以下

Arbeitsschutz und Internet – Arbeitsverhältnis 劳动保护和互联网劳动关系 16 26

Arbeitsschutz 劳动保护
- Arbeitsschutz, technischer 劳动保护，技术上的…… 6 22 及以下

Arbeitsschutzgesetz und häusliche Arbeit 劳动保护和家庭劳动 6 25

Arbeitsstättenverordnung《关于工作场所的条例》
- Bildschirmarbeit 电脑屏幕工作 6 8 及以下
- Entstehungsgeschichte 发展史 6 8
- Homeoffice 居家办公 6 9

Arbeitsverdichtung 劳动强度 6 29

Arbeitsverhältnis, Dauer als Voraussetzung? 以时长为前提条件的劳动关系？ 17 16

Arbeitszeit im Homeoffice 家庭办公的工作时间 15 15

Arbeitszeitrecht 工作时间法
- Berufung des einzelnen Arbeitnehmers auf das – 某个雇员援引…… 5 26
- gesetzgeberische Initiativen 立法动议 5 40 及以下
- Kontrolle durch zuständige Behörde 主管机关出面监管协调 5 24
- Übermittlung von Daten an die Aufsichtsbehörde 将个人数据转交给主管机关 5 24
- und Digitalisierung der Arbeit 以及工作数字化 5 3 及以下
- Vollzugsdefizite 执法难 5 24 及以下
- Vorschläge der Arbeitgeberseite 雇主方的建议 5 28 及以下
- Weißbuch des BMAS 联邦劳动和社会事务部白皮书 5 30
- weitere Flexibilisierung 其它灵活化建议 5 28

Ärzteportale 医生评价网站
- Bewertung ohne Behandlungskontakt? 未经诊疗便进行评价？ 7 75

Ärzteportale, Grundsätze 医生评价网站，基本原则 7 74

Aufopferung von Persönlichkeitswerten des Arbeitnehmers 牺牲雇员人格　7 94

Auftragsdatenverarbeitung und Cloud Computing 委托他方处理数据和云计算　7 87

Auftragsdatenverarbeitung 委托他方处理数据
– im Konzern 在康采恩中　7 28

Aufwendungsersatz des Arbeitnehmers 对雇员的花费补偿　7 92

Augmented Reality 增强现实　10 22

Ausgeschiedene Arbeitnehmer und Auftritt des Arbeitgebers im Netz 离职雇员以及雇主现身网络　4 58

Ausgeschiedene Mitarbeiter und E – Mails 离职员工和电子邮件　8 55
– Auto – reply – Funktion 自动应答功能　8 55
– Weiterleitungsfunktion 转发功能　8 55

Ausländerfeindlichkeit im Netz 网上的排外行为　4 43

Auslandsberührung und anwendbares Recht 涉外情况和法律适用　7 31

Ausschluss der Privatnutzung 排除私人使用　11 30 及 31

»Ausschweifende« Nutzung von Geräten des Arbeitgebers "大肆"使用雇主的设备　11 22

Außendarstellung des Arbeitgebers, Veröffentlichung von Arbeitnehmerdaten 雇主的对外展示，公布雇员数据　7 54

Außenkontakte des Betriebsrats 企业职工委员会的对外交往　14 60 及以下

Ausstattung mit neuer Technik, Anspruch auf? 对新设备配置是否具有请求权？　2 16 及以下

Autonomes Fahren 自动驾驶　1 19

Bagatellgrenze bei Inanspruchnahme außerhalb der Arbeitszeit 占用非工作时间的微量界限　5 43

Beleidigungen des Arbeitgebers 对雇主的侮辱　12 19

Beleidigungen gegen den Arbeitnehmer 侮辱雇员　4 27

Berater, Anspruch auf – 对咨询顾问的请求权　2 75

Beratungsrechte des Betriebsrats 企业职工委员会的协商权　2 41 及以下

Bereitschaftsdienst 随时待命状态　5 8 及以下

Beschäftigtendaten im Internet 互联网上的员工数据　7 1 及以下
s. Arbeitnehmerdaten im Internet 同时参见 **互联网上的雇员数据**

Beschäftigtendaten 雇员数据
– Einbeziehung in Big Data 囊括在大数据中的　9 4

Beschäftigungsabbau durch Digitalisierung? 信息技术系统导致裁员？　1 43

Beschimpfung des Arbeitgebers im Netz 在网上侮辱雇主　4 31 及以下

Beschimpfung von Arbeitskollegen im Netz 在网上侮辱同事　4 31 及以下

Beschwerdeverfahren 诉讼程序
– Entscheidung durch Einigungsstelle 劳资协调处作出最终裁决　5 40
– wegen Überlastung 因超负荷工作　5 40

Besetzungsregeln, quantitative 人员配置原则，量化配置岗位人员的原则　5 34
– Anwendungsbereich 应用领域　5 34

Bestandsdaten nach TMG 符合《电信媒体法》的库存数据　8 86

Betrieblicher Datenschutzbeauftragter 企业数据保护员
– Kontrolle der Telekommunikation 对通信的监管　8 72

Betriebsabsprache 约定书　8 103

Betriebsänderung durch neue Techniken? 通过

新技术进行企业变革？ **2** 64 及以下

Betriebsänderung 企业变动

- Anspruch auf Berater 向顾问寻求建议 **2** 75
- etappenweise Einführung 分阶段引进 **2** 69

Betriebsanlagen 企业设备

- grundlegende Änderung 根本上改变企业设备 **2** 66

Betriebsbegehungen durch Betriebsrat 企业职工委员会对企业进行巡视 **2** 38

Betriebsgeheimnisse auf Facebook 脸书上的商业机密 **4** 60

Betriebsorganisation 企业组织

- grundlegende Änderung 根本上改变企业组织 **2** 64 及 65

Betriebsrat im Internet 互联网上的企业职工委员会 **14** 51 及以下

Betriebsrat im Netz 网络上的企业职工委员会 **14** 28 及以下

- Benutzung des E-Mail-Systems 使用电子邮件系统 **14** 29
- Entfernung von Meinungsäußerungen durch den Arbeitgeber 雇主删除言论 **14** 49
- Erreichen aller Belegschaftsmitglieder？接触所有的工作人员？ **14** 34
- Gleichbehandlung mit Arbeitnehmern als Minimum 职工委员会起码可获得与其他雇员相等的待遇 **14** 31
- Information der Belegschaft 向雇员通报信息 **14** 33
- Informationen aus dem Internet 来自互联网的信息 **14** 51
- Kontrolle durch den Arbeitgeber 遭到雇主监控 **14** 47
- private Nutzung 私人使用 **14** 28
- vertragliche Regelung der Ausstattung 对设备进行合同规约 **14** 50

- Zugang zum Internet 接入互联网 **14** 51

Betriebsrat 企业职工委员会

- Achtung der Persönlichkeitssphäre einzelner Arbeitnehmer 尊重个体员工的人格空间 **14** 6
- allgemeine Pflichten und neue Medien 一般义务和新媒体 **14** 6
- als Grundrechtsträger 作为基本权利主体 **14** 65
- Anspruch auf PC, alte Auseinandersetzung 对要求提供个人电脑的过往争论 **14** 7 及以下
- Ausgestaltung seiner Homepage 主页设计 **14** 37 及以下
- Außenkontakte 对外联系 **14** 60 及以下
- Außenkontakte, von der Rechtsprechung zugelassene 对外交往，司法认可的…… **14** 62
- Ausstattung mit ausrangierten Modellen 设备老旧过时 **14** 21
- Beratungsrechte 协商权 **2** 41 及以下
- Beteiligung an Digitalisierung 参与数字化 **5** 46
- Betriebsbegehung 对企业进行巡视 **2** 38
- betriebsübliches Ausstattungsniveau 企业普遍的设备水平 **14** 17
- Betriebszeitung, Herausgabe einer - 企业报纸，……的出版 **14** 42
- Beurteilungsspielraum bei Anschaffungen 购置设备的自主空间 **14** 23
- Blog 博客 **14** 2, 41, 66 及以下
- Büropersonal und PC 办公人员和给他们配备个人电脑 **14** 18
- eigene Geräte der Betriebsratsmitglieder 企业职工委员会成员的自有设备 **14** 27
- Einrichtung von E-Mail-Anschlüssen 设立

电子邮件连接 14 13
- Erklärungen im Internet 发表网上言论 14 59 及以下
- Farbdrucker 彩色打印机 14 20
- fehlende Einschaltung bei Versetzung 绕开企业职工委员会安排调岗 2 52
- Flachbildschirme 液晶显示屏 14 20
- Freiheit bei der Wahl der Informationsquellen 自主选择信息来源 14 54 及以下
- Gang in die Öffentlichkeit 公开发表言论 14 65, 67
- Gegendarstellungsanspruch 澄清 14 62, 65
- gleiche Ausstattung wie Arbeitgeber 等同于雇主的设备 14 9 及 10
- Homepage – Zugang der Gewerkschaft 主页 – 工会访问权限 13 30
- Homepage im Internet 互联网上的主页 14 66, 14 35
- Informationsrechte 知情权 2 37 及以下
- Initiativrecht zur Einführung elektronischer Zeiterfassung 对引入电子考勤系统的倡议权 5 47
- Interessenausgleich und Sozialplan 利益平衡约定和社会计划 2 63 及以下
- Internetzugang als Normalausstattung 互联网连接作为常规设备 14 13
- Konfiguration der Geräte 设备设置 14 25
- Kontakte zu Behörden 与行政机关的联系 14 61, 64
- Kosten der Informationsgewinnung 获取信息的成本 14 58
- Kosten des Internetzugangs 接入互联网的支出 14 15
- Link auf der Homepage 委员会主页的链接 14 40, 43
- Link zur Gewerkschaft 到工会的链接 13 29

- Meinungsfreiheit 言论自由 14 65
- Missbrauch des Internetzugangs 滥用互联网连接 14 16
- Mitbenutzung eines PC in Kleinbetrieben 在小型企业中共用同一台电脑 14 24
- Mitbestimmung bei »Bring your own Device« 对"自带设备"的共决 3 9 及 10
- Mitbestimmung bei Gefährdungsbeurteilung 针对风险分析判断的共决 6 11, 30
- Mitbestimmung bei Weiterqualifizierung 对进修的共决 2 54 及以下
- Mitbestimmung im Arbeitsschutzrecht 针对劳动保护权的共决 6 11
- Mitbestimmung über den Arbeitsbereich 对工作范围参与共决 5 38
- Mitbestimmung über Gesundheitsschutz bei häuslicher und mobiler Arbeit 针对移动和居家办公中健康保障的共决 6 26
- Mitbestimmung über Guidelines im Netz 针对网络行为指南的参与共决 4 19 及 20
- Mitbestimmungsrechte 共决权 2 45 及以下
- Mitglieder ohne PC 委员尚未配备电脑 14 18
- neues Mitbestimmungsrecht über Arbeitsintensität 决定工作强度的新共决权 5 50
- Offenbarung von Betriebs – und Geschäftsgeheimnissen 泄露企业机密和商业机密 14 39, 68
- parteipolitische Aussagen 对政党政治问题发言 14 39
- Personalplanung 人事计划 2 43
- Schreibmaschine und Schwarzes Brett? 打字机和通告板？ 14 1
- Schutz vor Überforderung 预防过度疲劳 5 48
- Selbstanschaffung von Geräten? 自行购置设

备？ 14 22
- separater Internet – Anschluss? 独立的互联网接入？ 14 26
- Solidarisierung mit Streik 表示支持罢工 14 62
- Stand – alone – PC 不联网的独立电脑 14 26
- Stichprobenkontrolle 抽查 2 38
- Überforderungsabwehr 预防过度劳累 5 52
- Unabhängigkeit vom Arbeitgeber 独立于雇主开展工作 14 48
- Verlautbarungen ohne Betriebsbezug 发布与企业完全无关的话题 14 39
- Veröffentlichungen und Recht am eigenen Bild 内容发布和个人肖像权 14 69
- Verschlüsselungssoftware 加密软件 14 26
- Vorschläge nach § 92a BetrVG 根据《企业组织法》第92条的建议权 2 44
- Vorschläge und Anregungen 建议和动议 2 40
- Wahlrecht in Bezug auf das Gerät 与设备相关的选择权 14 19
- Werbung für die Gewerkschaft 为工会进行宣传 13 23
- Wiki 维基 14 45
- Wissensdatenbank 知识数据库 14 46
- Zeitpunkt der Information 信息的时间点 2 39
- Zugang zu konzernweitem Intranet 开放康采恩集团的内联网 14 30
- Zugang zum Internet 连接互联网 14 2, 30
- Zusammenarbeit mit anderen Interessenvertretungen 与其他利益代表组织的合作 14 63
- Zustimmungsverweigerung bei Versetzung 拒绝调岗 2 53
- Zustimmungsverweigerungsrecht 拒绝权 5 51

Betriebsratsapp 企业职工委员会APP 14 27
Betriebsratsbeschlüsse 企业职工委员会决议
- durch Videokonferenz? 通过视频会议？ 14 77
- Zuschaltung einzelner Personen 个人拨入会议 14 78
Betriebsratswahlen 企业职工委员会选举
- Stimmabgabe Online 网络投票 14 71
Betriebssicherheits – Verordnung und Homeoffice《企业安全条例》和居家办公 6 25
Betriebssicherheits – Verordnung《企业安全条例》 6 22
Betriebsübung trotz Verbots der Privatnutzung? 尽管禁止私人使用，但仍形成企业惯例？ 11 18
Betriebsübung und private Nutzung von Geräten des Arbeitgebers 企业惯例和私人使用雇主设备 11 17
Betriebsversammlungen, virtuelle 企业职工全体大会，虚拟的 14 80
Betriebszeitung 企业报纸
- Gegendarstellungsanspruch 反驳权 14 42
- Zeugnisverweigerungsrecht der Mitarbeiter 员工的拒绝作证权 14 42
Beurteilungsrelevanz 评判关键性 8 95
Bewerber 谋职者；申请者
- Auswertung der Äußerungen in sozialen Netzwerken 评估谋职者在社交网络中发表的言论 9 29
Bewerbung 申请
- Auswertung von Facebook – Profilen 分析脸书上的个人资料 4 7
Bewertungsportale 评价网站 7 64 及以下
- anonyme Bewertungen 匿名评价 7 69
- Anspruch des Betroffenen auf die Kontaktdat-

en des Beurteilers? 相关人索要评价人的联系方式？ 7 69
- Ansprüche gegen Portalbetreiber 针对网站运营商的请求权 7 71
- Ärzte 医生 7 67
- Beseitigungs - und Unterlassungsansprüche 移除请求权和不作为请求权 7 73
- Einschätzung von Arbeitgebern 雇主的评价 7 67
- Grenzen（schlechter）Bewertung（负面）评价的界限 7 66
- Nachforschungspflicht des Betreibers 运营商的调查义务 7 72
- Rechtsgrundlage für Datenspeicherung 数据存储的法律依据 7 65
- strafbare Handlungen 犯罪行为 7 70

Bezahlung in Bitcoin statt in Euro? 使用比特币，而非欧元支付？ 10 39
Bezahlung in Bitcoin 使用比特币支付 10 34 及以下
Big Data 大数据 1 23，62
- Anwendungsfälle 应用情形 9 18 及以下
- Auswertungsmethoden 评价方法 9 2
- Bedenken aus der Rechtsprechung des BAG 从联邦劳动法院判决中解读观点 9 17
- Beschäftigtendaten, Einbeziehung 雇员数据，将雇员数据囊括进来 9 4
- Bewerber 求职者，申请者 9 28
- Empfehlung, das Arbeitsverhältnis aufzulösen 建议与其终止劳动关系 9 21
- Erstellung eines Persönlichkeitsprofils 创建数据画像 9 8
- Information der betroffenen Person 相关人员的信息 9 19
- Personalpolitik auf dieser Grundlage? 基于大数据制定人事政策？ 9 1 及以下

- Qualität der verwerteten Daten 所据数据的质量 9 20
- Rechtsgrundlage für die Verwertung von Arbeitnehmerdaten 评估雇员数据的法律依据 9 25 及 26
- Risikopersonen 高危人群 9 22
- Senkung der Fluktuationsquote 降低离职率 9 6
- Transparenzgrundsatz 透明性原则 9 19
- und Beschäftigtendaten 雇员数据 1 24
- und Werbestrategie 广告营销策略 1 23
- US - Erfahrungen 美国的经验 9 22
- vollständiges Abbild des betrieblichen Geschehens 全面掌握企业活动的信息 9 5
- Voraussage von Verhalten 预测人的行为 9 3
- Wegfall des Personenbezugs 不关联到个人 9 27
- Werbestrategie 广告策略 9 2

Bildschirmarbeit 电脑屏幕工作
- Aufnahme in Arbeitsstättenverordnung 纳入《关于工作场所的条例》 6 8 及以下
- Augenuntersuchung 眼科检查 6 7，16
- Belastung durch - ……造成的负担 6 1 及以下
- elektromagnetische Strahlung 电磁辐射 6 13
- Pausen 工间休息 6 6
- psychische Fehlbelastung 有害精神压力 6 10
- Unterbrechung durch Erholungszeiten 工间休息带来的间隔 6 14
- Unterweisung 解释说明 6 10
- Wärmebelastung 温度过高损害健康 6 15
- Workflow - System 工作流系统 6 17

Bildschirmarbeitsverordnung《关于电脑屏幕工作的安全和健康保护条例》 6 3 及以下

关键词索引

Bildschirmrichtlinie von 1990 1990 年颁布的《屏幕指令》 6 2

Bitcoin 比特币 10 34 及以下
- als Währung 作为货币的比特币 10 34
- Anonymität der Zahlungsvorgänge 付款交易过程匿名 10 37
- Behandlung wie Sachleistung 像对待实物给付那样处理 10 42
- Geschäfte im Darknet "暗网"的交易 10 37
- Mitbestimmung des Betriebsrats über Zahlungsweise 通过企业职工委员会的共决来确定支付方式 10 44
- spekulative Kursschwankungen 投机性汇率波动 10 36
- Umtausch in offizielle Währungen 与官方货币进行兑换 10 36
- verbindliche Festlegung der Bezahlung in Bitcoin? 规定必须用比特币支付 10 41
- Verbreitung 传播比特币支付方式 10 34
- Vereinbarung der Bezahlung in Bitcoin 比特币支付协议 10 38

Blockchain – Technologie 区块链技术 10 44 及以下
- und Datenschutz 与数据保护 10 48

Blogs des Betriebsrats 企业职工委员会的博客 14 66 及以下

Bodycams 随身摄像头 10 21

Bring your own Device 自带设备办公 1 14, 3 1 及以下
- arbeitsvertragliche Voraussetzungen 劳动合同上的前提 3 6 及以下
- Beendigung der Tätigkeit 工作终止 3 24 及25
- Behandlung von Apps 使用应用程序 3 25
- Benachteiligung des Arbeitnehmers 使雇员遭受不利益 3 8
- Beschädigung und Verlust des Geräts 设备损坏和遗失 3 19
- Blockierung der Weiterarbeit 无法继续工作 3 21
- Dringender Verdacht einer schweren Pflichtverletzung 严重违反义务的重大嫌疑 3 23
- Durchführungsprobleme 实施中的难题 3 12 及以下
- Fernlöschung 远程删除 3 20
- grundsätzliche Zulässigkeit 原则上允许 3 7
- Herausgabe des Geräts 设备的交出 3 22 及 23
- Kostenersatz durch den Arbeitgeber 雇主偿还支出费用 3 18
- Mitbestimmungsrechte des Betriebsrats 企业职工委员会的共决权 3 9 及 10
- Nachteile für Arbeitgeber und Arbeitnehmer 对雇主和雇员而言的缺点 3 4
- Praxis in den USA 美国的实践 3 3
- Probleme des Datenschutzes 数据保护方面的难题 3 12 及以下
- und Datensicherung 和数据安全 3 2, 15
- vertragliche Regelung 合同规约 3 17
- Vorteile für Arbeitgeber und Arbeitnehmer 对雇主和雇员而言的优点 3 3

Bruch der Vertraulichkeit 违反保密规定 12 11

Bruch des Datengeheimnisses 违反数据保密规定 12 11

BSI – Gesetz《联邦信息技术安全法》19 4

Bundesgleichstellungsgesetz und Homeoffice 德国《联邦平等对待法》与居家办公 15 7

Burn – out – Syndrom 耗损综合征 6 19

Byod 自带设备
s. Bring your own Device 同时参见自带设备办公

Call Center 呼叫中心
— Überwachung 监听 8 45
Chat – Modus 聊天模式 4 50
Cloud Computing 云计算 7 86 及以下
— Auftragdatenverarbeitung 委托他方处理数据 7 87
— Betriebsgeheimnisse 企业机密 7 88
— grenzüberschreitend 跨境 7 88
— Transparenz? 透明度? 7 86
— Zertifizierung statt Kontrolle? 以认证代替监管? 7 89
Compliance und IT – Sicherheit 合规性和 IT 安全 19 17
Computersabotage als Pflichtverletzung 破坏计算机视为失职 12 10
Computersabotage 破坏计算机
— Protestaktionen erfasst? 包含抗议行动? 13 43
Crowdsourcing 众包 1 27, 18 1 及以下
— grenzüberschreitendes 跨界
s. auch grenzüberschreitendes Crowdsourcing 同时参见 **跨境众包**
Crowdwork 众包工作 1 26, 18 1 及以下
— Angebote von IG Metall 德国五金工会的服务 18 12
— Angebote von ver. di 德国服务业工会的服务 18 12
— anwendbares Recht 适用的法律 18 15, 16
— Anwendungsfälle 应用的情况 1 28
— Ausdünnung der Betriebe "摊薄"了企业 18 11
— außerhalb des Arbeitsrechts? 劳动法之外? 18 14
— Beispiele für Microtasks 微任务的例子 18 2
— Cloudwork? 云工作? 18 6

— Einlesen von Zahlen 读取数字 18 1
— Erscheinungsformen 表现形式 18 1 及以下
— Externes Crowdworking 外部众包 18 8 及 9
— Freiberufler – Marktplätze 自由职业交易市场 18 6
— Internationalisierung des Arbeitsmarkts 劳动力市场的国际化 18 12
— Internes Crowdworking 内部众包 18 8
— kollektive Interessenvertretung 集体利益代表 18 32 及以下
— kollektives Handeln? 集体行动? 18 12, 30
— Kostenvorteile für Unternehmen 公司的成本优势 18 19
— Kreativwettbewerber 创意竞赛者 18 4, 23 及以下
— Marketingkampagne 营销活动 18 5
— Microtasks 微任务 18 2, 18 及以下
— neuer Taylorismus 新泰勒主义 1 28, 18 3
— praktische Bedeutung 现实意义 18 10
— Produktdesign 产品设计 18 5
— Recht als symbolische Hintergrundgröße 法律成为摆设 18 17
— Software – Testing 软件测试 18 6
— Spezialisten – Crowdwork 专家众包 18 6, 29 及以下
— Amazon Mechanical Turk 亚马逊劳务众包平台 Turkopticon 建立的众包人员交流平台 18 12, 37
— Verdienst von Microtaskern 微任务工作者的收入 18 18
— Verdienstmöglichkeiten 收入机会 18 11
— Verlagerung ins Ausland 转移到国外 18 22, 28
— Verträge ausschließlich zu Marktbedingungen 合同条件完全根据市场情况确定 18 13

及以下
- Wahl von Betriebsräten? 选举企业职工委员会？ **18** 32
- Wirkung der Berufung auf Recht 诉诸法律的影响 **18** 22, 31

Crowdworker 众包工人
- Arbeitnehmer? 雇员？ **18** 20
- Einbeziehung in die Betriebsverfassung? 纳入《企业组织法》？ **18** 34
- gesetzlicher Mindestlohn? 法定最低工资？ **18** 21
- Gewerkschaftsbeitritt 加入工会 **18** 34 及 35
- kollektive Aktionen in den USA 美国的集体行动 **18** 37
- Parallele zu kollektiven Aktionen im Mittelalter 与中世纪的集体行动相同 **18** 38
- Tarifverträge für - 众包的集体合同 **18** 32
- Cyber - Mobbing 网络欺凌 **1** 46

Daten als Baustein für Algorithmus 数据用于生成算法 **9** 7

Datenbrille 智能眼镜 **1** 22, **10** 15
- Funktionsweise 功能 **10** 16
- Weisung zur Arbeit mit -? 按指令佩戴智能眼镜工作？ **2** 12

Datenhandschuhe 数据手套 **10** 17, 28

Datenminimierung 数据最小化 **10** 25

Datenschutz für Telekommunikationsinhalte 电信内容的数据保护 **8** 39

Datenschutz und Homeoffice 数据保护与居家办公 **15** 20

Datenschutz und mobile Arbeit 数据保护与移动式工作 **15** 26

Datenschutz 数据保护

Datensicherung und IT - Sicherheit 数据安全和 IT 安全 **19** 14

Datensicherung 数据安全

- Bring your own Device 自带设备 **3** 15

Datentransparenz und anonymisierte Daten 数据透明度和匿名数据 **8** 59

Datenübermittlung über die Grenze 跨境数据传输 **7** 40 及以下

Datenvermeidung nach TMG 符合《电信媒体法》的数据精简原则 **8** 85

Dauer der Nutzung von Telekommunikationseinrichtungen 电信设备的使用时长 **8** 88

»Deichkind« "堤坝男孩" **4** 48

Demokratie und Wirtschaft 民主和经济 **1** 51

Desksharing 共享办公桌
- als Versetzung 调岗 **2** 51

Dienstleistungen im Netz（TMG）网络上的服务（《电信媒体法》） **8** 16

Dienstliche Nutzung von Geräten des Arbeitgebers 使用雇主的设备办公 **11** 7

Dienstliche und private Kommunikation nicht getrennt 无法分离办公通信和私人通信 **8** 90

Dienstlicher Account 办公账户 **4** 23

Digitalisierung und Veränderung der Betriebsratsstruktur 数字化和企业组织发生改变 **14** 70 及以下
- anderer Betriebsbegriff? 其它的企业概念？ **14** 75
- Beschlüsse im Cyberspace 网络空间中表决 **14** 76 及 77
- Einbeziehung weiterer Beschäftigtengruppen 其他形式的雇员群体也可投票 **14** 73 及 74
- Einbeziehung von Fremdpersonal 外聘人员的参与 **14** 74
- Veränderung von Mitbestimmungsrechten 共同决定权的改变 **14** 82

Digitalisierung und virtuelle Betriebsversammlungen 数字化和虚拟企业职工大会 **14** 80

Digitalisierung 数字化
- alle Branchen gleichzeitig? 所有行业同时数字化？ **1** 43
- arbeitsrechtliche Probleme 劳动法问题 **1** 55 及以下
- Beschäftigungsabbau 裁员问题 **1** 43
- betriebliche Entwicklung hin zur – 企业向数字化发展 **2** 1 及以下
- Erkennen von Indizien durch Betriebsrat 企业职工委员会对证据的确认 **1** 55
- Erleichterung von Kontrolle 使监控变得容易 **8** 8
- Erscheinungsformen 表现形式 **1** 17 及以下，36
- hohe Investitionskosten 投资成本高昂 **1** 43
- neue Qualifikationen 新技能 **1** 47
- Produktivität 生产效率 **1** 36，48

Direkterhebung und Bewerberdaten 直接获取求职者信息 **4** 11

Direktionsrecht und neue Technik 指示权和新技术 **2** 8 及以下

Direktionsrecht 指示权 **2** 8 及以下
- Änderung der Tätigkeit? 工作内容的变更？ **2** 20
- billiges Ermessen 公正考量 **2** 14
- Ersetzung durch Kundenbewertung 用顾客评价替代指示权 **17** 23
- Roboter? 机器人？ **10** 10 及以下
- und Arbeitnehmerbegriff 与雇员的概念 **17** 9

Dokumentationspflichten durch Nachweisgesetz 《适用于劳动关系的实质工作条件证明法》规定的记录义务 **16** 8

E – Bay 易趣网 **1** 35

E – Commerce 电子商务 **1** 35

EGMR – Rechtsprechung zur Kontrolle am Arbeitsplatz 欧洲人权法院关于工作场所监控的判决 **8** 45，50

Eigenart des Arbeitsverhältnisses 劳动关系的特征
- Zahlung in Bitcoin? 用比特币支付？ **10** 43

Einschätzung der Beschimpfungen im Netz 评价网络中的侮辱 **4** 38 及 39

Einstellungsverfahren 雇佣程序
- automatische Ablehnung durch System 系统自动拒绝 **10** 5

Einwilligung der betroffenen Person 相关人的同意 **7** 10 及以下
- Blankoeinwilligung? 空白同意？ **7** 12
- Freiwilligkeit 自愿 **7** 15，56
- Hinweis auf Folgen der Verweigerung 提示拒绝的后果 **7** 13
- in versteckter Datenschutzklausel 在隐藏的数据保护条款中 **7** 14
- Informationsstand des Einwilligenden 同意方的信息状态 **7** 13
- praktische Bedeutung 实践意义 **7** 19
- Schriftform? 书面形式？ **7** 14
- Wunsch des Arbeitnehmers 雇员的愿望 **7** 18
- Zeitpunkt vor der Datenverarbeitung 数据处理前的时间 **7** 11

Einwilligung 同意
- Mithören von Telefongesprächen 窃听电话 **8** 43

Elektronische Form 电子形式 **16** 12

E – Mail 电子邮件
- Beweisprobleme 证据疑问 **16** 9

E – Mail – Anschluss 电子邮件连接
- Mitbestimmung des Betriebsrats 企业职工委员会的共决 **8** 98

E – Mail – Daten 电子邮件数据 **8** 54

E – Mails und ausgeschiedene Mitarbeiter 电子邮件和离职员工　**8** 55

E – Mails und Krankheit des Arbeitnehmers 电子邮件和雇员生病　**8** 56

E – Mails, dienstliche 办公电子邮件
- heimliche Kontrolle 秘密监控　**8** 49
- nicht an Person gerichtet 不指定个人　**8** 51
- Verschlüsselung 加密　**8** 52
- Weiterleitung oder Ausdruck an Vorgesetzten 向上级转发或交给上级打印版　**8** 50
- Zugriff des Vorgesetzten? 主管查看电子邮件?　**8** 48

E – Mails, private 私人电子邮件
- Kontrolle durch den Arbeitgeber? 被雇主监控?　**8** 89

Entgrenzung der Arbeit 工作界限　**1** 12, **5** 1 及以下

Entschlüsselung, Pflicht zur – 解锁密码, 有义务……?　**8** 52

Entzug von technischer Ausstattung 收回允许雇员远程办公的决定　**2** 21

ePrivacy – Verordnung《电子隐私条例》　**8** 13, 21, 40

Erfahrungssätze, angebliche 经验之谈, 无用的经验之谈　**9** 19

Erfassen von Telefondaten 获取电话通信数据　**8** 46

Erfolgreiche Führungskräfte als Basis für Algorithmus 分析成功的管理人员制定算法　**9** 24

Erholungsurlaub 休假
s. Urlaub 同时参见度假

Ermahnung wegen unerlaubter Privatnutzung 针对未经授权私人使用的告诫　**11** 35

Erreichbarkeit 可联络状态　**5** 8 及以下
- als Bereitschaftsdienst 作为随时待命状态　**5** 8 及以下
- als Rufbereitschaft 作为呼叫待命状态　**5** 8 及以下
- Stressbelastung 精神紧张　**6** 20

Erreichbarkeit, jederzeit 可联络状态, 随时保持联系　**5** 1

Ersatzansprüche bei Schädigung durch ein Bewertungsportal? 要求评价门户网站赔偿损失?　**7** 91

Erschleichen von Informationen über Bewerber 间接收集求职者信息　**4** 11

Erweiterung der technischen Einrichtung und Mitbestimmung 扩展技术设备和参与共决　**8** 97

Erweiterung des betrieblichen Netze 拓展企业网络　**8** 100

Ethikkodex und IT – Sicherheit 伦理规范与IT安全　**19** 17

Europäischer Betriebsrat 欧洲企业委员会　**14** 89 及 90
- Ausstattung 配备　**14** 89
- Beschlüsse per Videokonferenz 通过视频会议表决　**14** 89
- Mitteilungen ins Intranet? 向内联网发送信息?　**14** 90

Existenzsicherheit der Arbeitnehmer und Produktivität 雇员的生计保障和生产力　**16** 65

Exoskelette 机械外骨骼　**10** 20

Externer Provider und Mitbestimmung 外部供应商和参与共决　**8** 102

Externes Crowdworking 外部众包　**18** 8 及 9

Facebook Account 脸书账号
- Angriffe auf Arbeitgeber, Fallmaterial 攻击雇主, 案件材料　**4** 31

Facebook – Profil 脸书个人资料
- Bezugnahmen auf den Betrieb? 与企业的相

关性？ 7 90

Facebook – Profile und Bewerbung 脸书 – 个人资料和求职 4 7

Facebook – Seite des Arbeitgebers 雇主的脸书主页

– als technische Einrichtung 作为技术手段 7 81 及以下

– Kritik an Arbeitnehmer durch Kunden 顾客对雇员的评价 7 77

– Mitbestimmungsrecht des Betriebsrats 企业职工委员会的共决权 7 80 及以下

Fachliche Unabhängigkeit, Beschäftigte mit – 专业独立性，具有……的雇员 8 71 及以下

Fan – Pages von Unternehmen 公司的粉丝页面 4 14

Fernabsatzgesetz《远程销售法》 1 7

Fernabsatzverträge 远程消费合同 1 7

Fernlöschung 远程删除

– von Firmendaten bei Byod 远程删除自带设备上的公司数据 3 20

Fernmeldegeheimnis 电信通讯秘密

s. Telekommunikationsgeheimnis 同时参见 电信秘密

Filterprogramme des Arbeitgebers 雇主的过滤程序 8 63

Finanzdienstleistungen, Einsatz von lernenden Systemen 金融服务，使用学习系统 10 2

Firewall 防火墙 8 2

Fitnessarmbänder 健身手环 10 15, 18

– betriebliche Gesundheitsprogramme 企业健康计划 10 29

Formfreiheit der Begründung von Arbeitsverhältnissen 缔结劳动关系的形式自由 16 7

– Ausnahme durch das Nachweisgesetz《适用于劳动关系的实质工作条件证明法》规定的例外情况 16 10

Formgesetz《形式法》 16 11

Fortsetzung des Arbeitsverhältnisses ohne Internetzugang als Sanktion？断开互联网作为惩罚后，劳动关系是否可以存续？ 11 37

Fotos im Internet 互联网上的照片 7 61 及以下

– Gruppenfoto, Berichtigung 集体照，修改 7 63

Fragerecht des Arbeitgebers 雇主的询问权

– Auswertung sozialer Netzwerke 评价社交网络 4 8

Freiwilligkeit der Einwilligung 同意的自愿性 7 15 及以下, 56

Freiwilligkeit 自愿

– Nachteile bei Verweigerung 拒绝的不利之处 7 17

Fremdenfeindlichkeit im Netz 网络上的排外事件 4 43

Fruit – of – the – poisonous – tree – Doktrin 毒树果实理论 8 128

Gefährdungsbeurteilung 风险分析判断

– Auslösung einer Arbeitgeberpflicht nach § 3 ArbSchG《劳动保护法》第 3 条规定雇主有义务排除风险 6 34

– Empfehlungen 建议 6 34

– Erzwingbarkeit durch den Einzelnen 个体雇员有权要求 6 32

– für häusliche und mobile Arbeit 在家和移动工作 6 26, 27 及以下

– gesetzliche Regelung？法律规定？ 6 36

– konkrete Vorgaben 具体补救要求 6 35

– Mitbestimmung des Betriebsrats 企业职工委员会的共决权 6 30

– nach Arbeitsstätten – VO 依照《关于工作场所的条例》 6 28

– praktische Umsetzung 实际执行 6 33 及

以下

- psychische Belastungen 精神负担 **6** 31

Gehalt in Bitcoin 用比特币支付工资 **10** 39 及以下

Geheimnisträger und Telefonkontrolle 掌握机密者和电信监控 **8** 67

Geistliche 神职人员的

- Kontrolle der Telekommunikation 针对神职人员的电信监控 **8** 70

Gemischt dienstlich – privater Account 办公账户和个人账户的混同 **4** 25

Gesamtbetriebsrat, Zuständigkeit 公司职工委员会，职责 **8** 108

Geschäftsgeheimnisse auf Facebook – Account des Arbeitnehmers 雇员脸书账户中的商业机密 **4** 26

Gesellenbewegung im Mittelalter 中世纪的行会运动

- Verruf als Kampfmittel 名誉扫地作为斗争武器 **18** 38

Gesetzestexte 法律条文

Gestaltungsspielraum der Betriebsparteien 经营方的规约空间 **8** 106 及以下

Geständnis aufgrund Vorhalts illegal erlangter Informationen 基于非法获取信息的供认 **8** 128

Gesundheitsbelastungen in der Vergangenheit und heute 过去与目前的健康风险 **6** 18

Gesundheitszustand 健康状况

- Ermittlung eines Gesamtbilds 全面健康状况 **9** 10

Gewaltverherrlichende Darstellungen 宣扬暴力 **12** 24

Gewerbeaufsicht 企业监管局

- Einschreiten wegen Überschreitung des 8 - Stunden - Tags 对违反8小时工作制的监管 **5** 35

Gewerbeaufsicht 企业监督局

- Zuständigkeit für häusliche und mobile Arbeit 对移动式工作和居家办公的检查职权 **6** 26

Gewerkschaften im Intranet 内联网上的工会 **13** 4, 24 及以下

- Handeln durch Mitglieder 工会成员采取行动 **13** 26 及以下

- Homepage als Ersatz für Schwarzes Brett 主页作为公告板的替代品 **13** 32

- Kosten der Homepage 主页费用 **13** 33

- parteipolitische Stellungnahmen 政党倾向的主张 **13** 35

- Zugang der Organisation zum Intranet 机构对内联网的访问权限 **13** 24, 31 及以下

Gewerkschaften im Netz 网络上的工会 **13** 1 及以下

- Aufruf zum Arbeitskampf? 鼓动开展劳资斗争？ **13** 19

- Ausdrucken der gewerkschaftlichen Werbung unerlaubt? 禁止印刷工会广告？ **13** 18

- Bedeutung der Werbung durch neue Medien 通过新媒体宣传的意义 **13** 2

- Berufung des Arbeitgebers auf sein Eigentum? 雇主对其财产的使用权？ **13** 16

- Initiativen einzelner Mitglieder 成员主动采取行动 **13** 22

- nur dienstlicher E - Mail - Verkehr erlaubt 仅允许出于工作目的使用电子邮箱 **13** 15 及以下

- privater E - Mail - Verkehr erlaubt 允许私人使用电子邮箱 **13** 14

- Reaktion des Kontaktierten 被联系人的反应 **13** 3, 17, 21

- Werbung durch Betriebsratsmitglieder 企业职

工委员会成员进行宣传 **13** 23
- Werbung durch ein Mitglied von zu Hause 工会成员用家中电脑进行宣传 **13** 1
- Werbung durch E‑Mail 通过电子邮件进行宣传 **13** 7 及以下

Gewerkschaftliche Aktionen im Internet 互联网上的工会活动 **13** 38

Gewerkschaftliche Betätigung durch den Einzelnen 个人开展工会活动 **13** 11, 20

Gewerkschaftliche Homepage im Intranet 内联网上的工会主页 **13** 5

Gewerkschaftliche Werbung im Allgemeinen 一般工会宣传 **13** 8 及以下
- Aufkleber an der Kleidung 贴在衣服上 **13** 9
- Aushängen von Plakaten 张贴海报 **13** 9
- Beschränkungen 限制 **13** 13
- Einigung über Umfang 就范围达成统一 **13** 36 及以下
- Gegenrechte des Arbeitgebers 雇主的反对权 **13** 12
- Nutzung der Briefverteilanlage 使用信件分发设备 **13** 16
- Nutzung von Arbeitszeit? 占用工作时间？ **13** 27
- Plakate am Schwarzen Brett 公告板上的海报 **13** 9
- Preisgabe der Kernbereichslehre 放弃核心领域理论 **13** 10
- Unerlässlichkeit 不可或缺性 **13** 9
- vor Beginn und nach Ende der Arbeit 工作开始前和工作结束后 **13** 9, 27

Gleichbehandlung bei Einführung neuer Technik 引入新技术之后的平等待遇 **2** 18

Gleitzeitrahmen 弹性工作时间框架 **5** 18
- Verbot der Arbeit außerhalb des – und einstweilige Verfügung 禁止安排雇员在弹性工作时间框架之外工作 **5** 18

Grenzüberschreitende Datenübermittlung 跨境数据传输 **7** 40 及以下

Grenzüberschreitendes Cloud Computing 跨境云计算 **7** 88

Grenzüberschreitendes Internet‑Arbeitsverhältnis 跨境的互联网劳动关系 **16** 32 及以下
- anwendbares Arbeitsrecht《劳动法》的适用 **16** 34 及以下
- Anwendung der Betriebsverfassung《企业组织法》的适用 **16** 41
- Eingriffsnormen 强制性规范 **16** 40
- Einstellung im Ausland 受聘于国外 **16** 33
- gerichtliche Zuständigkeit 法院管辖权 **16** 37 及以下
- Gerichtsstände 管辖地 **16** 46 及以下
- gewöhnlicher Arbeitsort 惯常劳动场所 **16** 38
- Klage des im Ausland tätigen Arbeitnehmers 在德国境外劳动的雇员提出起诉 **16** 37 及以下
- Klage des in Deutschland tätigen Arbeitnehmers gegen Arbeitgeber im Ausland 在德国劳动的雇员起诉外国雇主 **16** 44 及以下
- Ordre‑public‑Vorbehalt 公共秩序保留 **16** 42
- Rechtsordung mit engeren Verbindungen 关联更紧密的法秩序 **16** 49
- Vereinbarung des anwendbaren Rechts 对适用法律的约定 **16** 39

Grenzüberschreitendes Intranet 跨境内联网 **7** 51

Grundrecht auf Vertraulichkeit und Integrität informationstechnischer Systeme 保证信息技术系统私密性和完整性这一基本权利 **8** 33

Gruppenkalender 群日历 **2** 77

Hackersoftware auf das Dienstgerät geladen 在工作设备中安装黑客软件 **12** 17

Haftungsfragen im Homeoffice 居家办公的责任问题 **15** 18

Handelsvertreter im Netz 网络上的商事代理人 **7** 55

Handy als »Spion« in der Betriebsratssitzung 在企业职工委员会会议时使用手机作为"间谍" **12** 18

Handyverbot 禁止使用手机 **4** 30

Helpling Helping 公司 **1** 25

Herunterladen von Musik – und Videodateien auf dienstliches Gerät 将音乐和视频下载至办公设备 **12** 16

Hochschullehrer 高校教师
– Kontrolle der Telekommunikation 电信通讯监控 **8** 69

Homeoffice und Präsenzkultur 居家办公与到岗工作文化 **15** 1

Homeoffice und Telearbeitsplatz 居家办公与远程工作岗位 **15** 3 及 4

Homeoffice 居家办公 **15** 1 及以下
– Anspruch auf – 要求…… **15** 14
– Arbeitnehmerhaftung 雇员责任 **15** 19
– Arbeitsschutz 劳动保护 **15** 17
– arbeitsvertragliche Voraussetzungen 劳动合同上的前提 **15** 5
– Arbeitszeiterfassung 记录工作时间 **15** 15
– Ausstattung 布置家庭办公室 **15** 16
– Betriebsvereinbarungen über – 关于居家办公的企业协议 **15** 12 及以下
– Datenschutz 数据保护 **15** 20
– Einführung durch Änderungskündigung 通过发起变更解雇引入居家办公 **15** 5
– Einführung durch Versetzung 通过调岗引入居家办公 **15** 5
– Festlegung bestimmter Tage 确定某些日期 **15** 8
– Haftungsfragen 责任问题 **15** 18
– Interessen der Arbeitgeber 雇主利益 **15** 1
– Interessen der Arbeitnehmer 雇员利益 **15** 1
– kraft Gleichbehandlung? 根据平等对待原则？ **15** 7
– Mitbestimmungsrecht des Betriebsrats? 企业职工委员会的共决权？ **15** 12
– nach Bundesgleichstellungsgesetz 根据《联邦平等对待法》 **15** 7
– nach Schwerbehindertenrecht 根据残疾人权益保障法 **15** 7
– Pflicht zur Nutzung? 使用义务？ **15** 8
– Probezeit 尝试期 **15** 14
– Rahmenbedingungen 框架条件 **15** 1
– Rechtsprechung zum Anspruch auf Homeoffice 对要求居家办公的司法判决 **16** 6
– Regelungspunkte 规范要点 **15** 8
– Regelungspunkte einer Betriebsvereinbarung 企业协议的规范要点 **15** 13 及以下
– Rückkehrwunsch des Arbeitnehmers 雇员希望重新回岗工作 **15** 10, 14
– Rückruf in den Betrieb? 撤销居家办公，重新召回企业？ **15** 9
– und Arbeitsstättenverordnung 和《工作场所条例》 **6** 9
– und Fortsetzung der betrieblichen Tätigkeit zu Hause 并继续在家完成工作 **15** 11

Homepage der Gewerkschaft im Intranet 内联网上的工会主页
– Nennung des Namens der Arbeitgeberfirma 提及雇主公司的名称 **13** 35

Homepage des Betriebsrats 企业职工委员会的主页

s. *Betriebsrat* 参见**企业职工委员会**

Immissionsschutzbeauftragter 环保专员
- Kontrolle der Telekommunikation 监督电信通讯 **8** 72

Implantierter Chip 植入芯片 **10** 27

Information des Gerichts über ausländisches Recht 法庭了解外国法的情况 **16** 42

Informationsrechte des Betriebsrats 企业职工委员会的知情权 **2** 37 及以下

Initiativen einzelner Gewerkschaftsmitglieder 工会成员主动采取行动 **13** 22

Initiativrecht des Betriebsrats 企业职工委员会的倡议权
- zur Einführung elektronischer Zeiterfassung 有关引入电子考勤系统 **5** 47

Interaktion von Mensch und Maschine 人机互动 **1** 21

Interessenabwägung bei Kündigung wegen unerlaubter Privatnutzung 由于未经许可私用而被解雇时的利益权衡 **11** 34, 39

Interessenausgleich und Sozialplan 利益平衡约定和社会计划 **2** 63 及以下, 70 及以下

Interessenausgleich 利益平衡约定 **2** 70 及 71
- Internationale Organisationen 国际组织
- Übermittlung von Daten an - 将数据交给…… **7** 44

Internes Crowdworking 内部众包 **18** 8

Internet als Informationsquelle für den Betriebsrat 作为企业职工委员会获取信息来源的互联网 **14** 52 及以下

Internet der Dinge 物联网 **1** 19, **10** 31 及以下
- Anwendungsfelder 应用领域 **1** 20
- Reparaturkolonnen 维修队 **10** 31
- Sabotage? 蓄意破坏？ **1** 20
- Totalerfassung des Arbeitsverhaltens 完整记录工作活动 **10** 32

Internet 互联网
- als Basistechnik 作为基础技术 **1** 29 及以下
- Änderung der Arbeitsabläufe durch Anschluss ans - 通过接入互联网改变工作流程 **2** 51
- Austausch von Meinungen 意见交流 **1** 33
- Auswirkungen auf den Arbeitsprozess 对工作流程的影响 **1** 34
- Chancen 机会 **1** 29 及以下
- Dauer der Nutzung 使用期限 **1** 1
- Dienste im - ……的服务 **1** 30
- Erklärungen des Betriebsrats 企业职工委员会发表言论 **14** 59 及以下
- erste arbeitsrechtliche Fragen 普及之初的劳动法领域的问题 **1** 8 及以下
- Gewinnen von Informationen 获取信息 **1** 31
- interaktiver Charakter 交互性 **1** 30
- Internationale Konventionen？国际公约？ **1** 40
- NSA - Skandal 美国国家安全局监听丑闻 **1** 41
- Nutzung im Ausland 在国外使用 **1** 2
- Ohnmacht von Staat und Recht 国家和法律无能为力 **1** 39 及以下
- Rechtsprechung zu Internetfragen 关于互联网问题的判决 **1** 6
- Risiken 风险 **1** 38 及以下
- Sperrung des - 封锁网站 **1** 39
- Verbreitung 传播 **1** 1
- Zahl der Nutzer 用户数量 **1** 1

Internetadressen 互联网地址 **1** 73

Internetanschlüsse 互联网链接
- Mitbestimmung des Betriebsrats 企业职工委员会的参与共决 **8** 101

Internet - Arbeitsverhältnis 互联网劳动关系

16 1 及以下
- Begriffliche Abgrenzung 概念界定 16 2
- Begründung eines solchen Arbeitsverhältnisses 缔结劳动关系 16 7 及以下
- Betriebszugehörigkeit 属于某个企业 16 23
- Entfallen der informellen Kommunikation 取消私人沟通 16 4，27 及以下，31 及以下
- Formprobleme 形式问题 16 3
- grenzüberschreitender Charakter 跨境性质 16 5，32 及以下
- Menschen mit Blauer Karte EU 持有欧盟蓝卡的申请人 16 8
- Schriftform bei Befristung 对劳动合同期限的约定需遵守书面形式 16 10
- Schriftform nach § 623 BGB 德国《民法典》第 623 条规定的书面形式 16 13 及 14
- tarifliche Schriftform 集体合同规定的书面形式 16 15
- Arbeitsschutz 劳动保护 16 26
- Herausnahme aus dem Betrieb? 从企业中"分离"？ 16 24 及 25
- Kommunikation mit den Arbeitskollegen 与同事联络 16 27
- Selbständige Tätigkeit? 独立工作？ 16 19
- Teilnahme an Betriebsversammlungen 参加职工大会 16 29
- Tendenz zur Dezentralisierung 分散化的趋势 16 17
- Wahl in den Betriebsrat 选入企业职工委员会 16 30
- Wahlrecht zum Betriebsrat 企业职工委员会选举权 16 28
Internetnutzer 网民；互联网用户 1 1 及以下
Internetnutzung, mobile 使用互联网，移动
s. mobile Internetnutzung 同时参见 使用移动网络

Internetspiel »Second Life« als Kampfmittel 网络游戏"第二人生"作为斗争武器 13 40
Internetsucht 网瘾 11 23
Intranet, grenzüberschreitendes 跨境内联网 7 51
Intranet, Kommunikation im – 内联网，……里的通信 8 57
Intranet, Überwachung 内联网，监控
- Schaffung eines Persönlichkeitsprofils 创建个性档案 8 58
IT – Sicherheit IT 安全 19 1 及以下
- Beteiligung des Betriebsrats an einzelnen Maßnahmen 企业职工委员会参与具体措施 19 27
- branchenweite Sicherheitsstandards 行业安全标准 19 12
- Einhaltung als arbeitsvertragliche Nebenpflicht 遵守合规原则作为劳动合同的附随义务 19 19 及 20
- entstandene Schäden durch fehlende – 由于不遵守合规原则造成的损失 19 2
- EU – Richtlinie 欧盟指令 19 6
- Gefahren durch Hacker 黑客制造的危险 19 1 及 2
- Gefahrenlage 危险状况 19 1 及以下
- gesetzliche Regeln 法律条款 19 4
- IT – Grundschutz IT 基本保护 19 15
- kritische Infrastruktur 关键基础设施 19 5
- Meldepflichten gegenüber BSI 对联邦信息技术安全局的通报义务 19 13
- NSA 美国国家安全局 1 41，72
- organisatorische und technische Vorkehrungen 组织和技术预防措施 19 10
- Ransomware 勒索软件 19 1
- Richtlinien der Versicherungswirtschaft 保险

业准则 19 16
- Stand der Technik 最新技术水平 19 11
- Strom - und Wasserversorgung 水力及电力系统 19 3
- und Compliance - Grundsätze 合规原则 19 17 及 18
- und Ethikkodex 伦理规范 19 17
- Verhaltenspflichten der Unternehmen 企业的行为义务 19 9
- Verhältnis zu Datensicherung 与数据安全的关系 19 14
IT - Sicherheitsbeauftragter IT 安全专员 19 22 及以下
- Absicherung 保障 19 24
- Arbeitsmöglichkeiten 工作机会 19 24
- Aufgabenfelder 职责范围 19 23, 25
- Bestellung und Beteiligung des Betriebsrats 企业职工委员会的任命和参与 19 28
- Eingruppierung 薪酬分组 19 25
IT - Sicherheitsgesetz《IT 安全法》 19 4
Journalisten 记者们
- Kontrolle der Telekommunikation 监控电信通讯 8 69
Jovoto 创意众包平台 Jovoto 18 30
Juristische Zeitschriften und Internet 法律杂志和互联网 1 6
Kampagne im Internet 互联网上的运动 13 39
Kernbereich der Koalitionsfreiheit 结社自由的核心领域 13 10
Keylogger - Entscheidung des BAG 联邦劳动法院的判决"键盘监控" 9 14
Keyword Spotting - frühe Form der Nutzung von Big Data 关键词识别系统——大数据的早期应用 9 1
Koalitionsfreiheit und gewerkschaftliche Werbung 结社自由和工会宣传 13 8 及以下

Kollisionsrecht des Datenschutzes 数据保护法协调法 7 32 及以下
Kollisionsrecht für nationales Datenschutzrecht 国内数据保护法协调法 7 34 及以下
- Anwendungsbereich der DSGVO《通用数据保护条例》的适用范围 7 38
- öffentlich - rechtliche Normen 公法规范 7 39
- Tätigkeit einer inländischen Niederlassung 国内分公司的活动 7 37
- Verarbeitung im Inland 在国内处理 7 36
Kommunikation im Intranet 内联网里的通信 8 57 及以下
Kommunikation mit Arbeitskollegen 与同事的沟通联络
- bei Internet - Arbeitsverhältnis? 互联网劳动关系之中? 16 31
Kontrollpotential des Arbeitgebers 雇主的监控可能 8 1 及以下
Kontrollprogramme 控制系统
s. Überwachungsprogramme 同时参见监控系统
Konzernbetriebsvereinbarung als Rechtsgrundlage für Datenübermittlung 康采恩企业协议作为数据传输法律基础 7 26
Konzerndimensionales Arbeitsverhältnis 康采恩层面的劳动关系 7 21, 25
Konzernunternehmen als »Dritter« 康采恩作为"第三方" 7 8
Konzernweites Intranet 遍布康采恩的内联网 7 2
Kopieren dienstlicher Daten auf private Festplatte 将工作数据拷贝至个人硬盘 12 15
Kreativität und Leistungsdruck 创造力和业绩压力 1 49
Kreativwettbewerber bei Crowdwork 创意众包竞争者 18 4, 23 及以下

– Arbeitnehmer？雇员？ **18** 27

– Entlohnung nach Art eines Preisausschreibens 以竞赛形式支付报酬 **18** 25 及以下

– Ideenklau 技术剽窃 **18** 24

– wirtschaftliche Situation 经济形势 **18** 23 及 24

Kritik an Arbeitnehmern auf der Facebook – Seite des Arbeitgebers 在雇主脸书主页上评价雇员 **7** 77 及以下

KritisVO《关键基础设施条例》

– 1283344852 – Konkretisierung der erfassten Bereiche 具体化涵盖领域 **19** 7 及 8

Kundenberater im Netz 网上的客户顾问 **7** 55

Kündigung wegen Äußerung in sozialem Netzwerk 因为在社交网络上的言论被解雇 **4** 56

– Gefahr der gerichtlichen Auflösung des Arbeitsverhältnisses 法院判决解除劳动关系的风险 **4** 57

Kündigungsgrund 解雇理由

– geringfügige Grenzüberschreitungen 轻微的越界行为 **11** 36

– neben Privatnutzung Kosten verursacht 除私人使用之外还产生费用 **11** 33

– neben Privatnutzung strafbare Inhalte 除私人使用之外还接触非法内容 **11** 33

– neben Privatnutzung Verletzung der Arbeitspflicht 除私人使用之外还违反劳动义务 **11** 33

– neben Privatnutzung Virenwarnung missachtet 除私人使用之外还未留意病毒报警 **11** 33

– Privatnutzung von Geräten des Arbeitgebers als –？私人使用雇主设备作为……？ **11** 32

– wiederholte Privatnutzung 一再私人使用 **11** 33

– zur Privatnutzung hinzukommende Verstöße 私人使用外的违规行为 **11** 33

Kunstfreiheit des Arbeitnehmers 雇员的艺术自由 **4** 46 及以下

Künstliche Intelligenz 人工智能 **1** 17；**10** 2

Künstlicher Arbeitgeber 名义雇主

– Antwort auf Unternehmen mit beschränkter Dauer 解决虚拟企业缺乏持久性的难题 **16** 63 及 64

– Gesamthafenbetrieb 全港公司 **16** 64

Laptop für Betriebsrat 企业职工委员会的笔记本电脑

– zusätzlich zu PC？额外配备笔记本电脑？ **14** 19

Lebenschancen im digitalen Zeitalter 数字化时代的生存机遇 **1** 49

Legal Tech 法律科技 **10** 2

Leichtfertige Beschuldigung des Arbeitgebers 轻率地诋毁雇主 **4** 50

Leistungsdruck und Kreativität 业绩压力和创造力 **1** 49

Lernende Systeme 智能系统 **10** 2

– Einstellungsverfahren 雇佣程序 **10** 5

Marktmäßige Beziehung zwischen Anbieter und Arbeitnehmer 服务供应商和雇员之间的市场关系 **8** 36

Marktorientierung und Leistungsdruck 市场导向和业绩压力 **1** 49

Marktortprinzip und anwendbare Rechtsordnung 市场区域原则与适用法律 **7** 33

Massenhafte E – Mails als Kampfmaßnahme 大量电子邮件作为斗争手段 **13** 41

– Aktion gegen Lufthansa 反对汉莎航空的行动 **13** 42

Matrixorganisation 矩阵式组织 **14** 75

Meinungsäußerung des Arbeitnehmers im Netz 雇

员在网上发表言论
- Gefährdung des Arbeitsplatzes 危害工作场所 4 57

Meinungsäußerungen des Arbeitnehmers im Netz 雇员在互联网上发表言论 4 44 及以下
- Kritik am Arbeitgeber und Kunden 指责雇主和顾客 4 51
- künstlerische Gestaltung 艺术构造 4 46
- Pflicht zur Rücksichtnahme 顾及雇主利益的义务 4 44
- Vertraulichkeitsbereich 私密范围 4 45

Microtasking 微任务
- Nebentätigkeit 副业 18 18
- Verdienstchance 赚钱机会 18 18

Mikrozensus – Entscheidung 微型普查案判决 8 59

Mindestbesetzung mit Pflegepersonal 护理员团队的人数下限 6 34

Mitbestimmung des Betriebsrats 企业职工委员会的共决
- Qualifizierung der Arbeitnehmer 雇员资质 15 29
- Rufbereitschaft 呼叫待命状态 5 17 及 18

Mitbestimmung über Arbeitsbereich 共同决定任务领域 14 87

Mitbestimmungsrecht des Betriebsrats nach § 87 Abs. 1 Nr. 6《企业组织法》第87条第1款第6项规定的企业职工委员会共决权 8 92 及 93

Mitbestimmungsrechte des Betriebsrats 企业职工委员会的共决权 2 45 及以下

Mitbestimmungsrechte in digitalisierter Wirtschaft 数字经济中的共决权 14 81 及以下

Mitbestimmungsrechte und Drittunternehmen 共决权和第三方公司 14 82 及 83

Mithören von dienstlichen Telefongesprächen 监听办公通话 8 42 及以下
- Rechtfertigungsgründe 介入的合理性理由 8 43

Mobile Arbeit 移动式工作 1 12, 15 21 及以下
- Arbeitsschutz 劳动保护 15 24
- Arbeitszeitprobleme 工作时间问题 15 23
- Datenschutz 数据保护 15 26
- Haftungsfragen 责任问题 15 25
- Parallele zum Homeoffice 与居家办公相同 15 21
- Regelungsfragen 规范问题 15 22 及以下
- Rufbereitschaft 呼叫待命状态 15 23
- zeitliche Grenzen? 时间限制？ 1 13

Mobile Geräte 移动设备 1 12

Mobile Internetnutzung 使用移动互联网 1 4

Mobiles Gerät 移动设备
- Weisung zur Arbeit mit –？按指令接受使用移动设备工作？ 2 12

Monetarisierung von Daten 用户数据变现 1 45

Multitasking 同时处理多件工作 6 29

Nachtarbeit nach ArbZG《工作时间法》规定的夜间工作 5 20

»Narrenschiff« "愚人船" 4 47

Netzwerkdurchsetzungsgesetz《网络运行法》 7 70

Netzwerke, Soziale 网络，社交
s. Soziale Netzwerke 同时参见社交网络

Neue Aufgaben trotz langjähriger Tätigkeit? 长期从事某项工作却被安排去从事新劳动任务？ 2 11

Neueinstellungen 增加人手
- aufgrund einer Initiative des Betriebsrats 鉴于企业职工委员会的倡议 5 33

Nichtbenutzung der Technik als Pflichtverletzung

不使用技术视为失职 12 2 及以下
– bei genügender Schulung 足够的培训 12 3 及 4
Nichterreichbarkeit, Recht auf – 不可联络状态，有权要求处于不可联络状态 5 45
Niederlassungsprinzip und anwendbare Rechtsordnung 分公司原则与适用法律 7 33
NSA – Skandal 美国国家安全局监听丑闻 1 41
Nutzung des Internet 使用互联网
– Überwachung 监控 8 62
Nutzungsdaten nach TMG 德国《电信传媒法》规定的使用数据 8 87
Office 365 Office 365 14 20
Öffnung eines gemischten Accounts 开启混合账户 8 91
Online – Wahlen zum Betriebsrat 网络投票选举企业职工委员会 14 72
Output pro Tag, genaue Erfassung 每天的工作产出，准确记录每天的工作产出 9 16
Passwortgeschützte Dateien 受密码保护的数据
– Lektüre durch Arbeitgeber? 供雇主审阅？ 8 64
Patientenfotos auf Facebook 脸书上的患者照片 4 60
Pauschalzustimmung des Betriebsrats 企业职工委员会的一概许可 8 104
PC als technische Einrichtung 作为技术设备的个人电脑 8 117
Personalaufstockung 增加人手，招聘新雇员 5 35
Personalpolitik mithilfe von Big Data? 基于大数据制定人事政策？ 9 1 及以下
Personalrat 人事委员会 2 78 及以下
– allgemeine Aufgaben 一般职能 2 79
– Anhörungs – und Mitwirkungsrechte 听取意见权和参与权 2 82 及以下
– Ausstattung 设备配置 14 88
– Betriebsbegehung 对企业进行巡视 2 81
– Informationsrechte 信息知情权 2 80
– Konkurrenzprobleme bei Beteiligungsrechten 参与权的权利冲突问题 2 91
– Mitbestimmung bei technischen Einrichtungen 借助技术设备实现参与共决 8 111
– Mitbestimmungsrechte 共决权 2 88 及以下
– Rationalisierungsmaßnahme 合理化措施 2 89
– Rechtsprechung des BVerwG zu Mitbestimmungsrecht bei technischen Einrichtungen 联邦行政法院对涉及技术设备的共决权的判决 8 112 及以下
– Stichprobenkontrolle 随机抽查 2 81
Personalsoftware mit Erkenntnissen aus Big Data 基于大数据的人力资源管理软件 9 18
Persönlichkeitsprofil 个人档案 8 58
– Definition 定义，界定 9 9 及 10
– mithilfe von Big Data 借助大数据 9 8
– Rechtsgrundlage? 法律基础？ 9 12
Persönlichkeitsschutz angesichts der heutigen Technik 现代技术下的人格权保护 8 47
Persönlichkeitsschutz und dienstliche Kommunikation 人格权保护和办公通信 8 41
Pflegeroboter 护理机器人 10 1
Pflichtverletzungen des Arbeitnehmers 雇员失职行为 12 1 及以下
Plattformen, Verhaltenskodex 平台的行为守则 18 35
Plattformökonomie 平台经济 1 37
Plattformökonomie und Transaktionskosten 平台经济与交易成本 17 1 及以下
– Arbeit selbst im Netz 自己在网上工作 17 6, 18 1 及以下

– Arbeitende als Arbeitnehmer 劳务提供人员作为雇员　**17** 7 及以下

– Vermittlung von Aufträgen 分配订单　**17** 2 及以下

Pornodateien 色情文件　**8** 66

Pornofilme am Arbeitsplatz 工作场所内的色情电影　**11** 25 及以下

– individueller Konsum 私人消费　**11** 26

Pornofilme, Weitergabe an andere 色情电影，传输给他人　**11** 27

Pornographie, nicht strafbare 不违法的色情品　**12** 22

Pornographie, strafbare 违法的色情品　**12** 21

Portalbetreiber, Ansprüche gegen – 对网站运营商的请求权　**7** 71

Positivliste im Internet 互联网上的白名单

– Unternehmen, die Tarif bezahlen 支付协议工资的企业　**13** 39

Postprivacy? 后隐私时代？　**1** 45

– Preisausschreiben, Bezahlung wie in – 竞价，以竞价方式支付酬劳　**1** 26

Preisgewinn als Lohnform? 奖金作为报酬？　**18** 25 及以下

Privacy Shield 隐私盾　**7** 50

– Kritik an – 批判……　**7** 50

Privatdetektiv, Einsatz eines – s 私人侦探，使用……　**9** 15

Private Daten auf dienstliches Gerät geladen 在工作设备上下载私人数据　**12** 17

Private Internet – Nutzung über dienstliche Geräte 私用办公设备上网　**11** 17

Private Nutzung aus dienstlichem Anlass 公务引发的私人使用　**11** 8

Private Nutzung von Geräten des Arbeitgebers 私用雇主的设备　**11** 9 及 10

– als Kündigungsgrund? 作为解雇理由？　**11** 32

– auch ohne Gestattung in dringenden Fällen? 紧急情况下可以不经许可？　**11** 12

– ausdrückliche Erlaubnis 明示许可　**11** 14

– Erlaubnis mit Einschränkungen 有限定的许可　**11** 14

– geldwerter Vorteil? 补贴？　**11** 19

– Gestattung durch den Arbeitgeber als Voraussetzung 雇主许可为前提条件　**11** 11 及以下

– Internet – Arbeitsverhältnis 互联网劳动关系　**11** 9

– konkludente Erlaubnis 默示许可　**11** 15

– kostenpflichtige Dienste 收费的网络服务　**11** 28

– Rücknahme der Erlaubnis? 撤回许可？　**11** 20

– Telefonieren 打电话　**11** 16

– verschiebbar auf die Freizeit? 延期至空闲时间？　**11** 13

– Viren 病毒　**11** 28, 33

Private Nutzung 私人使用

– Speicherung von Daten 存储数据　**8** 81

Private Nutzung, Kontrolle der – 私人使用，对……实施监控　**8** 77 及以下

Private Nutzung von Geräten des Arbeitgebers 私人使用雇主提供的办公设备

– Betriebsvereinbarung 企业协议　**11** 21

Privater Account 私人账户　**4** 24

Privatgespräche aus dienstlichem Anlass 因公导致的私人谈话　**8** 46

Privatnutzung als geldwerter Vorteil 可以获得金钱利益的私人使用

– Mitbestimmung des Betriebsrats nach § 87 Abs. 1 Nr. 10 BetrVG《企业组织法》第 87 条第 1 款第 10 项规定的企业职工委员会的

共决 **8** 99

Privatnutzung und Anwendung des TKG《电信通讯法》规定的私人使用和应用 **8** 28 及以下

Privatnutzung, unerlaubte, dienstlicher Geräte 私人使用，未经许可的，办公设备 **11** 1 及以下

- Erscheinungsformen 表现形式 **11** 2

- mögliche Pflichtverletzungen 可能违反义务 **11** 3, 4

Produktivität und arbeitsrechtlicher Schutz 生产力和劳动法保护 **1** 54

Produktivität und Existenzsicherheit der Arbeitnehmer 雇员的生产力和生计保障 **16** 65

Profiling nach DSGVO《通用数据保护条例》规定的数据画像 **9** 11

Protokolldaten über die Internetnutzung 互联网使用记录数据 **8** 126

Proxy-Server 代理服务器 **8** 2

Pseudonymität im Netz 网络中的假名 **8** 85

Psychische Erkrankungen durch Arbeit 工作导致的精神疾病 **6** 19

Psychologe, angestellter 心理医生，雇员

- Kontrolle von Telefonaten und Mails 监控电话和电子邮件 **8** 67

Qualifizierung 培训 **15** 27

- durch informelles Lernen 从经验中学习 **15** 31

- kontinuierlicher Prozess 连续过程 **15** 27

- Kosten der - 资质培训的费用 **15** 30

- Mitbestimmungsrechte des Betriebsrats 企业职工委员会的共决权 **15** 29

- Schutz des Arbeitgebers durch Rückzahlungsklauseln 通过返还条款保护雇主 **15** 30

- soziale und methodische Kompetenzen 交际能力与方法论能力 **15** 28

Quantitative Besetzungsregeln 量化人员配置

s. *Besetzungsregeln* 同时参见**人员配置**

Rahmenbetriebsvereinbarung 框架企业协议

- Verhältnis zu Einzelbetriebsvereinbarung 与单个企业协议的关系 **8** 110

Rahmenbetriebsvereinbarungen 框架企业协议 **8** 109

Rahmenvereinbarung über Telearbeit 远程工作的框架协议 **16** 18

Rassismus im Netz 网上的种族主义 **4** 43

Rasterfahndung - frühe Form der Nutzung von Big Data 计算机排查 - 大数据的早期形式 **9** 1

Rating - Agenturen als Herrschaftssubjekt 评级机构作为主导主体 **1** 52

Recht auf Nichterreichbarkeit 有权要求处于不可联络状态 **5** 45

Recht des Arbeitnehmers, Bitcoin zu verlangen 员工要求使用比特币支付的权利 **10** 40

Rechtsanwälte 律师

- Kontrolle der Telekommunikation 监控电信通讯 **8** 69

Rechtsfreier Markt 无法无天的市场 **18** 13 及以下, 22

Rechtsfuturologie 法律未来学 **16** 6

Rechtsprechung 判决

- Fragen des Internet 互联网问题 **1** 6

Regelungsabrede 调节议定书 **8** 103

Reservierungszentrum einer Fluggesellschaft, Abhören von Gesprächen 航空公司预订中心，监听电话 **8** 44

RFID - Technik 射频识别技术 **1** 19

Richter 法官

- Kontrolle der Telekommunikation 监控电信通讯 **8** 71

Roboter 机器人 **1** 17

- als eigenes Rechtssubjekt? 将机器人视为独立的法律主体？ 1 18
- arbeitsrechtliche Probleme 劳动法问题 10 4 及以下
- Arbeitsschutz 劳动保护 10 6
- Bildung eines eigenen Willens 形成独立意志 10 3
- Definition 定义 10 2
- Direktionsrecht? 指示权？ 10 10 及以下
- Einbeziehung in soziale Auswahl? 纳入社会性选择？ 10 14
- Einsatz von – n 使用…… 10 1 及以下
- Haftung bei Unfall 事故责任 10 13
- in der Pflege 用于护理中 1 17
- lernendes System 智能系统 10 2
- Risikobewertung bei Herstellung 生产风险评估 10 6
- Sicherheitsvorkehrungen 安全预防措施 10 7
- teilrechtsfähige Einheit 拥有部分权利能力的主体 10 3
- Unterschied zu Automaten 与自动装置的区别 10 2
- Weisung zur Arbeit mit –? 按指令接受使用……工作？ 2 12
- Weisungen als Empfehlungen 系统的指示作为建议 10 12
- Weisungen verstoßen gegen Art. 22 DSGVO 系统的指示违反《通用数据条例》第 22 条 10 12

Roboter statt eines Menschen 使用机器人替代人 10 9

Robotereinsatz 使用机器人 10 1 及以下
- Beteiligung des Betriebsrats 企业职工委员会的参与 10 8
- Gefährdungsbeurteilung 风险分析判断 10 6，8
- im Automobilbau 在汽车行业 10 1
- in der Medizin 在医疗行业 10 1

Rufbereitschaft 呼叫待命状态 5 8 及以下
- Abgrenzung zum Bereitschaftsdienst 与随时待命状态的区别 5 11
- Grundrecht auf Leben und Gesundheit 生命和健康的基本权利 5 14
- im Urlaub? 年休假期间？ 5 21
- leitende Angestellte 企业高管 5 14
- Mitbestimmung des Betriebsrats 企业职工委员会的共决 5 17 及 18
- Schutzpflicht des Gesetzgebers 立法者的保护责任 5 14
- und Gesundheitsgefährdung 有害健康 5 14
- Vergütung 报酬 5 44
- zeitliche Grenzen? 时间上限？ 5 12

Ruhezeit 休息时间
- Bezahlung ausfallender Stunden 支付不工作时间的报酬 5 16
- geringfügige Unterbrechung 轻微中断 5 15
- Unterbrechung der – 中断了…… 5 15 及以下

Rundfunkstaatsvertrag《德国广播国家协议》 8 18

Safe Harbor 安全港 7 46
- Aufhebung durch EuGH 向欧洲法院提起诉讼 7 48
- Kritik an – 批判…… 7 47

Schriftform bei Befristung 规定劳动合同期限须书面形式 16 10

Schriftform, konstitutive oder deklaratorische 书面形式，建构意义或宣示意义 16 16

Schuldrechtsmodernisierungsgesetz《债法现代化法》 1 7

Schutzpflicht des deutschen Staates gegenüber

NSA 德国政府针对美国国家安全局的保护义务 1 42

Schwarze Liste im Internet 互联网上的黑名单
- Unternehmen, die unter Tarif zahlen 工资水平低于集体合同水平的企业 13 39

Scrum – Verfahren Scrum 方式 14 75

Senkung der Fluktuationsquote durch Einsatz von Big Data – Analysen 使用大数据分析降低离职率 9 6

Sensible Daten 敏感数据
- Erfassung durch Wearables 使用可穿戴设备记录数据 10 24
- Übermittlung 传输 7 29

Sensitive Daten 敏感数据
s. sensible Daten 参见**敏感数据**

Sensoren für die Belastung mit Schadstoffen 用于测量并显示有害物质的**传感器** 10 23

Shitstorm gegen Website des Arbeitgebers 通过"狗屎风暴"软件攻击雇主的网站 4 27

Sich selbst steuernde Systeme 自控系统 10 31 及以下

Signaturgesetz《电子签名框架条件法》16 11

Smart Contracts 智能协议 10 45

Smart Watches 智能手表 10 15, 19

Social Graph 交际图谱 8 59

Softwareergonomie 软件人体工学 6 29

Sonntagsarbeit nach ArbZG《工作时间法》中规定的在周日安排的工作 5 20

Soziale Netzwerke 社交网络 4 1 及以下
- »Freunde« "好友" 1 15, 4 40, 52
- »Gefällt mir« Button "赞" 按钮 4 55
- Aktivität während der Arbeitszeit 工作时间内使用 4 18
- Angriffe gegen den Arbeitgeber (网上) 攻击雇主 4 31 及以下

- Ausgeschiedene Arbeitnehmer 离职的员工 4 58
- Äußerungen über betriebliche Vorgänge 关于业务运营的声明 1 16
- Auswertung als Verstoß gegen Direkterhebung? 分析网络数据违反直接调查原则? 4 9
- Daten für die Werbewirtschaft 为广告行业提供的数据 4 2
- dienstlicher oder privater Account? 办公账号还是私人账号? 4 21 及以下
- Einwilligung in Datenverarbeitung 处理数据的许可 4 3
- Ermittlung von Bewerberdaten 调查求职者 4 6 及 7
- fremdenfeindliche Ausfälle 排外事件 4 43
- Grenzen des arbeitgeberseitigen Fragerechts 雇主方询问权的界限 4 12
- Guidelines für Arbeitnehmerverhalten 雇员行为指南 4 19 及以下
- Informationen in – n 社交网络上的信息 1 15
- Kündigung wegen Äußerung in 由于发表……言论而遭解雇 4 56 及 57
- Meinungsäußerungen des Arbeitnehmers 雇员发表言论 4 44 及以下
- Nutzung am Arbeitsplatz 在工作场所使用社交网络 1 5
- Nutzungsverbot 使用禁令 4 30
- öffentlich zugängliche Quelle? 公开渠道? 4 10
- rassistische Ausfälle 种族主义事件 4 43
- reale Bedeutung 真实的意义 4 1 及 2
- Rechtswidrige Ermittlung von Beschäftigtendaten 违法调查求职者数据 4 13
- Unterstützung des Arbeitgebers? 支持雇主? 4

14 及 15

- Verfassen von Texten ohne Rückmeldung 发布状态时没有反馈 4 41
- Verhaltensregeln für die Mitwirkung auf der Website des Arbeitgebers 参与雇主网站的行为准则 4 17
- Veröffentlichung von Betriebsinterna 公开公司内部事宜 4 60
- Veröffentlichung von Patientenfotos 公开患者的照片 4 60
- Verpflichtung der Arbeitnehmer, dort tätig zu werden? 雇员有义务在社交网络上行动？ 4 4
- virtuelle Unternehmenszugehörigkeit 虚拟的企业隶属关系 4 59
- Zahl der Nutzer 网络用户数量 1 3

Sozialplan 社会计划 2 72 及 73
Spaltung der Gesellschaft 社会分裂 1 47, 49
Sperrung des Internet 封锁互联网 1 39
Spezialisten – Crowdwork 专家众包 18 29
- ausgehandelte Verträge 谈判合同 18 29
- gemeinsames Handeln 集体行动 18 30
Spickmich – Entscheidung des BGH 德国联邦法院对 Spickmich 网站一案的判决 7 64
Spuren im Netz 网络使用痕迹 8 1 及以下
Stellen ins Internet als weltweite Veröffentlichung 在互联网上发布数据意味着全世界的人都能看到 7 53
- Einwilligung des Arbeitnehmers 雇员的同意 7 55
Stimm – und Gesprächsanalyse 分析声音和对话 9 23
Stimmanalyse 语音分析 8 4
Störfallbeauftragter 故障专员
- Kontrolle der Telekommunikation 监控电信通讯 8 72

Strafbare Inhalte auf Dienstgerät 工作设备上的违法内容 8 66
Streik um Besetzungsregeln bei der Charité（柏林）夏丽特医院因岗位分配规则进行罢工 5 34
Streikaufruf per E – Mail 通过电子邮件号召罢工 13 19
Stress 压力 6 29
Systemadministrator, Pflichtverletzungen 系统管理员，违约 12 13
Tagebucheintragungen 日记记录 4 49
Tarifliche Schaffung von betriebsratsfähigen Einheiten 通过集体合同成为有建立企业职工委员会能力的单位 16 62
TaskRabbit 跑腿兔 17 4
Technik der Informationsübermittlung（TKG）信息传输技术（《电信法》） 8 15
Technische Einrichtung 技术设备 8 96
- Betrieb ohne Zustimmung des Betriebsrats 未经企业职工委员会批准 8 105
Technische Schutzmaßnahmen zugunsten des Telekommunikationsgeheimnisses 有利于电信通讯保密的技术预防措施 8 82
Technischer Arbeitsschutz 技术上的劳动保护 6 22 及以下
Telearbeit 远程工作
- dominierender Charakter des Arbeitsverhältnisses 劳动关系的主导性特征 16 22
Telearbeit, Rahmenvereinbarung 远程工作，框架协议 16 18
Telearbeitsplatz 远程工作岗位
- Definition 定义 15 4
- in der Justizvollzugsanstalt 在监狱里 15 6
Telearbeitsplätze im Privatbereich 私人场所的远程岗位 6 25
Telebanking 电子银行 1 35

Teledienstedatenschutzgesetz《远程服务数据保护法》 8 22

Telefondaten, Erfassen von – 电话数据，获取…… 8 46

Telefonsex vom Arbeitsplatz aus 在工作场所拨打色情电话 12 23

Telekommunikationsanbieter, Arbeitgeber als – 电信通信服务商，作为……的雇主 8 27

Telekommunikationsgeheimnis 远程通信秘密 8 20
- dienstliche Nutzung 办公使用 8 25
- gegenständliche Tragweite 客观范围 8 33
- im Arbeitsverhältnis 劳动关系中的…… 8 9, 11 及以下, 24
- inhaltliche Tragweite 内容范围 8 32
- Post – und Fernmeldegeheimnis 邮政和通信秘密 8 33
- private Nutzung durch Arbeitnehmer 雇员的私人使用 8 77
- private Nutzung 私人使用 8 26

Telekommunikationsgesetz《电信法》 1 7

Telekommunikationsrecht 电信法
- Anwendungsbereich 适用范围 7 5, 8 11 及以下
- Schichtenmodell 层级模式 8 14 及以下
- und Datenschutz 与数据保护 8 20

Telemediengesetz《电信媒体法》 1 7, 8 16
- Anwendung auf arbeitnehmerähnliche Personen 适用于类雇员 8 37
- Anwendung im Arbeitsverhältnis? 适用于劳动关系？ 8 36
- Anwendungsbereich 适用范围 7 6
- erlaubte Privatnutzung am Arbeitsplatz 准许在工作场所私人通信 8 38

Teleshopping 远程购物 1 35

Tippverhalten als Authentifizierungsmittel 作为身份识别手段的键入行为 8 4

TOP – Prinzip TOP 原则 6 23

Totalüberwachung 全面监控
- Gefahr der – ……的威胁 1 44

Transparenz im Internet 互联网透明度 1 32

Trennung von Arbeitsplatz und Wohnung 将工作场所和住宅分开 5 1

Trennung von dienstlicher und privater Kommunikation 分离私人通信和办公通信 8 34

Typus des Arbeitnehmers 雇员类型 17 10

Uber, Geschäftsmodell 优步的商业模式 17 2 及 3

Uber – Fahrer, Arbeitnehmer? 优步司机，雇员？ 17 21 及以下

Überforderungsschutz 预防过劳 5 48

Uber – Geschäftsmodell 优步公司的商业模式 1 25

Übermittlung in andere EU – Staaten 传输至欧盟其他成员国 7 32

Übermittlung in die USA 传输至美国 7 46

Übermittlung in Drittstaaten 传输至第三国
- Angemessenheitsbeschluss 合理性决议 7 41
- geeignete Garantien 合理保障 7 42
- ohne Angemessenheitsbeschluss und ohne geeignete Garantien 无合理性决议和无合适保障 7 43
- Weiterübermittlung 转交 7 45
- zweistufige Prüfung 两级审查 7 45

Übermittlung von Beschäftigtendaten an anderes Konzernunternehmen im Inland 将员工数据传输给国内另一家康采恩公司 7 5 及以下

Übermittlung von Beschäftigtendaten an ausländische Niederlassung 将员工数据传输国外分公司 7 30 及以下

Übermittlung von Daten 传输数据

- Begriff 概念 7 8
- berechtigte Interessen des Verantwortlichen 负责人的合法权益 7 22 及 23
- Rechtsgrundlage 法律基础 7 9
- Vertrag als Rechtsgrundlage 合同作为法律基础 7 20

Überstunden 加班
- jenseits der Grenzen des ArbZG 超越《工作时间法》的界限 5 6
- Pauschalabgeltung 全包工资 5 7
- Vergütungserwartung des Arbeitnehmers 雇员的薪酬期望 5 7

Überwachung 监控
- Grenzen der -……的界限 9 13
- Inhalt privater Dateien auf Dienstgerät 将私人数据下载到办工设备上 8 64
- von kleinen Gruppen 小团体的 8 119

Überwachungsprogramme 监控程序 8 4
- Vorzüge und Nachteile 用处与弊端 8 5 及以下

Unfallversicherung und Homeoffice 意外险与居家办公 15 18

Ungleichheit in der Gesellschaft 财富分配不均 1 50

Unified Communications 统一通信 2 5

Unsachgemäßer Umgang mit der Technik als Pflichtverletzung 技术使用不当视为失职 12 5 及以下
- Eigenmächtige Änderung von Passwörtern 自行更改密码 12 10
- Ermöglichung des Zugriffs durch Unbefugte 使未经授权者有机会访问 12 6
- Falschbedienung 错误使用 12 9
- Haftung des Arbeitnehmers 雇员责任 12 8
- Nichterkennen von Viren 未识别病毒 12 7
- Unsicherer Versand 不安全地发送 12 7
- Weitergabe des Passworts an andere 将密码告知他人 12 5

Unterrichtung des Arbeitnehmers nach § 81 BetrVG 根据《企业组织法》第81条向雇员转达相关信息 2 24

Unterstützungspflicht des Arbeitgebers 雇主的支持义务 7 93

Urlaub 年休假
- Arbeit kurz vor Antritt des -s 临近……前安排任务 5 23
- Kontaktaufnahme 电话联络 5 22
- längere Gespräche 电话联系雇员时间较长 5 22
- Rufbereitschaft im -? 处于呼叫待命状态? 5 21
- Teilnahme an Telefonkonferenz 参加电话会议 5 22

Urlaubsrecht 年休假法
- Klarstellungen 进行阐释 5 53

US-Behörden, Zugriff auf Daten 美国机构,访问数据 7 49

Verdacht einer schweren Pflichtverletzung 怀疑雇员严重违反义务 9 15

Verhaltensprognose durch Profiling 基于数据画像预测相关人行为 9 11

Verhaltenssteuerung durch » Reputation « 通过"声誉"调控行为 17 23

Vermittlung von Aufträgen durch Plattform 通过平台分配订单 17 2 及以下

Vermittlung von Dienstleistungen übers Internet 网上中介服务 1 25

Vermögensopfer als Aufwendungen 财产支出作为费用 7 95

Vernetzung von Geräten 设备联网
- Mitbestimmung 共同表决 8 118

Veröffentlichung von Arbeitnehmerdaten durch

die Verwaltung 行政机构发布雇员数据 7 52

Veröffentlichung von Arbeitnehmerdaten im Internet durch den Arbeitgeber 雇主在互联网上发布雇员数据 7 52

Verschlüsselung von E-Mails 给邮件加密 8 52

Verschlüsselungsverbot？禁止加密？ 8 53

Versetzung nach Hause？转至居家办公？ 2 19

Versetzung 调岗
- Mitbestimmung des Betriebsrats 企业职工委员会对调岗的共决权 2 46 及以下
- Voraussetzungen 前提 2 47

Versteckte Kamera 隐形监控摄像头 8 44

Verteilung der Arbeit auf mehr Menschen 让更多人分担工作 5 32 及以下

Verträge nach reinen Marktbedingungen 仅根据市场情况签订合同 18 13 及以下

Vertrauensarbeitszeit 信任工作时间 5 3 及以下, 8 62
- Kontrolle durch den Betriebsrat 企业职工委员会监管 5 4
- private Nutzung von Geräten des Arbeitgebers 私人使用雇主设备 11 24

Verwertungsverbot bei rechtswidrig erlangten Informationen 禁止使用非法获取的信息 8 10

Verwertungsverbot rechtswidrig erlangter Informationen 针对非法获取信息的数据使用禁令 8 75 及 76, 122

Verwertungsverbot 证据使用禁令
- Daten aus der Sphäre des Betriebsrats 企业职工委员会的管控范围内获得的数据 8 130
- Ergebnis heimlicher Videoüberwachung 秘密录像监控获得的结论 8 123
- Ergebnisse heimlicher Durchsuchung eines Spinds 秘密搜查储物柜获得的结论 8 123
- Erkenntnisse über Dritte 涉及第三方的信息 8 135
- heimliches Mithören eines Gesprächs 秘密窃听电话交谈 8 125
- interne Daten des Arbeitgebers 雇主的公司内部事物数据 8 131
- kein Vorbringen illegal erlangter Informationen 未对非法获取信息提出异议 8 126
- Verletzung von Mitbestimmungsrechten？违反共决权？ 8 132 及以下
- Waffengleichheit der Parteien 诉讼当事人双方的武器平等 8 124

Virtuelle Betriebsversammlungen 虚拟的企业职工全体大会 14 80

Virtuelle Pinnwand 虚拟公告板 7 77

Virtuelle Teams 虚拟团队 2 5

Virtuelle Unternehmen 虚拟企业
- Begriff 概念 16 53 及以下
- Beschäftigung von Arbeitnehmern？雇员的劳动关系？ 16 57
- Dauerhaftigkeit？持久性？ 16 63
- Entscheidungsfindung und Mitbestimmung 决策过程与共同决定 16 59
- flexible Größe 企业规模的弹性 16 55
- Kündigungsschutz und kollektive Interessenvertretung 解雇保护与集体利益代表 16 58
- Verstetigung durch Anleihen beim Gesamthafenvertrieb 借用全港公司维系雇佣关系的稳定 16 64

Virtuelle Unternehmenszugehörigkeit 虚拟的企业隶属关系 4 59

Virtuelles Unternehmen 虚拟企业 16 6
- Arbeitsrecht im – ……中的劳动法 – 16 53 及以下

Wahlgeheimnis bei Online – Wahlen 网络投票选举的保密性问题　14 72

Wahrscheinliches Fehlverhalten 可能的不当行为　9 22

Wearables 可穿戴设备　1 22
- Benutzung von – 使用……　10 15 及以下
- Datenschutzfolgenabschätzung 数据保护影响评估　10 26
- Erfassung sensibler Daten 记录敏感数据　10 24
- Kontrollpotential 监控能力　1 22
- Mitbestimmung des Betriebsrats über den Einsatz 企业职工委员会就使用设备进行共决　10 30
- Unbefugter Datenzugriff Dritter 第三方未经授权访问数据　10 24

web 2.0 "web 2.0" 概念　1 30

Weißbuch BMAS 联邦劳动与社会事务部的白皮书
- Arbeitszeitrecht《工作时间法》　5 30 及 31

Weisungen zur Arbeit mit der neuen Technik 指示接受新设备劳动　2 13

Weisungsgebundenheit des Arbeitnehmers 雇员听从于雇主指示　17 9

Weisungsgebundenheit und Arbeitnehmerbegriff 听从于指示与雇员概念　16 20

Weisungsrecht 指挥权
s. Direktionsrecht 同时参见指示权

Weiterbildung 深造
s. Weiterqualifizierung 同时参见进修

Weiterleitung dienstlicher E – Mails in den Privatbereich 将工作邮件转发至个人电子邮箱账户　12 15

Weiterqualifizierung des Arbeitnehmers 雇员参加进修　2 22 及以下

Weiterqualifizierung 进修
- Anspruch auf – ？雇员对进修的请示权？　2 23 及以下
- Maßnahme im Ausland？在国外的培训措施？　2 61
- Mitbestimmung des Betriebsrats 企业职工委员会有共决权　2 54 及以下
- Pflicht des Arbeitnehmers？雇员相应义务？　2 33 及以下
- praktische Bedeutung der Mitbestimmung des Betriebsrats 对企业职工委员会共决权的实际作用　2 62
- während der Arbeitszeit？进修须在工作时间内进行？　2 31 及以下

Weiterqualifizierungspflicht des Arbeitgebers 雇主负有义务安排雇员参与培训　2 25 及以下
- Tragweite 雇主义务的范围　2 30

Weltgesellschaft als Perspektive 全球社会目前仍只是抽象前景　1 53

Widerruf der Einwilligung 撤回同意　7 58

Wiki für den Betriebsrat 企业职工委员会的知识数据库　14 45

Wissenschaftler 科学家
- Kontrolle der Telekommunikation 电子通讯监控　8 73 及 74

Workflow – System 工作流系统　6 17

Zielnummer, Speicherung 拨出的号码，记录　8 79 及 80

Zielvereinbarung als smart contract 智能协议用作目标协议　10 47

Zusatzwissen bei Kontrolle von Verhalten 监控雇员行为时用到的额外知识　8 95

缩略语对照表

a. A.	anderer Auffassung	另有观点
ABl.	Amtsblatt der EG	《欧洲共同体公报》（另译《欧洲共同体官方公报》）
Abs.	Absatz	（法律条文）款
AG	Die Aktiengesellschaft（Jahr und Seite）	期刊：《股份公司》（期刊年份，文章页码）
AGB	Allgemeine Geschäftsbedingungen	一般交易条款
AGG	Allgemeines Gleichbehandlungsgesetz	《一般平等待遇法》
AiB	Arbeitsrecht im Betrieb（Jahr und Seite）	期刊：《企业中的劳动法》（期刊年份，文章页码）
ANErfG	Arbeitnehmer – Erfindungsgesetz	德国《雇员专利法》
Anh.	Anhang	附录
Anm.	Anmerkung	评释，注解；附注
AnwBl	Anwaltsblatt（Jahr und Seite）	期刊：《律师杂志》（期刊年份，文章页码）
AöR	Archiv des öffentlichen Rechts（Band, Jahr und Seite）	期刊：《公法档案》（期刊卷号，期刊年份，文章页码）
AP	Arbeitsrechtliche Praxis（Nachschlagewerk des BAG）	书籍：《劳动法实务》（联邦劳动法院参考书）
APS	Ascheid/Preis/Schmidt（s. Literaturverzeichnis）	书籍作者：Ascheid/Preis/Schmidt（见参考文献）
AR	Dornbusch/Fischermeier/Löwisch（s. Literaturverzeichnis）	书籍作者：Dornbusch/Fischermeier/Löwisch（见参考文献）
ArbG	Arbeitsgericht	劳动法院
ArbGG	Arbeitsgerichtsgesetz	《劳动法院法》

续表

ArbRB	Der Arbeitsrechts – Berater（Jahr und Seite）	期刊：《劳动法顾问》（期刊年份，文章页码）
ArbSchG	Arbeitsschutzgesetz	《劳动保护法》
ArbStättVO	Arbeitsstättenverordnung	《关于工作场所的条例》
ArbZG	Arbeitszeitgesetz	《工作时间法》
Art.	Artikel	（法律条文）条
AuA	Arbeit und Arbeitsrecht（Jahr und Seite）	期刊：《劳动和劳动法》（期刊年份，文章页码）
AufenthG	Aufenthaltsgesetz	德国《外国人居留法》
Aufl.	Auflage	版次；版本
AuR	Arbeit und Recht（Jahr und Seite）	期刊：《劳动与法律》（期刊年份，文章页码）
BAG	Bundesarbeitsgericht	德国联邦劳动法院
BayObLG	Bayerisches Oberstes Landesgericht	巴伐利亚州上诉法院
BB	Der Betriebs – Berater（Jahr und Seite）	期刊：《企业顾问（杂志）》（期刊年份，文章页码）
BBG	Bundesbeamtengesetz	《联邦公务员法》
BCR	Binding Corporate Rules	约束性企业规则
BDSG	Bundesdatenschutzgesetz	《联邦数据保护法》
BDSG – alt	Bundesdatenschutzgesetz alter Fassung	旧版《联邦数据保护法》
BDSG – neu	Bundesdatenschutzgesetz neuer Fassung	新版《联邦数据保护法》
Begr.	Begründer	创始人；奠基者
BEM	Betriebliches Eingliederungsmanagement	企业融入管理
BetrAVG	Betriebliches Altersversorgungsgesetz	德国《企业年金法》
BetrR	Der Betriebsrat（Jahr und Seite）	期刊：《企业职工委员会》（期刊年份，文章页码）
BetrSichVO	Betriebssicherheits – Verordnung	《企业安全条例》
BetrVG	Betriebsverfassungsgesetz	《企业组织法》
BGB	Bürgerliches Gesetzbuch	《民法典》
BGBl.	Bundesgesetzblatt（Jahr, Teil und Seite）	期刊：《联邦法律公报》［期刊年份，卷（册），文章页码］
BGH	Bundesgerichtshof	联邦最高法院
BGleiG	Bundesgleichstellungsgesetz	《联邦平等对待法》

续表

Bildschirm-arbeitsVO	Bildschirmarbeitsverordnung	《关于电脑屏幕工作的安全和健康保护条例》
BITKOM	Bundesverband Informationswirtschaft, Telekommunikation und neue Medien	德国信息经济、电信和新媒体协会
Bl.	Blatt	页；分册，篇
BMAS	Bundesministerium für Arbeit und Soziales	联邦劳动和社会事务部
BPersVG	Bundespersonalvertretungsgesetz	《联邦人事委员会法》
BRRG	Beamtenrechtsrahmengesetz	《公务员法框架法》
BSG	Bundessozialgericht	联邦社会法院
BSI	Bundesamt für Sicherheit in der Informationstechnik	联邦信息技术安全局
BTC	Bitcoins	比特币
BT-Drs.	Bundestags-Drucksache	德国联邦议院文件
Buchst.	Buchstabe	（法律条文）项
BUrlG	Bundesurlaubsgesetz	《联邦年休假法》
BVerfG	Bundesverfassungsgericht	联邦宪法法院
BVerfGE	Entscheidungen des Bundesverfassungsgerichts（Band und Seite）	《联邦宪法法院案例集》（期刊卷号，文章页码）
BVerwG	Bundesverwaltungsgericht	联邦行政法院
BYOD	Bring Your Own Device	自带设备
bzw.	beziehungsweise	以及
CF	Computer Fachwissen（Heft, Jahr und Seite）	期刊：《计算机专业知识》（期刊册号，期刊年份，文章页码）
CR	Computer und Recht（Jahr und Seite）	期刊：《计算机与法律》（期刊年份，文章页码）
CRi	Computer und Recht – Internationaler Teil（Jahr und Seite）	期刊：《计算机与法律——国际部分》（期刊年份，文章页码）
CuA	Computer und Arbeit（Heft, Jahr und Seite – früher CF）	期刊：《电脑与工作》（期刊册号，期刊年份，文章页码——前身为《计算机专业知识》）
DAK	Deutsche Angestellten-Krankenkasse	德国职员医疗保险基金会
DANA	Datenschutz-Nachrichten（Jahr und Seite）	期刊：《数据保护新闻》（期刊年份，文章页码）
DB	Der Betrieb（Jahr und Seite）	期刊：《企业》（期刊年份，文章页码）

续表

DoS	Denial of Service	拒绝服务攻击
DDoS	Distributed Denial of Service	分布式拒绝服务攻击
DDZ	Däubler/Deinert/Zwanziger (s. Literaturverzeichnis)	书籍作者：Däubler/Deinert/Zwanziger（见参考文献）
ders.	derselbe	同样
d. h.	das heißt	即；也就是说
dies.	dieselbe	同样
DKKW	Däubler/Kittner/Klebe/Wedde (s. Literaturverzeichnis)	书籍作者：Däubler/Kittner/Klebe/Wedde（见参考文献）
DSB	Datenschutz – Berater (Jahr und Seite)	期刊：《数据保护咨询》（期刊年份，文章页码）
DSGVO	Datenschutz – Grundverordnung	《通用数据保护条例》（另译《一般数据保护条例》）
DuD	Datenschutz und Datensicherung (Jahr und Seite)	期刊：《数据保护与数据安全》（期刊年份，文章页码）
DVBl.	Deutsches Verwaltungsblatt (Jahr und Seite)	期刊：《德国行政公报》（期刊年份，文章页码）
DVR	Datenverarbeitung im Recht (Jahr und Seite)	期刊：《数据处理法务》（期刊年份，文章页码）
EBR	Europäischer Betriebsrat	欧盟企业职工委员会
EBRG	Europäisches Betriebsräte – Gesetz	《欧盟企业职工委员会法》
eds.	Editors	编者
EFZG	Entgeltfortzahlungsgesetz	《薪酬继续支付法》
EG	Europäische Gemeinschaft	欧洲共同体；欧共体
EGBGB	Einführungsgesetz zum Bürgerlichen Gesetzbuch	《民法典施行法》
EGMR	Europäischer Gerichtshof für Menschenrechte	欧洲人权法院
EMRK	Europäische Menschenrechtskommission	《欧洲人权宣言》
EnBW	Energie Baden – Württemberg AG	巴登-符滕堡州能源股份有限公司
ErfK	Erfurter Kommentar (s. Literaturverzeichnis)	书籍：《埃尔福特评论集》（见参考文献）
EStG	Einkommenssteuergesetz	《个人所得税法》
EU	Europäische Union	欧盟；欧洲联盟
EuGH	Europäischer Gerichtshof	欧洲法院

续表

evtl.	eventuell	也许；可能
f.	folgende	及下一（页，条）
ff.	fortfolgende	及以下多（页，条）
FifF	Forum InformatikerInnen für Frieden und gesellschaftliche Verantwortung	信息工作者维护和平和社会责任论坛（组织）
Fn.	Fußnote	脚注
FPflegeZG	Familienpflegezeitgesetz	《家庭护理假法》
FS	Festschrift	纪念文集
FTC	Federal Trade Commission	美国联邦贸易委员会
FTP	File Transfer Protoco	文件传输协议
GBA	Generalbundesanwalt	联邦总检察长
GebrMG	Gebrauchsmustergesetz	《实用新型专利法》
GeschmMG	Geschmacksmustergesetz	《外观设计法》
GewO	Gewerbeordnung	《营业条例》
GG	Grundgesetz	《基本法》
ggf.	gegebenenfalls	可能；必要时
GK	Gemeinschaftskommentar zum BetrVG（s. Wiese u. a.，Literaturverzeichnis）	书籍：《企业组织法评论集》（作者：Wiese等，见参考文献）
GMH	Gewerkschaftliche Monatshefte（Jahr und Seite）	期刊：《工会月刊》（期刊年份，文章页码）
GPS	Global Positioning System	全球定位系统
GR – Charta	Grundrechte – Charta	基本权利宪章
GRUR	Gewerblicher Rechtsschutz und Urheberrecht（Jahr und Seite）	期刊：《工业产权保护和著作权》（期刊年份，文章页码）
GWB	Gesetz gegen Wettbewerbsbeschränkungen	《反限制竞争法》
HAG	Heimarbeitsgesetz	《居家工作法》
HGB	Handelsgesetzbuch	《商法典》
HK – ArbR	Handkommentar Arbeitsrecht（s. Literaturverzeichnis）	书籍：《劳动法评注手册》（见参考文献）
Hrsg.	Herausgeber	编者；主编
http	Hypertext Transfer Protocol	超文本转移协议
HWK	Henssler/Willemsen/Kalb（s. Literaturverzeichnis）	书籍作者：Henssler/Willemsen/Kalb（见参考文献）

续表

IAO	Internationale Arbeitsorganisation; Fraunhofer – Institut für Arbeitswirtschaft und Organisation	国际劳工组织；德国弗劳恩霍夫协会就业经济和组织研究院
i. d. R.	in der Regel	通常；一般
ILO	International Labour Organization	国际劳工组织
Inc.	Incorporation	股份有限公司
IP	Internet Protocole	网际协议
IRC	Internet Relay Chat	因特网中继聊天
IS	Informationssicherheit	信息安全；IT 安全
ISB	Informationssicherheitsbeauftragten	信息安全专员；IT 安全专员
ISMS	Information Security Management System (Managementsysteme für Informationssicherheit)	信息安全管理系统（英文缩写）
IST	Informationssicherheitsteam	信息安全小组
IT	Informationstechnologie	信息技术
ITRB	IT – Rechtsberater (Jahr und Seite)	期刊：《IT 法律顾问》（期刊年份，文章页码）
i. V. m.	in Verbindung mit	与……相关；比照……
JArbSchG	Jugendarbeitsschutzgesetz	《青少年劳动保护法》
JuS	Juristische Schulung (Jahr und Seite)	期刊：《法学教育》（期刊年份，文章页码）
JZ	JuristenZeitung (Jahr und Seite)	期刊：《法律人学报》（期刊年份，文章页码）
Kap.	Kapitel	章节
KG	Kammergericht	柏林上诉法院
KMU	Kleine und mittlere Unternehmen	中小企业
KR	Bader/Etzel u. a. (s. Literaturverzeichnis)	书籍作者：Bader/Etzel 等（见参考文献）
Kritis	Kritische Infrastruktur	关键基础设施
KSchG	Kündigungsschutzgesetz	《解雇保护法》
KUG	Kunsturhebergesetz	《艺术著作法》
K & R	Kommunikation & Recht (Jahr und Seite)	期刊：《通讯与法律（杂志）》（期刊年份，文章页码）
LAG	Landesarbeitsgericht	州劳动法院

续表

LAGE	Sammlung von Entscheidungen der Landesarbeitsgerichte	书籍：《州劳动法院判集》
LG	Landgericht	州法院
LPersVG	Landespersonalvertretungsgesetz	《州人事委员会法》
LS	Leitsatz	判决书摘要
MDM	Mobile Device Management	移动设备管理
MDStV	Mediendienste – Staatsvertrag	《媒体服务州际协议》
m. E.	meines Erachtens	据我看；在我看来
MiLoG	Mindestlohngesetz	《最低工资法》
MittAB	Mitteilungen zur Arbeitsmarkt – und Berufsforschung（Jahr und Seite）	期刊：《德国劳务市场和职业研究报告》（期刊年份，文章页码）
MMR	Multimedia und Recht（Jahr und Seite）	期刊：《多媒体与法律》（期刊年份，文章页码）
MünchArbR	Münchener Handbuch zum Arbeitsrecht（s. Literaturverzeichnis）	书籍：《慕尼黑劳动法手册》（见参考文献）
MuSchG	Mutterschutzgesetz	《母亲保护法》
m. w. N.	mit weiteren Nachweisen	其他论据；其他文献
NachwG	Nachweisgesetz	《证据法》
n. F.	Neue Fassung	新版
NJW	Neue Juristische Wochenschrift（Jahr und Seite）	期刊：《新司法周刊》（期刊年份，文章页码）
Nr.	Nummer	项
NSA	National Security Agency	美国国家安全局
NZA	Neue Zeitschrift für Arbeitsrecht（Jahr und Seite）	期刊：《新劳动法杂志》（期刊年份，文章页码）
NZA – RR	Neue Zeitschrift für Arbeitsrecht Rechtsprechungs – Report（Jahr und Seite）	期刊：《新劳动法案例杂志》（期刊年份，文章页码）
o.	oben	上文；如上
o. J.	ohne Jahr	年份不详
OLG	Oberlandesgericht	州高等法院
o. O.	ohne Ort	地点不详
Os.	Orientierungssatz	裁判要旨
OVG	Oberverwaltungsgericht	州高级行政法院

续表

PatG	Patentgesetz	《专利法》
PC	Personal Computer	个人电脑
PersR	Der Personalrat（Jahr und Seite）	期刊:《人事委员会》（期刊年份，文章页码）
PflegeZG	Pflegezeitgesetz	德国《护理假期法》
9. ProdSV	Neunte Verordnung zum Produktsicherheitsgesetz – Maschinenverordnung	《第9号条例（机械条例）》（另译《产品安全法第九条例（机械条例）》）
R	Rückseite	背面；后面
RAF	Rote – Armee – Fraktion	德国红军旅
RdA	Recht der Arbeit（Jahr und Seite）	期刊:《劳动法》（期刊年份，文章页码）
RDV	Recht der Datenverarbeitung（Jahr und Seite）	期刊:《数据处理法》（期刊年份，文章页码）
RFID	Radio Frequency Identification	射频识别（俗称电子标签）
RGBl.	Reichsgesetzblatt	帝国法律公报（1933年）
RIW	Recht der internationalen Wirtschaft（Jahr und Seite）	期刊:《国际经济法》（期刊年份，文章页码）
Rn.	Randnummer（n）	边码
ROM I	Verordnung（EG）Nr. 593/2008［1］des Europäischen Parlaments und des Rates über das auf vertragliche Schuldverhältnisse anzuwendende Recht	《罗马第一条例》（《欧共体合同义务法律适用条例》），欧洲议会和理事会关于合同义务法律适用的（EG）593/2008［1］号条例
ROM II	Verordnung（EG）Nr. 864/2007 des Europäischen Parlaments und des Rates vom 11. Juli 2007 über das auf außervertragliche Schuldverhältnisse anzuwendende Recht	《罗马第二条例》（《欧共体非合同义务法律适用条例》），2007年7月11日欧洲议会和理事会关于非合同义务法律适用的（EG）864/2007条例
RStV	Rundfunkstaatsvertrag	广播国家协议
RVG	Rechtsanwaltsvergütungsgesetz	《律师酬金法》（另译《律师收费法》）
s.	siehe	见
S.	Seite	页
s. a.	siehe auch	另见
SAE	Sammlung arbeitsrechtlicher Entscheidungen（Jahr und Seite）	期刊:《劳动法判集》（期刊年份，文章页码）
SGB VI	Sechstes Buch Sozialgesetzbuch – Gesetzliche Rentenversicherung	《社会法典·第六册》（法定养老保险）

续表

SGB VII	Siebtes Buch Sozialgesetzbuch – Gesetzliche Unfallversicherung	《社会法典·第七册》（法定工伤事故保险）
SGB IX	Neuntes Buch Sozialgesetzbuch – Rehabilitation und Teilhabe behinderter Menschen	《社会法典·第九册》（残疾人的康复和参与）
SGB X	Zehntes Buch Sozialgesetzbuch – Sozialverwaltungsverfahren und Sozialdatenschutz	《社会法典·第十册》（社会保障程序和社保数据保护）
s. o.	siehe oben	如上；见上
sog.	so genannt（er）	所谓的
SPW	Sozialistische Politik und Wirtschaft（Heft, Jahr und Seite）	期刊：《社会主义政治和经济》（期刊册号，期刊年份，文章页码）
SR	Soziales Recht（Jahr und Seite），Beilage zu »Arbeit und Recht«	期刊：《社会之法》（期刊年份，文章页码），《劳动与法律》特刊
StGB	Strafgesetzbuch	《刑法典》
StPO	Strafprozessordnung	《刑事诉讼法》
st. Rspr.	Ständige Rechtsprechung	通行判例
s. u.	siehe unten（r）	如下；见下
TBS	Technologieberatungsstelle	技术咨询处
TDG	Teledienste – Gesetz	《电信服务法》
TDDSG	Teledienste – Datenschutzgesetz	《电信服务数据保护法》（另译《远程传输数据保护法》）
TDSV	Telekommunikations – Datenschutzverordnung	《电信服务数据保护条例》
TKG	Telekommunikationsgesetz	《电信法》
TMG	Telemediengesetz	《电信媒体法》
TVG	Tarifvertragsgesetz	《劳资协议法》
TV – L	Tarifvertrag für den öffentlichen Dienst der Länder	《联邦州公共服务机构劳资协议》
Tz.	Textziffer	文章编码
TzBfG	Teilzeit – und Befristungsgesetz	《非全日制用工和固定期限劳动合同法》
u.	unten（r）	下文；如下
u. a.	unter anderem	等；此外
u. Ä.	und Ähnliches	诸如此类
UKlaG	Unterlassungsklagengesetz	《不作为诉讼法》
UrhG	Urheberrechtsgesetz	《著作权法》

续表

USA	United States of America; Vereinigte Staaten von Amerika	美利坚合众国；美国
usw.	und so weiter	等等
u. U.	unter Umständen	也许
UWG	Gesetz gegen den unlauteren Wettbewerb	德国《反不正当竞争法》
vbw	Verband der bayerischen Wirtschaft	巴伐利亚州经济联合会
VG	Verwaltungsgericht	地方行政法院
VGH	Verwaltungsgerichtshof	州高级行政法院
vgl.	vergleiche	参看；参见
VO	Verordnung	条例
WahlO	Wahlordnung	《选举法》
WSI – Mitt.	Mitteilungen des Wirtschafts – und Sozialwissenschaftlichen Instituts des DGB（Jahr und Seite）	《德国工会联合会经济与社会研究所报告》（期刊年份，文章页码）
www	World Wide Web	万维网
ZAS	Zeitschrift für Arbeits – und Sozialrecht（Wien; Jahr und Seite）	期刊：《劳动法与社会保障法杂志》（出版地：维也纳，期刊年份，文章页码）
z. B.	zum Beispiel	例如
ZBR	Zeitschrift für Beamtenrecht（Jahr und Seite）	期刊：《公务员法杂志》（期刊年份，文章页码）
ZBVR – Online	Zeitschrift für Betriebsverfassungsrecht（Jahr und Seite）	期刊：《企业组织法杂志》（期刊年份，文章页码）
ZD	Zeitschrift für Datenschutz（Jahr und Seite）	期刊：《数据保护与法律（期刊）》（期刊年份，文章页码）
ZfA	Zeitschrift für Arbeitsrecht（Jahr und Seite）	期刊：《劳动法杂志》（期刊年份，文章页码）
ZfPR	Zeitschrift für Personalvertretungsrecht（Jahr und Seite）	期刊：《人事委员会法杂志》（期刊年份，文章页码）
ZIP	Zeitschrift für Wirtschaftsrecht（früher: Zeitschrift für Insolvenzpraxis; Jahr und Seite）	期刊：《经济法杂志》（前身为《破产实践杂志》；期刊年份，文章页码）
ZPO	Zivilprozessordnung	《民事诉讼法》
ZRP	Zeitschrift für Rechtspolitik（Jahr und Seite）	期刊：《法律政策杂志》（期刊年份，文章页码）

续表

ZTR	Zeitschrift für Tarifrecht (Jahr und Seite)	期刊:《集体合同法杂志》(期刊年份,文章页码)
ZUM	Zeitschrift für Urheber - und Markenrecht (Jahr und Seite)	期刊:《著作权及商标权》(期刊年份,文章页码)
ZUM - RD	Zeitschrift für Urheber - und Markenrecht/Rechtsprechungs - Dienst (Jahr und Seite)	期刊:《著作权及商标权——判例解说》(期刊年份,文章页码)